History of Money and Financial Systems in Korea

한국통화금융사 Ⅱ

광복 이후

배영목 지음

도서출판
해남

배영목

서울대학교 자연과학대학 물리학과 졸업,
동 대학원 경제학과 졸업, 경제학 박사
충북대학교 사회과학대학 경제학과 교수 재직
현재 명예교수
경제사학회 회장, 한국경제발전학회 회장 역임
학현학술상 수상

주요 저·역서

『한국금융사, 1876~1959』(저서, 2002)
『현대금융입문』(역서, 1994)
『경제통계학』(공저, 1987)
『살아있는 경제학』(공저, 2002)
『한국의 은행 100년사』(공저, 2004)
『국제금융자본과 한국경제』(공저, 2007)
『경제불평등과 금융부채』(공저, 2016)
그 외 다수

한국통화금융사 Ⅱ 광복 이후

초판1쇄 인쇄 2021년 9월 13일
초판1쇄 발행 2021년 9월 17일

저 자 배영목
발행인 노현철
발행처 도서출판 해남

출판등록 1995. 5. 10 제1-1885호
주 소 서울특별시 마포구 마포대로8길 9 영명빌딩 405호
전 화 739-4822 **팩스** 720-4823
이 메 일 haenamin30@naver.com
홈페이지 www.hpub.co.kr

ISBN 978-89-6238-158-0 93320
978-89-6238-156-6(세트)

서문

이 책은 한국의 근대적 통화와 금융제도가 등장한 개항기부터 최근인 2019년까지 각 시대별로 국가권력이 그 시대의 정책과제를 해결하기 위해 통화·금융제도를 어떻게 구축하고 활용하였으며, 이러한 과정에 한국의 통화·금융기관 및 금융시장이 어떻게 출현하고 확장·재편되거나 소멸되어 갔는가를 살펴봄으로써 한국의 통화와 금융의 발전의 구체적 모습과 시대적 여건을 제시해 보고자 쓴 것이다.

한국의 통화와 금융의 역사는 한국사 전체와 불가분의 관계에 있기 때문에 한국사 일반적인 시대구분에서 거의 벗어나지 않는다. 근현대적 통화와 금융의 발전은 자국 정부가 존재하는가 아니면 식민지 상태인가에 따라 크게 달라지기 때문에 대상 시기를 1단계로 개항기, 일제 강점기(식민지 시대), 광복 이후로 구분한다.

일제 강점기는 일제의 금융제도와 통화·금융정책의 변화를 고려하여 일제 초기(일제 강점부터 제1차 세계대전 이후까지), 일제 중기(전간기), 일제 말기(중일전쟁 이후) 세 시기로 나누어 서술한다.

광복 이후는 통화·금융제도와 통화·금융정책의 변화를 고려하여 네 시기로 나누어 서술한다. 첫 번째 시기는 광복 이후 장면 정부까지로 한국적 통화·금융제도의 형성기라 할 수 있다. 두 번째 시기는 박정희 정부 시대로 경제개발계획을 위한 국가 주도 개발금융기라고 할 수 있다. 세 번째 시기는 1980년부터 외환위기 직전까지로 전두환 정부에서 김영삼 정부까지 민간 주도 시장질서로 이행하는 금융자유화기라고 할 수 있다. 마지막 시기는 외환위기부터 최근까지로 통화·금융의 위기와 발전의 시기라고 할 수 있다.

이 책은 통화와 금융에 초점을 두고 서술하고 있지만 이에 큰 영향을 미친 국가정책은 물론 배경이나 결과에 대한 설명이 필요한 경우 재정, 산업 또는 기업, 무역, 물가 등을 먼저 또는 함께 서술할 것이다. 예를 들어, 1950년대까지는 재정에 대한 이해 없이는 통화와 금융에 관련된 문제를 이해하기가 어렵기 때문에 이 부문에 대한 설명이 적지 않을 것이다. 앞서 출간된 많은 금융사 책은 주로 금융기관에 편중되어 있고 그것도 주로 은행에 초점을 두고 있었다. 그런데 이 책은 최근의 금융 현상이나 금융 문제까지 다루고자 과거 한국 금융을 좌우하였던 은행뿐 아니라 현재 한층 중요해진 보험, 증권도 이 책의 서술 대상에 포함시켰다. 이에 따라 우리나라 보험과 증권의 역사도 탄생부터 현재까지 살펴볼 것이다. 그리고 이 책은 갈수록 그 비중이 높아지고 있는 증권시장을 포함한 금융시장도 살펴보고자 자본시장과 보험시장의 형성과 발전은 물론이고 단기 금융시장에 대한 서술도 있을 것이다.

이 책은 총 9부로 구성되어 있다. 제1부에서는 개항부터 일제 강점 직전까지로 우리나라에서 근대적 통화가 등장하고 근대적 금융기관이 설립되었지만 우리나라는 독자적 통화제도 구축에 성공하지 못하고 일본의 통화권으로 서서히 편입되는 과정을 서술할 것이다. 제2부에서는 일제 강점부터 1910년대까지로 식민지 특수금융기관이 정착되고 일반은행이 발흥하면서 식민지 통화·금융 체제가 정비되어 가는 과정을 서술할 것이다. 제3부에서는 식민지 금융의 재편·확장 이후부터 중일전쟁 이전까지 식민지 특수금융기관이 성장하고 여러 일반금융기관이 설립되어 다양하게 된 반면에 일반은행이 정체하고 한국인의 금융 상황이 악화되는 과정을 서술할 것이다. 제4부에서는 중일전쟁부터 일제 패망까지 일제가 전쟁을 위해 수행하였던 통화·금융제도의 재편, 통화·금융정책과 그 결과에 대해 서술할 것이다. 제5부에서 광복 이후의 금융·재정위기에 대한 대응, 한국전쟁 중의 통화·금융정책과 통화개혁, 전후의 재정·통화·금융정책과 함께 한국적 통화·금융제도가 형성되어 가는 과정을 서술할 것이다. 제6부에서는 박정희 정부가 경제개발계획을 적극적으로 추진하면서 이를 위해 통화·금융제도를 재편·확장하고 금융기관과 금융시장을 경제개발의 수단으로 적극적으로 활용하는 과정과 이로 인해 발생한 문제들을 서술할 것이다. 제7부에서는 민간 주도의 시장경제 질서가 중시되면서 추진되는 금융자유화의 전개 과정과 이 시기에 변화하고 있는 금융기관과 금융시장에 대해 서술하고 이로 인해 발생한 문제들을 서술할 것이다. 제8부에서는 외환위기부터 최근까지, 즉 2019년까지로 우리나라의 통화·금융위기에 대한 대응과 이로 인한 기업과 금융의 구조조정, 금융기관 및 금융시장의 재편, 위기대응적 통화·금융정책 등에 대해 서술할 것이다. 제9부에서는 우리나라 통화와 금융의 장기적 추이를 보여주기 위해, 먼저 통화통계가 정비된 1905년부터 2019년까지 통화량과 통화 구성의 변화를 살펴보고, 이어서 우리나라 자금순환표 자료가 있는 1962년부터 2019년까지 금융의 양적인 성장과 구조 변화를 살펴보되 미국과 일본의 자료와 비교하여 한국 금융의 특징도 함께 살펴볼 것이다.

이 책은 통화·금융에 관한 다른 연구자의 많은 연구 결과를 바탕으로 저자의 그동안의 연구 결과를 보태어 우리나라의 통화·금융의 역사를 시기별·부문별로 정리하여 재구성한 것이다. 이 책은 가능한 한 일차 자료에 의거하여 주요 사항인 사건, 정책 및 제도를 정리하고 당시에 많은 사람들이 가지고 있었던 문제의식에 근거하여 통화·금융 문제를 서술하는 동시에 기존의 화폐사 또는 금융사 저술에서 분명히 하지 않았거나 간과하였던 점을 더 설명하고자 하였다. 이 책을 쓰면서 필자가 주목하고 있는 부분이나 특징을 제시해 보면 다음과 같다.

첫째, 한국의 금융기관이 왜 설립되었으며, 누구에 의해 설립되고 경영되고 있었는가를 구체적으로 밝히고자 한다. 광복 이전 한국의 근대적 통화·금융의 도입은 개항 이후 한국인에 의해서도 시도되었지만 광복 이전까지는 대부분 일본을 통하였거나 일본인에 의해 도입된 것이 주를 이루었다. 말하자면, 당시 일본은 근대적 문명 도입의 주요 통로이었다. 그러나 광복 이후에는 현대적 제도 도입의 중심 주체는 한국인이 되었고, 새로운 제도 도입의 주요 통로가 이제는 일본이 아니라 미국으로 바뀌었다. 예를 들어, 광복 이후 한국적 통화·금융제도의 중심이 되었던 「한국은행법」과 「은행법」은 사실상 미국인 블룸필드와 젠슨의 자문에 의해 결정된 것이나 다름없었다. 이 두 법은 결국 한국적 통화·금융제도의 새로운 출발점이 되었다. 그리고 우리나라의 기준통화가 개항 이후부터 광복 이전까지는 사실상 일본 엔(円)이었지만, 광복 이후에는 미국 달러가 되는 큰 변화도 있었다.

둘째, 한국의 금융발전은 금융시장의 탄생과 성장보다는 금융기관의 설립과 확장에 의해 주도되었기 때문에 어떤 금융기관이 설립되어 예금과 대출에서 어느 정도의 영향력을 행사하였는가에 대해 자세히 서술한다. 한국의 금융이 어떻게, 얼마나 발전하였는가는 금융기관의 업무와 경영성과를 통해 살펴보았다. 특히, 이 책에서는 금융기관의 자금운용과 자금조달을 가능한 구체적으로 분석하여 시기별 각 금융기관의 특징뿐 아니라 역할을 제시하고자 하였다.

셋째, 우리나라에서는 금융기관의 정책적 기능이나 역할에 대해 관심이 유난히 많기 때문에 이에 대해서 자세히 살펴본다. 어느 시대이든 민간의 자본축적이 낮은 단계에서는 금융기관과 정부의 역할이 매우 중요하다. 광복 이전에 일본인이 자국의 금융제도를 참고하여 많은 정책금융기관, 이른바 특수금융기관을 설립하여 일제가 부여한 정책 목표에 충실한 역할을 수행하도록 하였다. 광복 이후에도 우리나라 정부는 한편으로 정책 추진을 위해 여러 종류의 특수금융기관을 설립하면서, 다른 한편으로 민간금융기관까지도 정책 기능을 담당하도록 하여 정책의 추진력을 증대시켜 왔다. 아직도 많은 정책금융기관이 남아 있고 민간금융기관조차도 정부의 정책적 요구로부터 자유롭지 못하다.

넷째, 이 책은 아직은 많이 부족하지만 금융의 주요 부문인 은행, 증권, 보험 3부문 모두를 망라하였고 금융기관은 물론 금융시장을 포함하여 서술한다. 우리나라는 1950년대까지도 증권시장이나 보험시장이 이제 형성되기 시작한 초기 단계에 있었고, 이에 따라 증권과 보험이 금융에서 담당한 역할은 초기에는 매우 미미하였고, 1970년대 후반부터 부각되기 시작하였다. 1980년대부터 그 비중이 무시할 수 없을 정도로 커졌다. 외환위기 이후에는 은행의 비중은 크게 줄어든 반면에 증권과 보험을 빼고서는 금융을 설명할 수 없을 만큼 그 비중은 증대하였고 은행, 증권 및 보험 상호간의 경쟁도 치열해졌으며, 무엇보다도 증권시장의 역할이 증대하였다. 한국 금융의 역사에서 보험과 증권은 뒤늦게 그 중요성이 부각되었지만 현재적 관점에서 그 출현부터 다룬다.

다섯째, 이 책은 통화·금융에서 국가권력의 역할을 종합적으로 살펴보기 위해 각 시기별 주요 통화·금융정책에 대해서도 서술한다. 국가는 통화·금융제도의 도입이나 재편을 주도하였을 뿐 아니라 국가적 요구, 이른바 정책목표를 실현하기 위해 각 정부는 통화·금융수단을 적극적으로 활용하였고 그것은 통화·금융정책의 역사로 기록되었다. 이 정책에 대한 검토에서 시대적 과제를 쉽게 파악하고 통화·금융과 관련된 시기도 쉽게 알 수 있도록 필요한 경우 당시 정부명을 제시한다.

저자는 2002년에 『한국금융사, 1876~1959』라는 책을 이미 출판한 바 있다. 원래는 그 후속판으로 1960년대 이후의 한국 금융 발전에 관한 역사를 쓰기 위하여 준비하고 있었다. 그런데 이전에 출판한 책은 한문이 적지 않게 있어 한문에 익숙하지 않은 일반인이나 대학생들이 읽기 불편하고 서술의 범위가 은행에 집중되고 금융과 관련하여 중요한 부분인 통화, 보험, 금융시장에 관련된 부문이 없거나 부족한 점이 적지 않았다. 그 이후 많은 연구자들의 이와 관련된 연구 성과에다 저자의 노력을 보태면 부족한 부분을 보완할 수 있을 것으로 생각되어 이 시기에 관련된 부분도 수정·보완하여 출판 내용에 포함하였다.

이 책은 지금까지 연구한 것을 저자의 시각에서 정리해 담고 있지만, 이 분야에 익숙하지 않은 다른 연구자가 이 연구에 참여할 때 요구되는 많은 시간과 노력을 줄일 수 있도록 저자가 본 관련 자료를 정리하여 최대한 수록하고 가능한 한 상세한 설명을 하려고 노력하였다. 통화·금융에 대한 관심을 높이고자 주요 사건이나 주요 정책과 관련되는 일화도 간간히 넣어 보았다. 이 책의 독자, 특히 이 분야에 익숙하지 않은 독자들도 이 책을 통해 한국 통화·금융의 형성과 발전에 대한 윤곽을 잡고 나아가 각 시대의 상황 및 인식과 그와 관련된 구체적 사실을 알아가면서 이 분야에 대한 관심을 높이는 데에 조금이라도 도움이 되었으면 한다.

이 책의 출간에 즈음하여 통화·금융사 연구를 시작하도록 한 두 분의 은사님, 정운찬·안병직 선생님과 저자의 연구생활을 늘 격려해 주신 변형윤 선생님에게 먼저 감사를 드린다. 또한 저자의 연구를 지탱시켜 준 서울사회경제연구소와 그 회원들, 또한 근대사 연구 때 큰 도움을 준 낙성대연구소와 그 회원들, 특히 통화·금융 장기통계 작업 때 늘 함께 한 이명휘·이헌창 교수에게 감사드린다. 그리고 충북대학교 경제학과 류기철·이연호 교수를 비롯한 동료 교수들에게도 감사를 드린다. 필자의 연구에 많은 도움을 준 한국은행과 한국산업은행 관계자들, 자료 수집 과정에 도움을 준 한국은행 및 산업은행 도서관, 국립중앙도서관, 서울대학교 도서관, 충북대학교 도서관의 직원들에게 감사드린다. 국립중앙도서관, 한국은행, 국사편찬위원회, 동아일보, 각 연구소의 도서 및 자료의 디지털화는 코로나 19 대유행 시대에도 연구를 가능하게 하였을 뿐 아니라 연구기간을 줄이고 참고범위를 넓히는 데 큰 도움이 되었기 때문에 이에 대해 감사드리고 싶다. 마지막으로 이 책의 출간을 권유하고 기대 이상의 책으로 만들어 준 도서출판 해남의 노현철 사장과 직원들에게도 감사드린다.

2021년 8월

배 영 목

차례

서문 i

차례 vii

제5부 한국적 통화·금융제도의 형성

제15장 광복 직후 금융·재정위기와 그 대응

1. 광복 직후의 금융위기 475
2. 광복 이후 재정위기와 그 대응 482
3. 광복 직후 조선은행권 증발과 인플레이션 488

제16장 한국은행 설립과 한국전쟁기 재정·통화·금융정책

1. 한국은행의 설립 499
2. 한국전쟁 하의 재정정책 505
3. 한국전쟁 하의 통화·금융정책 510
4. 전쟁 인플레이션 515
5. 한국전쟁과 통화개혁 525

제17장 한국전쟁 이후의 금융제도 재편과 금융기관의 역할

1. 한국산업은행의 설립과 산업정책금융의 확장 537
2. 농업금융의 재개와 농업은행의 설립 542
3. 일반은행의 재편과 정상화 544
4. 증권시장의 재건과 동요 560
5. 보험기관의 재건과 확장 567

제18장 한국전쟁 이후의 경제안정과 통화 · 금융정책
1. 대한원조의 확대와 재정구조의 변화 577
2. 재정안정정책과 그 특징 583
3. 한국전쟁 이후 통화증발과 인플레이션 589
4. 한국전쟁 이후 통화 · 금융정책 595

제6부 경제개발을 위한 통화와 금융

제19장 경제개발계획의 추진과 통화 · 금융제도의 개혁
1. 경제개발계획의 추진 611
2. 박정희 군사정부의 통화개혁과 그 영향 616
3. 경제개발을 위한 금융제도 개혁 633
4. 일반금융기관의 설립과 확장 642

제20장 경제개발 시대의 금융기관
1. 금융기관의 체계와 구성 649
2. 예금은행의 업무와 역할 656
3. 비은행 금융기관의 업무와 역할 667

제21장 경제개발을 위한 금융시장의 육성과 성장
1. 「증권거래법」의 제정과 증권시장의 정상화 685
2. 자본시장 발전을 위한 제도적 정비 690
3. 기업공개와 증권시장의 성장 695
4. 단기 금융시장의 형성 705

제22장 경제개발을 위한 통화 · 금융정책과 그 귀결
1. 경제개발을 위한 통화 · 금융정책 713

2. 경제개발을 위한 통화 · 금융정책의 성과 726
3. 경제개발을 위한 통화 · 금융정책의 폐단 730

제7부 금융자유화의 전개와 귀결

제23장 금융자율화와 금융시장 개방
1. 금융자율화의 배경 747
2. 금융자율화 749
3. 금융시장의 개방 760
4. 금융자유화의 수준과 한계 765

제24장 경제정책의 전환과 정책금융의 재편
1. 경제정책 목표와 운용방식의 전환 775
2. 산입 재편성과 산업정책의 전환 781
3. 산업정책의 전환과 정책금융기관의 역할 783

제25장 금융자유화 시대의 금융기관
1. 금융기관의 체계와 구성 799
2. 예금은행의 업무와 역할의 변천 807
3. 비은행 금융기관 업무와 역할의 변천 818
4. 보험회사의 성장과 변친 826

제26장 금융자유화 시대의 금융시장
1. 금융자유화 시대의 주식시장 835
2. 금융자유화 시대의 채권시장 842
3. 증권시장의 국제화와 증권제도의 정비 850
4. 단기 금융시장의 육성과 발전 858

제27장 금융자유화 이후의 금융발전과 한국 경제

1. 금융자유화 이후의 금융발전 867
2. 금융개방 이후의 한국 경제 877
3. 금융 부문의 취약성과 금융안전망 확충 891

제8부 통화·금융위기와 한국 금융의 발전

제28장 통화·금융위기와 한국 경제의 구조조정

1. 통화·금융위기의 발발 907
2. IMF 관리하의 경제정책 프로그램 922
3. 전면적 금융자유화 927
4. 금융 부문 구조조정 929
5. 기업 구조조정 935

제29장 통화·금융위기 이후 금융기관의 재편과 확장

1. 금융기관의 체제와 구성 943
2. 은행 금융기관의 역할과 그 변화 958
3. 비은행 금융기관의 역할과 그 변화 976
4. 보험회사 업무와 역할의 변화 984

제30장 통화·금융위기 이후 금융시장의 재편과 확장

1. 외환위기 이후의 증권 관련 기관의 재편 997
2. 외환위기 이후 주식시장 1003
3. 채권시장의 성장과 구조 변화 1021
4. 기타 금융시장의 발전 1034
5. 투자금융기관의 재편과 금융투자업의 성장 1043

제31장 금융안정과 경제안정을 위한 통화·금융정책
1. 외환위기 이후의 금융불안과 그 대응 1053
2. 통화 및 금융의 안정을 위한 통화·금융정책 운용 체계의 개편 1063
3. 글로벌 금융위기의 발발과 그 대응 1072
4. 글로벌 금융위기 이후의 통화·금융정책 1079

제9부 한국의 통화 및 금융의 장기 추이

제32장 통화량과 통화 구성의 장기 추이, 1905~2019
1. 통화량 관련 지표의 변천 1100
2. 통화량과 장기 추이 1105
3. 통화의 구성과 장기 추이 1115
4. 맺음말 1122

제33장 자금순환표로 본 한국의 금융발전, 1962~2019
1. 자금순환표 자료 1128
2. 금융 부문의 금융구조와 그 추이 1134
3. 비금융 부문의 금융구조와 그 추이 1143
4. 한국의 금융발전과 금융구조 1151
5. 맺음말 1159

찾아보기 1163

제5부

한국적 통화·금융제도의 형성

제15장 광복 직후 금융·재정위기와 그 대응

제16장 한국은행 설립과 한국전쟁기 재정·통화·금융정책

제17장 한국전쟁 이후의 금융제도 재편과 금융기관의 역할

제18장 한국전쟁 이후의 경제안정과 통화·금융정책

제5부

우리나라는 일제로부터 해방으로 대일종속적 경제 체제에서 벗어나 자립적 경제 체제를 구축하는 과정이 시작되었다. 그러나 금융기관은 해방과 분단에 따른 예금인출과 금융자산의 부실화로, 재정기관은 물가폭등, 산업 기반의 상실 등으로 위기에 빠져 있었다. 조선은행은 통화를 발행하여 정부의 재정적자를 보전하고 금융기관의 지불 불능 사태를 예방하고 경영난을 수습하였다. 광복 이후 자본시장이 사라지고 극심한 인플레이션으로 장기 자금 동원이 불가능하자 거의 모든 금융기관은 고유 업무와 상관없이 단기 상업은행 업무만 취급하여 동질화되고 있었다. 미군정과 이를 이은 대한민국 정부가 금융제도의 재건을 시도하였지만 한국전쟁 발발 직전까지 중앙은행인 한국은행을 출범시키는 것에 그쳤다.

새로 출범한 한국 정부는 또 다시 한국전쟁으로 정치·경제적 혼란 속에서 전시재정을 꾸려 가면서 전쟁 수행을 위한 통화·금융정책을 시행하였다. 전쟁으로 지출은 더 늘어난 반면에 산업 기반의 손상 등으로 경제 활동이 위축되어 재정 기반은 더욱 위축되었다. 한국은행은 전쟁으로 재현된 재정위기와 금융위기를 통화증발로 해결하면서 적성통화 구축과 인플레이션 억제를 위해 전쟁 중에 통화개혁까지 실시하였다.

한국전쟁 이후 한국은행을 중추 기관으로 하는 금융제도의 재건이 시작되었다. 미국식 「은행법」이 시행되었고, 한국산업은행이 출범하면서 식산은행이 청산되었으며, 금융조합은 농업은행이라는 일반은행으로 출범하였다가 곧바로 특수은행으로 재편되었고, 동양척식회사는 신한공사를 거쳐 사라졌다. 광복 이후 국영화된 일반은행은 다시 민영화되었고 예금 증가와 자산재평가에 힘입어 점차 정상을 회복하고 있었다. 광복 이후 해체되었던 증권시장은 증권업자의 노력으로 재건되기 시작하여 대한증권거래소 개장이 이루어졌으나 개장 후 투기적 거래로 몇 차례 동요가 있었다. 그리고 보험회사도 공공·금융기관의 수요로 명맥을 유지하다 전후에 손해보험을 중심으로 재건되고 연이어 생명보험도 재건되기 시작하였다.

한국 정부는 전후에 국방 강화와 경제재건으로 인한 재정지출 팽창과 세원 부족으로 재정적자에 빠져 있었다. 한국 정부의 재정적자는 미국 원조와 한국은행의 통화증발로 보전되었다. 1950년대 말까지도 재정적자 보전을 위한 정부에 대한 대출로 통화팽창을 통제하기 쉽지 않은 상황에서 대출한도제라는 직접규제를 실시하였다. 그것도 통화팽창의 주요인이었던 정부와 특수은행 대출에 대해 통제력을 가지지 못해 그 효과는 제한적일 수밖에 없었다. 우리나라와 미국과의 협약인 「재정안정계획」이 1957년부터 실시됨에 따라 재정 기반이 강화되고, 금융제도 개혁으로 대출한도제가 더욱 강력해지면서 통화증가율도 낮아지고 물가안정도 달성되는 등 어느 정도 성과를 거두었다. 그리고 독립국가의 중앙은행인 한국은행은 우리나라 현실에 맞추어 본원통화 공급, 대출규제, 금리조정, 지불준비율 등의 정책수단을 활용하여 독자적인 통화·금융정책을 실시하였지만 여러 가지 현실적인 제약으로 정책목표를 제대로 달성하지는 못하였다.

제5부에서는 우리나라가 광복 이후 재정·금융위기를 극복하기 위해 통화·금융제도를 어떻게 활용하고 일제 식민지 통화·금융제도를 청산하면서 한국적 통화·금융제도가 어떻게 형성되고 정착되었는가를 설명하고자 한다. 첫째, 광복 이후 나타난 금융·재정위기와 이에 대한 대응을 파악하기 위해 일제 식민지 금융체제의 붕괴와 이로 인한 금융·재정위기와 그 수습 과정을 살펴보고, 그 결과로 나타나는 통화증발과 인플레이션의 전개 과정을 살펴본다. 둘째, 광복 이후 우리나라의 통화·금융제도의 중심에 설 한국은행의 설립 과정과 한국전쟁 동안 이루어진 통화·금융정책을 파악하기 위해, 한국은행 설립의 배경과 과정, 한국전쟁기의 통화·금융정책의 조건이 되는 재정정책, 통화·금융정책, 전쟁인플레이션 전개 과정을 차례로 살펴본 다음, 이에 대한 대응으로 실시된 통화개혁을 살펴본다. 셋째, 한국전쟁 이후 금융제도의 재건과 금융기관의 역할을 파악하기 위해, 한국산업은행의 설립과 이후의 역할을 살펴보고, 농업금융의 재개와 농업은행의 설립 과정, 일반은행의 재편과 정상화 과정, 증권시장의 재건과 그 이후의 성장과 동요, 보험회사의 재건 과정을 차례로 살펴본다. 넷째, 한국전쟁 이후 실시된 재정안정정책과 통화·금융정책을 파악하기 위해, 대한원조의 확대, 재정구조의 변화 및 재정안정정책, 통화증발과 인플레이션의 전개 과정을 살펴보고, 이어 우리나라에서 처음으로 시행된 한국은행의 본원통화 공급, 대출규제, 금리조정, 지급준비율 조정 등으로 이루어지는 통화·금융정책과 그 정착 과정을 살펴본다.

제 15 장

광복 직후 금융·재정위기와 그 대응

오십원
百圓

1. 광복 직후의 금융위기

한국은 일본의 패전에 따라 1945년 8월 일제의 식민지 지배로부터 해방되었고, 연이어 남한과 북한으로 분단되어 단기적으로는 광복과 분단에 따른 경제적 혼란을 수습하여야 했고, 장기적으로는 독립국가에 맞게 새로운 경제질서가 형성될 때까지 과도기의 혼란을 겪지 않을 수 없었다. 한국은 광복과 함께 일본의 자본과 노동력이 일시에 철수함으로써 주요 생산 기반이 손상을 입게 되었다. 더욱이 한국은 일선만(日鮮滿) 블록이라는 식민지 경제 체제에서 분리되자 일시적이지만 자급자족적 경제 체제로 회귀하여 생산과 무역이 동시에 위축되었다. 그리고 일제의 전시 경제 체제가 사라짐에 따라 통제경제에서 시장경제로 급격히 이행하여 가격구조는 광복 후 시장 상황에 맞게 새로이 재편되어야 하였다. 광복 후 한국은 일제 때와는 매우 상이한 경제 체제 속에서 나아갈 길을 찾아야 하였고 그동안은 경제적 혼란에 빠질 수밖에 없었다.

한국이 일제로부터 해방되면서 금융기관이 새롭게 직면하게 된 문제는 수없이 많지만 일차적으로 당면한 것이 예금인출 사태(bank run)이었다. 즉, 일본의 패망으로 일본인의 철수가 시작되면서 각종 금융기관 예금을 조선은행권으로 인출하려는 움직임이 일시에 나타나게 되었다. 그 결과 [그림 15-1]에서 보는 바와 같은 각 금융기관의 예금 잔액이 격감하였다.

이러한 사태는 일본인의 예금인출로부터 시작되었다. 미군이 한국에 진주하기 직전에 일본인이 징악하고 있던 금융기관은 일본인의 예금인출 사태에도 지불유예령(moratorium)을 내리지 않아 일본인과 한국인의 예금인출이 급속히 대량으로 이루어졌고, 이에 따라 조선은행권 발행액도 급증하였다. 즉, 1945년 8월 15일 현재 은행권 발행액은 49억 7,500만 원, 예금액은 41억 8,000만 원이었으나, 9월 말에는 은행권 발행액이 86억 8,000만 원으로 증가한 반면에 예금액은 19억 8,700만 원으로 줄어들었다.[1] 광복 직후 한 달 반 동안에 예금액의 52%가 인출되었던 반면에 조선은행권 발행

1 조신은행(1948), 『소선경제연보』, I-309.

[그림 15-1] 1945년 각 금융기관 예금 잔액의 월별 추이

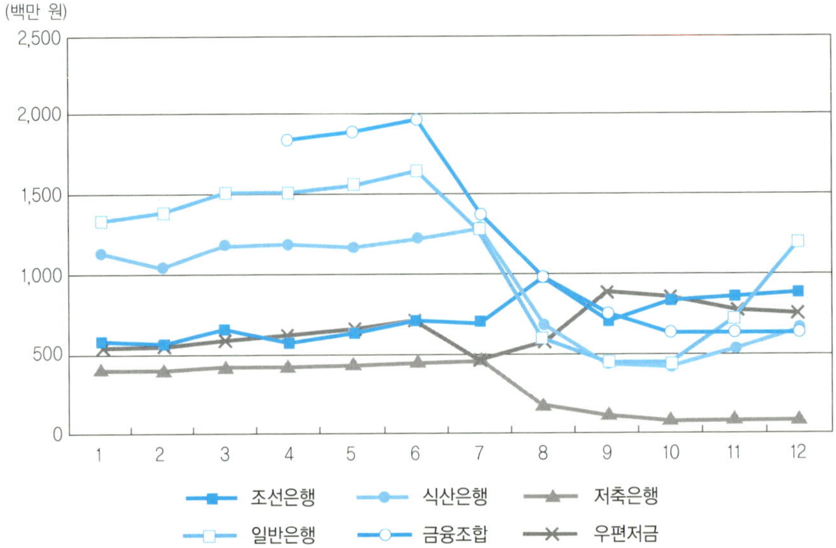

자료: 조선은행(1949), 『조선경제연보』(1948년판).

액은 75% 더 증가하였던 것이다. 모든 금융기관은 당시의 조선은행권 남발에 의한 현금의 급증에도 불구하고 예금인출 사태의 여파로 예금의 격감을 복구하지 못하였음은 [표 15-1]의 1945년 7월과 9월의 예금 잔액을 비교해 보면 잘 알 수 있다.

[그림 15-1]을 보면, 1945년 초까지만 하여도 예금은 증가하고 있었으나, 패전의 가능성이 드러난 7월부터 일반은행, 금융조합, 저축은행의 예금은 감소하기 시작하여 패전이 공포된 8월에는 모든 금융기관의 예금액이 일시에 급감하였다. 일제 말 많은 예금을 가지고 있었던 금융조합, 일반은행, 식산은행의 예금 감소가 특히 두드러졌다. 그러나 조선은행만은 이 시기에도 예금이 증가하고 있는데 이것은 조선은행의 은행권 발행을 통한 대출 증가와 이로 인한 예금 잔액의 증가가 예금인출 잔액보다 훨씬 많았기 때문이다.

미군정이 조선은행을 완전히 접수하고 조선은행의 긴급대출이 확대된 10월 이후에는 다른 금융기관의 인출 사태가 소강 상태로 접어들게 되었다. 그러나 각 금융기관

[표 15-1] 광복 전후 금융기관의 예금, 대출, 유가증권

(단위: 백만 원(圓))

		조선은행	식산은행	일반은행	저축은행	금융조합
예금	1945. 07	702	1,292	1,282	458	1,366
	09	691	43	440	99	752
	12	876	666	1,186	85	635
대출	1945. 07	1,093	1,942	1,068	82	395
	09	4,968	1,733	490	35	341
	12	4,543	1,819	698	24	325
유가증권	1945. 07	4,786	524	550	332	1,100
	09	208	525	553	332	469
	12	207	522	698	332	355

자료: 조선은행(1949), 『조선경제연보』(1948년판)』.

은 예금인출 사태에 따라 각 금융기관이 보유하고 있던 현금이나 예치금은 갑자기 줄어들었기 때문에 지급준비금 부족, 다시 말해 유동성 위기에 직면하여 조선은행으로부터 대출을 받지 않으면 안 되었다. 이에 따라 조선은행은 당시로 거액인 4억 원에 달하는 자금을 유동성 위기에 직면한 금융기관에 긴급히 대출하였다.

광복 직후 일본 정부, 일본인 사업체, 그리고 일본인 등 일본과 관련된 대출이 일시에 미회수 부실채권으로 변하자 각 금융기관은 자산상의 엄청난 손실로 인해 자본잠식 상태의 부실금융기관이 되었다. 각 금융기관은 해방의 결과로 전체 대출의 1/2 이상을 차지하던 일본계 기업체는 물론 일본인 개인의 대출도 회수할 수 없었다.[2] 1945년 9월 말 조선은행 62억 원, 금융조합 14억 원, 식산은행 5억 원, 저축은행, 상업은행, 조흥은행 각 3억 원씩 기타 금융기관과 민간 보유액까지 포함하여 합계 106억 원의 일본 정부 국채와 지방채를 보유하고 있었다.[3]

이와 같이 각 금융기관은 보유한 일본 관련 금융자산, 즉 대출과 유가증권이 회수

2 예를 들어, 1939년 말 일본인 대출이 전체 대출의 54.9%를 차지하였고, 그리고 1947년 3월 말 현재 각 금융기관이 보유하고 있던 일본계 기업에 대한 고정대출은 25억 원이었다(조선은행(1948), I-277, p. 290).

3 앞의 책, I-279.

[표 15-2] 광복 전후 조선은행의 자금조달과 자금운용(1944~1948)

(단위: 백만 원(圓), ( ): %)

연월	자금조달			자금운용		
	은행권 발행	예금	정부예금	대출	정부대상금	유가증권
1944. 12	3,135	508		1,000		3,352
1945. 06	4,378	710		989		4,317
1945. 12	8,763	876		4,828		203
1946. 09	8,680	691		4,881		208
1946. 12	17,710	6,736	(70.3)	17,312	(59.4)	203
1947. 12	33,388	23,369	(84.0)	49,941	(72.2)	180
1948. 12	43,444	15,130	(73.0)	52,848	(76.9)	180

자료: 조선은행, 『경제연감』(1949년판), pp. 80~81.

불가능한 자산으로 변함에 따라 금융기관은 이 자산들을 정리하여야 하였다. 그러나 각 금융기관은 거의 파산 상태에 있었고 인플레이션도 극심하여 민간예금의 유치가 어려워져 국고자금을 예치하거나 조선은행으로부터 대출받는 방법 이외에는 다른 자금조달 방법을 생각할 수가 없었다.

조선은행은 금융시장 붕괴 상태에서도 은행권 발행을 통해 조달한 자금으로 금융자산을 구입해 줄 수 있는 유일한 금융기관이었다. 조선은행은 광복 직후 예금인출 사태로 예금이 일시 감소하였지만 다른 금융기관과 달리 발권력을 이용하여 무제한 자금을 조달할 수 있었기 때문에 자금 부족에 빠지지는 않았다. 조선은행은 중앙은행으로서 재정위기에 빠진 정부와 경영난에 빠진 금융기관과 사업체에 필요한 자금을 은행권 발행으로 제공하고 있었던 것이다.

그런데 [표 15-2]에서 보듯이, 조선은행은 발권력에 의존하여 정부에 대한 대출, 이른바 정부대상금을 확대함에 따라 인출되지 않은 잔액이 누적되어 정부예금도 같이 증가하였다. 조선은행은 이러한 정부예금으로 인해 가장 많은 예금을 가진 기관이 되었다. 조선은행은 1946년 말에는 금융기관 전체 예금의 39%, 1947년 말에는 전체 예금의 51.4%까지 차지하게 되었으나, 1948년 말에는 30.7%를 차지하게 되었다. 조선은행은 이와 같이 발권력을 동원하여 정부에 대해 대출을 하고 이를 국고금으로 예치시킴으로써 대출과 예금에 주도적인 지위를 차지하게 되었다.

식산은행은 일제 식민지 시대에는 채권 발행과 예금을 통해 자금을 조달하여 각종 대출을 취급하는 금융기관으로서 조선 내에서 영향력이 가장 큰 금융기관이었다. 이 식산은행은 광복 직후 10억 원에 달하는 일본 기업체 채권을 보유하고 있는 가운데 채권시장이 붕괴하여 사라짐에 따라 이를 매각할 길도 없었고 식산은행 채권 발행을 통한 자금조달도 불가능해졌다. 광복 직후 예금인출 사태 이후에 예금도 격감한 남은 단기 자금으로 다른 일반은행과 같이 단기 상업은행 업무만을 수행하였다. 이 식산은행은 다른 은행과 비슷한 수준으로 예금을 회복하면서 대출을 확대할 수 있었으나, 다른 장기 자금원을 확보하지 않는 한, 일제 식민지 시대와 같은 수준의 장기 대출을 하는 산업금융기관으로서의 역할은 수행할 수 없었다.

일반은행과 금융조합은 일제 말 금융통제로 인해 대출이 제한되어 예대율이 매우 낮았다. 일반은행과 금융조합은 광복 후 예금인출 사태로 인한 예금 감소로 예대율이 일시적으로 상승하였다. 그러나 광복 후 채권시장이 붕괴됨에 따라 일반은행과 금융조합도 유가증권 투자를 할 수 없었기 때문에 대출을 확대하지 않으면 수익을 확보할 수 없었다. 그런데 1945년 10월에 공포하고 12월부터 실시한 미군정청의 「금융기관 융자허가제」(은행자유여신한도제)[4]로 인해 대출이 통제되었다. 이러한 정책으로 인해 일반은행과 금융조합은 1945년 말에, 식산은행은 1946년 말에 예금초과 상태에 있게 되었다. 이것은 정부와 조선은행이 발권력을 남용하여 재성자금을 방출하고 국고금을 늘릴 수 있게 되었으나, 다른 금융기관은 여신통제로 대출을 쉽게 확대할 수 없게 되었기 때문에 나타난 결과이다. 그러나 예금초과 상태에 있던 다른 금융기관도 1947년 중 여신 한도의 인상으로 예금 증가에 상응하여 대출을 신축적으로 확대시킴으로써 [표

4 첫째, 10만 원이 넘는 초과여신 확장이 금지되고, 둘째 초과여신에는 대부어음의 매입, 당좌대월, 보증인수, 국채, 사채, 주식의 매입이 포함되었고, 셋째 자금용도에 따른 주무국장의 추천과 재무국장의 사전허가를 받아 취급하도록 한 것이다. 이 융자 규모는 1947년 8월 50만 원으로 인상되었고 1949년 4월 200만 원으로 인상되었다(한국개발연구원(1995), 『한국경제 반세기 정책자료집』, pp. 60~61).

[표 15-3] 광복 전후 각 은행의 예금, 대출 및 예대율(1944~1948)

(단위: 백만 원(圓), ( ): %)

연월	조선은행			식산은행			일반은행			금융조합		
	예금	대출	예대율	예금	대출	예대율	예금	대출	예대율	예금	대출	예대율
44. 12	508	1,000	(197)	1,056	1,647	(156)	1,383	1,015	(63)	1,751	527	(30)
45. 06	710	989	(139)	1,218	1,813	(149)	1,653	781	(61)	1,968	549	(28)
45. 09	691	4,881	(706)	434	1,733	(399)	440	781	(111)	752	341	(45)
45. 12	876	4,827	(551)	666	1,819	(273)	1,186	781	(59)	635	325	(51)
46. 12	6,736	17,340	(257)	2,773	2,779	(100)	4,798	3,391	(56)	1,940	883	(46)
47. 12	23,369	49,940	(213)	5,140	7,423	(144)	10,174	13,656	(113)	5,051	2,174	(43)
48. 12	15,130	52,848	(349)	6,878	7,876	(115)	16,814	18,712	(93)	7,514	4,463	(59)

자료: 조선은행, 『경제연감』(1949년판).

15-3]에서 보듯이 예대율이 다시 상승하였다.

광복 이후 금융기관은 예금인출과 자산손실에 따른 자금 부족과 수지적자를 해소해야만 하였으나, 그것은 일본인 철수와 대일채권 상실이라는 사태와 관련되어 있어 스스로 해결할 수가 없었다. 더욱이 미군정을 대상으로 대출과 예금을 취급하고 있던 조선은행을 제외한 모든 금융기관은 적당한 대출 대상을 확보하기가 어려웠고, 일제 말과 같은 강권저축도 불가능하게 되어 저축권장운동도 별다른 효과를 거두지 못하였다. 더욱이 모든 금융기관은 광복 이후의 초인플레이션으로 단기 예금이 아니면 유치하기 어려웠고, 과거와 같은 장기 자금 동원을 위한 기채(起債)도 불가능하게 되었다. 그래서 미군정도 금융기관의 적자를 타개하기 위한 다음과 같은 몇 가지 조치를 강구하게 되었다.[5]

첫째, 조선은행은 1946년 4월부터 무이자 국고금을 일반은행에도 나누어 줌으로써 일반은행의 예금을 증가시키는 동시에 예대마진을 높여 주었다. 그 결과, 일반은행의 경우 국고예금이 예금액에서 차지하는 비중은 1946년 말에는 21%, 1947년 말에는

5 조선은행(1948), I-289~291.

19%가 되었다. 둘째, 미군정은 예금금리를 낮추고 대출금리를 높여서 일반자금의 예대마진을 높여 주고 조선은행 지준예치금의 예치이자율을 높여서 수입을 늘려 주었다. 셋째, 1947년 7월 은행 점포의 25% 정도를 정리하게 하여 은행의 경영난 타개를 강요하였다. 넷째, 인플레이션을 감안하여 자유여신 한도를 점차 확대하자 은행은 대출을 점차 확대할 수 있게 되었다.

이러한 금융기관에 대한 적자보전책이 효과가 없었던 것은 아니지만, 대출 증가를 통한 수익 증가가 지속되지 않는 한 금융기관의 경영난은 해결될 수 없었다. [표 15-3]에서 보듯이 1946년까지 대출액의 증가는 발권력을 가진 조선은행에 집중되어 다른 금융기관의 대출액은 상대적으로 크게 증가하지 못하였으나, 1947년 들어 전개된 미곡매집자금의 분여로 기타 금융기관의 대출액이 급증하여 금융기관의 자금난과 경영난이 빠르게 개선될 수 있었다. 즉, 미군정은 다른 금융기관은 물론 일반은행도 1947년 하곡자금을 시작으로 식량매집자금을 취급하도록 하였다. 그러나 일반은행이 단기예금만으로 이를 취급할 수 없게 되자, 조선은행은 1947년 총자금 120억 원의 90%에 해당하는 102억 원을 발권력을 동원하여 재할인대출 형태로 일반은행에 공급하였다.[6]

이러한 조선은행의 재할인 형식의 저리대출은 규모가 엄청나 일반은행의 대출재원 확보에는 물론 적자보전에도 결정적인 도움이 되었다. 조선은행의 미곡자금 재할인은 금융기관에 대한 대출을 급속히 증가시켰다. 조선은행의 금융기관 대출이 1946년 말 29억 원, 1947년 말 138억 원, 1948년 99억 원에 이르렀고, 이에 따라 식산은행, 저축은행, 일반은행, 금융조합의 차용금 합계는 1947년 말 89억 원, 1948년 74억 원에 이르렀다.[7] 따라서 광복과 함께 확대된 금융기관의 수지불균형은 조선은행이 발권력을 동원하여 저리의 대출을 확대함으로써 해소되었고, 그것은 인플레이션을 통해 전체 국민의 부담으로 귀결되는 인플레이션 조세, 달리 말해 화폐보유세(inflation tax)가 되었던 것이다.

6 조선은행(1948), I-230.
7 조선은행, 『경제연감』(1949년판), 통계편.

조선은행은 발권력을 동원하여 정부를 대상으로 대출을 확대하고 국고금을 장악하였기 때문에 적자가 통화증발과 함께 해소되어 갔다. 그러나 식산은행은 회사채라는 자금원을 잃게 됨에 따라 장기 자금을 공급하는 산업금융기관의 기능을 수행할 수 없게 되었고, 저축은행도 저축예금의 격감으로 저축 업무를 제대로 수행할 수 없게 되었다. 무진회사와 신탁회사도 계약 해제로 경영난에 처하자 단기 상업은행 업무의 취급을 시도하였다.

이와 같이 모든 금융기관이 상업은행의 기능만을 강화하려 하자 미군정은 1945년 말 무진회사, 신탁회사, 저축은행 등도 상업은행 업무를 겸할 수 있게 지시하였고, 그 다음 해에 이 금융기관도 일반상업은행으로 재출범하도록 하였다. 미군정은 1947년 외환 업무와 무역금융 업무를 위해 조선환금은행을 설립하였으나, 당시에는 외환시장이 존재하지 않고 물물교환인 구상무역에만 의존하고 있어서 제 기능을 수행하지 못하였으므로 결국 1950년 6월 신설된 한국은행에 흡수되었다.

2. 광복 이후 재정위기와 그 대응

해방과 함께 일본이 철수함에 따라 미군정이 한국의 재정권을 장악하게 되었다. 미군정은 「조선총독부 특별회계」를 1945년 9월 말부터 봉쇄하고 그해 10월부터 1946년 3월까지로 하는 예산을 새로 편성하여 집행하였다. 미군정은 일제의 「조선총독부 특별회계」를 봉쇄하였지만 예산은 조선총독부 특별회계와 같은 방식으로 편성하였다.

미군정이 처음으로 편성한 1946년도 예산을 조선총독부 1940년도 예산과 비교한 것이 [표 15-4]이다. 이 예산을 세출 면에서 비교해 보면, 군사비가 없는 대신 치안비의 비중이 매우 높고 다른 세출의 비중도 조선총독부 특별회계에 비해 높았다. 이 세출의 구성을 보면, 미군정은 미군을 주둔시켰기 때문에 군사비는 예산에서 사라진 반면에

[표 15-4] 1940년도 조선총독부 예산과 미군정 초기 1946년도 예산

(단위: 백만 원(圓), ( ): %)

세출	1940년도		1946년도		세입	1940년도		1946년도	
관업비	448	(50.6)	3,991	(33.8)	조세	149	(17.2)	722	(6.1)
치안비	55	(6.2)	2,382	(20.1)	인지수입	24	(2.8)	6	(0.1)
문교후생비	26	(3.0)	802	(6.8)	관업수입	454	(52.4)	6,680	(56.6)
산업행정비	26	(2.9)	1,957	(16.6)	잡수입	7	(0.8)	414	(3.5)
중앙행정비	193	(21.8)	219	(1.9)	차입금			4,010	(34.0)
지방행정비	43	(5.0)	1,887	(16.0)	공채	199	(22.9)	0	
공채비	42	(4.8)			잉여금	17	(2.0)	0	
기타	33	(6.0)			기타	14	(1.8)	0	
합계	886	(100.0)	11,800	(100.0)	합계	866	(100.0)	11,800	(100.0)

주: 이 비교자료에서는 군사비가 제외되어 있음.
자료: 한국산업은행(1955), 『한국산업경제십년사』, pp. 359~360.

광복 후 정치적 혼란을 예상해 치안비를 증액하고 관업은 그대로 유지하되, 다른 지출을 최대한 억제하려는 방침이 나타나 있다. 미군정이 광복 이후 경제적 혼란보다는 정치적 혼란 수습에 주력하였던 것이 예산에 반영되어 있다.

미군정은 광복 이후 정치·경제적 혼란으로 일제 말처럼 조세수입에 크게 의존하기 어렵지만, 철도 등의 관업은 큰 흑자를 낼 것으로 전제하여 관업수입을 주요 세입으로 한 예산을 편성하고 있음을 [표 15-4]에서 확인할 수 있다. 그런데 미군정은 전체적으로 관업수입이나 조세수입으로 세출을 감당할 수 없다고 보고 적자예산을 편성하고 그 적자를 조선은행 차입으로 보전하고자 하였다. 이와 같이 미군정은 일제로부터 해방되었던 과도기에는 균형재정이 불가능하므로, 미국의 재정에 부담을 주는 원조 증대보다는 부담이 전적으로 한국인에게 귀착되는 통화 발행을 통해 재정적자를 해소하는 방안을 강구하고 있었던 것이다.

미군정, 1948년 이후에는 한국 정부까지 정치적·경제적 혼란으로 단기적으로 조세수입 증대를 기대하기 어려운 상황이었으므로 세출의 상당 부분을 관업수입으로 충당하기로 하였지만 예상되는 적자를 피할 수는 없었다. 이러한 예산상의 재정적자만도 세입 중에서 차지하는 비중이 1946년 32.1%, 1947년 20.6%, 1948년 17.6%이었다.[8] 미군정이 이러한 적자예산을 편성하게 된 것은 무엇보다도 광복 후 독립국가로서 체제를 정비해 가면 지출은 더 증대되겠지만 조세수입은 과도기에는 도리어 줄어들 것이라고 예상하였기 때문이었다.

1948년 8월 대한민국 정부가 남조선과도정부[9]를 거쳐 정식으로 출범하면서 모든 재정 활동을 일반회계의 틀 속에 편입시키되, 관업을 특별회계로 분리하고 그 순수입만을 일반회계에 포함시켰다. 조선총독부 재정, 즉 조선총독부 특별회계에는 관업의 지출과 수입이 모두 포함되어 있으므로 단순히 비교하면 조선총독부 재정 규모는 과대평가된다. 이러한 문제점을 감안하여 일제의 조선총독부 재정을 한국 정부의 재정 회계 방법으로 재편성하여 세출의 규모와 구성비를 제시한 것이 [표 15-5]이다.

미군정은 광복 이후 정치적 혼란에 대응하면서 경제적 혼란에도 대응하여야 하였기 때문에 처음부터 재정수요의 팽창에 직면하고 있었다. 그래서 미군정은 [표 15-5]에서 보듯이 군사비 지출을 예산편성 과정에서 낮추는 평시 재정으로의 전환을 추진하였다. 그러나 한국 정부가 출범하면서 국군을 창설함에 따라 국방비가 늘어나 [표 15-5]에서 보듯이 치안·군사 관련 지출 비중이 점차 증가되어 한국 정부 출범 이후인 1949년도에 이르면, 군사비, 사법경찰비의 비중은 도리어 일제 때보다 높게 되었다. 반면에 경제적 혼란의 수습에 필요한 산업경제비의 비중은 일제 때보다 낮게 되었고, 그 추세는 한국 정부가 출범한 후에도 그대로 유지되었다.[10] 이와 같이 광복 후 한국의 재정이 전시 재정으로부터의 탈각이 시도되었음에도 불구하고 국방·치안비의 급증으로 평시 재정으로 완전히 전환되지 못한 채 1950년 6월 한국전쟁이라는 사태로 전시 재정으로 되돌아갈 수밖에 없게 되었다.

[표 15-6]에서 광복에 따른 재정수입 구조의 변화를 보면, 조세수입 비중은 일제 때

---

8 한국산업은행(1955), 『한국산업경제십년사』, 재정, pp. 359~365.

9 1947년 2월 미군정청이 행정권을 한국인에게 제한적으로 이양하기 위해 미국인은 고문으로만 남고 민정장관 안재홍과 한국인 부처장이 업무를 처리하였던 정부를 지칭함.

10 1949년도 관업비의 비중이 급속히 줄어든 것은 전매·교통·통신 사업 등의 관업이 특별회계로 분리되었기 때문이다.

[표 15-5] 1940년대 세출과 그 비율(1940~1949)

(단위: 백만 원(圓), ( ): %)

회계 연도	일반 행정비	치안비 (경찰사법)	군사비 (국방비)	교육 문화비	공공 사업비	산업 경제비	공채 차입비	기타 경비	합계
1940	(17.5)	(5.6)	(14.2)	(5.4)	(11.9)	(22.5)	(10.3)	(12.5)	358
1941	(17.0)	(4.3)	(18.5)	(4.6)	(13.0)	(22.6)	(9.4)	(10.6)	516
1942	(13.8)	(8.3)	(24.7)	(5.4)	(7.0)	(13.9)	(8.2)	(18.8)	666
1946	(26.0)	(6.7)	(7.8)	(9.6)	(4.1)	(9.7)	(0.0)	(36.2)	10,620
1948	(14.5)	(16.1)	(29.3)	(9.9)	(6.4)	(15.6)	(1.9)	(6.2)	27,580
1949	(10.1)	(15.7)	(30.9)	(9.4)	(5.6)	(17.8)	(4.2)	(6.3)	77,590

주: 1) 조선총독부(1931~1942년도), 미군정(1946~1948년도), 한국 정부(1949년도 이후)에서 1931~1948년도 중앙정부의 회계 중 전매사업 순수입을 포함하고 나머지 관업수입 중의 순수입은 기타 수입으로 분류.
2) 1940~1942년도는 예산이고 나머지는 모두 결산임.
3) 조선총독부 특별회계에서 관업수입은 제외.

자료: 대장성(1955, 1961), 『명치대정재정사』, 『소화재정사』; 조선총독부, 『조선총독부통계연보』; 水田直昌(1974), 『총독부시대의 재정』; 한국산업은행(1955), 『한국산업경제십년사』, 통계편.

[표 15-6] 1940년대 세입과 그 비율(1940~1949)

(단위: 백만 원(圓), ( ): %)

회계 연도	조세 수입	인지 수입	전매 수입	기타 수입	소계 (A)	국공채 수입	차입금	소계 (B)	재정 원조	합계 (백만 원)
1940	(38.0)	(5.5)	(10.3)	(14.6)	(68.4)	(28.9)	(0.0)	(28.9)	(2.7)	540
1941	(36.3)	(4.8)	(11.1)	(22.4)	(74.6)	(23.5)	(0.0)	(23.5)	(1.9)	667
1942	(41.9)	(4.3)	(12.2)	(21.6)	(80.0)	(18.4)	(0.0)	(18.4)	(1.6)	808
1946	(11.6)	(0.1)	(15.1)	(0.0)	(26.8)	(0.0)	(73.2)	(73.2)	(0.0)	10,720
1948	(26.8)	(2.2)	(19.7)	(6.8)	(55.5)	(0.0)	(44.5)	(44.5)	(0.0)	30,680
1949	(15.8)	(1.1)	(17.2)	(2.7)	(36.7)	(10.6)	(52.5)	(63.1)	(0.3)	86,030

자료: [표 15-5].

40%에서 광복 후 10% 수준으로 급격히 줄어들고 있다. 그에 따라 광복 이전에는 80%에 이르렀던 재정자립도가 광복 직후인 1946년도에는 30% 이하로 급락하였다. 물론 미군정이 재정수입을 늘리고 증세를 도모하고 한국 정부가 출범한 1948년도에는 조세수입의 비중이 다시 늘어나지만 재정자립도는 50% 이하로 다시 떨어졌다.

조선총독부는 일제하에서 재정적자를 공채 발행, 차입, 그리고 보충금이라고 부른 일본 정부 보조금으로 보전하였다. 일제 말에는 차입이 아닌 공채 발행에 주로 의존하여 재정적자를 보전하였음을 [표 15-6]에서 확인할 수 있다. 그러나 미군정 때는 물론이고 한국 정부가 출범한 이후에는 금융기관의 경영난과 초인플레이션(hyper-inflation)으로 국채 소화가 불가능하였고, 미국 정부의 미군정에 대한 재정원조도 전개되지 않았기 때문에 부족한 자금을 조선은행 차입에 의존하여 보전하고 있었던 것이다.

미군정은 해방의 충격과 당시의 정치·경제적 혼란으로 징세권을 제대로 행사할 수 없을 만큼 조세 기반이 매우 협소하였다. 무엇보다도 광복 직후의 일본 경제로부터 분리와 남북경제의 양분으로 인한 경제적 혼란으로 산업 기반이 약화될 대로 약화되어 있었다. 그뿐 아니라 광복으로 일제 말의 전시 조세기구가 제대로 작동되지 못하였고, 또한 광복 후 인구와 재산의 급격한 이동으로 세원조차 제대로 파악이 안 되어 조세수입의 실질적인 증가가 어려웠고, 관업수입도 실질적으로 증가하기보다는 감소하였다.

미군정은 이러한 상황에서 폭발하는 재정수요를 감당하기 위해 조선은행의 발권력을 동원하였다. 즉, 미군정은 1946년 10월에서 다음 해 3월까지 예산에서 이미 37억 원에 달하는 미군정의 재정적자를 조선은행의 정부대상금, 즉 조선은행 차입으로 보전하였다. 그 비중은 전체 예산의 32.1%에 달하였고, 그 결산에서는 적자가 더 증가하였다. [표 15-6]의 결산을 보면, 차입금이 73.2%, 전매순수입이 15.1%, 조세가 11.6%를 차지하였다. 그리고 1948년도에는 차입금이 44.5%, 조세가 26.8%, 전매순수입이 19.7%를 차지하였다.

미군정이 조선은행 발권력에만 의존하여 재정적자를 해소해야 할 만큼 심각한 세입 부족 상태에 있었음에도 불구하고 재정 기반 강화 대책을 강구하는 것에 대해서는 미온적이었다. 미군정은 일제 말 전시하에서 잡다하게 된 세금을 정리하기 위해 각종 임시조세를 폐지하였지만, 이를 대체할 만한 세원을 확보하지 못해 소득세만 중과하는 것에 그쳤다. 그 결과, [표 15-6]에서 보듯이 일제 때에는 40% 가까이 되었던 조세의 비중이 10~20% 수준으로 격감하였다. 미군정은 관영요금 인상을 통한 재정수입의 증대를 도모하였으나, 관업의 경영난으로 수입 비중이 급감하고 있었다.[11] 미군정이 막대한 귀속재산을 관리하였으나, 그것도 농지를 제외하면 수입에 큰 도움을 주지 못해 기타 수입도 일제 때 비해 감소하였다. 그리고 미군정은 광복 이후 원조를 전개하였으나, 1948년도 이전에는 재정에 편입시키지 않았다.[12]

이승만 정부는 1948년 출범한 이후 재정권을 장악하면서 재정균형을 시도하는 한편 ECA 원조[13]를 받기 위해 미국과 회담에 들어가면서 재정안정정책을 실행하였다. 첫째, 한국 정부는 1948년 10월부터 곧바로 세제개혁위원회를 설치하였고, 그 다음 해부터 1950년 3월까지 16개의 세법을 제정·공포하고 실행에 들어갔다. 둘째, 한국 정부는 관업의 수지균형을 위해 대부분의 관업을 특별회계로 분리하였다. 셋째, 한국 정부는 차입금을 줄이기 위해 처음으로 건국국채 100억 원을 발행하여 재정적자에 따른 통화 남발을 줄여 보고자 하였다. 그리고 원조를 1948년도 예산부터 반영하여 부흥사업을 시도하였으나, 원조가 계획대로 이루어지지 않아 이것이 도리어 재정적자를 확대시키는 요인이 되었다.

한국 정부의 출범 이후에도 인플레이션은 여전히 수습되지 않았고, 치안·국방과 관련된 새로운 재정지출 요인이 발생하였다. 정부는 1950년 초까지 3차례의 예산을 편성하면서 세출이 증대하였으나, 예산확장의 전제가 되었던 ECA 원조의 실행 여부조차 결정되지 않자 결국 1949년도 총세입의 48.0%를 조선은행으로부터 차입하기로 하였다. [표 15-6]을 보면, 세입에서 조세와 전매수입의 비중은 각각 15.8%, 17.2%로 예산보다 줄어든 반면, 공채 및 차입의 비중은 63.1%로 늘어나게 되었다.

11 관업수입이 예산에서 차지하는 비중은 1946년도 58.2%, 1947년도 40.3%, 1948년도 34.6%이었다(한국산업은행(1955), 재정, pp. 359~365).

12 미군정기부터 점령지역행정구호(GARIOA) 원조가 있었고, 한국 정부 수립 후에는 주한경제협조처(ECA) 원조가 있었다. GARIOA 원조는 1945년부터 소비재의 긴급한 구조를 통해 식량 부족과 질병구호를 도모하고 이 물자의 판매를 통해 인플레이션을 수습하려는 목적하에 1945년 광복 직후부터 이루어진 것으로 1949년에 종결되었다.

13 ECA 원조는 경제부흥을 통해 공산화의 위협으로부터 방어하자는 이른바 마셜계획에 의한 원조로서 1948년 12월 한국과 미국의 협정에 의해 성립되었다. 이 원조는 초기에는 소비재 물자도입에 그쳤으나, 1949년부터 투자지원 형식으로 바뀌면서 탄광, 화력발전, 비료 등의 건설과 철도, 교량, 통신 등 사회간접시설의 형성에 기여하였다. 이 원조는 미의회 승인 과정에서 삭감되었고, 한국전쟁의 발발과 함께 중단되었다.

3. 광복 직후 조선은행권 증발과 인플레이션

미군정이 화폐발행권 접수를 발표한 것은 1945년 9월 7일이다. 즉, 미군은 포고 제3호로 점령군이 발행하는 보조군표인 「A」형 원(圓)통화를 남한지역의 법화로 정하고 남한지역에서 통용되는 원(圓)통화를 일본은행과 대만은행이 발행한 태환권을 제외하고 액면대로 미군표와 교환하기로 하였다. 그러나 일본 군표는 통화로 인정하지 않고 화폐, 채권 등의 수출입도 금지하였다.

"제1조 법화

1. 점령군에서 발행한 보조군표인 「A」인(印)의 원(圓)통화는 북위 38도 이남의 조선지역에서 공사(公私)의 변제에 사용하는 법화로 정함.
2. 점령군에서 발행한 보조군표 「A」인(印)의 원(圓)통화와 현재 북위 38도 이남의 조선지역에서 통용되는 법화인 보통의 원(圓)통화는 일본은행과 대만은행에서 발행한 태환권을 제외하고는 액면대로 교환 가능함.
3. 기타의 통화는 북위 38도 이남의 지역에서는 법화로 인정하지 않음.

제2조 일본 군표인 원(圓)화폐

4. 일본 제국정부나 또는 일본 육해군에서 발행한 군표와 일본 점령군이 사용한 통화는 모두 무효, 무가치하고 또한 이와 같은 통화의 유통은 어떠한 거래에서라도 금지함.

제3조 통화의 수출입 금지

5. 지폐, 보조화폐 또는 채권의 수출입을 포함한 대외금융거래는 본관이 허가한 경우 이외에는 금지함.
6. 금융거래는 북위 38도 이남의 조선지역 내에서 시행하는 것을 제외하고 다른 것은 대외금융거래로 간주함."[14]

14 미육군 태평양사령부 포고령 제3호(보조군표A와 조선은행권 법화 지정).

그러나 조선은행권이 한국의 통화로 뿌리를 내린 상황에서 이러한 미군표 통용은 도리어 혼란을 초래할 것이라는 우려로 미군정은 이 계획을 포기하고 조선은행권을 법화로 인정한다고 9월 16일 공포하였다.

미군정은 일본의 화폐발행권을 접수하여 별도의 통화를 발행하려던 계획은 혼란을 우려하여 취소한 다음, 조선은행을 접수하기 위해 9월 11일부터 조사를 시작하였다. 그런데 아놀드(A. V. Anold) 미군정 초대장관이 조선은행 총재로 임명되고 실제로 접수한 것은 9월 30일이었다. 따라서 광복 이후 거의 한 달 이상 동안 화폐발행권이 일본인 손에 있었고, 광복 직후부터 그때까지 미증유의 통화남발이 전개되었다.

조선은행의 은행권 발행은 광복 직전인 1945년 8월 14일 48억 4,000만 원인데, 이를 지역별로 보면 남한이 18억 9,000만 원, 북한이 19억 7,000만 원, 관동주(關東州) 및 만주(滿洲)가 13억 5,000만 원, 중국 2억 5,000만 원, 일본 1억 3,000만 원 정도이었다.[15] 조선은행권 발행액이 1944년 9월에 22억 6,000만 원이므로 광복 직전 1년도 안 되는 기간 동안 2배 이상 급증하였다. [그림 15-2]에서 보듯이, 조선은행권 발행고는 특히 해방되던 8월 15일 이후 급증하여 8월 말에 79억 9,000만 원, 9월에는 86억 8,000만 원이었다가 1945년 말에는 87억 6,000만 원에 달하였다. 그러면 광복 직후 미군정이 조선은행을 접수하기 전 일본인이 조선은행을 관리하고 있는 동안에 조선은행권 발행액이 한 달 동안 30억 원 정도 급증한 과정을 살펴보자. 광복과 함께 일본인 금융기관에 대한 예금인출 요구에 대응하여 현금수요가 급증하자 아직 일본인이 담당하고 있던 조선은행은 22억 원의 조선은행권을 발행하였고, 다른 금융기관이 보유하고 있는 유가증권을 조선은행권을 발행하여 회수하였기 때문이라고 할 수 있다.[16]

광복 직후 한 달 동안의 통화남발은 일본인이 일본의 패전에도 불구하고 그들의 자산과 인력 철수를 위해 해방된 한국에 대한 청구권을 행사하려고 화폐발행권을 스

15 조선은행사연구회(1987), 『조선은행사』, p. 722.

16 조선은행, 『조선경제연보』(1948년판), Ⅰ-293. 이 당시 조선은행은 조선총독부 및 군대에 대한 지출 6억여 원, 금융기관 대출 2억 5,000만 원, 예금인출액 19억 5,000만 원이었다는 증언도 있다(水田直昌·土屋喬雄 편(1962), 『재정금융정책에서 본 조선통치와 그 종국』, 우방협회, pp. 134~135).

[그림 15-2] 광복 전후 조선은행권 발행고와 서울 소비자물가지수(1944~1945)

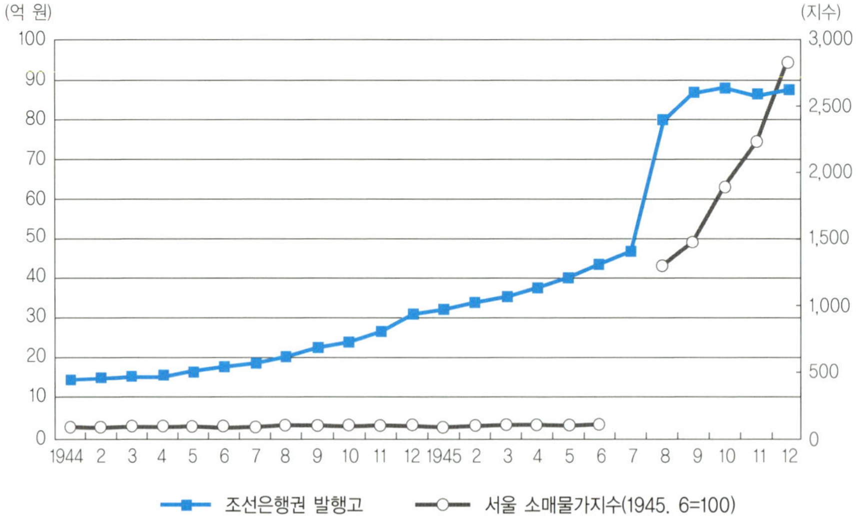

자료: 조선은행, 『조선경제연보』(1948년판), Ⅲ-65, p. 119.

스로 이용함으로써 시작되었던 것이다. 즉, 일본인은 장래에 일본 정부의 부채가 될지도 모를 모든 일본 화폐 및 유가증권을 일본으로 이동시키기 위한 방편으로 일본은행권과 일본의 유가증권 회수를 도모하였고, 그리고 일본인이 조선의 금융기관에 예치된 예금을 조선은행권으로 인출하자 이 금융기관은 비상시대출로 조선은행으로부터 일시에 차입하게 되었다. 광복 직후 일본인에 의한 조선은행권의 남발은 정권 이전 기간 동안 일본으로부터 화폐발행권의 회수가 지체되었던 결과이지만, 미군정이 당시의 일본인의 예금인출에 대해 아무런 조치를 취하지 못한 것도 문제였다.[17]

한국은 광복으로 일본으로부터 화폐발행권을 되찾을 수 있게 되었지만, 실제로 화폐발행권을 장악한 것은 미군정이었다. 미군정이 조선은행 접수를 통해 통화발행

17 일본인이 해방 직후에도 금융기관을 폐쇄하지 않고 조선은행권을 남발하여 예금을 인출하였던 것은 조선은행권이 해방 후에도 계속 법화의 자격을 가지고 있었던 것에서 비롯되었지만 조선은행권은 다른 유가증권과는 달리 이것이 일본 정부의 부채가 될 수 없다고 생각하였던 것에서 비롯되었다고 해석된다. 한국 정부도 대일청구권을 행사하면서 조선은행권은 문제로 삼지 않았다.

권을 장악한 이후에도 통화남발은 지속되었다. 통화남발은 1945년 말까지는 미군주둔비의 지출, 귀한동포의 일은권 교환, 조선은행의 비상시대출의 증가로 계속되었고, 미군정이 재정적자를 보전하고자 조선은행으로부터 거액의 자금을 정부대상금으로 차입함으로써도 가속화되었다.[18]

그리고 이러한 통화증발은 조선은행이 미군정하의 재정적자를 보전하기 위해 정부대상금 형태의 대출을 하고, 식량 확보를 위해 거액의 대출을 하게 됨으로써 계속되었던 것으로 보인다. 즉, 「해방 후 조선은행권의 발행추세」라는 자료에 의하면, 광복부터 1947년 말까지 통화팽창액 284억 원 중에서 곡물계절수집자금이 111억 원에 이르고, 그에 대한 정부보상금이 30억 원에 이르렀다.[19] 따라서 1946년부터 1947년까지 통화증발은 곡물수집자금의 방출에 의해 주도되었다고 할 수도 있으나, 그것은 정부대상금 및 금융기관의 대출 확대로도 설명될 수 있는 것이었다.

1945년부터 1949년까지의 통화량[20] 증감 요인을 [표 15-7]에서 보면, 통화팽창은 무엇보다도 조선은행의 대정부순신용(정부대상금-정부예금)의 증가로 인한 것이었음을 알 수 있다. 즉, 미군정 통치가 본격적으로 실시되면서 막대한 재정적자가 나타나자 조선은행은 정부대상금을 대출하였고, 이것의 일부는 현금으로 인출되고 일부는 정부예금으로 예치되었다. 어느 형태로든 통화량 증가율이 증가하는 이른바 통화증발이 초래되었던 것이고 이러한 현상은 한국 정부가 출범한 1948년 이후에도 그대로 지속되었다. 대정부순신용의 증가분이 통화증가분에서 1946년 39%, 1947년 58%, 1948년 80%, 1949년 81%를 차지할 정도로 정부의 재정적자가 통화증발에 결정적인 영향을 미치게 되었던 것이다.

[표 15-7]을 보면, 조선은행의 정부대행기관 대출로 분류되어 있는 정부의 농산물

18 조선은행(1948), p. I-293.

19 앞의 책, p. I-292.

20 M1은 당시 '통화량 제1의(第一義)'을 말하고 M2는 '통화량 제2의'를 말하는데 이 책에서는 편의상 '제1통화량', '제2통화량'이라고 할 것이다. 제1통화량은 민간 및 정부대행기관이 보유한 현금과 당좌예금을 합친 것이고, 제2통화량은 여기에 민간 및 정부대행기관이 보유한 기타 예금을 합친 것이다.

[표 15-7] 1945~1949년간 통화량 증감의 주요 요인

(단위: 백만 원(圓))

연월	제2통화량 (M2)	정부대상금 -정부예금	원조물자 매상금	조선은행 대출		기타 금융기관 대출	기타 요인
				정부대행기관	민간		
1945. 12	11,829	81		232	875	290	10,351
1946. 12	27,194	6,048		3,800	300	4,000	13,046
1947. 12	53,647	15,300	-4,391	-3,300	100	18,700	27,238
1948. 12	73,700	15,900	-4,200	1,700	600	6,700	53,000
1949. 12	130,600	45,900	-35,600	22,400	2,000	17,400	78,000

자료: 한국은행, 『경제연감』(1955년), 통계편 금융(19).

매집을 지원하기 위한 계절자금의 살포도 통화증발에 계속 큰 영향을 미치고 있었다. 그런데 이 계절자금은 조선은행뿐 아니라 다른 금융기관에도 경영난을 해소하기 위해 분여되었는데, 그 자금은 조선은행의 발권력에 의해 창출된 것이었다. 조선은행은 앞서 설명하였듯이, 다른 금융기관의 경영난을 해소하기 위해 비상시대출 또는 재할인을 통해 대출을 확대하였고, 다른 금융기관은 그에 따라 대출을 증가시킴으로써 통화량을 팽창시켰다. 다른 금융기관의 대출 증가분이 통화량에서 차지한 비중도 1946년 26%, 1947년 71%, 1948년 34%, 1949년 31% 정도가 되었다. 따라서 조선은행이 발권력을 동원하여 광복 직후의 금융기관 경영난을 일단 수습하기 위한 대출 확대도 당시 통화증발의 주요 요인이었고 할 수 있다.

정부는 한편으로 재정 부문의 적자뿐 아니라 금융기관의 적자와 예금 부족을 해소하기 위해 조선은행의 발권력을 동원하면서도 다른 한편으로 원조물자의 판매를 통해 통화를 환수하고 있었다. 원조물자의 판매를 통해 환수된 금액이 통화량 증가분에서 차지하는 비중도 1947년 17%, 1948년 21%, 1949년 54%에 이르게 되었다. 그렇지만 그것만으로 대정부 여신의 증가에 따른 통화증발을 막기에는 그 비중이 1948년을 예외로 하면 너무 적었다. 미군정은 물론 1948년 수립된 한국 정부도 통화증발 수습에는 제대로 들어가지 못하였다. 그렇지만 통화량 증가는 제1통화량(M1) 기준으로 1945년 183%, 1946년 117%, 1947년 99%, 1948년 41%, 1949년 74%로 다소 완만해졌다. 특히, 원조물자대금의 회수가 활발하였던 1948년에 가장 통화증가율이 낮았다는 점이 주목된다.

그런데 [그림 15-2]에서 보는 바와 같이 광복 이후 나타난 통화증발과 함께 물가폭등도 나타났다. 일제 말까지 물자배급기구와 공정가격제도에 의해 억압되었던 물가상승은 해방과 함께 물자배급기구가 해체되면서 공정가격제도가 무력화됨에 따라 광란에 가깝게 폭등하는 형태로 현실화되었다. 즉, 1945년 6월 말에서 8월 말까지 물가지수는 14배로 폭등하였다. 일제로부터 해방의 충격이 물가통제기구의 소멸과 함께 곧바로 물가폭등으로 나타났던 것이다. 따라서 광복과 함께 나타난 물가폭등은 광복과 함께 나타난 예금인출 사태와 그로 인한 조선은행권, 즉 현금의 폭증으로 구매력이 급증하였던 반면에 일제의 물가통제기구 와해, 생산의 중단 등으로 물자공급이 일시에 중단되었기 때문이라고 할 수 있다.

이와 같이 광복과 함께 나타난 물가폭등 현상은 그 폭이 다소 줄어들었지만 지속되고 있었다. 즉, 서울 도매물가의 상승률은 1945년 576%, 1946년 378%, 1947년 198%, 1948년 62.9%, 1949년 36.8%에 달하였다.

1948년까지는 M1을 기준으로 한 통화증가율보다도 물가상승률이 훨씬 높기 때문에 [표 15-8]에서 보듯이, 물가지수가 통화량지수보다 훨씬 높은 것으로 나타났다. 따라서 광복 후의 초인플레이션(hyper-inflation)은 광복 직후 지속된 통화증발에 의해서만 초래되었다고 보기는 어렵다. 즉, 광복과 함께 전시하의 물가통제기구가 붕괴되고, 남북분단과 함께 원료, 에너지, 기술인력 부족에 따라 생산 기반이 극심하게 손상된 상황에서 통화남발이 함께 지속됨에 따라 인플레이션은 쉽게 수습되기는 어렵게 되었던 것이다.

광복, 즉 일제로부터 해방은 일본 경제와의 단절을 의미하는 것이다. 일본으로부터 공급받았던 모든 생산요소, 즉 일본의 자본, 기술, 자재, 인력 등이 광복 직후 일시에 사라지게 됨에 따라 한국의 산업, 특히 공업은 생산 기반의 손상으로 위기에 직면하였다.[21] 그리고 당시에 중화학공업지대가 되어 있던 북한과 경공업지대가 되어 있던 남한의 분단과 북한으로부터의 전력공급 중단은 남한 공업에 심각한 타격을 주었

[표 15-8] 1945. 8~1949. 12 주요 물가지수의 동향

(단위: 백만 원(圓))

연월	통화량(M1) 1945. 9=100	서울 소비자 물가지수	서울 도매 물가지수	주요 품목의 서울 도매물가지수				
				곡물	섬유	연료	건축재	비료
1945. 08	100	100	100	100	100	100	100	100
1945. 12	106	218	249	107	398	185	432	296
1946. 12	227	793	1,459	575	2,603	692	4,243	1,913
1947. 12	438	1,666	3,327	844	5,476	1,621	6,770	3,443
1948. 12	602	2,772	6,155	1,150	9,001	2,160	11,481	3,128
1949. 12	1,065	4,776	9,645	1,748	11,538	3,441	17,756	7,819

자료: 한국산업은행(1955), 『한국산업경제십년사』, pp. 475~479, 1036.

[표 15-9] 미군정기의 공업생산 위축 상황

	공장 수(개소)			직공 수(명)			생산액(천 원)[1]		
	1941	1948	증감(%)	1941	1948	증감(%)	1941	1948	증감(%)
섬유	1,301	1,325	1.8	54,050	54,177	0.2	169,927	17,672,558	-74
화학	517	767	48.4	17,369	24,857	43.1	89,846	14,666,093	-57
식품	1,863	646	-65.4	25,182	5,227	-79.2	210,119	5,879,317	-93
기계	585	543	-7.2	14,825	8,971	-39.5	38,212	2,396,313	-84
금속	408	206	-49.5	9,383	4,632	-50.6	13,550	2,209,197	-59
인쇄출판	371	72	-80.6	7,498	1,897	-74.7	17,213	1,620,262	-76
요업	366	115	-68.6	6,345	4,628	-27.1	11,928	1,674,212	-68
공예	971	134	-86.2	14,580	1,777	-87.8	133,306	696,877	-99
합계	6,382	3,808	-40.3	149,233	106,166	-28.9	679,201	46,714,830	-83

주: 1948년 생산액은 품목별 물가지수로 조정. 평균지수는 404.6배임.
자료: 한국산업은행(1959), 『조사월보』, 제46호, p. 10.

다. 그런데 미군정기에도 공업생산력 회복을 위한 원조마저 부진한 상태에서 [표 15-9]에서 보듯이, 공업생산의 위축은 심각하였다. 광복과 함께 급변하게 된 생산 기반의

21 예를 들어, 공업기술자를 보면, 총기술자 8,476명 중에서 한국인 기술자는 20%인 1,632명에 불과하였다(조선은행(1948), p. Ⅰ-100).

변화는 불균등한 물가상승을 가져오게 되었다. 따라서 개별 물가의 동향을 봄으로써 생산 기반의 변화가 물가에 미친 영향을 검토해 필요가 있다. [표 15-8]을 보면, 농산물의 가격폭등보다는 공산물의 가격폭등이 두드러지고 있었다. 특히, 섬유제품과 같은 완제품뿐 아니라 건축자재, 비료 등과 같은 원자재의 값이 폭등하였다. 이것은 광복 직후의 인플레이션은 물가통제 체제의 붕괴와 같은 제도적 변화는 물론이고, 통화팽창과 총수요의 증가에 의해 촉발되기는 하였지만, 해방과 분단에서 비롯된 산업 기반의 차이에 따라 물가상승이 매우 불균등하게 진행되었음을 보여 주고 있다.

제 16장

한국은행 설립과 한국전쟁기 재정 · 통화 · 금융정책

1. 한국은행의 설립

일제 식민지 시대 중앙은행 역할을 맡았던 조선은행이 발권은행으로서 광복 이후에도 미군정과 한국 정부의 중앙은행의 역할을 수행할 수밖에 없었지만 제대로 수행하기에는 한계가 있었다. 첫째, 조선은행은 지나치게 정치권력에 종속되어 정부의 발권력 남용 가능성이 더욱 커졌을 뿐 아니라 발권력을 통제할 어떠한 제도적 장치도 가지고 있지 않았다. 둘째, 조선은행은 발권은행으로서 자금동원력에 의존하여 다른 금융기관을 실질적으로 통제하면서도 일반은행 업무를 겸하고 있어 일반은행과 경쟁할 수밖에 없었고, 다른 금융기관에 대해서 금융통제력을 행사할 법규조차 정비되어 있지 않았다. 셋째, 조선은행은 해방과 분단으로 정리해야 할 많은 지점을 가지고 있고, 또한 부실화된 대일채권을 많이 가지고 있어 청산이 불가피하였다.

광복 이후 인플레이션 수습이라는 당면과제를 해결하려면 무엇보다도 통화량의 통제가 필요하였고, 이를 위해서는 재정적자의 축소, 이른바 재정안정이 긴요하였다. 또한 금융기관의 방만한 대출을 통제하고 예금인출 사태를 방지하기 위한 제도적 장치도 필요하였다. 그리고 과거의 식민지 정책적 요구에서 설립되었던 많은 금융기관은 광복 후 달라진 여건하에 제기능을 수행하지 못한 것은 물론 대일채권을 회수할 수 없게 되어 경영난에 처해 있었다. 한국 정부는 금융통제를 강화하고 당시 전개되고 있던 금융혼란을 막기 위해서도 금융법규의 정비를 포함하는 금융기관의 재편 필요성을 인정하고 있었다.

조선은행이 현재의 중앙은행제도를 재정비하기 위해 외국 중앙은행제도 연구 결과를 바탕으로 하되 미국식 연방준비제도를 주로 참고하여 1947년 4월 「중앙은행설립대강」을 작성하였다.[1] 첫째, 신조선중앙은행 자본금 5억 원 중에서 2억 원은 정부출자,

1 당시 조선은행 측의 구상을 담고 있는 「중앙은행설립대강」이라는 자료는 남아 있지 않으나 조선은행, 『조사월보』 1947년 5월호에 수록된 「신조선중앙은행일시론」에 그 개요와 해설이 있다(한국은행(2018), 『한국은행법 제정 자료집 2』, pp. 11~22).

나머지는 금융기관들이 출자한다. 정부출자는 무배당으로 하고 발행세는 면제하고 순이익은 국고에 납부하고 이사는 정부가 추천을 받아 최종 임명하기로 하였다. 둘째, 중앙은행이 통화관리, 신용통제 등 금융시장조작, 금융자금 조정 업무를 담당할 수 있도록 가칭 통화심의회라는 의사결정기구를 별도로 만들어 운영하되 최종결정권은 정부가 가지도록 하였다. 셋째, 은행의 업무는 발권부와 은행부로 분리하여 조직하고, 발권부는 은행권 발행, 국고금, 국채, 외채와 관련된 업무를 담당하고, 은행부는 일반은행 업무, 국고금 출납, 금융시장조작, 금융통제, 외국환, 결제 등의 업무를 담당하는 것으로 되었는데 특수기관, 금융기관 거래와 외국환에 관련되는 업무로 한정하여 일반은행과의 경쟁을 피하도록 하였다. 넷째, 화폐제도는 금지금, 외국 통화, 외국 은행 예치금을 준비금으로 하는 금환본위제로 채용하는 것으로 되어 있었다.

남조선과도정부도 조선은행의 중앙은행 설립안 발표에 대응하여 1948년 3월 재무부에 금융법규조사위원회를 설치하고 중앙은행법 제정에 들어가 「금융법규대강」을 발표하였으나 위원회는 정부 수립과 함께 해체되었다. 새로 출범한 한국 정부는 재정금융위원회를 통해 1949년 초에 정부 최종안을 결정하였다. 이 안에는 「한국중앙은행법」이 포함되었는데 이것도 연합신문 기사 형식으로만 남아 있다. 그 주요 내용은 당시 조선은행안과 큰 차이가 없다고 설명되고 있지만,[2] 재무부가 주도한 「한국중앙은행안」은 중앙은행이 정부기구의 일부로서 별도의 정책결정기구가 없고 재정적 요구에 순응하는 일본식 중앙은행 틀이 담겨 있었다는 점에서 큰 차이를 보인다는 의견도 있었다.[3] [표 16-1]에서 보듯이 「한국중앙은행안」은 조선은행과 많은 차이가 있었다.

그런데 한국 정부가 입법절차를 밟기에 앞서 국제적 금융전문가의 검토가 필요하다는 것을 인식하고 재무부 장관 김도연이 미국 연방제도이사회에 자문을 요청하였다. 이 기관에서 파견한 블룸필드(A. I. Bloomfield)와 젠슨(J. P. Jensen)은 약 5개월간 조선은행과 ECA 당국의 협력을 얻어 한국의 금융제도와 경제 상황에 관한 연구·조사를 하고

2 한국은행(2018), p. 67.
3 한국은행(2010), 『한국은행 60년사』, pp. 21~22.

[표 16-1] 중앙은행법안의 주요 내용 변천

명칭	조선은행	한국중앙은행	한국은행
경영 형태	주식회사	법인	법인
점포	경성 본점 지점 대리점	서울 본점 지점 대리점	서울 본점 지점
설립목적	없음	국민경제 발전, 통화 신용국가 정책 실천, 신용제도 보호 육성	통화가치의 안정, 신용제도 건전화와 자원의 효율적 이용, 대외결제 원활
자본금	4천만 원 (조선총독, 기타)	10억 원(정부 반액, 나머지 금융기관 출자)	15억 원 (정부 전액출자)
총회	정관에 따라 총재가 주주총회 소집	정관에 따라 총재가 출자자 총회 소집	없음
총재	정부 임명, 임기 5년	정부 임명, 임기 4년	정부 임명, 임기 4년
직원	없음	공무원	없음
업무	1. 환어음, 기타 상업어음 할인 2. 어음징수 3. 환, 하환 4. 담보대부 5. 예금, 당좌대월 6. 금은화, 귀금속, 증권 보호예수 7. 지금은 화폐 교환 8. 유가증권 매매 인수 9. 공공단체 무담보 대부 10. 타 은행 업무 대리	1. 은행인수어음, 어음할인 2. 금융기관대부, 담보대부 3. 예금, 당좌대월 4. 환 집중결제 5. 유가증권 어음 매매 6. 지금은 매매 7. 내국환 8. 어음추심, 보호예수 9. 기타 정부위임 업무 10. 기타 부수 업무	1. 은행권 발행 2. 금융기관 예금, 지급준비 3. 은행 업무에 대한 특별통제, 환, 하환 4. 금융기관에 대한 대출 5. 정부와 정부대행기관 예금, 보호예수, 국채 발행 및 관련 업무 대정부대출, 국채인수 (국회 의결 한도 내) 6. 공개시장 증권 매매 7. 민간대출 제한 8. 국내 통화와 신용정책 9. 외환 업무와 정책
은행권 발행	1. 정화준비 발행 2. 한도 내 보증준비 발행 3. 총독/대장대신 허가하는 한도 외 발행	1. 한국중앙은행 독점 2. 법화로 강제통용 3. 재무부 장관이 한도 결정 4. 발행담보 필요	1. 한국은행 독점 2. 법화로 강제통용 3. 은행권 자산 부채로 간주하지 않음
정책결정 기구	조선총독/대장대신	재무부 장관	금융통화위원회
근거	「조선은행법」	「한국중앙은행법」(재무부안)	「한국은행법」

자료: 조선은행사연구회(1987), 『조선은행사』, 부록 법령; 한국은행, 『한국은행법 제정 자료집 2』, pp. 66~74; 한국은행(1960), 『한국은행10년사』, pp. 257~277.

이미 진행 중이던 조선은행안과 정부안을 참고하여, 금융계, ECA와의 협의를 거쳐 「중앙은행 개편에 관한 건의서」와 「일반금융기관 개편에 관한 건의서」 안을 제출하였다.[4] [표 16-1]에서 보듯이, 이 과정에 중앙은행의 법 체계와 틀이 일본식에서 미국식으로 대전환을 하게 되었다. 이 안이 다시 정부, 국회의 조정을 거쳐 1950년 6월 5일 「한국은행법」과 「은행법」으로 확정되어 공포되고 6월 5일에 금융통화위원회가 구성되면서 6월 12일에 업무가 시작되었다.[5] 한국은행 총재로는 조선은행 총재이었던 구용서가 임명되었지만, 금융통화위원회 위원장은 법령에 따라 재무부 장관 최순주가 맡았다.

「한국은행법」과 「은행법」은 새로운 통화·금융 체제의 양축을 이루는 법규로 상호 연관되어 있기 때문에 동시에 실시되어야 하였다. 그러나, 정부는 「은행법」 시행에 따른 선행조건이 충족되지 않았다는 논란 속에 그 실시를 계속 연기하다 1954년 8월에야 실시하였다. 신설된 한국은행은 자본금 15억 원을 가진 정부 전액출자 법인으로 설립되어 ① 은행권 발행, ② 금융기관으로부터의 예금수입과 지불준비예금수입 및 금융기관에 대출 업무, ③ 국고 업무 및 정부대행기관에 대한 여수신 업무, ④ 통화금융정책을 위한 공개시장조작 업무, ⑤ 금융기관의 여수신 대출 한도 등 은행에 대한 특별통제, ⑥ 외환 업무와 이에 부수되는 외환정책의 운용, ⑦ 은행 감독 업무 및 검사 업무, ⑧ 국내 통화 및 신용정책상 필요한 금융통화위원회의 지시에 의거한 통화금융정책 업무 등을 수행하는 기관으로 출발하였다.

새로운 「한국은행법」에 근거하여 설립된 한국은행은 조선은행과 마찬가지로 중앙은행이지만 일제의 식민지 중앙은행이었던 조선은행은 물론이고 한국 정부가 제시한 「한국중앙은행안」과 큰 차이가 있는 안이었다. 한국은행은 과거 조선은행과 달리 명실공히 대한민국 중앙은행으로서 다른 금융기관에 대해 통제할 수 있는 법적 근거를 처음으로 가지게 되었다. 과거의 조선은행은 일반은행 업무를 겸하고 있으면서 다

4 A. I. Bloomfield and J. P. Jensen(1951), *Banking Reform in South Korea*.
5 한국은행(1960), 『한국은행십년사』, pp. 7~10.

른 은행과 마찬가지로 민간의 대출과 예금을 취급하고 있었기 때문에 다른 금융기관과 경쟁적이었고, 은행권 발행을 적극적으로 활용할 수 있기 이전에는 다른 금융기관의 상부금융기관, 즉 은행의 은행으로서 역할을 수행하는 것에 소극적이었다. 그러나 한국은행은 은행의 은행으로서 은행에 대한 대출과 예금, 금리조정을 통해 금융을 통제할 수 있도록 하는 것을 법적으로 보장받았고, 통화·금융정책 수단, 즉 재할인정책, 지불준비제도, 공개시장조작이라는 통화정책수단을 적극 이용할 수 있게 되었다. 즉, 한국은행은 금융기관에 대한 대출 한도를 통해 대출을 직접 통제할 수 있고, 지불준비율 조정을 통해 은행의 대출을 조정할 수 있고, 금융기관을 대상으로 국채의 매입·매각을 추진할 수 있게 되었다.

조선은행은 광복 이전에는 일본 대장대신, 광복 이후에는 미군정청, 대한민국 정부하에서 재무부 장관의 지시에 따라 대출이나 금리를 조정하여 왔지만, 한국은행은 조선은행과 달리 금융통화위원회라는 상대적으로 중립적이고 민주적인 통화정책기구의 지배를 받게 되었다. 한국은행은 미국인 블룸필드 안에 따라 미국의 연방준비제도의 연방준비이사회를 모방하여 신설된 금융통화위원회의 결정에 따라 통화금융정책을 수행하게 되었다. 이 금융통화위원회는 각계의 이익을 대변하는 7인의 위원이나 대리위원으로 구성되었다.[6] 이 위원회는 「한국은행법」에 규정된 통화·금융·외환정책 등을 수립하고 한국은행 업무·운영·관리 등과 관련된 각종 권한을 행사하는 통화·금융정책의 최고의사결정기구가 된다.

이 위원회가 가진 통화·금융에 관한 권한을 보면, 최저예금지불준비율의 변경, 한국은행의 재할인 및 기타 여신 이자율의 조정, 공개시장에서 국채, 각종 증권의 매매, 금융기관의 대출과 투자에 대한 제한, 대출의 담보종류 및 금액의 결정, 금융기관 각종 여신의 이자율 또는 최고요율 조정, 비상시 영리기업에 대한 여신, 국고금 취급인가 등이 있었다. 과거에 정부가 가졌던 많은 권한을 이 위원회가 갖게 되었다. 조선

6 정회원 7인은 재무부 장관, 한국은행 총재, 금융기관 대표 2인, 대한상공회의소, 농림부 장관, 기획처 경제위원회 추천 각 1인으로 구성되고 재무부 장관이 위원장이 되었다.

은행은 정부의 은행으로서 정부 및 정부대행기관의 예금과 대출, 채권인수를 정부의 요구나 지시에 따라 취급하는 등 정치권력의 요구에 종속되어 있었으나, 한국은행은 상대적으로 독립된 금융통화위원회의 결정에 따라 업무를 수행하게 되었을 뿐 아니라 채권 인수의 경우 일정 한도를 넘어서면 국회의 동의를 받게 하는 등 정치적 압력이나 간섭에서 불완전하지만 독립할 수 있는 단초를 마련하였던 것이다.

한국은행은 1950년 6월 12일 업무를 개시함으로써 대한민국 중앙은행으로서의 역사적인 첫 발을 내딛게 되었다. 첫째, 한국은행의 설립과 조선은행의 청산은 광복 이후 많은 문제점이 노정되었던 일제 식민지 통화·금융 체제를 청산하고 나아가 자주적·독립적·중립적인 통화신용정책을 전개할 수 있는 법적 기초와 제도적 장치를 처음으로 구비하였다는 것을 의미한다. 둘째, 신설된 한국은행은 중앙은행의 가장 중요한 역할인 통화가치 안정을 제1차 입법정신으로 삼고, 이를 위해 통화신용정책의 중립성을 입법에 강조하여 반영하고 이를 구체적으로 실현하기 위해 금융통화위원회를 최고정책결정기구로 제도화함으로써 일제에 의해 왜곡된 중앙은행의 역할과 위상을 제대로 수립하였다. 셋째, 한국은행의 설립 시 당시에 난제이었던 통화남발에 대한 효과적인 대응과 함께 위기대응적 수단도 제도화함으로써 통화안정을 중시하면서도 금융안정과 경제발전에 기여할 수 있게 하였고, 그 결과 한국은행은 한국의 금융과 경제안정에 적지 않게 기여할 수 있게 되었다. 넷째, 한국은행은 각계 대표로 구성되는 금융통화위원회를 합의제로 운영함으로써 통화·금융의 민주적 운영의 단초를 마련하였다. 따라서 한국은행의 설립은 광복 이후 혼란을 거듭하던 통화·금융의 난맥상과 단절하고 자주적이고 현대적인 통화·금융제도를 구축하는 시발점이 되었다고 할 수 있다.

신설된 한국은행은 금융통제의 강화를 통한 통화가치의 안정, 은행, 신용기구의 건전화, 그리고 외환결제의 원활화라는 임무를 갖고 1950년 6월 12일에 출범하였다. 한국은행의 설립과 함께 통화·금융정책 결정기구로 금융통화위원회가 설치되었지만, 과거의 같은 재정, 금융의 불균형이 있을 때 통화남발의 가능성은 잔존하고 있었다. 금융통화위원회가 독립적 통화금융정책기구로 설치되어 금융기관 통제를 강화할 수 있었으나, 그 의장이 재무부 장관이고 정부가 재정적자를 이유로 대출이나 채권 인수를 요구하거나 금융기관이 채권 소화나 예금 증가 부진 등을 이유로 대출을 요구할 경우 이에 대처할 적절한 방안을 가지고 있지 않았다.

2. 한국전쟁 하의 재정정책

광복 이후 중앙은행 차입에 의존하는 재정적자로 통화남발과 인플레이션의 악순환이 지속되는 가운데 1950년 1월 미국 ECA(경제협조처) 대한원조안이 부결되고 대충자금의 사용까지 유보되었다. 한국 정부는 이러한 재정위기에 직면하여 재정적자 축소와 통화량 규제를 핵심 내용으로 하는 「경제안정 15원칙」을 1950년 3월에 발표하고, 이에 근거하여 긴축예산을 편성하고 조세 증징과 전매수입 증대를 도모하되 차입금 의존을 지양하였다.[7] 이러한 재정안정정책이 효과를 거두어 1950년 4월 1일부터 6·25사변이 발발하기 직전까지는 재정수지가 처음으로 수입초과를 기록하였다. 그러나 경제안정을 위한 재정정책 및 통화정책은 예상치 못한 한국전쟁, 이른바 6·25사변의 발발로 좌절될 수밖에 없었다.

한국전쟁 발발 당시의 재무부 장관 최순주는 전쟁 발발로 재정정책의 목표가 경제안정에서 전쟁수행으로 전환됨에 따라 긴축재정에서 확장재정으로 방향을 바꾸었다. 일반적으로 패전할 경우 감당해야 하는 손실을 계산할 수 없는 상황에서는 정부는 가능한 모든 수단을 동원하여 전비 조달에 주력할 수밖에 없다. 한국 정부는 전쟁수행을 위한 군사 관련 지출(Gd)을 긴급성을 이유로 급격히 확대하였고, [표 16-2]에서 보듯이 전체 세출액(G)이 급팽창하였고, 군사 관련 지출의 비중도 급격히 높아졌다.

7 한국개발연구원(1990), 『한국재정40년사』, 제3권, 재정관계법령 및 주요 정책자료, pp. 389~390.

[표 16-2] 한국전쟁기 재정지출의 추이 및 구성비(1949~1953)

(단위: 백만 환, ( ): %)

연도	군사 관련 지출(Gd)			비군사 관련 지출(Gn)			타회계 전출(O)	합계 (G)
	국방비	사법 경찰비	군경 원호비	행정비	경제 사업비	기타		
1949	239	122		104	131	354	135	1,085
1950	1,324	162	142	242	60	425	74	2,429
1951	3,299	634	47	622	501	1,020	55	6,178
1952	9,527	1,247	337	3,006	161	6,691	812	21,508
1953	37,386	5,323	2,173	2,604	3,673	10,709	1,404	63,272
1949	(26.2)	(13.4)		(11.4)	(14.4)	(38.9)	(14.8)	(100.0)
1950	(54.5)	(6.7)	(5.8)	(10.0)	(2.5)	(17.5)	(3.0)	(100.0)
1951	(53.4)	(10.3)	(0.8)	(10.1)	(8.1)	(16.5)	(0.9)	(100.0)
1952	(44.3)	(5.8)	(1.6)	(14.0)	(0.7)	(31.1)	(3.8)	(100.0)
1953	(59.1)	(8.4)	(3.4)	(4.1)	(5.8)	(16.9)	(2.2)	(100.0)

주: 1환(圜)=100원(圓), 1953년 2월 통화개혁으로 화폐단위 변경.
자료: 한국은행(1956), 『경제연감』, 통계편, pp. 104~111.

1950년도 예산은 한국전쟁 발발로 1950년 7월 1일부터 「사변수습비상경비예산」으로 명칭이 전환된 이후 월별로 집행되었다. 비상예산이 폐지된 이후에도 매년 수차례의 추경예산이 편성되어 결산은 당초예산보다 크게 늘어났다. 일반회계 세출결산액을 보면, 1949년 9.1억 환(당시 금액으로 911억 圓)이었으나, 1953년에는 그 66배에 달하는 632억 환)에 이르고 있었다.[8] 명목적인 재정지출의 급팽창은 무엇보다 국방비의 급격한 증가에서 비롯되었다. 명목액으로 1950년 국방비는 1949년 국방비의 5.5배로 증가하였다. 이러한 국방비 증가는 재정지출이 1950년에 전년도보다 2.7배 증가한 것에 비하면 급격한 증가이었다. 이에 따라 국방비 비중이 1949년도 26.2%에서 1950년도 54.5%로 2배 이상 증가하였고, 그 비중은 1953년도에 59.1%까지 높아졌다. 전쟁으로 인한 국방비의 급격한 증가는 한편으로 재정지출을 급격히 증가시키고 다른 한편으로 세출에서 국

8 당시 조선은행 측의 구상을 담고 있는 「중앙은행설립대강」이라는 자료는 남아 있지 않으나 그 내용을 소개하고 있는 「신조선중앙은행일시론」을 보면 그 개요는 알 수 있다.

[표 16-3] 한국전쟁기 재정의 주요 지출 및 주요 수입의 실질 규모의 추이(1949~1953)

(단위: 백만 환)

연도	재정지출 총액	국방비	조세	국채 및 차입금	외국 원조	차입금	서울 소매 물가지수
1949	9.11	2.39	1.45	5.42	0.02	4.51	100.0
1950	8.38	4.57	1.50	5.26	0.46	5.26	289.7
1951	4.62	2.47	2.96	0.30			1,335.9
1952	8.66	3.84	3.94	0.50	1.24		2,482.6
1953	16.71	9.87	5.54	5.33	1.36	5.33	3,786.7

자료: 한국은행(1956), 『경제연감』, 통계편, pp. 99, 104~111, 261.

방비 비중도 크게 높였다.

그런데 당시가 물가급등기임을 고려하면, 국방비의 실질 규모가 명목액만큼 증가하였다고 볼 수 없다. 국방비가 실질치로 얼마나 증가하였는가를 [표 16-3]에 의거해 보자. 물가지수로 디플레이트 하더라도 1949년도에 비해 1950년에는 2배 정도, 1953년도에 이르면 4배 정도 증가하였다. 하지만 1951년도에는 급격한 물가상승으로 인해 국방비의 실질 규모는 전년도에 비해 도리어 감소한 것으로 나타난다. 그리고 재정지출의 실질 규모도 그만큼 확대되었다고 볼 수 없다. 물가지수로 디플레이트한 재정지출의 실질 규모는 [표 16-3]에서 보듯이 전쟁 중에는 도리어 수축되었다가 휴전이 실시되는 1953년에야 전쟁 이전보다 커졌다.

당시 정부가 급팽창하는 재정지출을 감당하기 위해 동원할 수 있는 재원조달 수단으로는 조세(T), 전매수입(R), 대외원조(A), 국채 발행(△B), 한은 차입(△M), 기타 수입(O) 등이 있었다. 경상적인 재원조달 수단으로는 조세(T), 전매수입(R), 외국 원조(A), 기타 수입(O) 등이 있었는데, 기타 수입은 잡수입을 포함하고 전매익금을 제외한 특별회계 전입금도 포함하고 있다.[9] 그리고 한국 정부는 이것으로 재원이 부족한 경우, 다시 말해 재정적자 보전수단으로 국채 발행(△B)과 한은 차입(△M) 등을 활용하였는데, 국

9 한국개발연구원(1991), 『한국재정40년사』, 제4권, 「재정통계 Ⅰ」, p. 63.

[표 16-4] 한국전쟁기 재정지출의 추이 및 구성비(1949~1953)

(단위: 백만 환, ( ): %)

연도	조세(T)		전매 익금 (R)	국공채 부흥채 (△B)	한은 차입 (△M)	외국 원조 (A)	기타 수입 (O)	총액 (G)
		토지 수득세						
1949	145		148	91	451	2	75	912
1950	434		155		1,525	132	239	2,485
1951	3,953	844	878	400			1,294	6,525
1952	9,778	2,940	2,925	1,203		3,070	5,140	22,118
1953	20,963	4,689	4,000	7,030	20,200	5,142	6,676	66,828
1949	(15.9)		(16.2)	(10.0)	(49.5)	(0.2)	(8.2)	(100.0)
1950	(17.5)		(6.2)		(61.4)	(5.3)	(9.6)	(100.0)
1951	(60.6)	(21.4)	(13.5)	(6.1)			(19.8)	(100.0)
1952	(44.2)	(30.1)	(13.2)	(5.4)		(13.9)	(23.2)	(100.0)
1953	(31.4)	(22.4)	(6.0)	(10.5)	(30.2)	(7.7)	(10.0)	(100.0)

자료: 한국은행(1956), 『경제연감』, 통계편, pp. 104~111.

채의 대부분을 한국은행이 인수하였기 때문에 국채 발행과 중앙은행 차입은 직접적으로 통화남발을 초래한다는 점에서 큰 차이가 없었다.

이승만 정부는 1950년도 예산을 편성할 때에는 경제안정 15원칙에 따라 긴축예산을 편성하면서 한국은행에 대한 만성적인 차입을 지양하고 조세의 증징과 전매수입의 증가를 실현하고자 당초예산에서 조세와 전매수입 비중을 높여 조세 35.5%, 전매익금 23.5%를 책정하였다.[10] 그러나 전쟁이 발발한 이후에는 비상예산을 편성하여 국방비 지출을 늘렸으나 전쟁으로 세원은 도리어 고갈되었다. 그래서 정부는 그 재원의 대부분을 한국은행 차입, 다시 말해 화폐 발행에 의존하지 않을 수 없었다. [표 16-4]에서 보듯이 결국 1950년도에는 정부의 한은 차입이 급격하게 늘어나 전체 세입의 61.4%를 차지하게 되었고, 조세는 17.5%, 전매익금은 6.2%에 불과하였다.

한국 정부는 1950년 하반기에 전세가 어느 정도 안정됨에 따라 1951년도 예산에서

10 한국산업은행(1955), 『한국산업경제십년사』, pp. 371~373.

재정긴축을 통한 수지균형을 달성하기로 목표를 세웠다. 1951년도 예산편성에서 군사 관련 비용을 일반회계에서 분리하여 「6·25사변특별회계」를 설치하고 그 재원은 일반회계전입금과 국채수입으로 조달하기로 하면서 일반회계에서 조세 53.9%, 국채 발행 10.7%, 특별회계에서 전매익금 12.2% 비중으로 편성하였다.[11] 이승만 대통령과 환율인상 문제로 사임한 최순주에 이어 1951년 3월부터 재무부 장관을 맡은 백두진은 조세를 증징하기 위해 4월에는 「조세특례법」을 시행하고, 9월에는 「임시토지수득법」을 시행하였다. 임시토지수득세는 양곡수집자금 방출을 억제하고 식량 확보를 위해 농산물을 대상으로 물납제를 시행하는 것인데, 농지에 대한 각종 세금, 소득세, 호별세, 교육세, 지세, 기타 공과금 등이 이 조세에 통합되었다. 급등한 물가상승세 속에서 시행된 이 조세는 조세수입의 20~30% 정도를 차지하여([표 16-4]), 중심 세제가 되었을 뿐 아니라 균형예산까지 가능하게 하였다. 하지만 이 세제 때문에 농민의 조세부담이 과중해진 것은 피할 수 없었다. 이승만 정부는 1951년 임시토지수득세를 도입하여 재정긴축에 어느 정도 성공함으로써 전쟁 중에 재정흑자를 달성하였다. 그렇지만 유엔금 대여금 증가, 각종 대출의 증가 등으로 인한 통화팽창이 지속되고 외국 원조 도입 실적도 미미한 결과로 물가급등세가 지속되어, [표 16-3]에서 보듯이, 재정의 실질 규모는 1949년의 1/2 수준으로 크게 위축되었다.

한국 정부는 1952년도에도 재정긴축기조를 유지하고, 재원조달은 인플레이션의 직접적인 원인이 되는 한국은행 차입을 지양하고, 임시토지수득세를 근간으로 하는 조세의 증징에 의존하기로 하여 세입의 69.4%를 조세로, 13.0%를 전매익금으로, 6.9%를 국채로 조달하려는 예산을 편성하였다. 1952년에는 조세의 증가, 전매익금의 증가, 원조 증가, 국채 발행 등에 의존하여 [표 16-4]에서 보듯이, 차입금이 없었던 것으로 알려져 있다. 하지만 유엔군 대여금은 한국은행 차입에 의존하고 있지만 경제조정특별회계에 편입되어 기타 수입으로 잡힌다.[12] 그런데 유엔군 대여금 상환이 지연되어 지

11 한국산업은행(1955), pp. 376~378.
12 한국개발연구원(1991), 『한국재정40년사』, 제6권, 「재정운용의 시대별 분석」, p. 105.

출은 이루어졌지만 수입은 실현되지 않아 일시적인 현상이지만 한국은행 차입금이 늘어나게 되었다. 사실은 1952년도 재정이 균형에 이른 것이 아니라 상당액의 재정적자가 발생하였고 그것은 한국은행 차입으로 보전되고 있었던 것이다. 이와 같이 정부가 1952년도에 재정긴축과 증세를 강행하였으나 전쟁 관련 비용의 급증과 유엔군 대여금 상환지연 등으로 사실상 9,842억 원의 재정적자가 나타났다고 할 수 있다.

한국 정부는 1953년도에는 전쟁수행은 물론이고 전쟁수습에 따른 비용을 예산에 반영하여 긴축재정을 통한 재정균형보다는 적자재정을 통한 전란수습에 초점을 맞춘 재정운용 방향을 수립하였다. 정부는 외국 원조의 증가 및 유엔군 대여금 상환을 통해 재정적자를 줄여나가되 이것이 실현될 때까지는 한국은행 차입금으로 보전하기로 하였다. 정부가 세운 1953년도 일반회계 당초 예산을 보면, 각 세입의 비중은 조세 28.4%, 차입금 58.5%, 전매수입금 5.3% 등이다.[13] 1953년도에도 두 차례의 추경편성이 있었지만, 그 기조는 유지되어 결산 기준으로 세입에서 차입금 30.2%, 국채 10.2%, 조세 31.4%, 전매익금 6.0%가 되었다. 휴전에 따라 전재복구 및 경제부흥을 위한 재정수요가 급증하는 가운데, 정부는 토지수득세 등을 통한 증세에서 한계에 직면하고 미국의 대한원조도 예상보다 부진한 상태에서 나타난 재정적자를 보전하는 다른 방안이 없어 한국은행 차입과 국채 발행을 선택하였던 것이다. 그런데 이것이 재정적자에 의한 통화남발을 재현시켰다.

3. 한국전쟁 하의 통화·금융정책

한국은행은 「한국은행법」에 근거하여 새로이 출범하면서 정부의 직접적인 통제를 받는 과거와 달리 금융통화위원회의 결정에 따라 통화·금융정책을 수행하게 되어

13 한국산업은행(1955), pp. 386~387.

[표 16-5] 한국은행 및 은행의 대출 및 예금(1950~1953)

(단위: 백만 환, ( ): %)

연도	한국은행 대출금		한국은행 예금		한국은행 대출초과		금융기관[1]		한은 차입 의존도[2]
	정부	금융기관	정부	금융기관	정부	금융기관	대출	예금	
1950	37	4	16	0.5	21	3	9	6	(44.4)
1951	84	8	41	5	43	3	23	24	(32.0)
1952	119	38	59	15	59	23	70	58	(54.3)
1953	239	115	124	32	114	82	200	123	(57.4)

주: 1) 일반은행 및 농업은행(금융조합) 합계.
2) 한은 차입 의존도=한국은행 금융기관 대출금/ 금융기관(일반은행+농업은행) 대출금.
자료: 한국은행, 『경제연감』, 『경제통계연보』, 각 연도.

정치적 압력으로부터 상대적으로 자유롭게 되었다. 그러나 한국은행이 새로이 출범한 그달 25일 한국전쟁이 발발함으로써 통화·금융정책은 출범 당시에 설정한 통화가치의 안정보다는 전비조달에 기울어질 수밖에 없게 되었다.

한국 정부가 전쟁으로 인해 급증한 군사비 지출을 위해 적자예산을 편성하자, 한국은행은 재정적자를 정부대출(정부대상금)을 통해 보전하게 됨으로써, [표 16-5]에서 보듯이, 정부예금도 증가하였지만, 정부에 대한 대출초과도 계속 증가하였다. 통화량이 1950년 6월 8억 환에서 그해 말 25억 환으로 늘어났는데, 그중 21억 환은 정부대출초과(정부대출－정부예금)로 나타나는 대정부 순신용 증가 때문에 발생한 것이다.

그리고 한국은행은 전쟁에 따른 예금인출 사태와 같은 신용질서의 혼란을 초래할 사태에 대비하기 위해 한국은행은 1950년 6월 「금융기관 예금지불에 관한 특별조치령」을 공포하여 예금인출을 제한하였지만, 7월에는 예금인출을 가능하게 하는 예금대불제를 실시하다가 곧 한도를 확대하였고, 금융기관에 대해서도 예금대불제를 실시하여 피난민의 예금인출도 가능하게 하였다.[14] 이러한 조치는 현금의 퇴장을 더욱 확대시켰다. 금융기관은 전쟁에 따른 예금인출 사태에 따라 지급준비금으로는 지불

14 한국은행(1970), 『한국은행이십년사』, pp. 118~119.

요구에 거의 응할 수 없게 되자, 한국은행은 '비상지불자금구좌'를 설치하고 「한국은행법」이 정한 대출요건과는 상관없이 각 금융기관의 예금지불을 위해 대출을 확대하였다. 그러나 [표 16-5]에서 보듯이, 이 대출도 정부대출에 비해서는 적은 것이었다.

한국 정부는 앞에서 설명한 임시토지수득세 등과 같은 증세조치로 1951년 한국 재정이 거의 균형에 이르렀음에도 1951년까지 유엔군 대여금의 상환이 1/2도 이루어지지 않고, 이것이 통화증발을 주도하게 되자, 유엔군 대여금의 조속한 상환과 원조 증대를 주요 내용으로 하는 이른바 「마이어협정」을 1952년 5월에 체결하였다. 그 결과, 원조수입 증가에 의한 재원조달이 1952년도부터 재개되어 세입 중 비중이 1952년도부터 10% 이상이 되었다. 유엔군 대여금의 상환은 기대와 달리 1952년 말에도 1/2도 상환되지 않아 통화증발이 지속되고, 1952년 흉작까지 겹쳐 물가상승률이 무려 530%에 이르게 되었다.

전쟁 발발 이후 한국은행은 한편으로 정부의 군사비 조달과 유엔군 군비지출 등을 이유로 군사와 관련된 정부 부문에 대한 통화공급을 확대하면서 민간 부문에 대해서는 비군수 부문의 대출을 억제하는 각종 금융통제를 실시하였다.[15]

첫째, 한국은행은 통화팽창을 줄이기 위해 대출한도제를 실시하려 하였다. 대출한도제는 금융기관별 대출한도제와 한국은행 대출한도제로 구분된다. 한국은행은 전쟁 직전에 금융기관 대출 한도를 400억 원 책정하고 이를 실시하려 하였으나 전쟁으로 실시하지 못하다가 1951년 1월부터 대출증가한도제를 실시하면서 자금별 한도제를 채택하였다. 그러나 1953년 2월 통화개혁으로 인한 금융기관의 자금난 때문에 대출규제를 한국은행의 대출 한도를 규제하는 방식으로 전환하였다.

둘째, 한국은행은 전시하에서 융자준칙을 정하여 금융기관의 자금운용 조정을 도모하고자 하였다. 금융통화위원회는 1951년 2월 「금융기관 자금운용에 대한 임시조치요강」을 제정하였는데 이를 개정한 「금융기관 자금운용에 관한 준칙」을 제시하였다.

15 한국은행(1970), pp. 119~123.

이 준칙은 이후 금융자금 운용의 기본 지침이 되었는데, 금융기관은 자금운용계획에 따라 군수물자 생산에 관련되는 자금을 우선적으로 취급하도록 하는 한편 민간대출을 최대한 억제하도록 하면서, 1951년 6월부터 수신 내 여신을 취급하도록 하여 예금 동원에 주력하는 것을 주요 내용으로 하고 있다.[16]

셋째, 한국은행은 금융기관의 방만한 자금운용을 견제하고 자금운용의 효율성을 높이기 위해 융자사전승인제를 실시하였다. 한국은행은 한도초과자금에 대해서 사전승인을 받아야 한다는 「한국은행법」 제68조에 따라 1951년 1월부터 일정액 이상의 민간대출과 특수자금대출의 사전승인을 처음으로 실시하였다. 이러한 융자사전승인은 「금융기관 자금운용 준칙」의 실시에 따라 민간사업뿐 아니라 공공사업으로 확대하였으나 수입금융은 이로부터 제외되었다.[17]

넷째, 한국은행은 1952년 상반기에 생산책임융자제를 실시하였다. 이 생산책임융자제란 금융기관이 지정된 기업에 자금공급을 실시하여 생산량 책임을 달성하지 못하거나 채무불이행을 하거나 지정용도를 벗어나 사용하면 융자를 회수하거나 중단하는 것을 말한다. 그러나 기업이 자금지원 지연이나 원료중단 등으로 책임을 다하지 못하는 경우가 많아 이를 중단하였다. 한국은행은 금융기관이 지원 대상 업체의 어음을 할인함으로써 법정준비금이 부족할 경우에 일반은행 보유 어음을 저리로 할인 또는 재할인해 주는 우대어음제를 실시하였다.[18]

한국은행이 출범한 직후인 1950년 7월 금리조정을 하였지만, 정부와 금융기관에 대해 매우 낮은 금리로 대출하고 있었다. [표 16-6]을 보면, 1950년 7월 현재 한국은행은 정부에 대해서 연 2%라는 낮은 금리로 대출하였고, 정부보증에 대해서는 그보다 높은 금리인 5~6%로 대출하였고, 금융기관에 대해서는 6% 정도로 대출하고 있었으나, 금융기관의 한국은행 차입 상환을 촉진하기 위해 금융기관의 연체대출에 대해서는 20%라

16 대한금융단(1967), 『한국금융이십년사』, pp. 106~107.
17 한국은행(1960), pp. 57~60.
18 한국은행(1975), 『한국은행이십오년사』, p. 114.

[표 16-6] 한국은행과 일반은행의 금리 동향(1949~1951)

(단위: 연리 %)

<table>
<tr><th rowspan="2">연도</th><th colspan="6">한국은행(조선은행) 대출금리</th><th colspan="4">일반은행 대출금리</th></tr>
<tr><th>정부 대상금</th><th>정부보 증대부</th><th>정부보증 대부어음</th><th>일반 할인</th><th>일반어음 대부</th><th>연체대부 금리</th><th>정부보증 대부</th><th>일반 대부</th><th>당좌 대월</th><th>연체 대부</th></tr>
<tr><td>1949. 02</td><td>2.5</td><td rowspan="3">6.2</td><td rowspan="3">4.9</td><td>4.7</td><td>4.4</td><td></td><td rowspan="2">6.2</td><td rowspan="2">12.8</td><td>13.1</td><td></td></tr>
<tr><td>1950. 07</td><td rowspan="3">2.0</td><td>5.8</td><td>6.2</td><td>20.0</td><td>13.9</td><td rowspan="3">19.7</td></tr>
<tr><td>1951. 04</td><td rowspan="2">7.3</td><td rowspan="2">7.3</td><td rowspan="2">38.0</td><td>8.0</td><td rowspan="2">16.4</td><td>14.6</td></tr>
<tr><td>1951. 10</td><td>8.0</td><td>5.5</td><td>10.2</td><td>18.3</td></tr>
</table>

자료: 한국산업은행(1955), 『한국산업경제십년사』, p. 1038.

는 높은 금리를 부과하고 있었다. 당시의 금융기관은 13% 정도의 금리로 대출하고 있었는데, 금융기관은 한국은행 차입 금리가 5% 정도이었기 때문에 한국은행 차입을 확대하여 대출할 경우 많은 수익을 누릴 수 있었다. 이런 이유로 한국은행은 항상 일반은행의 차입 요구에 직면하고 있었다.

한국은행은 전쟁으로 통화량이 급팽창하자 일반은행의 한은 차입을 억제하기 위해 일반은행 대출금리를 인상하였고, 차입금의 상환을 촉진하기 위해 연체금리도 대폭 인상하였다. 그리고 1952년에는 금융기관의 한은 차입 의존도를 낮추기 위해 차입한도 초과 비율에 따라 금리를 최고 13%까지 3단계로 차등 부과하였다.[19] 그럼에도 불구하고 당시의 은행대출 금리는 그보다 훨씬 높은 수준에 있었기 때문에, [표 16-5]에서 금융기관에 대한 대출이 계속 급증하고 있는 것에서 알 수 있듯이, 한국은행 차입을 억제하는 데 별다른 효과를 거두지는 못하였다.

한국은행은 1950년 7월 금리를 다시 조정하면서 금융기관에 대한 대출금리를 일부 조정하였다. 당시 대출금리는 정부보증이 아닐 경우 13~14% 수준으로 결정되었다. 그런데 당시에 정기예금 금리는 1년 만기의 경우 3.8%에 불과하였다. 한국은행은 전쟁으로 초인플레이션이 재개되자, 저축을 권장하기 위해 1950년 10월부터 1년 만기 4.8%로 인상하였다. 그러나 당시의 물가상승률이 1950년 50%, 1951년 500% 이상으로 상승

19 대한금융단(1967), p. 111.

하였던 것을 고려하면 예금금리 인상도 일반은행의 예금 증가에 거의 영향을 미칠 수 없었다고 할 수 있다.

한국은행은 「한국은행법」에 따라 지급준비율을 10~50% 범위 내에서 정할 수 있고, 통화팽창기에는 예금 증가분에 대해 50~100%의 고율의 지불준비율을 적용할 수 있었다. 그러나 처음으로 예금총액에 대해 일률적으로 10% 수준으로 정하였고, 현금 보유 인정 비율은 20%로 정하였다. 한국은행은 1951년 4월부터 은행대출의 팽창을 억제하기 위하여 공금예금 등 특수예금에는 15%, 일반예금에는 10%, 기타 예금에 대해서는 12%로 지불준비율을 세분화하고 전체적으로 필요지준율을 인상하였다. 그리고 1952년 10월에는 필요지준율을 특수예금 25%, 기타 예금 20%로 다시 인상하였다. 그러나 한국은행은 1953년 2월 「긴급통화금융조치」로 통화개혁을 단행한 후 금융기관의 자금난이 심각해지자 구권예금을 제외한 예금에 대해서 필요지준율을 10%로 인하하였다.

이와 같이 한국은행은 전쟁기에 통화팽창을 저지하는 방법으로 지불준비율을 1951년 1차례, 1952년 9차례, 1953년 4차례 변경하는 등 주요 정책수단으로 활용하였다. 한국은행은 지불준비제도를 도입한 후 필요지준율을 자주 변경하였지만, 지불준비율 인상이 금융기관의 자금난을 가중시키고 금융기관은 지준 부족을 이유로 한국은행에 또 다시 차입하는 등 부작용이 나타났다. 이와 같이 지불준비제도는 새로운 정책수단으로 도입되어 활용되기 시작하였지만 소기의 정책적 효과를 얻는 것에는 이르지 못하였던 것으로 보인다.

4. 전쟁 인플레이션

당시 통화량 지표로는 민간당좌예금 및 정부대행기관이 보유한 현금과 당좌예금을 합한 제1통화량과 여기에 기타 예금을 더한 제2통화량이 있었다. 당시 은행권 발행

[그림 16-1] 한국전쟁기 통화량 지표별 증가율의 추이(1950~1954)

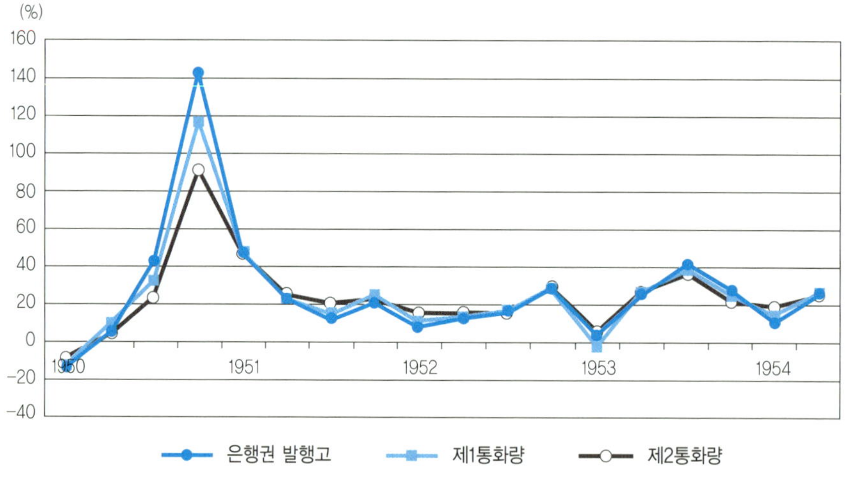

자료: 한국은행(1956), 『경제연감』, 통계편 14.

고는 당시에 주화가 발행되지 않아 오늘날의 화폐발행고와 같고, 제1통화량은 오늘날의 통화(M1), 제2통화량은 총통화(M2)의 개념과 비슷한 것이나 이후 사용된 M1, M2 정의와는 다소 차이가 있다. 그리고 전쟁 초기에는 예금을 기피하고 현금(은행권)을 선호하여 세 지표 간의 증가율에서 격차가 크다는 문제가 있었지만, 어느 통화지표를 사용하든 간에 추이에서는 큰 차이가 없음을 [그림 16-1]에서 확인할 수 있다. 따라서 여기서 통화량 지표로서 쉽게 이용할 수 있고, 물가변동의 설명에 가장 자주 이용되는 M2(제2통화량) 지표를 중심으로 통화량과 물가 수준의 관계를 설명해 보고자 한다.

한국전쟁 발발을 계기로 통화량이 급증한 원인은 대략 네 가지인 것으로 보인다. 첫째, 전쟁에 따른 예금인출 사태의 발생과 이를 수습하기 위해 실시된 비상시대출의 증가이다. 둘째, 국방비 증가에도 불구하고 조세 징수의 어려움이 가중되어 재정적자가 됨에 따라 정부의 한국은행 차입이 증가하여 나타난 대정부 순대출금의 증가이다. 셋째, 유엔군의 참전에 따라 이들의 활동에 필요한 원화를 한국은행이 대여하게 됨에 따라 나타난 유엔군 순대여금 증가이다. 넷째, 한국은행 또는 금융기관이 여러 가지 이유로 실시한 대출금의 증가이다.

전쟁이 발발하자 각 지역의 금융기관에서 예금인출 현상이 발생하였다. 특히, 현금공급을 담당한 한국은행이 전쟁 발발로 서울에서 철수하는 단계에서는 예금지급이 중단되는 사태까지 발생하여 금융기관의 예금지급 중단이나 제한을 할 수 있도록 대통령긴급명령 「금융기관 예금지급에 관한 특별조치령」이 발포되었다. 전쟁으로 현금선호가 증가함에 따라 금융경색은 더욱 심화되어 한국은행은 각 금융기관에 비상시대출을 확대하였다. 전쟁 초기에 증가한 한국은행의 금융기관에 대한 대출의 대부분이 비상시대출에 속하는 것이었는데, 이러한 성격의 대출은 1951년에 접어들어서야 완화되었다.[20]

한국전쟁이 발발하자 이승만 정부는 급증하는 국방비 등 군사 관련비의 재원을 새로 마련하여야 하였지만, 이 전쟁으로 인해 세원이 상실되는 등 전비조달의 어려움에 직면하여 한국은행 차입으로 국방비를 지출하였다. 광복 직후부터 재정적자가 한국은행 차입으로 보전됨에 따라 통화량 증가가 불가피하게 되었는데, 전쟁으로 인해 이러한 상황이 재현되었다. 결국 정부에 대한 대출금(정부대상금)에서 정부의 예금을 제외한 정부순대출만큼의 통화량 증가가 한국 정부의 재정적자로 발생한 것이었다.[21]

유엔군이 한국전쟁에 참여함에 따라 원화로 경비를 지출하기 위해 1950년 7월 한미 간에 「유엔군 경비지출에 관한 협정」을 체결하게 되었다. 이에 따라 한국은행은 유엔군에 대한 대여금 형식으로 원화를 공급하였고, 그 결과로 통화량은 계속 팽창하게 되었다. [표 16-7]에서 보듯이, 유엔군 대여금의 상환이 지체됨으로써 대여금 잔액은 1950년 말 609억 원(圓), 1951년 말 3,634억 원(圓), 1952년 말 5,430억 원(圓)으로 계속 증가하게 되었다. 유엔군 대여금 상환은 1951년 하반기, 1952년 하반기에 있었지만 본격화되는 것은 1953년 상반기부터이었다.

20 한국은행(1975), pp. 110~111.

21 한국은행의 국공채 인수분은 제외되어 있다. 정부의 국채발행액 및 한은 차입금을 합치면, 1950년 1,525억 원, 1951년 400억 원, 1952년 4,128억 원, 1953년 27,230억 원(272억 환)이다.

[표 16-7] 유엔군 대여금의 상황(1950. 7~1953. 12)

(단위: 백만 환)

	대여 금액	상환액		대여금 잔액	예금 잔액	방출 잔액	적용환율 환/달러
		천 달러	환화				
1950. 7~12	609			609	61	548	
1951. 1~6	1,506			2,115	133	1,434	
1951. 7~12	2,149	12,156	631	3,634	94	2,188	18, 25, 40, 60
1952. 1~6	2,243			5,874	12	2,325	
1952. 7~12	3,275	62,055	3,722	5,430	58	3,229	60
1953. 1~6	4,294	95,107	7,930	1,794	300	3,680	60(3.16), 180
1953. 7~12	4,337	26,921	5,231	879	296	4,341	180, 60

자료: 한국은행(1955), 『경제연감』, p. 107; 한국은행(1956), 『경제연감』, p. 172.

한국은행이 통화량의 증가를 억제하기 위해 금융기관별 대출한도제를 전쟁 직후에 도입하였고, 금융기관의 자금운용을 통제하기 위해서 융자준칙을 시행하였고, 1951년부터 융자사전승인제까지 사용하여 대출을 최대한 억제하고자 하였다. 한국은행은 정부의 재정적자와 유엔군 대여금 증가로 인한 통화남발과 이로 인한 물가상승 압력을 줄이기 위해 대출에 대한 직접적인 규제를 여러 방식으로 시행하면서도 군수사업체 또는 특정 사업체의 생산 활동을 지원하기 위해 생산책임융자제와 우대어음제를 도입하고 이에 대한 대출을 확대시켰다. 하지만 한국은행의 대출통제는 물가상승으로 거래금액이 크게 늘어나는 상황에서 효과를 제대로 거둘 수 없었다. [표 16-8]에서 보듯이 1952년부터는 금융기관의 대출 증가가 통화 증가의 주요 요인이 되었다.

통화량 증감의 추이에서 큰 차이가 없다는 점을 염두에 두고 한국전쟁 이후에 통화량의 증감 요인을 [표 16-8]의 제2통화량을 기준으로 검토해 보자. 1950년의 통화량 증가는 정부순대출금(74.7%), 유엔군 대여금(34.3%), 기타 금융기관 대출금(14.7%) 등의 증가만 충분히 설명될 수 있다. 1951년의 통화량 증가는 유엔군 대여금(73.2%), 기타 금융기관 대출금(30.6%)만으로 설명된다. 1952년 통화량 증가는 유엔군 대여금(71.3%), 기타 금융기관 대출금(54.5%)만으로 설명된다. 당시 통화량 감소의 주요 요인으로는 원조

[표 16-8] 한국전쟁기 통화량 변동의 부문별 증감액과 구성비(1949~1953)

(단위: 백만 환, ( ): %)

연도	제2 통화량(M2)	한은 정부 순대출	원조물자 매상	정부외화 매상	유엔군 순대여	한은 기타 대출	기타 금융 기관 대출	기타 요인
1949	569	459	-356			244	174	48
1950	1,598	1,193	-98		548	-140	235	-140
1951	4,944	-5	-1,441		3,621	679	1,514	576
1952	7,793	-690	-2,955	-220	5,556	786	4,245	1,071
1953	19,255	15,948	-2,903	-15,775	8,024	972	11,600	1,388
1949	(100.0)	(80.7)	(-62.6)			(42.9)	(30.6)	(8.4)
1950	(100.0)	(74.7)	(-6.1)		(34.3)	(-8.8)	(14.7)	(-8.8)
1951	(100.0)	(-0.1)	(-29.1)		(73.2)	(13.7)	(30.6)	(11.7)
1952	(100.0)	(-8.9)	(-37.9)	(-2.8)	(71.3)	(10.1)	(54.5)	(13.7)
1953	(100.0)	(82.8)	(-15.1)	(-81.9)	(41.7)	(5.0)	(60.2)	(7.2)

자료: 한국은행(1955), 『경제연감』, 통계편 19.

물자 판매가 있었는데, 이것으로 인한 통화량 감소분은 1950년 6%, 1951년 29.1%, 1952년 37.9%로 점차 비중이 커지고 있다.

전쟁 발발 직후에는 정부의 재정적자로 인한 차입이 통화팽창에 가장 큰 영향을 미쳤지만, 유엔군 대여금이 증가함에 따라 이것이 더 큰 영향을 미치게 되었다. 1953년에 접어들면, 휴전에 따라 재정지출의 급증으로 또 다시 정부의 재정적자에 의한 차입이 통화팽창에 가장 큰 영향을 미치고 유엔군 대여금의 영향은 그 일부 상환으로 인해 상대적으로 줄어들었다. 전쟁기간 동안 금융기관 대출금의 증가로 통화량이 지속적으로 팽창되었던 반면에 1951년부터 원조물자의 판매와 정부외화매상금의 증가로 통화량이 다소나마 줄어들 수 있었다.

[그림 16-2]에서 물가 동향을 보면, 물가 수준은 대부분 양(+)의 값을 가지고 있으므로 물가 수준은 지속적으로 상승하였다고 할 수 있다. 하지만 1952년 4/4분기 1953년 2/4분기 3/4분기에는 일시적이지만 물가지수가 하락하고 있다. 각 연도에서 농산물 수확기인 4/4분기에서 물가상승 폭이 작거나 물가하락이 나타난 결과로 보인다. 전체적

[그림 16-2] 한국전쟁기 통화량과 소비자물가 상승률의 변동(1950~1954)

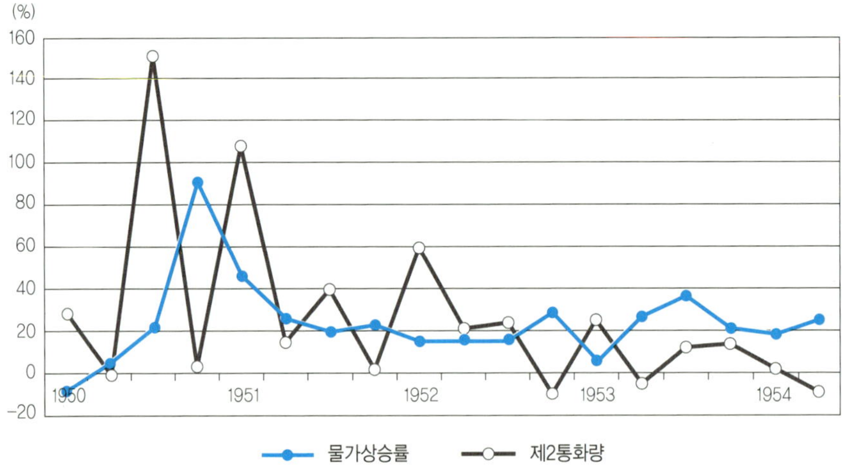

자료: 한국은행(1955), 『경제연감』, 통계편 14, p. 178.

으로 전쟁 초기인 1950년 3/4분기, 1951년 1/4분기, 1952년 1/4분기, 1953년 1/4분기가 물가가 폭등하는 시기이다. 이와 같이 전쟁 발발 직후나 그 이후 매년 초에는 물가가 폭등하였지만 농작물 수확이 있는 매년 말에는 물가상승이 완화되었다. 그리고 물가 수준은 전쟁으로 폭등한 후 물가상승세가 유지되었지만 그 상승세는 점차 완화되고 있었음을 확인할 수 있다.

[그림 16-2]를 보면, 통화증가율이 물가상승률을 대체로 선행하고 있는 것으로 보이나, 전쟁 초기에는 이와는 반대로 물가상승률이 통화증가율에 선행하고 있다. 통화량 급증보다는 전쟁 초기에는 생산 기반이 급속히 손상되어 물자 부족 예상에 따른 매점매석이 겹쳐 나타난 공급 부족으로 인해 물가가 폭등한 것으로 보인다. [표 16-9]를 보면, 한국전쟁 중의 실질경제성장률은 1950년 -15.1%, 1951년 -6.1%, 1952년 8.0%, 1953년 25.8%이다. 특히, 전쟁으로 인한 생산 기반의 손상으로 타격이 큰 해는 전쟁 초기인 1950년과 1951년이다. 전쟁으로 인한 생산 기반의 손상은 특히 제2차산업에서 심각하였음을 [표 16-9]에서 확인할 수 있다. 1951년 1~9월의 제조업 생산실적과 1949년 1~9월

[표 16-9] 1949~1953년간 국민총생산 추이(1960년 불변가격)(1949~1953)

(단위: 10억 환, ( ): %)

연도	제1차산업	제2차산업	제3차산업	국민총생산	증가율
1949	646.8	149.0	665.3	1,461.1	(9.7)
1950	578.1	98.0	564.4	1,240.5	(−15.1)
1951	490.4	8.3	591.7	1,164.8	(−6.1)
1952	460.4	120.8	678.8	1,258.0	(8.0)
1953	595.7	195.4	790.2	1,581.3	(25.8)

자료: 한국은행(1965), 『한국의 국민소득』.

제조업 생산실적을 비교한 한 자료에 의하면, 1951년의 생산량은 1949년 생산량과 대비해 볼 때, 면사 39.6%, 면포 49.5%, 모직물 44.0%, 고무신 38.9%, 도자기 33.9%, 적련화 0.3%로 크게 감소하였다.[22]

통화남발로 인한 물가급등과 통화량의 급격한 증가가 시차를 두고 실물경제로 파급되는 것은 전쟁의 소강 상태에서 더 심각해진 것으로 보인다. 그리고 통화량 증가율은 계절적인 주기를 보이지 않으나 물가상승률은 계절적인 주기를 보인다. 이것은 당시의 물가에서 식료품 비율은 63%이었기 때문에,[23] 곡물생산의 계절성이 크게 반영된 결과로 해석할 수 있다. 전쟁 초기의 물가폭등은 통화량의 급증이라는 수요 증가 요인 그 자체보다는 생산 기반의 손상, 매점매석 등 공급 부족 요인이 상호 작용하여 1951년까지 지속되었던 것으로 보인다. 하지만 1952년 이후에는 경제성장세가 회복을 보이고 있는 만큼, 1952년 이후의 지속적인 물가상승은 생산 감축으로 인한 공급 감소 요인보다는 통화량 급증으로 인한 수요 증가 요인이 물가에 더 큰 영향을 미쳤다고 할 수 있다.

한국전쟁 발발로 인해 통화량이 급증하였지만 이와 동시에 물가도 급등하였기 때문에 당시의 통화량 또는 화폐량은 명목적인 증가에 그친 것이 아닌가를 점검해 볼 필

22 한국산업은행(1955), p. 181.
23 한국은행(1955), 『경제연감』, 통계 179.

[그림 16-3] 한국전쟁기 화폐의 실질잔고 추이(1950~1954)

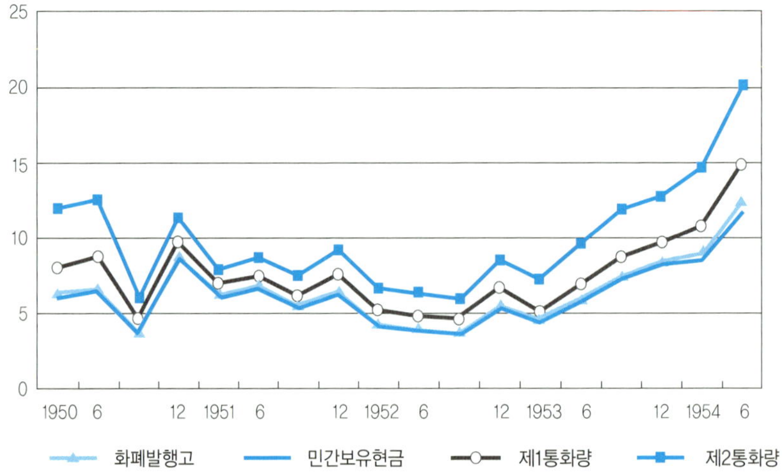

자료: [그림 16-2]와 같음.

요가 있다. 당시 각 통화량을 1950년 3월을 기준으로 한 전국소비자물가지수로 나누어 당시의 화폐의 실질잔고를 제시한 것이 [그림 16-3]이다. [그림 16-3]에서 보듯이, 화폐의 실질잔고 변화 추이는 어떠한 지표를 보더라도 큰 차이가 없다. 전쟁 초기에는 통화량의 급격한 증가에도 불구하고 이를 넘어서는 물가급등으로 인해 실질잔고가 급락하였으나 1950년도 말에는 물가상승세의 완화로 일시적이지만 전쟁 이전 수준에 가깝게 회복하였다. 그러나 전쟁 중의 지속적인 물가상승으로 화폐의 실질잔고는 줄어드는 추세에 있다. [표 16-9]에서 보듯이, 전쟁이 휴전 상태에 들어가는 1953년 이후에 실질경제성장률이 급속한 상승세를 보임으로써 높은 통화증가율에도 불구하고 물가상승세가 완화됨으로써 화폐의 실질잔고가 확실한 증가세를 보이게 되었다.

어느 나라에서든 정도의 차이는 있지만 인플레이션이 급진전되는 시기에는 화폐의 발행차익 또는 인플레이션 조세는 세입의 주요 원천이 될 수 있다. 특히, 많은 나라가 전쟁을 수행하는 과정에 다른 재원조달이 어렵기 때문에 이 재원에 크게 의존하게 된다. 그러나 통화남발이 있으면 인플레이션율이 높아지고 예상물가상승률이 상승하면 화폐의 실질수요가 감소한다. 따라서 정부가 재원조달을 위해 통화를 발행하면, 화폐의 발행차익 또는 인플레이션 조세의 실질적인 규모는 처음에는 증가하지만 일정 수준을 넘어선 다음에는 도리어 감소한다. 한국 정부도 한국전쟁 이후에는 통화 발행에 의한 재정수입 증대를 도모하였지만 물가폭등으로 발행차익 또는 인플레이션 조세를 통한 재정적자 보전은 한계에 달하였다. [그림 16-3]에서 보는 바와 같이, 화폐의 실질잔고가 감소하는 상황에서는 통화량의 증가로는 정부의 실질수입이 늘어날 수 없다. 특히, 유엔군 대여금에 의한 통화남발은 물가상승을 통해 한국 정부의 통화 발행에 의한 실질재정수입을 더욱 줄이고 있었다. 한국 정부로서는 통화남발의 주요 요인이 되는 유엔군 대여금 상환 문제를 해결하지 않고서는 통화 발행에 의한 재원조달 확대가 더 이상 어렵게 된 것이다.

전쟁으로 인한 물가상승은 원화의 통화가치를 크게 하락시킴으로써 원화의 고평가 현상이 심화되었다. 이승만 정부는 물가가 상승함에도 불구하고 현재의 원/달러 환율을 고수한다면 달러수입이 늘어나기 때문에 환율 인상을 최대한 지연하려 하였다. 미국 정부와 유엔군 사령부는 원/달러 환율의 인상요구가 쉽게 수용되지 않자 물가안정을 위한 경제정책을 요구하면서 동시에 유엔군 대여금 상환 시기를 늦추는 것으로 대응하고 있었다. 유엔군 대여금의 대여는 [표 16-7]에서 보았듯이 1950년 7월부터 시작되었으나 그 상환은 1951년 10월에야 처음으로 이루어졌고, 달러당 최저 1,800원에서 최고 6,000원까지 네 종류의 환율이 단계적으로 적용되었다. 1952년 9월부터 상환이 재개되어 1952년 말까지 상환된 금액은 총대여금 7,667억 원 중에서 4,033억 원으로 대여 잔액의 52.6%에 불과하였다.

1952년 말 화폐발행고가 1조 원이었다는 점을 감안하면, 유엔군 대여금 미상환액 3,300억 원의 신속한 상환은 통화량 통제를 어렵게 할 수 있었다. 또한 이 대여금의 상환은 만성적인 무역적자 상태에 있고 자본유입도 거의 없는 상황에서 한국의 외환보유고 증대에도 크게 기여할 수 있었다. 그런데 유엔군 대여금 상환에서 적용되는 환율

[그림 16-4] 구매력평가에 의한 추정환율 및 연말 공정환율의 추이(1945~1958)

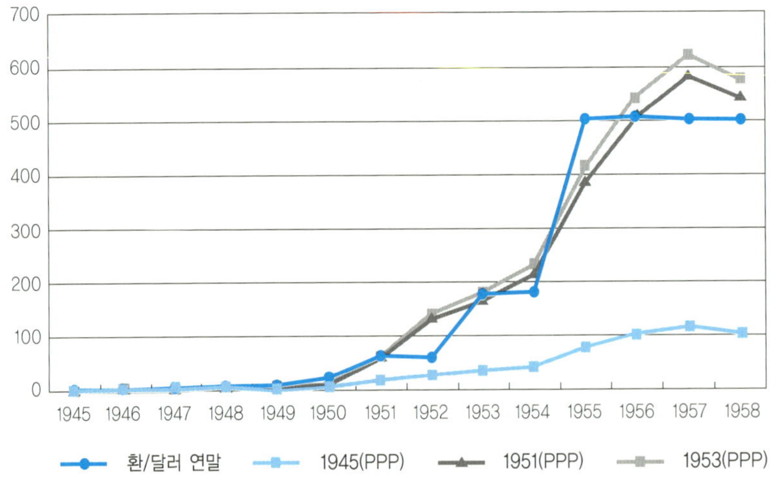

주: PPP: 환달러 환율(기준연도말)×(한국물가지수)/(미국물가지수).
자료: 한국은행(1959), 『경제연감』.

에 따라서 달러금액이 크게 달라질 수 있기 때문에 정부는 그동안의 물가상승에도 불구하고 1951년 4월부터 적용된 환율인 원/달러 환율(6,000원/달러)을 어떻게든 유지하려고 하였다.

[그림 16-4]는 한국도매물가지수((Pk), 미국도매물가지수(Pu), 3개 기준연도 적용환율(e)에 근거하여 구매력평가지수에 의한 추정환율[e·(Pk/Pu)]과 각 연도 말의 공정환율을 제시한 것이다. 미국에 의해 책정된 1945년의 공정환율은 원화를 과대평가한 결과인지 이에 근거하여 산정된 추정환율은 실제 공정환율보다 계속 낮은 수준이다. 그렇지만 1951년과 1953년 조정된 공정환율을 적용한 추정환율은 약간의 시차는 있지만 실제의 공정환율과 비슷한 추이를 보인다. 따라서 실제 공정환율의 변경은 양국 화폐의 구매력 또는 물가 수준의 차이를 대체로 반영하였다고 할 수 있다. 하지만 전쟁 중의 급격한 물가상승에도 불구하고 환율의 조정이 지체되고 있던 상황에서 미국 정부의 환율인상 요구는 점차 강력해질 수 밖에 없었다고 할 수 있다.

5. 한국전쟁과 통화개혁

1) 전쟁 중 긴급통화교환조치

한국은행이 예금인출 사태, 현금선호 증가, 비상인출 증가에 따라 심화된 은행권 부족 문제를 해결하기 위해 피난지 대구에서 7월 22일부터 1,000원권 및 100원권 두 종류의 한국은행권을 처음 발행하여 이미 발행된 조선은행권과 함께 유통시키고 있었다. 그런데 북한은 1947년 12월 6일부터 12일까지 7일간에 걸쳐 화폐교환을 실시하면서 구 조선은행권, 소련군 군표를 북조선중앙은행권과 1 : 1로 교환하였는데, 이때 발행된 신권은 1원, 5원, 10원, 100원 네 종류이었다.[24] 북한군은 점령지에 북조선중앙은행권을 유통시키는 동시에 발행되지 않은 조선은행권 1,000권과, 100권을 남발하여 유통시켰으나 발행자가 다른 두 통화의 사용에 따른 혼란을 우려하여 북조선은행권의 유통을 금지하였다. 북한군은 이 조선은행권을 이른바 '워크라인' 이내의 지역까지 반입하여 물자조달에 이용함으로써 경제교란을 시도하였다.[25]

한국 정부는 '워크라인' 이내로 반입된 적성통화인 불법 조선은행권을 몰아내기 위해 1950년 8월 28일 대통령긴급명령 제10호로 「조선은행권 유통 및 교환에 관한 건」을 공포하고 조선은행권을 새로 발행된 한국은행권으로 1 : 1 등가로 교환하는 조치를 1953년 1월 16일까지 다섯 차례에 걸쳐 실시하였다. 당시의 소액 통화의 부족 때문에 100원 미만의 구 조선은행권의 유통은 계속 허용하였다.

한국 정부는 이 (신구)통화교환조치 중 1950년 8월 제1차 조치를 시행할 때에는 적성통화의 구축 또는 제거를 목적으로 실시하였지만, 서울을 수복한 후인 1950년 10월에 제2차 조치를 시행할 때에는 북한군에 대한 부역자 및 잔존 게릴라 활동과 관련되는 통화교환의 봉쇄는 물론이고 거액 소지자의 제한적 교환과 예금으로의 동결 등을

24 전현수(1996), 「1947년 12월 북한의 화폐개혁」, 『역사와 현실』, 19.
25 한국은행(1975), p. 101.

[표 16-10] 긴급통화교환조치의 주요 내용

차수	실시기한		실시지역	교환실적(억 원)	
	시작	종료		현금	예금
제1차	1950. 09. 15	1950. 09. 22	워커라인 내, 제주도	130	45
제2차	1950. 10. 25	1950. 11. 03	서울시, 경기도, 강원도	148	63
제3차	1950. 11. 11	1950. 11. 28	잔여지역	191	32
제4차	1950. 11. 18	1951. 04. 30	제2, 3차 미실시지역	91	
제5차	1951. 09. 24	1953. 01. 16	누락 미교환지역	157	

자료: 한국은행(1951), 『조사월보』, 3월호, pp. 148~149; 한국은행(1955), 『경제연감』 I, pp. 46~47.

[그림 16-5] 1950년 긴급통화교환 시 등장한 새로운 한국은행권

자료: 한국은행(2015), 『우리나라의 화폐』, p. 372.

시행하는 등 처음과는 다른 정치·경제적 정책수단으로 이용하였다. 이러한 통화교환 조치는 교환 대상인 771억 원(圓)의 93%에 이르는 717억 원이 교환되는 등 비교적 성공적이었다고 할 수 있다.

한국 정부는 일본내각 인쇄국에 의뢰하여 1,000원권, 100원권 두 종류의 한국은행권을 인쇄한 것을 신화폐로 사용하였다. 이 은행권은 최초의 한국은행권으로 발행자로 한국은행 총재인이 나타나고, 뒷면에는 영문으로 발행자 THE BANK OF KOREA와 우리나라 화폐단위의 영문명 WON이 처음으로 인쇄되었다. 이어 화폐수요의 팽창에 따라 신설된 한국조폐공사가 제조한 이승만 대통령의 초상이 있는 1,000원권과 500원권을 새로이 제조하여 공급하였다. 고액권으로는 새로 발행된 한국은행권이 사용되었지만 소액권으로는 여전히 조선은행권이 사용되었다.

2) 제1차 통화개혁

한국전쟁으로 인해 생산시설이 파괴되어 공급능력이 줄었는데도 유엔군 대여금 증가 등을 원인으로 통화남발이 전개됨으로써 물가급등세가 지속되었다. 이승만 대통령이 통화환수 효과가 있는 달러화 적기방출을 제한하는 가운데, 백두진 재무부 장관은 조세 증징, 임시토지수득세, 금융의 우선순위제, 생산 확대를 위한 투융자 확대 등과 같은 기존에 시행된 정책으로는 인플레이션의 주요 요인인 통화량 증가 통제에는 한계가 있다고 생각하고 1951년 말부터 통화개혁을 검토하기 시작하였다. 1952년 8월경에는 한국은행 내에서 기본 계획까지 수립되었고,[26] 백두진은 1952년 늦가을부터 통화개혁을 결심하고 대통령과 수차례 이 문제를 협의하고 1953년 2월에 최종 결정하였다.[27]

이승만 정부는 전쟁으로 인한 통화남발과 인플레이션을 수습하고, 통화가치를 안정시키기 위해 1953년 2월 통화개혁 추진을 발표하였다.[28] 당시 통화남발의 핵심 요인인 유엔군 대여금의 환수가 거의 이루어지지 않았고, 달러 방출을 통한 통화환수도 이승만 대통령의 달러 애착으로 효과를 기대할 수 없고, 이미 취해진 조세 증징, 대출규제로는 통화량 규제가 한계에 이르렀다.[29] 특히, 1952년 새로 예산에 편입된 유엔군 대여금의 상환이 지연되자 대규모 재정적자가 다시 재현될 수밖에 없었고, 이 적자는 전쟁 초기와 같이 한국은행 차입금으로 보전될 수밖에 없었다.

결국 한국 정부는 인플레이션을 수습하기 위해 화폐단위를 바꾸고 화폐의 호칭가치를 절하하는 「긴급통화조치」를 시행한 이후, 바로 「긴급금융조치법」에 의거 화폐교환을 제한하여 과잉구매력을 흡수하고 체납국세를 일소하며 나아가 연체대출금을

26 백두진은 1951년 11월경 태국 방콕에서 열린 ECAPE 실무자 회의에서 당시 송인상 재무부 이재국장에게 통화개혁에 관한 자료수집을 지시하였고, 1952년 봄부터 김유택 한국은행 총재와 협의하였다. 김총재는 조사부 기획조사과장 김정렴에게 통화개혁 준비작업을 지시하였고, 1952년 8월 말경에 김정렴, 배수곤은 기본 계획을 수립하였다(한규훈(1986), 『실록 한국은행』, pp. 166~169).

27 백두진(1975), 『백두진회고록』, pp. 157~161.

28 재무부(1958), 『재정금융의 회고』, pp. 218~219.

29 백두진(1975), p. 158.

[그림 16-6] 1953년 2월 통화개혁에서 사용된 한국은행권

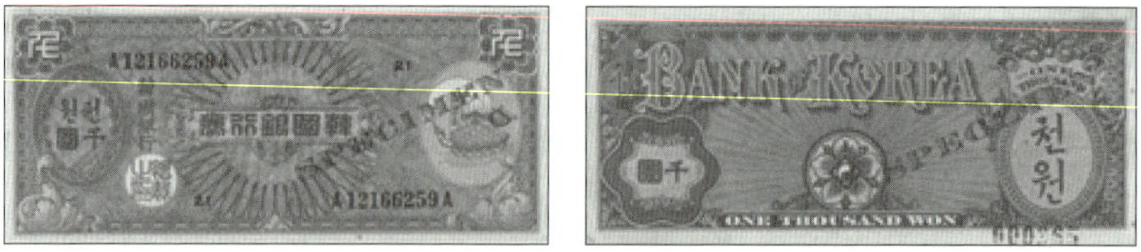

자료: 한국은행(2015), 『우리나라의 화폐』, p. 376.

흡수할 계획으로 1953년 2월 15일 「긴급통화조치」를 실시하였다.

이 조치에 따라 원(圓) 표시 한국은행권과 전(錢) 표시 조선은행권, 일본 정부 지폐와 주화 등 구화폐의 유통이 금지되었고, 화폐단위가 원(圓)에서 환(圜)으로 변경되었으며, 환가 비율은 100원=1환으로 하되, 한국은행이 새로 발행하는 환 표시의 은행권, 전리 표시의 은행권 또는 주화만이 법화가 되었다. 그리고 구권과 수표 등 원화지불지시를 갖고 있는 사람은 금융기관에 예입하고 예금계정을 설정하도록 하며, 이 예금에 대하여 대통령령이 정하는 용도와 금액에 한해서 신권 지불을 청구할 수 있도록 하였다.[30] 이 명령이 공포되기 이전에 구권 발행고는 11,367억 원이었으나 이 중에서 11,066억 원이 회수되어 미회수액은 구발행권의 2.6%인 301억 원에 불과할 정도로 화폐교환은 순조롭게 이루어졌다.

한국은행은 이 화폐교환에서 신권으로 미군정기에 제조되어 있던 은행권을 사용하였다. 일본과 북한의 통화개혁으로 이 지역의 조선은행권이 대한민국 지역으로 유입될 가능성이 커짐에 따라 미군정은 화폐교환에 대비하여 조선은행 최순주 이사를 보내 미국 재무성 인쇄국이 신은행권을 제조하도록 하였다. 한국과 미국이 이 은행권을 국내로 반입하여 봉인하고 조선은행(1950년 6월부터 한국은행)에 보관하였는데 다행히 북한군이 손대지 않아 다시 부산으로 이송하여 조선방직회사에 보관하였던 것을

30 재무부(1958), pp. 217~222.

화폐교환 시 신권으로 사용하였다.

이 신권은 미군정기에 제조되었던 결과로 화폐단위는 한글로는 원, 영문으로는 Won, 한자로는 환(圜)이었다. 한자 圜은 환과 원 두 가지로 발음되었지만 이때까지는 주로 원으로 불렀다. [그림 16-6]에서 제시된 미군정기 제조된 한국은행권도 한자로는 圜이지만 한글로는 원이다. 그런데 한국 정부가 통화개혁에서 이 은행권을 신권으로 사용하는 한, 圜이 새로운 통화의 화폐단위가 될 수밖에 없었다. 결과적으로 원(圓) 시대가 끝나고 환(圜) 시대가 시작되었다.

1953년 2월 긴급통화조치에 따라 圓(원) 표시 한국은행권과 錢(전) 표시 조선은행권, 일본 정부 지폐와 주화 등 구화폐의 유통이 금지되었고, 화폐단위가 圓(원)에서 圜(환)으로 변경되었다. 하지만 화폐의 호칭단위가 圓에서 圜으로 바뀌었음에도 한글로는 원이라는 호칭이 그대로 사용되었다. 그것은 미군정기에 미국에서 제작하여 조선은행에 보관하고 있던 은행권이 1953년 통화개혁에서 사용되었는데, 이 은행권의 호칭단위가 한글로는 원, 한자로는 圜으로 되어 있었기 때문이다. 圜이라는 호칭단위는 1888년부터 간혹 사용되었지만 그 당시에는 원으로 발음하였으나, 1953년 통화개혁에서 정부가 화폐의 호칭단위를 바꾸기 위해 圜을 환으로 발음하게 하고 이를 계기로 圜은 호칭단위로서 원이 아니라 환으로 부르게 하였던 것이다. 우리나라가 1953년 3월에 직접 새로운 은행권을 제조하면서 화폐의 호칭단위를 圜으로 하되, 한글로는 환, 영어로 Hwan로 표기함으로써 통화개혁을 은행권에 비로소 반영하였다.

광복 이후 누적된 물가급등이 화폐제도에 대한 신뢰에 큰 손상을 주었음은 더 강조할 필요가 없다. 이러한 급격한 물가상승의 누적은 화폐제도에 대한 신뢰를 손상시키는 것에 그치는 것이 아니라 각종 거래에 필요한 금액을 증대시킬 뿐만 아니라 상품의 빈번한 가격조정을 유발함으로써 거래비용을 증대시키는 동시에 현물투기를 유발하여 원자재와 완제품이 퇴장되는 등 거래와 생산을 위축시키고 있었다.[31]

31 당시의 재무부 장관과 한국은행 총재는 이러한 문제에 대해 공동담화문에서 "돈의 가치를 제대로 한 장 한 장 세어 보지도 않고 돈의 분량을 대충대충 달아서 주고받는 천금사상(賤金思想)이 만연되고, 지폐의 홍수 속에서 거래단위만 터무니없이 불어나 유통과 결제상의 많은 불편이 생기게 되어"라고 언급하고 있다.

어떻든 화폐단위 절하는 그동안의 물가상승을 반영하는 수준에서 결정될 수밖에 없는 문제이었다. 물가상승은 한국전쟁에 이르는 기간만이 아니라 전쟁 이후에도 지속됨으로써 물가상승 누적에 따른 화폐가치의 하락으로 화폐제도에 대한 신뢰가 크게 손상되고 있었다. 소비자물가지수의 변화를 보면, 광복 이후 1952년 말까지 서울에서는 소비자물가가 348배 상승하였고, 부산은 547배 상승하였으므로 화폐구매력이 서울에서는 0.0029배로 줄어들었고, 부산에서는 0.0018배로 줄어들었다. 한국전쟁 이후부터 1952년 말까지의 소비자물가지수는 서울에서 17.5배, 부산에서 20.6배 상승하였으므로 화폐의 구매력은 서울에서 0.057배, 부산에서 0.048배로 줄어들었다. 광복 이후 누적된 물가상승을 반영한다면 명목가치 절하 폭은 적어도 1/100은 되어야 할 것이다. 따라서 화폐단위 1/100 절하는 광복 이후 누적된 물가상승을 최소한으로 반영하는 수준에서 결정된 것이라고 할 수 있다.

「긴급통화조치」와 직결된 「긴급금융조치법」은 예금동결조치에 반대하는 국회의원과 타협한 결과로 예금동결 범위가 줄어들었지만 예정대로 2월 27일 국회에서 통과되어 실시되었다. 즉, 정부는 긴급통화조치를 보완하고 금전계약을 원화에서 환화로 전환하고 당시 인플레이션의 원인이 된 과잉구매력을 흡수하고 이를 중요 산업자금에 충당하기 위하여 구권 예금의 일부를 동결하는 것을 핵심으로 하는 「긴급금융조치법」을 함께 실시하였다.

[표 16-11]에서 보듯이, 당시 통화조치로 구은행권 회수액 11,066억 원, 지불지시 예입 1,197억 원 등 총 12,263억 원(122.6억 환)이 들어왔다. 이 중 환수조치 대상에서 제외된 것은 금융기관 시재금, 국고금, 국가지방자치단체자금, 군인, 군속 및 외교사절 보유 현예금 등이었는데, 이는 통화조치 금액의 18.0%를 차지하였다. 또한 개인생활비로 지출된 금액은 6,410억 원으로 전체 금액의 52.3%에 달하였다. 그 결과 긴급금융조치 대상 중 동결 대상이 되었던 수입금의 72.9%인 8,945억 원이 긴급금융조치 대상이 되었다. 이 중에서 6,737억 원(67.37억 환)이 자유계정으로 전환되었는데, 이는 전체 금액 대비 54.9%이고, 긴급금융조치 대상 금액 대비 75.3%이다. 나머지 금액 중에서 특별정

[표 16-11] 1953년 긴급통화조치 및 「긴급금융조치법」의 시행 결과

(단위: 10억 환(억 圓), ( ): %)

구 은행권 발행고(1953년 2월 14일)		11,367	비율 A	비율 B
통화조치수입액 (A)	소계	12,263	(100.0)	(100.0)
	회수구권	11,066	(90.2)	(90.2)
	지불지시예입	1,197	(9.8)	(9.8)
환수조치 제외 (B)	소계	2,205	(100.0)	(18.0)
	금융기관 시재금	406	(18.4)	(3.3)
	국고금 불입액	651	(29.5)	(5.3)
	국가지방자치단체	728	(33.0)	(5.9)
	군인, 군속, 외국사절	420	(19.0)	(3.4)
자연인 일반법인 예입금액	소계(A-B)	10,056	(100.0)	(82.0)
	생활비 지출	6,410	(63.7)	(52.3)
	구권예입계정(C)	4,375	(43.5)	(35.7)
	금융기관 금전채무계정(D)	4,570		(37.3)
긴급금융조치 대상 금액 (C+D)	소계	8,945	(100.0)	(72.9)
	조치미제금액(E)	98	(1.1)	(0.8)
	체납국세 납부(F)	382	(4.3)	(3.1)
	연체대부 변제(G)	330	(3.7)	(2.7)
	특별정기예금 및 국채(H)	1,285	(14.4)	(10.5)
	(E)+(F)+(G)+(H)	2,095	(23.4)	(17.1)
	특수계정 전환액	113	(1.3)	(0.9)
	자유계정 전환액	6,737	(75.3)	(54.9)

주: 비율 A는 범주 내 비율이고 비율 B는 전체액 대비 비율임.
자료: 한국은행 조사부(1954), 『긴급통화조치종합보고서』, pp. 7~13; 한국은행(1955), 『경제연감』 I, pp. 45~48.

기예금 또는 국채로 동결된 금액은 1,285억 원(12.85억 환)으로 전체 대비 10.5%, 금융조치 대상 금액 대비 14.4%에 불과하였다.

이승만 정부는 원래 구권예금계정 중에서 국가, 지방자치단체, 금융기관이 예입한 금액을 제외한 금액에 대해 금액 규모별로 체감액을 정하여 자유계정으로 하고, 그 나머지인 22억 환 정도를 특별정기예금 또는 특별국채예금 계정으로 동결하고, 금융기관 금전채무의 3/4을 자유계정으로 전환하고 그 나머지 1/4인 8억 환 정도를 특별정기예금으로 동결하여 긴급금융조치 대상 금액 89.5억 환의 33.5%를 동결하고자 하였다. 그러나 정기예금 및 국채로 동결된 금액은 그 목표치의 42.8%인 12.9억 환에 불과하였다. 이와 같이 동결액이 목표치의 1/2 이상도 되지 못한 것은 무엇보다도 국회 심의 과정에 기초공제액이 생활비 기초공제가 1,000환에서 30,000환으로 대폭 인상되었고, 금액구분도 단순화되었기 때문이었다.[32] 그리고 통화조치에서 금융조치로 연결되는 2월 15일부터 2월 27일까지 12일 동안 9대 도시 현금잔고가 총예금 80%에서 35%로 줄어들고, 대상 세대수가 60만 세대로 예상하였으나 실제로는 총세대의 1%에 불과한 4,000세대로 크게 줄어들었다.[33]

3) 제1차 통화개혁의 의의

한국전쟁 발발 후인 1950년 9월부터 실시된 통화교환조치는 신구화폐의 1:1 단순교환으로 볼 수 있으나, 통화·금융정책이나 화폐제도의 발전 측면에서 몇 가지 의의를 찾을 수 있다. 첫째, 당시의 적성통화의 반입이나 예상되는 북한군의 통화공작에 선제적으로 대응하였다는 점에서 군사적 목적을 충분히 달성하였다고 할 수 있다. 둘째, 물론 의도한 것은 아니지만 신설된 한국은행이 구 조선은행이 발행한 조선은행권을 새로 발행한 한국은행권으로 교체함으로써 발권은행으로서 한국은행의 존재를 인식시키고 화폐발행권의 자주성을 높이는 데 기여하였다고 할 수 있다. 그런데 통화교환조치를 통해 구 통화를 회수하는 과정에 과잉구매력을 흡수하기 위해 신통화로의 교환량을 제한한 것은 당시의 통화량 통제를 통한 인플레이션 수습이 적지만 도움이 되었다고 스스로 평가하고 있다.[34]

한국전쟁이 소강 상태에 접어들은 1953년 2월 15일 실시된 긴급통화조치에 의한 호칭단위 변경과 이와 연계되어 2월 27일부터 실시된 긴급금융조치에 의한 예금동결

---

32 백두진(1975), pp. 167~168.
33 한국산업은행(1955), p. 429.
34 한국은행(1975), p. 102.

조치에 대한 평가는 추진 주체 간에도 엇갈리고 있다. 이 통화개혁을 추진하였던 백두진은 세 가지 측면에서 그 성과가 있었다고 자평하고 있다.[35] 첫째, 당시와 같은 악성 인플레이션을 수습할 수 있는 대안이 통화개혁밖에 없었다는 것이다. 둘째, 통화발행고가 통화개혁 직후 약 10% 정도 감축된 동시에 13억 환의 과잉구매력이 봉쇄되었다는 것이다. 셋째, 한국 정부의 물가안정 의지가 통화개혁을 통해 천명됨으로써 유엔군 대여금 상환이 촉진되었다는 것이다. 통화개혁 실무를 담당하였던 한국은행의 평가는 백두진의 평가와는 차이가 있다.[36] 첫째, 이 조치 이후에 물가상승세가 꺾였으나, 이러한 물가상승세는 통화량 감소보다는 유엔군 대여금 상환과 원조물자 도입 증가에 의한 것이라는 것이다. 둘째, 이 조치로 통화교환은 순조롭게 이루어졌지만 과잉구매력을 흡수하기 위한 자금동결이 미흡하여 통화량 감소가 일시적이었고, 이후 재현된 재정적자로 통화팽창이 재현되었다는 것이다.

1953년 2월의 통화개혁은 유엔군 대여금 상환을 촉진하는 데 적지 않은 도움이 되었고 환율상승을 억제함으로써 상환 지체로 본 손실[37]은 어느 정도 보상되었다. 즉, 합동경제위원회 대표인 핸론 소장은 통화개혁이 상당한 효과를 거둘 것이라는 견해를 보이면서 청산되지 않는 유엔군 대여금의 상환을 제안하였고, 1953년 3월 16일 환율 1달러=60환으로 환산된 8,580만 달러(45억 환), 당시로서 거액의 상환이 실제로 이루어졌다. 어떻든 통화개혁이 예상물가상승률을 낮추고 적용환율을 이전대로 유지하면서 유엔군 대여금 중의 상당액을 상환 받는 계기를 마련함으로써 물가안정, 통화량의 통제, 외환보유고 증대에도 큰 기여를 하였다고 할 수 있다. 그렇지만 미국 정부는 1953년 6월부터 환율을 3배나 인상시킨 180환 달러를 적용하면서 월별로 분산하여 상환하고 신규 대여금 증가로 상환효과가 상쇄됨에 따라 유엔군 대여금의 일시 거액 상환 효과는 점차 줄어들었다.

35 백두진(1975), pp. 168~169.
36 한국은행(2000), 『한국은행50년사』, p. 391.
37 예를 들어, 대여된 시점과 상환된 시점 간에 1년 차이가 있다면 채무의 실질가치는 물가상승분만큼 하락하기 때문에 환율 조정 시 물가상승분을 고려하는 것이 합당하다.

긴급통화조치의 핵심이 되는 화폐단위의 변경과 명목가치의 절하(환가절하), 그 자체도 화폐제도의 안정에 기여하였다고 할 수 있다. 환가가 100원(圓)=1환(圜)으로 변경된 것은 광복 이후 누적된 물가상승으로 인해 나타난 화폐가치의 하락을 현실화한 것이다. 이러한 화폐단위 절하, 즉 리디노미네이션(re-denomination)은 그 자체로 인플레이션 억제 효과를 가지지는 않지만 거래단위의 고액화에 따른 거래비용 증가를 해소할 수 있는 효과가 있다는 것은 이해하기 어렵지 않다. 이 호칭단위 절하가 새로운 화폐제도에 대한 신뢰를 찾는 실질적인 계기가 되기 위해서는 통화개혁 이후에 물가안정 및 외환 확보가 뒷받침되어야 함은 물론이다. 그리고 화폐단위 호칭이 원에서 환으로 변한 것은 그 호칭단위 명칭이 무엇이든 구화폐제도를 대표하는 일본 통화명인 원(圓)화 표시가 사라지고 신화폐제도를 상징하는 한국은행이 출범한 이후 새로운 화폐단위 환(圜)이 사용된다는 역사적 의의가 있는 변화이었다.

제 17장

한국전쟁 이후의 금융제도 재편과 금융기관의 역할

1. 한국산업은행의 설립과 산업정책금융의 확장

조선식산은행은 일제 식민지 시대에는 산업금융기관으로서 중심적인 역할을 하였으나, 광복으로 일본의 자본시장과 단절되고 한국의 자본시장도 붕괴됨에 따라 회사채 발행을 통한 자금조달의 길이 막혀 예금과 차입에 의존한 단기 상업금융만 취급하게 되었다.[1] 그에 따라 새로운 장기 산업금융기관의 설립의 필요성이 제기되었다. 즉, 한국은행과 마찬가지로 1948년 3월 금융법규조사위원회에 의해 산업금융을 전담하는 장기 금융 취급기관이 검토되기 시작하였고, 개칭된 한국식산은행이 1950년 초에 한국산업은행 시안을 내놓았다.

당시의 초인플레이션의 수습에는 「한국은행법」과 「은행법」 시행이 불가결한 것으로 간주되었다. 하지만 초인플레이션이 상존하고 있고, 자본시장도 존재하지 않고 정부가 만성적인 재정적자를 기록하고 있는 상황에서 장기 금융을 취급하는 산업금융기관이 설립되더라도 장기 자금 조달조차도 통화 발행에 의존하지 않을 수 없기 때문에 비인플레적인 재원이 염출될 때까지 설립이 연기되어야 한다는 쪽으로 견해가 우세하여 정부의 장기 자금을 취급하는 산업금융기관의 설립 추진은 어려웠다.[2] 이승만 정부는 전쟁 상황이 안정됨에 따라 식산은행의 시안과 「일본개발은행법」을 참조하여 1951년 5월 「한국산업은행법안」의 기초에 착수하여 그해 9월 정부안을 확정하였으나 심의조차 되지 않았다.

정부안에 의하면, 이 은행은 정부가 전액 출자하는 장기 개발은행으로서 중요산업에 자금을 공급하고 이를 관리하여 국민경제의 안정과 산업부흥을 도모하는 것을 목적으로 설립한다는 것이다. 이 은행은 1년 이상의 중요 산업자금 대출과 관리, 중요 산업자금의 조달을 위해 발행되는 회사채의 응모, 채무의 인수 및 보증을 담당하되 「한국은행법」과 「은행법」의 적용을 받지 않고 정부의 직접 감독만을 받도록 하였다.

1 한국산업은행(1964), 『한국산업은행십년사』, pp. 31~32.
2 앞의 책, pp. 39~40.

이 은행의 업무 계획을 심의하고 여신관리에 참여하는 기구로서 산업금융심의회를 설치하도록 하였다.[3]

「한국은행법」과 「은행법」을 기초한 블룸필드(A. I. Bloomfield)도 1952년 장기 금융을 취급하는 산업금융기관의 설립에 필요한 여건이 조성될 때까지 연기되어야 한다고 보고하였다.[4] 그러다 물가도 안정되고 휴전이 임박한 1953년 7월부터 다시 심의되어 1953년 11월에 수정·통과되었고, 그해 말 「한국산업은행법」이 공포되었다. 1954년 4월에 한국식산은행이 해산되고 한국산업은행이 출범하게 되었다. 1954년 3월 말 이승만 대통령은 조선은행 총재, 한국은행 총재와 석탄공사 총재를 역임한 구용서를 한국산업은행의 초대 총재로, 식산은행 이사 김영휘를 부총재로 임명하였고, 재무부 장관은 5명의 이사와 2명의 감사를 임명하였다. 이와 동시에 수권자본금 4억 환(4,000만 원) 중에서 출자금 1억 환(1,000만 원)이 납입되었다.

한국산업은행(이하 산업은행)은 중요 산업의 시설자금과 1년 이상의 운전자금 대출, 채권 응모 인수를 담당하는 장기 자금을 취급하는 개발(금융)기관이기 때문에 그 자금조달은 정부의 차입, 납입자본 20배 이내의 산업금융채권 발행, 기한부예금의 예입 등에 의존하기로 하였다. 신설 산업은행은 정부가 출자하는 장기 개발은행으로서 정부의 직접 감독을 받게 되었다. 대신에 정부는 산업은행에 재정자금을 공급하고 산업금융채권을 보증하고 산업은행 손실금은 정부보상을 받도록 하여 산업은행의 활동을 보호하였다.[5] 이에 따라 신설 산업은행이 산업정책자금의 융자와 관리의 중심에 서게 되었다.

「한국산업은행법」에 근거하여 설립된 한국산업은행은 개발금융기관이지만 일제 때 식민지 산업정책 금융기관으로 확장된 조선식산은행과 큰 차이가 있었다. 첫째, 식산은행은 정부의 정책금융기관이지만 정부출자는 일부에 불과하고 임원은 정부가 임명하는 반관반민의 주식회사이었지만, 산업은행은 정부가 전액 출자하고 직접 관리

3 한국산업은행(1974), 『한국산업은행이십년사』, pp. 45~46.
4 블룸필드, 「한국금융에 관한 보고와 건의」, 『경제연감』, I, pp. 497~498.
5 한국산업은행(1964), pp. 48~53.

하는 산업부흥을 위한 공공기관에 가까웠다. 식산은행은 주주에 배당보증과 같은 주주를 보호하는 조치가 있었지만 산업은행에는 이러한 부분이 처음부터 필요 없었다. 둘째, 식산은행은 산업자금 또는 각종 정책자금을 공급하였지만 단기 상업자금을 취급하는 상업은행으로서 장단기 자금공급 업무를 하였으나, 산업은행은 상업은행 업무를 취급하지 않고 장기 산업자금만을 공급하는 개발금융기관으로 특화되어 있었다. 셋째, 식산은행은 상업은행으로서 예금에 크게 의존하였지만 산업은행은 예금을 취급하기는 하였지만 정기예금만 취급하고 요구불예금은 관련 사업체에 한정되었다.

그러나 신설 산업은행도 산업자금을 본격적으로 공급하게 되면 다른 금융기관의 활동을 제약할 가능성은 여전히 남아 있었다. 첫째, 산업은행은 정부의 산하기관으로서 불합리한 간섭으로부터 자유로울 수 없었다. 둘째, 산업은행은 자본시장의 미성숙 때문에 재원조달의 한계에 부딪히면서 정부의 힘을 빌려 재원조달을 하는 경우 한국은행의 채권 인수나 정부 차입에 의존하게 되고 이것은 통화남발로 파급될 수 있었다. 그렇게 되면 산업은행은 정부와 함께 또 하나의 금융적으로 통제할 수 없는 존재가 되어 건전금융원칙이 유지될 수 없다. 셋째, 산업은행의 자금운용을 효율적으로 할 장치가 별도로 없었기 때문에 많은 부실기업을 인수하는 경우 산업은행 자체가 부실하게 될 수 있다.

산업은행이 발족과 함께 집중적으로 자금을 공급한 분야는 [표 17-1]에서 보듯이 제조업, 농림어업, 전기 3대 부문이었다. 농림어업 중에서는 농업에 집중적으로 공급하였고, 제조업 중에서 섬유 부문에 40~50% 정도를 공급하였으나, 1957년 이후에는 화학 부문에 더 중점을 두게 되었다. 그리고 농림어업에 대한 대출은 1958년 농업은행이 발족됨으로써 급감하게 되었는데, 이것은 농업은행이 이 분야 자금공급을 전담하게 되었기 때문이다. 그리고 1957년부터 산업은행이 ICA 주택자금을 담당하고 주택금융을 취급하게 됨으로써 건설업에 자금공급을 크게 확대하였다. 당시 산업은행의 자금공급은 그 대상을 확대하기보다 기존 거래업체와의 거래를 확대하는 중점공급 방식에 따라 진행되었다.

[표 17-1] 산업은행의 자금운용과 자금조달(1954~1959)

(단위: 백만 원, ( ): %)

		1954	1955	1956	1957	1958	1959
자금운용	제조업	307(37.4)	797(34.7)	1,371(49.1)	1,400(34.9)	3,222(63.3)	2,512(60.3)
	농림어업	353(43.0)	506(22.1)	790(28.3)	1,147(28.6)	491(9.7)	138(3.3)
	전기	48(5.8)	542(23.6)	432(15.5)	586(14.6)	230(4.5)	105(2.5)
	광업	95(11.6)	327(14.2)	102(3.6)	353(8.8)	222(4.4)	370(8.9)
	건설업	3(0.4)	29(1.3)	95(3.4)	351(8.8)	735(14.4)	775(18.6)
	운수창고	15(1.8)	94(4.1)	3(0.1)	166(4.1)	112(2.2)	265(6.3)
	서비스업				8(0.2)	77(1.5)	4(0.1)
	합계	812(100)	2,295(100)	2,793(100)	4,011(100)	5,089(100)	4,189(100)
자금조달	재정자금	700(87.8)	1,056(47.0)	1,860(62.0)	2,901(62.8)	420(9.5)	173(4.4)
	대충자금	34(4.4)	869(38.7)	868(28.9)	1,181(25.6)	2,924(66.2)	3,060(76.9)
	산업금융채		200(8.9)	200(6.7)	400(8.7)	800(18.1)	
	기타	62(7.8)	123(5.5)	74(2.4)	135(2.9)	273(6.2)	745(18.7)
	합계	797(100)	2,249(100)	3,002(100)	4,617(100)	4,417(100)	3,987(100)

자료: 한국산업은행(1974), 『한국산업은행이십년사』, pp. 77~89.

그런데 산업은행이 기대와는 달리 산업금융채권을 발행하여 자금을 조달한 비중은 극히 낮았고, 그나마 발행된 산업금융채권도 채권을 매각할 수 있는 자본시장이 형성되어 있지 않아 한국은행이 전액 인수해 판매하기로 되어 있었다. 그래서 산업은행은 [표 17-1]에서 보듯이, 정부 차입에 거의 전적으로 의존하였는데, 그 재원은 산업부흥국채기금, 대충자금, 귀속재산적립금이었다. 산업은행은 주로 산업부흥국채기금에 의존하였으나, 원조가 확대되고 그에 따라 대충자금의 적립이 확대됨에 따라 원조에 대한 의존도를 크게 높여 1958년부터는 대충자금이 대부분을 차지하게 되었다. 1955년부터 발행한 산업부흥채권은 1960년까지 연금리 5%, 3년 거치 7년 상환을 조건으로 5회 발행되었으나 한국은행이 전액 인수하였다.[6] 당시의 인플레이션율을 감안할 때 발행금리도 너무 낮았고 이를 소화할 만한 자본시장도 성숙되어 않아 민간 소화가 거

6 한국산업은행(1974), pp. 310~311.

[표 17-2] 1950년대 금융기관별 광공업관계 대출액과 비중(1952~1960)

(단위: 10억 환, ( ): %)

연도	합계			산업별 비율			산업은행			기타 금융기관		
	공업	광업	농업	공업	광업	농업	공업	광업	농업	공업	광업	농업
1952	1.8	0.5	1.9	(25.1)	(6.5)	(23.6)						
1953	5.2	1.0	4.9	(28.9)	(5.5)	(27.4)						
1954	12.4	1.5	8.4	(41.2)	(5.0)	(28.0)	2.8	0.9	2.6	9.6	0.6	5.4
1955	33.9	3.2	16.3	(45.9)	(4.3)	(22.2)	10.3	2.6	7.3	18.6	0.6	9.1
1956	54.1	4.6	55.8	(39.6)	(3.3)	(26.2)	22.0	3.6	18.7	32.1	1.3	17.0
1957	73.6	7.5	72.9	(35.1)	(3.7)	(34.7)	36.5	6.7	3.2	37.1	0.7	46.9
1958	117.4	10.9	78.7	(44.4)	(4.1)	(29.8)	66.1	8.4	0.0	51.2	2.5	78.8
1959	157.4	14.1	82.2	(47.3)	(4.2)	(24.7)	96.8	11.2	0.0	60.6	2.9	82.2
1960	169.0	17.4	115.4	(42.1)	(4.3)	(28.7)	97.3	14.3	0.0	71.6	2.1	115.4

주: 한국은행은 제외.
자료: 한국은행, 『경제연감』(1955, 1956, 1957, 1958); 한국은행(1961), 『경제통계연보』.

의 불가능하였기 때문이었다. 산업금융채권의 발행은 통화증발의 요인이 된다는 이유로 1959년 일시 중단되었다. 산업은행도 자금공급을 확대하기 위해서는 미국 원조에 의존하지 않을 수 없게 되어 1950년대 후반에는 재원의 2/3 이상을 대충자금에 의존함으로써 원조의존적 산업금융 체제가 등장하게 되었다.

[표 17-2]에서 산업별 대출을 보면, 공업 관련 대출은 다른 산업 관련 대출보다 빠르게 증가하여 그 비중이 계속 높아지고 있다. 이러한 공업대출의 증가는 다른 금융기관보다는 산업은행의 공업대출 확대에 크게 의존하고 있다. 산업은행은 산업정책금융의 확대를 통해 광공업금융에서 중추적인 금융기관이 되어 일반은행과 금융조합이 취급하는 광공업대출보다 더 거액을 공급하게 되었다. 산업은행이 광공업 분야에 자금공급을 확대함으로써 광공업대출, 그중에서 공업대출의 비중이 전체의 35~45% 수준에 이르게 되었고, 광업대출까지 포함한 광공업대출의 비중은 40~50%에 이르게 되었다.

2. 농업금융의 재개와 농업은행의 설립

광복 이전 금융조합은 식산은행과 함께 농업 관련 자금공급에서 중심적인 역할을 담당하였다. 그러나 광복 직후 금융조합도 예금인출 사태에 직면하고, 정부는 재정적자로 재정자금의 지원을 줄였으며, 식산은행도 자금난으로 금융조합에 대한 지원을 거의 중단하였다. 1949년 금융조합은 조선은행의 차입에 의존하여 정부보증의 대출을 개시함으로써 영농자금을 방출하기 시작하였다. 금융조합은 농업금융을 중심으로 하는 금융기관으로 존속하고 있었지만 대부분을 단기 회전이 가능한 고리의 대출에 이용하는 등 농업금융기관으로서의 역할을 제대로 수행하지 못하였다.[7] 더욱이 농민의 직접세 부담이 전쟁 중에는 거의 40~50%에 이르렀고 정부의 수매가격도 낮게 책정되어 그 부담은 실제보다 훨씬 높았다고 할 수 있다. 이와 같이 농민의 조세부담은 줄어들지 않고 있음에도 농산물 가격의 상승은 공산물 가격의 상승에 비해 더 지체되어 농촌 및 농업의 정체가 극심하였다.

그 결과, 농업 경영 기반은 점차 취약해져 농가부채가 증가되었을 뿐 아니라 70~80% 정도가 고리채이었고, 농지개혁의 진행으로 농업담보 금융이 악화되었다. 즉, 농업금융은 매우 위축되어, [표 17-3]에서 보듯이, 다른 금융기관의 농업대출을 합쳐도 비중은 20~30%에 그치고 있다. 이것은 농업생산이 총생산에서 차지하는 비중 40%에 훨씬 미달한 수준이었다. 따라서 농민에 대한 농업금융 개선의 필요성은 더 증대하고 있었다.[8]

그리고 1954년 산업은행이 설립됨에 따라 금융조합이 농업금융을 전담하여야 하였으나, 산업은행은 수리자금을 계속 맡게 되었고, 일반은행은 농산물 수집자금을 계속 취급하고 있었다. 이와 같이 농업금융이 분산되어 효과적인 농업금융의 전개가 어려웠다. 거기에다 금융조합이 1949년부터 취급해 왔던 양곡·비료 업무를 정부가 1955

7 농업협동조합중앙회(1963), 『한국농업금융사』, pp. 151~154.
8 앞의 책, pp. 243~246.

[표 17-3] 1950년대 금융기관별 농업관계 대출액과 비중(1952~1960)

(단위: 백만 환, ( ): %)

연도	농업은행(금융조합)		산업은행		일반은행		합계	
	농업	비중	농업	비중	농업	비중	농업	비중
1952	574	(72.3)			1,313	(18.3)	1,887	(23.6)
1953	1,174	(77.5)			3,761	(22.5)	4,935	(27.4)
1954	4,031	(84.7)	2,956	(39.9)	1,421	(8.0)	8,408	(28.0)
1955	5,439	(78.2)	7,265	(23.3)	3,684	(10.3)	16,388	(22.2)
1956	15,137	(83.6)	18,736	(28.4)	1,899	(3.6)	35,772	(26.2)
1957	46,706	(93.7)	3,239	(3.3)	286	(0.5)	72,885	(34.7)
1958	78,301	(94.8)	4	(0.0)	406	(0.5)	78,711	(29.8)
1959	81,704	(82.8)	4	(0.0)	452	(0.5)	82,160	(24.7)
1960	114,836	(89.4)	4	(0.0)	520	(0.5)	115,360	(28.7)

자료: 농업협동조합중앙회, 『한국농업금융사』, p. 258; 한국은행(1961), 『경제통계연보』.

년 말부터 1956년 초에 회수하자 금융조합의 자금난이 가중되었다.[9]

이 시기에 농업협동조합, 신용조합으로의 분리안이 제기되었으나, 이승만 정부가 앞으로 농협을 설립하기로 하되 농업은행 설립과 함께 금융조합 해산 방침을 먼저 결정하여 영농기에 대처하기 어렵게 되었다. 그래서 정부는 우선 「은행법」에 근거한 일반은행으로서 농업은행을 설립하기로 하였다. 결국 금융조합연합회와 금융조합의 금융 업무가 농업은행으로 넘어감으로써 1956년 5월 농업은행이 일반은행의 하나로 정식 출범하게 되었다. 그러나 「은행법」에 따라 장기 금융을 취급할 수 없고 한국은행의 여신통제를 받아 농업자금을 제대로 공급할 수 없게 되었다. 그래서 농업은행은 1957년 4월 특수은행의 하나로 재출범하게 되었다.

농업은행이 농업정책금융을 총괄적으로 취급하는 특수금융기관으로 출범한 결과, [표 17-4]에서 보듯이 농업대출이 1956년에서 1957년까지 3배 이상 증가하였는데, 그것은 정부의 재정자금 공급과 한국은행 차입금이 급증하였기 때문이다. 특수은행

9 농업협동조합중앙회(1963), pp. 246~247.

[표 17-4] 농업은행의 대출과 자금원천(1956~1960)

(단위: 백만 환)

연도	대출 합계	재정자금			금융 자금	예금	차용금		
		산업부흥 채권	대충 자금	기타 자금			소계	정부 대하금	한은 차입금
1956	17,852	0	0	0	17,852	15,149	7,937	0	7,937
1957	49,851	0	3,044	1,055	45,752	16,502	40,551	5,462	35,089
1958	82,564	29,988	4,166	4,469	43,941	21,432	71,694	54,396	17,298
1959	89,617	27,956	15,512	17,114	29,055	28,512	76,057	67,391	8,666
1960	128,421	27,829	15,957	28,872	55,763	30,036	107,658	80,043	27,615

자료: 한국은행(1960), 『경제통계연보』.

으로서 농업은행이 정부 산하 특수은행으로 재출범하는 것을 계기로, 정부는 산업부흥국채를 발행하여 조달한 자금과 대충자금을 포함한 거액의 재정자금을 이 은행에 대출하였고, 한국은행도 이 은행에 거액을 대출해 주었던 것이다. 농업은행은 특수금융기관으로 재출범하면서 1년 이상의 장기 대출을 취급할 수 있게 되었고, "농업에 관한 자금은 농업은행만이 취급할 수 있다"는 「농업은행법」 제36조 제3항에 따라 농업지원자금을 독점적으로 취급할 수 있게 되었다. 그에 따라 [표 17-3]에서 보았듯이 1958년부터 농업금융은 농업은행에 집중되어 이 은행의 대출액은 증가하였지만, 전체 대출에서 농업대출이 차지하는 비중은 늘어나지 않았다.

3. 일반은행의 재편과 정상화

1) 「은행법」의 제정과 실시

광복 직후 일반은행은 조선상업은행, 조흥은행 2개 은행에 불과하였다. 그러나 저축은행은 저축예저금, 신탁회사는 각종 신탁, 무진회사는 무진계약이 격감하자 자위

책으로 미군정이 이 금융기관들도 요구불예금을 취급하는 것을 허용해 줌으로써 일반은행화되었다. 이 금융기관들이 일반은행으로 변질된 것을 계기로 조선무진회사는 조선상호은행으로, 조선신탁회사는 조선신탁은행으로 개편하였다. 그리고 식산은행도 채권 발행에 의한 장기 자금 동원이 불가능해지자 일반은행 업무에 주력하였고, 조선은행도 과거와 같이 일반은행 업무를 겸하고 있었다. 이와 같이 많은 금융기관이 사실상 일반은행으로 전환되었음에도 모두 조선총독부령으로 제정된 「은행령」의 적용을 받지 않고 일제 때 제정된 여러 계통의 금융관계령을 적용받고 있었기 때문에 일반은행에 관한 법령이 「은행법」으로 통일되고 일반은행과 일반은행 업무를 겸하는 금융기관이 재편되지 않으면 안 되었다.

광복 당시는 조선은행, 식산은행, 금융조합 등 일반은행이 아닌 금융기관도 일반은행 업무를 겸하면서 상호간에 경쟁을 하고 있었다. 그리고 중앙은행인 조선은행이 다른 은행을 통제할 법규도 존재하지 않았다. 그러나 일반은행을 포함한 다른 금융기관이 광복과 함께 예금인출 사태에 직면하고 자금원천을 상실함에 따라 발권은행인 조선은행에 대한 차입을 확대하거나 조선은행이 취급하는 국고금을 분여 받는 등 실제적으로 조선은행에 의존하지 않고서는 경영이 불가능하였다. 그럼에도 조선은행은 이 금융기관에 대한 통제력을 갖지 못하였던 것이다. 따라서 중앙은행인 조선은행이 다른 금융기관에 대한 대출과 예금을 통해 금융통제력을 가지는 동시에 조선은행은 일반은행 업무를 청산할 필요가 있었다.

이승만 정부는 「한국은행법」과 「은행법」을 제정하면서 새로 출범한 한국은행이 일반은행에 대해 여러 가지 방식의 금융통제를 할 수 있도록 하였다. 「한국은행법」에서는, ① 한국은행은 금융기관의 예금을 받고(제55조), ② 금융기관은 지불준비금 일정 비율을 한국은행에 예치하여야 하고(제56조), ③ 금융통화위원회는 지불준비율을 변경할 수 있고(제57조), ④ 금융통화위원회는 금융기관의 각종의 대출, 예금 또는 여수신 업무에 대한 이자 기타 요금의 최고율을 정할 수 있고(제64조, 제65조), ⑤ 금융통화위원회는 통화팽창기에는 일정 기간 대출과 투자의 최고 한도를 정하며 그 증가율을 제한

할 수 있고(제66조), 대출 및 담보의 종류를 제한할 수 있고, ⑥ 한국은행은 금융기관에 대한 여신을 할 수 있다(제69조)고 되어 있었다. 이와 같이 한국은행은 금융통화위원회의 결정에 따라 금융기관의 지불준비금을 조정하고, 대출 등을 제한할 수 있는 권한을 가짐으로써 금융기관을 실질적으로 통제할 수 있는 은행의 은행이 되었다.

「은행법」은 총칙, 자본금 및 적립금, 은행 업무, 금지사항, 은행 업무에 대한 통제, 예금지급준비금과 예금지급준비자산, 검사, 대차대조표와 보고서, 잡칙 등으로 구성되었다. 주요 내용[10]을 보면 다음과 같다. 첫째, 금융기관이란 "예금의 수입, 유가증권 또는 기타 채무증서 발행에 의하여 일반민중으로부터 채무를 부담함으로써 획득한 자금을 대출하는 업무를 규칙적·조직적으로 영위하는 한국은행 이외의 모든 법인"을 말하지만(제3조), 보험회사, 신탁회사, 무진회사 등은 이로부터 제외되었다(제4조). 둘째, 금융기관은 은행 업무와 관련되는, ① 여신 업무 이자 및 요금의 최고율, ② 예금 및 지불금에 대한 최고율, ③ 금융기관 대출과 투자의 최고 한도, 각종별 최고한도 및 일정 기간 내 대출과 투자의 증가율, ④ 일정액 이상 융자신청의 사전승인, ⑤ 최장대출기한, 담보의 종류 등은 물론이고 금융기관 인가도 금융통화위원회의 통제를 받도록 하였다. 셋째, 지불준비금은 「한국은행법」에 따라 예금총액 1/10 이상 보유하도록 하여 예금자 보호를 제도화하였다. 그리고 은행의 건전성을 높이고자 자기자본 대 위험자산 비율은 1/10 이상 유지하는 필요자본금 규정도 도입하였다. 넷째, 은행 업무 내용을 구체적으로 규정하면서 은행은 상업금융과 장기 금융을 겸할 수 있고 일정한 한도 내에서 사채 발행이나 유가증권 투자 업무도 할 수 있도록 하였다. 따라서 「은행법」은 철저한 감독을 통해 은행의 건전성을 유지하도록 하되 우리나라 현실을 감안하여 다양한 금융적 수요에 신축적으로 부응할 수 있도록 제정되었다고 할 수 있다.

중앙은행인 한국은행을 금융통제기구의 정점에 놓는 「한국은행법」과, 그리고 당시 대부분의 금융기관 틀과 한국은행의 통제를 제도화한 「은행법」이 동시에 제정되

10 대한금융단(1967), 『한국금융이십년사』, pp. 558~573.

어 1950년 5월 공포되었다. 이승만 정부는 미국 측의 시행 권고에도 불구하고 일반은행의 정부 소유 귀속주의 처분과 자산재평가의 난점을 이유로 그 시행을 지연시켰는데, 그 이유는 다음과 같은 것이었다.

첫째, 「은행법」 제15조는 금융기관의 자기자본 대 위험자산 비율을 1/10로 규정하였는데, 이 규정에 준수하려면 235억 원의 증자가 필요하지만 당시 전 은행의 자기자본은 1억 원(圓)에 불과하고, 대폭적인 증자나 자산재평가도 쉽지 않다. 둘째로 「은행법」 제27조에 금지사항 중, "업무수행상 필요한 이외의 부동산의 매입 또는 항구적 소유", "금융기관의 불입자본금과 적립금, 기타 잉여금 합계액의 25%를 초과하는 자연인에 대한 대출", "100분의 20 이상의 주식담보 대출", "20%를 초과하는 주식의 매입 또는 항구적 소유" 어느 하나도 가능한 것이 없다.[11] 이러한 이유로 「은행법」 실시는 연기되었지만, 「한국은행법」이 시행되자 금융통화위원회의 결정에 따라 통화·금융정책과 관련된 은행에 대한 한국은행의 금융규제가 시행되기 시작하였다.

[표 17-5]에서 보듯이 일반은행은 자본력에서 매우 취약하였다. 또한 광복 이전 보통은행이었던 조흥은행과 한국상업은행은 민간인이 어느 정도 지분을 가지고 있었지만 특수금융기관에 속하였던 다른 은행은 민간 지분은 거의 없고 대부분 정부와 은행이 소유하고 있었다. 이미 정책금융기관이 된 조선은행, 식산은행, 환금은행은 특별한 문제가 없지만 일반은행화된 다른 금융기관은 정치적 압력에 따라 은행의 운용이 좌우될 수밖에 없다는 문제를 가지고 있었다. 그리고 1954년 당시 전체 대출의 26% 정도가 연체대출이었기 때문에 일반은행은 사실상 지급 불능 상태에 빠져 정상적인 자금운용을 할 수 없었다. 일반은행은 한국은행 차입에 지나치게 의존하여 대출을 하고 있었고, 대출의 만기연장을 통해 단기 대출을 장기 대출로 사실상 전환하고 있어 탄력적인 자금공급도 어려웠다.[12]

1954년 4월에는 한국식산은행이 청산되고 한국산업은행으로 신설되는 등 금융제

11 대한금융단(1967), pp. 131~132.
12 「한국의 은행업무 상태에 관한 건」, 『경제연감』(1955), pp. 531~535.

[표 17-5] 광복 후 금융기관의 주주 분포

(단위: 천 원(圓), ( ): %)

	납입 자본	총주수 (천 주)	정부(귀속)		은행		한국인		외국인	
			금액	비율	금액	비율	금액	비율	금액	비율
조선은행	50,000	800	38,102	(76.2)	10,138	(20.3)	1,759	(3.5)		
식산은행	52,500	1,200	41,611	(79.2)	7,378	(14.1)	3,510	(6.7)		
상업은행	4,975	198	1,441	(29.0)	1,762	(35.4)	1,770	(35.6)		
조흥은행	5,981	185	306	(5.1)	2,453	(41.0)	3,208	(53.7)	13	(0.2)
저축은행	3,735	100	1,396	(37.2)	2,119	(56.5)	236	(6.3)		
상호은행	5,937	336	3,899	(65.7)	1,470	(24.8)	566	(9.5)		
신탁은행	2,500	200	654	(26.2)	1,610	(64.4)	234	(9.4)		
환금은행	200,000	50			200,000	(100.0)				

자료: A. I. Bloomfield and P. Jensen(1951), *Banking Reform in South Korea*, p. 81.

도의 재편이 일단락됨에 따라 금융통화위원회가 「은행법」의 조속한 실시 등을 요구하자 정부는 「은행법」을 실시하였다.

이 「은행법」의 실시로 일반은행의 감독권이 정부에서 금융통화위원회로 넘어가면서 금융통제도 한층 강화되었다.

첫째, 일반은행은 금융통화위원회가 정하는 바에 따라 지급준비금을 보유해야 되었으므로 [표 17-6]에서 보듯이 금융기관의 예치금은 1955년부터 급속히 증가하였다. 둘째, 일반은행은 금융통화위원회 산하에 있는 한국은행의 감독과 감사를 받게 되었다. 셋째, 일반은행은 위험자산을 자기자본의 10배 이상으로 보유할 수 없게 되었고, 또한 장기 증권투자를 요구불예금의 10배 이상으로 할 수 없게 되었다. 넷째, 일반은행도 장기 금융 업무를 겸영하도록 하되 최고 대출 한도는 금융통화위원회가 결정하게 하였다. 다섯째, 일반은행은 부동산투기를 억제하고 투기성자금의 대출과 편중대출을 하지 못하도록 하였다.

「은행법」의 실시를 계기로 한국은행의 일반은행에 대한 통제는 일층 강화되어, [표 17-6]에서 보듯이, 1954년 전까지는 일반은행의 대출이 예금을 초과하였으나, 1954년부터는 일반은행의 대출이 예금을 초과하지 못해 예대율(A/B)이 계속 낮아지고 있

[표 17-6] 1950년대 일반은행의 자금운용과 자금조달(1952~1959)

(단위: 백만 환, ( ): %)

연도	자금운용			자금원천				A/B	C/A
	대출 (A)	유가증권	예치금	예금 (B)	차입금	한은 차입 (C)	납입 자본		
1952	5,784	202	1,005	5,077	3,269	3,269	0.8	(113.9)	(56.5)
1953	15,411	566	2,655	10,455	9,970	9,970	0.8	(147.4)	(64.7)
1954	18,831	1,059	3,830	21,134	8,688	8,303	0.3	(89.1)	(44.1)
1955	30,815	1,697	9,952	36,909	13,443	13,020	0.3	(83.5)	(42.3)
1956	54,599	3,338	12,966	57,531	27,408	26,932	0.3	(94.9)	(49.3)
1957	59,430	4,223	10,800	64,303	19,018	13,640	0.3	(92.4)	(23.0)
1958	76,292	6,547	13,800	93,921	17,445	10,512	0.3	(81.2)	(13.8)
1959	92,969	6,983	21,300	108,529	17,575	10,058	2,955	(85.7)	(10.8)

자료: 한국은행, 『경제연감』(1957); 『경제통계연보』(1962).

다. 일반은행의 한국은행 차입은 1956년까지 계속 증가하였으나, 재정안정정책의 본격적인 시행으로 대출제한이 가해지자 한국은행의 일반은행에 대한 재할인도 줄어들어 한은 차입이 급속히 줄어들게 되었다. 특히, 일반은행의 한은 차입 의존도(C/A)는 1953년을 정점으로 계속 감소하고 있다. 이것은 한국은행이 대출한도제 등으로 금융기관에 대출 통제를 강화한 결과로 보인다.

2) 일반은행의 민영화

일반은행은 한은 차입보다는 예금동원을 통해 대출을 확대하였으나, 일반은행 대출에 대한 과도한 규제로 예금초과 상태에 직면하여 영업이익을 내는 데 곤란을 겪게 되었다. 그리고 일반은행의 자본은 자산에 비해 0.001%에도 못 미칠 정도로 극심한 자본 부족 상태에 있었다. 은행에 대한 정부 출자 방식을 통한 증자가 가능하였으나, 이에 대한 미국 측의 반대가 강력하였다.[13] 따라서 이승만 정부는 「은행법」이 실시된 이

13 A. I. Bloomfield and J. P. Jensen(1951), *Banking Reform in South Korea*, A. I. Bloomfield, 「한국금융에 관한 보고와 건의」, 『경제연감』(1955), pp. 488~511.

[표 17-7] 일반은행의 은행별 예금과 대출(1952~1954)

(단위: 백만 환)

		1952		1953		1954	
		예금	대출	예금	대출	예금	대출
한국식산은행		996	2,604	1,416	5,937		
조흥은행		931	630	2,775	1,884	5,278	4,449
한국상업은행		834	794	2,148	2,291	4,595	4,477
저축은행		696	645	1,827	2,281	4,997	6,694
흥업은행	상공은행	571	512	1,488	1,683	4,174	4,173
	신탁은행	431	356	869	829		

자료: 한국은행, 『경제연감』, 1955년판, 1956년판.

후 민영화와 자산재평가 등을 통해 자본력 보강방법을 강구하지 않을 수 없게 되었다.

조흥은행과 한국상업은행은 일제하 합병의 결과로써 이미 대형화되었기 때문에 광복 이후 일반은행으로서 주도적인 위치에 서 있었다. 조선상호은행은 조선무진회사가 1946년 은행으로 재출범한 것인데, 한국은행이 설립될 당시 조선은행의 일반은행 업무를 인수받아 확장하면서 상공은행으로 개칭되었다. 조선저축은행은 한국식산은행이 청산되고 한국산업은행이 설립될 때, 식산은행의 일반은행 업무를 인수하여 일반은행으로서 체제를 정비하였다. 그러나 신탁은행은 다른 일반은행과 달리 확장 과정이 없이 다른 은행에 비해 영세성을 면치 못하고 있었다. 이 정부는 「은행법」이 실시된 직후, 1954년 10월에 규모가 작은 상공은행과 신탁은행을 합병하여 흥업은행을 출범시켰다([표 17-7]).

이승만 정부는 「은행법」을 실시함에 따라 자본금의 증강, 불량채권의 처리, 불요자산의 처리, 자산의 재평가 등을 해결해야 하였다. 이러한 문제의 선결과제로서 정부 소유 주식, 이른 귀속주(정부주)와 은행주를 민간에게 불하하는 문제, 즉 민영화가 다시 부각되었다. 이승만 정부는 1954년 10월 「은행귀속주불하요강」을 결정하여 발표하고 추진위원회를 결성하였다. 이 위원회는 1954년 10월부터 일반은행의 귀속주 불하를 발표하고 7차에 걸쳐 불하공매를 실시하였으나 6차례는 입찰자조차 없었다. 그것

[표 17-8] 일반은행의 민영화 전후의 주주 변동

(단위: 주, ( ): %)

은행명	주주	민영화 이전	지분	이전분	민영화 이후	지분
조흥은행	정부, 조선은행	65,168	(35.2)	-35,000	30,168	(16.3)
	민덕기(민씨계)	32,496	(17.6)	23,500	55,996	(30.3)
	정운용(정씨계)	21,695	(11.7)	4,500	26,195	(14.2)
	기타	65,614	(35.5)	7,000	185,000	(39.3)
상업은행	정부, 식산은행	57,100	(28.8)	-57,100	0	
	합동증권(진영덕)	0		57,050	57,050	(28.7)
	대창흥업	35,000	(17.6)	0	35,000	(17.6)
	기타	106,400	(53.6)	50	106,450	(53.6)
흥업은행	정부, 선은, 식은	645,043	(87.5)	-383,680	261,363	(35.5)
	이병철(제일제당)	0		383,500	383,500	(52.0)
	기타	91,956	(12.5)	180	92,136	(12.5)
저축은행	정부, 선은, 식은	88,779	(88.8)	-51,000	37,779	(37.8)
	윤석준(조선제분)	0		51,000	51,000	(51.0)
	기타	11,221	(11.2)	0	11,221	(11.2)

자료: 임묘민(1963), 『한국의 은행사』, pp. 134~139.

은 정부가 일반은행의 소수 지배를 우려하여 1인당 입찰 한도를 지나치게 제한하였기 때문이었다. 정부는 7차 입찰에서 입찰구수 제한을 폐지하였으나, 낙찰예정자 자격심사로 이 매각도 실패하였다. 정부는 1956년 말에 금융통화위원회의 낙찰조건 완화 요구를 받아들이면서 1956년 2월 불하가 완료되어 [표 17-8]에서 보는 바와 같은 주식의 이전이 이루어져 일반은행의 민영화가 완료되었다.

일반은행의 최대주주는 민영화 이전에는 [표 17-8]에서 보듯이 정부인 사실상 정부관리 은행이었다. 다만 조흥은행과 상업은행은 그 은행의 역사상 민간인 주주의 지분이 큰 편이었다. 정부가 소유 주식을 불하함에 따라 원래의 우려대로 소수에게로 집중되었다. 조흥은행은 민덕기와 정운용이, 한국상업은행은 대창흥업과 합동증권의 진영덕이, 흥업은행은 삼성의 이병철이, 저축은행은 대한제분의 윤석준이 지배하게 되었다. 이러한 일반은행의 민영화 이후, 재벌은 계열회사에 은행 대출을 집중하여 사금고화라는 문제가 제기되었다.[14] 이러한 민영화는 5·16 이후 박정희 군사정부가 주식을 환수함에 따라 일반은행은 정부 소유로 되돌아가고 말았다. 당시 일반은행 민영화는 재벌의 은행 소유의 열망과 폐해를 함께 보여 주고 있었다.

이승만 정부는 1956년 3월 대한증권거래소의 개장과 함께 은행주를 상장하여 은행의 주식시장을 통한 증자의 길을 열었다. 그리고 정부는 민영화가 완료되자 「자산재평가법」에 따라 1958년 4월부터 자산재평가를 일제히 실시하였다. 자산재평가의 결과로 발생한 자산재평가 적립금을 자본금으로 편입하여 일반은행 적립금이 1957년에는 4.9억 환이었으나 1958년에는 82억 환에 이르게 되었고, 자본평가액이 700억 환에서 780억 환으로 증가하였다.

3) 일반은행의 자금운용과 대출

일반은행은 대출을 주요한 자금운용 수단으로 삼고 있지만 새로 도입된 지급준비율을 유지하기 위해 현금과 예치금을 일정 수준 이상 보유해야 하고 유가증권에도 투자하고 있었다. 이러한 자산 중에서 물론 대출이 가장 높은 수익을 보장하고 유가증권도 높은 수익을 보장하고 있었지만, 준비금은 수익성 자산이 아니었다. [표 17-9]에서 일반은행의 자금운용을 보면, 일반은행은 전체 자산의 55~65% 정도를 대출로 보유하고 있었고 2~5%를 유가증권을 보유하면서도 전체 자산의 20~30% 수준을 무수익성 자산인 준비금으로 보유하고 있었다.

한국전쟁 전에는 [표 17-10]에서 개별은행별 대출을 보면 선발은행인 조흥은행, 상업은행이 대출에서 거의 비슷한 수준으로 앞서 있었고 후발은행인 상공은행, 저축은행, 신탁은행 순으로 대출을 차지하고 있었다. 저축은행이 전쟁 중에 예금을 크게 신장시켜 대출을 확대하고, 흥업은행도 합병을 계기로 대출을 크게 신장시킴에 따라 이

14 임묘민(1963), 『한국의 은행사』, pp. 144~146.

[표 17-9] 일반은행의 주요 자산 구성(1951~1960)

(단위: 백만 환, ( ): %)

연도	준비금			유가증권		대출	자산 합계
	소계	현금	예치금	소계	국채 비율		
1951	(21.2)	(15.0)	(6.2)	(2.5)	(76.3)	(64.4)	2,991
1952	(32.4)	(12.2)	(20.2)	(2.1)	(91.6)	(60.9)	9,440
1953	(21.0)	(8.9)	(12.1)	(2.6)	(98.3)	(70.3)	21,931
1954	(26.0)	(14.0)	(11.9)	(3.3)	(99.3)	(58.4)	32,110
1955	(30.0)	(11.3)	(18.7)	(3.2)	(99.6)	(57.8)	53,313
1956	(30.5)	(16.3)	(14.1)	(3.6)	(93.8)	(59.3)	91,977
1957	(24.4)	(12.8)	(11.6)	(4.5)	(95.7)	(63.6)	93,400
1958	(26.2)	(15.6)	(10.5)	(5.0)	(61.2)	(58.2)	131,100
1959	(19.4)	(5.2)	(14.2)	(4.7)	(52.1)	(62.0)	149,900
1960	(32.4)	(18.3)	(14.1)	(4.9)	(55.6)	(55.6)	206,300

자료: 한국은행(1960), 『경제통계연보』; 한국은행(1955), 『경제연감』.

[표 17-10] 1950년대 일반은행별 대출의 상대적 비중(1950~1960)

(단위: 백만 환, ( ): %)

연월	상업은행	조흥은행	저축은행	흥업은행		합계
				상공은행	신탁은행	
1950. 3	(26.5)	(26.4)	(15.0)	(19.4)	(12.6)	274
1951. 9	(27.0)	(16.2)	(13.6)	(28.9)	(14.3)	730
1952. 9	(26.8)	(21.7)	(21.3)	(18.5)	(12.6)	2,296
1953. 9	(27.5)	(23.7)	(20.1)	(18.6)	(10.0)	7,166
1954. 9	(21.8)	(19.3)	(35.5)	(15.3)	(8.2)	15,228
1955. 9	(20.0)	(26.4)	(29.7)	(23.9)		28,880
1956. 9	(22.2)	(23.6)	(26.9)	(27.3)		54,782
1957. 9	(22.3)	(25.6)	(26.8)	(25.4)		56,436
1958. 9	(21.6)	(26.4)	(26.9)	(25.1)		64,441
1959. 9	(23.6)	(24.6)	(26.1)	(25.6)		85,962
1960. 9	(22.6)	(25.0)	(27.2)	(25.2)		99,287

자료: 조흥은행, 『조흥은행팔십년사』; 한국상업은행, 『한국상업은행칠십년사』; 흥업은행, 한일은행, 『한일은행사십오년사』; 저축은행, 『제일은행사십년지』.

[표 17-11] 일반은행의 대출 구성(1952~1960)

(단위: 백만 환, ( ): %)

연도	대출 총액	주요 용도 비율			주요 대출 형태			담보별 주요 구성			
		상업	광공업	농림 어업	어음 대부	당좌 대월	어음 할인	부동산	동산	보증 신용	예금 담보
1952	5,784	(19.5)	(27.8)	(18.6)	(78.3)	(4.0)	(0.1)	(16.1)	(30.4)	(50.0)	(2.0)
1953	15,411	(13.6)	(28.7)	(27.0)	(76.6)	(2.8)	(0.2)	(27.8)	(21.5)	(46.6)	(1.5)
1954	18,831	(14.1)	(42.3)	(17.6)	(96.4)	(3.5)	(0.1)	(44.6)	(20.6)	(30.8)	(1.1)
1955	30,815	(11.6)	(48.9)	(19.5)	(95.9)	(2.4)	(1.7)	(46.2)	(28.9)	(23.0)	(0.2)
1956	54,559	(10.0)	(46.3)	(20.5)	(95.6)	(1.1)	(3.3)	(43.0)	(29.9)	(19.9)	(0.1)
1957	59,400				(94.9)	(1.8)	(3.2)	(67.2)	(21.5)	(12.1)	(0.2)
1958	76,300	(11.9)	(63.8)	(0.5)	(94.9)	(2.7)	(2.5)	(63.3)	(18.1)	(14.4)	(0.2)
1959	93,000	(15.4)	(61.2)	(0.5)	(94.0)	(3.5)	(2.6)	(65.0)	(15.4)	(15.8)	(0.3)
1960	114,700	(19.8)	(57.4)	(0.5)	(94.0)	(4.8)	(1.3)	(70.5)	(12.7)	(12.2)	(0.3)

자료: 한국은행(1960), 『경제통계연보』; 한국은행(1955), 『경제연감』.

두 은행이 조흥은행, 상업은행의 대출 비중을 넘어서게 되었다. 따라서 일반은행의 대출에서 후발은행인 저축은행과 흥업은행이 선발은행인 조흥은행 및 상업은행과 거의 비슷한 수준에 이르게 되었다.

일반은행이 한국전쟁 이후 정부의 산업금융정책에 잘 따르고 있었음을 [표 17-11]에서 확인할 수 있다. 즉, 일반은행의 산업별 대출을 보면 특히 휴전을 계기로 상업 및 농업 대출 비중을 낮춘 반면에 공업대출의 비중을 크게 높였다. 그 결과 일반은행은 상업금융기관이라기보다는 공업금융기관에 가깝게 되었다. 이와 같이 일반은행은 1950년대 상업금융에서 산업금융으로 전환하였는데, 특히 1956년 농업은행이 출범하자, 농업금융에서 완전히 철수하여 그 비중은 무시할 정도로 낮아졌지만 공업금융의 비중은 매우 높아졌다.

일반은행은 광복 후 자금운용이 단기화함에 따라 당좌대월 비중을 높였다가 도로 낮추고, 대출을 대부분 어음대부로 실행하여, 그 비중이 거의 95%에 달하게 되었다. 우리나라 일반은행은 창립 초기에는 주로 어음할인으로 대출하였지만 이제 그 비중은 무시해도 좋을 만큼 낮아졌다. 그리고 일반은행은 [표 17-11]에서 보듯이, 상업금융기관에서 공업금융기관으로 전환함에 따라 동산보다는 부동산담보에 더욱 의존하게 되었다. 그에 따라 상품 등 동산에 의한 대출은 물론이고 담보가 없는 보증·신용 대출의 비중도 함께 낮아지고 있다. 따라서 일반은행이 공업금융기관으로 전환하면서 공장 등 부동산을 담보로 잡고 어음을 제공받는 방식으로 대출을 전형화함으로써 대출 방식이나 담보 형태의 다양성이 도리어 줄어들고 있는 것으로 나타났다.

4) 일반은행의 자금조달

한국전쟁 이후에도 일반은행이 예금 내 대출, 다시 말해 대출 재원을 예금에만 의존한 것은 아니라는 것은 차입금 비율이 상당히 높은 것에서 확인할 수 있다. [표 17-12]에서 일반은행의 자금조달을 보면, 일반은행은 필요한 자금의 60~70%를 예금에 의존하고 있었다. 일반은행은 차입금에도 적게는 11%에서 많게는 45%까지 의존하고 있었던 것인데, 한국전쟁 이후에는 그 비율이 점차 낮아짐으로써 건전성이 높아지고 있었

[표 17-12] 일반은행의 부채 및 자본의 구성(1951~1960)

(단위: 백만 환, ( ): %)

연도	예금	차입금		납입 자본금	적립금	부채 및 자본
		소계	한은 차입 비율			
1951	(70.8)	(23.6)	(15.1)	(0.7)	(0.0)	2,991
1952	(53.8)	(34.6)	(100.0)	(0.0)	(0.0)	9,440
1953	(47.7)	(45.5)	(100.0)	(0.0)	(0.0)	21,931
1954	(65.8)	(27.1)	(95.6)	(0.0)	(0.0)	32,110
1955	(69.2)	(25.2)	(96.9)	(0.0)	(0.1)	53,313
1956	(62.5)	(29.8)	(98.3)	(0.0)	(0.2)	91,977
1957	(68.8)	(20.3)	(71.6)	(0.0)	(0.5)	93,400
1958	(71.6)	(13.3)	(60.3)	(0.0)	(6.3)	131,100
1959	(72.4)	(11.7)	(57.4)	(2.0)	(6.1)	149,900
1960	(68.3)	(17.5)	(73.8)	(5.7)	(2.0)	206,300

자료: 한국은행, 『경제연간』, 『경제통계연보』, 각 연도.

[표 17-13] 1950년대 일반은행별 예금의 상대적 비중(1950~1960)

(단위: 백만 환, ( ): %)

연월	상업은행	조흥은행	저축은행	흥업은행		합계
				상공은행	신탁은행	
1950. 3	(24.1)	(31.0)	(14.8)	(14.3)	(15.7)	342
1951. 9	(28.1)	(22.5)	(14.4)	(21.0)	(13.9)	1,153
1952. 9	(25.1)	(24.7)	(19.8)	(17.7)	(12.7)	3,144
1953. 9	(25.1)	(26.0)	(18.7)	(18.9)	(11.3)	7,727
1954. 9	(25.3)	(26.5)	(28.3)	(11.2)	(8.8)	19,036
1955. 9	(23.2)	(26.7)	(26.8)	(23.3)		29,970
1956. 9	(22.4)	(26.6)	(25.1)	(26.0)		52,021
1957. 9	(23.7)	(26.3)	(24.6)	(25.4)		64,048
1958. 9	(23.4)	(26.9)	(24.2)	(25.6)		88,899
1959. 9	(22.7)	(26.9)	(26.2)	(24.2)		110,731
1960. 9	(24.9)	(24.9)	(27.0)	(23.2)		126,836

자료: [표 17-10].

다. 그것은 한국은행이 통화·금융정책의 변화에 따라 일반은행의 한은 차입 허용 폭을 점차로 제한한 결과이다.

일반은행 차입금의 대부분은 [표 17-12]에서 확인할 수 있듯이 한국은행으로부터의 차입이다. 한국은행이 전쟁 중에서는 예금인출 사태를 계기로 일반은행의 지급준비금 부족을 우려하여 일반은행에 대출을 점차적으로 확대한 결과, 일반은행이 한국은행 차입에 의존하는 현상이 심화되어 갔다. 그러나 한국은행은 1957년부터 재정안정계획에 따라 대출한도제와 융자사전승인제를 축으로 하여 대출을 강력히 통제한 결과, 대출 증가세는 물론이고 한국은행 차입 증가세도 크게 둔화되어 한국은행 차입 의존도가 1959년에는 12% 수준으로 떨어졌다.

[표 17-13]에서 개별은행별 예금을 보면, 한국전쟁 전에는 조흥은행, 상업은행, 신탁은행, 상공은행, 저축은행 순으로 예금을 차지하고 있었지만 저축은행이 전쟁 중에 예금을 크게 신장시키고 상공은행과 신탁은행이 합병한 흥업은행도 합병을 계기로

[표 17-14] 일반은행의 예금 구성(1951~1960)

(단위: 백만 환, ( ): %)

연도	정기예금	당좌예금	보통예금	통지예금	기타 예금	합계
1951	(4.3)	(48.0)	(22.1)	(9.5)	(16.1)	2,117
1952	(4.1)	(41.4)	(29.4)	(3.8)	(21.4)	5,077
1953	(4.8)	(34.8)	(27.0)	(1.6)	(31.8)	10,455
1954	(5.5)	(43.8)	(22.5)	(4.4)	(23.8)	21,134
1955	(3.9)	(39.9)	(28.5)	(4.2)	(23.5)	36,909
1956	(5.5)	(32.4)	(25.9)	(11.1)	(25.1)	57,531
1957	(11.4)	(24.7)	(37.6)	(5.3)	(21.0)	64,300
1958	(10.8)	(24.7)	(40.6)	(3.8)	(20.1)	93,900
1959	(13.4)	(17.5)	(30.9)	(9.8)	(28.5)	108,500
1960	(12.0)	(23.1)	(24.9)	(5.2)	(34.8)	141,000

자료: 한국은행(1960), 『경제통계연보』; 한국은행(1955), 『경제연감』.

예금을 크게 신장시킴에 따라 조흥은행, 상업은행의 예금 비중이 점차로 낮아져 1960년이면 일반은행의 예금 비중이 거의 비슷해졌다. 이것은 각 은행이 1950년대 경쟁적으로 예금유치에 주력한 결과일 것이다.

일반은행은 한국은행으로부터 지준 부족, 정책지원 등 다양한 이유로 차입을 하였지만 이러한 차입금이 대출재원으로 다시 이용될 수 있었다. 당시 한국은행 일반자금 대출금리는 연리 7% 정도, 1년 정기예금 금리는 12% 정도, 일반은행 일반대출금리는 그 2.5배인 18% 정도이었기 때문에 일반은행으로서는 예금보다는 한국은행 차입이 훨씬 유리한 자금조달 방법이었다. 이러한 차입은 금융기관별 대출 한도에 의해 결정되고, 한국은행 차입을 최대한 확대하려 하였기 때문에 모든 은행의 차입의존도가 큰 차이가 없었다. 그러나 정부가 1950년대 후반 「재정안정계획」을 실시하자 한국은행도 통화의 과도한 팽창을 막기 위해 일반은행에 대한 대출의 양적 규제 강화로 일반은행의 차입의존도가 점차 낮아지게 되었다.

일반은행이 차입금을 확대하였음에도 불구하고 80% 이상의 자금을 예금에 의존하여 조달하고 있었기 때문에 예금이 절대적으로 중요하였다. [표 17-14]에서 보듯이

1956년까지도 극심한 인플레이션이 사라지지 않아 정기예금과 같은 장기 예금을 기피하고 당좌예금, 보통예금 등과 같은 단기 예금을 선호하고 있었다. 그런데 정부가 1957년 경제안정정책을 강력히 시행하여 소비자물가상승률이 16%로 급락하자 예금이 1958년부터 크게 증가하고, 특히 정기예금의 비중이 높아지게 되었다.

5) 일반은행의 수익성

일반은행은 광복 직후부터 모두 정부 소유의 은행이 되었는데, 정부는 일반은행 구제를 위해 조선은행을 통해 대출을 확대하였지만 증자를 요구하지는 않았다. 이와 같이 자본금이 동결되고 이익보다 손실이 발생하는 상태에서도 인플레이션으로 낮아진 실질금리로 인해 대출의 명목 규모가 급팽창하자 예금의 명목 규모도 급팽창하였다. 이 때문에 장부상 자본금의 비중은 완전히 무시해도 좋을 정도로 작을 수밖에 없었다. 하지만 은행이 소유하고 있는 토지, 건물 등의 실물자산은 인플레이션 과정에서 명목상 엄청나게 팽창하였다. 그래서 자산재평가에 의한 자본금 증가가 논의되었다. 이러한 자산재평가는 은행 민영화가 완료된 1958년에야 실시되었고, 그 결과 은행의 자본금이 [표 17-12]에서 보듯이 납입자본금이 1958년부터 크게 증가하는 것은 물론이고, [표 17-15]에서 보듯이 일시적이지만 영업외이익이 급증하여 당기순이익도 급증하였다.

그리고 일반은행이 증자를 하려면 정부가 증자를 할 수밖에 없었으나 미국이 반대하였고 증권거래소도 폐쇄되었기 때문에 증자는 은행 민영화 전까지 이루어지지 않았다. 은행이 민영화되고 1958년 증권거래소에 상장됨에 따라 시가에 의해 은행자본이 재평가되어 영업외이익으로 인한 당기순이익이 1959년에 크게 늘어났다. 따라서 광복 후 1959년 증권거래소 상장이 이루어지기 전까지는 일반은행의 증자는 거의 없어 자본금이 자금조달에 영향을 미치지 않았다고 할 수 있다. 그리고 일반은행의 이윤 적립이 계속 이루어졌지만 상대적으로 규모가 너무 작았다. 이 시기에 일반은행은 손

[표 17-15] 일반은행의 당기순이익(1950~1959)

(단위: 백만 환)

연도	상업은행		조흥은행		저축은행		흥업은행			
							상호은행		신탁은행	
	(3)	(9)	(3)	(9)	(3)	(9)	(3)	(9)	(3)	(9)
1950	0.05		0.008		0.03		0.05		0.04	
1951	-2.4	-2.4	-3.8	-3.3	-1.8	-1.3	-4.0	-1.7	-0.92	-1.75
1952	-2.3	-2.2	1.20	0.09	1.2	0.6	0.47	0.29	0.74	0.19
1953	-1.9	-2.0	0.05	6.10	0.07	0.2	0.05	0.8	0.02	0.03
1954	0.6	1.7	0.10	0.61	1.5	3.3	4.0	1.0	0.08	2.0
1955	3.6	6.1	2.4	21.0	3.5	6.6	(3)	1.54	(9)	7.08
1956	22.1	52.2	28.2	49.0	46.2	50.8	26.5		67.2	
1957	65.3	67.6	72.0	65.3	63.8	44.3	118.6		85.7	
1958	13.7	22.5	65.9	76.6	31.8	56.7	90.9		88.2	
1959	218.3	333.6	463.8	347.6	67.1	360.0	308.4		348.9	

주: (3)은 3월, (9)는 9월.
자료: 조흥은행, 『조흥은행팔십년사』; 한국상업은행, 『한국상업은행칠십년사』; 한일은행, 『한일은행사십오년사』; 제일은행, 『제일은행사십년지』, 각 부록.

실 발생에 대처할 수 있는 자본금이나 적립금은 얼마 보유하지 못하였다. 따라서 일반은행은 은행의 신용을 자기자본의 축적보다는 한국은행 차입에 의존하고 있었다고 할 수 있다.

일반은행은 광복 이후 전쟁으로 인해 예금인출 및 대출손실 등으로 인한 수익성 악화에 직면할 수밖에 없었다. 그리고 전쟁으로 인한 극심한 인플레이션, 생산시설 파괴 등은 은행의 성장을 더욱 어렵게 하는 조건이 생성되었다. [표 17 15]에서도 보듯이, 일반은행은 1950년 전쟁으로 인해 정상적인 영업을 하지 못하였고 손익조차도 잘 파악되지 않았지만 전선이 안정된 1951년부터 정상을 찾은 영업도 손실은 면하지 못하였다. 한국상업은행은 전쟁 중 계속 당기순손실을 기록하였지만 다른 일반은행은 1952년부터 적지만 당기순이익을 내고 있다. 따라서 대부분의 일반은행은 전쟁 초기를 벗어나면서부터 정상을 회복하여 이익을 내고 있었다고 할 수 있다.

일반은행은 휴전이 된 이후 인플레이션 속에서도 예금과 대출이 순조롭게 증가함에 따라 모든 일반은행은 영업이익도 비슷한 추이를 보이면서 증가하고 있다. 일반은행은 예금은 물론이고 한국은행 차입 등에 의한 자금조달에 의해서도 대출재원을 확보하였다. 그러나 1957년 경제안정화정책이 시행되면서 한국은행의 긴축정책으로 일반은행의 차입금이 줄어들자 [표 17-15]에서 보듯이, 1958년에는 순수익 증가가 다소 둔화되었으나 1959년에는 일반은행 모두 전례없는 높은 수익을 누리게 되었다.

4. 증권시장의 재건과 동요

1) 증권거래의 재개와 거래소의 설립

광복 이후에 미군정은 1946년 1월 조선증권거래소(朝鮮證券取引所)의 폐쇄를 명하였지만 증권업자 종사자들이 모여 한국인 소유 주식과 일본인의 국내 귀속 주식을 수집하여 장외에서 거래를 지속하였다. 이들은 1947년 9월 증권업자 단체인 한국증권구락부를 결성하여 증권거래소 재개를 위해 노력하였다. 한국증권구락부는 1949년 11월 최초의 증권회사인 대한증권(주)이 설립되면서 해체되었다. 이 회사는 경성방적, 조선무진, 조선철도, 조선생명보험, 조선국자, 동아일보 등 소수의 주식만 거래하다 1951년 이후 국채인 지가증권과 건국국채도 거래하였다.[15] 이 지가증권은 1950년 3월부터 「농지개혁법」이 시행됨에 따라 토지보상을 위해 발행되었는데 귀속재산 구입에 이용될 수 있어 거래가 되었다. 건국국채는 1950년부터 1955년까지 재정적자를 보전하기 위해 총 7회 발행되었다. 무역업자가 통관 시 구입한 이 국채를 증권업자에게 판매하였는데 유통수익률이 시중금리보다 높았기 때문에 국채의 유통이 점차 확산되어 증권거래의 재개에 중심적인 역할을 하게 되었다.[16]

15 한국증권거래소(1986), 『한국증권거래소삼십년사』, pp. 14~15.
16 앞의 책, p. 15.

한국전쟁 중 임시수도 부산에서 지가증권과 건국국채 거래가 활발해지지만 증권업자들이 증권회사를 설립하기 시작하였다. 고려증권, 영남증권, 국제증권, 동양증권이 경남북 일대에서 설립되었다. 먼저 설립되었던 대한증권을 포함한 5개 증권사가 서울로 수도가 이전된 1953년 11월에 정부의 허가를 받아 대한증권협회를 설립하였다. 증권회사별로 이루어지는 증권거래는 시세도 달라 혼란이 적지 않았는데, 1954년 8월부터 협회에서 단일시세를 정하는 제도정비에 들어가 증권협회 매매규약을 정해 1955년 3월에 재무부의 허가를 받아 실시하였다. 이 증권협회는 폐쇄된 증권거래소 역할을 대신하였는데 1955년 6월부터 12월까지 지가증권 83.8억 환, 건국국채 25.5억 환, 주식 10.6억 환을 거래하였다.[17]

증권협회는 거래소 설립을 위해 노력하는 동시에 증권거래 활성화에 필요한 증권금융을 제도화하기 위해 증권거래소 설립자금을 모으고, 설립 이후에는 이를 증권금융에 활용하는 방안으로 증권금융회사 설립을 추진하였다. 28개 증권회사가 출자하여 한국연합증권금융(주)을 1955년 10월에 설립하였다.[18] 이 회사는 「조선유가증권업취체령」에 의거하여 증권업자에게 증권담보 대출과 유가증권 대여를 하였다.

증권업자들이 설립한 대한증권업회는 증권거래소를 재건하기 위해 다방면으로 노력하고 있었다. 그럼에도 불구하고 증권거래소 설립이 지연된 것은 「증권거래법」을 둘러싼 이해관계가 충돌한 것과 증권거래소 시설의 복구가 어려웠던 것에 연유하였다. 1953년 후반에 정부가 입안하여 의원입법으로 제출된 「증권시장법」은 수정을 거쳐 본회의에 상정하였으나 다양한 반대 의견[19]에 부딪혀 회기종료와 함께 자동폐기되었다. 이승만 정부는 1954년 11월 종전의 정부안과 국회의 수정안을 바탕으로 증권거래법안을 다시 제정하여 국무회의에서 통과시켰으나 이것도 흐지부지되었다. 이런

17 한국증권거래소(1986), pp. 16~17.

18 앞의 책, pp. 18~19.

19 반대 이유로는 국내 자본의 부족한 상태에서 실현 가능성, 국민들의 증권에 대한 인식 부족, 증권업자의 불공정행위에 대한 위험과 투자자 보호 대책 부족, 세제혜택 미비 등 다양한 것이 있었지만 귀속은행 불하정책의 일환으로 증권시장 개설을 반대한 것이 가장 중요한 것이었다. 귀속은행주의 재평가가 선행되어야 하므로 재경위로 다시 회부되면서 폐기로 가고 말았다(이영훈 · 박기주 · 이명휘 · 최상오(2005), 『한국의 유가증권 100년사』, p. 219).

저런 이유로 증권시장의 기본 틀이 될 증권거래법은 1960년대 이후로 미루어졌다. 또 다른 장애이었던 구 증권거래소 복구에 필요한 자금은 한국연합증권금융 설립자금의 전용으로 일단 해소되었다.

1955년 12월 정부관계자, 증권거래소 추진관계자, 증권회사 대표들이 모여 증권거래소 설립 추진을 결의함에 따라 증권거래소 설립위원회가 공식 출범하였다. 이 간담회에서 합의한 사항은, 첫째 「증권거래법」이 제정되지 않아 현행 법령인 「조선증권취인소령」에 의거 설립하고, 둘째 증권거래소는 가능한 한 주식회사로 하고, 셋째 설립자본금은 최저 3억 환으로 한다는 것이었다.[20]

증권거래소 설립위원회는 1956년 1월 영단제로 하는 자본금 3억 환의 대한증권거래소 정관을 제정하고 정부의 인가를 받아 3월 3일에 유천을 초대 이사장으로 하여 대한증권거래소를 출범시켰다. 자본금 3억 환은 증권단, 금융단, 보험단이 각각 1억 환씩 출자한 것이었다. 증권거래소는 민간 출자에 의해 설립된 출자자총회가 없는 특수법인으로 임원의 임면, 제규정의 개폐, 업무, 운영 및 시장관리 등은 정부의 관리·감독하에 이루어지도록 하였다. 당시 회원은 31개이었고 이들은 증권단 지분을 균등하게 보유하였다.[21]

대한증권거래소 개장 때 상장된 종목은 13종목(12개 상장법인)의 주식과 3종목(5회, 6회 및 7회)의 건국국채였다. 주식의 경우 새로이 정책적으로 상장된 것은 대한증권거래소 출자증권 및 한국연합증권금융 주식, 증권업협회에서 종전 매매하던 조흥은행, 저축은행, 한국상업은행 및 흥업은행 등 4개 은행의 발행주식, 그리고 경성전기, 남선전기(구주 및 신주), 경성방직, 대한해운공사, 조선운수 및 대한조선공사 등 6개 일반기업 발행주식이었다. 당시 매매거래 방법은 「조선증권취인소령」에 의한 청산거래와 실물거래가 그대로 시행되었는데 청산거래의 결제기한은 한 달로 하고, 실물거래는 당일결제거래(실물1부)와 15일한 특약일결제거래(실물2부)로 구분 운용하였다.[22]

20 이영훈·박기주·이명휘·최상오(2005), p. 221.
21 한국거래소(2016), 『한국거래60년사_본책(통사)』, p. 53.
22 앞의 책, p. 53.

2) 증권시장의 동요

1956년 증권거래소가 개설된 초기에는 주식거래가 일시적으로 활기를 띠었다. 광복 이후 거래소의 부재로 판매되지 못한 주식이 매물로 나오고, 은행이 소유하고 있던 주식을 매각하기 시작하였기 때문이었다. 당시 주식회사로 전환된 기업이 적고 상장법인도 적었다. 그나마 상장된 주식도 대부분 정부 또는 소수 대주주에게 소유가 집중됨에 따라 주식거래는 부진을 면치 못하였다.

그와 달리 1953년부터 시작된 국채거래가 [표 17-16]에서 보듯이 1957년부터 갑자기 증가하면서 대한증권거래소 증권거래의 중심은 국채가 되었다. 이는 6·25전쟁 이후 이승만 정부가 재정적자를 보전하고 통화증발로 인한 인플레이션을 억제하기 위해 건국국채 발행을 확대하였기 때문이었다. 또한 국채는 첨가 소화 방식[23]으로 발행되어 널리 분산되었고, 투자 안전성과 수익성이 높을 뿐만 아니라 정부기관과의 입찰 내지 계약보증금으로 사용할 수 있고, 금융기관에 담보로도 사용할 수 있어 용도가 다양하고 수요가 많았기 때문이었다.[24]

[표 17-16] 대한증권거래소의 증권거래액(1956~1961)

(단위: 백만 환, ( ): %)

연도	주식		국채		합계	
	금액	비율	금액	비율	금액	비율
1956	3,942	(56.8)	2,994	(43.2)	6,936	(100.0)
1957	4,140	(17.1)	20,007	(82.9)	24,147	(100.0)
1958	1,802	(10.8)	14,820	(89.2)	16,622	(100.0)
1959	7,632	(26.5)	21,164	(73.5)	28,796	(100.0)
1960	2,752	(17.1)	13,302	(82.9)	16,054	(100.0)
1961	4,401	(32.6)	9,109	(67.4)	13,510	(100.0)

자료: 한국증권거래소(1963), 『증권통계연보』.

23 첨가 소화란 등기, 인허가, 정부자산 구매 시 반드시 소정의 채권을 구매하도록 하여 채권을 소화시키는 방식을 말한다.
24 한국거래소(2016), p. 54.

[표 17-17] 대한증권거래소의 거래유형별 거래액(1956~1960)

(단위: 백만 환)

연도	주식		국채		합계	
	실물거래	청산거래	실물거래	청산거래	실물거래	청산거래
1956	185	3,757	1,023	1,971	1,208	5,728
1957	66	4,074	3,812	16,195	3,878	20,269
1958	74	1,728	3,938	10,882	4,012	12,610
1959	820	6,813	5,971	15,193	6,791	22,006
1960	118	2,634	4,314	8,988	4,432	11,622

자료: 한국증권거래소(1963), 『증권통계연보』.

당시에 지가증권, 산업부흥국채 및 건국국채 3종류의 국채가 발행되고 있었다. 지가증권은 발행 규모와 상환기간의 한정으로 유통량이 적었고, 산업부흥국채는 한국은행이 전액 인수하여 유통시장에 등장하지도 못하였다. 그러나 건국국채는 첨가 소화 방법으로 발행되어 일반대중에게도 널리 분산될 수 있었다. 또한 건국국채의 발행 이율은 연 5%로 당시 시중금리에 비해 훨씬 낮았지만 대부분 최초 취득자들이 상환기일 이전에 헐값에 방매하여 투자수익률이 시중 고리사채에 비견될 정도로 높은 수준에서 형성되었다. 아울러 취득·양도 및 투자수익에 대한 일체의 세금이 면제되는 이점도 있었다.[25] 그 결과, 1956년부터 1961년까지 6년 동안 증권시장의 거래대금 1,061억 환 가운데 국채의 거래액은 814억 환으로 그 비중은 약 77%에 달하였다.

대한증권거래소가 개장을 하였지만 그 성장은 순조롭지 않았다. [표 17-17]에서 보듯이 증권거래소가 개설되었지만 오늘날의 거래방식인 보통거래, 즉 체결 3일 후 결제가 이루어지는 것과 달리 당시에는 청산거래가 주요 거래방식이었다. 당시의 청산거래는 증거금만으로 거래할 수 있고 반대매매에 의한 차액결제가 가능하였다. 청산거래는 결제기한에 따라 거래액에서 큰 차이가 났기 때문에 정부는 투기적 거래를 억제하기 위해 15일 정도로 그 기한을 줄이려 하였고, 증권업자는 그 기한을 최대한 늘

25 한국증권거래소(1986), p. 54.

리려고 하였는데 결국 한 달이 되었다. 당시에는 거래소에 상장된 국채나 주식이 많지 않아 증권업자는 실물거래만으로 이익을 많이 낼 수 없었기 때문에 정부도 증권업자의 요구를 외면할 수 없었다. 결과적으로 [표 17-17]에서 보듯이 증권거래소 개장 이후 청산거래는 국채보다는 주식에서 더 지배적이었고 전체적으로도 청산거래가 실물거래의 3배 정도 되었다.

대한증권거래소가 개장된 이래 군사정부 등장 이전까지 증권가격이 급등락하는 시기가 3번 정도 있었다. 당시에 주요 거래 대상이 국채이었기 때문에 이것을 흔히들 '국채파동'이라고 하였다.

이른바 '마호 국채사건'이란 1953년 4월 발행 당시 제5회(마호) 국채의 발행금액 20억 환의 상환조건이 3년 거치 후 1956년 6월부터 1958년 5월 사이에 상환하도록 되어 있어 이승만 정부가 1955년 제2회 추경예산안에 이를 반영하여 국회에 회부하였으나 국회 재경위원회에서 해당 예산이 전액 삭감되면서 발생한 사건이다. 이 사건은 국채 상환 여부와 관련하여 국채가격의 급등락을 초래하였고 또한 국채의 공신력도 실추시켰다. 이에 정부는 국채에 대한 공신력을 회복하고 국채가치를 보존하기 위하여 국채 분할상환에 대한 정책을 수립하여 1956년 10월부터 시행함으로써 비로소 국채원금 분할상환 원칙이 확립되었다.[26] 이 사건은 청산거래로 인한 국채투기 문제라기보다는 국채발행제도의 미비에서 비롯된 문제이었다.

이승만 정부가 1957년 9월 정기국회에서 세입을 확보하기 위해 제11회 국채 180억 환 발행동의안 제출과 동시에 세수 153억 환의 외환특별세법안을 제출하였다. 제11회 국채 발행에 대한 예상을 달리하는 두 세력이 매수와 투매를 계속하는 가운데 국채발행안이 통과되었다. 그 결과 1958년 1월 증권시장 개장과 더불어 매물이 쇄도하여 시세가 급락을 거듭하자 매수 측은 매수 건옥(청산거래의 미결제 약정)에 대한 정산차금 납부가 어려워지고, 매도 측은 대량투매에 따른 매매증거금 납부가 어려워졌다. 이후 1

26 한국증권거래소(1986), p. 28.

월 16일까지 등락세를 거듭하며 매매공방이 벌어져 제10회 국채거래대금이 급증하자 재무부 장관이 16일 체결된 제10회 국채의 매매분 일체를 취소한다는 명령을 내려 이를 무효화시켰다. 거래소는 15일까지의 건옥에 대해서만 25일까지 정리매매를 허용하고 잔여 건옥은 28일까지 결제하도록 하였고, 결제에 소요되는 매수 측 부족금은 정부 지시에 따라 한국은행으로부터 융자를 받아 충당하였다. 이후 미수분에 대하여는 위약처분하고 일반인에게 공매처분하였으며 공매 잔량분은 거래소가 인수한 후 4개 시중은행에 재인수시킴으로써 이른바 '1·16국채파동'이 수습되었다.[27]

대한증권거래소 출자증권(이하 대증권) 투기파동이란 1959년 3월부터 7월 사이에 대증권을 둘러싸고 벌어진 과당투기 현상을 말한다. 대증권이 상장된 초기에는 거래가 부진하였고 시세도 액면가액을 밑돌았지만 1959년 들어 「증권거래법」 제정 심의·통과 전망이 짙어지자 일부 매수 측은 이 법이 제정되는 경우 거래소의 주식회사제 또는 회원제로의 개편을 예상하면서 3월 초부터 대증권을 은밀하게 매집하기 시작하였다. 4월 중 시세 급등으로 과열조짐을 보이고, 자금 뒷받침이 없는 매수로 인해 월말 결제가 어려울 것으로 예상한 거래소는 대증권 파동을 미연에 방지하기 위해 매매증거금을 인상하고 추가증거금 및 예납증거금의 징수를 실시하는 한편, 금융단 및 보험단이 보유하고 있던 대증권을 매각하도록 하였다. 그러나 이러한 조치가 실효를 거두지 못하고 5월 들어 더욱 투기가 치열해졌고, 금융단과 보험단이 매각한 증권도 경희증권 등 주 매수 측이 거의 매점하였다. 다행히 매수 측의 자금준비가 큰 차질 없이 이루어졌고, 매도 측도 금융단과 보험단으로부터 매입한 증권으로 결제할 수 있어 5월 말 결제는 완료되었다. 6월 중순 이후 시세가 안정되어 보합세를 이루다가 7월부터는 하락세를 나타내면서 주식이 액면가 이하로 되자 '대증권 파동'은 사라졌다.[28] 이 파동은 앞서 설명한 '1·16국채파동'과 함께 당시의 증권시장의 영세성과 취약성을 잘 보여주는 사건이었다.

27 한국증권거래소(1986), pp. 29~31.
28 앞의 책, pp. 31~32.

이러한 사건들로 증권시장에 대한 공신력은 매우 약화되었고 시장기조도 크게 흔들렸다. 이러한 사건은 주식시장에 상장된 기업도 적고 증권시장을 관리할 기본 법도 마련되지 있는 상태에서 증권업자들의 이익 창출을 위해 청산거래제도를 악용하여 증권시장을 투기장으로 전락시킨 결과이지만, 정부와 증권거래소의 관리능력 부족도 문제이었다.

5. 보험기관의 재건과 확장

광복 이후 미군정이 1945년 12월 군정법령 제34호로 「조선 내 소재 일본 재산의 군정청 귀속에 관한 건」이 공포됨에 따라 조선화재, 조선생명 등 국내 본점을 둔 회사를 비롯하여 15개의 일본 손해보험회사 및 일본 생명보험회사 19개 지점 등이 군정청에 귀속되었다. 이들 보험회사의 관리는 미군정청의 재무국 보험과가 담당하였다. 광복 직후에는 정치·경제적 혼란으로 중단된 보험 업무가 조선화재보험이 1945년 12월부터 영업을 시작하면서 재개되었다. 조선은행과 조선식산은행이 담보물건 관리에는 보험영업이 뒤따라야 하므로 미군정과 금융계가 조선화재의 영업재개를 권고하였기 때문이었다.[29]

미군정은 물론 보험업계조차도 전문성이 부족하였고 독자적인 보험법령도 없는 상태에서 보험성책은 보험회사 신설과 보험새산의 관리에 국한된 임기응변에 가까운 것이었지만 주요한 내용을 살펴보면 다음과 같다. 군정당국은 보험시장이 협소하므로 원보험회사의 신설보다는 기존 회사의 증자를 요구하는 보험회사들의 요구에도 불구하고 영업의 자유를 보장하고 소수 회사의 보험업 독점을 줄이고 위험부담도 줄이겠다는 점을 내세워 보험사의 신설을 허용하고 자본금도 1,000만 원(圓)으로 높였다.[30]

29 대한손해보험협회(1977), 『손해보험협회삼십년사』, p. 89.
30 재무부(1978), 『재정금융삼십년사』, p. 34.

그 결과 1946년에 접어들어 손해보험회사로서 신동아손해보험, 대한화재보험, 서울화재보험 등이 신설되었고, 국제, 한국, 고려, 대동, 제일 등이 설립되었는데, 당시에는 화재보험이 중심이었기 때문에 대부분 화재보험이라는 이름을 가지고 있었다.

광복 직전 조선에 본사를 둔 생명보험회사는 조선생명뿐이었고 일본에 본점을 둔 생명보험사의 지점이 19개, 출장소 435개, 대리점 특약점이 701개 있었다. 당시 계약건수가 996,174건, 계약금액이 24억 원(圓)이 될 정도로 생명보험시장이 상당히 확장되어 있었다. 그러나 광복 직후 보험계약과 보험사 자산의 관리를 위한 생명보험조선인중앙자치위원회가 1945년 9월 조직되어 계약, 업무, 자산 등을 승계하고자 미군정과 교섭하였으나 성공하지 못하고 해산되었다. 미군정의 보험회사 신설 방침에 따라 상기 위원회 부위원장이었던 임창호가 1946년 3월 대한생명보험을 설립하였다. 이어 금융조합연합회가 모체가 되어 1946년 6월 협동생명보험이 설립되었고, 1947년 4월에는 고려생명보험이 설립되었다.

[표 17-18]에서 보듯이 화재보험의 신규 계약도 늘어나고 이에 따라 계약액도 늘어났지만 신규로 보험회사가 설립되면서 경쟁이 가열되자 무리한 계약으로 인해 미수보험료가 늘어나기 시작하였다. 미군정은 1947년 4월 미수보험료 회수를 촉구하였지만 별다른 성과를 거두지 못하였다. 1947년부터 귀속재산 및 금융기관 담보물에 대한 거액계약이 늘어나자 5월에는 보유계획 자료 제출을 요구하고 12월부터는 위험계약은 납입자본 10%를 초과할 수 없도록 하였으나 ECA 풀과 관재 풀에 참여하는 경우는 예외로 하였다. 그러나 1951년 증자가 있은 이후에는 이 규제를 철폐하였고, 1947년부터는 손해보험사의 자금운용이나 자금차입에 대해서는 규제를 시작하였다.[31]

미군정 재무국 보험과가 재해보험과 생명보험을 함께 취급하였지만 생명보험에 대해서 보험회사 신설을 허용하는 것 이외에는 별다른 정책을 시행하지 않았다. 그렇게 된 것은 생명보험시장이 작고, 인플레이션 등으로 신규 계약이 빠르게 성장한 것도

31 그리고 보험회사 증설에 따라 과도정부는 1948년 8월부터 보험입법전문위원회를 설치하고 「보험업법」 제정을 시도하였으나 국회에 상정도 못하고 사장되고 말았다.

[표 17-18] 광복 직후 보험회사의 영업 상황(1946~1948)

		화재보험			생명보험		
		1946	1947	1948	1946	1947	1948
회사	(수)	4	5	7	3	4	4
신규 계약	(건수)	6,798	8,808	16,430	863	15,781	20,682
	(천 환)	9,797	26,471	44,750	186	5,338	12,934
보험료	(천 환)	137	342	807	61	274	808
이재(罹災)	(건수)	32	42	23			
지불보험금	(천 환)	16	51	302			
계약 잔고	(건수)				90,678	58,466	56,039
	(천 환)				1,585	6,235	17,358
보험료 잔고	(천 환)				617	274	810

자료: 조선은행(1949), 『경제연감』.

아니고, 화재보험과 같이 다른 정책과 연계된 것도 아니고, 생명보험에 관한 전문적인 지식을 갖은 보험종사자도 거의 없었고, 이와 관련된 자료도 매우 부실하였기 때문인 것으로 보인다. 당시의 극심한 인플레이션 상황에서 개인보험의 신규 모집은 매우 어려웠고 광복 이전에 가입한 보험의 상환이나 지급마저 제대로 이루어지 않아 애써 모집한 보험계약마저 해약이 속출하여 생명보험의 계약 잔고가 줄어드는 등 개인보험으로 성장을 기대할 수 없었다.[32] 이에 따라 생명보험사는 인플레이션 영향이 작은 판매가 쉬운 1년 정기단체보험이나 단기 저축성 개인보험에 주력하였다.

한국전쟁은 생명보험회사의 존립 자체를 어렵게 만들었다. 한국전쟁에 따른 비상조치로 보험금의 지급제한이 일어났고, 전쟁으로 인한 인플레이션은 물론 영업 기반의 상실로 설립뿐만 아니라 영업조차 어려운 상황에 처해 사실상 개점휴업 상태에 들어갔다. 재무부가 생명보험사의 영업재개를 지시하는 것은 전쟁이 끝난 지 1년 후인 1954년 10월이었다. 반면에 손해보험사는 전쟁 중에 다양한 방식으로 영업을 지속하

32 생명보험협회(2010), 『생명보험협회60년사』, pp. 44~45.

[표 17-19] 1950년대 손해보험회사의 영업 상황(1952~1959)

(단위: 백만 환)

연도	회사 수	납입 자본	미경과 보험료(A)	신계약		수입	지출
				건수	금액(B)		
1952	8	34	73	95,618	12,985	189	147
1953	9	47	252	156,099	28,751	544	458
1954	9	84	466	293,992	58,606	1,120	775
1955	9	191	1,097	283,617	139,204	2,348	1,450
1956	11	291	1,636	127,365	222,487	3,276	2,211
1957	11	574	2,224	136,218	291,625	4,211	3,195
1958	11	550	2,370	481,197	297,427	4,617	3,111
1959	11	974	2,324	406,253	271,109	3,583	2,299

자료: 한국은행(1961), 『경제통계연보』.

였다. 한국전쟁 중에도 손해보험사는 부산에서 ECA 풀과 관재 풀 관계의 화재보험 계약에 의존하여 영업을 지속하였다.[33] [표 17-19]에서 보듯이, 계약 건수는 물론 금액도 늘어나고 있었다.

미군정 때부터 화재보험회사들은 책임준비금을 제대로 적립하지 않았고 재보험 제도도 운용할 수 없어 당국은 고액 계약의 보유 한도를 정해 규제하였고 업계는 늘 보유 한도 인상을 요구하였다. 한국전쟁 이후 화재보험회사의 위험담보 능력이 더욱 낮아지자 이승만 정부는 1951년 5월까지 자본금을 1억 원(圓) 이상으로 할 것을 명령하고 금융기관에는 보험사에 대한 융자를 금지하였다. 이를 지키지 못한 서울, 신동아, 고려, 대동, 제일, 동방간이무역 화재보험사의 면허가 취소되었다. 재무부는 9월까지 3억 원(圓)으로 되도록 증자조치를 하여 서울, 대동, 한국화재보험사가 영업정지를 당하고 이 3사가 합병하여 동국화재로 재출범하였다. 재무부는 위 증자조치와 관련하여 1952년 2월 회사별로 위험등급별 보유 한도를 설정하면서 부동산과 동산의 등급을 구

33 당시 화재보험회사는 귀속재산의 화재보험 풀을 요구하면서 보유 한도의 인상을 건의하였다. 재무부는 1951년 2월 피난지 부산에서 귀속재산의 처분을 위해 화재보험을 풀 체제로 인수할 것을 지시하면서 보유 한도를 재무부가 정하고 그 범위 내에서 풀 계약을 4월에 체결하였고, 11월부터 귀속재산 불하가 본격 실시됨에 따라 귀속재산 관련 화재보험계약은 이 회사의 주요 수입원이 되었다.

분하였다.[34]

이승만 정부는 화재보험업계의 공신력을 높이고 담보능력을 강화하기 위해서 재보험교환 요령을 처음으로 시행하였다. 이 요령은 원수회사가 보유 한도 초과분의 7/8을 출재하고, 출재분은 각사가 균등분배하고, 수재보험의 인수는 원수회사의 자유로 하고, 수재를 거부하였을 때는 출재회사가 그 전말을 당국에 보고하고 당국의 지시를 받을 것을 주요 내용으로 하고 있었다. 그런데 이 요령은 고액 계약이 많고 국가정책이 반영된 ECA 풀이나 관재 풀에는 적용되지 않았다. 이 요령이 적용되는 화재보험의 비율이 작고 제대로 준수되지도 않았다.[35] 1952년 3월 재보험전업회사로서 한국안보화재해상재보험이 영업을 시작하였으나 원수사와 의무재보험을 할 수 없어 원수사인 안보화재로 전환하였다. 화재보험사는 2차의 증자조치로 동국간이화재가 대동화재에 합병되었고 대동화재는 서울화재·한국화재와 합병하였다.

서울로 되돌아온 이후 손해보험사는 화재보험회사로는 안보화재 이외에 해동화재, 안국화재, 한국무역화재가 신설되었고 동방해상, 범한해상, 한국교통보험, 한국재보험 등이 증설되어 손해보험회사 간의 경쟁이 치열해졌다. 화재보험시장은 금융기관 담보물에 집중되었기 때문에 화재보험회사와 금융기관과의 계열이 강화되었다. 시중은행 귀속주가 불하되면서 화재보험회사가 재벌의 계열회사로 변모하기 시작하였다. 제일화재는 삼호, 안국화재는 삼성, 고려화재는 금성방적 등에 계열회사가 되었다. 또한 국제보험, 안보보험이 원수사로 전환한 후 재보험회사의 요구에 따라 한국재보험공사가 1956년 1월에 설립되었다.

광복 이후 해상보험은 우리나라에 진출한 외국 해상보험회사가 담당하였다. 해상보험 경험이 없는 손해보험업계는 풀 체제로 경영하기로 하고 대한운송보험공동사무소를 발족하였는데, 9개 회사가 참여하였다. 정부는 이 해상보험을 이용하려 하였으나 업무가 미숙하고 법인도 아니어서 이용할 계획을 변경하고 ICA 자금에 의한 수입

34 대한손해보험협회(1977), p. 97.
35 앞의 책, pp. 97~98.

물자의 부보만을 취급하였고 지급도 환화로 하였다. 1955년 3월 해상보험 전업회사인 동방해상보험회사가 설립되기 이전에는 화재보험회사가 부대 업무로 해상보험을 취급하였다. 그러나 1955년 이후 ICA 원조가 증가하고 해상보험의 부보 대상이 늘어나 장래의 영업전망이 좋아지고 전업회사의 필요성이 커지자 1959년 1월에는 범한해상보험회사가 추가로 설립되었다. 자동차 보험회사는 1957년 7월 전국자동차운수업자들에 의해 수권자본 2억 환(납입자본 1억 환)으로 설립하였으나 영업은 수개월에 그치고 자본금 미납을 이유로 1961년에 면허가 취소되었다.

이승만 정부는 1954년 10월 전쟁으로 인해 휴면 상태에 있었던 생명보험사업의 재개를 선언하고 생명보험시장을 재건하고자 하였다. 그러나 생명보험의 사업 주체가 흩어지고 파산에 이른 기존 사업자들도 스스로 영업 재개가 어려웠다. 기존 회사는 사업면허만 있을 뿐 계약의 유지도 어렵고 보유 자산도 거의 없어졌고 주주모집, 사원충원, 모집조직 사무실 확보 등도 새로이 해결해야 하였다. 결국 기존 회사 중에서 대한생명이 1954년 11월에, 고려생명이 1955년 1월에 영업 재개를 하였지만, 나머지 3개사는 영업을 재개할 상황이 아니었다.[36] 조선생명도 한국생명으로 상호를 바꾸고 영업 재개를 준비하였지만 계속 휴면 상태에 있었다.

정부는 기존 회사의 업무 재개보다는 회사 신설에 주력한 결과 생명보험회사가 설립되기 시작하였다.[37] 제일생명이 1954년 12월 자본금 2천만 환으로 설립되어 직장후생보험과 부흥보험 등 단체보험을 판매하기 시작하였다. 1957년 3월 설립된 동방생명도 자사 사우회 직장단체보험부터 판매하기 시작하였다. 대한교육보험은 수권자본금 2억 환으로 1958년 8월 설립되어 진학보험을 판매하기 시작하였다. 동아생명은 공수권 자본금 2억 환으로 1958년 11월에 설립되었다. 이와 같이 생명보험회사 수가 증가함에 따라 임의단체이었던 조선생명보험협회에 이어 사단법인 대한생명보험협회가 1958년 2월에 발족하였다.

36 생명보험협회(2010), p. 49.
37 앞의 책, pp. 49~51.

[표 17-20] 생명보험회사의 영업 상황(1957~1961)

(단위: 백만 환)

연도	회사 수	납입 자본	신계약		계약 잔액 (A)	운용자산 (B)	수입	지출	B/A (%)
			건수	금액					
1957	4	48	25,936	7,275	8,306	76	142	110	0.9
1958	7	158	254,775	73,960	70,808	530	1,540	1,127	0.7
1959	8	283	174,526	71,191	105,260	2,018	4,175	2,374	1.9
1960	8	410			96,262	4,675	5,238	2,786	4.9
1961	8	530			106,230	5,090	4,260	4,500	4.8

자료: 한국은행, 『경제연감』 및 『경제통계연보』, 각 연도.

한국전쟁 이후 영업을 재개한 3개의 생명보험사와 새로 설립된 생명보험사가 판매한 보험상품은 단체보험, 생존보험, 양로보험으로 구분되었다.[38] 단체보험은 단체 구성원의 퇴직을 지급사유로 한 보험이었고 당시의 사회·경제적 불안을 배경으로 신계약의 90% 이상을 차지하는 주력상품이었다. 생존보험은 자녀의 학자금을 보장하는 교육보험이었다. 이 보험은 새로운 소비자 수요에 부응하는 상품이면서 개인보험을 부활시킨 보험이 되었다. 이 밖에도 신연금보험과 종신보험이 있었으나 이것의 판매는 저조하였다.

오랫동안 침체되었던 생명보험은 한국전쟁 이후 경기회복과 물가안정세 등의 경제여건 호전과 생명보험사의 적극적인 판매에 힘입어, [표 17-20]에서 보듯이, 1958년부터 신계약도 늘어나고 계약 잔액도 많이 늘어나는 등 성장세를 보였다. 당시 생명보험회사는 사업비 비율이 151.8%로 과다하게 높아 사업비의 지출은 부가보험료 이내로 제한하였으나 지켜지지 않았고 계약 잔액에 비해 운용자산의 비율(B/A)이 지나치게 작았다. 그럼에도 당시 생명보험사는 외무원을 늘리고 외무원은 계약에만 열을 올렸으나 중도해약이나 조기실효 등의 사태가 나타나면서 모집질서도 혼란에 빠지는 등 과당경쟁에 따라 난맥상이 나타났다.[39]

38 생명보험협회(2010), p. 54.
39 재무부(1978), pp. 77~78.

[표 17-21] 1950년대 생명보험회사의 자산 구성 비율(1957~1961)

(단위: 백만 환, ( ): %)

연도	운용자산					기타 자산	합계
	대부금	국채	기타 증권	부동산	현금예치금		
1957	(6.5)	(32.6)	(1.1)	(22.8)	(19.6)	(17.4)	92
1958	(4.4)	(31.3)	(0.2)	(31.0)	(13.3)	(19.9)	662
1959	(25.1)	(12.1)	(0.1)	(25.6)	(6.1)	(31.0)	2,926
1960	(15.6)	(9.8)	(10.1)	(41.4)	(3.6)	(19.5)	5,806
1961	(12.5)	(2.6)	(9.5)	(55.6)	(1.6)	(18.2)	6,220

자료: 한국은행, 『경제연감』 및 『경제통계연보』, 각 연도.

당시 생명보험사의 자산 구성을 [표 17-21]에서 보면, 운용자산 비중이 높지 않았다. 특히, 1959년에는 운용자산의 비중이 69%에 불과하였다. 자산운용의 유동성도 높고 안전한 국채 비중은 줄어들고 유동성이 낮은 부동산 비중은 점차 높아진 반면에 현금·예치금의 비중은 낮아져 생명보험의 지급에서 문제가 일어날 가능성이 점차 높아지고 있었다.

생명보험사가 협소한 생명보험시장에서 단체보험을 중심으로 치열한 판매경쟁이 나타나자 재무부는 과당모집경쟁, 모집인의 대량 채용과 탈락 문제를 해소하기 위해 양질의 계약 확보, 사업비 지출제한 등을 지시하였으나 큰 효과를 거두지 못하였다. 재무부는 생명보험사의 부실이 표면화되자 1960년 7월 단체생명보험의 대량 해약으로 위기에 처한 제일생명을 대한생명, 동방생명 및 고려생명이 공동관리하는 조치를 취하고, 1961년 6월에는 협동생명에 대한 관리명령을 내리고 관리인으로 동방생명을 지정하였다.[40]

40 생명보험협회(2010), pp. 221~222.

제 18장

한국전쟁 이후의 경제안정과 통화 · 금융정책

1. 대한원조의 확대와 재정구조의 변화

한국전쟁이 발발하면서 UN의 한국민간구호단(CRIK) 원조 및 한국부흥단(UNKRA) 원조가 있었다. UN군 사령부에 의해 실시된 CRIK 원조는 전쟁구호물자인 식료품, 의류 등의 소비재를 중심으로 제공되었는데, 이것은 전쟁을 원활히 수행하기 위한 것이었다. 그리고 전쟁 중에 발족된 UN한국부흥단의 UNKRA 원조는 원래 한국 경제의 재건사업을 위한 것이었다. 그리 활발하지 못하였지만, 휴전 후에도 전쟁으로 파괴된 시설을 복구하는 방향으로 활동이 전개되었다.

한국 정부는 휴전에 따라 전재복구(FOA) 및 경제부흥을 서둘렀다. 미국 정부는 휴전에 따라 절감된 2억 달러를 재원으로 FOA 원조계획을 세우고 1953년 8월부터 한국 정부와 회담에 들어가 12월에 「경제재건과 재정안정계획에 관한 합동위원회 협정」이 조인되었다. 이 FOA 원조계획은 한국 산업의 부흥과 재정안정이라는 두 가지 목표를 두고 있으나, 미국 정부는 경제안정에 중점을 두고 있었던 반면, 한국 정부는 경제부흥에 우선순위를 두고 있었다.[1] 따라서 한국 정부가 이 원조를 지속적으로 받으려면 미국의 요구대로 재건투자보다는 인플레이션 방지와 재정적자 해소에 우선적으로 힘을 기울여야 하였다.

이 FOA-ICA 원조가 [표 18-1]에서 보듯이 미국의 대한원조의 중심을 이루었다. 그런데 당시의 대한원조란 기본적으로 「상호안전보장법」에 의거한 원조로 미국의 군사우위를 유지하기 위한 군사 원조의 성격을 가지고 있었다. 따라서 이 원조를 통해 기간산업을 건설하려는 한국 정부의 의도는 처음부터 관철되지 못하였다. FOA 원조 도입액 2억 605만 달러 중에서 시설재는 33.6%인 6,918만 달러를 차지하는 것에 불과하였다.[2] 이

1 한국은 최우선적으로 기간산업의 건설에 투자할 것, 원조물자 구매에 참여할 것, 각종 원조를 통합하여 관리할 것을 주장하였으나, 실제로 종합계획은 대체로 미국의 요구대로 작성되었다. 즉, 판매용, 구호용 물자도입이 61.9%를 차지하였고, 교통, 통신, 전력 등 기간산업의 건설을 위한 물자도입은 15.6%에 불과하였던 것이다(한국산업은행(1955), 『한국산업경제십년사』, pp. 560~561).

2 홍성유(1965), 『한국경제의 자본축적과정』, p. 293, 표 12.

[표 18-1] 외국 원조의 추이(1950~1961)

(단위: 10억 환 ( ): %)

연도	합계 (천 달러)	ECA-SEC		CRIK	UNKRA	FOA-ICA		PL-480
		소계	시설재			소계	시설재	
1950	58,706	49,330	134	9,376				
1951	106,542	31,972	540	74,448	122			
1952	161,327	3,824	160	155,534	1,969			
1953	194,170	232	34	158,787	29,580	5,571		
1954	153,925			50,191	21,297	82,437	10,165	
1955	236,707			8,711	22,181	205,815	97,460	
1956	326,705			331	22,370	271,049	85,390	32,955
1957	382,892				14,103	323,267	92,729	45,522
1958	321,272				7,474	265,629	63,890	47,896
1959	222,204				2,471	208,297	43,611	11,436
1960	245,393				244	225,236	50,530	19,913
1961	199,245					154,319	36,088	44,926

자료: 한국은행(1963), 『경제통계연보』; 홍성유(1965), 『한국의 자본축적과정』, pp. 284, 302~304.

원조가 ICA 원조로 개칭된 이후에도 그 성격은 그대로 유지되어 1956년에서 1959년간 총도입액 10억 7,124만 달러 중에서 시설재는 2억 8,352만 달러로 26.5%를 차지하는 데 불과하였다.[3] 미국은 미공법 PL-480호에 의한 잉여농산물 원조를 위해 1955년 5월 공여 협정을 체결하고 1956년부터 잉여농산물을 도입하였다.[4] 여기에서 도입된 잉여농산물의 78% 이상이 양곡이었고, 원면도 11% 이상 차지하였다. 이 양곡의 도입은 곡가를 대폭으로 하락시켜 1950년대 후반 농업침체의 주요 원인의 하나가 되었다.

한국 정부가 미국 원조물자를 판매한 자금으로 마련된 대충자금을 적립하여 국내 산업의 재건에 투자하고자 한 것은 1950년도의 추경예산에서부터이다. 그러나 이 부흥투자계획의 대부분은 한국전쟁으로 중단되었고 그 자금은 차입금 상환에 충당되었

3 홍성유(1965), pp. 302~304.
4 PL-480호에 의한 농산물 원조방식 중에서 한국이 주로 활용한 것은 수입국 통화로 판매하는 제1관에 의한 것이다. 미국은 처음에는 이 농산물 판매대전의 일부를 사용하였으나, 그 대부분은 한국의 국방비로 전입되었다(앞의 책, p. 317).

[표 18-2] 재정투융자의 자금조달과 자금운용(1953~1959)

(단위: 백만 환, ( ): %)

회계연도		1953	1954	1955	1957	1958	1959
재정 투융자 (자금 조달)	합계	10,930	39,950	83,730	148,480	129,360	106,910
	대충자금		(43.5)	(65.2)	(70.3)	(93.0)	(85.4)
	산업부흥채권	(45.7)	(18.5)	(10.6)	(4.8)		
	조세 기타	(54.3)	(24.8)	(12.6)	(12.5)	(7.0)	(14.6)
	투자		(45.6)	(60.7)	(65.1)	(55.0)	(54.0)
	융자		(54.4)	(39.3)	(34.9)	(45.0)	(46.0)
재정 투자	합계	4,376	15,261	42,210	112,740	71,200	55,720
	농업	(38.8)	(32.3)	(23.5)	(12.0)	(16.3)	(22.2)
	공공토목	(25.7)	(20.5)	(31.3)	(15.8)	(12.0)	(17.9)
	항만철도통신	(2.6)	(3.6)	(25.8)	(13.8)	(8.7)	(11.8)
	도입물자대금			(1.4)	(52.6)	(54.5)	(36.6)

자료: 한국산업은행(1955), 『한국산업경제십년사』, 통계편; 한국은행, 『조사월보』, 1958. 6; 한국산업은행, 『조사월보』, 1964. 8.

다. 한국 정부는 1953년도부터 원조에 의거 부흥계획을 효과적으로 추진한다는 취지 하에 「대충자금특별회계」를 설치하고 경제부흥에 필요한 사업비는 일반회계와 별도로 대충자금을 재원으로 하기 위해 경제부흥예산을 편성·집행하였다. 한국 정부는 미국 원조가 예산에서 절대적인 비중이 될 것을 고려하여 회계연도까지 수정한 결과 1956년 회계연도가 사라졌다.[5] 한국 정부는 원조물자의 증가와 그 판매로 얻은 대충자금을 예산에 편성함으로써 휴전 후에 증대하는 재정수요에 대응할 수 있었다.

이승만 정부는 1953년부터 재정투융자 방식으로 부흥사업을 시작하였다. 재정투융자는 [표 18-2]에서 보듯이 주로 대충자금, 일반회계 전입금, 산업부흥국채의 발행에 의존하여 재원을 마련하였다. 이 재원은 처음에는 산업부흥국채의 발행에 크게 의존하였으나, 한국은행이 이를 전액 인수함으로써 발생하는 통화증발이 문제가 되어 1958년부터 발행이 중지되었다. 결국 그 재원은 원조 확대에 따라 증가하는 대충자금

5 1955년부터 회계연도를 6월에서 다음 해 7월까지로 하였으나, 1957년도부터 다시 회계연도를 1월부터 12월까지 하여 1956년이 회계연도에서 사라지게 되었다.

[표 18-3] 주요 재정지표의 대GNP 비율(1953~1960)

(단위: 10억 환, ( ): %)

회계연도	경상 GNP	일반 재정 세출	국방비		투융자	원조 재원	조세	대GNP 비율(%)				
			소계	원조 재원				일반 재정	국방비	투융자	대충 자금	조세
1953	525.2	60.7	32.6	(5.1)	10.9	8.0	20.6	(11.6)	(6.2)	(2.1)	(1.5)	(3.9)
1954	1,071.4	142.0	59.9	(34.5)	40.0	44.7	51.4	(13.3)	(5.6)	(3.7)	(4.1)	(4.8)
1955	2,091.7	281.4	106.4	(48.1)	83.7	150.5	109.4	(10.4)	(5.1)	(4.0)	(7.2)	(5.2)
1957	1,971.7	350.0	112.5	(43.0)	148.5	224.5	115.9	(17.7)	(5.7)	(7.2)	(11.4)	(5.9)
1958	2,047.0	411.0	127.3	(37.9)	129.4	245.8	143.5	(20.1)	(6.2)	(6.0)	(12.0)	(7.0)
1959	2,174.9	400.2	137.3	(38.1)	106.9	189.1	216.0	(20.2)	(6.3)	(4.9)	(8.7)	(9.9)
1960	2,449.3	420.0	147.0	(36.4)	103.8	167.6	249.7	(17.1)	(6.0)	(4.2)	(6.8)	(10.2)

자료: 한국개발연구원(1990), 『한국재정 40년사』, 제4권, 재정통계(1).

과 일반회계 전입금에 의존하게 되었다. 그런데 이 자금은 철도·통신·항만의 건설을 위해 사용하려고 하였던 한국 정부의 초기 의도와는 달리 파괴시설 복구를 위한 공공 토목사업과 농업에 주로 이용되었다. 특히, 1957년부터는 그 자금의 50% 이상을 원조물자대금 상환에 충당함으로써 일반회계가 1958년도부터 그것을 부담하게 되어 [표 18-4]에서 보듯이 일반회계의 산업경제비 비중이 급등하였다. 그렇지만 재정투융자의 규모는 1957년도를 정점으로 다시 감소하였다.

전쟁이 종결된 이후, 즉 1954년 이후, [표 18-3] 세출의 국민총생산에 대한 비중의 상승 추세에서 알 수 있듯이, 전후 재정은 계속 팽창적이었다고 할 수 있다. 그것은 1957년까지는 한국 정부가 원조를 기반으로 하여 국방력 강화와 전후 복구사업 등 재정수요 확장에 대응한 결과이다. 국방비의 40% 정도가 미국의 원조에 의존하고 있었다. 하지만 국방비는 [표 18-4]에서 보듯이 1957년까지는 전체 예산 절반 이상을 차지하고 있었다. 이와 같이 당시 국방비가 한국의 재정과 경제에 과도한 부담을 주고 있었기 때문에 경제재건은 늦어질 수밖에 없었다고 할 수 있다.

그럼에도 불구하고 이승만 정부는 휴전 후에도 이른바 '백만대군 양성'을 내세우고 군비 확장을 위해서 1957년도까지는 예산의 50% 이상을 할당하였다. 이와 같이 원

[표 18-4] 1950년대 한국 정부의 세출 및 구성의 추이(1950~1959)

(단위: 백만 환, ( ): %)

회계 연도	일반 행정비	치안비 (경찰사법)	군사비 (국방비)	교육 문화비	공공 사업비	산업 경제비	공채 차입비	기타 경비	합계 (백만 환)
1950	(7.5)	(13.8)	(56.2)	(4.9)	(1.6)	(6.3)	(1.0)	(8.7)	2,355
1951	(14.3)	(10.7)	(53.9)	(2.5)	(0.6)	(8.4)	(1.6)	(8.1)	6,123
1952	(18.2)	(5.8)	(45.6)	(2.0)	(1.1)	(1.3)	(17.1)	(9.1)	20,695
1953	(7.6)	(10.2)	(62.8)	(2.3)	(1.5)	(7.9)	(0.5)	(7.2)	51,954
1954	(14.5)	(11.5)	(55.9)	(5.4)	(0.5)	(6.5)	(0.8)	(4.9)	107,178
1955	(12.0)	(10.5)	(53.1)	(11.2)	(1.0)	(4.7)	(1.1)	(6.3)	200,178
1957	(16.3)	(9.5)	(52.9)	(8.9)	(1.0)	(3.8)	(3.3)	(4.3)	350,030
1958	(8.8)	(5.8)	(31.0)	(9.8)	(1.9)	(34.0)	(3.7)	(5.1)	410,970
1959	(10.5)	(7.1)	(34.8)	(5.1)	(2.6)	(23.3)	(3.3)	(3.4)	400,220

주: 1) 전란수습특별회계는 국방비에 포함.
2) 1956년도는 회계연도 조정으로 해당 연도 없음.
자료: 한국산업은행(1955), 『한국산업경제십년사』; 한국개발연구원(1990), 『한국재정 40년사』, 제4권, 재정통계.

조에 의한 재정팽창은 군비 확장으로 귀결되고 있었던 것이다. 휴전 후 미국의 대한원조는 처음부터 경제부흥보다는 군비 확장을 지원하는 성격을 가진 것이었으나, 실제로 미국 원조가 국방비 전체를 부담할 정도로 대충자금이 국방비를 넘어섰다. 그에 따라 재정투융자가 급팽창하여 재정구조가 변화하면서 전후 경제재건이 본격화되었던 것은 1958년도부터다.

한국 정부는 휴전 이후 국방력의 증강과 산업부흥이라는 재정수요에 원활히 대응할 수 있었던 것은 무엇보다도 미국 원조의 증가에 따라 대충자금이라는 재원이 급증하였기 때문이다. 어떻든 한국 정부는 대충자금이라는 새로운 재원의 확충에 따라 재정적자라는 만성적인 재정불균형으로부터 벗어나게 되었다. 한국 재정에서 직접 통화증발을 야기하였던 한국은행 차입금의 세입 비중은 [표 18-5]에서 보듯이 1953년도 30.2%이었고, 1954년도 10.9%, 1955년도 0.0%, 1957년도 2.2%, 1958년도 4.7%, 1959년도 1.4%로 급속히 줄어들었다. 여기에서 한국 정부는 부흥예산 집행에 필요한 재원을 마

[표 18-5] 1950년대 한국 정부의 세입 및 구성의 추이(1950~1959)

(단위: 백만 환, ( ): %)

회계 연도	조세 수입	인지 수입	전매 수입	기타 수입	소계 (A)	국공채 수입	차입금	소계 (B)	재정 원조	합계
1950	(17.2)	(0.3)	(6.2)	(9.8)	(33.5)	(10.6)	(61.3)	(61.3)	(5.2)	2,490
1951	(60.1)	(0.4)	(13.4)	(19.9)	(93.9)	(0.0)	(0.0)	(6.1)	(0.0)	6,530
1952	(43.7)	(0.5)	(13.2)	(23.3)	(80.7)	(6.1)	(0.0)	(5.4)	(13.9)	21,220
1953	(30.8)	(0.6)	(6.0)	(10.0)	(47.3)	(5.4)	(30.2)	(40.7)	(11.9)	66,830
1954	(34.5)	(0.4)	(3.9)	(4.8)	(43.6)	(10.5)	(15.5)	(26.5)	(30.0)	149,200
1955	(32.8)	(0.3)	(3.0)	(5.8)	(41.9)	(10.9)	(0.0)	(13.0)	(45.1)	333,780
1957	(27.3)	(0.7)	(3.8)	(2.9)	(34.3)	(13.0)	(2.2)	(12.8)	(52.9)	424,590
1958	(30.1)	(0.7)	(4.4)	(3.1)	(38.3)	(10.6)	(4.7)	(10.2)	(51.5)	477,100
1959	(47.4)	(1.1)	(5.0)	(2.0)	(55.5)	(5.6)	(1.4)	(3.0)	(41.5)	455,400

자료: [표 18-4]와 같음.

련하기 위해 발행한 국채 및 산업부흥채의 상당 부분을 한국은행이 인수하였기 때문에 이것까지 포함하더라도 그 비중, 즉 [표 18-5] B값이 1953년도에 40.7%에서 1954년도 26.5%, 1955년도 13.0%, 1957년도 12.8%, 1958년도 10.2%, 1959년도 3.0%이다. 따라서 재정적자의 비중은 원조의 확대로 급속히 감소하고 있었다.

그렇지만 미국의 대한원조의 확대는 한국 재정의 대외의존도를 급속도로 높였다. [표 18-5]에서 보듯이, 휴전이 성립하였던 1953년도에는 대충자금 등의 재정원조 비중은 11.9%에 불과하였으나, 1954년도에는 30.0%, 1955년도 45.1%, 1957년도 52.9%, 1958년도 51.5%, 1959년도 41.5%로 급증하였다. 그런데 한국 재정의 균형은 미국의 대한원조에 의존하여 달성되었기 때문에 광복 후 한국 정부 재정도 일제하 조선총독부 재정과 마찬가지로 비자립적이라는 문제는 해결되지 않았다. 즉, 미국이 원조를 줄이게 될 때, 한국 정부가 그만큼의 재정적자를 줄일 수 있는 재정안정정책을 적극적으로 추진하여 그 성과를 거두지 못하는 한, 과거와 같이 재정적자와 통화증발의 악순환이 재현될 것이기 때문이다.

한국 정부가 전후에는 국방력 증강과 산업부흥이라는 당면과제를 해결하기 위해 재정지출이 팽창하여 적자재정을 피할 수 없게 되었으나, 휴전과 함께 대한원조가 본격화되고 그에 의거한 대충자금이라는 새로운 재원의 확대로 만성적인 재정적자로부터 벗어날 수 있는 계기를 맞는다. 그러나 이러한 재정안정은 원조의존적이고 대외종속적인 것이었다. 어떻든 미국이 원조의 전제조건으로 재정안정정책을 요구하였던 것이다. 따라서 한국 정부는 미국으로부터의 재정자립을 위해서라기보다는 원조를 보장받기 위해서 재정안정정책을 전개해야 하였던 것이다.

2. 재정안정정책과 그 특징

한국 정부가 「재정안정계획」을 정책적으로 추진하기로 천명하였던 것은 1950년 「경제안정 15원칙」을 수립하면서부터였다. 즉, 한국 정부는 1950년 1월 ECA 원조안이 미국 의회에서 부결되어 재정위기에 직면하게 되었는데, 이를 수습하기 위해 한미경제안정위원회를 조직하고 이 원칙을 발표하였다.[6]

여기에는, ① 통화최고발행제 견지, ② 행정기구의 간소화, 경비절약, 보조금 억제에 의한 경비긴축, ③ 조세부담 조정의 합리화, 징세사무의 능률화를 위한 근본적인 세제개혁, ④ 귀속재산 불하 및 관리물자의 급속한 매각에 의한 정부수입 및 재원의 증대, ⑤ 정부의 특별회계 및 정부관리 재산의 경영 합리화, 요금 인상 등에 의한 독립채산제 확립 등 재정적자를 해소할 수 있는 방안 등이 제시되었다. 그에 따라 대폭적인 증세, 관영요금의 대폭적인 인상을 통해 독립채산제의 실현, 수입지출의 월별 계획 추진, 그리고 환율인상에 의한 대충자금 증액 등이 시도되었으나, 한국전쟁의 발발로 제대로 시행되지 못하였다.

한국 정부가 휴전 직후 미국의 FOA 원조를 전제로 한국의 경제재건과 경제안정을

6 한국개발연구원(1990), 『한국재정 40년사』, 제3권, 「경제 재정관계 주요시책 자료」, pp. 389~390.

위한 한미회담을 한 결과, 1953년 12월에 「경제재건과 재정안정계획에 관한 합동경제위원회 협약」이 조인됨으로써 한미경제안정위원회가 주도하는 재정안정정책이 시행되었다. 주요 내용을 보면, ① 재건투자계획을 재정안정계획에 합치시켜 막대한 군사비에 따른 위한 예산 부족을 세출의 억제와 조세 등의 세입 증가를 위해 노력할 것, ② 신환율을 1달러 : 180환으로 하여 이 대충환율로 대충자금을 적립하고, 그 자금은 합동위원회에 합의된 목적에 따라 사용할 것, ③ 도입물자의 국내 판매가격을 자유시장가격과 비등하게 하여 최대한 자금을 회수하고, ④ 대충자금을 재원으로 하는 대부를 제외하고 금융기관의 융자 증가 한도를 연 50억 환으로 한다는 것이었다.[7] 이러한 재정안정정책은 원조로 재정적자를 줄여 인플레이션을 수습한다는 것을 기본 골격으로 하는 것이었다.

그런데 이후에 원조물자가 순조롭게 도입되고 물자의 판매가 증가함에 따라 통화환수가 일어나고 대충자금의 증가로 세입도 계속 증가하자 「재정안정계획」하에서도 확장적인 재정이 1956년도까지 지속되었다. 그런데 미국이 1957년 「상호안전보장법」을 개정하면서 종전의 무상원조를 유상원조, 즉 차관으로 점차 전환할 방침을 세우고, [표 18-6]에서 보듯이 1957년을 정점으로 하여 무상원조를 줄이기 시작하였다. 이러한 대한원조의 변화는 당장 대충자금의 감소를 통해 재정수입을 줄임으로써 한국 정부의 활동을 제약하게 되었다.

한국 정부는 미국 정부의 요구에 따라 1955년 8월 대달러 환율을 1 : 180에서 1 : 500으로 대폭 인상하고 연간 물가상승률이 25%를 넘어서면 환율을 다시 인상하기로 미국 정부와 합의를 하였다. 그러나 한국 정부는 이에 앞서 환율의 현실화를 계속 거부함으로써 [표 18-6]에서 보듯이 물가인상으로 환율과 물가 수준 간의 격차가 점차 커지고 있었다. 특히, 이 문제는 한국과 미국 간에 환율을 둘러싼 마찰을 일으키기까지 하였다.[8] 이승만 정부가 이와 같이 공정환율의 인상을 지속적으로 거부하였던 것은 한국

7 한국은행(1955), 『경제연감』 II, pp. 572~574.

[표 18-6] 1945~1960년간 주요 경제지표

(단위: %)

연도	소비자 물가 상승률[1]	실질 경제 성장률	현금 통화 증가율	통화 증가율 (M1)	총통화 증가율 (M2)	공정 환율 (환/달러)	경상수지 (백만 달러)	무역수지 (백만 달러)	대외원조 (백만 달러)
1945	578.2		179.7	182.9	46.8	0.15			4.4
1946	378.4		102.6	117.4	143.9	0.15			49.5
1947	198.3		88.2	99.0	101.8	0.5			175.4
1948	62.9		29.9	40.7	35.8	4.5			179.6
1949	36.8		72.9	74.0	244.4	9			116.5
1950	56.3		205.2	133.8	75.2	25	23.1	-54.6	58.7
1951	530.5		143.4	158.0	171.1	60	52.8	-113.9	106.5
1952	116.5		81.8	96.1	80.7	60	61.2	-186.4	161.3
1953	25.3		128.0	111.6	119.1	180	-67.8	-305.7	194.2
1954	28.2	5.1	80.1	91.6	165.8	180	-33.4	-218.2	153.9
1955	81.1	4.5	49.8	61.0	14.4	500	-36.3	-309.9	236.7
1956	31.6	-1.4	25.8	29.3	122.7	500	-23.1	-354.8	326.7
1957	16.2	7.6	14.1	20.1	27.8	500	-2.6	-370.9	382.9
1958	-6.3	5.5	29.8	32.6	10.2	500	37.7	-326.4	321.3
1959	2.4	3.8	13.6	9.0	-0.8	500	16.4	-253.6	222.2
1960	8.1	2.3	10.6	4.4	4.3	650	13.4	-272.5	256.1

주: 1) 물가상승률은 서울 소비자물가상승률임.
자료: 조선은행, 『조선경제연보』(1948), 『경제연감』(1949); 한국은행, 『경제연감』(1955), 『경제통계연보』(1961); 한국개발연구원(1990), 『한국재정 40년사』, 제4권, 재정통계(1).

은 환율인상이 당시 주요 외환수입원이었던 유엔군 대여금 상환, UN군 관계 용역, 원조 등의 수입 감소에 미칠 영향을 우려하였고, 또한 환율인상이 수입물가 상승을 통해 국내 물가 상승에 미칠 영향을 우려하였기 때문이다.

한국 정부의 환화에 대한 고평가정책은 단기적으로는 무역외수지의 개선을 통해 외화수입의 증가를 가져오는 것에도 도움이 되고 수입 확대를 통한 물가안정에도 도

8 1954년 한국 정부는 유엔군에 대한 원화공급 중지라는 조치를 취하고 미국 정부는 유류공급 중지라는 조치를 취하는 국면이 전개되기까지 하였다(한국산업은행(1955), 『한국산업경제십년사』, p. 527). 당시의 환율논쟁에 관해서는 최상오(1996, 6), 「경제안정의 지향과 한미간 환율논생: 유엔군 내여금 상환문제를 중심으로」, 『경제사힉』, 제20호를 침조.

움이 되었지만, 장기적으로는 원조 및 수입 의존적 경제구조를 강화시키는 동시에 국내 가격 체계를 국제 가격 체계에서 유리시켜 수출주도적 산업구조와 고용 기반을 약화시킬 수 있었다. 그래서 한국 정부는 당시에 정부 간 협상에서는 협정환율, 즉 공정환율, 유엔군 환율, 대충자금 환율 등에서는 낮은 환율을 적용시키고 시장환율인 수출불 환율 등에서는 높은 환율을 적용시키고 있었다. 이와 같이 당시의 환율정책은 재정과 무역의 이중적인 상황에 의해 규정되어 매우 복잡한 양상을 보이고 있었던 것이다.

이승만 정부는 [표 18-6]에서 보듯이, 정부수립 이래 1956년까지도 25% 이하로 물가상승률을 유지한 적이 없었다. 따라서 한국 정부는 환율인상을 하지 않으려면 물가상승률을 그 수준 이하로 유지해야 하였는데, 그렇게 하려면 무엇보다도 통화증가율을 더 낮추어야 하고 그것을 위해서는 통화증발의 주요인이었던 재정적자를 최대한 줄여야만 하였다. 통화증발을 줄이려는 노력은 1956년 원조물자의 판매에 힘입어 어느 정도 성공을 거두었지만, 여전히 정부 부문의 적자는 통화팽창을 주도하고 있었다.

한미합동경제위원회는 1957년도부터 「재정안정계획」을 분기별로 세우고 월별로 점검하는 등 이 계획을 종전과는 달리 강력히 추진해 갔다. 이 「재정안정계획」의 핵심은 통화팽창을 억제하는 것이다.[9] 그런데 이 목표는 재정수지의 균형을 통해 달성될 수 있기 때문에 정부는 국방비, 재정투융자 등에서 비교적 방만하게 운영하였던 예산까지 긴축적으로 편성하고, 특별회계의 차입을 최대한으로 줄이고, 원조물자 판매대금의 징수를 강화하고 일부 세금을 신설하고 세율을 인상함으로써 증세를 도모하였다. 그리고 통화량의 팽창을 초래한다는 이유로 산업부흥국채의 발행도 중단하였다.

그 결과, 재정팽창의 주요인이었던 국방비도 예산에서 1958년도에는 전년도보다 8.8%, 1959년도에는 7.9%에 증가하는 것에 그쳤고, 그 재원에서 대충자금의 비중은 1955년도에 48%이었으나, 1958년도부터 38% 수준으로 줄어들었다. 이와 같이 원조 축소에 따라 국방비 팽창이 억제되었다. 그리고 1954년도부터 팽창 중이던 재정투융자

9 한국개발연구원(1990), 1957년도, 1958년도, 1959년도 재정안정계획, pp. 538~558 참조.

비중은 1958년도까지 예산에서는 증가하였으나, 결산에서는 1958년도에는 12.9%, 1959년도에는 13.5%가 줄어들었다. 결국 「재정안정계획」은 일반행정비 같은 비신축적 경비보다는 신축적인 국방비, 재정투융자의 억제로 귀결되었다고 할 수 있다.

조세수입이 세입에서 차지하는 비중은 [표 18-5]에서 보았듯이, 1951년도 이래 1957년도까지 낮아졌지만, 1958년도부터는 다시 높아졌다. 이러한 조세수입 비중의 변화는 당시 급증하다 1957년도를 고비로 줄기 시작하였던 원조의 비중 변화와 관련되어 있다. 어떻든 조세수입은 1953년부터 1957년까지 5.6배 정도 증가하였고, 1957년부터 1959년까지 1.9배 정도 증가하였으나, 그 기간에 물가 수준이 각각 3.7배, 1.0배 상승하였다. 그리고 [표 18-3]에서 보았듯이, 국민소득에 대한 조세 비중, 조세부담률은 전후에도 지속적으로 증가하고 있다. 따라서 조세의 증징도 재정안정화에 크게 기여한 것으로 보아야 할 것이다.

한국 정부는 앞서 설명하였듯이, 한국전쟁 중에 조세수입 증징을 위해 「조세특례법」, 「조세임시증징법」을 제정하고 물납제인 임시토지수득세를 비롯한 직접세의 증징을 통해 전비를 조달하여 왔으나, 휴전 후인 1954년 4월에 「조세특별법」과 「조세임시증징법」을 폐지하였다. 그런데 한국 정부는 기업과 관련되는 소득세, 법인세 등의 직접세를 경감함으로써 부족해진 조세수입을 물품세 등 간접세를 강화하고, 주세 등 간접세 세율을 인상하여 보충하고자 하였다.[10] 그럼에도 한국전쟁 중에 전비조달의 중심적 역할을 하였던 임시토지수득세는 1960년까지 폐지하지 않았다.

그런데 이승만 정부는 1954년 세제개혁 이후 직접세 계통의 납세 실적은 좋지 않고 간접세 계통의 실적은 좋아 간접세를 증징하는 세제로 이행하고자 1956년 12월에 세제개편을 단행하였다. 즉, 종합소득세 범위를 줄이고 소득세, 법인세, 토지수득세, 영업세 등 직접세의 세율을 인하하는 대신에 주세, 물품세, 관세 등 간접세의 세율을 인상하였다.[11] 그러나 1958년 세제개편에서는 간접세 부과에 따른 대중과세의 폐단을

10 재무부(1979), 『한국세제사』, 상권, pp. 283~295.
11 앞의 책, pp. 295~302.

[표 18-7] 1950년대 조세수입의 주요 세목 구성의 추이(1950~1959)

(단위: 백만 환, ( ): %)

	1950	1951	1952	1953	1954	1955	1957	1958	1959
총액	434	3,592	9,778	20,963	51,989	110,542	117,361	146,594	220,860
직접세	(60.1)	(57.8)	(59.8)	(56.8)	(46.1)	(44.7)	(48.9)	(50.5)	(29.6)
간접세	(22.5)	(30.1)	(23.2)	(23.9)	(33.0)	(33.6)	(28.8)	(26.5)	(14.9)
관세	(7.9)	(11.4)	(15.0)	(16.7)	(19.2)	(20.3)	(20.3)	(20.3)	(16.1)
소득세	(11.2)	(14.2)	(11.6)	(13.9)	(14.5)	(14.6)	(11.9)	(12.3)	(10.0)
법인세	(8.5)	(5.0)	(0.3)	(4.0)	(4.1)	(5.1)	(4.5)	(3.5)	(3.3)
영업세	(9.7)	(12.4)	(13.1)	(14.7)	(9.9)	(10.1)	(6.2)	(5.9)	(4.8)
지세	(37.5)	(3.5)							
토지수득세		(21.4)	(30.1)	(22.4)	(14.6)	(11.9)	(23.6)	(13.8)	(8.7)
주세	(7.3)	(10.8)	(9.7)	(8.3)	(9.1)	(9.0)	(3.6)	(5.8)	(4.6)
물품세	(6.8)	(10.2)	(7.8)	(9.1)	(19.0)	(20.3)	(17.7)	(16.7)	(14.9)
외환세								(9.7)	(21.4)
교육세								(2.2)	(6.2)

자료: 한국개발연구원(1990), 『한국재정 40년사』, 제4권, 재정통계(1).

줄이고 조세부담의 형평과 조세 증수를 위한 세제개편을 시행하였다. 주요 목적은 원조물자 매개로 조세를 증징하기 위해 「임시외환특별세법」을 제정하여 증징을 도모하고 교육비 증가에 대응하여 교육세를 증징하는 것이었다.[12] 그 결과 [표 18-7]에서 보듯이, 교육세와 외환세가 높은 비중을 차지하게 되었다.

일제 말부터 증가하여 왔던 직접세 비중은 광복 후 더 높아졌는데, 특히 한국전쟁 중 임시토지수득세와 소득세의 증징, 농민에 대한 현물세의 도입으로 직접세가 조세의 중심에 서게 되었다. 그러나 광복 후 관세의 지속적인 증가와 1954년 이후의 간접세 확장으로 직접세 비중은 줄어들었음을 [표 18-7]에서 알 수 있다. 이러한 직접세의 경감은 앞서 살펴본 바와 같이 농민에 대한 현물세 폐지로는 연결되지 않고 기업 관련 세금의 경감으로 연결되었다. 따라서 1950년대에는 농민수탈적인 세제와 자본우대적인 세제가 강화되고 있었던 시기라고 할 수 있다.

12 재무부(1979), pp. 305~316.

3. 한국전쟁 이후 통화증발과 인플레이션

앞서 설명하였듯이, 광복 후부터 한국전쟁까지 인플레이션의 주요 원인은 엄청난 통화증발이었다. 한국전쟁까지 통화팽창의 주요 원인은 조선은행, 1950년 6월부터는 한국은행이 재정적자에 빠진 정부에게 발권력을 동원하여 대출을 지속적으로 확장해온 결과이었다. 더욱이 한국전쟁 중에는 한국은행이 유엔군의 군비지출을 위한 대출까지 담당함으로써 통화남발이 더 악화되었다.

[표 18-8]에서 보듯이, 한국은행이 은행권 발행과 예금 증가를 통해 전쟁기간 동안 10배 가까이 본원통화를 급속히 늘렸다. 이러한 본원통화의 급속한 증가는 은행권 발행의 증가와 정부예금 증가에서 비롯되었지만, 한국전쟁 이후 증가세가 다소 둔화되어 1.5~2배 늘어나다가 재정안정정책이 강력히 시행되었던 1957년 이후 통화증가율은 크게 둔화되었다.

[표 18-8] 한국은행의 주요 부채 구성 비율(1950~1960)

(단위: 백만 환, ( ): %)

연도	은행권 발행	정부 예금	금융기관 예금	외국기관 예금	민간 예금	예금 소계	대충자금 적립금	부채 및 자본 합계	본원 통화
1950	(43.6)	(16.2)	(0.9)	(1.2)	(2.3)	(20.6)	(14.9)	5,258	2,341
1951	(40.0)	(13.9)	(3.3)	(0.7)	(0.4)	(18.4)	(15.5)	13,934	6,044
1952	(39.0)	(23.0)	(5.9)	(0.3)	(0.4)	(29.6)	(0.2)	26,007	11,681
1953	(34.8)	(18.5)	(4.9)	(0.6)	(0.1)	(24.1)	(0.3)	66,506	26,368
1954	(39.9)	(12.0)	(5.7)	(1.3)	(0.1)	(19.1)	(15.4)	104,399	47,567
1955	(31.9)	(12.8)	(7.8)	(6.5)	(0.0)	(15.6)	(7.3)	195,399	77,651
1956	(24.8)	(20.2)	(8.2)	(4.5)	(0.0)	(32.9)	(26.3)	316,096	104,362
1957	(20.8)	(29.9)	(6.4)	(4.9)	(0.0)	(41.3)	(22.3)	430,800	117,042
1958	(26.2)	(27.9)	(5.5)	(4.4)	(0.1)	(37.3)	(22.3)	443,200	140,909
1959	(35.9)	(29.0)	(6.9)	(3.4)	(0.0)	(39.3)	(15.0)	424,200	181,565
1960	(30.1)	(25.5)	(6.2)	(2.2)	(0.0)	(34.0)	(17.8)	485,975	176,360

주: 본원통화=은행권 발행액+금융기관 예금.
자료: 한국은행, 『경제연감』(1957), 『경제통계연보』(1961).

[표 18-9] 한국은행의 주요 자산 구성 비율(1950~1960)

(단위: 백만 환, ( ): %)

연도	정부 대출	정부대행 기관 대출	국공채	정부 부문 소계	금융기관 대출	외화 및 외환	외화 예치금	합계
1950	(61.6)	(2.1)	(0.6)	(64.3)	(6.9)	(0.1)	(11.9)	5,258
1951	(60.3)	(4.0)	(0.2)	(64.5)	(5.5)	(0.7)	(13.8)	13,934
1952	(45.9)	(5.3)	(0.1)	(51.3)	(14.7)	(1.3)	(17.0)	26,007
1953	(36.0)	(2.8)	(0.2)	(39.0)	(17.3)	(1.9)	(24.7)	66,506
1954	(57.2)	(0.5)	(6.8)	(64.6)	(9.7)	(0.5)	(17.2)	104,399
1955	(47.0)	(0.4)	(10.1)	(57.4)	(8.3)	(0.3)	(23.0)	195,399
1956	(54.9)		(12.7)	(67.6)	(11.1)	(0.4)	(14.4)	316,096
1957	(55.8)		(15.6)	(71.5)	(11.1)	(0.3)	(12.4)	430,800
1958	(56.5)		(15.6)	(72.1)	(6.3)	(0.4)	(15.4)	443,200
1959	(57.2)		(18.6)	(75.8)	(4.5)	(0.4)	(16.0)	424,200
1960	(48.3)		(14.2)	(62.5)	(11.2)	(0.6)	(20.4)	485,975

자료: [표 18-8]과 같음.

한국은행의 자산 구성과 그 변화를 [표 18-9]에서 보면, 자산 증가의 주요 원인은 정부 부문에 대한 대출이나 국공채 인수임을 알 수 있다. 즉, 정부 부문에 대한 대출이나 국공채 인수에서 비롯된 부분이 1953년에 예외적으로 적지만 다른 시기에는 60~70%에 이르고 있다. 그리고 부차적인 요인으로 한국은행은 군사비나 대충자금 등과 같은 원조자금을 원(환)화로 교환함으로써 은행권 발행이나 예금이 증가하였다. 일반적으로 중앙은행이 금융기관에 대해 대출을 확대함으로써 나타난 은행권 발행의 증가나 예금의 증가가 가장 중요하지만 이 시기에는 비중이 매우 낮다.

당시의 한국은행이 본원통화를 팽창시키는 주요 경로는 다음 네 가지이었다. 첫째, 한국은행이 정부나 정부대행기관에 예금을 증액시키는 방식으로 대출함으로써 정부대상금-정부예금만큼 본원통화가 늘어나게 된다. 둘째, 한국은행이 정부의 국채를 인수하거나 한국산업은행이 자금을 조달하기 위해 채권을 발행하는데, 그것을 한국은행이 인수하게 되면 국채의 경우와 마찬가지로 본원통화가 늘어나게 된다. 셋째, 일반금융기관이 한국은행에서 재할인 등의 형태로 차입을 함으로써 본원통화가 늘어

[표 18-10] 전후의 정부 부문에 의한 통화량 증감(1953~1960)

(단위: 백만 환)

연도	통화량 (M1)	정부대상금-정부예금	국채 보유	금융기관 금융채	지방자치 단체 대출	정부의 금융기관 대출	소계
1953	30,316	(38.0)	(2.6)	(0.0)	(15.5)	(-0.0)	(56.1)
1954	58,079	(53.5)	(14.3)	(0.0)	(1.7)	(-0.3)	(69.2)
1955	93,525	(56.0)	(21.0)	(2.1)	(1.6)	(-0.5)	(80.2)
1956	120,925	(20.3)	(33.0)	(3.3)	(1.2)	(-0.4)	(57.4)
1957	145,186	(-3.3)	(44.3)	(5.5)	(1.2)	(-7.4)	(40.3)
1958	192,533	(12.5)	(30.1)	(8.3)	(1.1)	(-33.2)	(18.8)
1959	209,900	(26.1)	(27.3)	(7.6)	(1.3)	(-37.0)	(25.3)
1960	219,077	(9.4)	(25.8)	(9.2)	(1.5)	(-41.5)	(4.3)

주: ( ) 안의 값은 각 증감요인 통화량에 대한 비율임.
자료: 한국은행, 『경제통계연보』(1961).

나게 된다. 마지막으로, 정부가 유입된 외화를 환화로 교환하게 되면 해외 부문의 팽창으로 본원통화가 팽창하게 된다.

광복부터 한국전쟁까지 통화증발에서 가장 중요하였던 것은 중앙은행의 정부 대출이었다. 조선은행 - 1950년 6월부터 한국은행이 정부에 대해 예금을 늘려 주는 방식으로 대출을 하게 되면 정부대상금 - 정부예금만큼 통화량이 늘어나게 된다. [표 18-10]을 보면, 1955년까지는 이에 의한 통화증발이 정부 부문 통화팽창의 주요인이었지만, 1956년부터는 비중이 줄어들고 도리어 금융기관, 즉 한국은행의 국채 인수가 정부 부문 통화증발의 주요인이 되고 있다.

한국 정부는 1949년 12월 「국채법」을 제정하고 재정적자를 보전하기 위한 국채를 발행하기로 하고 건국국채를 계속 발행하였는데 이 대부분은 한국은행이 인수하였다. 정부는 1952년에는 중요 산업의 부흥자금을 마련하기 위해 「산업부흥국채법」을 제정하고 발행한 산업부흥국채를 한국은행이 전액 인수하였다. 그리고 정부가 1954년 4월 식산은행을 산업은행으로 재편하여 설립하는 데 필요한 자금 50억 환을 산업부흥채권을 발행하여 조달하자 이것도 한국은행이 전액 인수하였다. 그 이후에도 정부가

[표 18-11] 전후의 비정부 부문에 의한 통화량 증감(1953~1960)

(단위: 백만 환)

연도	통화량 (M1)	금융 부문				해외 부문			기타 부문
		금융 자금	재정 자금	저축성 예금	소계	순외화 매입	외국기관 예금	소계	
1953	30,316	(52.8)	(0.0)	(-7.9)	(44.9)	(4.3)	(-1.3)	(3.0)	(-4.0)
1954	58,079	(37.9)	(0.3)	(-6.5)	(31.7)	(2.6)	(-2.4)	(0.2)	(-1.0)
1955	93,525	(39.9)	(0.4)	(-7.5)	(32.8)	(2.4)	(-13.5)	(-11.1)	(-1.9)
1956	120,925	(58.2)	(0.2)	(-11.7)	(46.7)	(11.5)	(-11.7)	(-0.2)	(-3.9)
1957	145,186	(68.1)	(5.9)	(-10.4)	(63.6)	(17.9)	(-14.6)	(3.3)	(-7.2)
1958	192,533	(57.7)	(23.7)	(-9.9)	(71.4)	(20.3)	(-10.0)	(10.3)	(-0.6)
1959	209,900	(53.1)	(32.6)	(-26.2)	(59.4)	(21.1)	(-6.9)	(10.8)	(4.4)
1960	219,077	(71.7)	(37.8)	(-26.0)	(83.5)	(20.2)	(-5.0)	(13.0)	(-23.6)

주: ( ) 안의 값은 각 증감 요인 통화량에 대한 비율임.
자료: 한국은행, 『경제통계연보』(1961).

전개한 사업자금 조달 채권을 발행하면 한국은행이 대부분 인수함으로써 금융기관의 국채 또는 금융채 인수로 인한 통화팽창이 지속되었던 것이다.[13] 1956년부터는 이의 비중이 정부대상금-정부예금 비중을 압도하고 있지만, 이에 의해 조성된 자금이 정부융자 형식으로 금융기관에 다시 대출되어 국채 인수 그 자체가 통화량 증가 요인이 되었다기보다는 [표 18-11]에서 보듯이 금융기관의 재정자금 대출이 직접적인 증가 요인이었다고 할 수 있다.

한국전쟁 이후에도 한국 정부가 재정적자를 해소하기 위해 한국은행에서 대출을 받거나 아니면 발행한 국채를 한국은행에 직접 인수시킴으로써 나타나는 통화증발은 여전히 지속되었지만, 정부 부문에서 유발된 통화증발 비중은 점차 줄어들고 있었다. 다만 정부는 한국은행에서 직접 차입하는 방식은 지양하고 국채 매각을 통해 재정적자를 보전하는 방식을 확대하여 갔다. 어느 방식을 취하든 간에 정부의 재정적자가 곧바로 통화팽창으로 파급되는 것은 마찬가지였다. 한국 정부가 이러한 방식의 자금조

13 1956년 말의 국채 분포 상태를 보면, 총발행고 541억 환 중에서 한국은행 351억 환, 다른 금융기관이 40억 환, 민간은 139억 환으로 한국은행이 인수한 비중이 64.9%에 이른다(한국은행, 『경제연감(1957)』, p. IV-142).

달을 도모하게 된 것은 전후의 많은 투자사업을 확대하였고 이러한 투자사업은 장기자금을 필요로 하므로 채권 발행을 채택하였던 것이다.

한국전쟁 이후의 통화증발은 1955년까지는 정부 부문에서 비롯되고 있었지만 [표 18-11]에서 보듯이, 1957년부터는 금융기관의 대출에서 비롯된 통화팽창이 더 중요해지고 있었다. 산업은행, 농업은행 등에 대한 산업정책적 대출이 주로 한국은행 국채인수나 차입에 의존하여 확대됨에 따라 금융 부문의 통화팽창이 급속히 확대되었다. 여기서 요구불예금이 저축성예금으로 전환되면 통화(M1)를 기준으로 보면 총통화(M2)는 변함이 없지만 [표 18-11]에서 보듯이 통화(M1)가 줄어들 것이다. 어느 경우든 금융기관 대출의 확대가 1950년대 통화팽창의 주요 요인으로 부각되고 있었음을 알 수 있다. 정부는 한국은행이 설립된 1950년부터 이미 금융기관 대출 확대에 따른 통화팽창을 억제하기 위해 대출한도제, 대출승인제 등 다양한 방식으로 대출통제를 실시하였지만, 이러한 통제는 주로 일반은행에만 국한되어 양적 통제가 실효성을 거둘 수 없었다.

한국 경제는 한국전쟁을 통해 큰 변화를 겪지 않을 수 없었다. 전쟁은 한편으로 잔존한 공업시설은 물론이고 사회간접자본에 큰 손상을 줌으로써 생산의 위축을 초래하였고, 다른 한편으로는 군사비 증대에 따른 재정적자 해소와 유엔군의 군사비 지출에 따른 통화팽창이 지속되어 [그림 18-1]에서 보듯이 광복 이후 수습되어 가던 물가가 한국전쟁을 계기로 다시 폭등하였고, 전쟁 중에서 남발된 통화로 감소하던 통화증가율이 다시 높아졌다.

[그림 18-1]에서 보듯이, 휴전을 계기로 급등한 통화증가율도 낮아지고 산업생산도 회복됨에 따라 소비자물가상승률도 다시 낮아졌다. 통화증가율을 보면, 화폐발행고와 M1 어느 통화지표도 증가율의 움직임은 비슷하고 전쟁 중에서 100%를 넘었던 증가율은 점차 낮아져 「재정안정계획」이 시행되는 1957년경이면 20%에 가까워지고, 소비자물가상승률도 1957년이면 20% 이하로 떨어졌다. 1954년부터는 다소의 기복은 있지만 실질경제성장률도 5% 가깝게 기록하고 있다. 이와 같이 한국전쟁 이후에는 미국

[그림 18-1] 광복 이후 소비자물가상승률과 통화증가율(1945~1959)

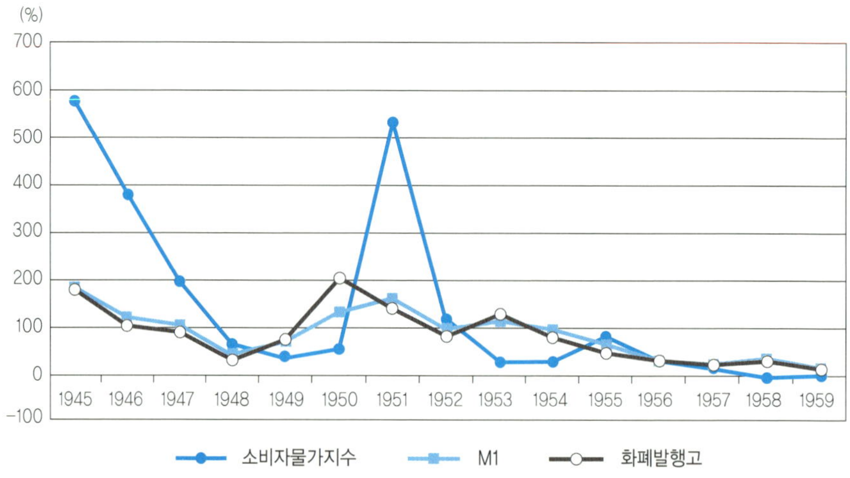

자료: 한국은행, 『경제연감』(1957), 『경제통계연보』(1961).

의 대외 원조 영향으로 한국 경제가 안정 국면에 접어들고 있었다. 하지만 한국 경제는 [표 18-6]에서 보았듯이 여전히 높은 물가상승률과 통화증가율을 기록하고 있는 인플레이션 경제이었다.

한국전쟁 이후, 특히 1955년 이후 물가상승률은 전반적으로 하락 추세를 보이고 있고, 1958년에는 유례가 없었던 음(-)의 물가상승률, 즉 디플레이션까지 나타났다. 하지만 이러한 물가변동은 품목별 차이를 보이고 있음을 [그림 18-2]에서 알 수 있다. 그런데 품목별 물가상승률 추이를 보면, 당시의 물가상승률 하락이 통화증가율 하락과 같은 수요 측면뿐 아니라 공급 측면과 연관되어 있음을 알 수 있다. 즉, 곡물이 도매물가 가중치에서 42.5%를 차지하고 있기 때문에 당시에는 곡물가격이 도매물가상승률을 주도하였다. 예를 들어, 1955년에는 쌀 흉작으로 인해 곡가가 1.4배나 폭등하였기 때문에 전체적으로 물가상승률이 81%로 매우 높았지만, 섬유제품의 상승률은 상대적으로 매우 낮았다. 1954년은 그 반대의 경우가 된다. 따라서 1950년대 후반의 물가안정은 통화팽창이 억제된 것에서 비롯되지만 순조로운 농산물 생산과 잉여농산물 등 원

[그림 18-2] 한국전쟁 이후 서울 도매물가상승률(1953~1959)

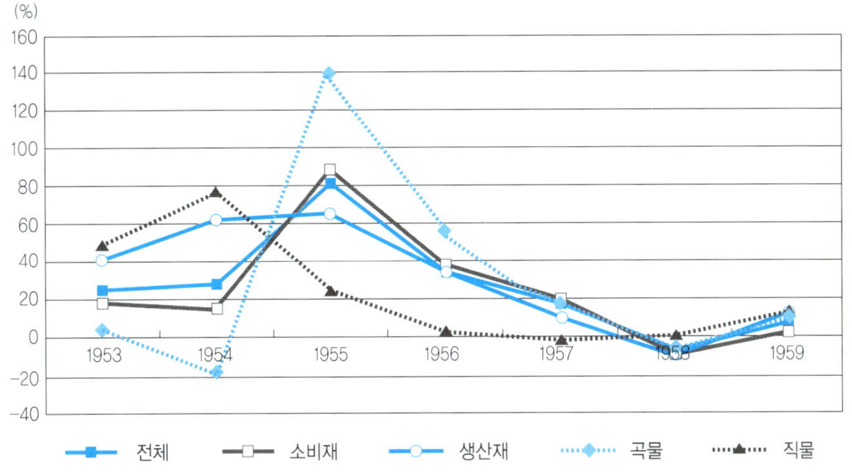

자료: 한국은행(1962), 『경제통계연보』.

조의 급격한 증가에서도 비롯되었다고 할 수 있다. 이와 같이 1950년대 물가안정은 통화량의 변동뿐 아니라 산업별 생산 동향, 원조 등과 관련되어 있었던 것이다.

4. 한국전쟁 이후 통화·금융정책

1953년 7월 휴전이 성립된 이후 실시된 통화·금융정책은 「경제재건과 재정안정계획에 관한 합동경제위원회의 협약」에 의해 규정되었는데, 미국 정부는 경제안정에 주력하려 하였고, 한국 정부는 경제부흥에 주력하려 하였기 때문에 통화·금융정책에서도 마찰과 혼선이 있었다. [표 18-12]에서 보듯이, 한국은행의 정부에 대한 대출초과도 1956년까지 계속 확대되고 있었고, 통화증가율과 인플레이션도 1956년까지 30%를 넘어서고 있었다. 즉, 한국은행은 1956년까지는 정부의 대출 요구에 대한 통제력을 발휘하지 못하고, 정부의 요구대로 국채의 대부분을 인수하는 상태에 있었다. 말하자면,

[표 18-12] 한국은행 및 은행의 대출 및 예금(1953~1960)

(단위: 억 환, ( ): %)

연도	한국은행 대출금		한국은행 예금		한국은행 대출초과		금융기관[1]		한은 차입 의존도[2]
	정부 대상금	금융 기관	정부	금융 기관	정부	금융 기관	대출	예금	
1953	239	115	124	32	114	82	200	123	(57.4)
1954	597	101	286	59	311	42	241	254	(42.0)
1955	918	162	391	152	527	10	410	453	(39.6)
1956	1,735	349	1,468	258	267	90	724	720	(48.3)
1957	2,406	479	2,432	274	-26	205	1,092	808	(43.9)
1958	2,503	278	2,225	246	278	32	1,589	1,151	(17.5)
1959	2,426	190	1,866	294	560	-104	1,826	1,348	(10.4)
1960	2,346	543	2,103	301	213	342	2,431	1,710	(22.3)

주: 1) 일반은행 및 농업은행(금융조합) 합계.
2) 한은 차입 의존도 = 한국은행 금융기관 대출금/금융기관(일반은행+농업은행) 대출금.
자료: 한국은행, 『경제연감』 및 『경제통계연보』, 각 연도.

금융통화위원회는 재무부 장관이 위원장이 되어 있어 정부에게는 통제력을 가지지 못한 채 주로 금융기관만을 대상으로 통화·금융정책을 추진하고 있었기 때문에 효과가 제한적일 수밖에 없었다.

한국 정부는 한국은행으로부터 정부대상금으로 대출을 받거나 한국은행에 국채를 매각하여 그 자금을 정부예금으로 예치하고 있기 때문에 [표 18-12]에서 보듯이, 정부대출과 정부예금이 거의 동시에 증가하고 있다. 한국은행은 인플레이션 속에서 채권 발행이나 예금유치에서 어려움을 겪고 있던 다른 금융기관에 대해 대출을 확대하면서도 일반은행은 한국은행에 지불준비금을 예치하도록 하였기 때문에 한국은행 대출의 증가에 따라 한국은행 예금도 증가하고 있었다. 금융기관은 예금 증가에 주력하였음도 불구하고 한국은행의 금융기관 대출, 즉 한국은행 차입에 의존하여 대출을 하였고, 1957년까지는 이 차입이 대출액의 40%를 넘어서고 있었다. 금융기관의 대출 확대도 그 재원이 한은 차입에 의존한 부분이 적지 않아 직접 통화팽창을 초래하였던 것이다. 한국은행은 금융통화위원회가 1953년 10월 제정한 「금융기관자금운용준칙」과

「금융부문자금운용세칙」에 따라 선별적 금융통제를 강화하였다. 즉, 한국은행은 융자순위제를 도입하여 정책적인 자금을 제외하고는 한국은행이 제정한 융자순위를 재할인의 기준으로 삼고, 금융기관이 융자순위를 따르도록 하였고, 1955년부터는 「금융부문자금운용에 관한 임시조치」로써 공사 부문 모두 일정한 수준과 조건에 달하는 경우 융자 시 사전승인을 받도록 하였다.[14] 그러나 이러한 대출통제는 인플레이션 수습을 위한 양적 금융통제가 아니라 전후 부흥사업의 확대를 위한 질적 금융통제이었기 때문에 [표 18-12]에서 보듯이 대출증가세를 둔화시키지 못하였다.

「재정안정계획」이 본격적으로 실시되었던 1957년부터 일반은행은 신규 대출은 저축성예금과 대출회수 범위 내에서 하고, 분기별 대출계획을 제출하게 하여 통화팽창 요인을 사전에 차단하는 양적 금융통제가 강화되었다. 이와 같이 한국은행은 1957년부터 「재정안정계획」에 따라 대출한도제와 융자사전승인제를 축으로 하여 금융기관에 대한 대출 규모의 규제 결과로 1957년 대출증가세가 둔화되었고, 그에 따라 한은차입 의존도도 급속히 낮아졌다. 그러나 이러한 양적 금융통제로 대출 및 통화의 증가세는 둔화되었으나, 산업자금의 공급이 제약됨에 따라 대출은 더욱 특혜의 성격을 가지게 되었다.

한국은행은 금융기관에 대한 대출과 금융기관의 예금을 통해 금융을 통제하고 있었지만, 한국은행의 통화량 증감 또는 금융통제와 관련해서 더 규모가 크고 중요한 것은 대정부대출, 즉 정부대상금이었다. [표 18-12]를 보면 정부대상금이 금융기관 대출금에 비해 1953년에는 2.1배에 불과하였지만, 1959년에는 12.8배가 된다. 여기서 한국은행의 금융기관에 대한 여신규제가 정부에 대한 여신규제를 동반하지 않는 한, 그 효과는 클 수 없었음을 알 수 있다. 그리고 정부예금은 금융기관 예금에 비해 1.6~4.0배 정도 많기 때문에 금융기관의 한국은행 예치금이 증가하더라도 대부분 당좌예금인 정부예금이 증가하면 그 유동성 규제의 효과는 크게 줄어들 수밖에 없었다.

14 한국은행(1975), 『한국은행이십오년사』, pp. 123~126, 140~142.

휴전 이후에도 한국은행의 대정부대출 초과, 즉 대정부 순신용의 증가가 통화증발의 주요인이 되었다. 그렇지만 정부가 재정적자를 보전하기 위해 실시한 한은 차입(정부대상금-정부예금)이 통화팽창에서 차지하는 비중은 1955년을 정점으로 줄어들고 있으나, 한국은행의 국공채 인수가 통화팽창에서 차지하는 비중은 도리어 증가하였을 것이다([표 18-10]). 그 결과 대정부의 신용 확대는 1957년까지 통화팽창에서 가장 중요하였다. 그러나 1958년부터는 금융기관에 대한 대출 증가가 통화팽창에서 가장 중요해진다. 따라서 한국은행은 이러한 여건의 변화로 일반은행의 여수신 조정을 통해 통화관리에 더 큰 영향력을 행사할 수 있게 된 것은 1958년 이후부터이었다고 할 수 있다.

1950년대 개별적인 금리조정은 빈번히 있었지만 전반적인 금리조정은 [그림 18-3]에서 보듯이 크게는 3차례 있었다. 금융통화위원회는 휴전 이전 1952년 2월에 금융기관의 한국은행 차입의존도를 낮추고 예금 증가와 대출금 회수를 도모하기 위해 한국은행 대출금리와 은행의 대출 및 예금 금리를 대폭 인상하였다. 또한 1954년 4월 저축증가를 위해 예금금리를 대폭 인상하였다. 그리고 1959년 7월 한국은행이 물가가 안정되고 금융기관의 수지가 개선되고 기업 측의 금리인하 요구가 증대함에 따라 복잡다기하였던 금리 체계를 단순화하면서 대폭 인하하였다.

1950년대 한국은행의 대출금리는 몇 차례의 조정에도 불구하고 금리 간의 격차는 거의 변화가 없었다. 즉, 정부대상금 금리는 연 2%로 계속 고정되었고, 상업어음 재할인 금리는 1952년, 1959년 두 차례 인상하였으나 5.8~7.3% 수준에 머물고 있었고, 수출어음 재할인 금리는 1955년 12.8%에서 6.6%로 한 차례 인하하였으나, 다른 대출금리는 거의 고정되어 있었다. 이와 같이 한국은행은 재할인 금리를 낮게 고정시켜 재할인 금리의 조정보다는 재할인 한도를 조정하는 방식으로 재할인정책을 시행하고 있었던 것이다.

한국은행이 [그림 18-3]에서 보듯이 재할인 금리를 매우 낮게 고정시키고 있을 뿐 아니라 금융기관의 금리를 거의 고정시키고 있다. [표 18-13]를 보면 한국은행은 전쟁

[그림 18-3] 1950년대 우리나라의 금리(1950~1959)

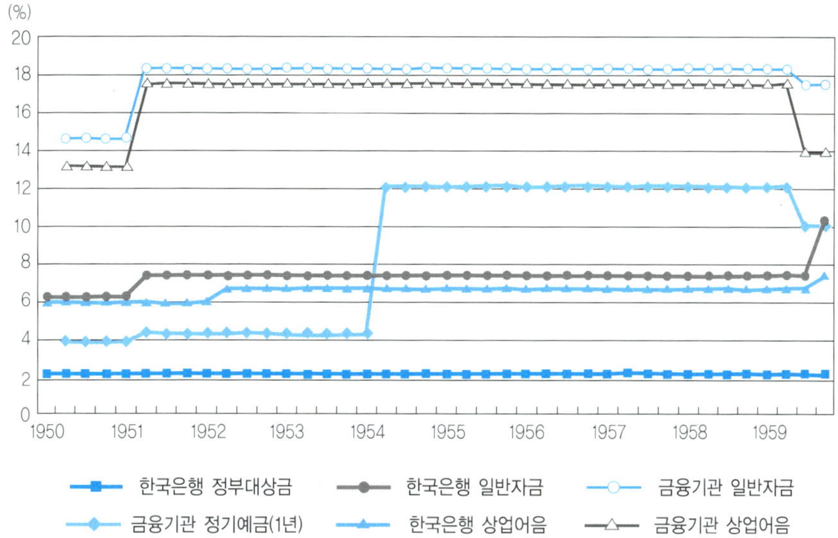

자료: 한국은행(1962), 『경제통계연보』.

후에 금융기관의 대출금리를 거의 고정시키고 있다. 따라서 [그림 18-3]에서 보는 바와 같이 한국은행의 대출금리와 일반은행 대출금리의 격차는 계속 유지되고 있었다. 이러한 금리격차는 일반은행을 비롯한 금융기관이 한국은행 대출에 적극적으로 의존하게 하는 유인이 되었다. 한국은행은 1950년대부터 이러한 금리차이를 용인하는 저금리정책을 지속함으로써 금융기관의 강력한 차입요구로부터 자유로울 수 없었다.

한국은행은 금융기관의 대출금리는 고정시키고 있지만 저축장려 또는 예금 증대를 위해 예금금리는 단계적으로 인상하여 갔다. 그러나 예금금리는 계속적인 인상에도 불구하고 1959년까지도 최고 12%를 넘지 않았다. 당시의 대출금리는 20%를 넘지 않았고, 정부의 정책자금의 경우는 최고 13%를 넘지 않았다. 이러한 금리 수준은 당시의 인플레이션율을 감안해 볼 때, 실질금리가 1957년까지는 마이너스의 값을 가지고 있었다.[15] 따라서 당시의 금리정책은 금융기관의 예금과 대출의 증감보다는 금융기관의

15 한국은행(1960), 『경제통계연보』, 금융, p. 73.

[표 18-13] 금융기관의 대출 및 예금금리

(단위: 연리 %)

<table>
<tr><th rowspan="2">연월일</th><th colspan="6">대출금리</th><th colspan="3">예금금리</th></tr>
<tr><th>무역
금융</th><th>일반
자금</th><th>어음
할인</th><th>당좌
대월</th><th>정부수집
자금</th><th>정부보증
대부</th><th>정기예금
(6월)</th><th>정기예금
(1년)</th><th>보통
예금</th></tr>
<tr><td>1950. 07. 01</td><td>9.9</td><td>14.6</td><td>13.1</td><td>15.0</td><td>9.9</td><td>6.2</td><td>3.5</td><td>3.8</td><td rowspan="6">0.9</td></tr>
<tr><td>1951. 04. 01</td><td>12.8</td><td rowspan="4">18.3</td><td rowspan="4">17.5</td><td rowspan="4">19.0</td><td rowspan="5">12.8</td><td rowspan="5">8.0</td><td>3.8</td><td>4.1</td></tr>
<tr><td>1951. 10. 10</td><td></td><td>4.4</td><td>4.8</td></tr>
<tr><td>1954. 06. 03</td><td>16.4</td><td>10.0</td><td>10.0</td></tr>
<tr><td>1955. 08. 04</td><td>13.9</td><td>10.0</td><td>10.0</td></tr>
<tr><td>1959. 07. 15</td><td></td><td>17.5</td><td>13.9</td><td>18.3</td><td>8.0</td><td>10.0</td></tr>
</table>

자료: 한국은행(1962), 『경제통계연보』.

[표 18-14] 전후 금융기관의 법정지불준비율

(단위: %)

연월일	공금예금	정기예금	기타 예금	저축성예금	요구불예금
1953. 10. 16	30	10	20		
1954. 01. 01	30	10	15		
1955. 08. 01	30	10	20		
1955. 10. 01	30	10	25		
1957. 04. 01				10	20

자료: 한국은행(1975), 『한국은행이십오년사』, 부록.

예대마진에 영향을 주어 금융기관의 경영난을 개선하는 것 이외에는 별다른 큰 효과를 거둘 수 없었다.

한국은행은 휴전 후에는 지불준비율의 잦은 변경을 지양하였지만 몇 차례의 지불준비율 조정을 하였다. [표 18-14]에서 보듯이, 한국은행은 필요지불준비율, 즉 법정지불준비율을 공금예금에서 대해서는 30%, 정기예금에 대해서는 10%를 계속 유지하였지만 그 비중이 가장 높은 기타 예금에 대해서는 휴전 후 통화팽창을 억제하려는 의도에서 단계적으로 높여 갔다. 한국은행은 공금예금에 대해 높은 필요지불준비율을 폐

[표 18-15] 전후의 금융기관 지불준비율 상태(1955~1960)

(단위: 억 환, ( ): %)

연도	예금총액	지급준비	지불준비율	필요지준	초과지준	한은 차입	자유지준
1955	334	77	(23.2)	63	14	131	-116
1956	598	159	(26.6)	142	17	250	-233
1957	728	158	(21.7)	143	15	350	-335
1958	977	192	(19.6)	178	13	374	-361
1959	1,437	280	(19.5)	254	26	127	-101
1960	1,485	264	(17.8)	240	24	246	-222

자료: 한국은행(1962), 『경제통계연보』.

지하는 대신에 지불준비율을 요구불예금 10%, 저축성예금 20%로 단순화하였다.

그러면 금융기관의 필요지불준비율이 실제로 어떤 상태이었는가를 보여 주는 자료가 [표 18-15]이다. 금융기관의 실제지불준비율은 1956년까지 필요지불준비율 인상에 따라 높아지고 있으나, 1957년부터는 필요지불준비율 인하에 따라 계속 하락하고 있다. 전체적으로 지급준비금은 예금의 증가에 따라 크게 증가하고 있으나 초과지급준비금은 큰 변화를 보이고 있지 않다. 그것은 당시의 금융기관도 실제지급준비금을 필요지급준비금에 근접시켰기 때문이다. 한국은행이 한국은행의 지준예치금에 낮은 이자율이지만 지급하려고 하였던 것은 많은 금융기관이 지준금 보유를 최소한으로 줄여서 지준 부족을 이유로 한은 차입을 요구하는 경우가 많았기 때문이다. 당시 금융기관은 한은 차입에 크게 의존하고 있었기 때문에 자유지준(초과지준금-한국은행 차입금)은 계속 큰 폭의 마이너스(-)를 기록하고 있다.

한국은행은 1950년대 통화정책은 금융시장의 미성숙으로 공개시장조작이 거의 불가능하고 금리정책이나 지불준비율조작의 효과가 미미한 상황에서 금융기관의 대출 한도나 대출용도에 제한을 가하는 직접규제에 의존할 수밖에 없었다. 그러나 이 직접규제도 통화량 조절에 큰 효과를 가진 것은 아니었다.

첫째, [표 18-16]에서 보듯이, 정부의 대출예금 비중이 너무 큰 반면에 한국은행의 통제를 받은 일반은행의 대출 비중이 너무 작고 이들의 자금원천이 되는 예금 비중도

[표 18-16] 한국전쟁 이후 각 금융기관의 대출과 예금(1953~1960)

(단위: 백만 환, ( ): %)

연도	대출					예금				
	한국은행	산업은행	농업은행	일반은행	합계	한국은행	산업은행	농업은행	일반은행	합계
1953	(66.7)	(10.3)	(4.7)	(18.3)	57,129	(61.3)		(9.4)	(29.3)	35,718
1954	(68.7)	(7.1)	(3.7)	(20.5)	103,162	(47.7)	(0.7)	(8.6)	(43.1)	85,703
1955	(60.5)	(15.2)	(4.0)	(20.4)	181,023	(55.6)	(2.1)	(11.2)	(31.2)	118,462
1956	(61.8)	(15.9)	(5.3)	(17.0)	338,205	(69.8)	(1.9)	(5.9)	(22.4)	257,207
1957	(58.5)	(18.5)	(10.0)	(12.9)	497,557	(76.0)	(1.8)	(4.5)	(17.6)	364,708
1958	(50.3)	(18.6)	(14.6)	(16.6)	566,681	(68.4)	(0.6)	(5.8)	(25.2)	372,481
1959	(43.8)	(23.4)	(14.8)	(18.0)	604,099	(60.9)	(2.0)	(7.7)	(29.4)	369,060
1960	(42.2)	(22.8)	(18.4)	(16.5)	694,900	(58.4)	(1.0)	(7.1)	(33.5)	421,200

자료: 한국은행, 『경제연감』, 『경제통계연보』, 각 연도.

너무 작다. 도리어 한국은행이나 산업은행이 직접 대출하는 비중이 너무 크기 때문에 이들의 대한 통제 없이는 직접규제는 큰 의미를 가질 수 없었다.

둘째, 한국은행은 앞서 설명하였듯이 자금의 대부분을 정부의 재정적자를 보전하기 위해 대출하고 있었는데, 정부는 한국은행의 통제를 거의 받지 않았기 때문에 정부에 대한 대출통제가 수반되지 않은 직접규제는 실효성을 가질 수 없었다.

셋째, 인플레이션율이 매우 높은 가운데 금리는 매우 낮아 대출은 특혜적 요소를 가지고 있어 자금배분의 원칙보다는 정치적 고려가 우선하였기 때문이다. 결국 정부나 정치가가 관심을 갖지 않는 부문으로 자금이 배분되는 것은 기대하기 어려웠다고 할 수 있다.

한국은행의 통화·금융정책의 주요 대상은 일반은행과 농업은행이었다. [표 18-16]을 보면, 일반은행의 비중은 대출의 경우 13~20% 정도이고, 예금의 경우 18~34% 정도이다. 물론 일반은행의 비중은 점차로 높아지고 있었다. 농업은행의 경우 그 비중이 높아지고 있지만 대출의 경우 5~18% 정도, 예금의 경우 7~11% 정도밖에 되지 않는다. 당시 주요 대출기관은 한국은행과 산업은행이었기 때문에 이 금융기관에 대한 적절한 통제가 이루어지 않으면 일반은행과 농업은행을 대상으로 하는 대출한도제와 대출금리 규제가 큰 효과를 거두기가 쉽지 않았다. 마찬가지로 이들 두 은행 예금 비중도 높지 않아 지급준비율이나 예금금리 규제가 큰 효과를 거두기도 쉽지 않았다. 이 시기에는 그 규제가 쉬운 일반은행의 비중은 낮은 반면에, 그 규제가 어려운 산업은행과 농업은행의 비중은 높아 전통적인 통화·금융정책의 실효성은 낮을 수밖에 없었다.

제6부

경제개발을 위한 통화와 금융

제19장 경제개발계획의 추진과 통화·금융제도의 개혁

제20장 경제개발 시대의 금융기관

제21장 경제개발을 위한 금융시장의 육성과 성장

제22장 경제개발을 위한 통화·금융정책과 그 귀결

제6부

박정희 정부는 군사정변으로 출범할 당시부터 정치·경제적으로 성공하기 위해서는 통화·금융 시스템을 확고하게 지배하는 것이 중요하다는 것을 인식하였다. 이를 위해 금융 부문에서 핵심 역할을 하고 있던 시중은행을 국유화하고, 통화·금융정책의 중심에 있던 한국은행과 시중은행에 대한 정부의 통제를 확고히 하고자 「한국은행법」과 「은행법」을 개정하고 정부가 지배하는 특수은행의 설립과 확장을 추진하였다. 나아가 퇴장자금을 경제개발계획에 소요될 재원으로 활용할 목적으로 통화개혁까지 시도하였으나 실패에 그치고, 그 대안으로 정부 주도로 금융기관을 확장하거나 설립하여 갔다.

1960년대에는 정책의 목표나 역할에 맞은 특수은행이 많이 설립되었고, 시중은행 이외에도 지방은행이 설립되었으며, 외국 은행 지점도 설치되기 시작하였다. 그뿐 아니라 증권파동 이후 침체기를 거쳐 증권시장 육성을 위한 제도적 정비가 시작되었고 보험관계법도 정비되었다. 그리고 관주도의 저축권장운동이 전개되었고 1965년에는 저축률 제고를 위해 금리현실화라는 역금리 체계 도입도 시도되었다. 이와 같이 박정희 정부는 경제개발계획의 성공을 좌우할 내자동원을 위해 저축권장운동뿐 아니라 정책금융기관의 설립·확장을 추진하였고 증권시장 육성에도 힘을 기울였지만, 이 시기에는 중앙은행을 포함한 특수은행, 시중은행 및 개발금융기관이 금융을 주도하는 금융구조 자체는 큰 변화를 보이지 않았다.

경제개발을 위한 통화와 금융

이 정부는 1970년대에 접어들어 한국 경제의 고도성장 과정에 나타난 기업의 부실화에 대처하기 위해 이른바 8·3조치를 취하면서 사금융을 제도화하고자 다양한 투자금융기관과 저축금융기관의 설립을 추진하여 비은행 금융기관의 역할이 확대되고 금융기관도 다양해지기 시작하였다. 그리고 이 정부는 증권시장 육성을 위해 기업공개를 강권적으로 추진하여 상장시키고 투자신탁기구도 확장하였다. 그 결과 주식시장이 일시 확장 후 다시 침체하였다. 반면에 회사채 시장은 순조롭게 성장함에 따라 회사채 발행이 기업의 새로운 주요 자금조달 방안이 되었다.

박정희 정부는 후발국의 경제성장에서 애로가 되는 자본동원을 위해 금융기관을 확장하고 통제함으로써 자원을 경제개발계획에 따라 배분하고, 나아가 자본시장을 육성하고 외자도입을 적극적으로 추진하고 통화·금융정책도 확장적으로 운용함으로써, 이른바 성장통화 공급을 통한 투자율 제고로 경제성장을 촉진하였다. 그러나 저금리하의 정책금융 확장을 뒷받침하는 확장적 통화·금융정책으로 파생된 물가불안, 만성적인 경상수지 적자, 대기업의 방만한 차입 경영과 저수익성, 관치금융에 의한 금융억압 등이 한국 경제의 새로운 구조적 문제로 고착되었다. 우리나라 현대 금융의 역사에서 보면, 박정희 정부가 금융 부문에 대해 가장 강력한 통제력을 행사하였는데, 이 정부의 강력한 금융통제는 한편으로 경제개발계획의 추진력을 높여 한국 경제의 성장에는 도움이 되었으나, 다른 한편으로 한국

경제의 불안과 비효율을 가중시켰다.

제6부에서는 경제개발계획을 실제로 추진하였던 박정희 정부가 통화·금융을 어떻게 지배하고 통제하였으며, 경제개발계획을 실현하기 위해 어떤 금융제도를 신설하고 확충하면서 어떠한 통화·금융정책을 시행하였으며 그 결과로 어떤 문제가 나타났는가를 설명하고자 한다. 첫째, 박정희 정부가 경제개발을 위해 시도한 통화·금융제도의 개혁을 파악하기 위해 「경제개발5개년계획」의 추진 상황, 1962년 통화개혁과 그 영향을, 경제개발계획을 위한 자금의 통제와 동원을 위해 추진한 금융제도의 개혁 등을 살펴본다. 둘째, 경제개발 시대의 금융기관 역할을 파악하기 위해 경제개발 시대의 금융기관 체계와 비중을 살펴보고 예금은행의 업무, 자금조달과 자금운용을 살펴보고 이어 개발금융기관, 저축금융기관, 투자금융기관, 보험회사 등 비은행 금융기관의 업무, 자금조달과 자금운용도 살펴본다. 셋째, 경제개발 시대의 금융시장 육성과 발전을 파악하기 위해 정권 초기 발생한 '증권파동'으로 침체된 증권시장의 정상화 과정을 살펴보고, 그 이후 자본시장 발전을 위한 제도적 정비, 육성정책과 그 효과를 살펴보고, 단기 금융시장의 형성도 살펴본다. 넷째, 박정희 정부가 경제개발계획을 추진하기 위해 시행한 통화·금융정책을 파악하기 위해 경제개발계획 추진을 위해 활용한 통화·금융정책 체제를 살펴보고, 이러한 통화·금융정책이 한국 경제의 발전에 미친 영향을 살펴본다.

제 19 장

경제개발계획의 추진과 통화 · 금융제도의 개혁

500
한국은행권
50
오십원

1. 경제개발계획의 추진

우리나라는 1962년부터 1981년까지 4차에 걸쳐 「경제개발5개년계획」을 시행하였고, 1982년에서 1991년까지는 2차례의 「경제사회발전5개년계획」을 시행하였고, 1993년부터 1997년까지는 「신경제5개년계획」을 시행하였다. 이 중에서 4차에 걸친 경제개발5개년계획은 박정희 정부가 주도하여 시행한 경제개발계획으로서 정부 주도의 수출 주도 공업화를 통한 압축적 성장이라는 성과를 거두면서 한국이 개발도상국 중에서 산업화에 성공한 대표적인 사례로 기록되게 하였다. 이 계획이 박정희 정부 경제정책의 지표가 실제로 되었는가는 증명하기 어렵지만 이 정부가 경제정책의 평가를 이 계획에 의거하고 있기 때문에 당시의 경제정책을 대표한다고 간주할 수 있다.

박정희 정부에서 건설부가 1962년 1월 13일 「경제개발5개년계획」을 발표하였다. 이에 앞서 이승만 정부에서 부흥부가 1959년 12월 1일 「경제개발3개년계획」(1960~1962)을 발표하였으나 4·19 혁명으로 무산되었다. 장면 정부에서도 부흥부가 「경제개발5개년계획」(1962~1966)을 수립하여 1961년 5월 10일 발표하였으나 5·16 군사정변으로 무산되었다.

이승만 정부는 원조가 삭감되는 현실에 직면하여 총자원을 집중하고 산업구조를 근대화하여 생산력을 증강함으로써 자립경제의 기반을 조성한다는 목표로 경제개발3개년계획을 당시 전문가들을 망라하여 참여시켜 계획안을 작성하여 미국의 승인을 받았는데, 미국은 한일협성 추신과 새정안정세획 이행을 조건으로 승인하였다. 한국정부는 이 계획의 실행을 통해 농업과 공업의 균형을 강조하고는 있지만 제조업, 특히 비료·철강·기계 등의 중화학공업과 산업인프라 구축을 도모하고자 하였다.[1]

장면 정부의 부흥부에서 작성한 「경제개발5개년계획」이 박정희 정부의 「제1차 5개년 경제개발계획」의 시발점이 되고 있기 때문에 이 안에 대한 검토가 필요하다. 장

1 정진아(2009), 「이승만정권기 경제개발3개년 계획의 내용과 성격」, 『한국학연구』, 31.

면 정부는 집권 후 경제제일주의를 내세우고 1961년 경제개발에 대한 다양한 의견을 종합경제회의를 통해 수렴하여 안을 세우고 미국의 자문을 구하여 현실성 있는 안으로 다듬어 부흥부「경제개발5개년계획」으로 발표하였다. 이 안에 의하면, 연평균 5.6% 경제성장을 하되 2차산업 구성비를 20.1%에서 27.5%로 높이는 공업화 성장전략을 제시하였다. 구체적으로 전력·석탄 등 전략 부문에 중점투자하고 비료·시멘트·철강·인견·정유 등 기초산업시설을 확충하고 사회간접자본을 확충하는 등을 추진하고자 하였지만, 독자적인 재원조달 방안을 마련하지 못한 채 미국의 원조에 주력하는 가운데 군사정변이 발발하였다.[2] 이 안에는 이후 경제기획원과 같은 중앙종합계획기구의 창설이 제안되어 있고 중소기업협동조합을 만들 것도 포함되어 있었다.

군사정변으로 등장한 박정희 정부는 군사정권의 안정을 도모하고자 이전 정부의「경제개발5개년계획」을 참조하여 급조한「종합경제재건5개년계획」을 개명된 건설부 시안으로 서둘러 1961년 7월 31일 발표하였다. 이 안은 국가재건최고위원인 유원식을 중심으로 김성범·백용찬·정소영·박희범이 참여하여 작성된 것인데, 앞서 제시된 안과 한국은행의 장기종합개발계획, 기획위원회의 장기개발계획을 참고하여 작성된 것이었다.[3] 그해 7월 22일에 출범한 경제기획원이 중앙경제위원회를 열어 앞서 작성된 최고회의안을 심의하여 실현 가능성을 높이고 각계의 의견을 반영하여 미국의 원조나 차관을 얻는 데 활용할 수 있는 방향으로 수정하였으나 논란이 있었다. 첫째, 목표 경제성장률이 7.1%인데 이에 대해 과다·과소 주장이 공존하였고, 둘째 농업과 공업 중에 어느 것을 우선해야 하는가에 대한 것인데 표면적으로 균형을 강조하였지만 공업 우선에 기울어져 있었고, 셋째 공업 우선이라 하더라도 수입대체공업 우선인가 수출산업 우선인가인데 이에 대한 결론은 없었던 상태이었다.[4]

박정희 정부는 [표 19-1]에서 제시된 것과 같이 1962년 1월 13일「제1차 경제개발5

2 정진아(2017),「장면 정권의 경제정책 구상과 경제개발5개년계획」,『한국사연구』, 176.
3 기미야 다다시(2008),『박정희 정부의 선택』, p. 62.
4 앞의 책, pp. 67~69.

[표 19-1] 경제개발계획 주요 지표 목표 및 실적 추이

(단위: %)

		기준연도 (1960)	제1차 계획 (1962~1966)		제2차 계획 (1967~1971)		제3차 계획 (1972~1976)		제4차 계획 (1977~1981)	
			계획	실적	계획	실적	계획	실적	계획	실적
경제성장률			7.1	7.8	7.0	9.6	8.6	9.2	9.2	5.8
실업률			8.5	7.6	6.1	5.0	4.2	4.1	4.0	4.1
산업 생산 비율	연도	1960	1967		1971		1976		1981	
	수산업	36.0	34.8	37.9	34.0	28.9	22.4	20.4	18.5	18.3
	광공업	14.7	20.6	19.8	26.8	22.8	27.9	36.0	40.9	35.9
	기타	49.3	44.5	42.3	39.2	48.3	49.7	43.6	40.6	45.8
	경공업	74.2	64.4	69.1	66.4	62.2	59.5	59.8	50.5	48.5
	중화학공업	25.8	35.6	30.9	33.6	37.8	40.5	40.2	49.5	51.5
투자율		11.6	22.6	15.6	19.1	26.3	24.9	27.1	26.2	31.8
국민저축률		5.0	9.3	6.9	11.6	14.8	19.5	20.8	24.2	23.4
해외저축률		6.6	13.3	8.7	7.5	10.5	5.4	6.7	2.0	8.2
소비율		101.9	90.7	93.3	88.4	84.0				
인구증가율		2.9	2.8	2.8	2.3	1.90	1.52	1.74	1.59	1.55
소비자물가상승률				19.7		15.0		15.9		18.6
통화증가율				30.6		47.2		31.1	24.5	24.7
수출증가율			28.0	38.6	17.1	33.8	22.7	32.7	16.0	11.1
수입증가율			8.7	18.7	6.5	25.8	13.7	12.6	12.0	10.5
경상수지(억 달러)			0	−3	−14	−27	−31	−49	−19	−152

자료: 변형윤(1989), 『한국경제론』, 제2장 「경제개발계획」, pp. 112, 123, 131, 142~143; 강광하(1997), 「경제개발5개년계획」, 『경제논집』, 36-1, p. 69.

개년계획」을 발표하였다. 이 계획의 목표는 자립경제 달성, 지도받는 자본주의 견지, 공공 부문 주도인데, 구체적인 중점과제로는, ① 농업생산력 증대, ② 전력·석탄 등 에너지원 확보, ③ 기간산업의 확충과 사회간접자본의 충족, ④ 유휴자원의 활용, 특히 고용 증대와 국토의 보존 개발, ⑤ 수출 증대를 통한 국제수지 개선, ⑥ 기술의 진흥 등이 제시되었다. 이 계획에서는 경제성장률, 산업구조, 공업구조, 투자율, 산업별 자원배분율, 소비율, 인구증가율, 수출, 수입의 목표치 등이 제시되었다. 이 계획에 따르면 경제 전체는 7.1%, 농수산업 6.2%, 광공업 16.7%, 기타 산업 6.4% 성장하는 것으로 계획되었다. 이 계획은 여러 가지 문제점으로 인해 1962년 11월부터 수정·보완에 들어가 1964년 2월에 1964~1966년 3년간을 대상으로 한 수정계획안이 발표되었다. 이 수정은 정치적 불안정으로 인한 추진력 부족, 1962~1963년 농업생산 부진, 인플레이션, 투자와 저축의 불균형 확대 등에 의한 계획과 현실의 괴리 때문이었지만[5] 경제현실에 정확한 분석 결여나 자원동원 능력에 대한 조사 결여가 더 근본적 원인이었다고 지적되고 있다.[6] 이 수정계획은 목표경제성장률을 연평균 7.1%에서 5.0%로 낮추고 산업별 연간 성장률도 낮추고 투자소요액, 무역 및 국제수지, 인구, 고용 등 전체적으로 목표를 낮추는 등 경제성장보다는 경제안정을 중시하였지만 제2차 계획이 준비되던 시기라 당시에는 별다른 관심을 끌지 못하였다.

[표 19-1]에서 보는 바와 같이 1차 계획기간 동안 7.8%라는 기대 이상의 높은 실질 경제성장률이 나타나자 경제개발계획에 대한 국민들의 신뢰가 높아졌고 계획입안자의 자신감이 커지고 계획에 필요한 자료·방법도 크게 개선되었다.[7] 그 결과 제2차 계획은 제1차 계획에 비해 훨씬 구체적으로 되고 이에 따라 실현 가능성도 높은 것으로 간주되었다. 「제2차 경제개발계획(1967~1971)」은 산업구조를 근대화하고 자립경제 체제를 갖추는 것을 목표로 하고, 이를 위한 중점과제로는, ① 식량의 자급자족, ② 화학·철강 및 기계공업에 중점을 둔 공업의 고도화, ③ 수출 증진 및 수입대체 촉진을 통한 국제수지 개선, ④ 고용 증대 및 인구팽창의 억제, ⑤ 국민소득, 특히 농가소득의 증가, ⑥ 기술 수준 및 생산성 제고 등이 제시되었다. 제2차 계획에서 전체 경제성장률은 7.0%로 하고 농수산업 5.0%, 광공업 10.7%, 기타 산업 6.6% 성장하는 것으로 계획되었다. 이 계획에서 특별한 것은 7억 달러 수출목표가 제시되어 수출 주도 성장을 명확히 한 것이었다.

박정희 정부는 제2차 계획기간 동안 수출 주도 공업화를 통해 10.5%라는 높은 경

5 강광하(1997), 「경제개발5개년계획」, 『경제논집』, 36-1, p. 37.
6 변형윤(1989), 제2장 「경제개발계획」, 『한국경제론』, p. 110.
7 강광하(1997), pp. 40~41.

제성장률을 달성하였지만, 도농 간·산업 간·지역 간의 불균형 심화, 투자재원의 해외 의존도 심화, 낮은 외화가득률 등 구조적 문제가 있다고 판단하였다. 이에 따라 제3차 경제개발계획 작성 단계에서는 경제성장은 물론 경제안정과 균형발전이라는 정책목표에 관심을 두기 시작하였다. 제3차 계획은, 첫째 성장의 과실이 전 국민에게 파급되도록 국민의 복지에 관심을 두고, 둘째 산업구조의 고도화와 국제수지 개선을 통해 경제자립을 강화하고, 셋째 국토의 종합개발을 통해 지역개발의 균형을 기하는 것을 기본 기조로 설정하였다. 이를 위한 중점과제로는, ① 식량의 자급자족, 농어민소득 증대, 농업 기반 강화, ② 농어촌 생활 기반 개선, ③ 수출 35억 달러 달성, ④ 중화학공업 건설을 통한 공업구조의 고도화, ⑤ 과학기술 향상과 인력개발 및 고용 확대, ⑥ 사회기반시설의 균형발전, ⑦ 지역의 균형발전, ⑧ 국민의 복지 증진과 생활 향상 등이 제시되었다. 「제3차 경제개발계획(1972~1976)」은 정책목표는 더 많아졌지만 경제개발계획을 통한 경제성장 전략이 완화된 것은 아니었다. 전체 경제성장률은 8.6%로 이전보다 다소 높이고 농수산업 4.5%, 광공업 13.0%, 기타 산업 8.5% 성장하는 것으로 계획되었고, 수출목표가 매우 높게 잡혔던 것에서 알 수 있듯이 수출 주도 공업화를 통한 경제성장 전략은 더 강화되었다.

박정희 정부는 제3차 계획기간 동안 9.2%라는 높은 경제성장률을 달성하고 중화학공업화를 추진하였지만, 석유위기 발생 등 국제경제 여건이 악화되고 기업의 재무구조 악화 등이 나타나고 경제성장률의 둔화, 높은 물가상승률, 국제수지 악화 등 거시경제적 여건도 나빠지기 시작하였다. 「제4차 경제개발계획(1977~1981)」은 성장, 능률이라는 이념을 내세웠다. 이 계획은, 첫째 투자재원을 자력으로 조달하고 국제수지 균형을 달성하고 산업구조를 고도화하고 자력성장 구조를 확립하는 것을 목표로 하였다. 투자재원의 국내 조달을 위해 국내 저축률을 21%에서 26%로 높이고 총투자의 92%를 국내 저축으로 충당하려는 계획을 제시하였다. 둘째, 사회개발을 통해 형평을 증진시키는 것을 목표로 하였다. 구체적인 내용을 보면, ① 적정인구 유지, ② 교육, 보건, 직업훈련 등을 통한 노동생산성 향상, ③ 주택, 상하수도, 공해방지 등 생활환경 개선,

④ 새마을운동 등 장기적인 성장잠재력을 높이는 것이다.[8] 셋째, 기술 혁신으로 능률 증진을 목표로 하였다. 구체적으로 과학기술투자를 1981년까지 GDP 1%로 높이자는 목표를 설정하였다. 제4차 계획은 앞의 계획에 비교하여 실적은 좋지 않았다. 경제성장률 계획은 9.2%이었으나 실적은 5.8%에 그쳤고 투자율 계획은 35.5%이었으나 26.6%에 그쳤고 해외 저축률 계획은 2.0%이었으나 국내 자본 동원보다 해외 차관 도입에 더 의존하여 실적은 11.2%로 높아졌다. 중화학공업화 추진으로 산업구조는 고도화되어 1981년 광공업의 비중은 35.9%에 이르고 그중에서 중화학공업 비중은 51.5%로 크게 높아졌다.

2. 박정희 군사정부의 통화개혁과 그 영향

1) 제2차 통화개혁의 배경

1961년 5·16 군사정변 성공으로 새로 등장한 박정희 군사정부(1961년 5월~1963년 11월, 이하 군사정부)는 정치적 불안과 불확실성 증가에 따른 민간투자 및 소비수요의 부진, 금융기관의 급격한 예금 감소 등 군사정변에 따른 경제적 충격에 직면하였다. 이 정부는 군사정권 경제정책의 불안을 해소하고, 나아가 군사정권에 대한 지지를 얻기 위해 분야별로 곧 시행할 경제정책을 「긴급경제대책」이란 명칭으로 6월 1일 발표하였다.[9] 군사정부가 처음으로 제시한 경제정책의 기본 방향은, 첫째 민간산업의 자율적 발전을 도모하고, 둘째 정부투자에 의해 중요 기간산업을 건설하고, 셋째 농어촌개발을 촉진하고, 넷째 곡가와 환율의 안정을 도모한다는 것이었다. 이 정부는 1961년 7월 「혁명정부경제청서」를 발표하면서 경제개발계획의 추진과 외자도입을 장기 경제시

8 변형윤(1989), p. 137.
9 한국개발연구원(1991), 「재정관계법령 및 주요 정책자료」, 『한국재정40년사』, 3, pp. 566~567.

[표 19-2] 1957~1961년간 실질경제성장률, 물가상승률 및 통화증가율(1957~1965)

(단위: %)

연도	실질GDP 성장률	GDP 디플레이터	소비자 물가지수	화폐발행고 증가율	통화량(M1) 증가율
1957	8.8	20.9	23.1	14.1	17.3
1958	5.5	-0.8	-3.5	29.8	29.2
1959	4.4	2.3	3.2	13.6	11.3
1960	2.3	9.3	8.0	10.7	12.7
1961	4.2	16.2	8.2	23.5	19.6
1962	3.5	14.0	6.6	14.7	8.0
1963	9.1	30.8	20.7	5.5	1.4
1964	8.3	34.5	29.5	27.8	36.4
1965	7.4	8.2	13.5	26.0	27.0

자료: 한국은행, 『경제통계연보』(1967).

책으로 설정하였다. 그리고 군사정부는 국민의 대다수를 차지하는 농민의 지지를 얻고자 1961년 6월 10일에 서둘러 「농어촌고리채 정리법」을 제정하여 2,900만 원 부채를 탕감하였는데 이 재원은 농업금융채권을 발행하여 충당하였다.

군사정부는 정권의 단기적인 정착을 위해 다양한 경제정책을 시도하였지만, 민간투자 및 소비 수요가 다 같이 전반적으로 부진하였으며, 급격한 예금 감소로 금융기관도 심한 타격을 받았다. 이 정부는 1957년부터 시행하였던 「재정안정계획」을 별다른 설명 없이 포기하였는데, 이 제도가 확장적 재정·통화정책을 전개하는 데에 결정적 장애가 되었기 때문으로 보인다. 군사정부는 경제 활동의 정상화와 경기침체에 대처하기 위하여 적극적인 확장적 재정정책을 취하였으며, 통화신용 및 외환정책 면에서도 경기부양을 위해 뒷받침하고자 하였다.[10] 이와 같이 경기부양을 위한 재정적자 확대, 금융기관의 대출 확대 등으로 통화량이 급증함에 따라 물가상승 우려도 높아지고 있었다.

10 한국은행(1975a), 『한국은행25년사』, p. 144.

[표 19-2]에서 1961년 이전 거시경제지표를 보면, 실질경제성장률은 4.2%, 소비자물가상승률은 8.5%로 1960년에 비해 나빠진 것은 아니지만, 1950년대 말에 비해 실질경제성장률은 다소 낮아지고 소비자물가상승률은 다소 높아졌다. 그리고 통화증가율을 보면, 화폐발행고와 통화증가율이 1960년에 비해 크게 높아졌다. 군사정변 충격에 따른 경기후퇴를 만회하는 방법으로 팽창적 재정·금융정책이 전개된 결과로 1961년에 통화증가율이 크게 증가하였지만, 과잉유동성이 문제가 될 정도는 아니었다.

군사정부는 부정축재자 불법자금 은닉, 경제개발계획을 위한 국내 재원의 발굴과 과잉유동성에 따른 인플레 우려 등을 근거로 민간이 퇴장하고 있는 현금을 금융기관으로 이동시키고, 나아가 민간이 보유하고 있는 예금 일부까지 동결하는 조치를 강구하고자 통화개혁을 실시하였다고 「긴급통화조치에 관한 담화문」에서 밝히고 있다.

> "우리나라 경제실정을 들여다볼 때, 의법처리 중인 부정축재 외에도 구 정권의 부패에 편승하여 음성적으로 축재된 자금이 상당히 온존되어 있고, 한편 금융기관 예금 등이 대폭 증가는 되었으나 장기성을 띤 진정한 저축으로 되어 있지 않습니다. 이러한 음성자금은 사회·정치의 혁신에도 불구하고 아직 활발히 산업자금화하지 않고 있고, 그간 누적된 통화량은 언제든지 급격히 투기화할 위험을 내포하고 있을 뿐 아니라 최근의 동향은 악성 인플레이션 요인으로 엄중히 경계를 요하는 바가 있습니다." … 중략 …
>
> "부강한 국가를 건설해 나가기 위하여는 음성자금과 과잉구매력을 진정한 장기 저축으로 유도하여 이를 투자재원으로 활용하는 동시에 인플레이션을 미연에 방지하는 조치, 통화개혁은 불가피한 것입니다."[11]

군사정부의 발표대로 통화개혁이 인플레이션 억제나 경제개발 추진 등 경제적 목

11 한국은행(1962. 10), 「긴급통화조치종합보고서」, p. 21.

적만으로 추진된 것인가는 확신하기 어렵다. 통화개혁은 군사정부가 취한 경제적 조치인 동시에 정치적 조치이기 때문이다. 사실 통화개혁을 통한 금융통제는 정치적으로 위협이 되는 세력의 경제적 기반을 약화시키는 동시에 민간경제에 대한 통제력을 강화하는 방편으로서도 중요한 것이다.[12] 군사정부는 통화개혁을 통해 장기 투자재원을 조성하여 경제개발계획에 추진력을 부여하는 동시에, 음성자금의 실상을 드러내어 부정축재에 근거하는 구 정치세력의 기반을 약화시킬 수 있다는 판단 아래 정권 초기부터 기획한 다음 미국 측의 반대를 피하고자 비밀리에 독자적으로 추진하였던 것으로 보인다.

2) 제2차 통화개혁의 전개

5·16 군사정변 이후 최고의 권력기구로 등장한 국가재건최고회의는 1962년 6월 9일 오후 7시 반 긴급회의를 소집하여 유원식 최고위원으로부터 긴급통화조치법과 부수 7개 시행령에 대한 제안 설명을 들은 다음 8시 35분에 만장일치로 이를 통과시키고 10시에 공고하였다. 이 법과 시행령은 1962년 6월 10일 상오 0시에 발효되었다.[13]

통화개혁 직후인 6월 13일 송요찬 내각수반은 기자회견을 통해 통화개혁의 추진 경위를 간단히 밝혔다. 이 발표에 따르면, 통화개혁은 국가재건최고회의 재정위원 유원식에 의해 1961년 7월 제안된 이후 9월 초순에 박정희 의장, 김종필 중정부장, 유원식 최고위원, 천병규 재무장관 등 핵심 인사들의 결정에 따라 추진하기로 하였다.[14] 통

12 (상공부) "장관은 정부의 의도는 개발투자를 위해 운영자금을 확보하는 것이라고 말하였다. … 중략 … 그(킬렌, Killen)는 정부가 실제로 현재 운영자원의 지갑 끈을 장악함으로써 모든 기업행위를 완전히 장악하려는 의도가 아니냐 하고 물었다. 그는 이것은 현재의 조치에 대하여 내릴 수 있는 가장 논리적인 해석이라고 말하였다" (1962. 6. 21) (국가기록원(2006), 『1960년대 초반의 한미관계(상)』, p. 350).

13 『동아일보』, 1962. 6. 10.

14 이번 통화개혁은 작년(1961년) 7월 유원식 재정위원에 의해 제안되었으며, 동 9월 박정희 의장이 해야겠다는 의사를 밝혀 자기가 9월 중순경 주한 영국 외교기관을 통하여 영국 정부에 인쇄를 의뢰하였으며 영국 측의 응낙을 얻은 후 동 11월 정상공상관이 차관 교섭차 서독에 갔을 때 영국 정부의 초청 형식으로 잠깐 도영하여 정식 발주를 하였다. 그 후 박의장의 도미에 수행한 천 재무장관이 영국에 들러 발주를 재확인, 금년 5월 중순에 지폐가 도착하였다고 설명하였다(『동아일보』, 1962. 6. 13).

화개혁 준비 과정에서 박희범 교수가 이에 대해 설명하였고, 통화개혁 실무는 제1차 통화개혁 시 조사기획과장이었지만 당시에는 보직이 없었던 김정렴이 담당하였다.[15]

군사정권의 핵심 세력이 통화개혁을 추진하면서 1953년 통화개혁과는 달리 통화당국인 한국은행과도 협의하지 않았고,[16] 미국과의 협의는 물론 공감조차 없었다.[17] 박정희가 통화개혁 사흘 전에 미국 대사 버거(Samuel Berger)를 직접 만나 통화개혁을 통고하였다.[18]

통화개혁은 1962년 6월 9일에 공포된 「긴급통화조치법」 및 관련 시행령과 1962년 6월 16일에 공포된 「긴급금융조치법」과 관련 시행령에 근거하여 시행되었다. 그런데 긴급금융조치법과 관련 시행령은 긴급통화조치가 실시됨에 따라 필요하게 된 사후적인 조치인 동시에 예금동결과 동결자금의 산업자금화를 위해서도 필요한 조치였다.

이 긴급통화조치의 주요 내용은 다음과 같다.[19] 첫째, 1962년 6월 10일부터 구圜(환)화의 유통과 거래를 금지하고 신원화를 발행하였다. 즉, 6월 10일부터 화폐단위가 환에서 원으로 개칭되고 이를 1/10로 절하(切下)하는 한편 한국은행이 신규로 발행하는 원 표시의 은행권과 주화만을 유일한 법화로 인정하였다. 결과적으로 화폐단위가 圜에서 원으로 변경되는 동시에 환가 비율을 10圜(환)=1원의 호칭단위의 절하가 포함된 리디노미네이션(redenomination)이 실시되었다.

이 조치에 따라 액면 백환 이상의 환 표시 한국은행권과 주화, 그리고 6월 9일 현재로 은행, 농협, 우편관서 및 무진회사 등 금융기관의 환화 표시 금전채무의 거래가 금지되었다. 특별한 경우를 제외하고 구권과 6월 10일 이전에 발행된 수표·어음 또는 우편환 증서, 기타 환화 표시 지불지시를 소지하는 자연인, 법인, 임의단체 등은 이를

---

15 한규훈(1986), 『실록 한국은행』, 매일경제신문사, p. 416.
16 앞의 책, p. 422.
17 미국 국무부 정보조사국장 보고서에 의하면, 「통화개혁법」은 일본 군대가 1930년대 만주에서 시행하였던 방식대로 국가 투자자를 위해 대규모 자금을 몰수할 것으로 보인다. 이러한 자금의 징발은 손상당하기 쉬운 자유경제를 해칠 것이며 대중적 공포와 운영자금의 부족은 가까운 장래에 강한 경기위축을 초래할 것으로 보인다. … 중략 … 조치 전날까지 통화개혁에 대한 계획을 미국에 통보하지 않고 충고를 거부하고, 실행조치에 대한 정보제공을 거부한 군사정부의 태도는 예상하지 않은 바는 아니었다"(국가기록원(2006), p. 349).
18 기미야 다다시(2008), p. 126.
19 한국은행 조사부(1962. 10), 「긴급통화조치보고서」 참고.

[그림 19-1] 1962년 6월 통화개혁에서 사용된 한국은행권

자료: 한국은행(2015), 『우리나라의 화폐』, p. 376.

이장 또는 동장에 신고하고 지정된 금융기관에 예입하도록 하고, 신고하지 않은 청구권은 무효로 하기로 하였다.

이 정부는 긴급통화조치 실시 이후에 1주일 동안 예입된 구권예금과 재래예금 중 일부를 동결하기 위해 『긴급금융조치법』과 관련 법령을 1962년 6월 16일에 공포하고 6월 18일부터 시행하였다. 긴급통화조치에 따라 6월 10일부터 정부예산과 모든 법령 중의 화폐단위가 새로운 원으로 개칭되었고, 긴급금융조치로 인해 그 밖의 모든 환 표시 금액도 6월 18일부터 원 표시 금액으로 변경되었다.[20]

통화개혁 기간 중에 신고 예입된 구권과 수표 등 지불지시는 다음의 방법에 따라 자유계정과 봉쇄계정으로 전환시켰다. 즉, 국가, 지방자치단체, 금융기관, 보험회사, 정부관리기업체, 경제개발5개년계획상의 계획사업 부문을 위한 회사 등이 예입한 구권, 수표 등 지불지시는 일단 제2자유계정으로 전환하고, 재무부 심사에 의해 정당하다고 인정된 금액만 자유계정으로 전환하고 나머지는 국고에 귀속시켰다. 이의 예에 해당하지 않는 자연인, 일반법인 또는 임의단체가 예입한 금액은 소정의 체증률[21]에 따라 봉쇄예금으로 전환시켰다.

20 "모든 동산, 부동산, 채권, 채무, 기타 재산 중 환화 표시 금액은 1962년 6월 18일부터 환가 비율로서 원화 표시 금액으로 변경된다. 기업의 손익계산서에 기재되어야 할 손익계정의 환 표시 금액도 전항에 준하여 원화 표시 금액으로 변경된다" (「긴급금융조치법」 제3조).

21 3만 원 이하는 10%, 3만~5만 원 20%, 5만~10만 원 30%, 10만~50만 원 50%, 50만~100만 원 65%, 100만~500만 원 85%, 500만 원 이상 95%, 1,000만 원 초과 100%.

봉쇄계정은 산업개발공사의 주식으로 전환될 뿐 일체 지불이 금지되며, 금융기관 채무의 담보나 상쇄, 상호계정 또는 법에 의한 강제집행의 대상도 되지 못하게 하고, 금융기관은 그 금액을 한국은행 특별지급준비금으로 예치·집중하기로 하였다. 한국은행은 동 자금에 대해서 연 15% 배당을 지급하기로 하고 산업개발공사 주식으로 전환된 이후에는 정부가 연 15%의 배당률을 보증하기로 하였다.

3) 제2차 통화개혁의 결과

긴급통화조치가 실시됨에 따라 환 표시 구권과 지불지시가 순조롭게 회수되었는데, 국가, 지방자치단체, 공기업 등 지정법인 등은 신권지불·구권예입 인출률이 매우 높아 영향을 거의 받지 않았다. 하지만 일반인은 인출률이 59%밖에 되지 않아 민간 부문의 경제활동 및 신용거래는 긴급통화조치가 실시되자마자 크게 위축되었는데, 특히 구권예금의 인출률이 25%밖에 되지 않은 법인·단체가 가장 큰 충격을 받았다. 군사정부가 대책위를 조직하여 통화개혁에 따른 부작용을 줄이기 위해 신속한 대응을 전개하였음에도 불구하고 긴급대출의 효과는 제한되었고, 신용경색과 경제 활동 위축이 확산되었고, 미국의 즉각적인 반발도 나타났고, 경제계의 불만도 고조되었다.

[표 19-3]에서 보듯이 긴급금융조치가 실시됨에 따라 주로 민간의 구권예금과 재래예금이 봉쇄되었는데, 두 예금의 전체 예금봉쇄율은 예금 잔액 기준으로 18.1%이었지만, 그 효과는 그 봉쇄율이 21.3%인 개인, 56.7%인 법인·단체에 집중되었다. 특히, 당좌예금 봉쇄는 상업어음 거래를 마비시킴으로써 신용경색을 심화시켰다. 예금봉쇄의 주요 대상이었던 민간기업과 단체의 경제 활동이 가장 위축되었다.

「긴급금융조치법」이 시행되기 직전인 6월 17일의 구권예금과 재래예금을 포함한 예금잔액은 542억 7,000만 원이고, 전환 대상 예금은 534.0억 원이었다. 긴급금융조치 대상 534억 원 중에서 18.4%인 98.1억 원이 봉쇄계정으로 편입되었다. 이 동결액은 1962년 6월의 예금 잔액 542억 7,000만 원의 18.1% – 대상액의 18.4%에 해당하므로 그

[표 19-3] 전체 예금계정에 대한 예금자별 금융조치 내역

(단위: 천 원, ( ): %)

		예금 잔액(A) (6. 17)	전환 대상 예금(B) (6. 23)	봉쇄계정 (C)	봉쇄율(%)	
					(C)/(A)	(C)/(B)
금융기관		9,923,322	9,934,682	1	(0.0)	(0.0)
국가, 지방자치단체		4,496,288	4,505,622	12,973	(0.3)	(0.3)
지정법인		3,517,205	3,454,015	1,260	(0.0)	(0.0)
특수인		3,383,926	3,385,246	261	(0.0)	(0.0)
일반인	법인단체	7,835,789	7,298,220	4,445,664	(56.7)	(60.9)
	자연인	25,116,184	24,823,461	5,346,168	(21.3)	(21.5)
	소계	32,951,974	32,121,681	9,791,832	(29.7)	(30.5)
합계		54,272,714	53,401,245	9,806,326	(18.1)	(18.4)

주: 1962년 6월 23일 현재.
자료: 한국은행 조사부(1962. 10), 「긴급통화조치보고서」, 표 4 및 표 5.

자체만으로 경제활동에 큰 충격을 주는 것이었다. 그런데 이러한 긴급금융조치에서 금융기관, 국가, 지방자치단체, 지정법인, 특수인 등은 예외로 취급되어 이들에 대한 충격은 미미한 반면에 예금 잔액 기준으로 민간 부문에 속하는 법인·단체의 봉쇄율은 56.7% – 대상액의 60.9%, 자연인(개인)의 봉쇄율은 21.3% – 대상액의 21.5%, 평균봉쇄율은 29.7% – 대상액의 30.5%에 이르러 이들에 대한 충격은 심각하였다. 따라서 예금동결조치는 민간 부문, 특히 기업이 중심이 되는 법인·단체에게 가장 충격적으로 파급되었다고 할 수 있다.

긴급통화조치는 물론 긴급금융조치도 이와 같이 비금융 민간 부문을 주요 대상으로 하는 조치였다. 군사정부는 사후적인 응급조치로 긴급융자를 실시하기는 하였지만, 민간이 환 표시 구권 및 지불지시의 예입에 따라 보유한 예금은 물론이고 이미 금융기관의 예금구좌로 보유하고 있는 재래예금의 상당 부분이 봉쇄계정으로 동결되어 정상적인 경제 활동에 제약을 받게 되었다. 또한 신용거래의 기반이 되는 당좌예금 등이 단기 투기성 자금으로 인식되어 동결됨으로써 민간 부문의 신용경색과 함께 생산 및 유통이 극도로 위축되었다.

군사정부는 긴급금융조치가 시행되는 6월 18일 이후 사후적인 보완조치를 실시하기 시작하였다. 즉, 대책위는 6월 18일부터 「긴급금융조치법」과 동시에 시행되는 「금융기관의 긴급융자실시요령」에 따라 금융기관이 서민, 중소기업자, 학교, 종교 및 사회단체, 일반기업체 중 제조업, 광업, 수출업, 군납업, 건설업 등을 지원하고자 봉쇄예금을 담보로 봉쇄액의 1/2을 긴급 융자하고 잔액은 경제 상황에 따라 추가로 융자하도록 하였다. 또한 원조자금 공급과 원조물자 도입의 원활화를 위해 AID 자금과 PL-480 자금에 의한 물자구매와 인수자금에 대한 것과 선하증권 인수자금에 대한 지급보증과 융자에 관한 긴급조치를 취하였다.[22] 그리고 금융통화운영위원회는 봉쇄예금이 한국은행의 지준예치금으로 전환됨에 따라 나타날 은행대출의 위축을 막기 위해 예금지급준비율을 요구불예금의 경우 14%에서 10%로 인하하였다.[23]

특히, 6월 19일 중소기업중앙회 회장이 전국중소기업 가동률이 100에서 45 수준으로 격감하였다고 보고함에 따라 상공부도 기업의 자금난 타개에 적극적인 자세를 보였다.[24] 금융통화운영위원회는 6월 25일에 자금경색과 산업 활동 위축을 완화하기 위해 국책적인 긴급자금, 교육재단, 학술연구, 육영 및 구호단체, 특수산업 부문에 대해서는 봉쇄금액의 100%까지 융자할 수 있도록 하였고, 운수창고업 및 지방자치단체에 대한 대출어음에 대해서도 적격성을 부여하고, 6월 29일에는 상업어음에 대한 대출최고한도제를 폐지하였다.[25]

군사정부는 여러 사후적인 보완조치에도 신용경색과 산업생산 위축이 해소되지 않자, 저축예금 봉쇄율이 현금 봉쇄율보다 높고 또한 저축예금 봉쇄가 민간저축을 위축시킨다는 이유로 7월 1일 저축성예금 봉쇄까지 전면적으로 해제함으로써 22억 원 정도가 봉쇄계정에서 자유계정으로 전환되도록 하였다. 그리고 외국인, 외국인 특수단체 또는 한국인 비거주자 등의 환화 등도 자유계정으로 전환하도록 하였다.

22 한국은행 조사부(1962), 앞의 자료, pp. 15~16.
23 한국은행(2000), 『한국의 금융 · 경제연표』, p. 174.
24 『동아일보』, 1962. 6. 20, 6. 21, 6. 22.
25 한국은행 조사부(1962), 앞의 자료, pp. 15~16.

정부의 각종 사후적인 보완조치에도 불구하고 7월에 접어들어서도 생산·판매의 회복과 신용질서의 회복세가 보이지 않았다. 더욱이 정부가 야심적으로 시작한 경제개발5개년계획이 통화개혁으로 차질을 빚을 수도 있다는 우려가 생기자 정책전환이 모색되었다. 최고회의가 7월 10일 통화개혁의 제안자로 알려진 최고위원 유원식을 해임하고 유양수를 신임 최고회의 위원으로 임명하는 등 정책 변화의 조짐이 나타났다.[26]

마침내 군사정부는 "산업과 유통의 침체 상태를 단기일 내에 해소함으로써 안정된 경제토대를 이룩하고 경제개발계획의 효과적인 달성을 기하기 위해" 7월 13일에 「긴급통화조치법에 의한 봉쇄예금에 대한 특별조치법」을 공포하였다.[27] 이 조치에 따라 봉쇄예금의 1/3은 자유계정으로, 나머지 2/3는 연리 15%의 특별정기예금으로 전환시키고 특별정기예금도 금리를 포기하면 중도 해약을 할 수 있게 하여 봉쇄계정을 사실상 전면적으로 해제하였다. 그리고 봉쇄예금을 재원으로 설립할 예정이었던 산업개발공사 계획은 8월 1일에 발족하기로 7월 2일에 발표는 되었으나 7·13 조치로 무산되었다.

군사정부는 경제 전체의 신용경색이나 경기침체를 해소하기 위해 긴급융자를 확대하여 예금봉쇄를 완화하고, 심지어 저축성예금 동결을 해제하는 등 정책수단이 소진될 때까지 많은 보완조치를 실시하였지만, 7월에 접어들어서도 신용경색과 경기위축이 해소되지 않아 경제개발계획의 추진력을 상실할 우려까지 있어 통화개혁의 핵심 정책수단이었던 예금봉쇄를 사실상 철회하고 말았다. 이와 같이 예금동결은 미국의 반대와 상관없이 그 부작용과 대처수단의 부족으로 더 이상 지속할 수 없었기 때문에 철회된 것이라 할 수 있다. 통화개혁은 미국의 반발과는 상관없이 처음부터 잘못 기획되었을 뿐 아니라 많은 민간 부문의 예금동결은 매우 충격적인 조치로 실패할 가능성이 높았던 정책이었던 것이다.

26 『동아일보』, 1962. 7. 11.
27 『동아일보』, 1962. 7. 14.

4) 리디노미네이션

1962년 긴급통화조치에 따라 圜(환) 표시 한국은행권의 유통이 금지되었고, 영국에서 제조된 한글로 원으로 표시되고 영어로는 Won으로 표시된 새로운 은행권을 사용하였다. 이와 같이 1962년 통화개혁으로 화폐의 호칭단위가 圜(환)에서 원으로 변경되었다. 이 조치는 당시의 예금동결과 같은 충격적인 조치로 거의 관심을 받지 못하였으나 이와 같이 원을 새로운 화폐의 호칭단위로 사용한 것은 바람직한 선택이었다고 할 수 있다.

우리나라는 1911년 조선은행 출현 당시부터 일본 통화 계열임을 명시하는 圓(원)이라는 호칭단위를 오랫동안 사용하면서 대외적으로는 모두 Yen으로 표시하였다. 때문에 또 다시 圓(원)이라는 호칭단위로 복귀하는 것은 우리나라 화폐단위의 기원을 일본 통화단위인 円(圓)에 두는 것이 다름없는 것이므로 바람직하지 않았다. 우리나라는 근대적 화폐제도를 도입한 이래로 한자로는 元, 圜, 圓 세 가지 호칭단위를 번갈아 사용하였으나, 한글로는 계속 원으로 불러왔기 때문에 원이라는 호칭단위의 도입은 오랫동안 한글로 원으로 표시하는 관습을 현실화한 것으로 볼 수 있다. 그리고 우리나라에서 1953년 통화개혁 이래로 환(圜)이라는 호칭단위를 사용하였지만, 원으로 발음하였던 圜을 음을 달리하여 작위적으로 환이라고 부르게 한 것은 1953년 통화개혁 당시에 이미 제조된 은행권을 사용하기 위한 궁여지책이었다는 점을 고려한다면, 이를 청산하는 것은 바람직한 것이었다.

1962년 통화개혁에서 새로운 호칭단위로 원을 사용한 이유는 알려져 있지 않지만, 그 이유가 무엇이든 일본 계열 통화로서 각인된 圓이라는 화폐단위를 청산하는 동시에 궁여지책으로 채택된 환(圜)이라는 화폐단위도 청산하고 원을 새로운 우리나라 화폐단위로 설정한 것은 관습적 화폐단위를 유지하면서 굴절된 우리나라의 화폐단위명을 바로잡아 우리나라 화폐제도의 독자성을 되찾는 점에서 다행스러운 것이었다.

긴급통화조치의 핵심이 되는 화폐단위의 변경과 명목가치의 절하(환가절하), 그 자

[표 19-4] 기준연도별 생산자물가지수의 추이

	1945. 6 =100	1946. 3 =100	1950. 6 =100	1953. 3 =100	1961. 6 =100
1945. 6	100				
1946. 3	4,771	100			
1950. 6	49,854	1,044	100		
1953. 3	864,427	18,113	1,734	100	
1961. 6	3,782,767	79,273	7,588	438	100
1962. 6	4,078,398	145,367	8,181	472	108

자료: 통계청, 국가통계포털.

체도 화폐제도의 안정에 기여하였다고 할 수 있다. 환가가 10원(圓)=1원으로 변경된 것은 1953년 통화개혁 이후 누적된 물가상승으로 인해 나타난 화폐가치의 하락을 현실화한 것이다.

1962년 통화개혁에서 화폐단위를 1/10 절하하였는데, 그 절하의 근거를 살펴보자. 1962년 통화개혁 직후인 1962년 6월의 물가 수준은 1차 통화개혁 직후인 1953년 3월까지 물가 수준을 기준으로 하면, 4.7배 정도밖에 되지 않는다. 두 통화개혁 기간 동안의 물가상승 폭을 감안하면, 1962년 통화개혁에서 명목가치 1/10 절하는 물가상승 폭에 비해 과도한 것이었다고 할 수 있다. 그러나 광복 이후 누적된 물가상승분을 고려하여 명목가치의 절하를 두 단계로 분산시켰다고 한다면 그 평가는 달라질 수 있다. [표 19-4]를 보면, 1962년 6월까지 누적된 물가상승 폭을 보면, 1945년 6월(광복 직후)부터는 4.08×10^4배이고 1946년 3월부터는 0.96×10^3배이고, 1950년 6월(한국전쟁 직후)부터는 8.18×10^1배이다. 물가지수는 10^3배 이상의 차이가 난다. 1962년 6월을 기준으로 한다면, 1946년 이후의 물가상승분은 모두 반영된 수준이므로 누적치로 본 1/1,000 화폐단위 절하는 대략 1946년 초부터 1962년 6월까지의 물가상승분을 반영한 것이라고 볼 수 있다. 따라서 우리나라는 1946년 이후부터 1962년까지의 물가상승분을 두 단계로 나누어 화폐단위에 반영하였다고 할 수 있다.

이러한 리디노미네이션은 그 자체로 인플레이션을 억제하는 효과를 가지지는 않지만 거래단위의 고액화에 따른 거래비용 증가를 해소할 수 있다. 이 호칭단위 절하가 새로운 화폐제도에 대한 신뢰를 찾는 실질적인 계기가 되기 위해서는 통화개혁 이후에 물가안정 및 외환확보가 뒷받침되어야 함은 물론이다. 그리고 화폐단위명이 '환'에서 '원'으로 변한 것은 그 호칭이 무엇이든 구 화폐제도를 대표하는 환화명이 한국은행이 출범한 이후 새로운 화폐단위, 그것도 한글명이 새로운 화폐제도를 상징하는 호칭단위임을 의미한다. 결과적으로 새로운 정부, 새로운 중앙은행, 새로운 화폐단위가 서로 조응할 수 있게 되었다.

5) 제2차 통화개혁 이후의 정책전환

군사정부는 5·16 이후에 경제적 성과를 높이기 위해 「재정안정계획」을 포기하고 확장적 재정·금융정책의 결과로 "금융기관 예금 등이 대폭 증가는 되었으나 장기성을 띤 진정한 저축으로 되어 있지 않고, 그간 누적된 통화량은 언제든지 급거히 투기화할 위험과 함께 악성 인플레의 요인으로 작용할 수 있기" 때문에 유동성 억제를 위해 통화개혁을 추진하였다고 하였다. 이와 같이 군사정부는 통화개혁 직전에는 물가안정에서 통화정책의 중요성을 강조하고 있었다. 그렇지만 군사정부는 출범 이후인 1961년 6월부터 연말까지는 팽창적인 통화정책을 수행하고 있었다. [그림 19-2]를 보면, 화폐발행액, 통화량(M1), 총통화(M2) 어느 지표를 기준으로 보아도 1961년 6월부터 12월 말까지 증가율이 높아지고 있었다.

군사정부는 1962년 6월 통화개혁을 통해 구권을 회수하고 구권예금 인출을 제한함에 따라 통화량증가율에서 큰 변화가 나타났다. 구권인출의 제한에 따라 화폐발행고의 증가율이 감소하였다가 그 해제로 다시 증가하였다. 또한 재래예금인 요구불예금을 동결함에 따라 요구불예금의 증가율이 낮아져 통화증가율도 일시적으로 크게 줄어들었으나 통화개혁의 철회로 다시 증가한 후 낮아지고 있다. 그리고 총통화증가

[그림 19-2] 1960년대 초반의 통화량 증가율(동기 대비) 추이(1960~1964)

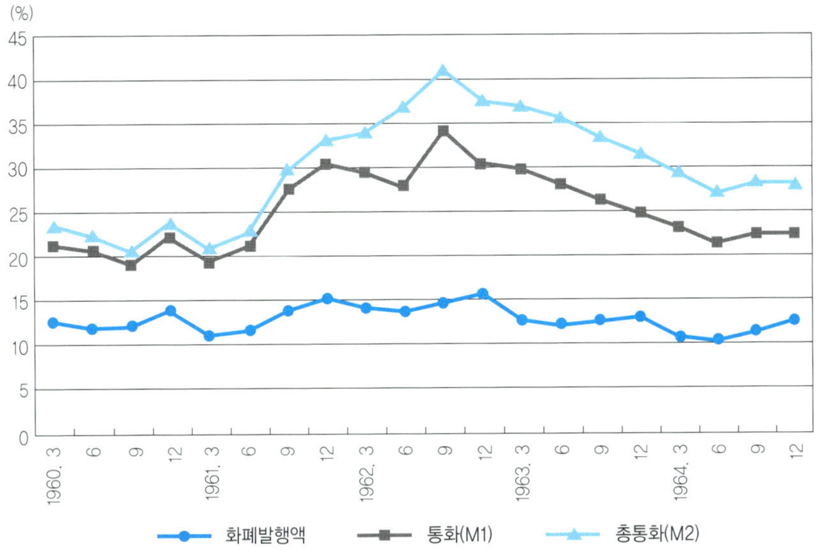

자료: 한국은행, 『경제통계연보』.

율은 통화개혁의 예금봉쇄로 인해 일시적으로 도리어 높아졌다가 하락하고 있지만, 여전히 30% 이상으로 높은 수준이었다.

군사정부는 산업생산 위축과 신용경색을 근본적으로 해소하기 위해 7월 13일 봉쇄예금을 사실상 해제하는 것에서 나아가 앞서 설명한 당면 경제대책을 7월 25일, 8월 10일 두 차례로 나누어 발표하였다. 제1부 정책에서는 경기침체의 희생자인 생활보호대상자와 실업자에 대한 보호정책을 제시하고, 제2부 정책에서는 생산증강책, 상거래촉진책, 수출진흥책, 금융지원책, 세제개편안 등을 제시하였다.

군사정부가 통화개혁에 따른 산업생산 정체와 신용경색을 해소하기 위한 정책을 시행하였음에도 불구하고 [그림 19-3]에서 보듯이, 통화량이 과거와 같이 급격하게 증가하지도 않았고, 산업생산과 신용거래도 빠르게 회복되지 않았다. 첫째, 통화개혁으로 인해 일시적으로 줄어든 통화량은 곧바로 회복되었지만 과거와 같이 통화량이 빠른 증가세를 보이지 않고 지난해 대비 통화증가율도 낮아지고 있었다. 둘째, 통화개혁

[그림 19-3] **통화개혁 전후의 통화량, 산업생산 및 어음교환액 월별 지수**

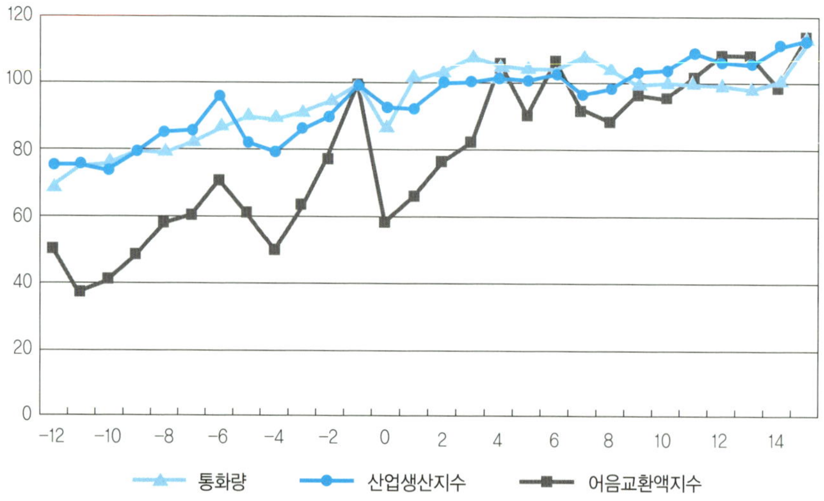

자료: 한국은행, 『경제통계연보』.

으로 크게 높아졌던 어음부도율이 다시 낮아졌고 크게 위축되었던 어음교환도 다소 증가하였지만 통화개혁 이전 이상으로 증가하지는 않았다. 셋째, 제조업 산업생산이 통화개혁 이후 크게 위축된 이래 다소간 회복은 되었으나, 산업생산이 통화개혁 이후 1년 가까이 정체에서 벗어나지 못하고 있었다.

군사정부는 1962년 외환위기 조짐이 나타나고, 국내 곡물생산이 부진하자 미국의 원조와 잉여농산물 방출을 견인하는 방편으로 미국과 약정하였던 「재정안정계획」을 재개할 수밖에 없었다.[28] 결국 군사정부는 군사정변 이후 중단시켰던 「재정안정계획」을 1963년 1월부터 부활시키고 품목별 수급 도입에 근거한 물가안정정책을 실시하였지만, 통화긴축보다는 가격통제 등 직접통제를 통한 물가안정을 도모하였다. 1963년에 접어들어 물가상승세가 나타나자 군사정부는 1963년 1월 생필품의 최고가격제를

28 기미야 다다시(2008), p. 161.

[그림 19-4] 1960년대 전반의 총통화증가율 및 서울 도매물가지수의 상승률(1960~1964)

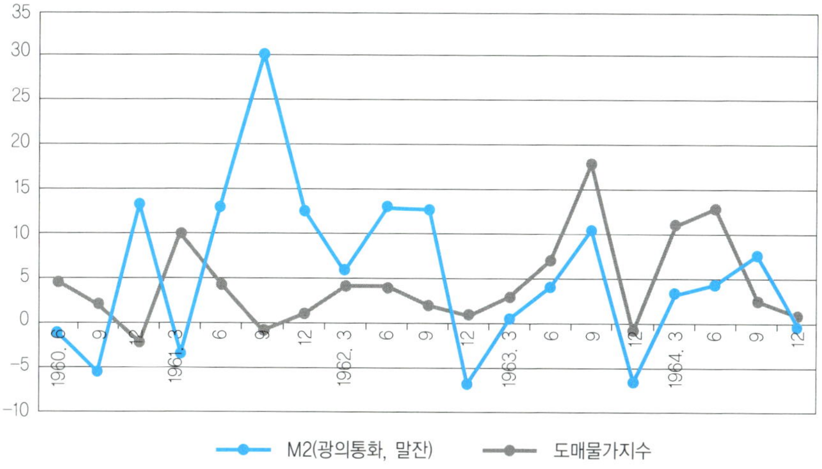

자료: 한국은행, 『경제통계연보』, 각 연도.

지정하였고, 2월 종합물가대책을 발표하면서, 주요 품목별 수급·도입계획을 수립하고 생필품 및 주요 원자재에 대한 종합물가계획을 수립하여 시행하였다.

그리고 군사정부는 이러한 경제정책의 기조 변화와 물가불안, 외환 부족 등 대내외 경제여건의 변화를 고려하여 1963년 4월 경제개발계획을 수정하고 목표경제성장률도 7%에서 5%로 하향조정하였다. 이와 같이 군사정부는 통화개혁에 실패한 이후에 물가상승 우려에 따라 물가안정을 위한 「재정안정계획」을 재개하고 경제개발계획도 수정하는 등 경제안정정책을 강화한 결과에 힘입어, [그림 19-4]에서 보듯이 통화증가세와 물가상승세가 1963년 하반기부터 둔화되기 시작하였다.

군사정부가 긴급통화조치를 추진한 주요 배경으로 "부정부패와 구정권의 부패에 편승하여 음성자금이 상당히 온존되어 있고 이것이 급거히 투기화할 위험성"을 제시하였고 이를 산업자금화하려는 계획을 밝혔으나 기대하던 퇴장된 현금, 이른바 '음성자금'의 실체는 확인되지 않았다. 그나마 거액의 자금도 기업이나 단체 같은 공적 조직이 보유한 자금이었다.

당시의 신고액을 보면, 예상과는 달리 현금으로 퇴장된 거액 자금의 비중도 높지 않았고, 그것마저도 개인이 보유한 것이 아니라 법인·단체가 보유한 것이었음을 알 수 있다. 100만 환 이하 금액이 90.5%를 차지하였고 1억 환을 초과하는 경우는 불과 7건으로 금액으로는 12억 환에 불과하고 비중으로도 0.8%에 불과하였다. 1,000만 원을 초과하는 금액은 4%에 불과하였다. 물론 개인의 보유현금은 신고 과정에 분산 신고되어 거액 신고는 사라질 가능성이 높았다. 그러한 점을 감안하더라도 개인이 거액의 여유자금을 현금으로 퇴장할 것이라는 것은 현실과 먼 판단이었다.

군사정부는 은닉된 음성자금을 확인할 수 없게 됨에 따라 구권예금을 동결할 명분을 잃게 되었고 퇴장자금의 산업자금화를 시도하려는 계획을 더 이상 추진할 수 없게 되었다. 이 정부는 1962년 7월 산업은행의 자금과 봉쇄예금을 기반으로 500억 원 자본금을 가진 산업개발공사를 8월에 출범시켜 주식인수 및 외자도입을 추진하고자 하였으나 7월 13일 사실상의 봉쇄예금 해제조치로 이 계획도 자동 소멸되었다.

1962년 5월 말에 발생한 '증권파동'으로 증권시장을 통한 자금조달도 당분간 어렵게 되었지만 그렇다고 증권시장을 통한 내자동원을 포기할 수 있는 상황은 아니었다. 군사정부는 6월 6일 증권시장을 정상화하는 방안을 제시하고 이후에 증권파동의 책임자를 문책하는 등 증권파동의 수습을 도모하였다. 통화개혁을 통해 마련한 재원으로 산업개발공사를 설립하여 증권시장 회생을 도모하는 시도도 통화개혁 철회로 좌절되고 말아 증권시장의 회생은 쉽지 않게 되었다.

군사정부는 통화개혁 실패에도 불구하고 대체재원 조달수단을 개발하여 활로를 모색하고자 하였다. 이 정부는 1962년 7월 말 차관 도입을 확대하기 위해 원리금을 보증해 주는 「차관에 대한 지급보증에 관한 법률」을 제정하고, 「장기 결제방식에 의한 자본재 도입에 관한 특별법」을 제정하였고, 8월에는 연불수출도 허가하였다.[29] 또한 8

29 한국은행(2000), pp. 175~177.

월 10일에 발표한 「당면종합경제시책」[30]에서 제시한 대로 증권시장을 정상화하고, 상업어음의 보급을 확대하고 저축운동을 강화하는 등 가능한 모든 수단을 강구하여 자금동원을 극대화하고자 하였다. 그리고 1962년 말에 4개 시중은행의 대규모 증자를 통해 재원조달의 확대를 도모하기도 하였다. 통화개혁 실패는 개발재원 동원에 필요한 모든 대체수단을 확보하고자 노력하는 동시에 대일청구금 협상에 적극성을 보이게 하였다. 이 통화개혁 실패가 역설적으로 외자 도입을 확대하기 위한 제도개혁에 나서고, 증권시장과 상업어음시장을 육성하고, 저축운동을 강화하고, 금융기관을 설립하고 확장하는 등 경제개발계획에 필요한 자금동원을 위해 다방면으로 노력하는 계기가 되었다고도 할 수 있다.

3. 경제개발을 위한 금융제도 개혁

박정희 정부는 단기적으로 금융에 대한 지배를 강화하는 동시에 장기적으로 정권의 운명을 좌우할 경제개발에 필요한 자금동원을 원활히 하고 자금배분의 통제를 강화할 제도적 정비에 힘을 기울였다. 이른바 정부 주도 금융 체제를 강화하는 것은 금융을 통해 경제 운용을 원활히 하여 경제성장정책에서 추진력을 얻는 방안이기도 하지만 정권의 안정을 위한 경제의 정치적 통제를 강화하는 방안이기도 하였다. 이 정부는 우선 금융의 중심에 있는 한국은행, 산업은행, 농업은행, 시중은행에 대한 정부의 영향력을 높이는 것에 주력하면서 경제개발에 필요한 금융적 수요의 증가와 다원화와 증가에 대응하여 금융기관을 설립하거나 확장하여 갔다.

30 한국개발연구원(1991), pp. 590~591.

1) 정부 주도의 통화·금융정책을 위한 제도 정비

박정희 정부는 정부가 통화정책을 주도하고 확장적 통화정책을 가능하도록 「재정안정계획」을 포기하는 것에 그치지 않고 한국은행의 통화·신용정책을 주도할 수 있도록 한국의 금융을 주도하고 있는 한국은행과 산업은행의 개편작업을 시작하였다.

「한국은행법」은 군사정부가 대폭 개정하게 되었는데, 이 개정은 한국은행 설립 이후 처음으로 이루어진 1차 개정이다. 1961년 11월 재무부에 의해 금융정책에 관한 최종책임의 정부 귀속과 한국은행 내부 경영에 대한 재무부의 감독권 강화를 주요 내용으로 하는 「한국은행법」이 1962년 5월부터 시행되었다.

첫째, 금융통화위원회의 명칭을 금융통화운영위원회로 변경하고 그 기능도 통화신용 및 외환에 관한 정책의 수립에서 통화신용의 운영관리에 관한 정책 권한을 축소하였다. 둘째, 한국은행의 외환정책과 외환 업무에 관한 사항을 규정한 「한국은행법」의 관계조항을 대부분 삭제함으로써 외환정책 수립 및 외환관리 기능이 정부로 귀속되었다. 또한 한국은행이 국제금융기구와 교섭하거나 거래함에 있어서도 정부의 지시를 받도록 하였다. 셋째, 금융통화운영위원회의 정책결정 사항에 대한 재무부 장관의 재의요구권을 신설하고 동 재의 요구가 부결될 경우 각의에서 최종 결정토록 함으로써 금융정책에 대한 최종결정권을 정부에 귀속시켰다. 넷째, 은행감독부가 은행감독원으로 격상하면서 재무부가 감독권을 가지려고 하였지만 여론의 반발로 실현되지는 못하였다. 다섯째, 한국은행은 정부보증채권을 직접 인수할 수 있도록 하고, 무자본 특수법인으로 전환하였다.

박정희 정부는 경제개발계획 발표에 앞서 자금동원을 확대하는 조치로 1961년 7월 「한국산업은행법」을 개정하여 산업은행의 규모 및 업무 확장을 통해 산업은행의 장기 산업자금 공급을 확대하고자 하였다.[31] 첫째, 자본금을 4,000만 원에서 200억 원

31 한국산업은행(1974), 『한국산업은행20년사』, pp. 52~54.

으로 대폭 확대하고 정부가 1/4을 우선 납입하도록 하였다. 둘째, 주식, 사채의 인수 및 보증 업무를 추가하고 유가증권 보유를 허용하였다. 셋째, 외자차입 및 한국은행의 일시차입을 허용하였다. 넷째, 운용자금의 대출을 제한적으로 허용하였다. 다섯째, 산업은행 채권의 발행한도를 납입자본 10배로 규정하였다. 그리고 한국은행의 반대에도 불구하고 성업공사가 산업은행의 출자로 설립되어 업무를 개시하였다. 이 성업공사는 산업은행으로 이관된 연체채권을 회수하고 유질자산 등 비업무용 자산을 처리하기 위해 설립되었다. 이 시기에는 채권 발행에 의한 자금조달분이 극히 적어 대부분은 대충자금이나 정부 차입에 의존하고 있었다.

박정희 정부는 이와 같이 정부 주도의 성장위주 경제정책을 금융 면에서 원활히 뒷받침할 수 있도록 통화·금융제도를 재편하기 시작하였다. 이 정부는 창립 이후 제한적이지만 유지되어 온 한국은행의 독립성과 중립성은 물론 한국은행의 자율성을 억압하여 통화신용정책의 주도권을 정부가 장악하도록 「한국은행법」을 서둘러 개정하였다. 이에 따라 통화·금융정책은 물론 금융기관도 물가안정 등 경제안정보다는 경제개발계획을 지원하는 개발금융의 확장을 통한 경제개발이라는 새로운 정책목표 달성을 위한 정책수단으로 적극 활용되었다. 정부의 지배하에 있는 산업은행은 물론 시중은행까지 이러한 흐름을 거부할 수 없었다.

2) 정책금융 확장과 강화를 위한 특수은행의 설립

박정희 정부는 경제개발계획을 추진하기 위해 재정정책, 무역정책, 금융정책 등 다양한 정책수단을 활용하였는데, 특히 금융을 핵심적인 정책수단을 활용하였다. 이 정부는 시중은행을 직접 지배·통제하면서 정책적 기능을 부여하기도 하였지만 각 부문의 정책자금 수요에 응할 수 있는 특수은행을 정부 출자로 직접 설립하거나 기존 정책금융기관의 일부 기능을 분리하여 특수은행을 설립하였다. 이 특수은행은 「은행법」의 적용을 받는 일반은행과 달리 개별법의 적용을 받기 때문에 이 은행 설립은 별도의 법제적인 뒷받침이 있어야 가능하다.

(1) 중소기업은행의 설립

중소기업을 전담하는 정책금융기관의 설립은 농업은행을 특수은행으로 재편하는 1957년 2월부터 논의되기 시작하였다. 장면 정부에서는 이에 대한 구체적인 방안을 제시하였으나 농업은행 출자 문제가 해결되지 않아 정부 출자에 의한 특별법으로 정책금융기관을 설립하기로 하였다. 이 은행 관련 입법이 의원입법으로 3개나 제시되어 이를 종합한 「중소기업은행법」안이 확정되었다. 이 은행은, 첫째 농업은행의 도시점포를 모체로 지점을 설치하고, 둘째 출자는 정부와 중소기업자의 공동출자를 원칙으로 하고 예외적으로 구 금융조합 비농민조합원의 청산지분을 출자하도록 하고, 셋째 업무는 중소기업 금융과 서민금융을 겸하면서 여신에 주력하고 재원조달을 위하여 재정자금의 차입 이외에 예금의 제한 없는 수입도 허락한다.[32] 이 법안은 군사정부하의 국가재건최고회의에서 1961년 6월 통과되었다.

중소기업은행은 1961년 7월에 공포된 「중소기업은행법」에 따라 영업을 시작하였다. 중소기업은행은 농업은행의 도시 점포를 승계하고 시중은행의 재정자금 대출, 한국은행으로부터 대충자금 대하금 등도 승계하였다. 신설 중소기업은행이 기존의 일반은행, 산업은행, 농업은행 등으로 다기하게 전개되고 있던 중소기업 금융 업무를 흡수하여 체계를 정비하고 이를 단일화하였다. 중소기업은행은 중소기업에 대한 자금의 대출과 어음의 할인 등 중소기업 금융을 주로 취급하면서 서민금융과 일반은행이 취급하는 예대 업무까지 겸영하였다. 이 은행은 1964년 4월부터 외국환 업무를 취급하면서 수출입금융 업무도 취급하게 되었고 1967년 5월부터는 외자 업무까지 취급하였다.[33]

---

32 기업은행(2011), 『IBK50년사 통사』, pp. 29~30.
33 앞의 책, pp. 40~41.

(2) 통합 농업협동조합의 출범

장면 정부에서 구 농협과 농업은행의 통합 개편 문제가 논의되기 시작하여 1961년 1월 농업은행을 개편하여 농협중앙금고를 설치하는 것으로 정리된 안은 재무부와 농업은행의 반대로 진전되지 못하였다. 중농정책을 표방한 박정희 군사정부가 1961년 5월 혁명정부 기본 정책에 협동조합 재편성 문제를 포함시키고 국가재건최고회의가 농협과 농업은행의 통합을 의결한 뒤 농림부 장관에 「농협·농은 통합처리에 관한 건」으로 전달함에 따라, 1961년 7월 말에 제정된 「농업협동조합법」에 의거하여 농업은행과 구 농업협동조합이 통합되어 농업협동조합이 설립되었다.[34]

통합 이전에는 농업금융 전담기관인 농업은행이 농업 부문의 신용사업을 담당한 반면, 구 농업협동조합은 경제사업을 담당하는 이원적 구조가 유지되었다. 1961년 8월부터 농업은행과 구 농업협동조합이 통합된 농업협동조합이 출범하여 경제사업과 신용사업을 겸영하게 되었다. 농업협동조합은 중앙회, 군조합, 단위조합 및 특수조합으로 구성되었다. 중앙회는 예금수입, 농업금융 채권의 발행, 정부 및 한국은행으로부터의 차입으로 자금을 조달하고, 이를 회원조합에 대한 여신과 사업자금으로 사용하였다. 특히, 농업협동조합은 군사정부의 주요 정책이었던 「농어촌고리채정리사업」에서 농촌의 고리채를 대환하는 역할을 담당하였다.

(3) 수산업협동조합의 설립

수산업과 관련하여 수산진흥은 수산업중앙회가, 수산금융은 농업협동조합과 산업은행이 담당하고 있었으나, 수산업중앙회는 자금력 취약으로 본래의 기능을 못하고 있어 수산업금융의 일원화가 요구되고 있었다.[35] 이미 1953년 과거의 「조선어업령」이 폐지되고 새로운 「수산업법」이 제정·공포됨에 따라 수산업단체의 육성과 수산업 발전이라는 정책적 과제가 제기되었다. 이에 상공부 수산국은 1954년 「수산업단체법

34 농협중앙회(2011), 『한국농협50년사(1961-2011)』, pp. 38~39.
35 한국은행(1993), 『우리나라의 금융제도』, p. 117.

안」을 기초하여 법제처에 회부하였다. 그렇지만 이후 법안 심의는 계속 지연되다가 1962년 4월에야 비로소 법안 시행이 이루어져 수산업협동조합중앙회가 수산업금융을 전담하는 산업정책금융기관의 하나로 설립될 수 있었다. 이 금융기관은 농업금융 대신 수산업금융을 전담하는 점을 제외하면 농협과 거의 동일하였다.

(4) 국민은행의 설립

1960년대에 들어서도 서민금융은 무진회사, 대금회사, 사채시장, 계 등 여러 형태로 이루어지고 있었는데, 계, 대금회사, 사채 등 사금융을 제도금융으로 흡수할 필요성이 적지 않았고 제도금융기관인 무진회사도 무진부금 수입에만 의존하여 제기능을 할 수 없었다. 군사정부는 일반서민금융과 영세상공업자의 금융기회를 제공할 수 있는 금융기관의 확장이 필요하여 1962년 「한국국민은행법」에 의한 한국국민은행을 설립하였다. 그러나 이렇게 설립된 한국국민은행은 흡수·합병한 무진회사의 부실채권, 납입자본금의 과소, 신규 증자의 어려움에 노출되었고 다른 국민은행 설립도 가능해 지방국민은행 설립운동이 치열해져 기타 서민금융기관의 발호 등의 우려도 적지 않았다.[36] 이런 이유로 새로운 「국민은행법」이 제정되고 1963년 2월 한국국민은행과 잔존한 2개 무진회사를 흡수·합병한 국민은행이 "영세금융에 관한 정부의 시책에 순응하여 서민경제의 발전과 향상을 기할" 목적으로 특수은행의 하나로 재출범하였다.

이 은행은 부금 예금, 한국은행과 기타 금융기관 차입, 재정자금 차입 및 자기자본으로 자금을 조달하였다. 이 은행은 서민금융기관으로 다른 은행과는 다음과 같은 점에서 자금운용을 달리하였다. 첫째, 수혜 대상이 서민이기 때문에 자금의 균점을 위한 동일인의 융자최고한도를 설정하였다. 둘째, 서민금융에서는 기한금융보다는 분할상환금융이 적합하여 급부금을 월부상환으로 운용하였다. 셋째, 「은행법」과 달리 신용대출 제한을 완화하고 단기성 자금보다는 중기성 자금 대출을 원칙으로 하였다. 이에

36 한국은행(1975b), 『한국의 금융제도』, p. 284.

따라 전체 운용자금의 절반 이상으로 급부금으로 운용되고 그것의 1/2 정도가 대출금으로 운용되었다.

(5) 한국외환은행의 설립

1967년부터 「제2차 경제개발계획」이 시행되고 외자도입과 수출 주도 공업화가 본격화되면서 대외거래와 외국환 업무가 크게 증가하여 외국환 전문은행의 설립이 요구되었다. 당시 중앙은행인 한국은행이 외국환 업무의 대부분을 취급하고 외자와 차관 도입에 따른 지급보증 업무도 독점적으로 수행하고 있었다. 반면에 무역금융 업무는 5개 시중은행이, 외국환 업무는 한국은행이 취급하는 등 외국환 업무와 무역금융 업무가 이원화되는 문제가 있었다. 이에 따라 정부는 1966년 7월 「한국외환은행법」을 제정·공포하고 1967년 1월에 한국외환은행을 설립하였다. 이때 외환은행이 한국은행으로부터 이관받은 주요 업무는, ① 외국환의 매매 및 기타 외국환 거래, ② 신용장 및 기타 대외지급보증 업무, ③ 기타 대한민국과 외국과의 지급 및 추심 등이었다.[37]

이 외환은행은 한국은행의 외환예탁금, 외국 금융기관 및 한국은행 차입금, 예수금과 자기자본 이외에 외화채권을 발행할 수 있도록 하였으나 당시에는 자본시장 미성숙으로 채권 발행은 별다른 실적을 내지 못하였고 주로 외국 차관이나 한국은행 차입에 주로 의존하였다. 이 은행은 수출금융을 비롯한 원화대출, 외환대출, 외국환 매입, 외화예치금 등을 취급하였다.[38]

(6) 한국주택금고의 설립과 한국주택은행으로 전환

우리나라의 주택공급이 인구 증가, 도시집중, 핵가족화 등으로 인가 주택수요 증가세를 따라가지 못함으로써 주택난이 심각하였지만 주택금융은 전세제도가 대신하는 수준에 그치고 있다. 한국산업은행이 1957년경부터 귀속재산처리금, 대충자금, 재

37 한국은행(1975b), pp. 267~268.
38 앞의 책, pp. 269~275.

정자금 등을 재원으로 주택사업을 지원하거나 주택금융을 실시하였지만 1963년에야 「주택자금운용법」이 제정되었다. 박정희 정부는 주택자금의 공급 확대 및 민간자금 유치를 위해 주택금융을 전담하는 기구가 필요하여 1967년 7월 「한국주택금고법」을 제정하고 주택금고를 설립하였다. 1969년 1월 「한국주택금고법」이 「한국주택은행법」으로 개정됨에 따라 이 금고가 한국주택은행으로 재탄생하였다.[39]

한국주택은행(이하 주택은행)은 일반예금, 주택부금, 정부차입금 외에도 주택채권이나 주택복권을 발행하여 소요자금을 조달하였다. 초기의 주택부금 비중은 매우 낮았고 주택채권과 일반예금에 크게 의존하였다. 이 은행이 제공한 주택자금은 주택건설, 신규 주택 구입, 대지조성자금 및 소규모 주택건설자금에 주로 활용하였다.[40]

(7) 개발금융기관의 설립

1960년대 후반에 경제개발계획이 본격적으로 추진되면서 장기 자금수요가 늘어나고 이를 공급하는 한국산업은행이 있었지만 민간의 참여도 필요하였다. 민간기업에 대한 중장기 투융자를 목적으로 하는 한국개발금융회사가 「상법」에 의거하여 1967년 4월에 설립되었다. 이 회사는 국제금융공사의 도움을 받아 내외국인 공동출자에 의해 설립되었는데 한국투자금융회사와 한국리스회사의 설립도 주도하였다. 이 회사는 1979년 12월 제정된 「장기신용은행법」에 의거 1980년 6월에 장기신용은행이 재출범함에 따라 이에 편입되었다.

1960년대 후반 수출구조 변화에 상응하여 연불거래 방식에 의한 중화학공업제품의 수출과 해외 투자를 효율적으로 지원할 수 있는 전담금융기관이 필요하여 1967년 7월에 「한국수출입은행법」이 제정되었으나 당시 재정사정과 자본재 수출 규모 등을 고려하여 한국외환은행이 1억 원의 재정자금으로 그 업무를 대행하였다. 그러나 1970년대 선박을 중심으로 한 연불수출이 급증함에 따라 1976년 7월에 한국은행, 외환은

39 한국은행(1975b), pp. 291~292.
40 앞의 책, pp. 293~297.

행 및 정부의 출자로 한국수출입은행이 설립되었다.[41]

이 은행은 연불거래 방식에 의한 선박, 플랜트 등의 수출자금 대출, 해외 투자 및 자원개발 사업에 대한 대출, 수입자금 대출, 외국 수입업자에 대한 대출, 이와 관련된 보증 외국환 업무를 취급하였고 자금은 은행단 차관, 보유연불어음 매각에 의하여 조달하였다.[42]

(8) 국민투자기금의 설립

박정희 정부는 중화학공업, 전기업, 식량 증산 등 주요 산업의 설비투자에 소요되는 자금을 효율적으로 공급하기 위해 1973년 12월 「국민투자기금법」을 공포하였다. 이 법에 의하면 국민투자채권의 발행, 정부로부터 전입 또는 예탁 등으로 조성된 자금을 금융기관을 통해 이 법에서 정하는 중화학공업 등 중요 산업에 융자하는 것이 이 기금의 주요 기능이었다. 이 기금은 재무부 장관이 운용하되 주요 사항은 국무총리 산하의 국민투자기금운용심의회의 심의를 거치고 관리는 한국은행이 담당하였다. 이 심의회에는 국무총리, 경제부처 장관, 한국은행 및 산업은행 총재 등 정부의 고위 정책당국자가 참여함으로써 정부 주도의 정책금융기구로서 틀을 갖추었다.[43]

기금의 주요 재원인 국민투자채권의 발행은 국민저축예금을 비롯하여 국민복지연금, 우편저금 및 국민생명보험, 각종 공공기금, 금융기관 저축성예금, 불특정금전신탁, 손해보험자금 등으로 인수하거나 예탁한 것을 바탕으로 하고 있다. 이 기금의 운용 대상이 되는 중요 산업은 중화학공업, 전기업, 광업, 새마을공장 등이 포함되어 있었다.[44] 이 기금은 다른 기금과는 달리 정부의 전입금이나 예탁금에만 의존하지 않고 국민투자채권을 발행하여 재원을 조정함으로써 많은 종류의 금융자금을 이용할 수 있다는 점에서 다른 기금과는 큰 차이가 있었다.

41 한국은행(1975b), pp. 313~314.
42 앞의 책, pp. 315~316.
43 한국은행(1986), 『우리나라의 금융제도』, pp. 204~205.
44 앞의 책, pp. 205~207.

4. 일반금융기관의 설립과 확장

1) 일반은행의 재편과 확장

박정희 정부는 1950년대 말 민영화되어 통제력이 약화된 시중은행에 대한 금융적 통제력을 회복하는 데에 필요한 조치를 단계적으로 추진하였다. 정부는 군사정변 직후인 1961년 6월에 1957년 민영화되면서 소수의 재벌이 대주주가 된 시중은행부터 통제를 강화하기 위해 「금융기관에 대한 임시조치법」을 제정하여 금융기관 대주주 의결권의 행사를 제한하고 대주주 주식의 양도 및 질권 사용을 금지하였다.[45] 시중은행들의 대주주 인사권까지 부정하는 이러한 조치로 정부가 민간시중은행의 인사권을 곧바로 장악할 수 있게 되었다. 나아가 정부는 그해 10월에 「부정축재처리법」에 의거하여 대주주의 보유 은행주식을 환수함으로써 민영화된 지 4년밖에 안 되는 시중은행을 다시 국영은행으로 전환하는 시중은행의 국영화를 감행하였다.

이런 방식으로 국영화된 시중은행은 한국상업은행, 조흥은행, 한일은행(구 한국흥업은행, 1960년 개명), 제일은행(구 저축은행, 1958년 개명)이었다. 서울은행은 1959년 12월 서울시와 경기도를 영업지역으로 하는 지방은행으로 개점하였으나 1962년 9월 부산지점을 설립인가 받아 전국은행으로 전화되어 시중은행은 5대 은행이 되었다.[46]

한국신탁은행은 신탁 업무를 전담하는 금융기관으로 1968년 12월 설립되었다. 이 은행은 정부가 대주주이지만 5대 시중은행도 출자를 하였다.[47] 시중은행도 신탁 업무를 겸영하고 있었지만 신탁은행은 은행 업무와 함께 신탁 업무를 수행하기 때문에 「신탁업법」과 「은행법」에 의해 이중적인 규정을 받아 초기에는 은행 업무에서 제한이 있었다. 하지만 1973년 11월경에는 이 제한도 거의 사라져 시중은행과 비슷해졌다.

45 한국은행(2000), 『한국의 금융·경제연표』, p. 160.
46 한국은행(1975b), pp. 231~232.
47 앞의 책, pp. 237~238.

박정희 정부는 1962년 5월 「은행법」도 개정하여 시중은행의 경제개발을 위한 정책적 기능이 강화되었다.[48] 첫째, 금융기관의 자기자본에 대한 운용 비율을 10배에서 15배로 증액하고 금융통화운영위가 이 비율을 변경할 수 있도록 하였다. 둘째, 금융기관 자본금을 1억 환에서 15억 환으로 대폭 증액하였다. 셋째, 장기 금융 업무를 확대하면서 주식, 장기 회사채도 인수할 수 있게 하였다.

2) 지방은행과 외국 은행 지점의 설립

지방은행은 「은행법」에 의거하여 설립된 은행으로 영업구역이 특정 지역으로 제한되고 있는데 효시는 1959년 설립된 서울은행이었다. 지방은행이 본격적으로 설립된 시기는 1967년부터 1971년까지이었다. 이 시기에 지방은행은 금융 업무의 지역적 분산과 지역경제의 균형된 발전을 도모하고자 시도단위로 설립되었는데, 이 은행은 시중은행과는 달리 민간이 출자하고 운영하는 규모가 작은 은행이었다.[49] 일부 지방은행은 서울에 지점을 두었다.

외국 은행 국내 지점은 국외 금융시장과의 유대 강화와 국내 은행 국제경쟁력 제고를 위하여 1967년부터 허가되기 시작하였다. 1967년 7월 미국계 체이스 맨허튼 은행이 처음으로 허가되고 이어서 미국계 퍼스트 내서널 시티 은행, 뱅크 오브 아메리카, 영국계 차터드 은행, 일본계 도쿄은행, 미쓰비시은행, 후지은행, 다이이치은행의 지점들이 설치되었다. 외국은행 국내 지점과 별도로 국내 사무소들도 허용되었다.

3) 비은행 금융기관의 설립과 확충

1960년대 경제개발계획의 성공과 급속한 경제성장에 따라 기업의 자금수요는 급

48 재정금융30년사편찬위원회(1978), 『재정금융30년사』, p. 115.
49 앞의 책, p. 232.

증하였지만 금융기관, 이른바 제도금융권의 자금공급은 이를 충족할 수 없었다. 이로 인해 높은 금리의 사채가 성행하였고, 기업도 고리의 사채에 의존하고 있었다. 이와 같은 이유로 기업의 재무구조가 악화되고 기업의 기술 수준도 낮아 차관기업을 포함한 많은 기업이 부실기업으로 변하고 있었다. 특히, 1972년 상반기 중에 민간투자와 고용 증가가 둔화되는 등 경기하강 국면이 본격화하자 박정희 정부는 종래와 같은 재정·금융정책이 한계에 직면하자 경제의 활력을 회복하기 위해 1972년 8월 2일 대통령 긴급명령권을 발동하여 「경제의 안정과 성장에 관한 긴급명령」을 공포하였는데, 이것이 이른바 8·3 조치이다. 이 정부는 8·3 긴급경제조치를 단행하면서 사채시장을 정리하고 이를 제도금융권으로 흡수하기 위해 「단기금융업법」, 「상호신용금고법」, 「신용협동조합법」을 제정하고 1972년 8월에 공포하였다.

「단기금융업법」은 신설된 단기 금융기관이 시중에서 유통되고 있는 거액의 사채자금을 흡수하여 이를 기업의 단기 운용자금으로 공급할 제도적 기반을 마련하기 위해 제정되었다. 이 법의 제정에 따라 1972년 5월부터 어음의 할인매매 업무를 하고 있던 한국투자금융회사가 9월에 업무를 개시하고 이어서 많은 단기 금융회사가 설립되어 어음의 할인, 자체어음의 발행, 어음 매출을 수행함으로써 단기 금융시장이 크게 발전하게 되었다.

「상호신용금고법」은 상호신용금고를 설립하여 사금융조직인 서민금고 및 사설무진을 제도금융권으로 흡수하기 위해 제정되었다. 이 법의 제정에 따라 서민금고와 사설무진 등이 인가를 받기 위해 신고를 하고 1972년 9월 현재로 본점 624개, 지점 314개, 합계 938개에 이르렀으나 부실금고가 많아 1975년 9월 말에는 본점 229개, 지점 79개, 합계 308개로 줄어들었다.[50] 이 금고는 상호신용계, 상호부금, 소액 신용대출 및 어음할인을 통해 단기 금융시장의 제도화와 확장에 기여하였다.

그리고 「신용협동조합법」은 도시 영세민과 농어민을 대상으로 운영해 오던 각종

50 한국은행(1975b), pp. 325~326.

신용조직을 정비하여 신용협동조합, 마을금고, 농수협상호금융으로 흡수하기 위해 제정되었다. 이 법의 제정에 따라 임의조직이었던 신용협동조합과 마을금고는 법적 근거를 가지게 되었고 농수협 단위조합의 상호금융도 이 법의 규제를 받게 되었다.

4) 보험기관의 정비

박정희 정부는 경제개발 추진에 필요한 내자동원을 극대화하기 위해 보험기관도 활용하고자 보험산업 정비에 착수하였다. 첫째, 보험산업의 제도적 정비를 위해 1962년 1월 보험 3법, 즉 「보험업법」, 「보험모집단속법」, 「외국보험사업자에 관한 법률」을 제정하였다. 둘째, 손해보험과 생명보험회사의 자본금을 증액하고 여력이 없는 회사는 합병하도록 하여 생명보험회사는 9사에서 7사로, 손해보험회사는 14사에서 10사로 줄어들었다. 셋째, 정부의 전액 출자에 의해 1963년 3월 대한손해재보험공사가 설립되었다. 보험계약의 거액화로 1968년 7월부터는 해외 부보가 허용되었다. 넷째, 개인 및 기업의 신용 부족 문제를 해결하기 위해 1969년 2월 보증보험회사도 설립되었다. 이러한 보험관계법과 보험기구의 정비에도 불구하고 보험에 대한 일반인의 관심 부족, 보험회사의 공신력 취약 등으로 1970년대까지 생명보험은 부진을 면치 못하였다.[51]

이 정부는 보험산업의 근대화를 내세워 1977년 12월 보험 3법을 「보험업법」으로 통합하여 제정하고 보험금의 지급절차 개선, 보험약관의 간소화, 생명보험 소득공제의 노입, 보험산업의 국제화 등을 추진하였다. 그리고 1978년 3월 한국보험공사를 설치하여 보험산업에 대한 감독을 강화하였다. 즉, 한국보험공사는 재무부 장관을 보좌하여 보험사업자에 대한 검사, 보험모집인 관리를 감독하면서 원보험과 재보험사업도 겸영하였다.[52]

51 한국은행(1993), p. 194.
52 앞의 책, p. 236.

5) 신탁기구의 정비

박정희 정부는 경제개발에 필요한 장기 저축성자금의 동원을 확대하기 위해 신탁업 육성의 필요성이 커지자 1961년 11월 「신탁법」과 「신탁업법」 등 신탁업과 관련되는 기본 법령을 정비하였다. 한일은행의 신탁 업무가 크게 신장되었고[53] 1962년 11월부터 다른 시중은행도 신탁 업무를 취급하였다. 지방은행인 부산은행이 1968년부터 신탁 업무를 취급하는 것을 계기로 일반은행의 신탁 업무가 확산되었다.

일반은행의 신탁 업무는 확장되었으나 새로운 상품 개발이 부진하고 수탁자금의 대부분이 은행계정으로 전용되는 문제점이 나타났다. 또한 신탁업의 장기 금융 기능과 재무관리를 강화할 신탁전담기관의 필요성이 커졌다. 이에 따라 박정희 정부는 1968년 12월 한국신탁은행을 설립하는 한편, 신탁업 겸영 은행의 신규 신탁수탁을 금지하였고, 1970년 12월부터 일반은행의 신탁계정을 한국신탁은행으로 이관하였다. 이 은행은 1976년 서울은행과 합병하여 서울신탁은행이 되었는데, 1983년 이후 지방은행과 시중은행의 신탁업 겸영이 다시 허용될 때까지 신탁업을 독점하였다.

53 『조선신탁업령』에 의거 1933년 설립된 조선신탁회사는 1946년 5월 일반은행으로 전환되면서 조선신탁은행(1950년 4월부터 한국신탁은행)으로 개칭되었고, 1954년 10월 한국신탁은행과 조선상호은행이 합병되어 한국흥업은행이 되었다가 1960년 1월 한일은행으로 되었다. 이 은행은 1960년 7월부터 신탁 업무를 중단하였다.

제20장 경제개발 시대의 금융기관

500
오십원
50

1. 금융기관의 체계와 구성

1) 금융기관 체계와 그 변화

광복 이후 우리나라의 금융기관은 재편되거나 신설됨으로써 변화가 있었지만 경제개발계획이 시작된 1961년경에는 그 체계가 비교적 단순하였다. 1950년 설립된 한국은행이 중앙은행 역할을 수행하고 있었고, 예금은행에 해당하는 일반은행으로는 전국적인 지점망을 가진 시중은행인 한국상업은행, 조흥은행, 제일은행(구 한국저축은행), 한일은행(구 한국흥업은행) 4개가 있었다. 예금은행에 해당하는 특수은행으로는 농업은행과 농협이 통합되어 설립된 농협과 농업은행의 도시 점포를 기반으로 중소상공업 금융을 담당하는 중소기업은행이 설립되었다. 개발금융기관(개발은행)으로서 산업은행은 1954년 설립되어 장기 금융을 담당하고 있었다. 저축기관으로는 은행이 담당하는 신탁계정이 있었고 1961년 말 「우편저금법」이 제정되어 우체국이 부대 업무로 우편저금(당시 체신저금)을 취급하였고, 자생적으로 설립되었지만 아직 제도화되지 못한 신용협동조합이 전국 각지에 있었다. 그리고 1956년 대한증권거래소가 설립되어 증권거래소 역할을 수행하고 있었고 이러한 증권거래를 중개하는 증권회사 다수가 설립되어 활동하고 있었다.

박정희 정부가 국가의 정책적 목적으로 여러 금융기관을 신설하거나 확장하고 재편한 결과 [표 20-1]에서 보듯이 금융기관 체계의 변화가 적지 않았다.

첫째, 중앙은행인 한국은행은 1962년 「한국은행법」의 대대적 개정으로 정부의 한국은행에 대한 통제가 강화되었다. 한국은행은 중앙은행으로서 자금배분과 자금동원의 정점에서 정부의 지시나 요구에 따라 이 역할을 수행하게 되었다. 가장 중요한 역할은 화폐가치의 안정보다 발권력을 동원하여 각종 정부 투자사업을 지원하는 것이었다.

둘째, 박정희 정부는 각종 정부정책을 지원하면서 자금동원을 극대화하는 방안으

[표 20-1] 경제개발 시대의 금융기관 체계도

종류		금융기관명	설립연도	1961	1978
중앙은행		한국은행	1950	1	1
예금은행	일반은행	시중은행	1897	4	5
		지방은행	1967		10
		외국 은행 지점	1967		27
	특수은행	농업협동조합	1961	1	1
		중소기업은행	1961	1	1
		수산업협동조합	1962		1
		국민은행	1963		1
		외환은행	1967		1
		주택은행	1969		1
개발(금융)기관(개발은행)		산업은행	1954	1	1
		한국개발금융회사	1967		1
		수출입은행	1976		1
저축(금융)기관	은행 신탁계정		1961		n.a.
	상호신용금고		1972		229*
	신용협동기구	신용협동조합	1960		471*
		상호금융	1969		
		새마을금고	1964		941*
	체신예금		1961	1	1
투자(금융)기관	투자금융	투자금융회사	1972		11
		종합금융회사	1975		5
	투자신탁	투자신탁회사 (한국투자공사)	1974 (1970)		2
	증권금융	증권금융회사	1955		1
보험기관	생명보험	생명보험회사	1921		6
	손해보험	손해보험회사			
증권기관	증권거래소	대한증권거래소	1956	1	1
	증권회사		1949	n.a.	27
신용보증기관		신용보증기금	1974		1

자료: 한국은행, 『경제통계연보』, 해당 연도; * 한국은행(1975), 『우리나라의 금융제도』; The Bank of Korea(1978), *Financial System in Korea*.

로 특수은행을 설립하거나 재편하면서 이들의 역할을 강화시켜 나갔다. 특수은행은 농업협동조합과 중소기업은행에 이어 국민은행, 한국외환은행, 한국주택은행 등을 연이어 설립하였다.

셋째, 개발금융기관인 산업은행도 1961년부터 여러 차례 「한국산업은행법」 개정을 통해 법정자본금을 계속 확장하고 산업금융채권 발행한도도 납입자본금 10배 기준에 적립금을 추가하고 정기적금 수입을 취급하도록 하고 외자도입을 확대하는 등 자금동원력을 대폭 확대하였다. 또한 경제개발을 위한 장기 공급에 제한이 되는 각종 자금운용에 대한 규제도 줄어들어 개발금융 수요에 적극 대응할 수 있게 되었다.[1]

넷째, 시중은행을 민영화하였지만 신설되지 않고 1962년 지방은행인 서울은행이 시중은행으로 전화되었을 뿐이었다. 앞서 설명한 바와 같이 이 정부는 시중은행의 신설보다는 규모를 확대하면서 정책지원 기능을 강화하였다.

다섯째, 1972년 「단기금융업법」, 「상호신용금고법」, 「신용협동조합법」을 제정하고 1972년 8월에 공포됨에 따라 투자금융회사, 상호신용금고, 신용협동조합, 종합금융회사 등 다양한 금융기관이 신설되면서 비은행 금융기관이 확장되어 금융구조가 다원화되었다.

여섯째, 1970년대 접어들어 증권시장 육성을 위해 기업공개가 강제적으로 추진되고 증권 관련 기관의 정비 및 확충이 이루어졌다. 간접투자의 출발점이 되었던 한국투자공사가 발전적으로 해체되면서 한국투자신탁이 설립되었다.

일곱째, 신용보증기금은 담보능력이 미약한 기업의 채무를 보증하여 자금융통을 원활히 하고 신용정보의 효율적인 관리·운용을 통하여 건전한 신용질서를 확립하고자 「신용보증기금법」에 의해 설립되었다. 신용보증기금은 1975년 3월 특수법인으로 신설되었으나 초기에 중소기업은행이 잠정적으로 업무를 대행하다가 1976년 6월 독립기구로 발족하였다.

1 한국산업은행(2014), 『한국산업은행60년사』, pp. 81~85.

2) 금융기관별 자산과 그 추이

경제개발 시대에 어떤 금융기관이 중추 금융기관이었고 금융기관이 얼마나 다양하였는가는 금융기관의 상대적인 비중을 통해 살펴볼 수 있다. 이러한 상대적 비중은 금융기관의 자산, 여신 및 수신을 기준으로 제시할 수 있다. 금융기관별 영향력을 파악하기 위해 금융기관별 자산을 집계한 자료 [표 20-2]를 보면, 예금은행과 산업은행의 비중이 압도적이었고 비은행 금융기관은 그 영향력이 아직은 제한적이었다.

[표 20-2] 금융기관의 자산 규모와 상대적 비율(1961~1979)

(단위: %)

연도	일반 은행	특수 은행	개발 기관	저축 기관	투자·종합 금융	투자 신탁	증권 금융	은행 신탁	합계 (10억 원)
1961	30.5	37.0	32.5						74
1962	40.6	28.9	30.5						101
1963	32.4	27.8	39.7						126
1964	29.5	25.5	45.0						166
1965	33.3	23.0	43.7						239
1966	33.5	22.0	44.5						351
1967	26.6	45.3	28.1						733
1968	29.3	48.2	22.5						1,197
1969	27.2	49.1	23.6						1,872
1970	28.5	46.6	24.8						2,556
1971	28.2	45.3	26.5						3,220
1972	32.3	39.9	23.2		0.0			4.6	4,362
1973	33.0	39.4	21.9	0.7	1.0			3.9	5,752
1974	35.2	34.3	24.8	0.7	1.9			3.0	7,735
1975	38.6	32.0	23.6	0.6	2.2	0.5		2.4	9,993
1976	36.1	29.5	27.7	0.6	2.7	0.8		2.6	13,417
1977	33.9	30.3	25.9	2.6	2.9	1.0	0.2	3.2	18,928
1978	34.2	31.4	23.2	3.0	3.4	1.2	0.3	3.3	26,530
1979	35.6	31.3	20.7	3.4	3.8	1.4	0.3	3.7	33,614

주: 개발기관에 한국개발금융은 제외됨.
자료: 한국은행, 『경제통계연보』, 각 연도.

첫째, 1960년대까지는 금융중개 업무에서 일반은행, 특수은행과 개발금융기관인 산업은행 등 세 유형의 금융기관 비중이 가장 높았다. 1960년대 특수은행은 설립과 확장으로 비중이 점차 증대하여 1960년대 말 50%에 가깝게 담당하다가 이후에는 다른 금융기관의 설립과 확장으로 비중이 줄어들어 1970년대 말에는 20%에 그치고 있다. 일반은행은 1960년대 후반부터 지방은행의 설립과 외국 은행 지점의 진출로 다소 기복은 있었지만 30~40%로 안정되어 있었다.

둘째, 비은행 금융기관인 저축기관, 투자기관과 신탁 등이 1972년 이후 계속 설립되고 확장되었으나 1970년대 후반에는 15% 전후에 그쳤다. 따라서 개발금융 시대에 금융기관의 다원화가 진행되었지만 1960~1970년대까지는 중앙은행인 한국은행을 제외하면 일반은행, 특수은행, 산업은행이 거의 3분하였다. 그렇지만 특수은행과 개발기관의 역할은 상대적으로 점차 줄어들고 있었다고 할 수 있다.

3) 금융기관별 여신과 그 추이

당시 신용배분의 주요 수단인 대출 또는 여신을 통해 자금공급에서 차지한 금융기관의 비중을 파악하기 위해 금융기관별 대출 또는 여신을 집계한 자료 [표 20-3]을 보면, 그 비중은 금융기관별, 시기별로 차이가 있었다.

첫째, 1960년대까지는 대출은 일반은행, 특수은행과 개발금융기관인 산업은행 등 세 유형의 금융기관이 주도하였다. 1960년대 특수은행은 설립과 확장으로 비중이 점차 증대하여 1960년대 말 40%에 가깝게 담당하다가 이후에는 다른 금융기관의 설립과 확장으로 비중이 줄어들어 1970년대 말에는 15%에 그치고 있다. 1960년대 후반부터 지방은행의 설립과 외국 은행 지점의 진출에 힘입어 일반은행의 신용공급 비중은 다소 기복이 있으나 30~40%로 안정되었고, 1967년에 40%를 넘어서고 있었다.

둘째, 비은행 금융기관인 저축기관, 투자기관과 신탁 등이 1972년 이후 계속 설립되고 확장되었으나 비중은 1970년대 후반에도 15% 전후에 그쳤다. 개발금융 시대에

[표 20-3] 금융기관의 여신 규모와 상대적 비율(1961~1979)

(단위: %)

연도	일반 은행	특수 은행	개발 기관	저축 기관	투자·종합 금융	증권 금융	은행 신탁	합계 (10억 원)
1961	24.1	37.7	38.2					53
1962	31.0	33.0	36.0					68
1963	29.8	34.2	36.0					77
1964	27.3	35.3	37.5					85
1965	33.9	31.2	34.9					111
1966	38.9	30.0	31.2					150
1967	42.0	37.8	20.2					259
1968	45.4	39.1	15.5					428
1969	48.5	37.7	13.9					693
1970	47.4	39.0	13.5					953
1971	47.1	40.1	12.8					1,235
1972	45.9	32.6	14.4		0.1		6.9	1,657
1973	46.0	30.4	14.2	1.6	2.4		5.5	2,245
1974	48.7	29.8	12.8	1.4	3.9		3.4	3,340
1975	48.8	28.2	14.4	1.3	4.6		2.7	4,217
1976	48.1	26.9	14.7	1.4	5.6		3.4	5,428
1977	44.8	25.0	15.1	5.4	5.3	0.4	4.0	7,474
1978	45.6	24.1	14.6	5.8	6.0	0.5	3.4	11,054
1979	44.5	25.1	15.4	5.0	6.3	0.5	3.3	15,379

주: 개발기관에 한국개발금융은 제외됨.
자료: 한국은행, 『경제통계연보』, 각 연도.

금융기관의 다원화가 진행되기는 하였으나 1960~1970년대까지는 일반은행, 특수은행, 산업은행 순으로 금융중개를 주도하는 체제가 유지되었고 개발금융기관까지 포함하여 은행의 대출 비중을 보면 90%를 넘어섰다.

4) 금융기관별 수신과 그 추이

금융기관 자금조달의 주요 수단인 예금, 수신, 신탁, 그리고 채권 발행 등을 통해 조달한 자금 비중을 파악하기 위해 금융기관별 예금 또는 여신을 집계한 자료인 [표 20-4]를 보면, 그 비중도 금융기관별, 시기별로 차이가 있었다.

첫째, 1960년대까지는 자금동원에서 일반은행, 특수은행 등 두 유형의 금융기관 역할이 중요하였다. 개발금융기관인 산업은행은 채권 소화가 어려워 정부 차입이나 보조에 주로 의존하였다. 1960년대 특수은행은 설립과 확장으로 비중이 점차 증대하여 1960년대 말 45%에 가깝게 담당하다가 이후에는 다른 금융기관의 설립과 확장으로 비중이 줄어들어 1970년대 말에는 25%에 그치고 있다. 일반은행의 예금 형식의 수신

[표 20-4] 금융기관의 수신 규모와 상대적 비율(1961~1979)

(단위: %)

연도	일반 은행	특수 은행	개발 기관	저축 기관	투자·종합 금융	투자 신탁	증권 금융	은행 신탁	합계 (10억 원)
1961	70.4	20.8	8.8						27
1962	71.9	25.0	3.1						42
1963	66.0	31.8	2.2						40
1964	64.3	33.8	1.9						44
1965	68.1	29.5	2.4						83
1966	64.0	33.6	2.4						132
1967	49.0	50.0	1.0						284
1968	49.1	47.9	3.0						519
1969	49.8	45.9	4.3						843
1970	48.3	46.3	5.4						1,089
1971	52.3	43.6	4.2						1,265
1972	50.2	35.4	3.9	1.3	0.1			9.1	1,837
1973	46.7	37.6	4.0	2.4	1.8			7.4	2,606
1974	52.2	27.1	3.6	3.0	6.8			7.3	2,792
1975	58.8	24.8	2.6	2.4	4.9	0.8		5.7	3,722
1976	54.6	26.5	3.0	2.3	5.9	1.6		6.0	5,052
1977	48.5	28.8	3.2	5.6	5.4	1.7	0.0	6.9	8,082
1978	48.0	28.0	2.9	6.0	6.0	1.9	0.1	7.1	11,311
1979	46.5	27.6	2.7	6.6	6.2	2.4	0.0	8.0	14,516

주: 개발기관의 수신에는 채권 발행도 포함. 개발기관에 한국개발금융은 제외됨.
자료: 한국은행, 『경제통계연보』, 각 연도.

비중은 1960년대 전반에는 60%를 넘어섰으나 특수은행의 확장으로 1970년대에는 50% 전후에 그치고 있었다.

둘째, 비은행 금융기관인 저축기관, 투자기관과 신탁 등이 1972년 이후 계속 설립되고 확장되면서 자금조달 능력이 크게 개선되어 25%로 크게 증가하였다. 비은행 금융기관 중에서 은행의 신탁 비중이 가장 높았다. 따라서 1960~1970년대까지는 일반은행과 예금은행이 자금동원을 주도하였고 1970년대 말까지도 개발금융기관과 은행신탁까지 포함하면 은행 금융기관이 금융기관 수신의 85% 이상을 담당하였다고 할 수 있다.

2. 예금은행의 업무와 역할

1) 예금은행의 업무와 역할

1960년대부터 특수은행이 다수 설립됨에 따라 은행은 일반은행과 특수은행으로 양분되었다. 일반은행은 「은행법」에 따라 그 업무가 정해졌다. 특수은행은 해당 개별 은행법에 의거하여 업무가 정해졌기 때문에 특수은행은 그 설립목적이나 정책적 기능에 따라 그 업무가 매우 다양하였다. 반면에 일반은행은 「은행법」에 따라 주요 업무는 수신(예금), 여신(대출), 유가증권투자, 내외국환 등이었고 부수 업무로는 국고수납, 보호예수 등이 있었다. 그리고 1964년 10월부터 지급보증 업무를 취급하기 시작하였고 이 업무가 확대됨에 따라 일반은행의 주요 업무가 되었다. 반면에 특수은행은 그 설립목적에 따라 주요 업무에서 차이가 있었다. 예를 들어, 외환은행은 외환·수출입·외자·무역금융 및 차관에 대한 보증을 주요 업무로 하였고, 중소기업은행, 농협, 수협 등은 일반은행과 비슷한 업무를 하였지만 특정 집단의 금융적 지원을 주된 업무로 하고 있었고, 주택은행은 주택자금 공급을 주요 업무로 하였지만 일반자금도 취급하였다.

예금은 예금은행의 가장 중요한 자금조달원인데, 이 점에서는 일반은행이나 특수은행이나 큰 차이가 없었다. 당시 예금은 요구불예금으로 당좌예금, 보통예금, 별단예금 및 기타 요구불예금이 있었고, 저축성예금으로 정기예금, 통지예금, 정기적금 등이 있었다. 예금종류는 1970년대까지도 큰 변화를 보이지 않았으나 세부적으로 보면 변형되거나 결합된 예금상품이 새로 등장하였다.[2] 예를 들어, 복지예금은 보통예금이지만 손해보험으로 납부하게 하고 이자율이 다소 높은 가계예금이 등장하였고, 정기예금으로는 분할인출이 가능한 불특정정기예금이나 우대금리를 적용하는 특별정기가계예금 등이 나타났다. 1974년 5월부터 무기명으로 양도가 가능한 양도성정기예금제도가 도입되었지만 이용이 적어 은행 경영에 미친 영향은 무시해도 좋을 정도로 작았다.

대출은 일반은행의 가장 중요한 자금운용 방식이자 수입원이다. 대출은 정부로서도 가장 중요한 신용공급 방식이므로 정책적으로 주목받는 업무이다. 일반은행은 일반대출, 상업어음할인, 수출지원 금융 등 단기 자금뿐만 아니라 중장기 분할상환대출, 공업육성자금, 수출산업설비금융 등 중장기 자금의 공급도 담당하였다. 일반은행은 단기 운전자금뿐 아니라 중장기 설비투자자금을 함께 공급하였다.

이와 달리 특수은행은 설립목적이나 개별 은행법에 따라 대출의 용도나 대상이 제한되었다. 개발금융기관인 산업은행은 중요 산업의 개발에 기여하는 시설의 취득 또는 개·보수에 필요한 1년 이상의 대출을 담당하기로 되어 있었다. 농협이나 수협은 원칙적으로 조합원 또는 회원으로 대상을 제한하고 용도도 관련 산업으로 제한하고 있었다. 중소기업은행은 용도보다는 대상을 중소기업으로 제한하고 있었다. 외환은행은 그 대상보다는 외화대출, 수출입 업무, 무역금융 등 용도를 주로 제한하였다.

일반은행은 「은행법」에 따라 요구불예금 25%를 초과하지 않는 범위에서 주식을

2 한국은행(1975), 『한국의 금융제도』, pp. 192~195.

인수하거나 만기 3년 이상의 채권이나 증권에 투자할 수 있었다. 일반은행은 국채, 지방채, 주식, 회사채, 정부보증채, 통안증권, 재정증권 등 매우 다양한 유가증권을 보유하고 있었다.

예금은행은 국내 결제에 해당하는 내국환 업무는 제한 없이 취급하였으나 대외 결제에 해당하는 외국환 업무는 1961년 12월 「외국환관리법」이 제정되기 이전에는 한국은행이 전담하였다. 1962년 4월부터는 시중은행도 외국환 업무를 부분적으로 취급할 수 있게 되었다가 1960년대 후반 외환거래가 급증하자 1967년 외환은행이 설립되고 시중은행의 외환 취급 범위도 확대되었다. 1970년대 후반에 이르면 5개 시중은행, 주택은행과 국민은행을 제외한 특수은행, 외국 은행 국내 지점, 일부 지방은행까지 외국환을 취급할 수 있게 되었다.

지급보증 업무는 1964년 8월에 제정된 「지급보증업무취급요령」에 따라 금융기관이 취급하게 되었다. 첫째, 지급보증은 원칙적으로 공공기관을 대상으로 하지만 수출입과 관련되는 경우 예외적으로 취급할 수 있었다. 둘째, 지급보증은 원칙적으로 지급보증서 발급에 의하지만 경우에 따라 환어음 인수 또는 보증, 약속어음 보증도 가능하였다. 셋째, 회사채 보증 업무는 한국은행의 지침에 따라 운용한다는 것이다. 보증한도는 회사의 자본금과 적립금에 따라 조정되었다. 이 지급보증은 원화 표시 또는 외화 표시로 이루어졌다.

2) 예금은행의 금융기관별 자산과 그 추이

예금은행은 일반은행과 특수은행으로 나뉘는데, 일반은행은 시중은행, 지방은행, 외국 은행 지점으로 구분되었다. 특수은행은 설립연도에 따르면 농협, 중소기업은행, 국민은행, 수협, 외환은행, 주택은행 순이었다.

예금은행에 속하는 금융기관별 규모는 자산으로 비교해 볼 수 있다. [표 20-5]에서와 같이 자산 규모별로 보면, 1961년에는 시중은행, 농협, 중소기업은행의 자산 비중

[표 20-5] 예금은행 금융기관별 자산의 상대적 비율(1961~1979)

(단위: %)

연도	일반은행			특수은행						합계 (10억 원)
	시중은행	지방은행	외국은행	농협	중소기업	국민	수협	외환	주택	
1961	48.9			42.4	8.7					46
1962	59.8			28.3	7.8	4.0				74
1963	53.7			31.6	9.0	4.8	0.8			83
1964	49.0			38.9	7.1	4.4	0.7			120
1965	50.9			36.3	6.9	4.8	1.1			175
1966	58.0			29.2	6.6	5.5	0.7			273
1967	58.9	0.2	0.5	26.3	6.6	5.8	1.7			411
1968	38.9	0.8	0.4	16.7	3.5	3.3	0.8	34.2	1.3	1,177
1969	41.6	1.3	0.6	9.7	3.6	3.8	1.0	36.9	1.5	1,716
1970	43.1	1.8	0.7	8.8	3.7	3.9	1.1	35.3	1.6	2,251
1971	43.5	2.4	1.0	8.2	3.8	4.0	1.0	34.5	1.8	2,806
1972	44.7	3.6	1.5	7.7	3.9	4.1	0.9	31.6	2.0	3,536
1973	43.9	4.9	2.0	7.1	3.9	4.0	0.8	31.3	2.1	4,704
1974	46.7	6.6	2.0	7.6	3.8	3.7	0.9	26.7	2.2	5,992
1975	49.2	7.9	3.1	7.3	3.4	3.2	0.7	23.1	2.0	8,351
1976	52.1	7.9	3.2	7.4	3.2	3.4	0.8	20.0	2.1	11,084
1977	50.1	7.4	4.0	7.3	3.1	3.8	0.8	20.8	2.6	15,508
1978	50.1	6.9	4.4	7.2	3.3	3.9	0.8	20.7	2.8	22,212
1979	50.8	6.6	5.3	6.8	3.6	4.1	0.8	19.1	2.9	28,972

주: 지급보증이 포함.
자료: 한국은행, 『경제통계연보』, 각 연도.

이 48.9%, 42.4%, 8.7%로 특수은행을 대표하는 농협이 시중은행에 비견될 정도로 규모가 컸다. 1969년에는 시중은행, 외환은행, 농협의 자산이 41.6%, 34.2%, 9.7%로 시중은행의 비중은 약간 줄었지만 규모가 큰 외환은행이 설립되어 농협의 비중이 급감하였다. 1970년대에 접어들어서는 시중은행의 비중이 다시 높아지고 신설된 지방은행과 외국 은행 지점 및 국민은행의 비중도 높아졌지만 외환은행의 비중은 낮아졌다. 1979년 자산 기준으로 보면 시중은행 50.8%, 외환은행 19.1%, 농협 6.8%, 지방은행 6.6%, 외국 은행 지점 5.3%, 국민은행 4.1%, 중소기업은행 3.6%, 주택은행 2.9% 순이다. 여기서 주목할 부분은 시중은행의 비중이 매우 안정적으로 전체의 절반을 차지하고 있다는 것이다. 즉, 특수은행의 신설과 확장에도 불구하고 예금은행으로서 시중은행의 역할은 견고하였던 것이다.

3) 예금은행의 자금운용과 그 추이

예금은행의 자금운용은 대차대조표의 자산계정을 통해 파악할 수 있다. 예금은행은 대출을 주요 업무로 하지만 투자 업무도 담당하므로 유가증권을 보유하며, 예금에 대한 준비금으로 현금과 각종 예치금을 가지게 된다. 그 밖에 이에 속하지 않는 각종 자산은 기타 자산으로 분류할 수 있는데, 그 비중은 [표 20-6]과 같다.

[표 20-6]을 보면, 일반은행의 가장 중요한 수익원이 되는 대출은 대략 전체 자산의 절반 이상이 되고 그 비중은 변동이 없는 것은 아니지만 비교적 안정적이라고 볼 수 있다. 그에 반해 유가증권의 비중은 7%를 넘지 않았고 안정적이지 않았다. 일반은행은 예금 업무 때문에 상당한 수준의 현금과 예치금을 보유해야 하는데 그 비중은 적게는 14%에서 많게는 36% 수준까지 달하는 경우도 있었지만 20%대가 대부분이었다. 특수은행의 자산 구성은 일반은행에 비해 변동 폭이 매우 컸다. 대출 비중은 전체적으로 감소 추세를 보였는데 1960년대 초반에는 70%를 넘어섰으나 1960년대 후반부터 급속히 감소하여 1970년대에는 30%대를 유지하였다. 특수은행의 유가증권 비중은 대체로 일반은행 비중보다 낮은 편이었다. 특수은행의 현금과 예치금의 비중도 일반은행 비중보다 낮은 편이었다. 그것은 특수은행의 예금 비중이 상대적으로 낮은 것과 관련된 것으로 보인다.

예금은행의 가장 중요한 자금운용 방식은 대출이다. 대출은 각 부문이 필요로 하는 자금을 공급하는 통로이자 은행의 가장 중요한 수입원이다. 금융기관 유형별로 주어진 기능이나 정책적 기여에서 차이가 있기 때문에 대출의 금융기관별 분산은 각 부

[표 20-6] 일반은행과 특수은행의 자산 구성 비율(1961~1979)

(단위: %)

연도	일반은행				특수은행			
	대출	유가증권	현금예치금	기타자산	대출	유가증권	현금예치금	기타자산
1961	57.1	6.7	25.4	10.7	73.5	0.5	8.8	17.3
1962	50.7	1.5	32.3	15.8	76.1	0.3	14.0	9.6
1963	55.7	1.7	24.0	18.6	74.6	0.2	13.1	11.7
1964	47.1	2.4	31.6	18.6	70.7	0.2	9.9	19.1
1965	47.2	1.9	36.0	14.9	62.9	0.1	16.9	20.0
1966	49.4	5.0	32.4	13.3	57.9	0.1	26.0	16.0
1967	55.8	6.4	22.4	15.5	29.5	0.1	10.5	59.6
1968	55.5	3.3	27.7	13.5	28.9	0.4	9.7	60.8
1969	65.9	2.5	23.7	7.9	28.4	2.1	9.1	60.4
1970	62.0	0.4	22.6	15.0	31.2	0.7	9.1	59.1
1971	64.1	4.1	13.8	18.2	34.0	1.4	9.3	55.4
1972	53.9	5.0	25.8	15.3	31.1	1.6	10.4	56.9
1973	54.3	5.4	27.2	13.1	30.2	2.0	11.4	56.4
1974	59.8	4.0	20.9	15.3	37.5	0.8	8.8	52.8
1975	53.4	3.9	24.7	18.1	37.2	1.0	9.6	52.2
1976	53.9	5.0	23.9	17.2	36.9	1.1	9.9	52.1
1977	52.2	6.1	24.3	17.5	32.6	1.9	16.9	48.6
1978	55.7	4.7	23.8	15.8	32.0	7.7	11.7	48.6
1979	57.3	4.6	22.0	16.1	36.7	6.9	11.9	44.5

자료: 한국은행, 『경제통계연보』, 각 연도.

문의 균형적 발전은 물론 정책금융의 다원화에 기여할 수 있다. [표 20-7]을 보면, 1961년에는 시중은행, 농협, 중소기업은행의 대출 비중이 39.1%, 52.3%, 8.6%이다. 1969년에는 시중은행, 외환은행, 농협, 중소기업은행의 비중이 52.1%, 12.9%, 13.9%, 7.1%로 다른 특수은행의 설립과 확장으로 시중은행의 비중이 크게 줄어들었다. 1979년에는 시중은행 47.3%, 외환은행 10.2%, 농협 8.1%, 지방은행 7.4%, 중소기업은행 6.0%, 국민은행 5.3%, 주택은행 5.1% 순이다.

시중은행의 원화대출 비중은 특수은행의 설립이나 확장에도 불구하고 1960년대

[표 20-7] 예금은행 금융기관별 대출의 상대적 비율(1961~1979)

(단위: %)

연도	일반은행			특수은행						합계 (10억 원)
	시중은행	지방은행	외국은행	농협	중소기업	국민	수협	외환	주택	
1961	39.1			52.3	8.6					33
1962	46.5			41.4	10.0	2.0				45
1963	45.9			39.6	11.9	1.8	0.8			50
1964	42.5			42.5	12.0	1.8	1.1			54
1965	52.0			32.2	11.6	1.9	2.2			72
1966	59.2			24.5	11.2	3.1	2.0			98
1967	60.3	0.6		17.4	10.0	8.4	3.4			179
1968	50.7	1.4	0.3	13.3	7.1	6.5	2.4	14.9	3.5	369
1969	52.1	2.0	0.8	13.9	6.4	6.3	2.1	12.9	3.5	606
1970	50.5	2.7	1.2	12.8	6.4	6.4	2.2	14.4	3.4	822
1971	48.4	3.5	1.7	11.5	6.4	6.3	2.0	16.6	3.6	1,071
1972	50.6	4.6	2.3	11.6	6.6	7.4	1.8	10.9	4.3	1,281
1973	49.4	6.2	3.0	9.8	7.3	7.1	1.5	11.2	4.5	1,681
1974	49.5	8.0	2.8	10.0	6.3	6.3	1.3	11.9	3.9	2,522
1975	48.0	9.5	4.2	9.1	6.0	6.1	1.4	11.4	4.2	3,129
1976	50.1	9.4	4.5	8.9	5.7	6.2	1.7	9.2	4.4	4,078
1977	47.5	8.7	7.8	8.8	5.8	6.4	1.7	8.4	4.8	5,220
1978	48.8	8.2	9.0	8.4	5.6	5.7	1.5	8.1	4.8	7,646
1979	47.3	7.4	9.3	8.1	6.0	5.3	1.4	10.2	5.1	10,749

자료: 한국은행, 『경제통계연보』, 각 연도.

에도 확장하였고 1970년대에는 큰 변화 없이 50%에 가까운 수준을 유지하고 있었다. 일반은행 중에서는 시중은행이 가장 중요하였고 지방은행이나 외국 은행 지점의 비중은 높아졌으나 둘을 합쳐도 시중은행의 1/3 수준에 그쳤다. 그리고 특수은행의 경우 외환은행, 농협, 중소기업은행, 국민은행, 주택은행 순으로 중요하였지만 다른 특수은행의 설립으로 농협의 비중은 급격히 낮아졌다.

예금은행 대출자금의 종류와 용도를 정리하는 것이 [표 20-8]이다. 예금은행이 대출은 정부로부터 위탁받은 재정자금, 국민투자기금이 조성한 자금, 스스로 조성한 금

[표 20-8] 예금은행 자금별 구성 비율(1965~1979)

(단위: %)

연도	금융자금									재정자금	국민투자기금	합계(10억 원)
	할인어음	무역금융	당좌대출	적금대출	급부금	일반자금	농수산자금	주택자금	기타			
1965	3.9	6.4	5.7	13.0		37.7	7.2		4.4	21.6		72
1966	1.4	4.8	8.3	18.5		40.0	7.2		2.6	17.2		103
1967	0.5	9.4	5.8	18.2		42.8	4.8	2.6	1.7	14.0		178
1968	1.4	7.4	7.5	17.2		46.3	5.4	3.4	0.8	10.4		331
1969	1.4	6.2	6.4	20.0		45.6	5.7	3.2	2.2	9.3		563
1970	5.2	7.7	8.8	17.3		39.3	6.1	3.0	2.4	10.1		722
1971	6.7	8.7	8.7	14.7		40.5	6.0	3.4	2.4	8.9		920
1972	6.4	9.0	6.3	7.7	6.0	31.5	5.2	3.5	16.4	8.0		1,198
1973	4.2	14.1	4.9	11.3	6.0	30.2	4.3	3.8	14.6	6.6		1,588
1974	4.8	14.8	4.9	13.2	5.1	33.2	4.0	3.3	10.5	5.3	0.8	2,428
1975	4.2	11.7	6.1	16.5	5.3	31.9	3.9	3.8	10.0	4.8	1.8	2,906
1976	4.7	12.4	6.4	14.1	5.4	28.7	4.2	4.1	12.4	4.2	3.2	3,725
1977	3.9	12.0	5.5	13.5	5.5	32.3	4.3	4.7	9.5	4.7	4.2	4,709
1978	3.8	13.4	3.4	13.0	4.6	34.0	3.7	5.8	9.5	4.6	4.4	6,609
1979	5.2	13.7	5.5	14.8	4.4	31.1	3.5	7.0	7.0	3.9	4.0	8,978

자료: 한국은행, 경제통계시스템.

융자금으로 이루어졌는데, 대부분은 금융자금이다. 1950년대 높았던 재정자금의 비중은 1960년대 중반까지도 20%를 넘어섰으나 그 비중이 점차로 줄어 1970년대 말에는 4%에 그치고 있다. 국민투자기금은 중화학공업 추진에 따라 늘어나기는 하였으나 1970년대 말에는 4%에 그치고 있다. 따라서 예금은행은 대출재원의 대부분이 예금과 차입금 등으로 조성한 금융자금인데 이 운용은 예금은행 특성에 따라 다르겠지만 예금은행 전체로 볼 때, 금융자금은 일반자금, 적금대출, 무역금융, 주택자금, 당좌대출, 할인어음 순으로 이용되었다. 외환은행은 무역금융, 주택은행은 주택자금, 국민은행은 급부금 대출, 농수협은 농수산자금에 특화되어 있는 점을 고려한다면 일반은행은 할인어음, 당좌대출, 적금대출, 일반대출을 중심으로 운용하였다고 할 수 있다.

4) 예금은행의 자금원천과 그 추이

예금은행의 자금조달은 대차대조표의 부채 및 자본 계정을 통해 파악할 수 있다. 예금은행은 요구불예금과 저축성예금을 통해 자금을 조달한 결과 예금부채를 가지게 되고, 한국은행, 정부, 기타 금융기관으로부터의 차입으로 인해 차입금을 가지게 된다. 또한 예금은행은 신규 자본조달, 증자, 적립금, 잉여금과 같은 여러 종류의 자본이 합쳐진 자본계정을 가지게 된다. 그 밖에 이에 속하지 않는 각종 부채가 기타 부채가 된다.

[표 20-9]를 보면, 일반은행은 예금에 절대적으로 의존하여 자금을 조달하였으나 비중이 점차로 줄어 1960년대에는 70%대를 넘어섰다가 1970년대에는 50~60%대로 낮아진 대신에 차입금 비중이 높아졌다. 물론 차입에서 차지하는 한국은행 비중은 낮아지고 있었지만 주요 차입선은 여전히 한국은행이었다. 일반은행 자본계정의 비중은 1960년대 중반까지 10% 가까이 유지되었으나 1965년 '금리현실화' 이후 수익성 악화로 자본계정 비중이 1% 미만인 경우가 적지 않았다. 일반은행은 예금유치에 적극적으로 노력하여 예금 비중을 높이 유지하였음에도 불구하고 수익구조의 악화로 자본계정의 비중은 하락 추세를 보이고 있었다.

[표 20-9]에서 보듯이 산업은행을 제외한 특수은행은 일반은행에 비해 예금에 의존하는 비중이 금리현실화 직후를 제외하면 30~40%대에 그치고 있었다. 그 대신에 특수은행은 설립 초창기인 1960년대 초반에는 차입에 크게 의존하였는데 한국은행보다는 정부 차입에 더 의존하여 한국은행 차입 비중은 도리어 낮았다. 특수은행도 1965년 금리현실화 이후 예금의존도가 40%대로 높아짐에 따라 차입금 비중은 낮아졌다. 그런데 차입금 비중은 낮아졌지만 특수은행도 한국은행의 대출을 적극 활용함에 따라 한국은행 차입 비중이 점차로 높아졌다. 특수은행 자본계정의 비중은 기복은 있었지만 3~4%대로 일반은행에 비해 안정적으로 유지하고 있었다. 특수은행은 일반은행보다 비용이 높은 예금의존도도 낮았지만 수익성이 낮은 정책대출의 비중이 높아 수익

[표 20-9] 일반은행과 특수은행의 부채 및 자본의 구성 비율(1961~1979)

(단위: %)

연도	일반은행					특수은행				
	예금	차입금		기타 부채	자본 계정	예금	차입금		기타 부채	자본 계정
		소계	한은 비율				소계	한은 비율		
1961	86.2	0.9	-	7.0	5.9	21.0	52.2	21.5	23.2	4.0
1962	70.6	3.6	83.7	12.8	13.0	34.5	54.3	1.4	3.8	7.2
1963	64.5	8.3	99.4	14.4	12.8	36.2	53.3	5.3	4.0	6.6
1964	57.8	9.2	99.2	22.0	11.0	35.2	52.5	14.2	2.8	9.7
1965	70.5	3.6	100.0	18.1	7.8	44.2	41.5	17.6	8.0	6.5
1966	71.7	3.4	100.0	15.4	9.5	57.2	32.2	8.5	5.7	4.9
1967	71.2	4.8	83.6	17.0	7.0	42.8	9.6	12.9	41.0	6.3
1968	72.8	4.7	99.8	15.5	7.0	43.2	6.9	6.3	45.9	4.0
1969	82.3	5.7	95.4	6.0	6.0	42.1	7.8	10.2	46.0	4.1
1970	72.2	14.7	73.9	8.6	4.5	42.3	8.7	10.7	45.6	3.4
1971	72.8	13.3	74.6	8.0	5.9	37.8	8.4	17.3	50.6	3.2
1972	65.4	13.3	79.3	16.5	4.8	37.4	8.5	21.1	50.5	3.6
1973	64.1	13.1	87.2	16.7	6.1	43.3	8.3	33.3	45.3	3.0
1974	53.5	26.6	67.1	14.4	5.5	28.5	12.4	55.0	56.2	2.9
1975	56.8	20.6	61.6	16.8	5.8	28.9	11.2	51.7	55.6	4.3
1976	57.0	16.2	66.1	20.7	6.1	33.8	9.4	45.0	52.6	4.2
1977	61.1	13.2	64.6	21.1	4.6	40.6	7.2	38.8	47.6	4.7
1978	60.0	16.5	65.0	19.3	4.2	38.0	6.3	39.4	50.0	5.6
1979	56.5	22.5	59.8	15.1	5.9	38.1	6.8	38.4	49.9	5.2

자료: 한국은행, 『경제통계연보』, 각 연도.

성은 일반은행보다 좋지 않았고, 그 결과로 자본계정의 비중도 일반은행보다 더 낮았던 것으로 보인다. 이 시기 자본 비중은 일반은행도 점차로 낮아져 1970년대 후반에는 4~5% 수준에 그쳤다는 것은 은행이 건전성을 유지하기 위한 자기자본 규제가 형식적이었고 특수은행의 경우 더 그렇다는 것을 말해 주고 있다.

예금은행의 가장 중요한 자금원천은 예금이었기 때문에 금융기관별 예금 비중을 통해 자금동원에서 개별 예금은행의 기여를 비교해 볼 수 있다. 그런데 한국은행이 취

[표 20-10] 예금은행 금융기관별 예금의 상대적 비율(1961~1979)

(단위: %)

	일반은행			특수은행						합계 (10억 원)
	시중은행	지방은행	외국은행	농협	중소기업	국민	수협	외환	주택	
1961	77.2			14.0	8.8					25
1962	75.8			11.2	8.3	4.7				38
1963	70.2			15.2	9.6	4.8	0.3			38
1964	68.9			15.8	9.2	5.8	0.2			41
1965	72.9			13.7	7.8	5.3	0.3			77
1966	66.1			16.5	7.1	10.2	0.1			127
1967	67.0	0.4	0.3	13.6	7.8	10.7	0.2			206
1968	48.4	1.3	0.4	9.3	5.2	7.1	0.2	27.2	0.8	504
1969	48.9	2.2	0.5	9.4	5.0	7.4	0.4	24.8	1.4	805
1970	46.4	3.9	0.6	9.3	5.6	7.8	0.6	24.1	1.7	1,030
1971	48.1	5.2	0.7	9.1	5.9	8.4	0.5	20.1	2.0	1,202
1972	49.9	6.6	0.9	8.6	5.7	8.3	0.4	17.5	2.1	1,550
1973	46.0	7.5	0.9	7.9	5.3	7.7	0.5	22.2	2.1	2,158
1974	53.1	10.6	1.2	10.0	6.0	9.3	0.7	6.6	2.5	2,172
1975	53.8	16.0	1.5	8.0	4.9	7.4	0.7	5.6	2.1	3,235
1976	54.2	11.1	1.9	10.2	4.9	8.1	0.9	6.4	2.3	4,204
1977	51.0	10.4	1.5	9.5	4.9	8.6	0.9	10.1	3.1	6,304
1978	52.4	9.9	1.2	9.9	5.6	9.3	1.0	7.1	3.7	8,621
1979	51.9	10.3	1.0	9.3	6.3	9.7	0.9	6.7	3.8	10,814

자료: 한국은행, 『경제통계연보』, 각 연도.

급하던 외화예탁금을 외환은행 설립에 따라 외환은행이 독점적으로 취급하게 되면서 신설된 외환은행의 예금 비중이 전체 예금의 27%에 이를 정도로 매우 높았다. 그러나 1973년 석유파동으로 한국은행의 외화자산이 급감하고 외환은행으로의 외화집중예탁제가 폐지되어[3] 외환은행의 외화예탁금이 급감함에 따라 외환은행의 예금 비중도 7% 수준으로 급격히 낮아졌다.

3 한국은행(1975), pp. 271~273.

[표 20-10]에서 예금은 국내 자금 조달에 있어 개별 금융기관 비중을 살펴볼 수 있다. 1961년에는 시중은행, 농협, 중소기업의 예금 비중이 77.2%, 14.0%, 8.8%이다. 1969년에는 시중은행, 외환은행, 농협, 국민은행의 예금 비중은 48.9%, 24.8%, 9.4%, 7.4%로 다른 특수은행의 설립과 확장으로 시중은행의 비중이 크게 줄어들었다. 1979년 예금 기준으로 보면 시중은행 51.9%, 지방은행 10.3%, 국민은행 9.7%, 농협 9.3%, 외환은행 6.7%, 중소기업은행 6.3%, 주택은행 3.8% 순이다. 시중은행의 비중이 특수은행의 설립으로 1960년대에는 줄어들었으나 1970년대 들어 서서히 증가하여 50% 이상 수준을 유지하고 있었다. 따라서 특수은행의 신설에도 불구하고 일반은행은 예금은행으로서 예금유치 노력을 경주하여 계속 성과를 거두고 있었다고 할 수 있다.

3. 비은행 금융기관의 업무와 역할

1) 개발금융기관

이 시기의 개발금융기관은 1954년에 설립된 한국산업은행과 1976년에 설립된 한국수출입은행이었다. 이 개발금융기관은 특수한 목적을 가진 개발은행이라고 할 수 있는데 은행과 같이 대출 업무를 담당하되 결제성예금인 요구불예금이 주요 자금원이 아니고 결제 기능이 제약되어 있어 예금은행에서 분리하여 개발금융기관으로 취급하였다.

산업은행은 경제개발 시대에도 이전과 마찬가지로 전력, 석탄, 조선, 철강 등 중요 산업의 개발 육성에 필요한 1년 이상의 시설자금을 공급한 업체에 운영자금 대출과 업체관리를 주업무로 하고 있었는데, 업무상 여유자금은 국채나 재무부 장관이 승인하는 유가증권 보유에 사용하거나 한국은행에 예치하도록 하였다. 산업은행은 경제개발계획 추진 과정에 한국은행에 이어 금융의 중심에 있었던 개발은행으로서 이 시

[표 20-11] 산업은행의 주요 자금운용액(1961~1979)

(단위: 10억 원)

연도	대출금					투자 계정	유가 증권	지급 승낙
	소계	산업 자금	차관 자금	대충 자금	외화 예수금			
1961	20.3	9.1		11.1			0.07	0.2
1962	24.3	10.7		15.1		0.6	0.04	2.1
1963	27.6	13.5		16.8		1.2	0.04	18.1
1964	31.7	17.2		17.8		1.4	0.03	38.3
1965	38.8	17.0	0.3	16.4		1.8	0.02	62.1
1966	46.6	28.1	1.0	16.4		2.6	0.02	103.1
1967	52.4	36.8	2.0	13.5		5.7	0.01	143.2
1968	66.4	48.2	2.3	15.8		18.7	0.03	175.3
1969	96.1	78.2	3.3	14.5		34.5	0.28	299.8
1970	129.0	102.5	12.9	13.4		55.7	0.02	424.2
1971	157.5	108.6	14.3	12.3	22.2	57.6	0.40	600.3
1972	239.1	201.0	11.6	10.8	15.6	72.1	0.42	611.3
1973	318.5	272.8	15.6	9.6	20.5	67.5	0.07	787.4
1974	425.7	309.8	19.4	8.9	46.8	76.0	7.70	1,311.3
1975	577.8	348.0	34.2	7.0	71.8	145.1	7.00	1,480.0
1976	739.9	351.3	64.2	6.3	112.6	177.7	73.1	2,511.7
1977	1,007.9	436.1	98.8	5.4	172.2	240.6	290.3	3,278.8
1978	1,443.5	538.1	141.6	4.7	224.9	299.9	305.7	3,898.3
1979	2,138.0	683.3	175.2	3.9	466.3	332.2	434.0	3,722.2

자료: 한국은행, 『경제통계연보』, 각 연도.

기에 신설된 특수은행과 시중은행 등이 담당하기 어려운 산업 부문의 금융을 담당하면서 중장기 자금을 공급하였다. 이 개발금융기관은 1970년대 본격화된 중화학공업화를 금융적으로 지원하기 위해 외자도입에 적극적으로 나서고 국민투자기금으로부터 차입도 확대하여 중화학공업 관련 기업에 대해 거액의 장기 저리자금을 공급하였다.

산업은행은 중요 산업에 대한 자금공급을 위한 대출, 투자, 보증 및 관련 기업의 외국환 업무를 취급하고 있기 때문에 대출금, 투자계정, 유가증권, 지급승낙액을 기준으로 산업은행의 자금운용의 변화를 살펴볼 수 있다. [표 20-11]에서 보듯이, 산업은행의 대출은 재원에 따라 산업자금, 차관자금, 대충자금, 외화예수금으로 구분해 볼 수 있는데, 가장 비중이 높은 것은 산업은행의 차입과 채권에 의존하여 조성한 산업자금이었다. 1960년대 전반까지는 원조 성격을 지닌 대충자금이 산업자금과 함께 큰 비중을 차지하였으나 이후에는 원조의 삭감에 따라 도리어 감소하였다. 대충자금을 대신하여 외국 자본의 유입이 증가함에 따라 차관과 외화예수금 대출의 비중도 크게 늘어났다.

1961년 법 개정과 함께 시작된 산업은행의 업무로 공사채 투자와 주식 투자가 있었다. 공사채 투자는 중요 산업이 발행한 1년 이상의 채권이나 주식을 인수하는 것으로 1970년대 기업공개와 증권시장의 육성책에 힘입어 빠르게 증가하였고 유가증권 보유액은 크게 증가하여 산업은행의 주요한 자금운용 방법이 되었다. 산업은행은 중요 산업에 속하는 기업의 채무보증, 채권의 원리금 상환보증, 주식배당보증 등 보증 업무를 취급하였지만 대부분은 외자도입을 위한 보증 업무로 인한 것이었다. 보증 업무로 인한 지급승낙액은 1960년대 중반부터 대출액을 넘어서고 1970년대에는 대출액의 2~3배에까지 이르렀다. 그리고 산업은행은 1967년부터 을류 외환 업무를 취급하기 시작하였고 1972년부터는 갑류 외환 업무를 취급하게 되자 많은 외화예수금을 확보하고 이에 따라 외화대출을 대폭 확대하였다.

산업은행은 1950년대 필요한 자금의 대부분을 원조에 의존하여 정부 차입에 전적으로 의존하였지만 1961년 「한국산업은행법」 개정으로 수권자본금이 500배 증액되면서 출자가 증대하여 [표 20-12]에서 보듯이 자본금 증액이 주요 자금원이 되었다. 정부 차입금은 여전히 가장 중요한 자금원천이었지만 출자, 외자도입, 예금유치 등으로 이의 비중이 점차 하락하였다. 1955년에 시작된 산업금융채권의 발행은 중단과 재개를 거듭하다 1969년부터 개발재원 확보를 위해 발행이 적극 추진되었다. 이 산업금융채권은 이전에는 일부만 시중은행이 인수하고 나머지의 대부분은 한국은행이 인수하였다. 시중은행이 증권시장에 상장되고 보증금이나 공탁금으로 활용되도록 하여 관세담보나 신원보증금 등 다양한 재원으로 이용함으로써 유동성이 증대하여 일반인의

[표 20-12] 산업은행의 부채 및 자본의 주요 계정 증감기여 비율(1961~1979)

(단위: %)

연도	자본금 적립금	정부 차입금	외국 자본	원화산업 금융채권	기한부 예금	특별기금	기타	합계 (10억 원)
1961		100.4			-1.4		1.0	6.1
1962	66.4	32.6	0.1		0.8		0.0	13.4
1963	22.1	75.4	1.1		0.8		0.6	4.7
1964	16.9	83.3			-0.2			4.6
1965	32.0	50.6	3.2		13.1		1.2	5.7
1966	24.2	63.2	6.9		5.6			10.4
1967	25.6	63.3	6.7		4.4			16.0
1968	20.5	22.9	1.6		55.0			31.7
1969	21.2	37.8	2.6	31.9	6.5			47.1
1970	37.4	17.1	15.9	20.4		0.1		64.6
1971	9.3	31.4	3.3	23.8	31.7	0.6		58.1
1972	38.0	11.2	3.2	12.5	3.6	14.4	17.1	150.5
1973	5.3	25.9	8.0	47.4	0.4	10.5	2.5	66.0
1974	9.6	17.4	34.4	9.6	-8.4	37.4		130.9
1975	34.9	14.4	5.1	3.9	6.6	35.2		251.1
1976	26.8	7.8	31.2	9.1	-5.5	30.7		306.4
1977	8.4	13.0	27.5	11.7	5.9	33.6		316.3
1978	13.5	10.6	19.6	7.1	2.2	47.0		607.4
1979	3.2	8.4	48.5	6.3	0.6	33.0		986.3

자료: 한국산업은행(2014), 『한국산업은행60년사』, pp. 314~316.

인수가 늘어나 비중이 1970년에는 절반 이상을 차지하였다. 증권·보험사도 새로운 인수자로 등장하여 시중은행의 인수 비중은 10% 미만으로 낮아졌다.

1970년대 후반부터는 은행단 차관 형식으로 외국 자본의 도입이 강화되어 그 비중이 크게 높아졌다. 또한 산업은행은 산업합리화자금, 출자관리기금, 관광진흥개발기금, 국민투자기금 등 각종 기금도 활용하였는데 그 대부분은 국민투자기금이었다. 산업은행은 경제개발계획 추진에 따른 자금수요 증대에 대응하여 재원을 다원화하여 개발재원을 확충하고 인플레이션 압력도 줄이는 효과를 어느 정도 거두었다. 하지만

[표 20-13] 수출입은행의 자금운용(1976~1979)

(단위: 10억 원, 비율: %)

연도	수출입자금		전대자금		기술제공자금		해외투자자금		합계 (10억 원)
	금액	비율	금액	비율	금액	비율	금액	비율	
1976	47.3	(88.6)					6.1	(11.4)	53.4
1977	73.5	(76.5)			7.0	(7.3)	15.6	(16.2)	96.0
1978	105.1	(82.6)			6.0	(4.7)	16.1	(12.6)	127.2
1979	146.2	(92.2)	1.0	(0.6)	0.4	(0.3)	11.0	(6.9)	158.6

자료: 한국수출입은행(1986), 『한국수출입은행십년사』, p. 404.

[표 20-14] 수출입은행의 재원조달액 비율(1976~1979)

(단위: 10억 원, 비율: %)

연도	자본금			국민투자기금 차입	한은 보유 외환	국내 은행 차입	해외 차입	순대출금 회수	기타 자산	합계 (10억 원)
	정부	한국은행	외환은행							
1976	(14.9)	(19.5)	(29.2)	(9.7)				(26.4)	(0.3)	102.8
1977	(12.9)	(12.9)	(0.0)	(19.4)	(10.8)	(3.2)	(12.9)	(13.1)	(14.7)	154.6
1978	(2.2)		(13.4)	(13.3)	(0.0)	(6.7)	(23.3)	(15.7)	(25.3)	223.7
1979	(1.8)			(12.3)	(0.4)	(0.0)	(19.9)	(36.8)	(28.7)	243.5

자료: 수출입은행(1986), 『한국수출입은행십년사』, p. 404.

이 재원도 사실상 정부가 정책적으로 조성한 것이 대부분이었다.

1976년 한국수출입은행이 설립되기 이전에도 외환은행이 수출과 해외 투자에 필요한 금융적 지원을 하였다. 수출입은행은 출범 이후 [표 20-13]에서 보듯이 중화학제품이 연불수출자금 대출, 해외투자자금 대출, 수입자금 대출, 전대자금 대출 등 수출입과 관련되는 다양한 금융 업무를 담당하였다. 그렇지만 수출입은행이 주력한 것은 수출, 수입과 관련된 대출이었다. 이 은행은 다른 금융기관이나 외국 금융기관에 대한 채무보증, 협조융자 채무보증, 선수금 환급보증, 계약이행보증, 대외채무보증 등 각종 보증을 통해 수출입과 해외 투자를 지원하였다. 그리고 1976년부터 갑류 외환은행이 되어 외국환 업무도 부대 업무로 취급하였다.

수출입은행은 [표 20-14]에서 보듯이 한국은행과 외환은행의 출자자본금 이외에서 다양한 방식으로 필요한 자금을 조달하였다. 이 은행은 한국은행, 산업은행, 외환은행, 국내 금융기관, 외국 정부, 외국 금융기관, 국제금융기구 등 다양한 기관에 접근하여 차입을 하였다. 이 은행은 보유연불어음을 매각하여 자금을 조달하였다. 채권 발행은 1970년대 말까지도 실현되지 않았다. 이 은행의 설립 초기에는 자본금과 국민투자기업 차입에 의존하였으나 해외 차입과 연불어음의 매각이 순조로워짐에 따라 이의 비중이 증가하였다.

한국개발금융회사는 민간기업에 한정하여 직접투자와 중장기 투융자를 주요 업무로 하였다. 이 회사는 수출산업, 수입대체산업, 수출 및 수입대체산업의 원료생산산업, 수출특화산업 및 민영화기업 등을 우선적으로 지원하였다. 이 회사의 자금은 대부분 차관으로 조달하였으며, 나머지는 자본금과 차입금으로 조달하였다. 이렇게 조성된 외화 차관자금은 대부분 외화대출로 운용되고 원화자금은 원화대출이나 유가증권 인수에 운용되었다.

2) 저축금융기관

이 시기의 저축(금융)기관으로는 은행신탁계정, 상호신용금고, 신용협동기구, 상호금융, 체신예금 등이 있었다. 이 저축기관은 예금이나 신탁자금 등 저축성예금을 주요 자금원으로 하되 은행과 같이 대출과 유가증권으로 자금을 운용하였지만 당시에는 외국환 업무는 물론 요구불예금도 취급하지 않아 일반은행에서 분리하여 저축기관으로 취급하였다. 이 금융기관은 「은행법」이 아닌 다른 관련 기관 법에 의해 그 업무가 규정되었다. 즉, 은행의 신탁 업무는 「신탁법」에 의해 규정되지만 신탁업자 업무와 감독은 「신탁업법」 등 관계 법령에 의해 규정되었다. [표 20-15]에서 보듯이 이 시기의 저축기관 중에서 수신을 기준으로 보면 은행신탁이 가장 중요하였고, 그 다음으로 상호금융, 상호신용금고, 우체국, 신용협동조합 순이다. 여신을 기준으로 보면 은행신탁, 상호금융, 상호신용금고, 신용협동조합 순으로 그 비중이 높았다. 은행신탁 자산

[표 20-15] 저축금융기관의 수신과 여신(1972~1979)

(단위: 10억 원)

연도	수신(예수금/신탁)					여신(대출)			
	은행 신탁	상호신용 금고	신용협동 조합	상호 금융	우편 저금	은행 신탁	상호신용 금고	신용협동 조합	상호 금융
1972	192				24	115			
1973	204	31			32	123	35		
1974	212	44			40	114	48		
1975	304	44			47	114	54		
1976	554	55			62	182	76		
1977	806	85	19	311	35	300	120	40	241
1978	1,157	139	44	462	30	380	202	64	371
1979	1,922	226	72	613	41	508	335	103	332

자료: 한국은행, 『경제통계연보』, 각 연도.

의 절반 이상이 유가증권이었던 점을 고려하면 은행신탁이 저축기관으로서는 가장 중요하였다고 할 수 있다.

은행의 신탁 업무는 수탁, 운용, 공탁으로 구분된다. 수탁 업무는 신탁회사가 수탁할 수 있는 재산에는 제한이 있었다. 신탁 업무는 금전신탁과 비금전신탁으로 구분하고 금전신탁은 운용방법을 기준으로 특정금전신탁과 불특정금전신탁으로 구분하였다. 금전 이외의 신탁은 수탁은 금전으로 하되 신탁이 종료될 때에는 유가증권, 부동산 등 운용자산으로 지급하는 신탁제도이다. 신탁의 운용은 「신탁업법」에 따라 대출, 유가증권 투자, 부동산 매입 등 다양한 운용이 가능하였으나 불특정금전신탁의 경우 부동산 매입에 이용할 수가 없었다. 그리고 신탁회사는 신탁의무를 위반하여 발생할 수익자의 손실을 줄이기 위해 자본금 1/100이나 당기순이익 1/10 중 많은 금액을 현금이나 유가증권으로 공탁하도록 되어 있었다. 이 시기 은행의 신탁은 금전신탁, 증권투자신탁 순으로 많았고 운용자산은 유가증권이 대출금보다 많았다. 유가증권 중에서는 회사채가 가장 많았다.

상호신용금고는 상호신용계, 신용부금, 할부상환 방식에 의한 소액 신용대출, 계원 또는 부금자에 대한 어음할인 등을 취급하였는데, 이 업무를 모두 취급하는 전업금고와 소액 신용대출만 취급하는 할부전업금고가 있었다. 상호신용금고의 주요 업무는 상호신용계, 신용할부, 소액 신용대출 및 어음할인 등이었다. 당시 상호신용금고의 주요 자금원은 자기자본, 차입금, 수입계금이었다. 이 금고는 자기자본을 기본으로 하여 수입계금을 주요 재원으로 활용하였고 필요시 일시적으로 다른 금융기관에서 차입하거나 상호신용보장기금을 활용하였다. 이 금고는 대부분 자금은 계급부금에 활용하고 나머지는 계대출금, 소액 신용대출 및 어음할인에 운용하였다. 어음할인이나 소액 신용대출의 비중은 4%에도 못 미칠 정도는 미미하였다.

이 시기 신용협동기구에는 신용협동조합과 농수협의 단위조합에서 운영되는 상호금융 등이 포함되었다. 신용협동조합은 조합원으로부터 출자금, 예탁금 및 적금의 수입, 조합원에 대한 대출, 조합원의 보험료 등 대리수납, 금융기관연합회 예탁, 자금의 차입, 기타 부대 업무 등을 취급할 수 있다. 신용협동조합은 조합원으로부터 출자금, 예탁금, 적금으로 조달한 자금을 주로 조합원에 대한 대출로 운용하고 있었다. 농수협 단위조합의 자립 기반을 강화하기 위해 조합원의 예금을 조합원에 대출하는 상호금융을 주요 업무로 하고 있었다. 요구불예금, 저축성예금 및 중앙회로부터 차입으로 자금을 조달하여 주로 조합원 대출에 운용하고 나머지 자금은 유가증권 투자, 예치금으로 활용하였다.

우체국의 예금 업무는 변함없이 지속되고 있었으나 1961년 12월 「우편저금법」 제정으로 체신 업무의 부대 업무로 존속되었다. 1977년 이 법의 폐지로 일시적으로 농협으로 이관되었으나 우편저금은 지속되었다. 이 우편저금은 은행예금과 비슷하지만 정부가 원리금 지급을 보증한다는 점에서 차이가 있었다. 이 저금은 유가증권, 금융기관 예금, 재정자금예탁금, 기금예탁금으로 운용되었으나 그 비중은 점차 낮아져 금융기관 역할은 미미해졌다.

[표 20-16] **투자금융기관의 주요 부채와 자산(1972~1979)**

(단위: 10억 원)

연도	주요 부채(수신)					주요 자산(대출/유가증권)			
	투자금융	종합금융	투자신탁		증권금융	투자금융	종합금융	투자신탁	증권금융
	예수	예수	수익증권	증권저축	차입	대출	대출	증권	대출
1972	2.1					1.1			
1973	53.5					47.7			
1974	130.3					118.8			
1975	192.7		14.7	15.3		180.5		44.2	
1976	293.3	8.7	49.3	29.7		289.5	10.0	95.8	
1977	353.6	49.8	109.4	31.7	33.0	386.4	40.6	155.3	33.7
1978	532.7	137.9	193.2	18.7	58.8	542.5	128.0	280.4	72.9
1979	765.2	183.8	314.9	33.1	70.7	711.4	200.3	401.1	79.8

자료: 한국은행, 『경제통계연보』, 각 연도.

3) 투자(금융)기관

투자금융기관은 단기 금융시장, 자본시장을 매개로 금융중개를 담당하는 금융기관으로 금융시장의 성장과 정부와 기업의 직접금융을 지원하는 기능을 수행하였다. 이 시기의 투자금융기관으로는 투자금융회사, 종합금융회사, 투자신탁회사, 증권금융회사 등이 있었다. [표 20-16]에서 보듯이 부채와 자산의 규모로 보면, 투자금융, 투자신탁, 종합금융, 증권금융 순이다.

투자금융회사는 사채, 특히 어음시장의 양성화를 위해 제정한 「단기금융업법」에 근거하여 설립된 금융기관으로서 어음 및 채무증서의 발행, 어음의 할인과 매매, 어음의 인수 및 보증, 어음 매매의 중개와 어음관리구좌(CMA), 팩토링, 콜거래 중개 등의 업무와 허가를 받아 증권 업무까지 할 수 있었다. 투자금융회사는 초창기인 1970년대에는 단기 금융 업무, 특히 어음의 할인, 자체어음의 발행, 어음의 매출 업무에 주력하였다. 단기 금융회사는 자기자본, 차입금, 어음매출을 주요 자금원으로 하지만 어음매출에 절대적으로 의존하여 자금을 조달하였다. 어음매출의 대부분은 자체 발행 어음이고 그 다음은 무보증부어음의 매출이었다. 이 회사는 자금의 대부분을 어음할인에 운용하였다.

종합금융회사는 1975년 말 공포된 「종합금융회사에 관한 법률」에 의거하여 외자도입을 주선할 전문금융기관의 필요성에 따라 설립한 금융기관으로 영국의 머천트뱅크와 미국의 투자은행을 겸하는 새로운 유형의 종합서비스를 제공하였다. 1976년 4월 한국종합금융에 이어 1970년대 말까지 6개의 종합금융회사가 설립되어 활동하였다. 종합금융회사는 단기 금융업, 외자무, 시설대여무, 유가증권, 사채 발행과 중장기 대출, 증권투자, 팩토링 등 비은행 금융기관이 취급하는 모든 업무를 취급할 수 있었으나 실제로는 외자도입과 대출 및 시설대여 업무에 치중하고 있었다. 종합금융회사는 자기발행어음, 국내외 차입금, 사채 발행, 자본금 등으로 자금을 조달할 수 있었으나 자기발행어음, 국외 차입, 자본금에 주로 의존하였다. 이 자금으로 외화대출, 어음할인, 중장기 대출, 리스 등에 주로 운용하였다.

투자신탁기관은 증권시장의 육성에 필요한 증권투자신탁을 전담하는 금융기관이다. 증권투자신탁제도는 1969년 8월에 제정된 「증권투자신탁업법」에 근거하고 있었다. 투자신탁은 1970년에 증권시장을 육성하고 그 기능을 보조하기 위해 설립된 한국투자공사가 그 효시이다. 그러나 이 공사의 투자신탁 업무가 부진을 면치 못하자 증권투자신탁전업회사가 1974년 8월 새로 설립되었고 이를 계기로 증권투자신탁제도가 본격적으로 시행되었다. 그리고 1977년 2월 한국투자공사에서 분리되어 대한투자신탁이 신설되었다.

투자신탁회사는 수익자로부터 신탁자산을 위탁받아 유가증권에 투자 운용하는 증권투자신탁 업무와 투자신탁회사의 자체 자산을 운용하는 고유계정 업무로 구분된다. 고유계정 업무에는 신탁형 증권저축과 유가증권 인수 매매 업무가 있다. 이 회사는 신탁재산은 원칙적으로 거래소에 상장된 유가증권으로 제한되나 은행예금, 콜론, 금융기관 발행 채권 등에도 운용할 수 있다. 실제로 투자신탁회사는 수익증권, 증권저축, 차입금, 자본금 등으로 조달한 자금을 채권과 주식 등의 유가증권이나 기타 자산에 운용하였다. 특히, 투자신탁회사는 수익증권 판매로 대부분의 자금을 조달하고 있었으며 자금은 주식에도 일부 투자하였지만 주로 채권에 투자하였다.

증권금융회사는 유가증권의 발행과 유통을 촉진하기 위해 증권회사와 투자가를 대상으로 증권의 취득·보유 및 유통에 필요한 자금이나 증권을 대여하는 기관을 말한다. 다른 나라의 경우 일반금융기관이 증권금융을 취급하나 우리나라에서는 전담기관인 한국증권금융회사가 독점하여 왔다. 이 금융기관은 1955년 10월 설립되었으나 1962년 제정된 「증권거래법」에 의거하고 있다.

이 회사는 증권의 발행 및 유통시장을 지원하기 위한 금융 업무, 유가증권의 수탁 등 다양한 증권 업무를 취급하였다. 이 금융기관은 다른 금융기관 차입금, 채무증서 발행, 증권회사의 예수금 등으로 소요자금을 조달하고 이를 증권유통, 증권인수, 증권담보, 주식매입, 금융기관 운영자금 등으로 대출하거나 전매부 채권인수에 운용하였다. 이 중에서 가장 중요한 것은 다른 금융기관으로부터의 차입과 대출이었다.

4) 보험기관

보험과 관련되는 기관으로는 한국보험공사, 생명보험회사, 손해보험회사가 있었다. 한국보험공사는 정부가 1977년 「보험업법」을 제정하면서 이에 근거하여 보험에 관한 재무부의 행정 업무를 분담할 기관으로 설립되었다. 이 기관은 1990년에 보험감독원으로 재편되었다.

이 시기에 생명보험을 담당하였던 회사는 광복 직후 설립된 대한생명보험, 1950년대 설립된 흥국, 제일, 동방이 있었고, 1958년에 설립되어 1964년 협동생명을 인수한 대한교육보험 등이 있었다. 생명보험회사는 사망보험, 생존보험, 양로보험, 단체보험을 취급하였다. [표 20-17]에서 계약 건수로 보면 점진적으로 성장한 것으로 보이나 금액으로 보면 1970년대 중반부터 빠르게 성장하였다. 이러한 생명보험시장의 성장은

[표 20-17] 생명보험 종류별 계약 비율 추이(1969~1979)

(단위: %)

연도	생존		사망		생사혼합		단체		합계	
	건수	금액	건수	금액	건수	금액	건수	금액	건수 (천 건)	금액 (10억 원)
1969	10.7	22.2	0.1	0.7	1.3	6.4	87.9	70.7	3,168	233
1970	11.3	25.2	0.1	1.1	1.4	8.7	87.2	65.0	3,041	264
1971	12.7	29.7	0.1	1.0	1.5	8.6	85.8	60.6	3,209	309
1972	16.0	39.0	0.1	0.9	3.5	9.1	80.5	51.0	3,655	422
1973	21.9	46.5	0.1	1.3	4.3	15.4	73.7	36.8	3,817	593
1974	23.1	40.9	1.9	15.9	4.0	17.9	71.0	25.3	4,340	892
1975	19.8	36.1	2.6	23.0	3.0	16.9	74.7	23.9	4,420	1,126
1976	14.0	27.6	1.7	19.7	8.4	28.9	75.9	23.8	4,601	1,432
1977	13.9	24.1	0.9	25.3	13.2	33.1	72.0	17.6	5,210	2,489
1978	14.1	25.6	0.9	19.9	17.1	40.0	67.9	14.6	6,282	4,387
1979	16.0	23.1	0.7	29.3	17.4	28.8	65.8	18.8	6,986	6,342

자료: 생명보험협회(2019), 『생명보험통계』.

단체보험이나 생존보험보다는 사망보험과 생사혼합보험의 성장에 의한 것으로 나타나고 있다.

생명보험회사는 계약자가 납입하는 보험료로 조성되는 자금을 예금, 유가증권, 대출, 부동산, 신탁 등으로 운용하고 이의 일부를 계약에 따라 보험금이나 환급금 형태로 지급한다. 그런데 감독기관은 보험사업의 특수성을 감안하여 자산의 이용에 많은 제한을 하였다. 그리고 보험회사는 보험금, 환급금의 지급 등 계약 이행을 위해 보험계약준비금을 적립해야 한다. 따라서 보험계약준비금은 은행의 예금과 같은 금융부채가 된다. 생명보험회사의 부채는 1960년 후반 이후 생명보험계약금의 증가에 따라 보험료 납입이 증가하여 조성된 누적보험료가 지속적으로 증가하였고 그로 인해 자산총액도 계속 증가하였다. 보험계약준비금은 보험계약과 보험금 납입이 증가함에 따라 지속적으로 증가하였고 자본금 증액과 적립금 증가로 자본계정도 계속 확대되었다. 생명보험회사는 [표 20-18]에서 보듯이, 자본금 증액보다는 보험금 납입에 의해

[표 20-18] 생명보험회사의 자산과 부채 및 자본의 구성 비율(1961~1979)

(단위: %)

연도	자산					부채 및 자본			합계 (10억 원)
	유가증권	대출	부동산	현금예금	기타 자산	보험계약 준비금	자본계정	기타 부채	
1961	12.1	12.5	55.6	1.6	18.2	68.5	8.5	23.0	0.62
1962	21.5	8.4	40.2	4.4	25.5	82.1	9.0	8.9	1.09
1963	22.4	10.2	38.7	8.9	19.9	75.3	19.8	4.9	2.19
1964	31.2	13.9	36.9	4.2	13.8	66.3	14.0	19.6	3.14
1965	23.0	15.1	37.1	7.4	17.4	63.2	8.8	28.0	3.85
1966	21.8	24.4	34.7	5.2	14.0	112.8	-16.5	3.7	5.20
1967	17.8	17.8	34.6	9.3	20.5	76.2	19.6	4.2	8.34
1968	22.7	22.7	31.4	6.6	16.4	81.7	13.7	4.7	11.33
1969	14.9	14.9	37.4	9.3	23.5	76.9	20.0	3.1	19.27
1970	14.6	14.6	42.7	8.2	19.9	85.5	10.6	3.9	24.10
1971	14.3	14.3	40.6	6.5	24.3	100.5	-5.4	4.9	32.20
1972	13.9	13.9	36.6	8.2	27.4	92.4	4.3	3.3	40.50
1973	21.9	21.9	29.9	6.9	19.4	78.7	13.8	7.5	58.00
1974	27.6	27.6	26.4	6.0	12.7	72.3	-5.2	32.9	80.20
1975	32.1	32.1	30.0	4.3	6.2	81.6	17.4	1.1	105.40
1976	34.7	27.9	24.3	4.9	8.1	59.8	18.8	21.3	143.80
1977	31.9	44.0	13.2	3.9	7.0	68.8	29.1	2.1	213.60
1978	29.5	46.8	13.6	3.9	6.2	100.7	-2.3	1.6	355.00
1979	21.1	56.9	10.1	3.2	8.7	95.0	-1.2	6.2	699.50

자료: 한국은행, 『경제통계연보』, 각 연도.

성장하고 있었음을 확인할 수 있다.

생명보험회사 자금운용은 [표 20-18]에서 보듯이 시기별로 달라지고 있었다. 1961년에는 부동산이 1/2 이상이었으나 점차 낮아져 1970년대 말에는 10%에 그쳤다. 물론 당시 높은 인플레이션율과 부동산 가격의 상승세를 감안하면 실제 부동산 비중은 이보다 훨씬 높은 것으로 추정된다. 생명보험회사도 정부의 정책에 따라 증권 투자와 대출에 적극적으로 참여한 결과 비중이 점차 높아지고 있었다. 특히, 대출 비중이 1970년대 후반에 크게 높아졌고 그 결과 명목상으로 1/2를 넘어서게 되었다. 그리고 1966년,

1971년, 1974년, 1978년, 1979년에는 일시적이지만 큰 손실로 자본금 계정이 마이너스(–)로 나타났던 시기도 있었다. 자본계정은 마이너스(–)이지만 주요 자산인 부동산은 장부가로 고정된 것을 고려하면 자본잠식 상태는 아니었다.

1960년대 초반에 손해보험을 담당하였던 회사는 동양화재해상보험, 신동아, 대한, 국제, 고려, 제일, 해동, 안국, 동방화재, 범한 등이 있었다. 이 시기에 재보험제도 도입을 위해 정부 출자로 대한재보험이 1963년 3월에 설립되었고, 자동차보험 도입을 위해 자동차보험공사가 1962년 3월 신설되어 1967년 3월 주식회사로 재편되었고, 기업

[표 20-19] 손해보험회사의 자산과 부채 및 자본의 구성 비율(1961~1979)

(단위: %)

연도	자산					부채 및 자본			합계 (10억 원)
	유가증권	대출금	부동산	현금예금	기타 자산	보험계약 준비금	자본계정	기타 부채	
1961	20.3	0.3	10.9	30.5	38.0	54.3	25.1	20.5	1.38
1962	23.6	0.5	16.1	26.0	33.8	42.1	21.1	36.8	2.06
1963	24.1	0.2	16.7	20.7	38.4	32.3	47.1	20.5	2.53
1964	24.2	1.3	21.0	21.4	32.0	51.4	35.4	13.2	2.62
1965	18.8	1.0	15.9	28.4	35.8	60.9	23.0	16.1	3.31
1966	15.1	2.6	11.0	29.2	42.1	56.7	23.3	20.4	6.17
1967	19.3	1.9	11.6	36.3	30.9	48.2	29.7	22.1	9.28
1968	31.3	0.1	13.1	29.5	26.1	49.1	35.0	15.9	12.69
1969	30.9	0.3	15.0	21.7	32.0	47.7	34.7	17.6	18.17
1970	28.3	0.0	16.4	21.1	34.1	47.8	32.7	19.5	23.80
1971	20.9	0.2	16.8	20.2	41.9	51.0	22.1	26.9	33.50
1972	23.5	1.3	14.8	19.8	40.6	47.9	20.2	31.9	40.90
1973	31.7	3.2	13.9	13.2	38.0	47.7	18.2	34.1	59.50
1974	32.4	3.4	11.7	10.1	42.3	44.8	18.2	37.0	76.40
1975	39.0	4.5	11.2	11.4	33.8	50.5	17.6	31.9	101.30
1976	46.0	7.0	7.3	8.4	31.3	53.9	16.0	30.1	141.80
1977	38.6	9.6	7.6	6.9	37.2	51.7	14.4	33.8	220.20
1978	38.9	9.0	7.0	4.9	40.1	55.5	10.5	34.0	321.40
1979	37.5	10.1	6.7	4.2	41.4	55.7	8.5	35.8	440.60

자료: 한국은행, 『경제통계연보』, 각 연도.

의 신용보험 도입을 위해 1969년 2월 보증보험이 설립되어 손해보험은 13개사가 활동하였다.[4] 그리고 1968년에 미국계 손해보험 2개사가 처음으로 지점을 설치하였다. 이 손해보험은 당시의 「상법」에서 화재보험, 해상보험, 자동차보험, 특종보험 등으로 구분되었다. 특종보험에는 보증보험, 항공보험, 가계종합보험, 근로자재해보상보험, 수출보험, 배상책임보험 등 다양한 유형의 보험이 포함되어 있었다.

손해보험회사는 [표 20-19]에서 보듯이 보험계약준비금이 주요 자금원이지만 기타 부채에 포함된 보험미지급금도 높은 비중을 차지하고 있었다. 또한 생명보험회사에 비해 자본금 비중은 상대적으로 높은 편이었다. 1960년대 후반부터 손해보험 계약금 증가에 따라 보험계약 준비금이 계속 증가하였다. 보험료 납입이 증가하여 조성된 누적보험료가 지속적으로 증가하자 자산총액도 계속 증가하였다. 손해보험회사가 조성한 자금은 현금·예금, 유가증권, 부동산, 기타 자산 등으로 운용되었다. 손해보험회사는 생명보험회사와 달리 보험금 지급을 예측하기 어렵기 때문에 유동성 자산을 많이 보유하지 않을 수 없다. 이에 따라 현금·예금 비중이 높았다. 현금·예금을 대신할 자산이 유가증권인데 이의 비중은 증권시장의 발전에 따라 유가증권의 유동성과 안정성이 높아졌다. 이와 같이 유가증권 비중의 증가로 현금·예금의 비중이 낮아졌다. 1960년대에 증권시장이 불안정하자 부동산 비중이 일시적으로 높아졌으나 유가증권의 증가세에 따라 그 비중은 점차 낮아졌다.

4 한국은행(1975), p. 348.

제21장

경제개발을 위한 금융시장의 육성과 성장

1. 「증권거래법」의 제정과 증권시장의 정상화

1) 「증권거래법」의 제정

우리나라의 자본시장은 1956년 3월 은행, 증권회사, 보험회사의 공동출자에 의해 영단조직의 대한증권거래소가 설립되면서 비로소 조직화된 시장의 모습을 갖추게 되었다. 설립 당시에는 주식거래가 일시적으로 활기를 띠었으나 주식회사가 익숙하지 않았고 상장기업 수도 적고 상장주식도 정부나 소수 대주주에 집중되어 부진하였다. 당시에는 국채 발행에 힘입어 국채 중심의 유통시장이 형성되었다. 당시의 국채는 토지개혁의 결과로 나타난 지가증권, 산업은행의 산업부흥채권, 건국국채 등이었다. 1957년부터 1960년 동안 증권시장의 거래실적을 보면, 국채거래가 대부분을 차지하였다.

당시 증권거래의 기본 법령은 일제 말 1943년 7월에 제정된 「조선증권취인소령」(朝鮮證券取引所令)과 「조선유가증권증권업취체령」이었다. 1953년 12월 증권법안이 국회에 제출되었으나 출자증권 처리 문제 등의 쟁점사항으로 5차례나 폐기되는 등 어려움으로 법령정비가 지연되고 있었다.[1] 새로 등장한 군사정부는 법령정비 과정에 증권거래법을 포함시켜 「증권거래법」을 새로 제정하고 1962년 4월부터 시행하였다.

이 법의 목적은 "유가증권을 발행하고 거래를 공정하게 함으로써 유가증권의 유통을 통하여 국민경제를 발전시키고 투자자를 보호하는 것" 이었다. 주요 내용은 다음과 같았다. 첫째, 거래소 조직은 영단제에서 주식회사로 바꾸고 출자자는 주주가 된다. 둘째, 유가증권 신고서제도를 도입한다. 셋째, 증권업자는 납입자본 5,000만 환 이상의 법인으로 한정하고 재무부 장관의 허가를 받는다. 넷째, 거래원에 대한 거래소의 감리를 강화한다. 다섯째, 증권거래 전반에 대한 정부 감독을 강화한다. 여섯째, 증권

1 한국거래소(2016), 『한국거래60년사_본책(통사)』, p. 61.

업협회 설립에 대한 규정을 둔다.

특히, 거래소 조직이 회원제이냐 주식회사제이냐에 대해서는 논란이 있었으나 주식회사제도가 증자 시 재정부담이 적고 거래소가 자체 주식을 상장시켜 주식거래를 주도하여 증시의 활황을 도모할 수 있어 이를 선호하였다.[2] 증권시장이 활성화되지 않은 상태에서는 이 대한증권거래소 주식이 일반투자를 유발하는 중심주가 되었고 대주주 매점에 의해 증권시장이 좌우되는 현상이 나타날 수 있게 되었다. 당시의 거래종류는 당일결제거래, 보통거래, 특약일결제거래, 발행일결제거래 등 4종류이었다. 이 중에서 보통거래는 이연료만 지불하면 2개월간 결제를 연기할 수 있었기 때문에 매매증거금과 청산자금을 주고받는 방법으로 거래의 양을 무한대로 늘릴 수 있어 투기거래가 급속히 확산될 수 있었다. 그럼에도 불구하고 이 법의 제정으로 한국의 실정을 감안한 증권거래의 제도적 기반이 마련되었고, 정부의 증권시장에 대한 보호와 감독을 강화하여 증권시장 육성에서 정부의 역할이 강조되었고, 증권시장이 국채유통시장에서 주식시장 중심으로 전환되었다고 할 수 있다.

2) '증권파동'의 발생과 수습

'증권파동'이란 1962년 5월에 과열된 증권거래로 월말결제가 불가능하게 되어 증권거래소 운영에 치명적 손상을 입히고 투자자에게 막대한 손실을 끼친 사건을 말한다. 이 사건의 발생 전에도 증권투기로 인해 증권가격이 급등락하는 사건은 이미 설명된 바와 같이 청산거래가 중심인 당시의 증권거래에서는 드문 일은 아니었다.

증권거래소가 주식회사제로 전환됨에 따라 일부 증권업자가 대한증권거래소 주식(이하 대증주)을 매점하려는 시도가 나타나기 시작하였다. 「증권거래법」이 통과되기 직전에 1961년 12월 26일 대증주와 대한전력 주식(이하 한전주)이 폭등하는 움직임이 나

2 한국거래소(2016), p. 63.

타났다. 1962년에 접어들어 대증주, 한국증권금융 주식, 한전주 세 종목의 거래가 집중되면서 대증주와 한전주가 폭등하는 현상이 나타나 증거금 제도를 도입하고 가격상한을 정하는 조치를 취하였지만 상승세가 지속되었다. 당시 일흥증권과 통일증권이 농협으로부터 한전주를 높은 가격으로 매각하기 위해 실물거래는 물론 청산거래로 한전주를 매입하여 이를 통해 막대한 차익을 누렸다. 그리고 증권거래소 증자설에 자극을 받아 한전주 매매를 통해 막대한 이익을 누린 증권업자들이 대증주 매입에 본격적으로 나섰다. 이들의 대증주 점유율이 점차 높아지면서 대증주의 가격이 상승하고 거래액도 급증하였다. 당시 증권거래소 대주주는 주식시장의 과열을 수습하기보다는 주가 상승에 따른 이익을 향유하고자 하였다. 그리고 증권거래소는 주식회사 조직으로서 프리미엄을 차지하는 증자를 시도함으로써 대증주의 폭등을 야기하였다. 이들은 대증주의 상장폐지까지 검토한다면서 실제로는 주주 반발을 이유로 무산시키는 등 주식시장 과열을 수습하기보다는 주식의 매집을 통해 폭리를 취하자고 했기 때문에 사태가 더 악화되었다.

1962년에 접어들어 주식시장이 활황에 들면서 거래액이 2월의 85억 4,000만 환에서 4월 1,184억 5,000만 환으로 대폭 늘었다. 증권업자 보통거래에서 이연료를 지불하는 방식으로 결제를 연기할 수 있지만, 매도자가 매매성립 다음 날에 주식을 가지고 오면 매수자가 결제를 하지 않더라도 거래소가 이를 대신해서 결제해 주었다. 따라서 거래소는 거래량 폭증에 따라 결제자금을 늘리지 않으면 안되었고 이것을 증자를 통해 해결하고자 하였다. 그래서 거래소는 신주를 발행하여 구 주주와 종업인에 배당하고 나머지를 액면가 이상으로 팔고자 한 결과, 구주의 가격이 1962년 3월 9.2환에서 4월에 42.5환으로 폭등하였다.

당시에 주식시장이 과열되고 있었지만 대증주 가격 폭등으로 결제대금이 늘어나서 거래소의 대주주이자 대증주 매수그룹이었던 통일증권, 일흥증권, 동명증권은 물론이고 다른 증권회사들도 결제를 할 수 없는 상황에 이르자 이를 시중은행으로부터 차입을 통해 해결하였다. 그러나 5월에 들어 거래액이 4월에 비해 2배가량 늘어난

2,520억 환에 이르렀고, 결제대금은 850억 환이었는데, 이 중 246억 환이 결제되지 못해 증권시장은 6월 1일부터 휴장에 들어갔다.

청산거래의 수도결제에 책임이 있는 증권거래소는 결제를 재개하기 위해 재무부장관에게 수도결제대금을 긴급히 융자해 줄 것을 건의하였다. 재부무는 증권계가 요청한 280억 환을 지원하면서 5월 말의 수도결제를 6월 4일에 종결시켰지만, 여전히 6월 말 결제액 390억 환이 문제이었다. 이 결제대금은 증권업협회의 의결과 정부의 지시에 따라 해옥(解玉: 불시에 일어난 시세의 급변으로 인한 혼란을 막기 위해 매매쌍방이 일정한 값을 정하여 매매를 해제하는 것)이 결정되어 5월의 증권파동은 일단 수습 국면으로 접어들었다.

이 사건은 거래소가 영단제(공영제)에서 주식회사제로 전환된 이후에 대부분의 거래가 청산거래[3]로 이루어지고, 증권금융이 미비되어 있고, 영리를 추구하는 주식회사로 변한 증권거래소에서 대주주의 주가조작으로 인한 주식시장의 과열이 청산결제의 불이행이란 최악의 사태까지 일으킬 수 있음을 보여 준 것이었다.

3) 증권시장의 침체와 정상화

1962년 5월 '증권파동'은 정부와 시중은행의 구제금융과 해옥이라는 비상조치로 수습되었지만 거래소 조직, 청산거래, 증권금융 등 제도상의 미비점을 드러내었고, 주식시장의 발전에도 역효과를 미칠 수밖에 없었다. 1962년 6월 증권시장 휴장 이후 실시된 통화개혁으로 인한 예금동결로 정상화는 어려워졌으나 7월 예금동결 조치가 해제됨에 따라 당일결제가 재개되었고 청산거래도 8월에 재개되었다. 정부의 재정자금 방출이 있을 경우 일시 반등이 있었으나 증권회사의 대증주 방매 등으로 침체가 지속되었고 휴장과 개장을 반복하면서 1963년 5월까지 휴장이 지속되었다.[4]

3 청산거래는 장기 선물거래의 일종으로 매매체결 시에 매도증권 또는 매수금의 일부인 매매증거금만 납부하고 결제는 1개월이나 2개월 정도 후에 증권실물 또는 현금을 수수하는 방법과 결제일 이전에 그 증권을 전매 또는 환매함으로써 그 차액을 수수하는 방법으로 이루어졌다.

[표 21-1] 증권거래소 거래실적(1962~1968)

(단위: 백만 원, ( ): %)

연도	회사 수(개)		증권거래액(백만 원)			
	상장회사	증권회사	주식	채권	합계	주식 비율
1962	16	55	98,375	821	99,196	(99.2)
1963	15	40	26,000	1,103	27,103	(95.9)
1964	17	36	27,039	708	27,747	(97.4)
1965	17	35	9,271	166	9,437	(98.2)
1966	24	26	11,061	86	11,246	(99.2)
1967	24	25	24,917	36	24,953	(99.9)
1968	34	25	19,984	26	20,010	(99.9)

자료: 한국증권거래소, 『증권통계연보』, 각 연도.

'증권파동'을 겪은 박정희 정부는 거래소를 공익 우선의 정부출자기관으로 하여 공정한 시장관리를 도모하고 거래소 인사를 장악함으로써 증권시장 감독을 강화하고, 나아가 증권거래소의 추락한 공신력을 높이기 위해 1963년 4월 「증권거래법」을 개정하였다. 그 주요 개정내용을 보면, ① 유가증권 허위기재에 대한 손해배상 강화, ② 거래소 자본금 규정, 정부 출자, 임원의 정부임명제, ③ 거래소의 거래원 감독권 부여, ④ 거래원의 위약손해배상기금 적립, ⑤ 거래원 일임매매 제한, ⑥ 상장법인 감사 강화 등이었다.[5] 이 개정에 따라 1965년 5월 주식회사 대한증권거래소는 공영제 한국증권거래소로 재출범하였고 이 체제는 1988년 3월까지 유지되었다.

증권거래소는 증권시장을 정상화하고 시장불신의 근원인 투기적 요소를 줄이기 위해 시장관리규제를 강화하고 주식의 공급 확대 및 분산 촉진을 도모하였다. 또한 증권거래소는 시장관리 규제를 강화하기 위해 경쟁매매에서 가격등락 폭을 제한하고 포괄적 규정을 줄이고 거래원의 증거금을 차금수수나 결제자금을 대체운용할 수 있도록 하고 공매도도 제한하고 거래원 감리를 강화하였다. 특정 종목에 대한 투기현상

4 한국거래소(2016), pp. 66~67.
5 앞의 책, p. 70.

은 청산거래나 이연결제가 주요한 요인이긴 하지만 상장주식의 종류와 수량이 너무 적은 것도 원인이었다. 증권거래소는 정부 소유 기업의 조속한 상장을 요구하고 상장주식의 분산매각을 요청하고 상장주식을 입찰보증금 또는 계약보증금으로 활용하도록 하여 유동성을 높이는 조치를 요구하였다.

박정희 정부는 이러한 요구에 맞추어 정부기업 9개사에 상장명령을 내리는 등 상장법인 증가에 힘을 기울이고 신규 상장주식을 매각하였으나 아직 일반인의 참여는 부진하였다. 이 시기의 증권시장은 [표 21-1]에서 보듯이 거래소에서 거래되는 증권의 대부분이 주식인 주식시장 중심이었다. 하지만 주식의 거래마저도 거래소 조직 개편, 거래제도 개편, 주식공급 확대정책에도 불구하고 여전히 부진하였다. 이와 같이 증권시장을 통한 자금동원은 낙후된 증권제도와 불안정안 증권시장으로 인해 「제1차 경제개발계획」이 진행되던 시기에는 정부 기대와는 달리 별다른 성과를 거두지 못하였다.

2. 자본시장 발전을 위한 제도적 정비

박정희 정부는 「제1차 경제개발계획」이 기대 이상의 성과를 거두자 제2차 계획에서 전체 경제성장률은 7.0%로 하고 농수산업 5.0%, 광공업 10.7%, 기타 산업 6.6% 성장하는 것으로 계획하였다. 제1차 계획에서 계획한 투자율은 22.6%, 국민저축률은 9.3%, 해외저축률은 13.1%이었으나 제2차 계획에서 계획한 투사율은 19.1%, 국민저축률 11.6%, 해외저축률 7.5%이었다. 이 정부는 경제개발에 필요한 재원을 원조나 해외 차관에 의존하는 것이 점차 어려워짐에 따라 해외 자금보다는 국내 자금에 의존하여 조달하는 방향으로 정책을 전환하고 있었다. 1965년 9월에 실시한 금리의 대폭적인 인상, 이른바 '금리현실화'는 금융시장의 시장 기능 회복보다는 금융기관을 통한 내자동원에 더 무게를 두고 추진된 정책이었다. 당시 기업의 자금조달은 내부 자금보다 외부 자금에 크게 의존하고 있었고 증권 발행보다는 해외 차입이나 금융기관 또는 사채에 더 의존하였다. 1960년대 후반 법인기업의 외부 자금 의존도는 80% 전후이었고 해외 차입 의존도는 40% 전후이었는데, 직접금융 의존도는 1966년 19.9%, 1967년 22.4%, 1968년 15.6%에 불과하였다.[6] 기업의 증권 발행을 통한 직접금융 확대는 금융부담의 완화와 재무구조 개선 나아가 저축 증대를 통한 내자동원 확대라는 여러 가지 정책적 목표를 동시에 달성할 수 있는 방안이었다. 이러한 점을 감안하여 박정희 정부는 기업의 직접금융 확대를 위한 증권시장 육성을 주요한 정책목표로 설정하고 이를 위한 법률의 제·개정, 제도개선 및 체제정비 등 다각적인 육성시책을 전개하였다.[7]

1) 「자본시장육성법」 제정

「자본시장 육성에 관한 법률」은 원래 1965년 1월에 「주식투자보장법」으로 제출된 것을 내용과 명칭을 수정하여 증권시장에 대한 종합적인 육성정책을 담은 것으로 한국의 증권시장 발전에 새로운 이정표를 세운 것으로 높이 평가되고 있다.[8]

이 법의 목적은 "기업공개와 주식분산을 촉진하고 국민의 기업참여와 자본조달의 원활을 기할 수 있는 투자여건을 조성함으로써 자본시장의 건전한 육성을 도모"하는 것이었다. 이 법의 주요 내용은 다음과 같다. 첫째, 주식분산 및 민간투자 유도를 위해 상장법인 유상증자 시 종업원의 우선배정권을 인정하며 그 주주에 대하여 소득과세 특례를 인정하고 정부 관련 업체에 대한 보증금이나 공탁을 상장주식으로 납부할 수 있도록 하였다. 둘째, 기업공개 유도를 위해 공개법인에 대하여 법인세 특례를 인정하고 통상적인 감가상각 이외에 20%의 특별상각을 인정하고 총회장 질서유지권을 강화하였다. 셋째, 유가증권의 발행과 분산을 추진하고 그 인수를 원활히 하기 위해

6 한국은행(1976), 『한국의 자금순환』.
7 한국거래소(2016), p. 75.
8 앞의 책, p. 76.

한국투자공사의 설립을 규정하였다. 이 법의 궁극적인 목적은 기업공개이고 나머지는 이를 촉진하기 위한 수단으로 보고 있기도 하다.[9] 그런데 기업공개는 장려책으로만 완성되는 것이 아니고 기업이 이에 참여할 필요성이 있고 그 여건이 갖추어져야 하므로 시간이 걸리는 장기 과제이었다.

2) 한국투자개발공사 설립과 증권 발행제도 정비

「자본시장 육성에 관한 법률」에 따라 1968년 12월 한국투자개발공사가 설립되었다. 정부는 이 공사에 자본금 15억 원 중에서 5억 원을 출자하고 주요 업무를 결정하는 투자심의위원회를 두었다. 이 공사의 주요 업무는, ① 유가증권 인수, ② 유가증권 매매, ③ 유가증권 모집·매출의 주선, ④ 주가안정을 위한 시장조절, ⑤ 정부 소유 주식 및 일반기업 주식의 위탁매각, ⑥ 유가증권 인수기업 대상 기업에 대한 경영분석 및 지도 등이었다. 이 공사는 정부가 증권시장을 육성하기 위해 설립한 증권회사이지만 민간 증권회사와 달리 주가안정이라는 정책적 임무도 수행한다. 이 공사의 역할 중에서 가장 중요한 유가증권의 인수는 정부의 승인을 받도록 하여 정부 주도 증권시장 발전을 도모하는 것이라고 할 수 있다. 이 공사는 일반기업의 주식 발행 업무를 직접 담당하고 지원하여 유가증권 발행시장을 개발하고 기업공개를 촉진하기 위한 「자본시장육성법」의 집행기구이자 증권 인수기관으로서 역할을 수행하기 위해 설립된 것으로 파악하는 견해도 있다.[10]

이 공사가 본격적인 활동을 개시함에 따라 증권 발행시장이 활기를 띠었다. 1969년 중에 12개사가 22억 1,000만 원의 주식을 공모하였고 1970년에는 9개사가 20억 7,000만 원의 주식을 공모하였다. 채권시장에서 공모는 1972년부터 시작되었는데, 1972년 3월 동아제약이 민간기업으로 처음 2억 5,000만 원의 회사채를 공모하였고, 이어 대한

9 이영훈·박기주·이명휘·최상오(2005), 『한국의 유가증권 100년사』, pp. 301~302.
10 앞의 책, p. 303.

전선도 3억 원 공모에 성공하였다. 이러한 점에서 이 기구의 설립으로 증권공모가 확립되어 증권 발행시장이 확장된 것에 더 큰 의미를 두고 있다.[11]

박정희 정부는 증권시장의 건전성을 높이기 위해 증권회사 등록제를 허가제로 전환하고 허가 업무에 따라 최저자본금을 차등화하고 재무 비율에 대한 자기자본 비율과 부채 비율에 대한 규제를 시행하고 거래소의 자본금도 증액하고자 「증권거래법」을 1968년 12월에 개정하였다. 또한 이 정부는 증권시장의 안정을 도모하고 내자동원을 확대하기 위해서는 증권투자수요 확대가 필요하기 때문에 이를 위한 「증권투자신탁업법」도 1969년 8월 제정하였다. 이 법의 시행에 따라 한국투자개발공사는 1970년 5월부터 1억 원을 기금으로 하여 증권투자신탁 업무를 시작하였다. 또한 공개법인에 대한 일정한 요건을 갖춘 법인에 대해 1968년 말부터 최고 20% 포인트 낮은 세율을 적용하여 기업공개에 대한 유인을 강화하였다. 나아가 증권시장의 지역적 확장을 위해 1969년 4월 부산 증권시장이 개설되었으나 실적도 미미하고 제기능을 발휘하지 못해 1979년 3월에 폐쇄되었다.

3) 증권거래제도와 상장제도의 개선과 정비

증권거래소는 1956년 개장 이래 증권거래의 80% 이상은 청산거래로 이루어지고 있었다. 일종의 장기 선물거래가 중심인 청산거래는 거래의 주요 대상이 소수에 집중되고 증권시장을 과열시켜 투기적 거래로 공정가격을 왜곡시키고 심지어 '증권파동'이라는 거래소의 결제불능 위기까지 초래하였다. 하지만 투자수요 증대를 통한 증권거래의 활성화라는 현실적인 요구 때문에 청산거래를 중단하기가 어려웠다. 보통거래조차도 이연료를 지급하면 결제가 연장되고 대차거래도 허용되어 보통거래도 청산거래와 마찬가지로 투기적 거래에 활용되었다.[12] 박정희 정부는 1968년 9월 청산거래

11 한국거래소(2016), p. 77.
12 이영훈·박기주·이명휘·최상오(2005), pp. 316~317.

로 인한 과도한 투기거래를 억제하기 위해 청산거래 결제시한을 2개월에서 1개월로 줄이기로 발표하자 업계도 호응하여 이 기회에 청산거래제를 폐지하고 대차거래 중심의 보통거래제를 실시할 것을 제안하여 1969년 1월부터 시행에 들어갔다.

보통거래가 실시되었지만 결제일에 매수대금이 없거나 매도증권이 없는 경우에는 이연료를 납부하고 금융기관을 통해 대차거래를 통해 결제하거나 30일 이내 연기하는 방식으로 다시 이연하면서 미결제약정 등의 문제가 사라지지 않았다. 결국 보통거래제도는 이에 대한 인식 부족이나 증권금융의 부족으로 확산되지 못하였다. 더욱이 1969년부터 재발한 주식투기가 사라지지 않자 정부는 1971년 6월 행정명령으로 거래소 규정을 개정하여 보통거래를 5일 결제의 실물거래로 하는 내용을 담고 있는 이른바 '6·3 조치'를 단행하였다.

'6·3 조치'의 주요 내용은, ① 매매시장의 제1부와 제2부로의 구분, ② 매매결제방법으로 집단경쟁매매와 개별경쟁매매의 병용, ③ 당일결제거래를 제외한 거래의 결제에 있어 부득이한 경우에 결제대용증에 의한 결제방법 도입, ④ 보통거래제도를 매매체결일로부터 5일째 되는 날 실물결제로 하는 것으로 바꾸는 동시에 이의 결제를 위하여 신용거래에 사항을 세부적으로 규정한 것 등이었다. 그리고 증권금융회사의 대체거래 규정을 결제금융 규정으로 변경하고 대차금융을 담보금융으로 전환하여 결제를 원활히 하도록 하였다.

'6·3 조치'에 대한 법원의 가처분 결정으로 「증권거래법」의 미비점을 보완하기 위해 시행령이 개정되면서 신용거래 중심의 보통거래가 시행되는 새로운 증권거래제도가 1971년 12월부터 시행되었다. 첫째, 종전에는 매매계약을 체결한 다음 날 결제함을 원칙으로 하되 대차거래에 의한 결제와 결제이연을 인정하였던 것을 매매계약을 체결한 5일째 되는 날 반드시 실물로 결제하도록 하되 증권회사의 고객신용 공여로 결제할 수 있도록 하였다. 이로 인해 보통거래에서 실물거래보다는 신용거래가 중심이 되는 변화가 나타나게 되었다. 둘째, 계약체결에서 집단경쟁매매와 개별경쟁매매가 모두 가능하게 되었다. 개별경쟁매매(포스트매매)는 상장종목을 일정 장소(포스트)에

배치하고 매매시간 중에 언제라도 상대호가가 있는 경우 매도·매수 수량의 일치 여부와 상관없이 매매가 성립되어 거래의 연속성과 다양한 매매가격 수요가 충족되었다. 이 제도는 거래소 업무 규정에 반영되어 1971년 10월부터 부분적으로 시행되기 시작하여 12월에 확대되었다. 셋째, 주식상장을 늘리기 위해 선주식분산 후상장이 아니라 선상장 후주식분산을 원칙으로 하고 모집설립 또는 공모증자법인의 상장 기회 부여, 상장요건 미달 법인 구제, 공개법인 요건 충족 법인의 주권상장 의무화를 구현하기 위해 시장을 제1부와 제2부로 구분하여 요건이 양호한 제1부 법인은 법인세 세제 감면 혜택을 받도록 하였다.[13]

3. 기업공개와 증권시장의 성장

1) 8·3 조치와 기업공개정책

박정희 정부가 1972년 8월에 전격적으로 시행한 8·3 조치는 기업이 과도하게 안고 있는 채무의 원리금과 이자의 상환부담을 경감하여 기업의 재무구조를 개선하고 투자를 촉진함으로써 안정적인 경제성장 기반을 구축하고자 실시한 것인데, 기업의 재무구조 개선을 위한 주요 조치는 다음과 같다.[14]

첫째, 1972년 8월 2일 현재 기업이 부담하고 있는 모든 사채를 관할 세무서 또는 금융기관에 신고하도록 하고, 신고된 사채는 3년 거치 5년 분할상환 조건의 새로운 채권채무 관계로 전환하였다. 둘째, 2,000억 원 범위 내에서 금융기관의 기업에 대한 단기대출금 잔액의 30%에 해당하는 금액을 연리 8%, 3년 거치 5년 분할상환 조건의 장기저리대출로 바꾸어 대출하도록 하였다. 대환에 필요한 자금은 특별금융채권을 발행

13 한국거래소(2016), pp. 84~86.
14 한국개발연구원(1991), 『한국재정40년사』, 제3장, 「재정관계법령 및 주요 정책자료」, pp. 623~624.

하여 조달하고 한국은행이 이를 인수하도록 하였다. 셋째, 정부는 중소기업보증기업과 농림수산업자 신용보증기금에 각 10억 원씩 출연하는 한편, 신용보증기금을 새로 설치하여 각 금융기관에 대해 8월 3일 이후 5년간 대출금 잔액의 0.5% 이내에 해당하는 금액을 매년 신용보증기금에 출연하도록 하여 담보능력이 약한 중소기업에 대한 신용대출을 촉진하고자 하였다. 넷째, 한국산업은행에 산업합리화기금을 설치하여 기업에 장기 저리자금을 공급하는 한편, 중요 산업의 고정자산에 대한 기업의 특별감가상각률을 종전의 30%에서 40~80%로 인상하고, 법인세 및 소득세의 투자공제율을 상향조정하는 등 세제상의 혜택을 부여하여 산업합리화를 촉진하고 기업의 투자 확대를 유도하였다.

박정희 정부는 「자본시장육성법」을 제정하며 공개법인에 법인세 및 감가상각비 특례조항을 두어 기업공개를 유인하였으나 1969년 12월 말까지 공개한 법인은 7개사에 그쳤고 그중에서 증권거래소에 상장한 법인은 한일시멘트 1개사뿐이었다. 이렇게 성과가 미미한 것은 공개법인 요건을 규정한 「법인세법」과 동 시행령상의 요건은 기업을 공개하지 않아도 갖출 수 있어 혜택을 누릴 수 있었으며, 보다 근본적인 것은 공개로 인해 기업만의 비밀이 드러나는 것을 우려하였기 때문이었다.[15] 그렇지만 기업이 공개하여 증권거래소에 상장되면 주식이나 채권의 발행을 통해 장기 자금을 더 많이 조달하고 자기자본 비율도 높여서 재무구조를 개선할 수 있었다.

박정희 정부가 「자본시장육성법」과 8·3 조치로 기업에게 적지 않은 혜택을 주었지만 법인기업의 공개 및 상장이 성과를 내지 못하자 1972년 12월 「기업공개촉진법」을 별도로 제정하여 공개 대상 법인을 심사·선정하여 직접 공개를 명령하기로 하였다. 이 법은, 첫째 기업공개지정절차를 통해 공개 대상 법인을 지정하는 것, 둘째 지정법인에 대한 추가적인 혜택, 셋째 공개불이행 법인에 대한 불이익 등을 주요 내용으로 하고 있었다.[16]

15 이영훈·박기주·이명휘·최상오(2005), pp. 305~306.
16 한국개발연구원(1991), pp. 625~626.

공개 대상은 법인은, ①「외자도입법」에 의한 현금차관 또는 자본재 도입 금액이 법인의 자본금에 상당하는 법인, ② 금융기관으로부터 10억 원 이상의 여신을 받는 기업, ③ 국민경제 발전을 위해 필요하다고 인정되는 법인 중에서 시행령으로 정한 법인 등으로 경제정책의 혜택을 받거나 정책상 중요한 법인이었다. 공개 대상 법인이더라도 상장에 적합한 법인을 적격법인으로 선정하고자 하였다. 즉, 공개적격법인이 되려면, ① 자본금 5,000만 원 이상, ② 설립 후 2년 이상, ③ 공개 후 10% 이상 이익배당이 가능, ④ 주식시장에서 액면가 이상으로 거래 예상 법인 등 여러 요건을 충족한 법인 중에서 국무총리가 위원장이 되는 기업공개심의회에서 타당성이 인정되는 기업만 지정기업으로 결정하였다.

지정법인이 되는 기업에게는 자산재평가와 세법상의 특혜가 주어졌다. 첫째, 당시 「자산재평가법」에도 불구하고 지정법인에 대해서는 비사업용 토지에 대한 재평가가 허용되었고, 조세법에 의한 처벌도 일부 면제하여 주었다. 그에 반해 지정법인이 되었음에도 공개를 이행하지 않는 기업에 대해서는 불이익 조치가 가해졌다. 이 기업에 대해서 개인기업에 준하는 세제상의 불이익이 주어지고 종합소득세 환산 시 가산세가 적용되었고 금융지원에 대한 제한을 금융기관에 요구할 수 있도록 하였다.

이러한 조치 중에서 어떤 것이 영향을 더 미친 것인지는 알 수 없지만 비공개기업에 대한 조세·금융상의 불이익 조치라는 채찍은 이전에 없던 것이므로 효과가 컸다. 1968~1972년 동안 신규 상장회사 수가 42개사인 데 비해 1973년 한 해만 40개사가 상장하였다. 정부는 1974년 5월 기업공개 후속 조치로서 대주주 개인 지배 아래에 있는 재벌 계열회사의 주식분산을 유도하고 재무구조 개선과 경영합리화를 위해 재무구조 상태별로 여신관리를 차별화하는 조치, 이른바 5·29 조치를 취하였다. 이에 따라 대한금융단은 재무구조가 나쁜 회사에 대해서는 계열회사에 대한 여신관리협정을 체결하도록 하고, 재무구조가 좋은 기업군을 공개 대상 법인으로 지정하고 기업공개를 유도하여 갔다.[17]

17 한국거래소(2016), p. 97.

2) 증권수요 확대를 위한 제도 정비

박정희 정부는 증권수요를 확대하기 위해 주식의 인수 및 유통의 확대를 주도할 한국투자공사를 설립하는 것에서 나아가 다른 금융기관을 망라하는 증권인수협의회를 결성하도록 하였지만 기업공개 부진으로 별다른 성과를 거두지 못하고 있었다. 그러나 기업공개가 어느 정도 성과를 거두자 증권수요 확대를 위한 다양한 정책을 실시하였다.

박정희 정부에서 증권시장의 현대화와 관련하여 이루어진 주요 조치를 열거해 보면 다음과 같다. 첫째, 증권시장 포스트 매매제도가 1971년 10월부터 실시되어 1975년에는 전면적으로 실시되었다. 둘째, 1976년부터 증권 업무의 전산화로 정보가 신속히 전달되어 증권시장의 효율성이 증대되었다. 셋째, 결제 업무를 효율적으로 처리하기 위해 필요한 증권대체결제를 전담할 한국증권대체결제(주)가 증권거래소의 자회사로 설립되어 1975년 5월부터 업무를 개시하였다. 넷째, 증권 인구의 확대와 증권시장 기관투자가 육성을 위해 한국증권투자신탁(주)이 1974년 9월 설립되었다. 이로 인해 영세투자자의 증권시장 참여가 쉽게 되었다. 다섯째, 정부가 직접 관리하던 증권시장 관리 업무는 자율적인 조직인 증권관리위원회에 위임하고, 이를 감독할 증권감독원은 1976년 12월 개정된 「증권거래법」에 근거하여 설립하고, 한국투자공사는 해체하되 투자신탁 업무는 신설된 대한투자신탁에 이양되었다.

3) 주식시장의 성장과 건설주 파동

1973년 이후 기업공개정책이 강력히 추진되면서 [표 21-2]에서 보듯이 증권거래소 상장기업의 수가 늘어남에 따라 시가총액은 물론 거래액도 점차 늘어났다. 주식유통시장이 활성화됨에 따라 주식공모도 건수와 금액이 모두 늘어나고, 주식 발행에 의한 자금조달액도 계속 증가세를 보였다. 이러한 증가세로 1976년까지 추가로 공개된 기업이 87개에 이르렀다.

박정희 정부는 「제4차 경제개발계획」을 추진하면서 증권에 의한 국내 저축 증가를 도모하기 위해 주식시장도 정비할 필요가 있어 기업공개를 촉진하고, 개발자금 조달의 확대를 위해 1974년 6월 「자본시장 수용태세 확립방안」을 발표하고 추진하였다.[18] 첫째, 한국투자공사를 비롯한 금융기관이 인수단을 형성하여 인수자금 100억 원을 설정하여 60억 원은 주식, 40억 원은 회사채 인수기금으로 활용하도록 하였다. 둘째, 증권투자 수요를 개발하고 투자여건을 조성하기 위해 증권저축 확대, 종업원지주제 확장, 증권투자신탁 확장, 기관투자자 참여 확대, 유통금융한도 확대, 공모분산 유도 등 다양한 방안을 시행하였다. 셋째, 기업공개에 따른 자금조달을 원활히 하고 증권인수 기능을 정착시키기 위해 증권인수는 잔액인수에서 총액인수로 전환하였다.

[표 21-2] 주식의 유통 및 조달(1968~1979)

(단위: 10억 원)

연도	상장 회사 수	주가 지수	유통시장 거래액		공모액		유상증자액	
			시가총액	거래액	건수	금액	건수	금액
1968	24	28.7	64	20	2	0	10	20
1969	34	32.2	87	42	12	2	8	6
1970	48	33.7	98	43	9	2	13	5
1971	50	36.6	109	34	4	1	7	2
1972	66	121.6	246	71	7	1	31	14
1973	104	142.0	426	161	47	22	52	30
1974	128	100.0	533	179	19	14	61	32
1975	189	111.1	916	334	62	40	68	83
1976	274	136.3	1,436	629	87	74	81	102
1977	323	144.0	2,351	1,375	49	44	97	142
1978	356	189.1	2,893	1,742	33	42	148	285
1979	355	160.5	2,609	1,328	5	5	98	212

주: 주가지수는 한국은행(1975, 1980), 『경제통계연보』에 수록된 월평균 주가지수를 단순연결한 값을 1974년 기준으로 재작성.
자료: 한국증권거래소, 『증권통계연보』, 각 연도.

18 한국거래소(2016), pp. 97~101.

이 조치로 종래의 개별적인 인수 및 공모 주선 업무를 지양하고 간사회사를 중심으로 하는 총액인수 체제가 확립되었다.[19] 넷째, 총액인수자금을 확대할 수 있도록 증권인수금융제도를 실시하였다. 금융기관은 인수자금의 대출, 시장조성자금의 대출, 청약자금의 대출을 할 수 있도록 하였다. 다섯째, 기업공개의 원활한 추진과 증권시장의 지속적 성장을 도모하기 위해 1972년 12월에 자본시장 육성자금 325억 원을 조성하였다.

주식시장이 점진적인 성장세를 보이는 과정에 주식시장의 불안정을 보여 주는 건설주 폭등 파동이 일어났다.[20] 즉, 건설업종 주가지수가 1975년 7.65로 시작하여 1978년 6월에는 409.91로 약 50배 정도 폭등하였다. 이 건설주 폭등은 유가폭등 이후 우리나라 건설업체가 중동국가에서 건설공사가 폭증하면서 급성장한 것에서 비롯되었지만 이로 인한 수출 증가 및 국내 통화 팽창과 건설주 상승세에 대한 기대까지 겹쳐서 발생한 것이었다. 이러한 건설주 폭등은 건설회사의 주식시장을 통한 자금조달을 용이하게 하여 급팽창한 건설회사들이 속출하였다. 이 중에서 부실건설사가 적지 않았고 1978년 말부터는 확장에만 몰두한 건설사가 부도를 내기 시작하였다. 예를 들어, 범화건설은 상장한 지 6개월 만에 부도를 냈고, 정진건설도 상장한 지 1년 만에 유상증자에 성공하였지만 부도가 나는 등 많은 건설사가 부도위기 끝에 결국 7개사가 부도를 냈다.

박정희 정부는 건설주 폭등으로 야기된 주식시장을 안정시키기 위해 다양한 조치를 취하였다.[21] 첫째, 거래소는 건설주를 특별포스트종목을 지정하고 예수대금의 호가전 예납, 가격제한 폭 적용, 보증금 비율 인상 등의 응급조치를 취하였다. 둘째, 한국증권금융은 유통금융한도를 대폭 줄이고 자기신용에 의한 융자나 대주 중지 등으로 증권금융을 긴축하였다. 셋째, 공모주 청약의 과열을 억제하기 위해 공모주청약예금

19 이영훈·박기주·이명휘·최상오(2005), p. 310.
20 한국증권거래소(1986), 『한국증권거래소삼십년사』, pp. 181~185.
21 앞의 책, pp. 185~195.

제를 도입하고 청약한도도 줄였다. 넷째, 증권거래세를 부과하기 위해 「증권거래세법」을 1978년 12월 제정하였다.

박정희 정부가 건설경기 과열로 인해 주가상승에 이은 물가상승과 부동산가격 폭등을 억제하기 위해 1978년 말부터 강력한 긴축적 통화정책을 시행함에 따라 건설주는 물론 모든 주가가 1978년 하반기부터 급락하여 11월에는 긴급히 증시부양대책까지 내놓았다.[22] 나아가 정부가 제2차 석유파동으로 인한 인플레이션에 대응하여 1979년 4월 「경제안정화종합시책」을 발표하고 긴축적 통화정책을 강화하였다.[23] 이로 인해 주가가 1979년 말까지도 하락세를 이어갔다. 이러한 주가하락세는 건설주를 중심으로 한 주식시장 과열뿐 아니라 긴축과 경기후퇴로 인한 기업의 자금난, 증권 관련 세금 및 규제 등 다양한 요인이 겹친 결과이었다. [표 21-2]에서 보듯이, 이러한 주가하락으로 1979년부터 주식시장에서 거래량도 줄어드는 등 유통시장의 위축이 나타났고 공모도 크게 줄어들었다. 그리고 주식시장을 통한 자금조달은 건수에서는 크게 줄어들었으나 유상증자액은 조금 줄어드는 것에 그쳤다.

4) 회사채시장의 성장

우리나라에서 회사채 발행은 1963년부터 이루어졌다. 이 시기에 발행된 회사채는 전부 전환사채이었다. 당시 일반투자가들이 관심을 가지고 있는 것은 국공채나 주식이었으므로 회사채는 주식 전환 가능성이 있어야만 판매될 수 있었기 때문으로 보인다. 「자본시장육성법」이 제정된 이후에는 1969년 11건, 1970년 2건, 1971년 1건의 회사채 발행이 이루어졌다. [표 21-3]에서 보듯이 이 시기에 발행된 회사채는 전환사채뿐만 아니라 일반사채와 담보부사채도 있었다. 발행이율은 27%에서 20%로 다소 낮아졌고,

22 한국은행(2000), 『한국의 금융·경제연표』, p. 300.

23 이 시책은 생필품 원활화와 가격안정, 재정긴축의 견지, 중화학투자의 조정, 금융운용의 개선, 부동산투기 억제를 위한 제도 정비, 생필품 안정 특별대책, 영세민 생활안정 등 매우 많은 내용을 가지고 있었다(한국개발원(1995), 『한국경제반세기 정책자료집』, pp. 358~366).

[표 21-3] 대표기업의 회사채 발행(1972~1976)

(단위: 백만 원)

발행일자	발행회사	발행조건			발행액	인수 형태	보증 기관
		종류	연이율	상환방법			
1972. 03. 07	동아제약	일반	28	2년 만기	250	모집주선	
1972. 03. 15	대한전선	보증	25	2년 만기	300	모집주선	투자공사
1972. 08. 10	삼성전자	전환	21	2년 만기	300	모집주선	
1973. 12. 28	한국유리	보증	17	2년 만기	300	모집주선	신탁은행
1974. 05. 06	남한제지	보증	18.6	2년 만기	300	잔액인수	조흥은행
1974. 08. 27	대한비타민	전환	18	1976년 말 일시	200	총액인수	
1975. 07. 09	서울식품	보증	18.6	3년 만기	300	총액인수	상업은행
1976. 05. 04	대한제당	보증	연동	5년 만기	500	총액인수	투자공사
1976. 11. 20	진양화학	보증	20	3년 만기	1,500	총액인수	제일은행

자료: 한국투자공사(1977), 『한국투자공사소사』, pp. 381~399.

상환기간도 5년, 3년, 2년으로 다양화되었고, 인수기관도 산업은행뿐 아니라 신탁은행, 은행인수단인 개발금융 등으로 다원화되었다. 그러나 이 회사채도 민간이 아닌 금융기관이 주로 인수하였기 때문에 민간자본의 동원에는 별로 기여하지 못했다.

1972년부터 회사채시장이 크게 변화하였다. 첫째, 회사채가 새로운 투자상품으로 인정받았다. 8·3 조치 이후 사채시장이 동결되고 회사채는 주식에 비해 안전하고 은행금리보다 수익률도 높아 매력적인 투자상품으로 부각되었다. 둘째, 회사채 투자에 따른 위험을 회피할 보증제도가 도입됨으로써 공모가 활발해졌다. 그러나 회사채 인수기관은 처음에는 모집주선에 주력하였지만 1974년부터 모집주선이 사라지고 잔액인수를 거쳐 총액인수로 전환하였다. 총액인수제는 1974년 7월에 발표된 「자본시장 수용태세 확립방안」이 시행된 결과이었다. 회사채 발행과 인수는 크게 늘어났고 [표 21-4]에서 보듯이 회사채 수익률도 높아 인기가 높은 상품이 되었지만 회사채 발행은 아직도 보증에 주로 의존하고 있고 공모에서 일반투자자의 참여가 부진하다는 문제점이 남아 있었다.

[표 21-5]에서 보듯이 1973년 이후의 강력한 기업공개정책으로 상장회사 수도 늘어

[표 21-4] 회사채 종류별 발행 건수 금액 및 이자율(1972~1976)

연도	건수			금액(백만 원)			수익률(%)		
	일반	보증	전환	일반	보증	전환	일반	보증	전환
1972	21	13	1	6,028	3,600	300	18~28	17~25	21
1973	6	6		1,750	1,700		17~19	14.5~17.4	
1974	28	30	1	13,700	13,970	200	18.6~20	17~19	18
1975	17	2	2	8,950	23,950	550	19.5	18.6	18.6
1976		1	1		86,080	200		18.6~20	18.6

자료: 한국투자공사(1977), 『한국투자공사소사』, pp. 381~399.

[표 21-5] 채권 거래액 및 회사채 자금조달액(1968~1979)

(단위: 10억 원)

연도	국공채 거래액			회사채 거래액				회사채 자금조달	
	종목수	상장액	거래액	회사수	종목수	상장액	거래액	건수	금액
1968	6	0.74	0.03						
1969	26	17.5	0.4						
1970	35	26.7	4.2						
1971	55	44.1	11.1						
1972	80	64.1	10.1	12	16	4.7	0.12	35	10
1973	128	120	9.0	14	18	5.3	0.21	12	3
1974	197	169	4.3	42	54	22.4	0.2	59	28
1975	234	168	16	71	110	52.2	0.65	67	34
1976	254	280	37	105	180	118	6.67	112	86
1977	253	340	120	165	293	232	16	196	176
1978	240	430	201	278	553	539	45	306	326
1979	217	540	211	356	792	1,001	336	380	625

자료: 한국증권거래소, 『증권통계연보』, 각 연도.

나고 거래액도 늘어나고 우량주식이 증권시장에 대량으로 나오게 되자 채권 발행을 통한 자금조달이 주식 발행을 통한 자금조달보다 상대적으로 위축되는 현상이 나타났다. 박정희 정부는 채권시장도 주식시장에 못지않게 증권시장의 발전은 물론 장기 자금조달에서 중요하다고 인식하고 1976년 3월 「증권시장 보완시책」과 1977년 2월

「채권시장 육성방안」을 시행하는 등 채권시장 육성에 적극성을 보임에 따라 1977년부터 채권의 거래액과 자금조달액도 크게 늘어나기 시작하였다.

특히, 「채권시장 육성방안」은 1977년부터 시행된 제4차 경제개발계획에서 투자재원의 92.4%를 국내 저축으로, 국내 저축의 51.8%를 증권을 통해 조달하려면 주식시장과 함께 채권시장의 육성이 불가결하다는 것을 감안하여 추진된 것으로 채권시장 활성화에 크게 기여한 것으로 평가되고 있다.[24] 그 주요 내용을 보면, ① 회사채 종류의 다양화, ② 부보증사채 발행 확대 및 사채 발행조건의 탄력성 부여, ③ 기채조정위원회를 설치하여 기채계획의 수립, 기채 타당성 검토, 기채물량 조절, 기채 발행조건의 조정을 실시, ④ 국공채·금융채 시장을 통한 발행 확대, 해외 기채 시도, ⑤ 신용보증기금의 보증을 통한 중소기업 사채 발행 권장 등이다. 채권수요를 확대하기 위해서는 회사채 발행을 다양화하고 기관투자가의 채권공급을 촉진하기 위해서는 발행조건을 신축적으로 운용하고 국공채의 시장성도 높이고 기채조정위원회가 직접 수급조절에 나서도록 한다는 것이다.

이러한 방침에 따라 증권금융회사는 환매조건부 채권거래를 시작하고, 증권협회는 새로운 사채의 등급 기준을 정하고, 증권관리위원회는 기채조정위원회를 설치하였다. [표 21-5]에서 보듯이, 1977년부터 국공채와 회사채의 상장액과 거래액이 늘어나는 등 채권 유통시장이 활성화되는 것은 물론이고 회사채 발행 건수는 물론이고 조달액도 크게 늘어남에 따라 채권 발행시장도 빠르게 성장하였다.

24 이영훈·박기주·이명휘·최상오(2005), p. 350.

4. 단기 금융시장의 형성

1) 단기 금융시장의 유형

우리나라의 단기 금융시장은 1960년대에는 여건의 불비로 사금융시장 형태로만 존재하였다. 단기 금융수요는 많았으나 거래할 수 있는 단기 채권이 부족하고 금리가 규제되고 이를 취급할 제도화된 금융기관이 없었기 때문이었다. 단기 사금융시장에서 가장 많이 거래되는 상품은 어음이었다. 개인 간 또는 개인과 기업 간 단기 대차거래도 성행하였다. [표 21-6]에서 보듯이, 1970년대부터 제도화된 단기 금융수단으로는 콜, 재정증권, 기업어음, 양도성예금, 환매조건부채권 등이 있었다. 다른 시장은 비중이 매우 작았지만 기업어음시장은 이미 큰 규모로 성장하고 있었다.

2) 콜시장

우리나라에서 콜거래는 일본의 콜시장이 식민지 시대부터 조선은행을 통해 전파되어 금융기관 간의 단기 자금 과부족 해결방안으로 자리잡고 있었다. 하지만 이에 대

[표 21-6] 단기 금융시장의 규모(1975, 1980)

	1975		1980	
	금액(10억 원)	비율(%)	금액(10억 원)	비율(%)
콜시장	16.7	5.8	159.7	6.2
재정증권시장			150.0	5.9
기업어음시장	267.1	92.5	2,083.0	81.3
양도성예금시장	5.1	1.8	5.1	1.5
환매조건부 채권시장			129.5	5.1
합계	288.9	100.0	2,561.1	100.0

자료: 한국은행(1986), 『우리나라의 금융제도』, p. 239.

한 규제도 없었고 장외거래와 같이 은행 간 자유로운 방식으로 분산되어 이루어지고 있었다. 1960년 7월 한국은행이 콜론 최고금리를 규제하고 콜론을 대출한도에서 제외하는 등 제도화가 시작되었다. 1970년 8월에는 한국은행이 콜거래를 주선하기 시작하였다.

그러다 1975년 6월 「금융기관 콜거래실 규약」에 의거 전국은행협회 내에 콜거래실이 설치되면서 이 거래가 집중거래 방식으로 전환되었다. 이러한 제도 변화는 금융기관 간 자금편중이 있는 가운데 자금수취를 위한 과당경쟁으로 금리부담이 높아지고 유동성 조절 효과는 낮았기 때문이었다. 그 결과 이 거래는 단순화되고 표준화되어 효율성이 높아지고 거래 규모도 확대되었다. 1979년 8월부터 은행, 국민투자기금 이외에도 투자금융회사, 종합금융회사, 투신신탁회사의 참여를 허용하여 금융기관 간 자금수급의 조절이 더 순조로워질 수 있게 되었다.

3) 재정증권시장

재정증권은 정부가 일시적 재정적자를 보전하거나 국고의 일시적 부족 문제를 해결하기 위한 만기 1년 이내의 채권이다. 재정증권제도는 1967년 3월 「재정증권법」이 제정되면서 도입되었는데, 일반회계 또는 특별회계 부담으로 발행되었다. 재정증권은 해외 부문 통화팽창을 줄이기 위해 2년에 걸쳐 277억 원이 발행되었다.[25]

이 증권은 당해 연도에 상환되어야 하고 이로 인한 이자상환 부담도 발생하는 문제점을 해결하기 위해 1976년 12월 「재정증권법」이 대폭 개정되었다. 정부는 국고금 여유자금 조정계정을 설치하여 국고금 여유자금을 일시 운용하고 이 운용수익을 제반 비용에 충당할 수 있도록 하였다. 그리고 재정증권은 연도이월 상환이 가능하게 하고 매각 발행에 대해서는 경쟁입찰제도를 도입하고 시장금리를 재정증권 발행에 도

25 한국은행(1986), 『우리나라의 금융제도』, p. 243.

입하는 제도도 도입하였다. 이 증권은 1977년 112억 원, 1978년 390억 원, 1979년 410억 원 발행되어 투자금융회사가 대부분 인수하고, 은행이 인수한 10억 원을 제외한 나머지는 종합금융회사가 인수하도록 하였다.[26]

4) 기업어음시장

1972년 8·3 조치로 드러난 사채 규모는 3,550억 원 정도이었는데, 이것은 당시 통화량(M1) 4,200억 원과 큰 차이를 보이지 않는 엄청나게 큰 규모이었다. 이 거대한 사채시장을 제도금융 속으로 편입하려는 시도의 하나로 사금융양성화 3법, 「단기금융업법」, 「상호신용금고법」, 「신용협동조합법」이 제정되었는데, 이 중에서 단기 금융시장의 발전과 직결된 법은 「단기금융업법」이다. 이 법은 시중의 거액 사채자금을 흡수하여 기업의 단기 자금으로 공급하는 한편, 중장기적으로는 단기 금융시장의 발달을 도모할 목적으로 제정되었다.[27]

단기 금융업은 1971년 6월 재무부령 「어음의 할인 매매 인수 및 보증에 관한 영업을 영위하는 회사의 지정에 관한 규정」에 의해 한국투자금융이 영업을 함으로써 시작되었으나 본격화된 것은 「단기금융업법」이 제정된 1972년 8월 이후이었다. 이 법에 의거하여 한국투자금융이 기업어음의 할인 및 대출 업무를 취급하기 시작하였고, 1975년 말에는 「종합금융회사에 관한 법률」이 제정되어 종합금융회사도 이 업무를 취급하였다.

기업어음시장은 사채시장에서 유통되는 상업어음과는 달리 신용 상태가 양호한 기업이 단기 자금의 융통을 위해 발행하고 이를 할인·유통하여 형성되는 시장이다. 기업어음시장의 탄생과 성장은 기업이 자산의 신용을 바탕으로 복잡한 절차없이 은행과 사금융시장을 이용하지 않고 단기 자금을 조달하는 것이 가능하게 되어 [표 21-6]

26 한국은행(1986), pp. 243~244.
27 한국은행(1990), 『한국은행40년사』, p. 134.

에서 보듯이 단기 금융시장의 중심에 서게 되었다.

5) 양도성예금증서시장

정기예금을 양도 가능하게 한 양도성예금증서(CD)는 1974년 5월 내자조달과 통화환수를 위해 도입되었다. 이렇게 도입된 양도성예금증서는 유통시장이 형성되지 않아 유동성이 낮았고, 이율도 낮아 발행실적이 저조하여 1977년 6월에 폐지되었다.

1978년 이후 통화증발 압력을 해소하는 방안의 하나로 개발금융기관을 제외한 예금은행이 양도성예금증서를 발행하도록 하고 이를 할인식으로 발행하되 정기예금 최고금리 이내에서 금융단협정 금리를 적용하도록 하였다.[28] 그러나 상대적으로 높은 금리를 적용하는 비은행 금융기관의 금융상품에 비해 경쟁력이 없었고 전문적인 중개기관도 없어 [표 21-6]에서 보듯이 발행실적은 매우 미미하였다.

6) 환매조건부 채권매매시장

환매조건부 채권매매(RP)는 일정 기간 이후에 일정한 자격으로 동일 채권을 다시 매수하거나 매도할 것을 조건으로 한 채권매매 방식이다. 이 환매채거래는 콜거래, 기업어음 거래 등과 같은 단기 자금의 대차거래가 주를 이루지만, 그 거래 대상은 장기채권도 가능하다는 점에서 일반적인 단기 자금 거래와는 다르며, 채권거래와 달리 거래소 밖의 장외 거래이며 현물거래와 선물거래가 동시에 발생하는 현선(現先)거래이다.

이 RP 거래는 1977년 2월, 1976년 개정된 「증권거래법」에 의거 한국증권금융이 증권회사를 대상으로 증권금융의 자금공급 수단으로 조건부 매수 업무를 시작함으로써

28 한국은행(1993), 『우리나라의 금융제도』, p. 259.

도입되었다.[29] 특히, 1976년 이후 회사채 발행시장이 활성화됨에 따라 대형 증권회사가 회사채 인수자금을 마련하기 위한 방안으로 이 업무를 확대함으로써 거래 규모가 커지기 시작하였고, 이로 인해 1980년 2월에 「환매조건부매매업무규정」이 제정되는 등 제도 정비가 이루어졌다.

29 한국은행(1986), p. 249.

제22장

경제개발을 위한 통화·금융정책과 그 귀결

한국은행권
500
오십원

1. 경제개발을 위한 통화·금융정책

1) 자금의 계획적 배분

박정희 정부하에서 거의 모든 금융기관이 정부의 정책과 지시를 따르지 않을 수 없는 상황에 있었지만 모든 자금배분이 정부의 정책이나 지시대로 운용될 수 있는 것은 아니었다. 박정희 정부가 경제개발계획의 효과적인 추진을 위해 금융기관과 금융시장에서 어떻게 자금을 계획적으로 배분할 수 있었는지 살펴보자.

박정희 정부는 주요 금융기관을 지배·통제하고 있었기 때문에 금융기관 대출을 각종 정책의 지렛대로 활용하였다. 앞서 살펴본 바와 같이 이 정부는 정책적 목적으로 여러 특수은행을 설립하거나, 특별법에 의거 특수은행에 대해 재정자금을 지원 또는 자본금과 채권 발행한도를 확대해 주면서 각종 경제정책과 관련된 대출을 하거나 지급보증을 서도록 하였다.

이 정부는 앞서 살펴본 바와 같이 시중은행을 국영화하여 정책금융기관처럼 활용하였다. 즉, 시중은행은 1962년 2월부터 한국은행이 정한 「금융부문자금운용규정」의 일반금융자금 운용지침을 따르도록 하여 정부의 정책이나 지침을 관철시켰다. 첫째, 개발계획 수행에 필요한 국가종합자금의 계획성 있는 운용을 위하여 금융 부문의 자금통제를 강화하고, 둘째 금융 부문에 중장기 시설자금 항목을 별도로 신설하여 이를 운용자금과 병행하여 운용함으로써 광범위한 민간투자 활동을 촉진하였으며, 셋째 자금별 대출제한을 가능케 하고 자금운용의 우선순위를 정함으로써 자금의 질적 통제를 강화하여 성장금융의 제도적 정비를 기하도록 지침이 작성되고 개정되어 갔다.[1]

이 정부는 재정 부문에서 조성한 재정자금을 금융기관에 직접 배분하여 이를 정책자금으로 대출하거나 금융기관이 자체에서 조정한 금융자금을 일반대출 금리보다

---

1 재무부(1978), 『재정금융삼십년사』, p. 115.

[표 22-1] 특수금융기관과 제도금융을 통한 선별적 자금 지원

<table>
<tr><th>특수금융기관을 통한 자금지원</th><th colspan="2">정책금융제도를 통한 자금지원</th></tr>
<tr><td rowspan="3">• 산업은행: 중요 산업에 대한 개발금융 지원
• 중소기업은행: 중소기업 설비 및 운용자금 지원
• 외환은행: 단기 수출입금융 지원
• 수출입은행: 중장기 수출입연불금융 지원
• 국민은행: 서민금융의 원활한 공급
• 주택은행: 주택자금의 원활한 공급
• 농협 및 수협: 농수산업 금융 지원</td><td>한국은행 재할인</td><td>한국은행 재할인을 통해 정책금융 재원조달 보장(수출지원, 에너지절약설비금, 중소기업기술개발자금 등)</td></tr>
<tr><td>정부재정 부담</td><td>저리 지원을 위해 금리차를 취급 은행이나 차주에게 정부 재정에서 지급(중소기업특별저리자금, 특별설비금융자금 대출 등)</td></tr>
<tr><td>지시 금융</td><td>정부 또는 한국은행의 취급 지침이나 협조공문 형식에 의해 금융기관이 일반금융자금을 정책자금의 성격으로 대출</td></tr>
</table>

자료: 이영훈·배영목·박원암·김석진·연강흠(2004), 『한국의 은행 100년사』, p. 479.

낮은 금리로 공급하도록 하고 금리차를 정부가 보전하는 방법도 활용하였다. 그리고 정책적으로 필요한 경우 대출, 보증 및 유가증권 인수와 관련되는 요구사항을 협조공문이나 지시문 형태로 보내어 일반상업금융도 사실상 정책금융처럼 활용하는 방법을 사용하기도 하였다. 그 밖에 국민투자기금과 같은 정책적으로 필요한 자금을 조성하여 금융기관을 통해 공급하는 방법도 사용하였다.

이러한 방식으로 금융기관은 경제개발계획이나 각종 정책사업을 지원하는 전략적 수단으로 활용되었다. 정부가 직접 경영하는 특수금융기관과 정책금융제도를 통한 선별적 정책자금 지원 행태는 [표 22-1]에서 보는 바와 같다. 특수금융기관으로는 산업은행, 중소기업은행, 수출입은행 등이 대표적이었고, 정책금융제도를 통한 지원에는 한국은행 재할인자금 지원, 정부의 재정부담, 정부의 지침 또는 협조공문을 통한 특정 부문 지원 등이 있었다.

특히, 한국은행은 [표 22-2]에서 보듯이 정부대상금 형식으로 정부가 필요로 하는 자금을 직접 공급하거나 정부대행기관에 대출을 하거나 금융기관에 대해 자금을 지원하거나 재할인을 실시하였고 정책자금을 직접 지원하기도 하였다.

한국은행의 정책자금 중에서 비료인수자금은 1960년대 중반까지 우대금리를 적

[표 22-2] 한국은행의 용도별·기관별 대출 구성 비율(1961~1979)

연도	한국은행 용도별 비율(%)								기관별 대출		
	일반 자금	상업 어음 할인	무역 금융	농업 자금	수산 자금	비료 인수 자금	기타 대출	소계 (10억 원)	정부· 대행 기관	금융 기관 및 민간	정부 관련 비율
1961									26.3	2.9	90.2
1962									30.1	1.5	95.3
1963									30.7	5.0	85.9
1964	27.4	4.2		30.9		20.6	16.8	10.2	31.8	8.1	79.7
1965	0.0			20.7		63.4	15.9	19.4	45.7	7.1	86.6
1966	1.2			8.6		75.1	15.1	24.6	49.5	6.1	89.0
1967			16.8	12.2		62.7	8.4	32.1	53.7	12.0	81.8
1968		2.6	25.6	4.7	0.4	59.6	7.1	46.8	55.2	18.9	74.5
1969		2.9	38.7		0.4	47.6	10.4	67.2	69.6	35.2	66.4
1970	21.4	13.2	34.4		0.4	25.0	6.5	119.8	99.4	89.8	52.5
1971	4.0	16.0	23.1	3.1	1.2	22.3	30.3	143.6	99.5	111.6	47.1
1972	15.9	18.1	45.6	1.2	0.9	15.9	2.4	213.3	222.8	179.3	55.4
1973	2.5	13.7	66.1	2.3	0.5	13.3	1.6	323.0	282.3	280.0	50.2
1974	31.2	13.2	43.7	7.1	0.5	2.9	1.5	686.5	427.7	666.5	39.1
1975	21.0	12.9	46.6	3.3	0.7	13.8	1.7	796.1	875.8	686.1	56.1
1976	16.0	9.2	56.7		2.1	13.8	2.3	796.0	1,006	686	59.4
1977	14.3	8.2	49.1		2.9	22.9	2.6	916.7	1,306	707	64.9
1978	12.0	5.8	54.6		2.0	16.9	8.8	1,419	1,476	1,179	55.6
1979	29.8	7.9	47.1		1.6	11.3	2.3	2,126	1,321	1,886	41.2

자료: 한국은행, 『경제통계연보』, 각 연도.

용받는 정책대출에서 가장 비중이 높았지만 점차 낮아지고, 1960년대 후반부터 무역금융이 정책대출의 중심에 서게 되었다. 이 무역금융의 확장은 시중은행이 한국은행에서 재할인 방식으로 자금을 공급받아 어음할인을 하는 방식으로 전개되었기 때문에 무역금융 비중의 증가는 대금융기관 대출 비중을 높이고 대정부 관련 대출 비중을 낮추는 결과를 초래하였다.

박정희 정부는 육성 부문에 대한 자금지원을 원활하게 하고자 또는 불요불급한 부문에 대한 대출을 억제하고자 각종 규정이나 지침을 제정하여 활용하였다. 이 정부는 1962년 경제개발계획의 추진을 지원하는 한 방편으로 종래의 금융 부문 자금운용요강을 폐지하고 새로 금융 부문 「자금운용규정」을 제정하였다. 이는 대출(최고)한도제를 유지하면서도 자금별 대출제한과 자금운용의 우선순위 통제를 강화하고 중장기 시설자금은 적극 지원하는 등 경제개발계획을 금융적으로 지원하도록 하였다. 이 「자금운용규정」은 1964년 금융기관 융자순위제 재도입에 따라 일부 수정되었다. 금리현실화를 계기로 금융기관 대출최고한도제가 폐지되어 직접 규제가 약화되었고, 1972년 8·3 조치 이후 자금운용에 대한 제한이 완화되었다. 1974년 「금융기관 융자준칙」이 제정되어 시행되었으나, 1977년 「금융기관 선별융자지침」이 제정되면서 이를 대체하였다.

정책자금은 재원에 따라 금융자금, 재정자금, 외자로 구분되었다. 금융자금은 한국은행 재할인 대출, 금융기관의 예수금과 기타 조달자금, 민간기금 융자, 정부 이차보전자금 등으로 구성되었다. 한국은행 재할인이 1968년부터 자동대출로 전환되어 수출어음 등 정책자금의 일부는 통화남발을 초래하였다. 재정자금은 재정투융자, 특별회계, 정부관리기금 등으로 구성되는데, 1960년대 중반까지는 20% 이상 되었으나 1970년대 말이면 4%대로 낮아졌다. 외자는 처음에는 공공차관이 중심을 이루었으나 점차 민간상업차관을 중심으로 이루어졌다. 그래도 이 자금의 운용도 여전히 정부의 심의를 거치도록 하였다.

예금은행 대출의 정책적 운용은 정부의 정책방향에 따라 변하였고 이것은 예금은행 전체 대출의 자금운용 방식에도 큰 영향을 미쳤다. [표 22-3]에서 보듯이 예금은행의 금융자금 비중은 늘어났지만 일반자금 운용 비중은 도리어 줄어들고 수출지원자금, 중소기업 관련 자금, 주택자금 등 정책과 관련 있는 자금운용의 비중은 늘어났다.

박정희 정부는 1973년 중화학공업화의 투자재원을 확대하기 위해 「국민투자기금법」을 제정하고 국민투자기금을 설치하였다. 이 기금은 국민투자채권의 발행, 정부의 전입금 또는 예탁금으로 조달한 자금을 금융기관에 대출하고 중화학 관련 산업에 융

[표 22-3] 예금은행 총대출자금의 구성 비율(1961~1979)

(단위: %)

<table>
<tr><th rowspan="2">연도</th><th colspan="8">금융 자금</th><th rowspan="2">재정 자금</th><th rowspan="2">국민 투자 기금</th><th rowspan="2">합계 (10억 원)</th></tr>
<tr><th>소계</th><th>할인 어음</th><th>수출 지원</th><th>일반 자금</th><th>농업 자금</th><th>중소 기업</th><th>주택 자금</th><th>기타</th></tr>
<tr><td>1961</td><td>68.6</td><td>1.6</td><td>2.2</td><td>33.8</td><td>16.3</td><td colspan="3">14.7</td><td>31.3</td><td></td><td>32</td></tr>
<tr><td>1965</td><td>78.4</td><td>3.9</td><td>6.4</td><td>34.1</td><td>6.5</td><td>3.5</td><td colspan="2">24.0</td><td>21.6</td><td></td><td>72</td></tr>
<tr><td>1969</td><td>90.7</td><td>1.4</td><td>6.2</td><td>42.8</td><td>4.8</td><td>2.0</td><td>3.2</td><td>30.2</td><td>9.3</td><td></td><td>563</td></tr>
<tr><td>1975</td><td>93.4</td><td>4.4</td><td>13.8</td><td>29.3</td><td>3.2</td><td>2.9</td><td>3.8</td><td>36.1</td><td>4.8</td><td>1.8</td><td>2,906</td></tr>
<tr><td>1979</td><td>92.1</td><td>5.2</td><td>14.1</td><td>27.3</td><td>2.6</td><td>4.1</td><td>7.0</td><td>31.7</td><td>3.9</td><td>4.0</td><td>8,978</td></tr>
</table>

자료: 한국은행(1984), 『통화금융통계』.

자하도록 하였다. 이 기금은 금융기관 전체 대출과 비교하면 5% 미만이었지만 중화학공업 관련 자금의 20% 수준이었기 때문에 중화학공업 추진에 큰 도움이 되었다고 할 수 있다. 이 정부는 중소기업 육성을 목적으로 중소기업에 대한 재정자금과 금융자금의 확장을 도모하였는데, [표 22-3]에서 보듯이 그 비중은 큰 변화를 보이지 않았다. 그리고 이 정부는 1976년부터 군수산업에 대한 정책금융을 확대함으로써 중화학공업화를 간접적으로 지원하였다.

박정희 정부는 수출주도형 공업화를 통해 고도성장을 달성한 것으로 평가되고 있다. 이 정부는 수출어음의 자동할인 방식으로 수출산업을 적극적으로 지원하였고 그 결과로 [표 22-3]에서도 확인할 수 있듯이, 예금은행의 수출지원을 위한 수출어음 대출의 비중이 1961년에는 2.2%에 불과하였으나 계속 증가하여 1979년에는 14.1%까지 높아졌다. 이러한 수출산업에 대한 정책적 지원은 수출의 지속적 신장으로 성과가 나타났다.

그리고 이 정부는 공업화 추진을 위해 제조업에 대한 산업은행 등의 대출뿐 아니라 예금은행 대출에서도 제조업을 우대하였다. 예금은행의 산업별 대출([표 22-4])을 보면, 농수산 대출, 도소매·음식·숙박 등 서비스 관련 대출의 비중은 급격히 감소하고 있는 반면에, 제조업 대출의 비중이 급격히 증가하고 있다. 이러한 산업별 대출 구성

[표 22-4] 예금은행 산업대출의 산업별 구성(1963~1979)

(단위: %)

연도	농수산업	광업	제조업	전기가스수도	건설업	유통숙박	운수통신	금융부동산	서비스	기타	합계(10억원)
1963	34.6	1.6	35.2	0.0	2.2	14.3	1.6		3.1	4.7	49
1965	29.0	1.6	43.0	0.1	2.2	18.1	1.3		2.4	0.5	67
1969	13.6	2.1	47.1	0.8	7.5	19.2	2.9		3.7	3.1	507
1975	11.0	1.3	60.3	0.5	8.9	6.9	3.9	1.8	3.3	2.0	2,755
1979	9.5	1.4	56.8	0.3	1.7	7.6	3.9	1.8	2.5	10.1	8,585

자료: 한국은행(1984), 『통화금융통계』.

의 변화는 공업화라는 산업구조의 변화와 함께 예금은행이 대출에서 제조업을 우대하고 서비스업을 홀대한 것과 무관하지 않았던 것으로 보인다.

박정희 정부는 금융정책을 통해 정책금융을 확대함으로써 재정 부문에서의 경제개발비 부담을 줄일 수 있었다. [그림 22-1]을 보면, 이 정부가 재정지출을 통해 경제개발계획을 지원하는 비중이 경제개발 초기에는 전체 재정지출의 50% 이상이었으나 30~40% 수준으로 점차 낮아졌다. 반면에 금융기관의 자금운용에서 정책대출의 비중은 경제개발계획 초기에는 금융기관의 신설과 이에 따른 일반대출의 확장으로 일시적으로 낮아졌지만 1960년대 후반부터는 변동은 있지만 증가 추세를 보였다.

중화학공업화가 본격적으로 추진되는 1970년대 중반 이후에는 정책금융 비중이 크게 높아져 전체 신규 대출의 60%를 넘어서고 있다. 이와 같이 경제개발비가 차지하는 비중은 작아지는 반면에 총대출에서 정책금융이 차지하는 비중은 도리어 증가하는 추세를 보였다. 경제개발 초기에는 정책금융 신규 대출이 경제개발비의 10%에도 못 미쳤으나, 1960년대 후반에는 20% 수준을 넘어서고 1970년대 후반에는 30%를 훨씬 넘어서고 있음을 [그림 22-1]에서 확인할 수 있다. 정책금융이 장기 대출인 경우 장기간 누적적인 효과를 미친다는 점을 고려하면 경제개발계획은 후반기로 갈수록 재정정책보다는 통화·금융정책에 더 의존하여 추진되고 있었다고 할 수 있다.

[그림 22-1] 신규 정책대출과 경제개발비의 상대적 비율 추이(1963~1980)

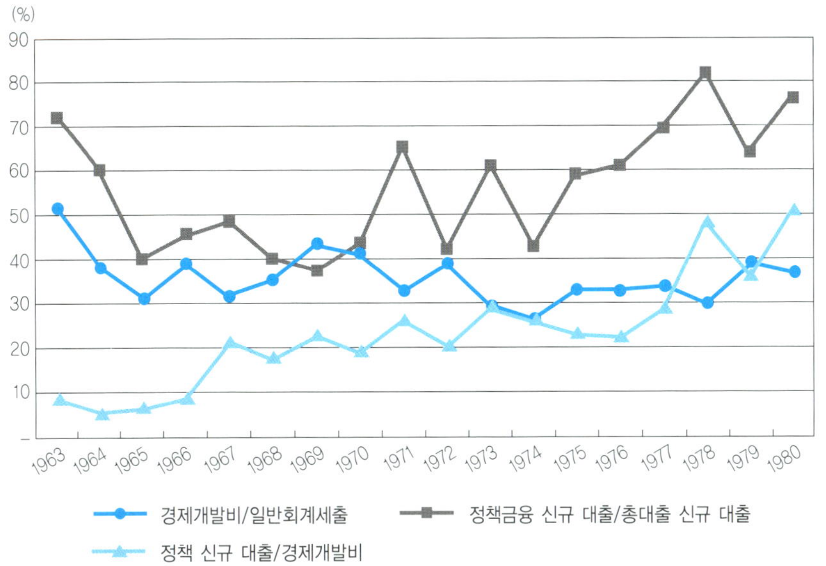

주: 정책대출은 한국은행 지원 일반은행 대출, 특수은행 대출, 모든 외환신용, 국민투자기금 및 재정자금 대출.
자료: 한국은행, 『경제통계연보』; 경제개발비는 최광 편(1983), 『재정통계자료집』.

정책금융의 확장은 정책적 자금의 공급뿐 아니라 낮은 금리라는 특혜적 요소를 확대하는 것이기 때문에 금리차익이라는 지대를 높이는 동시에 정책대출에 대한 수요를 더욱 확대시킨다. 박정희 정부의 대표적인 정책금융수단인 수출어음 할인은 다른 대출금리와는 별도로 거의 고정되어 있었을 뿐 아니라 가장 낮은 금리가 적용되어 중간재 수입에 대한 관세 감면과 함께 수출을 지원하는 핵심적 유인으로 작용하였다. 금융기관이 이와 같이 수출어음과 같은 저리의 정책금융을 확대함에 따라 증가하는 금융기관의 손실을 보전하기 위해 한국은행이 발권력을 동원하여 재할인을 실시하였는데, 이것은 본원통화 증가의 주요 요인의 하나이었다. 이와 같이 박정희 정부는 경제정책 목표를 달성하기 위해 수출어음 할인 등과 같은 저리의 정책금융을 확대하였고, 정책금융의 확대는 재정부담 감소를 통해 조세부담률 상승을 지연시킨 반면에 통화남발을 통해 물가상승을 초래함으로써, 전체 국민의 인플레이션 조세부담, 바꾸어 말해, 강제저축(forced savings)이 증대되었던 것이다.

2) 저금리대출과 금리현실화

1960년대 초반에도 우리나라에는 금융기관이 금융중개를 담당하는 공금융시장과 그 잔여 수요를 배경으로 하는 사금융시장이 공존하고 있었다. [그림 22-2]에서 보듯이 사금융시장에서는 공금융시장의 대출금리보다 2배 이상의 높은 금리가 적용되고 있었다. 박정희 정부가 출범한 1960년대 초반에도 사채금리는 사채시장의 높은 채무불이행 위험만이 아니라 빈약한 자본축적에 비한 과도한 자금수요, 높은 물가상승률 등으로 인해 금융기관의 예금금리는 물론 대출금리보다도 훨씬 높았다. 1960년대 사채금리는 연 50%를 넘어서서, 이것은 고금리 시대인 1960년대 후반의 공금리보다 25% 이상 높은 수준이었다. 사채시장의 이러한 높은 금리는 사채동결이 실시되고 사금융

[그림 22-2] 주요 금리의 추이(1960~1980)

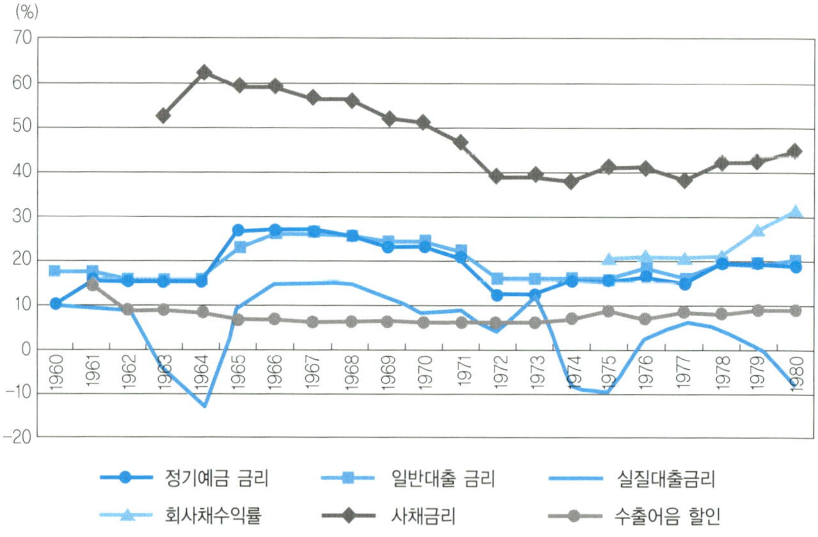

자료: 한국은행, 『경제통계연보』, 각 연도; 사채금리는 한국은행 내부자료.

의 제도화가 이루어진 1972년 이후는 크게 낮아져 40% 수준에 이르렀지만 금리격차는 여전히 20% 수준을 넘어서고 있었다.

공금융시장의 중심에 있는 은행은 사채금리와 비교해 매우 낮은 예금금리를 적용하면서도 정책적 이유로 대출금리는 매우 복잡한 체계를 가지고 있었다. 특히, 낮은 대출금리는 정책적 유인이 되었지만 사채금리와의 차이로 발생한 금리차익이 적지 않기 때문에 은행 대출은 항상 수요가 공급을 초과할 수밖에 없었다. 정부의 지배하에 있는 특수은행은 물론이고 일반은행도 한편으로 정부의 요구에 맞추어 정책적 우선순위에 따라 대출자금을 배분하면서도 다른 한편으로 은행의 안정된 경영을 위해 대출자에 대해서는 추가로 담보, 보증 등을 요구하는 신용할당을 실시하였다. 해당 은행은 예금을 늘리기 위해 대출자에게 예금을 강제하는 이른바 꺾기까지 실시함으로써 실효금리[2]를 높여서 금리차익의 일부를 대출자로부터 환수하여 수익을 챙기는 경우도 적지 않았다. 박정희 정부의 금리정책은 수출어음 할인 등과 정책적 지원 필요성이 있는 정책금융에 매우 낮은 금리를 적용하면서 그 변경은 최소한으로 줄인 반면에 상업어음 할인 금리와 정기예금 금리 등은 거시경제적 여건이나 정책 때문에 탄력적으로 조정하였음을 [그림 22-2]에서 확인할 수 있다. 이 정부는 경제개발계획을 추진하는 초기에는 대출금리를 다소 낮추고 예금금리를 다소 인상하였으나 기존 금리 체계는 큰 변경 없이 유지되고 있었다.

1960년대 경제개발에 소요되는 재원 중에서 외자는 차관 등으로 조달하였지만 내자의 근거가 되는 국내 저축의 증대는 실질소득 수준은 낮고 물가상승률도 높은데, 금리마저 낮아 한계에 직면해 있었다. 이러한 여건에서 재정적자와 은행여신의 팽창으로 물가상승과 국제수지 악화에 빠져 있었다. 이 정부는 1965년 6월에 '금리현실화'를 위한 구체안을 마련하였으나, 물가불안을 이유로 늦추고 있었는데, 1965년 9월 「이자제한법」이 개정되어 상한이 연 20%에서 연 36.5%로 대폭 인상되고 물가도 안정되기

2 실효금리={(약정금리+대출중개료율)×대출액+예금금리×예금액}/(대출액−예금액). 따라서 예금액 비중이나 대출중개료율이 높아질수록 대출자가 실제로 부담하는 금리는 높아질 수밖에 없다.

시작하였다. 그리고 미국 측에서도 한국에서의 금융억압을 시정하기 위해서 금리인상을 제안하고 있었다.

박정희 정부는 금리의 기능을 회복시켜 저축을 증대시키고 산업자금을 확대하기 위해 1965년 9월 30일 금융기관 여수신 금리를 대폭적으로 인상하기로 결정하였다.[3] 1965년 9월 30일 재정적자를 줄이고 통화증발을 억제하는 것은 물론이고 낮은 금리를 시장금리 수준으로 인상하는 「금리현실화 조치」, 이른바 '금리현실화'를 발표하고 시행하였다. 이 조치는 국내의 민간저축을 증대시킴으로써 내자동원을 극대화하여 산업자금 공급을 확대하고자 시도한 것이었다.

이 '금리현실화'는 수신금리와 여신금리를 동시에 대폭 인상하는 것이나 일부 수신금리를 여신금리보다 더 높게 인상하는 역금리 체계도 함께 실시하는 것이었다. 수신금리에 해당하는 정기예금, 국민저축조합예금, 정기적금의 금리는 연 9~15% 수준인데, 연 30%로 대폭 인상되었으나, 통지예금 등은 소폭 인상되었고, 보통예금은 연 1.8%로 그대로 유지되었다. 여신금리에 해당하는 일반대출 금리는 연 16%에서 26%로 인상되었고, 당좌대월은 18.5%에서 26%로 인상되었으며, 상업어음은 14%에서 24%로 인상되었다. 이는 용도, 기한, 차주신용에 따라 조정되었고, 연체금리는 연 20%에서 36.5%로 인상되었다. 또한 수출금융, 산업은행의 시설자금, 중소기업의 시설자금과 협동조합사업자금, 농협의 비농민대출금은 현행 금리에 20%를 가산하고, 산업은행, 중소기업은행의 운전자금은 일반은행 최저금리, 약 20%를 상한으로 단계적으로 조정하였다.

이 '금리현실화'는 일부이지만 마이너스(-) 마진을 도입하는 것이므로 금융기관의 손실을 보상하는 조치가 강구되었다. 한국은행은 금융기관의 민간정기예금 잔액에 해당하는 금융기관에 지불준비예치금에 대하여 연 3.5%의 이자를 지급하였다. 그리고 「금리현실화에 따른 임시특별융자요강」이 제정되어 업계의 자금경색을 완화하

3 한국개발연구원(1991), 『한국재정40년사』, 제3장, 「재정관계법령 및 주요 정책자료」, pp. 606~607; 한국은행(1980), 『한국은행30년사』, pp. 74~76 참조.

[그림 22-3] 예금금리와 저축성예금 증가율(1961~1980)

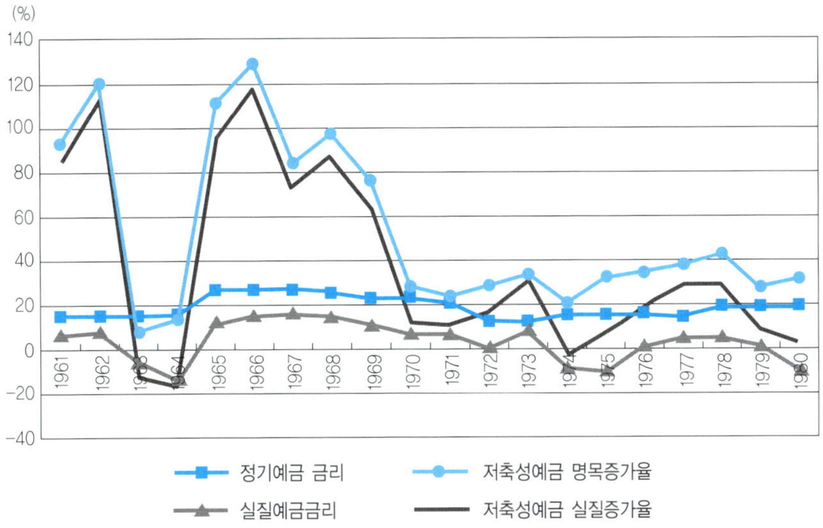

자료: 한국은행, 『경제통계연보』, 각 연도.

기 위해 특별융자를 실시하였고, 대출 규모는 한국은행 총재가 정하기로 하였다. 그런데 여신금리 인상은 일반은행에서는 빠르게 진행되었지만 특수은행에서는 늦어져 일반금융과 정책금융 간의 금리차가 확대되었다. 이것은 정책금융에 대한 가수요를 촉발하는 요인이 되었다. 또한 수신금리의 급격한 인상은 금융기관의 수익성을 악화시키고 기업의 금리부담이 가중되었다.

'금리현실화'에 따른 정기예금 금리의 대폭적인 인상은 [그림 22-3]에서 보듯이 실질예금금리까지 크게 인상시켜 저축성예금이 급격히 증가하여 정부는 예금 증가에 의한 내자동원의 극대화를 달성할 수 있었다. 그러나 그동안 마이너스 수준에 있었던 실질대출금리가 [그림 22-3]에서 보듯이 10% 수준을 넘어 기업의 채산성이 악화되고, 금융기관의 역마진으로 인한 경영악화 등이 해소되지 않는 등의 문제가 발생하였으며, 정책금융 금리와 일반대출 금리의 과도한 차이로 정책금융 수요가 폭증하였다. 특히, 국내외 금리차로 인해 해외 차입이 급증하자 외자기업의 부실화도 심화되어 정부는 부실기업정리반을 구성하여 외자 부실기업을 정리하게 하였다.

박정희 정부는 1965년 대폭 인상하였던 대출금리를 1968년에 2차례, 1969년 1차례, 1971년 1차례 단계적으로 인하하였다. 이 정부는 1972년 8월 악화일로에 있던 기업의 재무구조를 개선하고 기업의 부채상환 부담을 경감시키고자 사채 일부를 탕감하면서 예금금리와 부채금리를 큰 폭으로 추가 인하하였다. 이러한 금리인하로 인해 대출금리와 예금금리는 1972년에는 '금리현실화' 이전으로 거의 복귀하였다. 1974년 제1차 석유파동을 계기로 다시 물가상승률이 높아짐에 따라 금리를 인상하였고, 중화학공업화를 위한 「국민투자기금법」을 시행하면서 예금을 증가시키기 위해 정기예금 금리 등 저축성예금의 금리를 1975년까지 시한부로 15% 수준으로 인상하였고, 1978년에는 국제수지 개선으로 증가된 유동성을 흡수하기 위해 정기예금 금리를 18% 수준으로 소폭 인상하였다. 이러한 금리인상도 실질예금금리의 인상을 수반하지 않아 실질예금 증가에는 크게 기여하지 못하였음을 [그림 22-3]에서 알 수 있다.

박정희 정부는 1965년 '금리현실화'로 고금리가 유지된 1960년대 후반을 제외한다면 대부분은 금리 수준을 낮게 유지하였다. 높은 물가상승률로 실질금리는 이보다 훨씬 낮은 수준이었고 마이너스(-)인 시기도 있었다. 특히, 정책금융의 경우에는 일반대출 금리와 예금금리 수준과 관계없이 매우 낮은 금리를 적용하였다. 이 정부는 일부 예외적인 시기는 있었지만 저금리정책을 금리정책의 기조로 유지함으로써 금융시장의 발전을 억압하였다. 대신에 정책적인 저금리와 신용배분을 금융정책의 핵심수단으로 사용하였다고 할 수 있다.

3) 외자도입의 확대와 자본통제의 강화

박정희 정부는 제1차 경제개발5개년계획 시행 단계부터 투자재원 확보를 위해 외자도입을 적극적으로 추진하였다. 1960년에 제정된 「외자도입촉진법」을 기초로 1961년에는 외자도입 운영방침을 수립하고, 1962년에는 「차관에 대한 지급보증에 관한 법률」, 「장기결제방식에 의한 자본재도입에 관한 특별조치법」 등을 제정함으로써 외자도입에 관한 기본 틀을 마련하였다.[4] 이 정부는 IBRD, IMF, IDA 등 국제기구와의 협력을 통해 공공차관의 확대 기반을 조성하였다. 특히, 1965년 일본과의 국교정상화를 통해 청구권 자금으로 무상자금 3억 달러, 유상자금 2억 달러에다 상업차관 3억 달러 이상까지 공여받음으로써 외자도입의 획기적 증대를 도모할 수 있게 되었다.

[표 22-5]에서 보듯이 외자도입은 1966년부터 크게 증가하였다. 이에 따라 정부는 1966년에는 외자도입과 관련되는 기본법을 「외자도입법」으로 일원화하고 이에 대한 통제를 강화하였다. 그리고 정부는 상업차관 및 현금차관 억제 방침을 종합 보완하여 외자통제를 위한 종합대책을 발표하였으나 당시의 국내외 금리차를 배경으로 1960년대 후반부터 상업차관이 급격히 증가하였다.

박정희 정부는 1970년대에 접어들어서도 막대한 투자재원을 확보하고 나아가 경상수지 적자를 보전하기 위해서 외자도입의 확대를 지속적으로 도모하였다. 정부는 1973년 공공차관을 적기에 원활히 도입할 수 있도록 「공공차관의 도입 및 관리에 관한 법률」을 제정하는 한편, 「외자도입법」과 「외자도입법시행령」을 개정하여 외자의 납입지원, 인가조건의 불이행, 사업 활동 부진 등의 경우에 인가된 외자도입을 취소할 수 있도록 하여 외자의 효율적 이용을 도모하였고, 외자도입의 다변화에도 노력을 기울였다.[5] 중동 붐에 힘입어 1977년 경상수지가 처음으로 잠깐 흑자로 전환됨에 따라 정부는 외자도입의 확대보다는 통제를 강화하는 쪽으로 방향을 전환하였다. 즉, 이 정부는 차관도입계약에 대한 사전신고제를 채택하여 사전조정을 강화하고 국내 보유외화에 기초하여 외화대출을 활성화시켰다. 1970년대 말 경상수지가 다시 악화되고 국제금리가 상승하여 이자지급이 급증하자 단기 상업차관에 규제도 완화하고 양질의 은행차관과 외화채권 발행을 장려하였다.

4 재무부 · 한국산업은행(1993), 『한국외자도입 30년사』, pp. 52~54.
5 앞의 책, pp. 144~146.

[표 22-5] 외자도입액(도착 기준)의 유형별 추이(1962~1979)

(단위: 백만 달러)

연도	공공 차관	상업 차관	금융기관 차입			외국인 직접 투자	합계	경상수지 적자액
			소계	은행 차관	외화 채권			
1962	3					1	4	56
1963	43	24				5	72	143
1964	12	12					25	26
1965	5	35				6	46	9
1966	73	10				14	197	103
1967	106	124				1	241	192
1968	70	268	40	40		19	397	440
1969	139	410	30	30		13	592	549
1970	15	367	25	25		66	573	623
1971	303	345	90	90		43	781	848
1972	324	326	20	20		61	731	371
1973	403	461	49	49		191	1,104	309
1974	385	603	218	199	19	163	1,369	2,023
1975	477	801	200	200		62	1,540	1,887
1976	73	839	131	57	74	85	1,768	314
1977	636	1,241	300	230	70	102	2,279	-12
1978	817	1,913	328	272	56	101	3,159	1,085
1979	1,089	1,578	1,522	1,478	44	195	4,384	4,151

자료: 재무부 한국산업은행, 『한국외자도입 30년사』, p. 643; 한국은행, 『경제통계연보』.

2. 경제개발을 위한 통화·금융정책의 성과

1) 저축의 증강과 외자도입의 확대

박정희 정부는 군사정변 직후인 1961년 7월 「예·적금에 대한 비밀보장에 관한 법률」을 제정하여 저축의 금융기관 예치를 도모하였다. 이 법에 따라 금융기관 종사자는 예금주의 동의 없이 금융정보를 제공하지 못하도록 함으로써 가명·차명 예금을 사실상 합법화하여 지하경제 자금의 금융기관으로의 유출입이 자유롭게 되었다. 이것이 부패 및 탈세를 조장할 수도 있었다. 정부는 1962년 2월 「국민저축조합법」을 제정하여 조직적인 저축권장운동에 민간인을 참여시켰다. 1969년 2월에 저축추진중앙회가 임의단체로 조직되어 출범하였으나, 1971년에 「저축증대에 관한 법률」이 제정됨에 따라 저축운동을 추진하는 법적 기구로서 민간저축 증대정책을 추진하는 중심기관이 되었다. 이 법에 의거, 저축기관의 무기명 채권 발행이 허용되었고, 국민저축조합도 설립되었다. 1976년 3월 대체법안으로 「저축증대와 근로자 재산형성에 관한 법률」을 제정하면서 저축에 대해 보조금까지 지급하는 재형저축제도를 도입함으로써 근로자의 저축 증대에 큰 기여를 하였다.

[그림 22-3]의 저축성예금 추이에서 확인할 수 있었듯이 1960년대 초반의 저축권장운동보다는 1960년대 후반의 금리현실화나 금융기관 확장 등의 자율적 수단이 저축성예금을 증가시키는 데 큰 기여를 하였지만, 실질예금금리 상승기의 실질예금 증가는 저축권장의 성과로도 볼 수 있다. 박정희 정부의 저축권장정책은 민간저축 증대를 통한 자본형성에 크게 기여하였던 것이다. 박정희 정부 집권기를 통틀어 민간저축이 총투자 재원의 57.8%를 차지하였고, 그 비중이 점차 증가하였음을 [표 22-6]에서 확인할 수 있다. 따라서 박정희 정부가 투자재원을 민간저축에 더 많이 의존하게 된 이면에는 금융기관의 설립·확장과 함께 저축권장정책의 뒷받침이 있었다.

박정희 정부는 경제개발계획을 시작하는 단계부터 외자도입을 재원조달의 주요수단으로 활용하였다. 이 정부는 공공차관을 도입하여 사회간접자본 형성에 이용하고 상업차관은 기간산업의 설비투자에 이용하였다. 「제2차 경제개발계획」을 추진하는 단계에서는 한일국교정상화 협상에 성공하면서 외자도입 폭이 크게 증가하여 총투자에서 차지하는 비중이 1/3 수준으로까지 높아졌다. 이 시기에는 국내외 금리차를 배경으로 고금리 상업차관까지 유입되고 이것이 기업의 부실과 연계되는 문제까지 나타났다. 1970년대 들어 석유가격 상승과 중화학공업화의 추진에 따라 외자도입이

[표 22-6] 시기별 주요 투자재원의 비율과 그 추이

연도	실질 경제 성장	총투 자율	총저 축률	총투자 대비 각 재원 비중						
				국내 저축	민간 저축	정부 저축	해외 저축	해외 이전	해외 차입	통계상 불일치
1962~1966	7.8	15.3	13.8	47.5	44.9	2.6	54.0	43.7	10.3	-1.4
1967~1971	9.6	25.0	17.5	60.2	38.5	21.7	39.5	12.5	27.0	0.3
1972~1976	8.0	26.8	21.0	76.9	61.3	15.7	24.8	5.2	19.6	-1.8
1977~1979	8.7	32.9	29.5	84.0	63.4	20.6	11.4	2.5	8.9	4.6
전 시기	8.4	27.8	22.9	75.1	57.8	17.3	24.3	7.9	16.4	0.5

자료: 한국은행, 『경제통계연보』.

더욱 중요시되고, 국제금융기구의 공공차관 도입이 꾸준히 증가하는 가운데 오일달러를 바탕으로 크게 성장한 국제금융시장에서 은행의 차입도 1970년대 말에 크게 늘어났지만 [표 22-5]에서 보았듯이 외국인 직접투자의 비중은 높지 않았다.

정부가 적극적으로 외자도입을 추진한 결과 그 규모는 계속 늘어났지만, [표 22-6]에서 보듯이 해외 저축이 투자재원에서 차지하는 비중은 점차 감소하고 있었다. 이와 같이 외자는 국내 저축을 대체하는 재원으로서 중요한 것은 물론이고 사회간접자본의 형성이나 기업의 설비투자, 나아가 금융기관의 대출의 재원이 됨으로써 우리나라의 부족한 자본 문제를 해결해 주는 역할을 하였으나 그 영향력은 줄어들고 있었다. 이와 같이 외자도입의 확대는 박정희 정부 초기의 재원 부족과 외환 부족 문제 해결에 적지 않은 기여를 하였지만 후기에는 그 기여가 점차 줄어드는 대신에 그 누적분으로 인해 외채상환이 새로운 문제로 부각되기 시작하였다.

2) 투자율의 급상승과 고도경제성장

박정희 정부는 민간저축 증대, 조세 증징, 외자도입 확대를 통해 총저축률을 높이고 정부주도형 성장금융 체제를 적극적으로 활용하여 산업정책적 목표를 달성하면서

도 높은 투자율을 유지함으로써 압축적 경제성장 또는 고도경제성장을 달성할 수 있었다.

박정희 정부와 이승만 정부의 실질경제성장률을 [표 22-7]에서 비교해 보면, 한국전쟁 이후 이승만 정부의 실질경제성장률은 3.9%인 반면에 박정희 정부는 1기에 8.7%, 2기에 8.3%이므로 박정희 정부는 이승만 정부에 비해 실질경제성장률을 2배 이상 높였고 이것도 1기에 이미 달성하였다고 할 수 있다. 이러한 높은 성장률은 박정희 정부 이후에도 지속되었기 때문에 박정희 정부가 한국 경제를 고도성장 궤도에 진입시킨 정부로 평가되고 있는 것이다.

박정희 정부의 실질경제성장률이 이승만 정부의 실질경제성장률에 비해 2배 이상 높아졌는데, 이것은 무엇보다도 박정희 정부가 이승만 정부에 비해 투자를 급격히 확대한 결과라는 점은 두 정부의 총투자율을 비교해 보면 확인할 수 있다. 총투자율은 이승만 정부에서는 11.0% 수준에 그쳤으나 박정희 정부 1기에 접어들면 20.2%로 2배 이상 높아지고 2기에는 29.1%로 거의 3배에 달하게 된다. 이렇게 높은 투자율은 박정희 정부에 그친 것으로 아니라 다음 정부에서도 지속됨으로써 한국 경제의 지속적인 고도성장이 달성된 것이다.

박정희 정부의 높은 총투자율은 [표 22-7]에서 제시된 바와 같이 총저축률이 높아짐으로써 가능하였다. 이러한 총저축률의 제고는 이 정부가 성장금융 체제를 구축하고 이를 기반으로 민간저축률을 높이면서 외자도입 확대를 통해 해외저축률을 높이고, 나아가 소세 기반을 상화하여 소세부담률을 높여 정부저축률도 높였기 때문에 가능하였다. 박정희 정부가 총투자율을 어떻게 높였는가는 [표 22-6]에서 재원의 비율을 보면 확인할 수 있다. 박정희 정부가 제1차 경제개발계획을 추진하는 당시에는 그 전제가 되는 내자동원에 노력을 기울였지만 실제로는 외자도입에 크게 의존하였다. 그러나 총투자의 재원에서 국내 저축의 비중이 점차로 높아지고 그중에서 민간저축의 비중이 높아져 제4차 경제개발계획이 추진되던 시기에는 총투자액의 63.4%가 민간저축에 의존할 수 있게 됨으로써 국내 저축에 84.0% 정도까지 의존할 수 있게 되었다. 결

[표 22-7] 정부별 주요 거시경제 성과 지표

(단위: %)

해당 정부	해당 시기	실질경제 성장률	소비자물가 상승률	실업률	경상수지/GDP	총투자율	수출입/GNI
이승만	1954~1960	3.9	22.7	n.a.	-0.5	11.0	13.2
박정희 1기	1962~1971	8.7	14.5	6.1	-4.9	20.2	30.0
박정희 2기	1972~1979	8.3	15.3	3.9	-4.3	29.1	59.3
전두환	1980~1987	7.4	8.9	4.1	-1.3	31.1	73.8
노태우	1988~1992	8.4	7.4	2.5	1.0	36.5	63.0
김영삼	1993~1997	7.1	5.0	2.4	-1.6	36.7	56.4
김대중	1998~2002	4.4	3.5	5.0	3.5	31.1	66.7
노무현	2003~2007	4.4	2.9	3.5	1.5	32.9	72.4
이명박	2008~2012	3.3	3.3	3.4	2.3	32.0	100.5
박근혜	2013~2016	3.0	1.1	3.5	6.2	29.8	88.4

자료: 한국은행, 『경제통계연보』 및 경제통계시스템.

과적으로 박정희 정부는 저축권장정책을 지속적으로 전개한 결과 후반기에는 외자도입에 덜 의존하면서도 높은 투자율을 유지할 수 있었던 것이다.

3. 경제개발을 위한 통화·금융정책의 폐단

1) 신용에 대한 정치적 통제의 강화

박정희 정부는 정부가 직접 소유하고 지배할 수 있는 정부주도형 또는 관주도 금융 체제를 구축하기 위해 민간금융기관을 국영화하거나 국영금융기관을 설립하거나 확장하고 나아가 민간금융기관의 경영권을 정책금융의 확장을 위해 제약하였음은 앞서 살펴본 바와 같다. 이러한 관주도형 또는 정부 주도 금융 체제는 일제 식민지 시대부터 형성된 것으로 낯선 것도 아니었다. 하지만 경제개발시기에 시중은행의 국영화로 더욱 강화되었을 뿐 아니라 정부나 관료가 금융기관을 지나치게 통제함에 따라, 이에 대해 비판적인 문제의식이 생기게 되었고 이에 동조하는 많은 사람들이 이를 '관치금융'이라고 불렀다.

정부와 그 산하기관이 금융기관의 대출이나 외자도입뿐 아니라 증권의 발행부터 인수까지 금융 업무 전반을 통제하고 있었기 때문에 정부는 금융을 통해 정책적 목표를 쉽게 달성할 수 있었다. 반대로 기업이나 가계는, 특히 권위적 박정희 정권하에서 정부의 정책이나 지시에 반하는 자금조달이나 자금운용은 쉽지 않았다. 금융기관도 대출, 증권인수 및 외자도입이나 지급보증 등 금융적 의사결정이 정부의 정책방향은 물론이고 정치인이나 관료의 자의적인 판단으로부터 자유로울 수 없었다. 외부 자금에 크게 의존하는 기업은 외부 자금의 조달 규모와 조건이 기업의 투자 여부나 규모를 결정하는 주요한 요인이 된다. 기업의 외부 자금의 조달은 출자나 주식 발행으로 시작되지만 금융기관의 차입, 회사채 발행, 기업 간 신용, 해외 차입 등 다양한 방식으로 이루어지고 있었다.

우리나라 자금순환표에서 기업 부문의 부채 및 자본의 잔액과 그 구성 비율을 제시한 [표 22-8]을 보면, 1960년대 말까지는 기업은 주식·출자금, 예금은행 대출금, 정부융자, 해외 차입 등의 순으로 외부 자금에 의존하고 있지만, 예금은행 대출금, 대외채무, 기업신용 등에 의존하는 비중이 높아져 1970년대 말에 이르면, 기업은 예금은행 대출금, 주식·출자금, 기업신용, 대외채무 순으로 외부 자금에 의존하게 되었다.

그런데 이 중에서 정부 또는 금융기관이 자금운용을 동세한나고 볼 수 있는 한국은행 대출, 예금은행 대출, 산업은행 등의 기타 금융기관 대출, 정부융자, 국공채, 대외채무 등을 관리부채라고 한다면 이 관리부채가 바로 관치의 대상이었다고 할 수 있다. 이 기준에 의하면, [표 22-8]에서 보듯이 기업이 지고 있는 채무의 40% 이상이 정부의 통제를 받는 관리부채이었다고 할 수 있다. 이 비중은 1970년대에는 증가하는 추세를 보이고 있다.

정부가 기업 채무 중 40% 이상을 관리하고 있다는 것은 기업의 외부 자금 규모와

[표 22-8] 기업 부문의 부채, 자본 및 관리부채의 비율(1969~1979)

(단위: %)

	1969	1971	1973	1975	1977	1979
합계(10억 원)	3,016	4,870	7,905	13,918	22,229	38,268
한은 대출금	0.0	0.0	0.0	0.3	0.2	0.0
은행 대출금	13.8	15.4	15.5	16.9	16.5	21.1
보험 대출금	0.1	0.1	0.1	0.1	0.4	0.8
단자사 대출			0.7	1.3	1.7	2.2
기타 대출금[2]	4.3	4.6	5.7	5.0	6.4	7.8
정부융자	11.5	9.9	7.3	5.7	4.1	2.9
주식 출자금	43.5	30.8	28.8	21.7	20.4	16.9
국공채	0.0	0.0	0.0	0.2	0.5	0.8
회사채	0.2	0.3	0.8	0.7	1.4	3.0
기업어음			0.2	0.6	1.1	1.3
기업신용	6.1	6.0	6.3	7.9	10.3	12.5
대외채무	8.3	12.9	12.2	15.3	14.5	11.5
기타 부채	12.4	19.9	24.4	24.4	22.6	19.1
관리부채[1]	37.8	42.9	40.7	43.3	42.2	44.2
금리차익[3]	27.2	24.3	23.7	25.8	22.1	23.2

주: 1) 한국은행 대출금, 예금은행 대출금, 기타 대출금, 정부융자, 국공채, 대외채무 합계 비율.
2) 기타 대출금의 대부분은 산업은행, 수출입은행 등 예금은행 아닌 개발기관의 대출.
3) 사채금리-일반은행 일반대출 금리.

자료: 한국은행, 내부자료, 『경제통계연보』; 한국은행(1987), 『우리나라의 자금순환』.

조건에 절대적인 영향을 미칠 수 있다는 것을 의미한다. 따라서 기업은 정부의 정책에 순응하는 것은 물론이고 금융기회를 최대한 이용하기 위해서는 금융기관의 의사결정에 영향을 미칠 수 있는 금융기관 임직원의 협조는 물론이고 정치인과 관료의 압력까지도 이용할 필요가 있다. 반대로 금융기관의 임직원, 관료, 정치인들은 자금공급의 대가로 기업에 각종 명목의 경제적 후원이나 뇌물까지도 요구할 수 있다. 이와 같이 금융거래를 통제 또는 감독을 해야 하는 정부와 그 통제와 감독을 받아야 하는 기업이 공식·비공식적으로 유착하고 있는 것이 금융을 매개로 하는 정경유착이었다. 이와 같이 금융을 매개로 한 정경유착으로 인해 정치인이나 관료의 자의적 판단이 시장의 자원배분 원리를 크게 왜곡시킬 수 있었지만 박정희 정부하에서는 문제제기조차 쉽지 않았다.

이러한 정경유착은 기업의 부채 중에서 정부에 의해 관리되는 부채의 비중이 높아질수록 강화되고 시장금리와 규제금리 간의 차이가 클수록 더 심각해질 수 있다. 정부가 관리하는 부채 비중은 매우 높을 뿐 아니라 증가 추세를 보이고 있다. 그리고 금리차익은 다소 하락하고 있지만 큰 변화 없이 22% 이상 유지되고 있기 때문에 정경유착의 유인으로 유지되고 있었다. 이와 같이 관치금융으로 표현되는 정부주도형 금융시스템의 주요 폐단의 하나인 정경유착이 금융중개 원리를 왜곡함으로써 실물경제의 불균형이 증폭되고 있었다.

2) 기업의 차입 경영과 수익성 악화

박정희 정부는 저금리 체제에서 자금의 정책적 배분을 강화하였기 때문에 기업이 정부정책에 순응하게 하는 데 성공하였다. 그러나 기업은 낮아진 금리를 배경으로 투자를 확대하면서 내부 자금보다는 외부 차입에 크게 의존함으로써 차입 경영이 확산될 수밖에 없었다. 특히, 저리의 정책금융에 쉽게 접근할 수 있었던 수출산업 기업이나 중화학공업에 참여한 대기업들은 차입 경영 자체가 최선의 선택이었다. 이러한 차입 경영의 확산으로 전체 기업의 부채 비율은 상승할 수밖에 없었다.

1960년대 후반에는 금리현실화 이후 고금리를 배경으로 무분별할 정도의 차관도입이 확대되면서 [그림 22-4]에서 보는 바와 같이 차입 경영으로 부채 비율이 높아지는 가운데, 무분별 확장으로 기업의 채산성은 더욱 악화되어 수익률이 크게 하락하였다. 1971년에 기업의 채산성 악화와 부채 확장이 정점에 이르고 있었다. 기업이 특히 고리의 사채의존도가 높아 기업의 재무구조는 악화일로에 있었다. 기업은 정부가 기업의 부채를 탕감하는 동시에 금융비용까지 낮추어 준 8·3 조치(「경제의 안정과 성장에 관한 대통령긴급명령」)로 특혜를 받고 회생의 기회도 얻었다. 실제로 1972년 이 조치로 1972년, 1973년 동안 기업의 부채 비율이 낮아지는 동시에 수익률이 높아졌고 1973년에는 물

[그림 22-4] 기업의 부채 비율, 수익률, 실질대출금리 및 실질경제성장률(1963~1979)

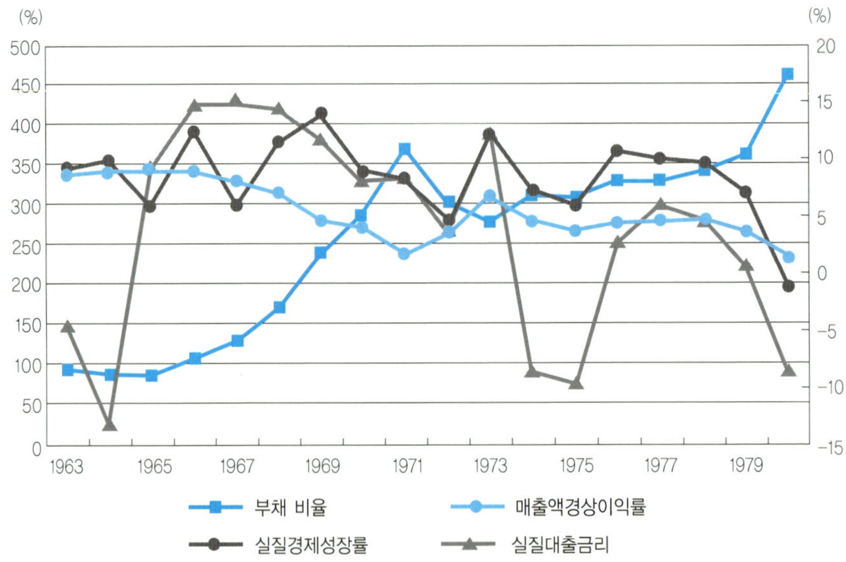

자료: 한국은행, 『경제통계연보』, 각 연도.

가상승률도 크게 낮아지고 실질경제성장률도 높아졌다. 그러나 그 효과는 유가폭등 충격을 받았던 1974년부터 사라져 부채 비율과 물가상승률이 상승하고 수익률과 실질경제성장률도 크게 하락하였다. 전체 기업의 부채 비율 추이를 보면, 1960년대에 계속 증가 추세를 보이다가 1972년 부실기업 정리와 8·3 조치 등으로 기업의 채무가 일부 정리되면서 부채 비율이 낮아졌다. 그러나 8·3 조치의 효력이 상실하면서 기업의 차입 경영은 다시 강화되어 부채 비율이 높아지는 추세가 나타났다.

기업의 차입 경영은 자기자본의 수익률이 실질이자율 수준을 넘어설 수만 있다면 수익률이 낮아지더라도 기업은 차입을 통해 규모를 확대하고, 이에 따라 매출액이 확대된다면 기업은 자기자본 수익을 확대할 수 있다. 이 시기에 매출액경상이익률이 낮아짐에도 불구하고 부채 비율이 높아지고 있다는 것은 기업이 부채 경영을 통해 규모를 확대함으로써 수익성 악화 문제를 해결하였음을 말해 주고 있다. 그리고 실질금리가 낮아진다면 기업은 부채의 실질부담 경감뿐 아니라 물가상승과 연동되고 있는 실

[그림 22-5] 우리나라 부문별 자금잉여액/GDP 비율(1963~1997)

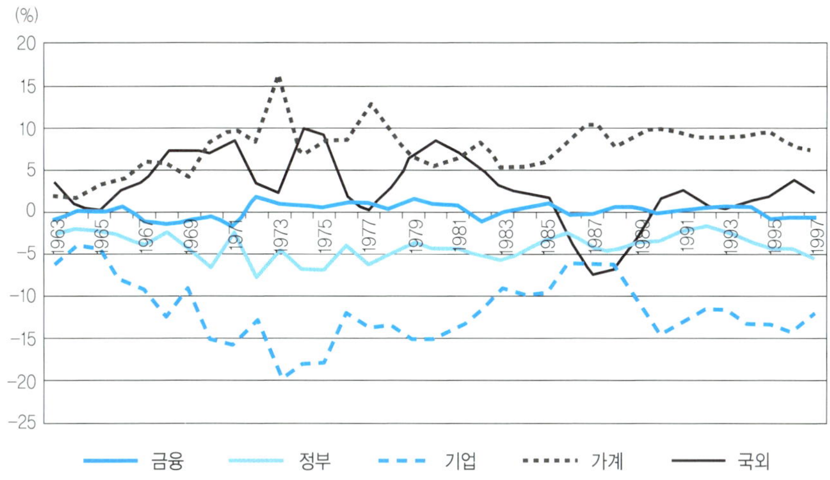

자료: 한국은행, 경제통계시스템.

물자산가치 상승으로 차입 경영으로 더 많은 이익을 볼 수도 있었다. [그림 22-5]에서 보듯이, 실질대출금리는 금리현실화로 일시 상승하였으나 1968년 이후에는 다시 하락하는 추세를 보인다. 따라서 저금리구조에서 물가상승세로 나타난 실질대출금리의 하락도 기업의 차입 경영을 확산시킨 한 여건이 되었다고 할 수 있다.

기업의 이러한 차입 경영은 기업 부문의 자금 부족을 더욱 심화시켰음을 [그림 22-5]를 통해 확인할 수 있다. 비금융 부문 중에서 기업 부문이 자금 부족 부문인데, 그 부족은 주로 개인 부문의 자금잉여와 해외 부문의 자본도입에 의해 해소되고 있다. 그런데 기업 부문의 자금 부족은 1960년대보다 1970년대에 더욱 심화되다가 1980년대 초반에야 완화되고 있다. 이러한 추이는 1970년대에 기업 부문이 가장 빠르게 성장한 결과이지만 이것은 기업성장이 차입에 크게 의존한 결과이기도 하다.

3) 물가상승 및 경상수지 악화

박정희 정부는 1962년 통화개혁이 실패로 끝나고 「재정안정계획」을 부활한 시기에 외환 부족에 직면하자 경제안정을 중시하고 1963년에 일시적이지만 긴축적 통화정책을 실시하였다. 그러나 정부는 1964년에 환율의 현실화로 경상수지 적자 폭이 줄어들자 다시 팽창적인 통화정책으로 다시 전환하였다. 1960년대 말 경기과열과 물가급등에 직면하여 종합안정화정책을 시행하면서 1971년에 일시적으로 긴축통화정책을 시행하였고, 1974년 제1차 유가폭등이 나타나자 물가폭등을 대처하기 위해 긴축정책을 재개하였고, 1979년 제2차 유가폭등에 따른 물가상승에 대응하여 긴축적 통화정책을 일시적으로 실시하였다. 이러한 시기를 제외하면 박정희 정부는 팽창적 통화정책의 기조를 계속 유지하여 과거와 같이 통화증발이 재현되었음을 [그림 22-6]의 높은 통화증가율뿐 아니라 명목GDP 증가율의 추이에서 확인할 수 있다.

이러한 팽창적 통화정책에도 불구하고 박정희 정부의 물가안정정책 결과로 [표 22-7]에서 보았듯이 평균적인 소비자물가상승률은 이승만 정부의 소비자물가상승률보다 낮아졌다. 그러나 박정희 정부의 15%에 이르는 소비자물가상승률은 결코 낮은 것이 아니다. 전두환 정부 이후에야 우리나라의 물가상승률이 10% 이하로 내려가고 김대중 정부 이후에는 선진국 수준인 5% 이하로 낮아졌다.

박정희 정부에서 물가불안은 일상적인 문제이었고 물가폭등이 있을 경우에는 가격통제나 독과점 규제를 강화하기는 하였지만 경제성장정책과 배치되는 통화긴축이나 재정긴축은 최대한 억제되었다. 그것은 긴축적 통화·금융정책이나 재정정책이 고도경제성장을 목표로 하는 정책기조와 배치되었기 때문이다. 박정희 정부는 물가안정 효과가 확실한 통화정책 같은 거시경제적 정책수단보다 효과도 불확실하고 일시적인 것으로 그쳤던 가격통제와 수입 확대와 같은 미시경제적 정책수단으로 대처하였고, 이러한 대응방식이 이후에도 지속되었다.

박정희 정부는 경제개발계획을 추진하면서 경제안정보다는 경제성장을 정책의

[그림 22-6] 통화증가율과 전년도 명목GDP 증가율과의 차이(1961~1979)

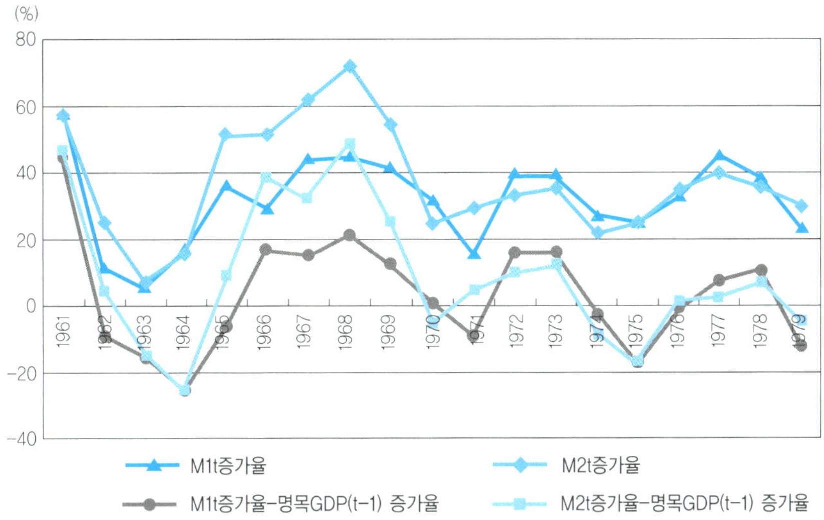

자료: 한국은행, 경제통계시스템.

우선적 목표로 설정하였는데, 이것은 팽창적인 통화정책으로 귀결되고 물가불안뿐 아니라 경상수지의 만성적인 적자에도 영향을 미치고 있었다. 박정희 정부는 수출을 경제성장 동력으로 활용하기 위해 수출신장을 위한 모든 노력을 다하였다. 그 결과 수출이 급격히 늘어났으나 수입의존적 수출구조 때문에 [그림 22-7]에서 보듯이 경상수지 적자 폭은 세계적 호황기인 1972년과 1973년, 중동 붐이 있던 1976년과 1977년을 제외하면 심각한 상태에 있었다.

외환위기로 인식하였던 1964년에는 경상수지 적자/GDP가 5.3% 수준에 이르렀고 국제수지 위기를 해결하기 위해 환율을 1달러에 130원에서 225원으로 대폭 절하하는 조치를 취하였다. 경상수지 적자/GDP 비율이 1968년에서 1971년까지는 최소 7.7%에서 8.9%로 1964년 위기보다 더 심각하였지만 다행히 이 시기에는 외자도입이 활발히 이루어지고 환율도 단계적으로 인상하여 경상수지의 대폭적인 적자에도 불구하고 외환위기로 발전하지 않았다. 1974년 유가폭등으로 경상수지가 급격히 악화되어 경상수지

[그림 22-7] 소비자물가상승률, 경상수지 및 환율의 추이(1960~1979)

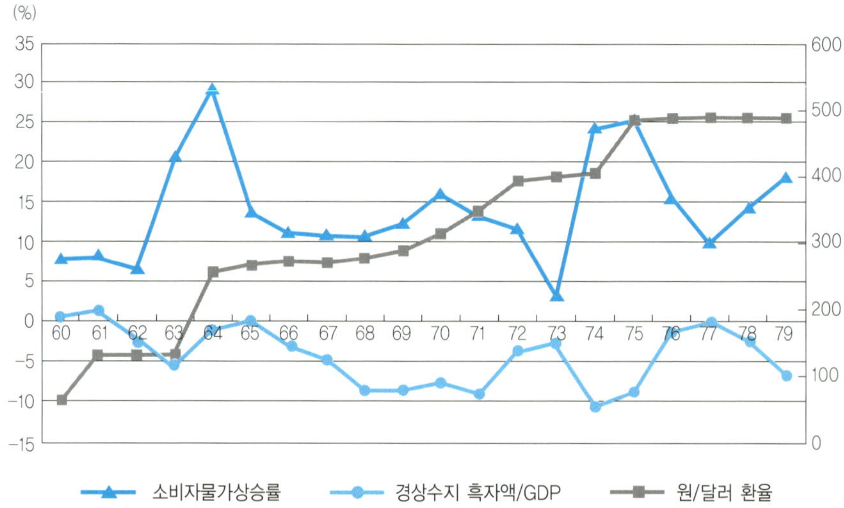

자료: 한국은행, 『경제통계연보』.

적자 비율이 1974년에는 10.4%에 이르러 정부는 환율을 1달러에 399원에서 484원으로 대폭 인상하고 수출지원금융 단가조정, 국산원자재 융자 확대, 석유류 관련 가격 인상 등 가능한 여러 수단을 동원하였다. 경상수지 악화 문제는 1975년부터 수출호조와 중동 붐 등으로 해소되었으나, 1979년 제2차 유가폭등으로 재발하였다. 박정희 정부는 이승만 정부와 같이 외환통제를 강화하면서도 이승만 정부와 달리 외자도입을 적극 추진하고 환율인상에 대해 신축적인 입장을 취함으로써 한국 경제의 가격 체계가 세계시장의 가격 체계로부터 크게 유리되는 일은 발생하지 않았다.

박정희 정부는 수출의 비약적인 신장에도 불구하고 경상수지의 만성적인 적자에 직면하여 수출촉진, 수입억제 등과 같은 중상주의적 정책을 시행하면서 외환위기에 직면하지 않기 위해 외자도입을 적극적으로 추진하였고, 상황이 심각할 경우 환율의 대폭적인 인상으로 위기를 탈출하고자 하였다. 이러한 대응방식은 외환부족 때마다 되풀이되었다. 이 시기의 만성적인 경상수지 적자는 수출 원자재나 기계설비를 외국에 의존하는 구조에서 팽창적인 통화정책과 이에 따른 물가상승세로 환율은 계속 고평가될 수밖에 없었고, 이 때문에도 수입이 더 증가하였다. 박정희 정부 시대의 만성적인 경상수지 적자는 외자도입의 확대, 팽창적인 통화정책, 수입의존적 수출구조 등의 복합적인 결과로 이승만 정부 시대의 경상수지 적자에 비교해 보면 훨씬 복잡하고 심각한 문제이었다.

제7부

금융자유화의 전개와 귀결

제23장 금융자율화와 금융시장 개방

제24장 경제정책의 전환과 정책금융의 재편

제25장 금융자유화 시대의 금융기관

제26장 금융자유화 시대의 금융시장

제27장 금융자유화 이후의 금융발전과 한국 경제

제7부

1980년대 새로 등장한 전두환 정부는 경제개발계획을 위한 정부 주도의 계획적 자금배분을 위한 통화·금융 체제를 계승하기보다는 그로 인한 구조적 문제를 해결하기 위해 민간 주도의 시장경제 원리를 중시하는 금융자율화와 금융개방을 새로운 금융질서로 받아들이는 제도적 개혁에 나서게 되었다. 그러나 금리자유화와 금융개방은 기존 체제의 혼란과 대외경쟁력을 고려하여 단계적이고 점진적으로 진행되었다. 한국 경제가 1980년대 초반의 어려운 시기를 지나 '3저 호황'으로 불리었던 고성장궤도로 다시 들어갔고 1980년대 후반에는 경상수지 흑자국으로 전환되자 노태우 정부에서부터 금리자유화 등 금융자율화의 핵심적인 조치가 실시되었고 김영삼 정부에서는 더 나아가 본격적 자본자유화까지 추진되었다.

이러한 금융자유화는 민간 주도 시장경제질서를 중시하는 경제정책의 목표와 운용방식이 전환된 결과이었기 때문에 정책금융기관의 목표와 역할도 달라질 수밖에 없었다. 정책금융기관은 한국 경제의 성장을 금융적으로 지원하는 역할은 계승하면서도 정부가 추진하는 경제구조의 전환을 금융적으로 지원하는 역할을 담당함에 따라 자금운용과 자금조달도 점차 변화하게 되었다. 경제정책 기조의 변화와 금융자율화로 정책금융기관뿐 아니라 일반금융기관의 역할도 달라지고 이에 따라 자금운용이나 자금조달이 이전 시대와는 달라졌다. 금융자율화로 금융기관의 설립도 늘어나면서 업무도 다양해지고 금융기관 간의 경쟁도 격화되었고 경영실적도 악화되기 시작하였다.

금융자유화의 전개와 귀결

1980년대 접어들어서는 채권시장은 회사채, 금융채 등을 중심으로 계속 활성화되었지만 주식시장은 내내 침체되다가 1986년 이후 회복세를 보였다가 1980년대 말부터 다시 침체되었다. 전두환, 노태우, 김영삼 세 정부 모두 다양한 증권시장 육성책과 안정책을 내놓았지만 그 성과는 늘 기대에 못 미쳤다. 세 정부 모두 채권시장에 대해서도 다양한 육성책을 내놓고 추진하였다. 채권시장은 국채 발행보다는 각종 금융채 발행과 회사채 발행 증가로 지속적으로 성장세를 보였다. 단기 금융시장도 투자금융기관의 중개에 힘입어 기업어음, 양도성예금증서, 단기 통안채 등을 중심으로 지속적으로 성장하였다.

1980년대부터 추진된 금융자유화 조치 중에서 핵심적인 금리자유화, 금융개방은 1990년대부터 빠르게 본격적으로 추진됨에 따라 금융자유화는 한국 경제에 적지 않은 영향을 미치게 되었다. 금리자유화는 국내외 금융시장을 통합시키면서 금리의 수급조절 기능을 강화하였고 금융개방은 자본유출입의 증가를 통해 투자율을 높여 경제성장에 적지 않게 기여하고 금융시장 규모도 확대시켜 금융의 외형적 성장을 촉진하였다. 그러나 금융 부문이 실물 부문에 비해 과도하게 성장하고 자본유출입의 과도한 변동으로 한국 경제의 불안정성이 높아졌다. 특히, 1990년대 중반에 접어들면서 우리나라 기업의 대외경쟁력 상실과 교역조건 악화로 경상수지가 악화되고 차입 경영에 의존하였던 대기업들의 재무구조가 악화되면서 일부 대기업과 금융기관의 부실도 드러나고 한국 경제 불안도 증폭되었다.

제7부에서는 1980년대부터 외환위기가 발발하기 이전까지 어떤 금융자유화가 어떻게 추진되었으며, 이 시기에 정부는 어떤 정책적 목표를 가지고 어떤 금융제도를 신설하고 확충하였으며, 금융시장을 육성하기 위해 어떠한 제도개혁과 금융정책을 시행하였으며, 그 결과로 금융기관, 금융시장, 나아가 한국 경제가 어떻게 변모하였는가를 설명하고자 한다. 첫째, 1980년대 이후 추진된 금융자유화를 파악하기 위해 그 배경과 주요 조치의 내용과 시기별 수준과 그 한계를 살펴본다. 둘째, 1980년대부터 경제정책 기조가 어떻게 바뀌었고, 정책금융기관의 목표와 역할이 어떻게 달라지고, 이에 따라 정책금융기관의 자금운용과 자금조달이 어떻게 변하였는가를 살펴본다. 셋째, 금융자유화 시대의 금융기관의 역할과 변화를 파악하기 위해 각 금융기관의 체계와 비중을 살펴보고, 예금은행의 업무, 자금조달과 자금운용을 살펴보고, 이어 개발금융기관, 저축금융기관, 투자금융기관, 보험회사 등 비은행 금융기관의 업무, 자금조달 및 자금운용을 살펴본다. 넷째, 금융자유화 시대의 각 정부의 자본시장 제도정비와 육성정책과 함께 주식시장과 채권시장의 동향과 변화를 살펴보고, 마지막으로 단기 금융시장의 발전도 살펴본다. 다섯째, 금융자유화가 한국 경제에 준 영향을 파악하기 위해 금융시장의 통합 정도, 금융발전 수준과 금융구조의 변화를 살펴보고, 금융자유화가 본격 추진된 1990년대 한국 경제의 변화를, 거시경제, 국제수지, 비금융 기업의 재무구조 등을 통해 살펴보고, 이 시기 금융불안과 금융안전망에 대해서도 살펴본다.

제23장 금융자율화와 금융시장 개방

한국은행권
오천원
5000

1. 금융자율화의 배경

박정희 정부는 경제개발을 위한 내자동원 증대 목적으로 금융기관을 확장하면서 자금의 계획적 배분을 위해 금융을 지배·통제함으로써 실물경제의 고도성장에는 성공하였지만 자원배분의 왜곡으로 인한 경제의 불균형 심화, 기업의 과도한 차입과 수익성 악화, 거시경제 불안의 증대, 은행 등 금융산업의 낙후와 같은 금융과 관련된 구조적 문제를 안게 되었다. 전두환 정부부터 금융과 관련된 구조적 문제를 위해 금융제도 개혁에 나서게 되었다. 이러한 금융개혁은 민간 주도의 시장경제 원리를 중시하는 금융자율화라는 새로운 변화를 받아들이는 것이었다. 여기에 금융의 국제화 조치를 추가한다면 금융자유화라고 할 수 있다.

박정희 정부는 경제개발계획에 소요되는 막대한 재원을 확보하기 위해 많은 금융기관을 신설·확장하고, 자본시장과 보험시장을 육성하기 위한 제도적 기반을 정비하고 외자도입 장애를 제거하였기 때문에 이 시기에 금융산업의 발전 여건이 개선된 것으로 볼 수 있다. 그러나 금융시장 발전에 기초가 되는 물가안정이 실현되지 못하고 정책금융의 비중이 너무 높았고, 기업과 정부의 금융부담 절감을 위해 금리가 시장실세 금리 수준에 비해 너무 낮게 책정되어 있었고, 정부 주도의 금융 체제 속에서 금융기관의 자율성이 극도로 억압되었다. 이 시기에 금융기관의 확장에도 불구하고 금융기관의 수익성과 안정성은 무시되었고 금융산업의 효율성은 저하되어 금융산업과 금융시장이 확장되기는 하였으나 성장은 제약되고 '금융억압'도 나아지지 않았다.

금융 부문 전체의 발전 수준을 나타내는 금융연관비율(금융자산/GDP)은 1960년대 초반부터 1970년대 말까지 동일한 기준을 적용할 수 없지만 1960년대 추이와 1970년대 추이는 각각 알 수 있다. [표 23-1]에서 1960년대를 보면, 1960년대 전반에는 정체 상태에 있다가 금리현실화 이후인 1960년대 후반에는 이 값은 크게 증가하는 추세를 보인다. 이 값은 1970년대 전반에는 거의 변화를 보이지 않았지만 1970년대 후반에는 도리어 감소 추세를 보인다. 따라서 금융연관비율을 기준으로 본다면, 금융 부문 전체는

[표 23-1] 경제개발 시대의 금융연관비율(1962~1979)

연도	전체		은행예금 은행대출		대외채권 채무		예수금 기타 대출		주식		채권	
	구	신	구	신	구	신	구	신	구	신	구	신
1962	1.06		0.14		0.10		0.09		0.16		0.06	
1963	0.91		0.14		0.09		0.09		0.16		0.05	
1964	0.82		0.14		0.14		0.07		0.15		0.03	
1965	0.90		0.17		0.13		0.09		0.19		0.02	
1966	0.97		0.23		0.18		0.10		0.19		0.02	
1967	1.23		0.33		0.25		0.12		0.17		0.02	
1968	1.44		0.44		0.29		0.13		0.16		0.02	
1969	1.69	2.68	0.56	0.58	0.36	0.46	0.15	0.14	0.16	0.16	0.02	0.03
1970	1.80	2.68	0.61	0.61	0.39	0.47	0.16	0.14	0.16	0.16	0.03	0.03
1971		2.64		0.59		0.53		0.16		0.15		0.04
1972		2.75		0.61		0.53		0.17		0.19		0.06
1973		2.75		0.63		0.49		0.20		0.19		0.06
1974		2.64		0.61		0.50		0.21		0.17		0.06
1975		2.62		0.58		0.52		0.21		0.16		0.05
1976		2.49		0.54		0.51		0.24		0.16		0.07
1977		2.56		0.56		0.52		0.26		0.16		0.09
1978		2.51		0.57		0.44		0.29		0.17		0.11
1979		2.53		0.60		0.46		0.32		0.16		0.14

주: 1) 구계열은 1953년 SNA 기준으로 경제통계시스템 자료.
2) 신계열은 1968년 SNA 기준으로 『우리나라의 자금순환』(1987) 자료.
자료: 한국은행, 경제통계시스템; 한국은행(1987), 『우리나라의 자금순환』.

박정희 정부 전 시기로 보면 약간 성장하였지만, 그 성장은 1960년대 후반에 한정된 것이고 1970년대에 들어서는 지체되었다고 할 수 있다.

1960년대 금융 부문 중에서 뚜렷한 성장세를 보이는 부문은 예금은행 부문과 대외채권채무 부문이다. 예금은행 부문의 성장은 앞서 살펴본 바와 같이 특수은행의 신설과 시중은행의 확장, 지방은행의 신설 등과 같은 금융기관의 확장 결과이기도 하지만 1960년대 금리현실화로 저축성예금의 축적이 급격히 이루어진 결과로도 해석할 수 있다. 대외 부문의 급격한 성장은 외환보유고 증가가 아닌 외자도입으로 인한 대외 채무 증가 때문이다. 박정희 정부의 자본시장 육성책의 성과는 주식시장보다 채권시장, 특히 회사채시장에서 나타났다. 따라서 1960년대 후반 금융 부문의 성장은 금융시장의 다양화나 금융기관의 다변화 같은 질적 변화에 의한 것이라기보다는 저축성예금의 급격한 증가와 외자도입의 급격한 증가 등과 같은 자본동원정책의 결과로 해석할 수 있다.

박정희 정부는 저금리의 정책금융 체계를 계속 확장하는 동시에 외자도입을 확대하여 거대자본을 요구하는 중화학공업화 추진에는 성공하였지만, 대기업 중심의 경제구조가 형성되어 중소기업에 대한 정책금융 요구가 새롭게 나타나고 차입 경영에 의존하는 부실기업과 밀착된 금융기관의 부실화와 경쟁력 상실이 새로운 문제로 제기되기 시작하였다. 관치금융의 통제로 인한 손실보다는 관치금융의 보호로 인한 이익을 향유하였던 대기업 집단까지 관치금융의 폐해를 문제 삼아 낙후된 금융 부문의 개혁을 요구하기 시작하였다. 정부 주도형 성장금융 체제 속에서 수혜를 누렸던 대기업 집단을 대표하는 전경련까지도 1980년대에는 정부 주도형 금융 체제의 개혁을 추진해야 한다고 주장하기 시작하였다.[1]

2. 금융자율화

금융자율화는 금융산업과 금융시장의 발전에 목표를 두고 있는 만큼 그와 관련되는 조치는 열거하기 어려울 정도로 많다. 여기서는 금융중개기관과 그 업무에 대한 정부의 규제 완화와 관련되는 것을 중심으로 살펴본다. 금융자율화라는 이름하에 1980년대 초반부터 외환위기가 발발한 1997년 이전까지 이루어진 조치의 주요 내용을 시중은행의 민영화, 은행 경영의 자율화, 금융기관 신설과 외국 금융기관의 진출, 금융

1 "전경련은 우리 경제가 80년대에 선진권에 들어가기 위해서는 금융 기능 정상화가 필요하다고 지적, 시중은행의 민영화, 금융기관에 대한 임시조치법 폐지, 중앙은행의 자율성 보장 등 금융 기능 자율화 방안을 마련하여 당국에 건의하기로 하였다"(『동아일보』, 1979. 7. 9).

기관의 업무 영역의 확대, 금리자유화 등으로 구분해 볼 수 있다.

1) 은행 경영의 자율화

한국은행이 1979년 2월 「금융산업의 낙후성과 개선방안」을 작성하여 재무부에 건의하면서 금융자율화 문제가 처음으로 논의되었다. 1980년 1월 한국은행 총재가 금융자율화를 추진할 의사를 재차 밝힘으로써 이에 대한 문제를 제기하였다.[2] 그러나 논의가 본격화된 것은 재무부가 1980년 12월 「일반은행에 대한 경영자율화 조치」 발표 후였다. 이 조치는, 첫째 은행에 대한 정부의 규제를 완화하기 위해 앞으로 구체적이고 세부적인 사항을 은행에 위임하고, 둘째 금융상품을 다양화하고, 셋째 점포 증설을 허용하여 경쟁을 촉진한다는 것을 주요 내용으로 하는 것이었다.[3] 이에 따라 금융통화운영위원회는 금융기관 감독규정 중에서 금융기관의 예산, 결산, 정원, 보수, 복지 등 내부 경영에 관한 규제를 철폐하고 경영지도 기준 설정 등에 의하도록 하였다.[4] 은행감독원은 1981년 1월 일반은행에 대한 각종 통첩 601개 중에서 289건은 폐지하고, 279건은 통·폐합하고, 101건을 정비하고, 앞으로는 직접규제보다는 경영지도 기준에 의하도록 하여 일반은행의 경영권이 대폭 회복되었다.

전두환 정부는 1982년 말에는 금융자율화를 법제 면에서 뒷받침하고 은행의 공공성 확보를 위해 1982년 말에 「은행법」을 개정하였다.[5] 은행의 자율경영권 확립을 위해 은행의 경영 및 업무운영에 관한 은행감독원의 포괄적인 지시명령권을 삭제하였고, 「금융기관에 대한 임시조치법」을 폐지하면서 금융기관의 자율적인 임원선임이 가능

2 "신병현 한은 총재는 금융정상화란 금융 활동이 경쟁원리와 책임의식을 바탕으로 자율적으로 이루어지는 것이라고 전제, 앞으로 이러한 바탕에서 금융제도를 개선, 자금의 효율적인 배분을 꾀하겠다고 밝혔다. 申(신)총재는 4일 새해 시무식에서 금융자율화에 대해 이같이 말하고 이를 위해 앞으로는 정책운용 면에서도 종전과 같은 직접통제 위주의 여신규제 방식을 점차 개선해 나가면서 정책자금에 편중되어 있는 현행 자금공급 체제도 재검토, 고용효과 등을 고려하여 중소기업에 대해 자금지원을 확대하는 방향으로 이끌어가겠다고 말하였다"(『동아일보』, 1980. 1. 4).

3 민병균(2002), 『관치금융』, pp. 226~227, 〈표 18〉 금융자율화 일지 참조.

4 한국은행(1990), 『한국은행40년사』, p. 168.

5 앞의 책, p. 169.

하도록 금융기관의 주주총회 결과도 존중하도록 하였다. 정부가 이와 같이 '은행 경영의 자율화' 방침을 천명하였음에도 불구하고 은행장 선임 등 은행의 주요한 의사결정에 대한 사실상의 개입은 지속되고 있었다. 1982년 3월 대한금융단은 주거래은행제도를 개편하면서 은행감독원의 승인 대상을 축소하였다.

한국은행은 세계적인 추세에 따라 지급준비율을 1980년부터 단계적으로 인하함으로써 일반은행 수익성을 제고시켜 주었다. 전두환 정부는 1981년 「은행 경영 자율화 방안」을 발표하면서 은행 경영난을 초래하였던 정책금융을 축소하기로 천명하였다. 이에 따라 1981년부터 주요 원자재수입금융, 지방산업육성자금 등 일부 정책금융이 폐지되었고, 1982년 7월부터 수출지원금융 절차가 줄어들었다. 금융당국은 1982년부터 정책금융의 핵심을 이루고 있던 무역금융의 금리를 일반대출 금리에 근접시킴으로써 정책금융의 부작용을 줄이고자 하였다.

한국은행은 규제 완화에 따른 부실 문제를 줄이기 위한 조치를 시행하였다. 1982년 7월에는 일반은행에 대한 질적 통제의 출발점이 되었던 1962년 2월에 제정된 「금융부문 자금운용규정」을 폐지하고 「금융기관여신운용규정」을 새로 제정하여 적용하였다. 이 과정에 그 적용 대상은 대출은 물론 지급보증을 포함하는 여신 전체로 확대되었다. 1982년 말 「은행법」 개정에서 은행의 경영 및 업무운영에 관한 은행감독원장의 포괄적인 지시명령권 삭제, 동일인의 은행주식 소유 및 의결권 행사를 8%로 제한하는 조항이 신설되고, 기존의 동일인 대출한도 외에 동일인에 대한 지급보증한도가 신설되었고, 필요한 경우 금융통화운영위원회의 동일계열 기업군에 대한 여신한도 제한 등이 이루어지도록 하였다.[6]

일반은행의 경영자율화는 금융당국의 경영에 대한 규제 완화뿐 아니라 일반은행의 책임 경영을 강화하려는 노력과도 연관되어 있었다.[7] 조흥은행은 조직진단을 통해 문제점을 찾은 다음에 영업지원 추진 기능의 분산, 거래처에 대한 책임분산, 부서장의

6 한국은행(2010), 『한국은행60년사』, p. 404.
7 이영훈 · 배영목 · 박원암 · 김석진 · 연강흠(2004), 『한국의 은행 100년사』, pp. 484~486.

인사권 신설 등 책임 경영을 강화하였다. 이 은행은 1982년 이른바 '이철희·장영자 사건'으로 큰 손실을 보자 내부통제 강화를 위한 비상임이사제도, 검사역제도 등을 도입하기도 하였다. 한국상업은행도 이 사건으로 자산 및 신용상의 큰 손실을 입어 영업을 강화하고 본부장의 책임 경영을 강화하는 등 경영합리화에 매진하지 않을 수 없었다. 제일은행도 검사부를 확대 개편하고 영업본부장제도를 도입하는 등 책임 경영 체제를 구축하고자 하였다.

2) 은행의 민영화와 소유구조의 변화

전두환 정부는 금융자율화 조치의 일환으로 정부 소유의 시중은행을 단계적으로 민영화하였다. 즉, 이 정부는 1972년 5월 상업은행을 민영화한 이후 시중은행의 민영화를 지체시키고 있었지만, 1981년 7월에는 한일은행, 1982년 9월에는 제일은행과 서울신탁은행, 1983년 3월에는 조흥은행 등을 단계적으로 민영화함으로써 시중은행이 모두 민영화되었다. 노태우 정부는 특수은행도 일반은행과의 경쟁에서 뒤지지 않도록 1989년 12월 외환은행을 특수은행에서 일반은행으로 전환하였다. 김영삼 정부는 1995년 1월에 국민은행을 민영화하고 1997년 8월에는 주택은행도 민영화하였다.

각 정부가 소유·지배하는 은행을 민영화하기 위해 여러 가지 방법을 활용하였다.[8] 첫째, 정부가 은행의 증자 과정에 의도적으로 불참함으로써 정부의 지분율을 낮추는 것인데 이 방법은 한국상업은행을 민영화할 때 사용하였다. 당시 주식시장에서 처분이 어려워 정부지분을 한국투자신탁은행과 한국투자공사가 인수하였다. 둘째, 주식시장을 통하지 않고 공개입찰을 통해 정부지분을 매각하는 것이다. 전두환 정부가 한일은행, 서울신탁은행, 제일은행 및 조흥은행을 민영화할 때 이 방법을 사용하였다. 그런데 대규모 기업집단의 금융독점 우려로 기업과 개인에 반씩 배분하면서 개인

8 이영훈·배영목·박원암·김석진·연강흠(2004), pp. 489~490.

[표 23-2] 민영화 전후 시중은행 소유구조의 변화

(단위: %)

은행	민영화 시기	민영화 이전(1980년 말)			민영화 이후(1983년 말)		
		민간 대주주	민간 소주주	정부	민간 대주주	민간 소주주	정부
상업	1972. 5	43.8	56.2	0.0	52.1	48.9	0.0
한일	1981. 7	19.9	56.7	39.7	60.3	39.7	0.0
제일	1982. 9	20.3	51.0	33.6	66.4	33.6	0.0
서울신탁	1982. 9	31.4	37.4	48.0	52.0	48.0	0.0
조흥	1983. 3	17.0	55.8	52.4	52.4	47.6	0.0

자료: 윤석범·홍성찬·우대형·김동욱(1996), 『한국근대 금융사연구』, pp. 397~398.

은 5,000주, 기업은 5%라는 한도를 두었다. 셋째, 정부지분을 주식시장에서 단계적으로 매각하는 것이다. 김영삼 정부가 국민은행과 주택은행을 민영화할 때 이 방법을 사용하였는데 그것은 당시에 주식시장 규모가 상당히 커졌기 때문이었다.

시중은행의 경우 민영화가 진행됨에 따라 소유구조의 변화가 나타났다. [표 23-2]에서 보듯이 민영화 이전에도 정부지분은 30%를 크게 넘지 않았지만 민영화로 정부지분이 사라졌다. 그리고 소유분산 조치에도 불구하고 민영화로 인해 민간대주주 지분이 17.0~31.4%에서 52.4~66.4%로 대폭 증가하였다. 이것은 재벌로 불리는 대기업 집단이 은행주 매집에 나선 결과이었다고 볼 수 있다.

1992년 말 현재 이른바 30대 재벌이 시중은행의 경우 6.7~29.1%의 지분을 가지고 있었고, 지방은행의 경우 5.1~30.9%의 지분을 가지고 있었다. 그리고 30대 재벌은 1990년 말 현재 비은행 금융기관에 속하는 투자금융 29.9%, 종합금융 23.3%, 상호신용금고 4.7%, 생명보험 38.4%, 증권회사 63.1%의 지분을 가지고 있었다.[9] 재벌의 금융기관 소유 측면에서의 지배는 일반금융기관 전체로 확산되고 있었다.

시중은행의 경우 1982년까지는 소유한도가 없었고 다만 의결권만 10% 이내로 제한하였으나, 1982년 말부터 「은행법」 개정으로 동일인 소유한도가 8%로 제한되었고

9 정병휴·양영식(1992), 『한국 재벌부문의 경제분석』, p. 76.

동일인의 대출한도는 자기자본의 20% 이내이었다. 1994년 말 「은행법」 개정으로 동일인 소유한도는 4%로 더 줄어들었지만 금융전업기업가의 소유한도는 12%로 도리어 늘어났으나 동일인의 대출한도는 자본자본의 15% 이내로 더 줄어들었다.

은행의 민영화가 완성되려면 소유구조뿐 아니라 지배구조가 변화하여야 한다. 은행의 민영화 이후에 대주주라도 소유제한으로 인한 지분 부족으로 경영권을 제대로 행사하지 못할 경우 정부가 사실상 지배권을 행사하였다. 그 때문에 정부나 은행감독기관은 은행 경영진의 선임과 연임, 자산운용에 관한 주요 의사결정에 직·간접적으로 영향을 행사할 수 있었다. 김영삼 정부는 1993년에는 은행장추천위원회제도를 도입하였고, 1994년에는 금융전업기업가제도를 도입하였는데, 그것은 금융전업기업가가 은행에 대한 소유 및 지배를 할 수 있도록 하여 책임 경영의 기반을 강화하기 위해서였다. 그리고 1997년에는 은행에 대한 지속적인 감시를 위해 은행의 확대이사회제도를 도입하였다.

3) 금융기관의 신설 및 전환

정부는 1980년대 시중은행의 대형화보다는 신설로 시중은행의 부족을 해소하였다. 정부는 1980년대 초반부터 민간일반은행의 신설을 적극적으로 허용하여 1982년에는 신한은행, 1983년에는 한미은행, 1989년에는 동화은행, 대동은행, 동남은행 등이 신설되었고, 외환은행이 특수은행에서 일반은행으로 전환되었다. 1991년에는 한국투자금융이 하나은행으로, 한양투자금융과 금융투자금융이 합병하여 보람은행으로 전환되었다. 1992년에는 평화은행이 신설되었다. 그리고 1995년에 국민은행이 특수은행에서 일반은행으로 전환되었다. 박정희 정부는 금융시장에서 중심적인 역할을 수행하는 시중은행을 국영화하고 신설을 규제하였지만, 전두환 정부에서부터는 여러 가지 이유를 들어 시중은행 설립을 허용하였다. 결과적으로 1980년대 일반은행의 중심에 있던 시중은행이 5개 은행에 불과하였지만, 1980년대 말에는 11개 은행으로 증가하였고, 외환위기 이전에는 15개 은행에 이르게 되었다.

전두환 정부는 1982년부터 비은행 금융기관 설립도 자유화하였다. 불과 2년 동안 2개의 시중은행, 12개의 투자금융회사, 58개의 상호신용금고, 1개의 투자신탁회사가 설립되었다. 이러한 금융기관의 과다 설립이 금융시장에서의 과당경쟁을 가져오자 그 설립 허가를 중단하였다. 그런데 노태우 정부는 1988년부터 지방금융 활성화라는 이름하에 다시 설립을 대폭적으로 허용하여 2년간 3개의 시중은행, 5개의 지방투자신탁회사, 11개의 지방리스회사 등 다수의 금융기관이 신설되었다.

4) 외국 금융기관의 진출

한국 금융의 국제화 조류 속에서 외국의 금융기관도 국내에 활발히 진출하였다. 이 금융기관은 미국계, 일본계, 유럽계 등 선진국 계열의 금융자본인데, 양호한 경영성과를 냄에 따라 한국의 금융개방 압력을 증대시키는 디딤돌이 되었다. 특히, 외국은행 국내 지점은 1980년대 대폭 확대되어 1986년 6월 말 기준으로 11개국 46개 은행이 5개 지점을 설치하고 있고,[10] 1993년 6월 기준으로는 13개국 51개 은행이 72개 지점을 설치하였는데, 미국계 은행이 26개, 일본계 은행과 유럽계 은행이 각각 15개이었다.[11] 외국 은행에 이어 외국 보험회사도 1987년부터 합작회사, 현지법인, 지점설치 등의 다양한 방법으로 활발히 진출하였다.

이 외국 은행 지점은 「은행법」에 의거 설립되었지만 「외환관리법」의 영향을 크게 받았다. 이 지점들은 1980년대 전반까지는 주로 외자조달 창구로 우대를 받았으나, 우리나라의 경상수지가 개선됨에 따라 1985년부터 외국 은행에 대한 일부 우대조치가 점차 축소되었다. 반면에 외국 은행 국내 지점도 시중은행과 비슷한 업무를 취급할 수 있게 됨으로써 일반은행과 다를 바 없게 되었다. 그렇지만 외국 은행 지점은 한국은행

10 한국은행(1986), 『우리나라의 금융제도』, p. 76.
11 한국은행(1993), 『우리나라의 금융제도』, pp. 83~84.

유동성 규제와 정책금융의 취급으로부터 자유로워 국내 일반은행과의 경쟁에서 상대적으로 유리한 여건을 확보하여 국내 은행은 역차별당하고 있다는 불만을 제기하기도 하였다.

5) 금융기관 업무 영역의 확대와 중첩

금융당국의 금융기관 업무에 대한 규제는 금리, 수수료, 자금조달, 자금운용 등 금융기관 활동 전반에 걸쳐 있기 때문에 그 업무규제 완화 전모를 파악하는 것은 쉽지 않다. 여기서 금리와 수수료에 대한 규제를 제외하더라도 자금조달과 자금운용에 대한 규제는 금융기관의 기본 틀과 관련되므로 규제 완화는 금융제도의 전반전인 개편을 전제로 하지 않고서는 어려운 것이었다. 금융기관의 자금조달과 관련된 규제로는 가격(금리)규제, 상품개발 제한, 차입한도 제한, 해외 차입 제한 등이 있는데, 이에 대한 완화는 주로 상품개발 제한에 국한되어 이루어졌다. 금융기관의 자금운용과 관련된 규제로는 산업정책적 목적 달성을 위한 규제, 통화관리를 위한 규제, 금융기관의 건전성과 안전성을 위한 규제가 있지만 산업정책적 목적을 위한 규제를 완화하는 것에 국한되었다.

전두환 정부가 금융자율화 방침을 천명한 이후 각 금융기관은 새로운 업무를 취급하면서 업무가 다양해졌고 새로운 금융상품의 매출도 활발해졌다. 즉, 은행은 신용카드(1980), 가계종합예금(1981), 자유저축예금, 가계우대정기적금(1982), 상호부금(1983), 금전신탁(1983), CD(1984) 가계금전신탁(1985), 연금신탁, 기업금전신탁(1987) 등의 신상품을 취급하게 되었고, 상업어음 일반매출(1982), 팩토링(1983), 거액 RP(1988), 거액 상업어음(1991) 등 타 금융기관 업무에까지 진출하여 경쟁에 돌입하였다.

은행의 업무 영역 확대와 관련하여 주목되는 부분은 신용카드업의 진출과 신탁업무의 취급이다. 우리나라에서 신용카드는 1969년 신세계백화점이 처음 도입하여 주로 백화점에서 활용하였으나 1978년에는 외환은행이 비자카드, 1980년에는 국민은행이 국민카드를 발급함으로써 은행의 신용카드업 진출이 시작되었다. 금융당국은 은행의 신용카드업 진출을 더 이상 허용하지 않다가 1982년 4월 은행카드협회를 설립하면서 시중은행의 카드업 진출을 허용하고 1983년 6월에는 국제신용카드 업무도 시작되었다. 1987년 5월에는 신용카드사업의 제도적 기초가 되는 「신용카드업법」이 제정되었다. 신용카드업은 은행의 새로운 수익원이 되고 수익 비중도 점차로 높아져 1995년에는 4.5% 정도에 이르렀다.[12]

1961년부터 시중은행도 신탁 업무를 취급하였으나 1968년 한국신탁은행이 설립되면서 시중은행의 신탁 업무는 중단되었다. 정부는 1983년 금융기관 간 경쟁촉진과 금융서비스 확대를 목적으로 시중은행의 신탁 업무 겸영을 허용하였으며, 1985년에는 외국 은행 지점도 신탁 업무를 취급하기 시작하였다. 시중은행의 신탁자산은 지속적으로 신장하여 1995년에는 신탁계정이 은행계정의 1/2에 이를 정도로 신탁 업무는 은행의 주업무가 되었다.[13]

은행의 업무 영역이 확대됨에 따라 비은행 금융기관의 업무 영역도 확대되었다. 지방투자금융회사도 신종어음 중개 업무를 취급하도록 하였다. 중소기업이 발행하는 신종기업어음(CP)에 대해서는 은행과 신용보증기금이 보증하는 신종기업어음제도를 도입하여 투자금융과 종합금융이 중개 업무를 담당하도록 하였다. 이들 금융회사는 어음관리구좌(CMA) 업무도 취급하였다. 대형 증권회사는 회사채 지급보증 업무와 신종기업어음 중개 업무 취급을 허용하였다. 결과적으로 은행과 비은행 금융기관의 업무는 [표 23-3]에서 보는 바와 같이 중복 업무가 늘어났다.

금융기관이 [표 23-3]에서 보는 바와 같이 상호간에 다른 금융기관의 업무 영역에 진출함에 따라 은행 금융기관과 비은행 금융기관 간의 업무 영역의 중복이 나타나면서 금융기관 간 경쟁도 강화되었다. 그런데 이 시기에 신금융상품의 도입을 허용한 것은 금융기관의 신상품 개발을 추인한 것이라기보다는 은행의 예금이탈 방지, 은행 금

12 이영훈 · 배영목 · 박원암 · 김석진 · 연강흠(2004), pp. 506~507.
13 앞의 책, pp. 510~511.

[표 23-3] 은행 금융기관과 비은행 금융기관 간의 중복 업무 내용

구분	금융기관	중복 업무 내용
비은행 금융기관의 은행 업무	투자금융	자체발행어음, 할인어음 자체보유, 어음보증, 팩토링
	종합금융	자체발행어음, 할인어음 자체보유, 기업자금융자, 지급보증, 팩토링
	상호신용금고	부금예수금, 차입금수입
	투자신탁	기업어음 할인매입, 신탁형증권저축
	보험회사	대출, 단기 저축성보험
은행의 비은행 업무	일반은행	상업어음 일반매출, 환매채 매도, 상호부금, 금전신탁, 신용카드
	특수은행	

자료: 안종길(1995), 『금융환경 변화와 은행·기업 간 관계의 발전방향』, p. 189.

융기관의 침체를 막기 위해서였다. 이와 같이 신금융상품의 도입은 금융기관이 수익성을 높이기 위해 자발적으로 추진한 금융혁신의 결과는 아니었기 때문에 파급효과는 제한적이었다.

6) 금리자유화

금리자율화는 1988년 12월 이전까지는 시장금리와 공금리(금융기관 금리) 간의 격차 축소, 일부 금융상품에 대한 선별적인 금리규제 완화 등에 그치고 있었다. 전두환 정부는 1981년 CP 금리를 자율적으로 결정하도록 하였으나, 금리의 급등으로 다시 규제하였다. 그 이후에도 콜금리 자유화, CD 및 CMA의 도입(1984), BMF의 도입(1987), 회사채·금융채 발행금리의 자유화(1986) 등의 시도가 있었으나, 그 금리도 관행적으로 창구지도에 의해 규제되고 있었다. 금융당국은 1986년 3월 양도성예금증서 일부 금리와 금융채 발행금리 등을 자유화하고 통안채 발행금리를 시장금리에 연동시켰다. 이 정부는 1980년대 중반까지 금융자율화의 일환으로 일부나마 금리자유화를 추진하였으나, 여건의 미성숙으로 큰 진전을 보지 못하였다. 노태우 정부가 1988년 12월에는 처음으로 금리자유화 자체를 전면적으로 추진하기 위해 금리에 대한 규제를 대폭적으로 완화하고자 하였다.

1988년 12월에 발표된 금리자유화 조치의 주요 내용은 다음과 같다. 첫째, 여신금리 중에서 특정 정책금리나 한국은행 지원 대출을 제외한 금리를 자유화하였다. 둘째, 도입 초기에 나타날 과도한 금리변동을 줄이기 위해 프라임레이트제도를 도입하였다. 셋째, 수신금리의 전면자유화 대신에 예치기관별·금융기관별 금리격차를 줄이는 것에 그쳤다. 자유화 대상은 장기 수신금리, 만기 2년 이상 정기예금 금리로 한정하였다. 셋째, 사실상 행정규제를 받았던 신종기업어음(CP), 회사채, 금융채, 양도성예금(CD) 등 시장성금융상품과 금전신탁, BMF, 수익증권 등 실적배당 금융상품의 금리를 실질적으로 자유화하였다. 그러나 이러한 금리자유화 조치는 1989년 초반 이후 물가불안으로 금리가 급격히 상승하는 등 부작용이 심화됨에 따라 창구지도에 의한 금리규제가 재개되어 금리자유화 조치는 실효성을 가지지 못하였다.[14]

1990년대 들어 금융개방에 대응하여 금융산업의 경쟁력을 높이고 자금배분의 효율성을 높이기 위해서는 금리의 가격 기능을 강화할 필요성이 증대되어 금리자유화를 제대로 추진하고자 하였다. 그 내용은 [표 23-4]에서 제시된 것과 같다.

노태우 정부는 1991년 8월 일부 단기 수신금리를 제외한 모든 금리를 1996년까지 자유화하는 것을 주요 내용으로 하는 「금리자유화 추진계획」을 발표하였다.[15] 1991년 11월부터 시행된 1단계 조치에서는 당좌대출, 상업어음, 무역어음, 기업어음 여신금리가 자유화되고 3년 이상 정기예금, 거액 CD, RP 수신금리가 자유화되었다. 1993년 11월 2단계 조치에서는 정책자금을 제외한 모든 여신금리가 자유화되고 2년 이상 수신금리가 자유화되었다. 1994년에 들어 3단계 조치가 앞당겨 실시되고 1995년에는 3단계 잔여부분이 실시되어 이 계획이 모두 실행되었지만 요구불예금 등 일부 수신금리는 제외되었다.

14 한국은행(2000), 『한국은행50년사』, pp. 497~498.
15 한국은행(2010), 『한국은행60년사』, pp. 428~429.

[표 23-4] 1990년대 금리자유화 추진내용

단계	여신금리	수신금리	채권금리
1단계 (1991. 11)	단기 여신금리	3년 이상 장기 수신금리 단기 거액 시장성 수신상품 (CD, RP) 금리	2년 이상 회사채 금리
2단계 (1993. 11)	재정지원 및 한은 재할인 대상 대출을 제외한 모든 여신금리	2년 이상 수신상품 금리	2년 미만 회사채 금융채 및 국공채 금리
3단계 (1994. 7~1995. 11)	한은 총액한도대출 관련 여신금리	요구불예금 및 3개월 저축성 예금을 제외한 수신상품 금리	
4단계 일부 (1997. 7)	단기 여신금리	7일 이상 3개월 미만 저축성 예금 금리	

자료: 한국은행(1999), 『우리나라의 금융제도』, p. 13.

3. 금융시장의 개방

1) 금융시장의 단계적 개방

1980년대 들어 한국의 금융산업 낙후가 경제성장을 제약하는 요인이 되었다는 평가가 확산되고 있었다. 그 근거는 국내 금융기관에 대한 규제와 보호가 지나치다는 것이었다. 또한 우리나라의 무역의존도가 점점 높아지고 선진국의 금융시장 개방 압력도 높아지고 있었다. 이에 따라 전두환 정부는 1981년 1월 「자본시장 국제화 장기계획」을 처음 발표하였다. 이 계획에 따르면, 개방은 단계적으로 진행하되 1990년대 전반기에 완성하는 것으로 되어 있었다. 즉, 자본시장 자유화는 1단계(1984년 이전): 국제투자신탁의 제한적 허용, 2단계(1985): 외국인 직접투자의 제한적 허용, 3단계(1980년대 후반): 외국인 투자의 본격적 허용, 국내 증권의 해외 발행 추진, 4단계(1990년대 전반): 완전한 자본자유화 등으로 구분되어 추진하기로 되어 있었다.[16]

한국 경제가 1982년 이후 물가안정으로 금융자산 수요가 증대하고 1986년 이후 경상수지 흑자로 전환됨에 따라 흑자에 따른 통화관리 문제가 나타났고 금융시장의 개방 압력도 높아졌다. 1988년 11월에는 우리나라가 IMF 8조국으로 이행함에 따라 경상거래 지급 제한을 금지하거나 차별적 통화협약을 체결할 수 없게 되었다. 노태우 정부는 1988년 12월에 「자본시장 국제화 단계적 확대 추진계획」을 발표하여 1989년 외국인 투자펀드를 확대하고, 1990년 해외 증권 발행규제를 완화하고 1991년 외국인의 국내 증권 직접투자를 제한적으로 허용하고 외국 증권회사의 국내 지점 설치를 허용하기로 하였다.

2) 외환자유화

우리나라는 1980년 2월 환율제도를 종전의 고정환율제도에서 주요국 통화시세에 연동시키는 복수통화바스켓페그제로 변경하고, 외국투자전용회사를 통한 외국인의 국내 증권투자를 허용하여 국내 자본시장을 개방하였다. 1990년 3월 환율이 기본적으로 외환시장에서의 수급에 의해 결정되도록 하되 일일 변동제한 폭을 설정한 시장평균환율제를 도입하였다. 우리나라가 환율의 일일 제한 폭을 폐지하고 완전히 변동환율제로 이행한 것은 외환위기 직후인 1997년 12월이었다.

우리나라는 1992년 1월에 외국인이 국내 상장주식을 직접 취득할 수 있도록 허용하였으며, 9월에는 경상거래에 대한 규제를 종전의 '원칙규제 · 예외허용 체계'(positive system)에서 '원칙자유 · 예외규제 체계'(negative system)로 개편함으로써 IMF 8조국 의무를 이행하기 시작하였다. 이어 1993년 10월부터는 비거주자자유원계정을 신설하여 이를 통한 경상 및 재보험거래 대금의 원화결제를 허용하였다. 김영삼 정부는 1994년 12월에 외환거래의 전면적 자유화 및 선진화의 추진과 외환의 원칙적 자유와 사후관리

16 한국증권거래소(1980), 『한국증권거래소삼십년사』, pp. 277-279.

체제로의 전환을 주요 내용으로 「외환제도 개혁계획」을 발표하고, 1995년 2월 해외 예금 및 신용공여를 허용하였다. 1996년 6월에는 경상대외거래의 지급·영수에 대해 외국환은행 신고제를 도입하는 한편, 외국환은행의 설치와 업무를 자유화하고, 1996년 12월에는 OECD에 가입하였다.[17]

3) 자본시장 개방

우리나라의 자본시장 개방은 1981년 1월에 발표된 「자본시장 국제화 장기계획」으로 시작되었다. 자본시장 국제화계획의 1단계(1981~1984년)는 증권기관의 수용태세 정비를 목표로 외국 증권회사의 국내 진출을 상호주의 원칙하에 허용하고 외국인의 간접적 증권취득을 제한적으로 허용하기로 하였다. 제2단계(1980년대 중반)에서는 외국인의 직접 증권취득을 제한적으로 허용하고, 제3단계(1980년대 후반)에서는 외국인의 증권투자 자유화 폭을 확대하여 자본유입의 완전자유화를 실현하며 국내 기업의 해외증권 발행도 자유화하기로 하였다. 제4단계인 1990년대 전반에는 내외국인의 자본거래 완전자유화 및 증권업 영업 완전허용을 추진하기로 하였다.

자본시장 국제화계획의 실행 과정에서 1단계의 수용태세 정비는 제3단계로 미루어졌으나, 국내 기업의 외화 표시 채권 발행은 실행에 옮겨졌다. 그러나 2단계 추진 예정이었던 외국인의 직접 증권 취득의 부분적 허용은 실행되지 않았고, 3단계 자유화 계획도 국내 기업의 외화 표시 채권 발행 허용을 제외하고는 지연되었다.

1988년 12월에 수립된 「자본시장 국제화의 단계적 확대 추진계획」은 [표 23-5]에서 보듯이 자본시장의 지속적 개방, 기업금융의 국제화, 자본시장 개방의 단계별 확대를 목표로 수립되었다. 동 계획은 자본시장 개방에 따른 충격의 최소화, 연차별 개발일정의 사전 예고, 대외개방에 발맞춘 대외진출의 적극화 등 자본시장 국제화를 실현시킬

17 한국은행(2007), 『우리나라의 외환거래제도』, p. 6.

[표 23-5] 자본시장 국제화의 단계적 확대 추진계획(1988)

기간	대내개방	대외진출
1989	• 자본시장 개방 - 외국인 투자펀드 등의 확대 - 해외 증권 발행제한 완화와 종류 다양화	• 해외 증권투자 - 해외 증권투자 펀드의 신설 운용 - 해외 증권투자기관의 범위 확대 - 기관투자가의 해외 투자한도 확대
	• 증권산업 개방 - 외국 증권사의 기존 국내 증권사에 대한 지분참여 범위 확대	• 증권산업의 대외진출 - 국내 증권사의 해외 사무소 추가설치 허용 - 국내 증권사의 국제 업무 허용 확대
1990	• 자본시장 개방 - 국내외 혼합펀드를 설정하여 내외국인에게 판매 - 해외 증권 발행의 지속적 확대	• 해외 증권투자 - 일반법인의 제한적 해외 증권투자 허용 - 기관투자가의 외화보유 한도 철폐 - 해외 증권투자 펀드의 다양화
	• 증권산업 개방 - 1991년 외국 증권사 국내 지점 설치 신규 합작 증권사 설립 대비, 1990년까지 허가 기준 마련	
1991	• 자본시장 개방 - 부분적 외국인 직접증권투자 허용	• 해외 증권투자 - 일반법인의 해외 증권투자 제한 완화
	• 증권산업 개방 - 외국 증권사의 국내 지점 설치 허용 - 신규 합작 증권사 설립 허용	• 증권산업의 대외진출 - 국내 증권사의 해외 지점 및 합작증권회사 설치 허용
1992	• 자본시장 개방 - 일반 외국인의 직접증권투자 허용	
	• 증권산업 개방 - 외국 증권사의 국내 지점 설치 허용 - 신규 합작 증권사의 설립 허용	

자료: 한국개발연구원(1995), 『한국경제반세기 정책자료집』, pp. 511~514.

수 있는 다양한 방안이 포함되어 있었다.

노태우 정부가 1988년에 발표한 「자본시장 국제화와 단계적 확대 추진계획」에도 불구하고 여전히 자본자유화에 대하여 통제장치를 가지려는 입장에서는 변함이 없었다. 하지만 미국 등 선진국은 한미금융정책협의회 및 우루과이라운드 금융협상 등을 통하여 금융시장 개방을 강력히 요구하였다. 특히, 미국은 1980년대 후반 일본과 금융

[표 23-6] 1990년대 금융자유화 관련 주요 정책

기간	정책	주요 내용
1992. 3. 26	주식시장 개방 추진방안	• 1992년부터 종목당 투자한도 확대(10%) • 1인당 투자한도 확대(3%) • 외국인 거래소 회원, 외국인 범위 확대
1992. 3. 26	1단계 금융자율화 및 개방계획	• 외국 은행 국내 지점 금융결제원 가입 • 금융감독규정 명료화 • 환율변동 확대 • 외환거래 시 실수요 증빙 완화
1993. 6. 30	2단계 금융자율화 및 개방계획	• 10만 달러 이하 원화 표시 결제 허용 • 선물환 허용범위 확대 • 외국환은행 외환포지션관리 완화 • 기관투자가 해외 증권투자한도 확대
1994. 10. 13	3단계 금융자율화 및 개방계획	• 금리자유화, 통화관리 방식 개선, 여신제도 개편, 단기 금융시장 발전, 외환 및 자본거래 자유화 1997년 말까지 단계적으로 추진
1996. 10. 11	자본시장 자유화 방안	• 외국 기업 국내 주식 발행 및 상장 허용 • 국제금융기구의 원화채권 발행 확대 • 1996년 중 IBRD EBRD 국내 원화채권 발행 허용

자료: 한국은행(2000), 『한국의 금융·경제연표』.

협상을 할 때 개별 금융현안 해결방식에서 구조조정협의로 전환한 경험을 살려 한국과의 협상에서는 처음부터 전반적이고 구조적인 자율화와 개방을 강력히 요구하였다. 1991년 9월 이후 3차례에 걸쳐 개최된 한미금융협상 한미금융정책회의의 결과, 우리나라 정부는 1992년 3월에 '3단계 금융자율화 및 개방계획'(Blueprint)의 수립을 위한 작업일정을 발표하였다. 뒤이어 [표 23-6]에서 보는 바와 같이 금융의 자율화 및 개방을 가속하는 계획이나 방안을 연이어 발표하고 추진하였다.

우리나라 정부는 외국인의 직접투자에 대해서는 1984년 7월 투자허용 업종을 네거티브 시스템으로 전환하면서 투자업종 허용 폭을 지속적으로 늘려 나갔다. 1991년 3월에는 투자 자유화 대상인 제조업으로서 외국인 지분이 50% 이하에 대해서는 신고제로 전환하고, 1994년 12월에는 외국인 직접투자가 국제규범과 같도록 「외자도입법」

을 「외국인 투자 및 외자도입에 관한 법률」로 변경하여 1997년 2월부터 시행하도록 하였다.

외국인 주식투자는 1980년대 초반부터 간접적인 방식으로 허용되었다. 외국인 전용 수익증권인 코리어 인터내셔널펀드가 1981년에 설정되고 코리어 펀드는 1984년에 창설되었다. 1992년 1월부터는 제한적이지만 외국인의 직접투자가 허용되었고 점차 종목과 한도가 늘어났다. 외국인 채권투자는 1994년 6월 처음 허용되었는데 종목당 30% 이내, 1인당 5% 이내에서 중소기업 전환사채 및 일부 국공채로 그 대상이 제한되었다. 1995년부터는 채권형 외국인 전용수익증권이 발매되었다.

4. 금융자유화의 수준과 한계

1) 1980년대 금융자유화 수준과 한계

우리나라 정부가 1980년대 이후 취하였던 은행의 민영화 및 경영자율화, 금융산업의 진입장애 완화, 금융 업무에 대한 규제 완화 등은 금융시장의 활성화에 큰 영향을 줄 수 있는 것이었다. 그러나 정부는 금융자율화에 필요한 제도적 기반은 물론 거시경제 조건을 확보하지 못한 가운데 금융자율화를 시작하였다. 그렇기 때문에 금융자율화 조치는 부분적이고 점진적이고 경우에 따라 일관성을 잃을 수밖에 없었다.

은행의 민영화는 이루어졌지만, 은행의 경영자율화는 계속 제약되고 있었다. 정부가 시중은행을 민영화하였음에도 불구하고 은행 경영의 자율화에서 핵심이 되는 은행장 선임 및 임원 결정에 개입하고 있었다.[18] 정부는 은행의 공공성을 확보한다는 명분하에 은행장 선임에 개입하고 있을 뿐 아니라 동일인 소유지분한도 및 의결권 제

18 임원의 선임권은 주주총회에 있으나, 은행장의 경우 현실적으로 감독당국과 사전협의를 하는 것이 관행으로 되어 있다. 이 은행장이 실질적인 의사결정기구인 이사회 이사의 선임이나 보직 결정에 주도적인 영향력을 행사하고 있다(금융발전심의회 금융제도개편소위(1993), 『금융제도개편연구, 각론』, pp. 7~9).

한을 시행함으로써 은행은 경영의 자율성을 확보하지 못해 책임 경영을 할 수 없는 상태에 있었다. 그러나 비은행 금융기관 중에서 개발기관 등 정책금융기관을 제외한 일반금융기관은 은행 금융기관에 비해 규제가 적어 상대적으로 높은 수준의 경영자율성을 보장받고 있었다.

그런데 정부가 추천할 은행장이 과연 누구, 어떠한 기준에 의해 추천되며 권한과 책임이 무엇인가가 분명하지 않았다. 이들이 정부가 요구하는 공공성과 안전성을 유지하기 위해 노력하였지만, 주주, 예금자 등의 요구를 과연 수용하고 있는가도 분명하지 않았다. 따라서 은행장이라는 대리인이 자발적으로 인원감축, 경비절감 등을 통해 경영합리화를 도모하고 책임 경영을 수행할 것이라고 기대하기는 어려웠다. 그리고 이러한 은행장에 대한 통제는 정부에 일임되어 있어 은행의 부실 경영은 결국 정부의 책임이 되기 마련이었다. 은행의 부실 경영에 대한 책임이 불분명하다는 문제가 있었다.

금융기관의 신설과 증설은 금융산업의 진입장애를 완화하고 금융기관 간의 경쟁을 촉진하는 것에 기여할 수 있지만, 금융산업 진입에 대한 규제도 금융산업이 가지고 있는 공공성 때문에 합리화되었다. 따라서 우리나라 정부는 금융시장의 공정한 경쟁 여건을 마련하고 금융제도의 안정성을 확보하는 것에 도움이 되도록 진입·퇴출정책을 시행해야만 하였다. 그렇지만 정부가 행정적 편의와 자의적 기준에 따라 진입을 지나치게 허용한 결과, 금융기관은 급속히 증가하면서 금융기관 간의 과당경쟁 및 영세화를 통해 금융제도의 건전성을 낮추는 부작용을 가져왔던 것이다. 이러한 영세 금융기관의 증가는 흡수·합병·증자·내부유보 등을 통한 금융기관의 규모를 대형화하여 경쟁력을 높이고 있는 선진국의 금융개편의 일반적 흐름[19]과는 다른 것이었다.

전두환 정부는 시중은행의 민영화 과정에서 은행이 대기업의 사금고가 되는 것을 방지하기 위해 1982년 12월 「은행법」 개정을 통해 동일인의 시중은행 주식 소유한도를 8%로 제한하였다. 금융기관의 신설과 증설 과정에서 재벌의 적극적인 진출로 금융

19 최범수·이형주(1995), 『국제화시대의 금융제도: 선진국 제도개혁의 이론과 과제』, 한국개발연구원, pp. 31~35.

기관의 재벌의 사금고화라는 문제가 새로이 부각되었다. 정부는 은행의 특정 재벌 사금고화를 방지하기 위해 시중은행 8%, 지방은행 15%라는 지분한도는 물론 동일한 대출한도를 설정하였다. 재벌집단 시중은행의 지분은 1986년 기준으로 18.5~45.2%에 이르는 등 과점 현상이 나타났다.[20] 재벌의 지방은행, 투자금융, 증권회사, 생명보험회사, 손해보험회사에 대한 금융 지배는 매우 우려할 수준에 이르렀다. 1986년 기준으로 30대 재벌의 금융기관별 누적점유율이 지방은행 52.9%, 투자금융 40.7%, 종합금융 18.5%, 상호신용금고 5.69%, 증권회사 51.0%, 생명보험회사 60.6%, 손해보험회사 62.7%에 달하였다.[21]

노태우 정부는 1992년 5월 친인척 위주로 되어 있던 동일인의 포괄범위를 확대하여 주주 1인이 「독점규제 및 공정거래에 관한 법률」에 의해 지정된 대규모 기업 집단을 지배하는 자인 경우에는 그가 지배하는 대규모 기업 집단 소속 기업체를 동일인의 범주에 추가하고 소유규제가 없었던 지방은행 주식의 동일인 소유한도를 15%로 규제하였다. 김영삼 정부는 산업자본의 은행 지배를 방지하고 은행의 책임 경영 체제를 확립하기 위해 금융전업기업가제도를 1994년 12월에 도입하였다. 금융전업기업가에 대해서는 은행주식을 12%까지 소유할 수 있도록 허용하였으나 금융전업기업가 이외의 동일인 주식 소유한도는 8%에서 4%로 조정하였다. 1997년 1월에는 금융전업기업가에 대한 은행주식 소유제한을 완화하여 은행감독원장이 승인하는 한도까지 소유할 수 있도록 하였다.

신금융상품의 도입은 금융서비스의 실을 높이고, 금융권별 균형적 성장에 적지 않게 기여하고, 업종이 다른 금융기관 간의 경쟁을 촉진함으로써 금융시장의 효율성을 증대시킬 수 있다. 그러나 금융기관 간의 업무상 상호 진출에 의한 겸업화에서는 큰 진보가 없었다. 한국의 금융기관은 원래 단종업종에서 출발하였고, 겸업화의 원칙이나 이종업종 진출방식이 정해지지 않았다. 사실 한국의 금융기관은 상호 진입방식

20 조흥은행 23.4%, 상업은행 18.5%, 한일은행 30.5%, 제일은행 45.4%, 서울신탁은행 38.2%(『동아일보』, 1986. 5. 9).
21 정병휴·양영식(1992), p. 76.

및 업종별 자회사 설립방식에 의해 다른 업종에 진출하고 있으나 그것은 업무다각화 과정보다는 부실기업의 정책적 인수, 공동출자 과정에 이루어져 모·자회사 간의 관계조차도 먼 것이 현실이었다.[22] 따라서 한국의 금융기관은 선진국에서 이루어지고 있는 은행의 업무다각화 업적[23]에 비추어 볼 때 부진을 면치 못하고 있었기 때문에 당시에는 금융전업기업군의 육성은 물론 논의조차도 생각하지 못하였다.

우리나라 정부는 경제안정을 해치고 일반은행의 부실 경영을 초래하고 기업의 재무구조를 악화시켰던 개발 위주의 정책금융 체계를 재량에서 준칙으로 바꾸어 운용하고 정책금융 금리를 다른 일반대출 금리에 점차 근접시켜 감으로써 정책금융의 비효율성을 줄이는 데에는 어느 정도 성공하였다. 그러나 아직도 정부가 정책금융을 주요 정책수단으로 삼고 있다는 것은 정책금융 대출의 비중이 계속 50%를 훨씬 넘어서고 있는 것에서 알 수 있다.[24] 그리고 정부는 여신규제의 중심축으로 이루고 있는 대기업 여신관리제도와 중소기업 금융지원제도를 실효성 있게 운용하지 못함으로써 여신규제의 의의를 제대로 살리지도 못한다는 평가를 받고 있었다.[25]

금리자유화는 가격 기능에 의한 자금배분 효율성의 제고, 금리의 경기조절수단화, 금융산업의 가격경쟁력 강화, 공정경쟁 여건의 확보 및 통화신용정책의 효율성 제고 등을 통해 금융시장의 활성화에 적지 않게 기여할 수 있다.[26] 그런데 시장금리의 결정기구가 확립되어 있지 않고 통안채 할당과 같은 자금운용 및 조달에서 종래의 규제가 남아 있어 긍정적 효과나 부정적 효과 모두 크게 나타나고 있지는 않았다. 그리고 여신금리가 먼저 자유화되어 금리자유화로 인한 금융기관의 수지 악화가 큰 문제로 나타나지 않고 있었으나, 금리자유화가 전면적으로 실시되고 시간이 가면 자금이동성의 증가, 금융기관의 수지 악화, 단기 자금의 증가 등 금융제도의 불안정성을 초래할 요인이 현실화될 수 있었다. 그럼에도 불구하고 이에 대한 대책으로는 예금자 보

22 안종길(1995), 『금융환경 변화와 은행·기업간 관계의 발전방향』, 조세연구원, pp. 192~196.
23 앞의 책, pp. 24~46.
24 한국금융연구원(1993), 『금융제도개편연구: 총론』, pp. 96~98.
25 앞의 책, pp. 119~120, 130~132.
26 한국개발원구원, 금융경제실(1991), 『금리자유화 추진방안』, pp. 27~50.

호를 위한 신용관리기금의 도입 외에는 별다른 대책이 없었다는 것도 문제점이었다.

한국의 금융개방은 외국 금융기관의 진출과 함께 점진적으로 진행되어 1980년대 말에 이르면 외국 은행 지점이 확대되고 보험·증권회사의 진출도 확대되었다. 외국 금융기관이 지점의 영업범위를 점차 확대하는 방식으로 금융시장 개방을 확대시키고 있었다. 앞서 검토된 바와 같이 증권투자를 주축으로 하는 자본자유화는 1980년대 이래 꾸준히 추진되었지만 국제수지와 같은 거시경제 조건을 고려하여 단계적이고 점진적으로 추진되어 왔다. 특히, 한국 경제가 경상수지 흑자를 경험하였던 1980년대 후반에 단계적인 자본시장 개방계획을 앞당겨 자본자유화가 시작되었으나 증권의 간접투자만 허용되었고 외국인의 직접투자는 1990년대에 접어들어서야 허용되었다.

2) 1990년대 금융자유화의 수준과 한계

금융자유화란 금리자유화, 자금운용 및 자금조달에 대한 규제 완화, 업무 영역 규제 완화, 내부 경영에 대한 규제 완화, 금융기관 소유 규제 완화 등을 포함하는 금융자율화는 물론이고 외국 금융산업 국내 진출 허용, 자본·외환거래에 대한 규제 완화 등을 포함하는 금융개방까지 포괄하는 것이었다. 이러한 금융자유화는 1980년대 초부터 주요 선진국에서 시작되어 1990년대에는 개발도상국까지 확산되고 있는 세계적인 추세이었는데, 대규모 자본의 자유로운 이동으로 인한 금융의 세계화와 함께 금융 불안정을 초래할 수도 있다는 우려가 있었다.

우리나라에서 금융자유화가 1980년대에는 상대적으로 지체되었던 것은 정부, 기업, 금융기관이 금융자유화로 인한 금융질서의 변화를 수용하는 것이 어려웠기 때문이었다. 즉, 정부당국자는 거시경제의 불안정과 금융안정 수단의 미비나 산업정책 수단의 상실을 우려하여 그 대안이 어느 정도 마련될 때까지 단계적이고 점진적인 금융자유화를 추진하고자 하였다. 정책금융에 의존하던 기업은 금융비용 상승이나 재무구조의 악화, 금융 지원제도의 약화를 우려하여, 그리고 금융기관은 과도한 경쟁에 의한 자금조달비용의 상승과 영업 기반의 잠식을 우려하여 금융자유화에 소극적인 태도를 보이고 있었던 것이다.

금융자유화의 주요 부분인 금융자율화는 이미 1980년대부터 시작되어 상당 수준 진전되었지만 아직은 불완전한 것이었다. 정부가 앞서 시중은행을 민영화하였지만 은행의 사금고화를 우려하여 소유에 제한을 가하고 정책적 이유로 자율적 경영에도 많은 제약을 잔존시키고 있었다. 중소기업 의무대출 비율 등 일반금융기관의 정책적 기능도 상당 부분 유지되고 있었다. 그리고 정부가 금융기관의 신설과 전환을 허용하면서 진입장벽을 낮추었지만 금융기관 간의 경쟁을 위한 업무 영역 규제 완화는 제한적이었고, 금융자율화의 핵심적인 조치인 금리자유화를 1988년 12월 대폭적으로 확대하고자 하였지만 부작용이 나타나자 곧 중단하였다. 1990년대에 들어서야 단계적으로 추진되었으나 그 효과는 잘 보이지 않았다.

1990년대 금융자율화는 금리자유화에서 상당한 진전이 있었으나 1990년대 중반까지는 금융산업의 경영과 관련되는 주요 사항에 관해서 아직도 진행 중이었다.[27] 즉, 정부는 금리자유화계획을 1991년부터 단계적으로 실시하여 요구불예금 등 일부 예금금리를 제외한 모든 금리가 자유화되었다. 그렇지만 정부는 산업정책상 요구나 통화관리, 금리안정 등을 이유로 대출 및 투자 등 자금운용에 대한 대부분의 규제를 잔존시키고 있었고, 금융산업의 안정을 이유로 업무 영역, 점포설치에 대한 규제도 크게 완화시키지 못하였다. 그리고 정부는 은행을 주요 정책기관으로 간주하여 은행의 자율적인 책임 경영은 그 기반을 마련하지 못하였다.

그럼에도 불구하고 우리나라는 1996년 OECD 가입과 함께 금융 부문, 경상무역외거래, 자본거래, 외환거래 등 금융개방과 관련한 구체적인 일정의 추진[28]을 약속함에 따라 금융개방은 비록 점진적이고 단계적이지만 이전과 비교가 되지 않을 만큼 가속적으로 추진하지 않으면 안 될 상황에 처하게 되었다.

27 강문수 · 최범수 · 나동민(1996), 『금융의 효율성 제고와 금융규제의 완화』, 한국개발연구원, pp. 62~92.

28 대외경제정책연구원(1996), 『OECD가입의 분야별 평가와 과제』, 4. 보험, 5. 금융, 6. 자본이동 및 경상무역외 거래, 7. 국제투자 및 다국적기업 등에서 그 주요 내용을 참조.

[표 23-7] OECD 회원국 중 유보율 상위 국가의 유보항목 및 유보율

(단위: %)

유보항목 (총 91항목)	OECD 평균	이탈리아	독일	일본	프랑스	미국	벨기에	포르투갈	호주	터키	멕시코	한국
재유보 불가(53)		7	6	6	7	8	7	12	6	12	15	16
재유보 가능(38)		0	2	2	2	2	4	1	8	4	12	25
유보율(%)	8.2	7.7	8.8	8.8	9.9	11.0	8.8	8.8	15.4	17.6	29.7	45.1

자료: 한국은행(1997), 『경제분석』, 제3권 제3호, p. 135.

김영삼 정부는 외환위기 이전까지 추진한 금융자유화는 다른 OECD 국가와 비교하면 상대적으로 낮은 수준에 있다고 파악하고 있었다.[29] 한국은 경상무역외거래 10개 항목, 자본이동 41개 항목을 유보하고 있고 유보율은 각각 22%, 45%인 반면에 OECD 국가 평균은 경상무역외거래 7개 항목, 자본이동 10개 항목을 유보하고 있어 유보율은 각각 18%, 11%이고, 전체적으로 OECD 평균은 11%이지만 한국은 44%이다.[30] 한국의 경우, 특히 자본이동과 관련된 부분에서 자유화가 지연되고 있는데, [표 23-7]에서 보듯이 가장 자유화가 늦은 멕시코보다도 더 늦었다. 우리나라는 자본이동과 관련하여 다른 OECD 국가에 비해 많은 항목을 유보하고 있기 때문에 앞으로 이 분야에서 집중적으로 개방압력을 받을 것으로 예상하고 있었다.[31]

우리나라는 OECD에 가입한 지 얼마 되지 않아 자본자유화 정도가 낮은 것은 사실이지만 자본자유화를 통해 영향은 적지 않았다. 일반적으로 금융자유화 부작용의 대부분은 기본적으로 자본의 급속한 유입에서 비롯되었지만 유입된 자본이 급속히 유출될 경우에도 부작용이 매우 크다는 것은 외환위기 연구에서 잘 알려져 있었다. 우리나라 정부는 자본시장을 단계적으로 개방하여 오면서 자본의 급속한 유입에 따른 부

29 OECD 분류방식에 따르면 금융기관의 시장에서 영업 활동의 능력에 영향을 미치는 금리, 여신 및 투자 및 외환자본거래 규제 등의 '제1군 규제'와 금융기관의 업무 영역 및 시장접근에 영향을 미치는 업무 영역 규제, 금융기관 소유 규제, 외국 금융기관 진입 규제 등의 '제2군 규제'가 있다. OECD 회원국은 '제1군 규제'는 거의 완화하였으며 '제2군 규제'는 많이 남겨 두었으나 외국 금융기관 진입 규제만은 상당한 정도까지 완화하였다(강문수·최범수·나동민(1996), p. 12).

30 대외경제정책연구원(1996), p. 176.

31 여기서 재유보가 불가능한 항목, 이른바 리스트 A에 대해서는 OECD 국가들도 유보하고 있었다. 이 점은 한국도 금융자유화가 불가피하더라도 재유보기 불기능한 항목에 대해서는 매우 신중할 필요가 있다는 점을 시사하고 있었다.

[표 23-8] 무역총액 및 국내총생산 대비 외국인 증권투자자금 유출입 비중(1990~1995)

(단위: %)

	외국인 증권투자 유출입/무역거래액							외국인 증권투자 유출입/국내총생산						
	90	91	92	93	94	95	평균	90	91	92	93	94	95	평균
한국	0.3	2.0	3.7	6.6	3.8	4.6	4.6	0.1	1.0	1.9	3.2	1.9	2.5	2.4
미국	3.7	10.9	11.1	23.4	12.1	21.5	13.8	0.6	1.7	1.8	3.9	2.1	3.9	2.9
일본	15.2	39.9	7.9	12.5	24.8	19.3	19.9	2.8	6.6	1.2	1.7	3.4	2.8	3.1
영국	15.4	18.4	18.8	45.1	19.8	25.7	23.9	6.2	6.4	9.3	21.5	9.9	15.2	11.5
멕시코	13.0	14.4	17.7	25.1	6.3	7.1	14.0	4.3	4.6	5.8	8.0	2.3	4.3	4.9
태국	0.1	0.1	1.4	7.1	2.7		2.3	0.0	0.1	0.8	4.4	1.7		1.4

자료: 한국은행(1997), 『경제분석』, 제3권 제3호, p. 92.

작용에 나름대로 대응책을 세웠지만 자본의 급속한 유출의 부작용에 대한 별도의 대비책은 사실상 거의 없었다.[32] 우리나라 정부는 자본자유화나 외환자유화의 필요성을 느끼면서 단계적이고 점진적인 자본자유화를 통해 자본의 급속한 유입을 저지하고자 하였지만 그 영향은 없을 수 없었다.

[표 23-8]에 제시된 [외국인 증권투자 유입액]/[무역거래액]의 비율 또는 [외국인 증권투자 순유입액]/[국내총생산]의 비율의 증가에서 보듯이 한국의 자본시장의 개방으로 외국 증권 투자자금의 순유입의 지속적인 증가가 있었다. 외국인 증권투자, 이른바 포트폴리오 자금 순유입의 무역총액(수출액+수입액)에 대한 비율은 OECD에 가입한 다른 국가, 예를 들어 영국, 미국, 일본, 멕시코에 비해 낮은 수준에 있기 때문에 한국의 무역의존도가 높은 것을 감안하면 큰 무리가 없는 것으로 보였다. 그러나 이 자금의 순유입이 국내 경제에 미칠 영향을 나타내고 있는 국내총생산에 대한 비율은 미국과 일본에 비해 크게 낮은 것은 아니었다.

32 김태준(1997), 「OECD 가입과 단계적 자본거래 자유화 방안」, 『경제분석』, 3-1, 한국은행.

제24장 경제정책의 전환과 정책금융의 재편

5000
10000

1. 경제정책 목표와 운용방식의 전환

1979년에 발생한 제2차 석유파동 등으로 석유를 비롯한 원자재가격은 폭등하고 선진국 경기까지 침체되었다. 대외경제 여건의 악화로 국제수지가 악화되면서 외채가 증가하고 [그림 24-1]에서 보듯이 국내적으로 인플레이션 압력이 가중되어 경기침체, 물가폭등, 경상수지 악화라는 거시경제의 불안정이 중첩되어 나타났다. 1980년에는 실질경제성장률이 -1.6%로 처음으로 마이너스(-) 성장을 기록하였고 소비자물가 상승률은 28.7%로 매우 높았으며, 경상수지 적자가 국내총생산 대비 10.6%에 달하는 등 한국의 거시경제는 총체적으로 난맥상을 보여 주고 있었다.

10·26 사태로 등장한 최규하 과도정부는 지속되는 정치적 혼란 속에서 경제적 불안정을 줄이고자 하였다. 이 정부는 1980년 1월 「종합경제대책」을 처음으로 발표하였는데, 이 대책에는 ① 환율 및 금리 인상, ② 정부미 방출, 주택투기 억제, ③ 대외개방 확대 및 외국인 합작투자 촉진, ④ 중소기업 외화대출 지원, 중소기업 구매 확대 등과

[그림 24-1] 1980년대 전후의 주요 거시경제 지표(1975~1997)

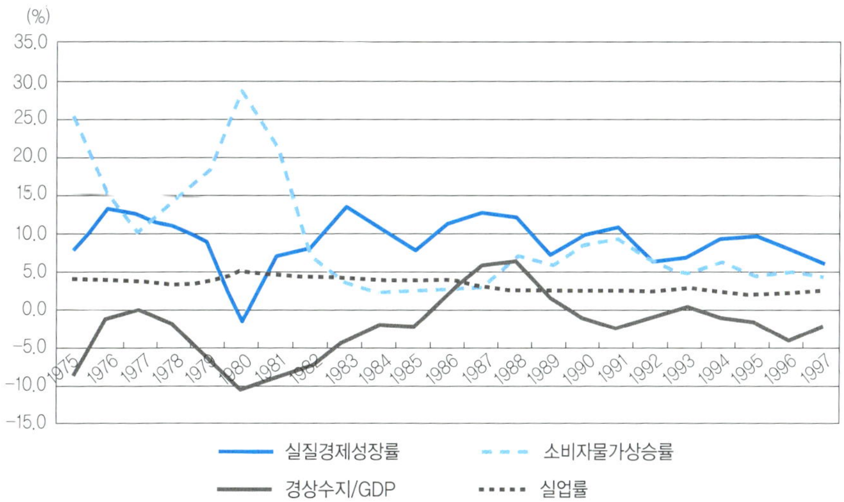

자료: 한국은행, 『경제통계연보』 및 경제통계시스템.

응급대책 등이 주로 포함되었다.[1] 이 조치에 따라 재무부는 환율제도를 단일변동환율제에서 소폭의 환율변동을 허용하되 여러 통화가치의 변동을 반영하는 복수통화바스켓제도로 변경하였다. 이 정부는 1974년 12월 이후 1달러 = 484원에서 1달러 = 580원으로 대폭 인상하고 수출 증대와 수입 억제를 강화하여 국제수지를 개선하고자 하였다. 그리고 한국은행은 환율인상에 따른 수입물가 인상 및 물가상승 압력을 억제하기 위해 금리를 대폭 인상하였다.[2] 이 정부는 1980년 1분기 마이너스 성장이 나타나자 1980년 6월에 또 다시 「경제종합대책」을 발표하였는데 이것은 물가안정보다는 경기안정과 수출증진에 중점을 둔 조치이었다. 즉, 이 대책에는 ① 서민생활 안정자금 및 주택자금 지원 확대, ② 수출금융 융자단가 인상 및 상업어음 확대, ③ 금리인하 및 통화공급 확대 등이 포함되어 있었다.[3]

이 정부는 8월에는 「제1차 중화학공업투자조정방안」을 확정한 다음 경기부양을 위해, ① 부동산양도소득세 인하, ② 정부 양곡 매입과 방출의 확대, ③ 취로사업 확대를 내용으로 하는 「경제활성화 방안」을 9월에 발표하고 시행하였다. 이 정부는 9월에는, ① 기업 비업무용 부동산 처분, ② 계열기업 정리, ③ 주식회사 감사제도 강화 등을 내용으로 하는 「기업체질강화대책」을 발표하였다. 10월에는 「제2차 중화학공업투자조정방안」을 발표하는 등 경제 구조조정을 서둘렀다. 11월에는, ① 금리인하 및 기업자금 공급 확대, ② 특별소비세 인하, ③ 기업토지 매입 등을 주요 내용으로 하는 「종합경기활성화대책」을 연이어 발표하였다. 12월에는 「독점규제 및 공정거래법」을 제정하고 시장에서 경쟁을 강화하는 정책에도 시동을 걸었다. 이 정부는 1980년에는 중화학공업 구조조정과 독점규제라는 새로운 정책을 제외하면 경기부양을 위한 응급적인 대응에서 더 나아가지 못하였다.

1981년 8월에 이르면 「제5차 경제사회발전5개년계획」(1982~1986)을 발표함으로써

1 한국은행(2000a), 『한국의 금융·경제연표』, p. 310.
2 정기예금 금리는 18.6%에서 25.0%로 일반대출 금리는 19.0%에서 25.0%로 상업대출 금리도 15.0%에서 21.0%로 6% 포인트 정도 인상되었으나 수출지원금융 금리는 3% 포인트만 인상되어 금융기관 금리는 12%, 한국은행 금리는 7%가 되었다.
3 한국은행(2000a), p. 315.

공식화된 전두환 정부의 경제정책 기조가 드러나기 시작하였다. 전두환 정부는 「제5차 경제사회발전5개년계획」에서 "경제안정 기반을 정착시켜 국민생활의 안정과 경쟁력 강화를 통해 국제수지를 개선하고 지속적인 경제성장으로 고용기회를 확대하고 소득을 증대하며, 소득계층 간·지역 간의 균형발전을 통해 국민복지의 증진을 실현하는 것"을 기본 목표로 설정하였다. 이 계획이 경제개발이라는 용어 대신에 경제사회발전이라는 용어를 사용하고 있는 것은 경제개발뿐 아니라 그로 인해 파생된 사회·경제 문제까지 다루겠다는 점을 강조하고 있는 것으로 해석할 수 있다.[4]

「제5차 경제사회발전계획」의 중점시책은 다음과 같이 요약되었다. 첫째, 물가안정책을 최우선에 두고 경제 기반을 다지면서 저축을 증대시킴과 동시에 투자효율을 극대화하고 시장경제 기능을 활성화시킴으로써 능률을 향상시키고 경제체질의 재편을 촉진한다. 둘째, 수출주도 전략을 지속하고 대외개방정책을 적극적으로 추진하며 기술혁신과 신기술개발투자를 촉진하고, 중소기업 및 부품공업을 발전시켜 대내외 시장에서 경쟁력 있는 비교우위산업을 육성함과 동시에 에너지 제약의 극복을 통하여 항구적인 발전 기반을 구축한다. 셋째, 국토의 균형개발과 쾌적한 환경의 조정, 기본적인 수요의 충족 등 사회개발을 적극적으로 추진한다.[5]

이러한 경제사회발전계획은 이전의 경제개발계획과는 많은 차이가 있었다. 첫째, 정부가 민간의 경제 활동에 대해 지시하기보다는 창의적인 노력을 유도하는 방향으로 나아가는, 말하자면 민간 주도 경제운용을 하되 전체적인 방향은 정부가 제시하겠다는 것을 천명하고 있었나. 정부는 징책협의회를 통해 이 계획을 조정하였다. 둘째, 민간 주도의 경제운용을 통한 능률 향상이 있으려면 시장 기능이 활성화되고 경쟁이 촉진되어야 한다는 점을 강조하고 있었다. 셋째, 종래에는 경제성장이 최우선 목표이었는데 물가안정을 더 중시하고 있고 기업 간·지역 간·계층 간 균형도 중시하고 있다는 점이 달랐다. 이러한 정책기조의 변화에도 불구하고 수출경쟁력 강화를 통한 경제

4 강광하(1997), 「경제개발5개년계획」, 『경제논집』 36-1, p. 58.
5 대한민국 정부(1981), 「제5차 경제사회발전계획」(1982~1986).

[표 24-1] 1980년대 이후의 경제계획의 주요 목표치와 실적치

	제5차 경제사회발전계획		제6차 경제사회발전계획		신경제계획	
	목표	실적	목표	실적	목표	실적[1]
	1982~1986		1987~1991		1993~1997	
경제성장률(GNP, %)	7.6	9.8	7.3	10.0	6.9	7.1
투자율(GNP 대비)	31.6	29.4	30.7	34.0	35.8	37.5
국민저축률(GNP 대비)	27.4	27.2	33.2	36.3	35.9	38.6
해외저축률(GNP 대비)	4.2	2.5	-2.5	-2.7		
경상수지(10억 달러)	-4.2	-0.4	5.0	3.6	0.8	-9.7
수출(10억 달러)	37.9	28.1	47.2	61.5	100.9	109.8
수입(10억 달러)	41.1	28.8	41.6	61.1	97.2	116.3

자료: 한국개발연구원(1995), 『한국경제반세기 정책자료집』, pp. 407, 469, 670; 실적치는 한국은행, 경제통계시스템.

성장에 주력하겠다는 정책의지는 변함이 없었다. 1980년대 초반의 거시경제적 상황은 경기침체, 물가상승, 국제수지 악화라는 삼중고에 처해 있었다. 경기침체라는 1980년대 초반의 경제여건을 고려하여 작성한 「경제사회발전5개년계획」은 당초 우려와 달리 성장률이 높아지고 물가가 낮아짐에 따라 1983년 12월 21일 원래 계획과 목표치를 수정하게 되지만 중요한 정책기조는 그대로 유지되었다.

「제5차 경제사회발전계획」이 추진된 1982년부터 1986년간에는 거시경제 여건이 개선되었기 때문에 [표 24-1]에서 보듯이 「제5차 경제사회개발5개년계획」의 주요 실적은 대부분 목표치를 상회하였다. 경제성장률 목표치는 7.6%로 책정되었지만 실제로는 이를 훨씬 웃도는 9.8%의 높은 성장률을 기록하였다. 총투자율, 국민저축률, 해외저축률을 보면 계획치는 각각 31.6%, 27.4%, 4.2%이었지만 실적치는 30.0%, 27.2%, 2.9%를 기록하였다. 총투자율의 실적치(29.4%)는 목표치(31.6%)에 다소 미달하였지만, 해외저축률은 실적치가 목표치보다 낮아져 투자재원의 국내 조달이 거의 실현되었음을 보여 준다. 또한 수출과 수입은 목표치에 미달하였으나, 해외 여건의 호전, 이른바 저

유가, 저달러, 저금리의 '3저 현상'이라는 호재에 힘입어 경상수지 적자도 크게 줄었을 뿐 아니라 1986년에는 경상수지 흑자라는 새로운 거시경제적 상황에 직면하였다.

1980년대 중반이면 경제구조도 복잡·다기해졌고 사회적 이해관계도 분화되어 경제적 능률과 사회적 형평을 동시에 고려해야만 하였다. 전두환 정부는 "능률과 형평을 토대로 한 경제선진화와 국민복지의 증진"이라는 사회·경제적 요구를 담은 「제6차 경제사회발전5개년계획」(1987~1991)을 1986년 9월 발표하였다. 이 계획의 구체적 목표로, ① 경제사회의 제도발전과 질서의 선진화, ② 산업구조의 개편과 기술입국의 실현, ③ 지역사회의 균형발전과 국민복지의 증진을 설정하였다. 주요 시책을 보면, ① 고용기회 확대를 위한 적정성장 지속, ② 물가안정 기조의 지속, ③ 국제수지 흑자기조의 정착과 외채부담의 완화, ④ 산업 구조조성의 촉진과 기술입국의 실현, ⑤ 지역 간 균형발전과 농어촌종합개발, ⑥ 국민복지 증진과 형평 제고, ⑦ 사회경제 질서의 창달과 정부 기능의 재정립 등이 제시되었다. 이 계획은 종래의 경제계획과는 달리 거시경제 운용에 주력하고 있었고 균형발전과 복지를 강조하고 있었다. 특히, 정부의 역할과 관련하여 경제력 집중 완화와 공정거래 강화, 금융자유화, 대외개방 등 경제개발 시대에서 없었던 새로운 정책과제가 제시되었다.

1988년 2월 새로 출범한 노태우 정부는 「제6차 경제사회발전5개년계획」을 10월에 수정하였다. 이러한 수정은 '3저 호황' 효과로 거시경제 지표가 기대 이상으로 양호하고 정치적 민주화에 따른 사회적 요구를 적극 반영할 필요가 있었기 때문이었다. 즉, ① 경제자율화와 공평성 확보, ② 소외계층과 낙후 부문에 대한 중점 지원, ③ 경제의 개방화, 국제화 추진을 주요 시책으로 내세운 경제사회발전계획을 추진하였다.[6] 이 계획의 목표와 실적은 [표 24-1]에서 보는 바와 같이 경상수지를 제외하면 5년 동안의 평균 실적치가 목표치를 상회하고 있었다.

1990년대에 들어오면서 경제의 자율과 개방이라는 시대적 흐름에 비추어 볼 때

6 변형윤(1989), 『한국경제론』, pp. 171~172.

정부 주도의 경제개발계획은 더 이상 필요 없다는 주장이 지배하게 된다. 1992년 2월 출범한 김영삼 정부는 1991년 11월 이미 발표하였던 「제7차 경제사회발전5개년계획」(1992~1996)의 시행을 중단하고 1993년 3월부터 6월까지 「신경제100일계획」[7]을 발표하고 1993-1997년에 걸친 장기 계획으로 「신경제5개년계획」을 수립하여 추진하였다. 이러한 신경제계획에는 1980년대 후반부터 임금의 급속한 상승, 높아진 금리, 과다한 물류비용, 부동산가격 폭등에 따른, 이른바 '고비용 저효율'이 한국 경제에 구조화되었다는 인식이 자리 잡고 있었다. 「신경제5개년계획」은 「제7차 경제사회발전5개년계획」과 중복되는 면도 있었으나, 제도·금융·행정 규제에 대한 제도개혁과 국민의식개혁을 주축으로 하는 개혁과 성장잠재력의 강화, 국제시장 기반의 확충, 국민 생활여건의 개선 등 새로운 정책과제도 제시하였다. 또한 이 계획은 입안부터 민간 부문이 주도하고, 발전모델이 아니라 개혁 프로그램에 가깝다는 점에서 기존의 경제개발계획이나 경제사회발전계획과는 달랐다고 할 수 있다.

「신경제5개년계획」의 거시경제 목표는 [표 24-1]에서 보았듯이 기존 계획과 별 차이가 없다. 거시경제 목표인 경제성장률이나 투자율, 국민저축률에 있어서 5년 동안의 평균실적치는 목표치를 상회하고 있다. 그러나 1994년에서 1996년까지 국제유가 상승으로 경상수지는 목표와 달리 큰 폭의 적자를 기록하였다. 이는 한국의 대외신인도에 부정적 영향을 미치게 된다. 결국 1997년 발생한 한국의 통화위기, 즉 외환위기를 계기로 30년 넘게 지속된 한국의 경제개발계획 또는 경제발전계획은 역사에서 사라지게 된다.

7 이 계획은 기본적으로 단기 계획이지만 경기활성화, 생필품 가격안정 같은 단기 과제는 물론 중소기업 구조개선, 기술개발 촉진, 기업활동 자율성 제고, 농어촌 구조개선, 공직자 의식개혁 등과 같은 장기 과제가 뒤섞여 있었다.

2. 산업 재편성과 산업정책의 전환

박정희 정부는 중화학 부문에서 과잉투자가 문제가 되자 1979년 5월부터 중화학 투자조정계획을 1차 조정, 2차 조정으로 구분하여 제시하면서 투자를 취소하거나 연기하였다. 1차 조정에서 발전설비는 현대중공업 등 제1그룹과 대우 및 삼성중공업 제2그룹으로 이원화하고, 디젤엔진 부문 신규 투자를 중단하고 현대양행 등 중장비 엔진공장 건설계획을 취소하고, 고려아연제련소 준공은 1년 연기하고, 타이어 공장 건설사업과 삼성중공업과 효성중공업의 사업 일부도 보류하기로 하였다.[8]

전두환 정부는 1980년 8월 발전설비 중장비 생산은 대우로 일원화하고, 승용차는 현대로 일원화하고, 기아산업의 승용차 생산 금지를 주요 내용으로 하는 「제1차 중화학공업 투자조정계획」을 확정하였다. 이어 10월에 「제2차 중화학공업 투자조정방안」을 발표하였는데, 첫째 승용차 이외의 자동차는 기아산업과 동아자동차가 합병하여 생산하고, 둘째 전자교환기는 한국전자통신이 동양정밀, 금성반도체가 대한통신을 흡수하고, 셋째 초고압변압기는 효성중공업이 쌍용전기와 코오롱종합기계를 흡수하여 독점생산하고, 넷째 디젤엔진은 대·중·소로 나누어 담당하고, 다섯째 한국광업제련은 온산 동제련을 흡수·합병한다는 것이었다.[9] 이와 같이 중복투자가 우려되는 부문은 투자조정을 통해 단일업체로 통·폐합하거나 업체별 생산을 전문화하는 조치를 취하였다. 구조조정으로 재탄생한 한국중공업에 대해서는 새로운 투자가 진행되었다.

전두환 정부의 과잉투자 조정에 의한 산업 재편성은 1984년까지 이어지고 있었다. 1981년 2월에 자동차 부문의 차종별 전문생산업체를 다시 조정하여 승용차 생산업체를 이원화하는 한편, 버스 및 중소형 트럭과 특수차량 생산은 다른 업체가 담당하도록 하였다. 또한 1981년 11월 수립된 「비료공업합리화방안」에 따라 1983년에는 비료회

8 한국개발원(1991), 『한국재정40년사』, 제3권, pp. 662~663.
9 한국은행(2000b), 『한국은행50년사』, pp. 317~318.

사를 통·폐합하고 1984년에는 요소비료생산 공장 1개를 폐쇄하는 등 비료공업의 과잉투자를 해소하고자 하였다. 그리고 1984년에는 「해운산업합리화계획」을 수립하여 해운선사를 통·폐합하고 해외 건설진흥 종합대책을 마련하여 부실해운업체도 정리하였다.[10]

전두환 정부는 이전 정부부터 시작된 중화학공업 투자조정을 시행하면서도 산업별 기본 계획을 수립하여 산업별 발전을 통한 경제성장 기조를 유지하고자 하였다. 상공부는 1980년 11월 「조선공업육성방안」을 발표하였고, 1981년 1월에는 「전자공업진흥기본계획」을 수립하여 반도체, 컬러TV, 브라운관, 음향기기 등 24개 전략품목을 육성하기로 하였고, 그해 7월에는 「기계공업진흥육성계획」을 수립하여 중소전문기계공업 육성과 중소부품공장의 전문계열화를 추진하기로 하였고, 10월에는 「석유화학공업육성기본계획」을 확정하고 설비 능력 확충, 원료의 다원화, 기술도입을 강화하기로 하였다.

1986년 1월에 공업의 균형발전 및 합리화, 공업발전기금 및 공업발전심의회 설치 및 합리화 업종의 지정 및 합리화계획 수립 등을 주요 내용으로 하는 「공업발전법」이 제정되어 7월부터 시행되었다. 이 법의 제정에 따라 기계, 전자, 비철금속, 석유화학, 섬유공업 등 산업별 공업진흥법 또는 육성법은 폐지되었다. 이 정부는 「공업발전법」을 뒷받침하기 위하여 1986년 기존의 기계공업진흥기금 등 3개 기금을 통합하여 공업발전기금을 설립하였다. 공업발전기금은 1986~1990년 기간 중 기술개발 부문에 2,500여억 원, 그리고 섬유산업의 노후시설 폐기 및 신시설 설치에 1,500여억 원을 지원하였다. 1991년 지원조건을 보면, 기술개발 부문은 최장 5년간 연리 6.5%로 소요자금의 70%까지, 시설개체 부문은 최장 8년간 연리 7%로 소요자금의 80~100%까지 융자할 수 있도록 규정하여 민간의 기술개발에 따른 위험부담을 완화하고 산업 재편성에 기여하고자 하였다.

10 한국은행(1990), 『한국은행40년사』, pp. 176~177.

노태우 정부는 전두환 정부가 추진하였던 산업합리화와 산업구조의 고도화를 계승하여 1988년부터 첨단산업 육성정책을 추진하였다. 이 정부는 전자, 메카트로닉스, 항공, 신소재, 정밀화학, 생명공학, 광산업 등의 7개 분야를 첨단산업으로 선정하고, 과학기술 육성과 지원을 강화함으로써 중화학공업의 구조적 변환을 모색하였다. 구체적으로 첨단산업 발전을 위한 금융지원으로 장기 저리의 특별설비금융지원, 특별외화대출 시 도입선 제한 완화, 시설재 도입 시 해외 전환사채 발행 허용, 공업발전기금 중 첨단기술공동개발사업 신설, 첨단산업용 설비투자에 대한 한시적 여신규제 완화 등을 도입하였다. 또한 첨단산업 발전을 위한 조세지원으로 기술개발준비금 인정한도 상향조정, 특별감가상각, 첨단시설 도입 시 관세 감면 등을 제공하였다.

3. 산업정책의 전환과 정책금융기관의 역할

1) 산업 재편성과 산업은행

한국산업은행(이하 산업은행)은 산업정책을 금융적으로 지원하는 기관으로서 일반시설자금과 외화시설자금 등을 대거 공급하는 한편 국민투자기금, 기계국산화자금 등의 정책자금 공급을 확대하였고 부품 소재산업에 대한 자금지원도 확대하는 등 기존의 경제개발금융을 계속 담당하였다. 또한 이 은행은 산업기술 향상 및 기술개발 촉진을 위한 금융지원도 강화하였고, 1984년 10월에는 한국기술금융을 설립하여 벤처캐피탈 수요에 대응하였다. 그리고 산업은행은 정부의 중소기업진흥정책에 따라 1983년부터 유망 중소기업이나 우량 중견기업에 대한 금융지원을 강화하였다.[11]

산업은행은 중화학공업 투자조정, 해운산업 합리화, 불건전 기업의 정비 등 기업

11 한국산업은행(2014), 『한국산업은행60년사』, pp. 109~110.

구조 기능을 수행함으로써 산업의 체질 강화 및 산업구조의 고도화를 촉진하고자 하였고 산업정책의 전환에 따라 중화학공업 부문에 대한 투자조정과 산업합리화에 요구되는 자금을 공급하는 한편 제3자 인수 등을 통해 경영정상화와 재무구조 개선을 금융적으로 지원했다. 예를 들어, 구조조정 결과로 탄생한 한국중공업에 총 1,450억 원을 출자하였다. 또한 각종 특수기금의 취급도 확대하여 에너지합리화자금(1980), 전자공업진흥기금(1982), 석유사업기금(1983), 공업발전기금(1986) 등을 신규로 취급하였다.[12]

산업은행은 1990년대에 들어와서도 수출촉진과 설비투자 활성화를 위한 자금공급을 지속적으로 확대하였다. 여신제도 개편을 통해 대출 대상을 확대하고 융자 비율을 상향조정하였으며, 기업이 기존 시설의 확장과 생산시설의 개체 및 교체 등을 원활히 진행할 수 있도록 시설자금의 적기 공급에 집중하였다. 또한 중소기업 지원을 위해 중소·중견기업 지원용 시설자금특별한도제를 도입·운용하고 생산설비 자동화 및 협동화 사업을 위한 중소기업진흥기금, 지방소재 중소기업을 위한 지방중소기업육성기금 등의 취급을 확대하였다.[13]

산업은행은 경제 규모 확대 및 산업 구조조정에 따라 늘어난 자금수요 증가에 대응하여 1981년과 1988년 두 차례의 법 개정을 통해 6,000억 원에서 1조 4,000억 원으로 자본금을 증액하였다. 이에 따라 채권발행액도 확대하여 [표 24-2]에서 보듯이 산업금융채권의 자금원천으로서의 비중이 점차 높아져 1990년대 중반에는 가장 중요한 자금원천이 되었다. 산업은행은 1980년대 중반까지는 차관도입, 외화산업금융채권 발행 등을 통한 외자도입을 적극 전개하였으나, 1980년대 후반부터는 국제수지 흑자 전환으로 외자조달을 억제하는 대신 원화산금채, 예수금 등을 통한 내자조달을 강화하고 신상품개발을 활발히 추진하였다. 또한 1989년부터 신탁 업무를 개시함으로써 상대적으로 취약한 수신 기능을 크게 보강하게 되었다. 그 결과 [표 24-2]에서 보듯이 1980년대 중반부터 해외 차관이나 재정자금의 의존도가 크게 줄어들었다.[14]

12 한국산업은행(2014), p. 45.
13 앞의 책, p. 120.
14 앞의 책, p. 45.

[표 24-2] 산업은행의 자금조달 및 자금운용 추이(1980~1995)

(단위: 10억 원, %)

구분		1980		1985		1990		1995	
		금액	비율	금액	비율	금액	비율	금액	비율
자금조달	원화예금	136	1.5	199	1.3	846	3.6	1,205	2.5
	외화예금	31	0.4	36	0.2	5,183	22.2	5,710	11.9
	차입금	2,610	29.5	6,810	45.4	3,517	15.1	4,434	9.3
	(재정자금)	507	5.7	2,950	19.7	2,683	11.5	2,880	6.0
	(차관자금)	1,054	11.9	3,860	25.7	431	1.8	1,416	3.0
	(국민투자기금)	1,049	11.9	1,451	9.7	862	3.7	128	0.3
	채권 발행	510	5.8	1,711	11.4	4,612	19.8	19,639	41.0
	자본계정	505	5.7	787	5.2	1,375	5.9	1,736	3.6
	기타	5,057	57.1	5,449	36.3	7,808	33.5	15,119	31.6
자금운용	현금 · 예치금	181	2.0	1,429	9.5	439	1.9	1,208	2.5
	대출금	3,105	35.1	6,914	46.1	12,738	54.6	25,437	53.2
	(금융자금)	1,110	12.5	3,125	20.8	7,723	33.1	18,328	38.3
	(재정자금)	453	5.1	2,773	18.5	2,290	9.8	2,612	5.5
	(국민투자기금)	1,050	11.9	1,448	9.7	865	3.7	199	0.4
	(외화대출금)	493	5.6	1,016	6.8	2,724	11.7	4,496	9.4
	유가증권	521	5.9	966	6.4	2,544	10.9	5,274	11.0
	고정자산	13	0.1	78	0.5	110	0.5	229	0.5
	기타	5,030	56.8	5,604	37.4	7,509	3.2	15,853	33.1
합계		8,850	100	14,991	100	23,341	100	47,844	100

주: 기타 계정의 비중이 높은 것은 지급보증과 지급승락이 포함된 결과임.
자료: 한국은행, 『경제통계연보』, 각 연도.

산업은행은 1990년대에 들어와 산업금융채권의 발행 규모를 크게 확대하는 등 재원조달 확충을 위해서도 노력하였다. 산업금융채권 발행을 통한 조달 규모는 1990년 2조 422억 원에서 1996년에는 8조 576억 원으로 확대되었다. 이에 따라 [표 24-2]에서 보듯이 산업금융채권이 자금조달 잔액에서 차지하는 비중이 1990년 20% 수준에서 1995년 40% 이상으로 높아졌다. 이러한 증가는 산업은행이 핵심 조달수단인 산업금융채권의 매출 기반 강화를 위해 변동금리부 장기채, 고정금리부 장기이표채, 통장식 산업

금융채권 등의 신상품을 개발하고 세금우대 대상 채권에 산업금융채권이 포함되도록 하였으며, 지점 및 출장소 등을 증설하여 영업망을 지속적으로 확충한 결과이었다.[15] 이러한 실적 호조를 반영하여 1995년 「한국산업은행법」 개정 시 산업금융채권의 발행 한도를 종전 자본금과 적립금의 10배 이내에서 30배 이내로 대폭 확대하였다.

2) 중소기업 육성과 중소기업은행

1970년대 중화학공업화가 진행되면서 금융지원은 대기업에 집중되었고 대기업으로의 경제력 집중도 심화되었다. 박정희 정부는 중소기업 지원의 필요성에 따라 [표 24-3]에서 제시된 것과 같은 중소기업 의무대출비율제도를 1965년부터 도입하였지만 초기에는 단순히 권장사항에 그쳤다. 그러나 정부는 1976년부터 이 제도를 강제로 시행하였고 신용보증기금도 설립하여 중소기업에 대한 채무보증을 확대하였지만 소재부품을 담당하는 중소기업의 상대적 부진이 심각하였는데, 이것은 지속적 경제성장의 애로 중 하나이었다. 이에 따라 전두환 정부부터 중소기업 육성을 주요 정책과제로 설정하고 이를 추진하였다.

1980년대는 중소기업 육성이 시대적 과제로 부각된 시기이었다. 1980년 「헌법」에 중소기업 보호 육성이 명문화되었고 1981년에는 중소기업 우선 구매를 위한 「중소기업제품구매촉진법」이 제정되었고, 1982년에는 중소기업에 대한 체계적인 정책을 위한 「중소기업진흥장기계획」이 수립되었다. 1983년부터 중소기업에 대한 종합적이고 체계적인 지원을 위해 유망 중소기업을 발굴하여 금융지원, 정보제공, 경영지도 등을 강화하였고, 1985년에는 불공정거래를 억제하기 위해 「하도급거래 공정화에 대한 법률」이 제정되었고, 1986년에는 중소기업 창업을 촉진하기 위해 「중소기업창업지원법」이 제정되었고, 1989년에는 중소기업 기술개발을 지원하기 위한 기술신용보증기

15 한국산업은행(2014), p. 122.

[표 24-3] 중소기업에 대한 의무대출 비율

<table>
<tr><th>시행일</th><th>기준</th><th>의무 비율</th><th>시행일</th><th>기준</th><th>의무 비율</th></tr>
<tr><td>1965. 04. 05</td><td>총대출 잔액</td><td>일반은행 30%</td><td>1986. 4. 1</td><td rowspan="6">원화 금융자금 대출금 증가액</td><td>시중 35%, 외환 35%, 지방 80%, 외은 25%</td></tr>
<tr><td>1976. 03. 08</td><td>총대출 증가액</td><td>상동</td><td>1986. 8. 1</td><td>시중 35%, 외환 35%, 지방 80%, 외은 35%</td></tr>
<tr><td>1976. 12. 21</td><td rowspan="5">원화 금융자금 대출금 증가액</td><td>시중 30%, 지방 40%</td><td>1992. 2. 1</td><td>시중 45%, 지방 80%, 외은 35%</td></tr>
<tr><td>1978. 07. 07</td><td>상동</td><td>1994. 5. 9</td><td>시중 45%, 지방 75%, 외은 35%</td></tr>
<tr><td>1980. 10. 02</td><td>시중 35%, 지방 55%</td><td>1997. 7. 4</td><td>시중 45%, 지방 60%, 외은 35%</td></tr>
<tr><td>1983. 04. 21</td><td>시중 35%, 외환 35%, 지방 55%</td><td>1999. 2. 1</td><td>시중 45%, 지방 60%, 외은 35%</td></tr>
<tr><td>1985. 03. 02</td><td>시중 35%, 외환 35%, 지방 55%, 외은 25%</td><td colspan="3"></td></tr>
</table>

주: 1) 1965. 4. 5~1976. 3. 7 기간 중 권장사항임.
2) 1986년 이후 외국 은행 지점은 총액한도 대출을 수혜받지 않은 경우 25%.
자료: 한국은행, 『한국은행40년사』, p. 201.

금이 설립되었다.[16]

일반은행에 적용된 중소기업 대출 비율은 일반은행에 정책적 기능을 강화하기 위해 도입한 것이지만 대기업과 중소기업 간 금융적 불균형을 해소하기 위한 궁여지책에 가까운 것이었다. 일반은행은 실제 대출에서 중소기업을 홀대하거나 중소기업이 감당하기 어려운 정도의 담보와 보증을 요구하는 경우도 적지 않았다. 이에 반해 1980년대 접어들어 중소기업 전담은행인 중소기업은행은 중소기업 육성책과 연계된 자금공급 기조를 유지하고 있었다. 1967년부터 공급되기 시작한 중소기업특별자금은 중소기업은행과 시중은행 및 지방은행이 함께 취급하였지만 1982년부터 이자보전이 중단되면서 중소기업은행이 독점적으로 취급하게 되었다. 하지만 중소기업 금융지원제도

16 한국산업은행(2014), pp. 105~106.

가 우후죽순처럼 만들어져 종류도 많고 취급기관도 다양하였다.[17]

한국은행은 중소기업 적격어음을 재할인하는 방식으로 금융기관을 통해 중소기업에 자금을 계속 공급하였다. 일반은행은 중소기업 의무대출 비율에 따라 중소기업에 자금을 계속 공급하였다. 1980년 10월 시중은행의 중소기업 의무대출 비율을 금융자금의 30% 이상에서 35% 이상으로, 지방은행은 40% 이상에서 55% 이상으로 높이면서 외환은행도 참여하도록 하고, 1985년부터 한국은행에서 재할인 받는 외국 은행 지점도 25% 이상을 대출하도록 하였다. 한국은행이 1985년부터 일반은행의 중소기업 대출에 대한 자금지원 대상을 유망 중소기업에서 전 중소기업으로 확장하고 의무이행 비율에 따라 자금지원도 차등화하였다. 제2금융권에 속하는 단기 금융회사에 대해서도 중소기업 의무대출을 1980년에 20%에서 30%로 인상하고 1985년에는 35% 이상으로 인상하였다.[18]

1976년 설립된 신용보증기금은 담보력이 부족한 기업에 지급보증을 하였는데 1983년부터 신규 보증은 중소기업에 한정하도록 하였다. 중소기업진흥공단이 1989년부터 재정자금인 중소기업 구조조정자금을 공급하였고 중소기업은행, 국민은행, 대동은행, 동남은행 등은 자체 재원으로 공급하였다. 중소기업은행은 시설별 특별자금, 국민은행은 소기업자금 등을 공급하였다. 이밖에도 기술개발, 직업훈련, 창업, 공제사업 등 각종 명목으로 금융지원이 이루어지고 취급기관도 다양하였다. 이 지원은 대체로 재정자금이 직접 제공되거나 정부가 이자보전을 해주는 방식으로 전개되었다.

중소기업은행은 1980년대 이후에도 중소기업 육성정책에 따라 중소기업정책에 연계하거나 중소기업이 요구하는 다양한 유형의 자금을 공급하였다. 이 은행은 중소기업특별자금이라는 저리자금을 다른 은행과 함께 공급하였고, 1981년부터는 부품산업 육성정책에 따라 한국은행 차입 또는 재정자금을 활용하여 관련된 자금을 공급하였고, 1984년부터 영세기업과 창업기업에 대한 지원도 시작하였다. 그리고 1984년부

17 손상호(1994), 『금융자율화 시대의 산업금융』, pp. 240~250.
18 한국은행(1990), pp. 179~180.

[표 24-4] 중소기업은행의 자금조달 및 자금운용 추이(1980~1995)

(단위: 10억 원, %)

구분		1980		1985		1990		1995	
		금액	비율	금액	비율	금액	비율	금액	비율
조달	예금	841	58.8	2,150	50.7	5,083	47.5	14,983	38.4
	차입금	332	23.3	1,083	25.5	2,071	19.3	8,071	20.7
	(한국은행)	87	6.1	496	11.7	1,046	9.8	1,504	3.9
	(정부)	13	0.9	42	1.0	290	2.7	2,322	6.0
	(외국 기관)	155	10.8	155	3.7	29	0.3	51	0.1
	(국민투자기금)	35	2.4	187	4.4	121	1.1	0	0.0
	채권 발행			203	4.8	905	8.5	7,761	19.9
	자본계정	57	4.0	234	5.5	328	3.1	2,322	6.5
	기타	199	13.9	574	13.5	2,322	21.7	51	14.5
운용	현금	95	6.7	251	5.9	642	6.0	1,095	2.8
	원화예치금	78	5.5	190	4.5	542	5.1	1,110	2.8
	외화예치금	50	3.5	7	0.2	18	0.2	262	0.7
	유가증권	92	6.4	196	4.6	352	3.3	9,214	23.6
	대출금	971	67.9	2,728	64.3	6,693	62.5	19,112	49.0
	(금융자금)	793	55.5	2,358	55.6	6,311	58.9	17,595	45.1
	(재정자금)	177	12.4	369	8.7	382	3.6	1,517	3.9
	고정자산	20	1.4	273	0.5	442	4.1	1,563	4.0
	기타	123	8.6	601	37.4	2,020	18.9	6,643	12.0
	합계	1,429	100	4,243	100	10,708	100	39,000	100

자료: 한국은행, 『경제통계연보』, 각 연도.

터 지역균형발전을 위해 지방농공단지 중소기업에 대한 지원을 강화하였고, 1986년 7월부터 「공업발전법」이 시행된 이후에는 중소기업 산업 구조조정을 위한 자금공급이 실시되었다.

[표 24-4]에서 보듯이 중소기업은행의 대출은 공업진흥기금이나 공업발전기금 같은 재정자금을 이용하기도 하였으나 비중이 낮았고 대부분은 금융자금이었다. 금융자금은 주로 예금에 의존하였지만 1982년부터 발행된 중소기업 금융채권이 정기예금처럼 순조롭게 판매됨에 따라 채권 발행의 비중이 점차 높아졌다. 채권 발행이 원활해

짐에 따라 한국은행 차입의존도는 점차 낮아졌다.

3) 수출입 지원과 수출입은행

우리나라에서 대표적인 수출지원정책은 수출입링크제와 수출입을 지원하는 정책금융이었다. 수출입을 지원하는 정책금융제도로는, ① 무역금융, ② 수출보험제도, ③ 수출산업설비금융, ④ 연불수출금융, ⑤ 수출신용보증제도, ⑥ 해외투자자금 대출제도 등이 있었다.

수출지원 금융제도 중에서 가장 비중도 높고 오래된 정책은 무역금융이었다. 무역금융은 기업의 수출입을 지원하기 위한 단기 금융제도로서 주로 수출상품 선적 전에 필요한 운영자금을 제공하는 것이다. 이 무역금융은 일반수출입금융, 건설용역수출금융, 농수산물 수출준비자금대출로 구분되나 일반수출입금융이 대부분이었다. 이 제도는 1955년부터 시행되어 박정희 정부하에서 수출지원정책의 중심에 있었고 전두환 정부에서도 이 제도가 수출지원정책의 핵심적인 수단이었다.

이 무역금융은 한국은행의 재할인 대상이고 중소기업은 50%, 기타는 30%가 된다. 우리나라 정부는 수출진흥을 위해 달러당 융자단가를 계속 인상하여 왔지만 1986년 7월에 처음으로 인하하였다. 수출업체가 1989년부터 무역어음을 발행하여 이를 은행, 투자금융회사에서 인수하여 할인 및 매각함으로써 자금을 조달하였지만 이것은 한국은행이 재할인해 주는 것이 아니므로 정책금융은 아니라고 할 수 있다. 여기서 수출보험제도는 수출에서 통상의 보험으로 구제될 수 없는 위험으로 인한 재산상의 손실을 보상하는 제도이고, 수출신용보증제도는 수출대금 미결제로 인해 은행이 입는 손실을 보상하는 제도인데, 두 제도 모두 수출보험공사가 1992년부터 전담하게 되었다.

수출입 지원을 위한 정책금융도 수출입은행이 전담하는 것이 아니라 많은 금융기관이 취급하고 있었다. 수출입은행은 설립 이후 실시한 조선산업과 플랜트에 대한 연불수출, 나아가 1981년부터는 해외 자원 개발사업 등을 지원하였고 국내 금융기관과

[표 24-5] 수출입은행의 자금조달 및 자금운용 추이(1980~1995)

(단위: 10억 원, %)

구분		1980		1985		1990		1995	
		금액	비율	금액	비율	금액	비율	금액	비율
조달	차입금	313	52.5	1,942	37.6	1,257	46.2	7,708	33.0
	(외화차입금)			1,345	26.1	950	34.9	6,326	27.1
	외화채권 발행			370	7.2	381	14.0	5,246	22.5
	연불어음매각	6	1.1	1,577	30.6	146	5.4		
	자본계정	179	30.0	472	9.1	694	25.5	2,990	12.8
	기타	98	16.4	796	15.4	245	9.0	7,383	31.6
운용	현금 · 예치금	6	1.0	1,115	21.6	110	4.0	2,930	12.6
	(외화예치금)			77	1.5	99	3.6	2,391	10.2
	유가증권	32	5.4	30	0.6	143	5.3	2,228	9.6
	대출금	512	85.8	3,350	64.9	2,367	86.9	10,312	44.2
	(외화대출금)	345	57.9	3,349	64.9	1,986	72.9	9,284	39.8
	고정자산	6	1.1	29	0.6	22	0.8	19	0.1
	기타	41	6.8	635	12.3	82	3.0	7,839	33.6
합계		596.4	100	5,159	100	2,723	100	23,328	100

자료: 한국은행, 『경제통계연보』, 각 연도.

의 협조융자로 실시하였다.[19] 이 은행은 '3저 호황'에 힘입어 수출지원금융 대상을 확대하고 단기 수출금융, 수입금융 업무 및 대외경제협력기금 관리 등 업무를 다양화하였다. 그러나 1988년 이후 수출금융 지원은 도리어 위축되었는데 그것은 플랜트 수요의 감소와 연불수출금융이 부진한 결과이었다.[20]

이 은행은 1988년에 시작한 수입금융을 통해 활로를 모색하였으나 [표 24-5]에서 보듯이 이 시기에는 영업이 전반적으로 위축되었다. 1990년대 반도체 등 첨단기술에 기반을 둔 새로운 성장산업의 수출금융을 담당하고 중소기업 수출에 대한 지원을 늘리게 됨에 따라 영업이 획기적으로 확장되었다. 이 은행은 은행단 차관 및 보유 연불어음의 매각 등을 통해 자금을 조달하다 1986년 이후 해외 차입 억제 방침에 따라 은행

19 한국수출입은행(2014), 『대한민국 경제의 도약과 한국수출입은행』, pp. 41~43.
20 앞의 책, pp. 59~60.

단 차관, 즉 외환차입금이 일시 줄었다. 1990년대 우리나라의 경상수지가 다시 악화되면서 외화자금 수요 증가에 따라 외화 차입과 외화 표시 채권 발행이 급격히 늘어났고 이로 인해 채권의 비중이 크게 높아졌다.

4) 한국개발금융회사의 장기신용은행으로 전환

한국장기신용은행은 1967년 4월에 설립된 한국개발금융회사가 확장 재편된 금융기관이다. 한국개발금융회사는 민간기업에 대한 중장기 자금의 투자와 융자를 위해 설립된 은행이었다. 경제개발기에 민간개발금융회사의 필요성은 있었지만 자본 부족으로 구체화되지 못하다가 국제금융공사의 전무이사 로센이 우리나라 정부에 권고하면서 기관 설립이 진행되어 이 기관의 자문과 출자로 완결되었다. 이 회사는 외국인 출자가 40% 정도이고, 국내 금융기관이 25% 정도, 국제금융공사가 그 나머지를 담당하였던 것이다. 이 회사는 1971년 외국인과 공동으로 한국투자금융회사의 설립도 주도하였다. 또한 자기자본, 정부차입금, 국제금융기구 차입금으로 자금을 조성하여 민간기업에 한정하여 직접투자와 중장기 대출을 시행하였고 수출산업과 수입대체산업을 우선적으로 지원하였다.[21]

우리나라 경제 규모가 확대되고 산업구조가 복잡해지면서 한국개발금융회사로는 설비자금의 수요 확대와 다양화에 대응하기 어렵게 됨에 따라, 그 기능이 확장된 상업베이스의 개발금융기관을 설립할 필요성이 증대되어 「장기신용은행법」의 제정과 함께 1980년 6월 한국장기신용은행이 설립되었다.

이 은행은 [표 24-6]에서 보듯이, 1980년대 중반까지는 외국 차입금에 주로 의존하였으나 채권 발행 의존도를 계속 높여서 1980년대 후반부터는 채권 발행이 가장 주요한 자금원이 되었으며, 한국은행 외화자금 수탁자금인 외화예수금도 새로운 자금원

21 한국은행(1975), 『한국의 금융제도』, pp. 376~370.

[표 24-6] 장기신용은행의 자금조달 및 자금운용 추이(1980~1995)

(단위: 10억 원, 비율: %)

구분		1980		1985		1990		1995	
		금액	비율	금액	비율	금액	비율	금액	비율
조달	국내예수금	9	2.0	29	2.1	300	6.0	597	4.2
	외화예수금					628	12.6	1,085	7.7
	국내차입금	6	1.4			600	12.0	626	4.4
	외국차입금	254	56.6	601	44.6	317	6.3	460	3.2
	채권 발행	59	13.2	528	39.2	2,099	42.0	7,558	53.3
	자기자본	64	14.4	132	9.8	555	11.1	1,948	13.7
	기타	55	12.4	58	4.3	502	10.0	1,899	13.4
운용	현금예치금	21	4.6	53	3.9	270	5.4	977	6.9
	원화대출	54	12.0	411	30.5	2,368	47.4	6,907	48.7
	외화대출	250	55.9	551	40.9	992	19.8	1,550	10.9
	유가증권	17	3.7	264	19.6	1,249	25.0	3,527	24.9
	기타	107	23.8	69	5.1	122	2.4	1,213	8.6
합계(10억 원)		448	100.0	1,348	100.0	5,001	100.0	14,173	100.0

자료: 한국은행, 『경제통계연보』, 각 연도.

으로서 자기자본금 다음의 높은 비중을 차지하게 되었다. 이 은행은 조달된 자금의 대부분을 대출금으로 운용하였는데, 외화대출 비중은 점차 줄어들고 원화대출 비중이 점차 늘어나 가장 중요한 자금운용 방법이 되었다. 이 은행은 1980년 7월부터 증권업을 겸영할 수 있게 되었고 1989년 3월부터는 증권투자신탁도 취급할 수 있게 됨에 따라 유가증권 비중이 점차 늘어나 1990년대에는 외화대출 비중보다 더 높아지게 되었다.

5) 한국은행 정책금융제도의 개편

경제개발 시대에서 한국은행의 대출제도는 통화조절 수단보다는 특정 산업을 지원하기 위한 정책금융의 공급창구로 주로 활용되었다. 당시의 '성장통화의 공급'은 이러한 한국은행의 역할을 단적으로 표현한 것이었다. 낮은 규제금리로 인해 만성적인 자금의 초과수요가 지속되는 상황에서 예금은행이 정책 대상이 되는 산업이나 기업에 대한 자금을 지원하면 한국은행은 그중에서 적게는 30%, 많게는 60%를 시중금리보다 낮은 금리로 그 은행에 대출해 주었다. 한국은행의 이러한 대출제도로 인해 통화가 과도하게 공급되어 인플레이션의 원인이 되었을 뿐만 아니라 금리가 낮은 수준에서 장기간 고정되고 대출 규모도 한국은행의 정책의지와는 무관하게 결정되어 통화관리에도 악영향을 미쳤고, 더욱이 대출창구를 통해 공급된 통화를 환수하기 위해 통화안정증권까지 발행하게 되어 통화정책의 주도권을 손상시키고 있었다.[22]

1980년대 이후 금융자율화가 진전되고 있었고 시중은행에 대한 정책금융이 점진적으로 정리되고 있었지만, 한국은행의 대출제도가 큰 변화를 보이지 않았고 한국은행 대출액도 [표 24-7]에서 보듯이 1980년대 중반까지 증가세가 지속되었다. 1980년대 중반 이후에는 국제수지가 개선되고 기업의 자금 부족 현상이 해소됨에 따라 한국은행의 정책자금 대출은 거의 늘어나지 않았다. 1990년대 이후 금리자유화와 금융시장 개방이 빠른 속도로 진행되면서 시장원리에 의한 간접조절 통화관리 방식의 정착이 중요한 과제로 대두되고, 한국은행 대출도 다시 늘어남에 따라 한국은행은 1994년 3월 정책금융을 축소·정비하고 통화조절 기능을 대폭 강화하는 방향으로 대출제도를 재정비하였다. 그 결과 한국은행의 정책금융은 총액한도로 묶이면서 절대액으로도 줄어들었다.

한국은행은 1994년 3월 총액한도대출제도를 도입하여 상업어음 재할인, 무역금융, 소재·부품생산자금 등을 총액한도대출로 통·폐합하였고 대다수의 정책금융은 정부 재정으로 이관하거나 폐지하였다. 총액한도대출제도는 은행이 한국은행으로부터 차입할 수 있는 총액한도를 미리 정하는 방식으로 자동재할인제도가 아니라는 점에 큰 의의가 있었다. 즉, 종전에는 한국은행이 수동적 위치에서 자금을 공급하였다면

22 한국은행(2018), 『한국의 통화정책』, p. 230.

[표 24-7] 한국은행 대출액(1980~1997)

(단위: 10억 원)

연도	원화 대출	총액한도 대출	일반 자금	상업어음 할인	무역 금융	농업 자금	수산 자금	비료인수 자금	기타 대출
1980	2,715		451	297	1,533	71	50	270	43
1981	3,741		792	593	1,713	66	62	370	145
1982	4,609		1,299	960	1,750	22	79	470	29
1983	5,766		2,258	955	1,718	48	94	570	122
1984	7,623		3,976	1,063	1,782	41	102	570	88
1985	9,641		5,463	1,321	2,039	67	107	570	74
1986	10,157		6,116	1,292	1,927	77	116	570	59
1987	10,783		7,144	1,620	1,133	89	157	570	70
1988	9,725		6,417	1,862	527	93	195	570	62
1989	10,291		5,921	2,588	639	344	188	570	41
1990	11,605		5,968	3,820	892	74	224	570	58
1991	13,551		6,093	5,479	986	104	243	570	77
1992	16,999		6,138	5,873	1,031	162	229	570	2,996
1993	16,481		6,570	5,178	1,055	163	249	570	2,696
1994	14,025	8,632	3,055			167	217	570	1,384
1995	11,649	9,068	1,343			437	167	570	64
1996	7,108	5,673	879			41	107	370	40
1997	13,187	4,266	6,435			46	51	370	2,019

주: 1970년까지 무역금융은 수출금융과 수입금융의 단순 합계.
자료: 한국은행, 『경제통계연보』, 각 연도.

총액한도대출제도하에서는 주도적 입장에서 대출 규모와 대상을 결정할 수 있게 되었지만 그 규모가 줄어들어 큰 의미를 부여하기는 어려운 변화라고 할 수 있다.

제25장 금융자유화 시대의 금융기관

1. 금융기관의 체계와 구성

1) 금융기관 체계와 그 변화

박정희 정부하 특수금융기관의 설립과 확장, 비은행 금융기관의 설립과 확장 등으로 우리나라 금융제도에 적지 않은 변화가 있었다. 이후 전두환 정부에서부터 김영삼 정부 때까지 추진되었던 금융의 자율화, 개방화는 앞서 설명한 바와 같이 점진적이고 단계적으로 추진되었다. [표 25-1]에서 금융기관 체계를 보면 이 시기에 새로운 유형의 금융기관이 등장하고 일부 금융기관은 확장되거나 재편되었다.

시중은행은 1980년 조흥, 상업, 제일, 한일, 서울신탁 등 5개에 그쳤으나 외환위기가 시작된 1997년에는 16개로 크게 늘어났다. 시중은행이 늘어난 것은 한편으로 특수은행인 외환은행(1989), 국민은행(1996), 주택은행(1997) 등이 일반은행인 시중은행으로 전환되었고, 다른 한편으로 신한(1982), 한미(1983), 동화(1989), 동남(1989), 대동(1989), 하나(1991), 보람(1991), 평화(1992) 등의 시중은행이 신설되었기 때문이다. 시중은행이 특수은행의 고유 업무 영역을 점차적으로 확대함에 따라, 특수은행의 존재 근거가 박약해진 동시에 고유 영업 기반마저 위축됨에 따라 특수은행의 일반은행으로의 전환은 자연스러워졌다. 외환은행은 시중은행의 외국환 업무 확대에 따라, 국민은행은 시중은행의 적금대출과 같은 서민금융의 확대에 따라, 주택은행은 시중은행의 주택담보 장기 대출 확대에 따라 영업 기반이 약화되었던 것이다. 신설 은행에서 특징적인 것은 신한은행은 재일한국인 투자에 의해, 한미은행은 미국 BOA 합작투자에 의해 설립되었고, 하나은행과 보람은행은 투자금융회사가 은행으로 전환되어 설립되었다는 것이다.

비은행 금융기관으로 분류된 개발기관인 한국개발금융회사가 해산되고 이를 대신할 장기신용은행이 개발(금융)기관의 하나로 1980년 6월에 「장기신용은행법」에 의거 설립되었다. 저축기관은 유형별 차이는 있지만 늘어나고 있었다. 서울신탁은행에 의해 독점적으로 취급되던 은행신탁은 다른 은행은 물론 개발기관에까지 허용되면서

[표 25-1] 금융자유화 시대의 금융기관 체계(1983~1995)

종류		금융기관명	1983	1985	1990	1995
중앙은행		한국은행	1	1	1	1
예금은행	일반은행	시중은행	6	7	11	15
		지방은행	10	10	10	10
		외국 은행 지점	44	52	67	52
	특수은행	농업협동조합	1	1	1	1
		축협	1	1	1	1
		중소기업은행	1	1	1	1
		수산업협동조합	1	1	1	1
		국민은행	1	1	1	*
		외환은행	1	1	*	*
		주택은행	1	1	1	1
개발(금융)기관(개발은행)		산업은행	1	1	1	1
		장기신용은행	1	1	1	1
		수출입은행	1	1	1	1
저축(금융)기관	은행신탁		n.a.	18	53	51
	상호신용금고		200	240	237	236
	신용협동기구	신용협동조합		512	1,318	1,639
		상호금융		627	1,678	1,705
		새마을금고	5,360	n.a.	3,265	3,014
	체신예금		1	1	1	1
투자(금융)기관	투자금융	투자금융회사	26	32	32	15
		종합금융회사	6	6	6	15
	투자신탁	투자신탁회사(한국투자공사)	3	3	2	8
	증권금융	증권금융회사	1	1	1	1
보험기관	생명보험	생명보험회사	9(3)	9(3)	28(4)	33
	손해보험	손해보험회사	n.a.	n.a.	16	17
증권기관	증권거래소	대한증권거래소	1	1	1	1
	증권회사		27	25	25	45
	투자자문회사					29
신용보증기관		신용보증기금	1	1	3	2
벤처캐피탈					52	55
신용평가회사						3
리스회사					20	25

자료: The Bank of Korea(1983, 1985, 1990, 1995), *Financial System in Korea*.

크게 늘어났다. 상호신용금고는 1983년 금고 신설 허용으로 약간 늘어났다. 새마을금고는 1982년 12월 「새마을금고법」 제정으로 법적 기반을 갖추었으나 부실금고 정비 등으로 그 수가 줄어들었지만 회원 수는 계속 늘어났다. 상호금융은 단위조합의 증가로 1980년대 후반에 크게 늘어났다. 1980년대 초반 단기 금융시장의 확충과 지방투자금융사의 설립으로 투자금융회사가 늘어났으나 1991년 3월 「금융기관 합병 및 전환에 관한 법률」이 제정되어 금융산업 개편이 추진되면서, 투자금융회사는 종합금융회사나 은행으로 전환되어 줄어든 반면에 종합금융회사는 늘어났다. 금융산업 개편과 지방투신회사 설립 허가에 따라 투자신탁회사가 1990년대 전반기에 크게 늘어났다. 금융당국이 외국의 보험시장 개방 요구에 따라 외국 생명보험 국내 진출을 허용하고 국내 보험회사 신설도 허용함에 따라 생명보험회사가 크게 늘어났다.

이 시기의 변화에서 주목되는 것은 새로운 유형의 금융기관의 등장 또는 확장이다. 은행의 신용대출과 담보대출이 있지만 신용이 낮거나 담보가 부족한 많은 중소기업은 이로부터 소외되고 있기 때문에 신용보증기금을 설치하여 중소기업의 신용 및 담보상의 취약점을 보완함으로써 금융중개 활성화에 기여하였다. 기술이 담보로 인정되면 기술개발이 촉진되고 기업의 담보 부족을 보완할 수 있어 「신기술사업 금융지원에 관한 법률」에 의거 기술신용보증기금이 1989년 4월 설립되었다. 신기술의 기업화 자금을 지원하고 성공 이후 투자자금을 회수하는 벤처캐피탈회사가 「중소기업창업지원법」과 「신기술사업 금융지원에 관한 법률」에 의거 제도화되어 신기술사업 금융회사가 다수 설립되고 중소기업 창업투자가 활발히게 일어났다. 그리고 기업의 설비자금 부담을 덜어줄 리스회사는 산업은행 출자에 의해 1972년 12월 처음 설립되었다. 1980년대 이후에는 리스에 대한 수요가 급증하면서 전업 리스회사가 다수 설립되었으며, 은행들도 참여하였다. 그리고 우리나라에서도 한국기업평가회사가 1983년 12월에 처음 설립되었다. 1985년 9월 기업어음에 대한 신용평가제도가 처음 도입되었고 1986년 3월에 무보증채권 평가제도가 도입되었다. 이에 따라 한국신용정보는 1986년 9월에 설립되었고, 서울신용평가정보는 1992년 4월에 설립되었다.

2) 금융기관별 자산과 그 추이

금융자유화 시대에 금융기관의 자산, 여신, 수신 등의 상대적인 비중을 통해 어떤 금융기관이 중추 금융기관이었고 비중이 어느 정도인가를 살펴볼 수 있다. 이러한 상대적인 비중은 금융기관의 여신이나 수신을 통해서 살펴볼 수 있지만 자금조달이나 자금운용이 서로 다르므로 [표 25-2]에서 제시된 바와 같이 전체적인 규모나 비중은 자산을 통해서 살펴볼 수 있다.

첫째, 이 시기에 금융중개에서 가장 높은 비중을 차지한 금융기관은 일반은행인데, 시기별로 차이는 있지만 대략 전체 자산의 1/3 수준이었다. 게다가 일반은행이 신탁 업무를 겸하고 있었으므로 이것까지 포함한다면 40%를 넘어설 것으로 보인다. 이것은 경제개발 시대의 일반은행과 비슷한 수준이다. 특수은행의 일반은행 전환이나 일반은행의 신설·확장에도 불구하고 그 비중이 높아지지 않은 것은 은행신탁, 저축기관, 투자금융, 투자신탁 등 비은행 금융기관이 일반은행 못지않게 확장된 결과로 보인다. 반면에 특수은행의 비중은 일관되게 줄어들고 있다. 외환은행이 1989년에, 국민은행이 1996년에, 주택은행이 1997년에 일반은행으로 전환되어 1990년, 1997년에 비중이 크게 줄어든 것은 특수은행의 일반은행 전환 결과로 해석될 수 있지만 1980년대에 계속 줄어든 것은 일반은행이 다른 비은행 금융기관에 의해 영업 기반이 잠식된 결과로 보인다.

둘째, 비은행 금융기관의 비중은 전체적으로 크게 높아졌지만 금융기관별로 차이가 있다. 개발기관의 비중은 특수은행과 비슷하게 줄어들고 있었다. 개발금융기관은 1980년대 초반에는 전체 자산의 20% 정도를 차지하였지만 외환위기 직전에는 10%대를 넘다가 점차 줄어들고 있었다. 은행신탁의 비중은 1980년대 초반에는 5% 수준이었으나 1990년대 중반에는 20%에 이르게 되었다. 은행신탁 비중의 증가는 신탁은행의 독점이 끝나고 일반은행, 특수은행, 개발금융기관 등으로 취급기관이 확대되었고 저축성예금이 상대적으로 금리가 높은 신탁으로 이동한 결과로 보인다. 금리자유화가

[표 25-2] 금융기관의 자산 규모와 상대적 비율(1980~1997)

(단위: %)

연도	일반 은행	특수 은행	개발 기관	저축 기관	투자·종합 금융	투자 신탁	증권 금융	은행 신탁	합계 (10억 원)
1980	34.2	32.6	19.8	3.4	3.8	1.5	0.3	4.4	47,434
1981	34.1	31.1	18.8	3.8	3.9	2.4	0.3	5.5	61,797
1982	34.2	29.5	17.0	4.5	4.3	3.9	0.3	6.3	76,104
1983	34.0	28.5	16.6	5.0	4.9	4.3	0.3	6.5	88,232
1984	33.9	26.6	16.3	6.1	6.2	4.2	0.2	6.5	107,181
1985	32.5	25.6	16.9	6.6	5.3	4.7	0.2	8.1	127,415
1986	31.3	24.8	14.5	8.0	5.6	6.0	0.2	9.7	145,419
1987	31.2	23.6	11.7	8.9	6.2	6.4	0.3	11.6	173,090
1988	29.7	21.8	10.1	9.6	7.1	7.4	0.3	14.2	211,257
1989	30.8	21.9	9.7	10.6	6.9	9.9	0.4	9.9	243,830
1990	34.8	15.5	10.3	11.4	7.5	9.7	1.0	9.9	316,869
1991	31.6	14.4	10.5	11.9	12.5	8.3	1.0	9.7	409,220
1992	29.9	14.9	9.7	13.0	10.5	8.9	0.9	12.1	475,180
1993	27.2	14.3	9.2	13.3	10.0	10.5	0.9	14.8	565,281
1994	27.0	13.6	9.0	13.4	9.0	9.7	1.0	17.3	684,199
1995	29.2	11.0	8.5	13.1	8.5	9.2	1.0	19.5	827,945
1996	30.4	11.6	8.8	13.8	5.5	8.7	0.8	20.5	948,923
1997	34.6	7.5	12.3	12.2	6.4	8.5	0.5	18.0	1,208,903

주: 우편저금은 제외.
자료: 한국은행, 『경제통계연보』, 각 연도.

진행되었지만, 점진적·단계적으로 진행되어 신탁의 증가 추세를 반전시키지 못하여 은행신탁의 확장 추세는 1990년대 중반까지 지속되었다. 그러다 신탁의 증가세를 줄이기 위해 신탁제도가 1996년 4월 전면 개편되자 증가세가 중단되고 비중도 줄어들었다. 반면에 저축기관의 비중은 신용협동기구의 확장 등으로 지속적으로 증가하였다.

이와 같이 금융자유화 시대에는 저축기관, 은행신탁, 투자신탁, 투자금융 등 비은행 금융기관이 예금은행보다 빠르게 성장하고 있었다. 이에 따라 정부가 설립하고 경영하였던 개발기관이나 특수은행의 비중은 상대적으로 줄어들었지만 일반은행은 활발한 설립과 확장, 그리고 특수은행의 일반은행화 등으로 그 비중은 크게 줄어들지 않았다. 따라서 금융자유화 시대에 접어든 이후에는 정책금융기관의 비중이 크게 줄어든 반면에 비은행 금융기관의 비중이 크게 증대되었다고 할 수 있다.

3) 금융기관별 여신과 그 추이

금융기관의 자금운용에서 가장 비중이 높고 수익성·안전성과 관련하여 가장 중요한 것이 여신 또는 대출이다. 이러한 여신 또는 대출을 통해 자금공급에서 각 금융

[표 25-3] 금융기관의 여신 규모와 상대적 비율(1980~1997)

(단위: %)

연도	일반 은행	특수 은행	개발 기관	저축 기관	투자·종합 금융	증권 금융	은행 신탁	합계 (10억 원)
1980	42.7	25.1	16.6	5.5	5.5	0.5	4.1	21,823
1981	40.6	24.1	18.2	6.7	5.9	0.4	4.1	29,045
1982	39.1	24.8	18.9	7.9	5.8	0.3	3.2	36,338
1983	37.4	25.7	18.8	8.4	6.5	0.4	2.8	43,281
1984	35.6	23.9	17.8	10.2	9.1	0.4	3.1	52,331
1985	36.0	23.3	17.9	10.7	7.3	0.4	4.4	62,579
1986	35.5	24.0	15.8	12.3	7.2	0.3	5.0	72,003
1987	32.5	25.6	14.7	13.8	7.4	0.5	5.4	83,687
1988	30.9	26.1	13.5	15.5	8.2	0.3	5.5	95,610
1989	32.0	24.7	12.3	16.2	7.8	0.6	6.4	121,785
1990	34.6	19.4	12.1	17.9	7.9	0.8	7.4	152,593
1991	31.9	17.5	11.2	18.4	12.2	0.8	7.9	201,834
1992	30.5	17.9	10.8	19.4	10.4	0.9	10.2	234,011
1993	28.2	19.0	11.0	20.5	10.5	0.8	10.1	266,062
1994	28.2	18.2	9.7	20.7	10.6	0.9	11.7	321,513
1995	31.2	14.4	10.5	20.6	9.5	1.9	11.9	372,710
1996	32.7	15.0	11.0	21.3	5.2	1.8	13.0	419,740
1997	37.7	10.3	12.7	20.7	5.1	1.2	12.3	497,355

주: 투자신탁은 유가증권 인수가 주업무이므로 대출 업무는 제외.
자료: 한국은행, 『경제통계연보』, 각 연도.

기관이 차지한 비중을 알 수 있다.

[표 25-3]을 보면, 이 시기에 대출에서 가장 비중이 높은 금융기관은 예금은행이었고 그중에서 일반은행이 주도하였다. 일반은행의 비중은 시기별로 약간 차이가 있지만 30~40% 정도에서 1980년대 초반에는 40%를 넘어섰다가 1990년대 초반 30% 미만으로까지 줄어들었다. 특수은행은 1980년대 초반에는 25% 수준이었지만 점차 줄어들어 1990년대 초반에는 10% 내외밖에 공급하지 않았다. 특히, 외환은행의 일반은행화로 그 비중이 크게 줄었다.

비은행 금융기관의 여신 비중은 전체적으로 증가하였지만 개발금융기관의 비중은 도리어 줄어들었다. 개발기관의 비중은 1980년대 초반에 장기신용은행 설립으로 일시 늘어나다 1980년대 후반부터 줄어들었으나 1990년대에는 10% 이상을 담당하여 특수은행보다 더 많았다. 저축기관의 대출은 상호신용금고의 확장보다는 신용협동기구의 확장으로 지속적으로 증가하여 비중이 1980년대 초반 6% 수준에서 1990년대 전반에는 20% 수준으로 증가하였다.

4) 금융기관별 수신과 그 추이

금융기관의 자금조달에서 가장 비중이 높고 그 비용이 가장 낮은 조달방법은 예금 또는 수신이다. 투자신탁은 수익증권을 판매하여 자금을 조달하고 개발금융기관은 채권을 발행하여 자금을 조달하므로, 이를 수신에 포함하여 금융기관별 자금조달에 기여한 바를 비교하기 위해 제시한 것이 [표 25-4]이다. 각 금융기관의 예금과 채권발행 등 금융기관의 주요 수신액을 비교함으로써 금융기관이 차지한 비중을 살펴볼 수 있다. 이 비중을 보면 금융자유화는 비은행 금융기관의 자금조달을 강화하는 방향으로 영향을 미친 것으로 보인다.

[표 25-4]에서 보듯이, 이 시기에 수신액이 가장 많은 금융기관은 예금은행이었지만 이 금융기관의 감소세는 일반은행과 특수은행에서 모두 나타났고, 특히 특수은행

[표 25-4] 금융기관의 수신 규모와 상대적 비율(1980~1997)

(단위: %)

연도	일반 은행	특수 은행	개발 기관	저축 기관	투자·종합 금융	투자 신탁	증권 금융	은행 신탁	합계 (10억 원)
1980	44.4	26.4	3.4	7.0	5.9	2.9	0.1	10.0	19,274
1981	43.5	24.5	3.2	7.1	5.3	4.5	0.1	11.9	26,455
1982	39.1	23.9	3.3	7.9	5.6	7.4	0.2	12.7	35,034
1983	36.6	23.9	3.4	7.9	6.1	8.6	0.1	13.4	41,091
1984	35.4	22.6	3.5	8.9	8.1	8.3	0.1	13.1	51,229
1985	32.6	22.4	4.1	9.0	6.8	8.9	0.0	16.2	60,513
1986	30.2	21.5	4.6	9.7	6.3	10.2	0.0	17.6	76,188
1987	29.2	21.8	4.1	10.4	6.2	9.9	0.1	18.4	103,933
1988	27.7	19.8	3.6	12.6	6.0	10.1	0.0	20.1	140,423
1989	24.5	18.8	3.5	13.1	4.9	11.4	0.0	23.7	175,440
1990	28.4	15.0	3.8	13.9	4.4	10.5	0.4	23.6	230,475
1991	26.8	14.6	5.2	15.2	5.7	9.4	0.4	22.7	284,517
1992	23.5	13.7	5.1	16.0	5.3	10.3	0.6	25.5	348,082
1993	21.8	12.7	5.2	15.9	4.4	11.0	0.5	28.4	424,390
1994	21.2	11.5	5.1	15.6	5.6	11.2	1.0	28.8	528,669
1995	24.2	8.1	5.1	15.6	4.8	10.7	0.7	30.8	619,958
1996	24.4	8.5	5.3	16.5	2.9	10.0	0.4	32.1	706,356
1997	28.5	4.7	6.7	15.1	4.0	10.1	0.1	30.8	851,684

주: 개발기관의 수신에는 산업은행과 장기신용은행의 예수금과 채권 발행 및 수출입은행의 채권 발행을 포함.
자료: 한국은행, 『경제통계연보』, 각 연도.

감소세가 뚜렷하다. 일반은행이 차지한 비중은 1980년대 초반에는 44%이었으나 1990년대 초반에는 20% 수준으로 감소한다. 특수은행은 1980년대 초반에는 25% 정도이었으나 계속 감소하여 외환위기 직전에는 5%도 되지 않았다.

은행신탁은 지속적인 증가세를 보여 1990년대 중반에는 30%를 넘어서고 예금은행 전체 예금에도 근접하는 수준이었다. 신탁의 급속한 성장은 은행예금보다 수익률이 높기 때문이기도 하지만 은행 예금금리 자유화가 늦어진 결과이기도 하다. 저축기관의 예금도 대출과 함께 계속 증가하여 1990년대 초반에는 15%를 넘어섰다. 투자신탁도 1980년대에 지속적인 증가세를 보여 10%에 이른 다음 안정세를 보였다. 신탁 및 저축상품이 은행의 예금상품보다 경쟁력이 있어 비은행 금융기관의 성장이 지속되었고 이로 인해 예금은행의 비중은 낮아졌던 것으로 보인다.

개발금융기관은 1980년대 이후 채권 발행의 확장으로 증가세를 보였으나 비중이 전체 수신의 5% 수준을 넘어서지 못하고 있다. 투자신탁의 증가와 개발기관의 채권 발행은 금융기관의 증권시장 중개 역할이 강화된 결과일 것이다.

2. 예금은행의 업무와 역할의 변천

1) 예금은행의 업무와 역할

1980년대 이후 금융자율화에 따라 일반은행의 민영화, 시중은행의 신설, 특수은행의 일반은행화가 이루어지면서 일반은행과 특수은행 간의 차이도 줄어들었을 뿐 아니라 예금은행과 비은행 금융기관의 차이도 줄어들기 시작하였다. 앞서 설명한 바와 같이 이러한 변화는 개별 금융기관의 업무 영역 확장으로 인한 금융기관 간의 업무 중첩이 이루어진 결과이다. 그럼에도 불구하고 예금은행의 주요 업무는 예금, 대출, 환, 지급보증, 유가증권 투자라는 큰 틀을 벗어난 것은 아니었다. 그렇지만 예금은행의 새로운 업무로 신탁을 취급하고 신용카드업에도 진출하였는데, 이 업무는 은행 경영에 큰 도움을 주었다.

예금이 예금은행의 가장 중요한 자금조달원이라는 점에서는 일반은행이나 특수은행이나 큰 차이가 없었다. 당시 예금은 요구불예금과 저축성예금으로 구분되었는데, 요구불예금으로는 당좌예금, 보통예금, 별단예금, 공공예금 등 기타 요구불예금 등이 있었고, 저축성예금으로는 정기예금, 정기적금 등이 있었다. 여기에 수시 입출금이 가능한 저축예금(1978), 자유저축예금(1985), 기업자유예금(1988) 등이 등장하였고, 재산 형성을 목적으로 세제상의 혜택을 늘린 근로자주택마련저축(1987), 근로자장기저축(1991) 등이 나타났다. 상호부금은 1984년 4월부터 국민은행 이외 모든 은행이 취급할 수 있게 하였다. 양도성예금증서(CD)와 비슷한 양도성정기예금제도는 1970년대에 도입되었으나 거액 예금수단으로 본격 도입된 것은 1984년 6월이었다. 예금은행은 CD 발행으로 자금조달을 능동적으로 할 수 있고 시장금리에 쉽게 적응할 수 있게 되었으나 CD 한도가 제한되어[1] 그 영향은 제한적이었다.

대출은 예금은행의 가장 중요한 자금운용 방식이자 수입원이다. 일반은행은 일반대출, 상업어음할인, 수출지원 금융 등 단기 자금의 공급만이 아니라 중장기 자금의 공급도 담당하였지만 기한은 「은행법」상 10년 이내이었다. 일반은행은 가계에 대한 장단기 대출, 기업의 단기 운전자금과 중장기 설비투자자금을 함께 취급하였다. 일반은행의 경우 「은행법」에 따라 동일인에 대한 대출한도가 있었고, 지방은행의 경우 대주주 대출한도가 있었으며, 중소기업에 대한 의무대출 규제도 있었다. 이 시기 일반은행의 대출에는 상업어음할인, 무역금융, 무역어음할인, 당좌대출, 일반적금 대출, 적금관계 대출, 수출산업 및 수입대체 소재·부품산업 시설자금 대출, 국민투자기금 대출, 외화대출 등이 있었다. 그런데 1973년 도입된 국민투자기금 대출은 1989년 이후 신규 대출이 중단되었고, 외화대출은 1985년 2월부터 일반은행도 취급할 수 있게 되었다.

일반은행은 「은행법」에 따라 요구불예금 25%를 초과하지 않는 범위에서 주식을 인수하거나 만기 3년 이상의 채권이나 증권에 투자를 할 수 있었는데, 1991년 12월 「은행법」 개정으로 자기자본 100% 이내로 제한됨으로써 투자한도가 증가하였다. 일반은행은 국채, 지방채, 주식, 회사채, 정부보증채, 통안증권, 재정증권 등 다양한 유가증권을 보유할 수 있었으나 금융채가 가장 많고 국채, 주식, 회사채가 그 다음으로 많았다. 금융자유화가 진행되던 유가증권 비중은 일반은행은 물론 특수은행 모두 증가 추세

1 처음에도 한국은행이 개별 은행의 자본금, 예수금 등을 고려하여 그 한도를 정하였고, 1989년 이후에는 자기자본의 일정 비율, 일반은행 150%, 특수은행 400%로 그 발행이 제한되었다(한국은행(2005), 『우리나라의 금융제도, p. 335).

[그림 25-1] 일반은행과 특수은행의 유가증권 및 지급보증 비중 추이(1964~2002)

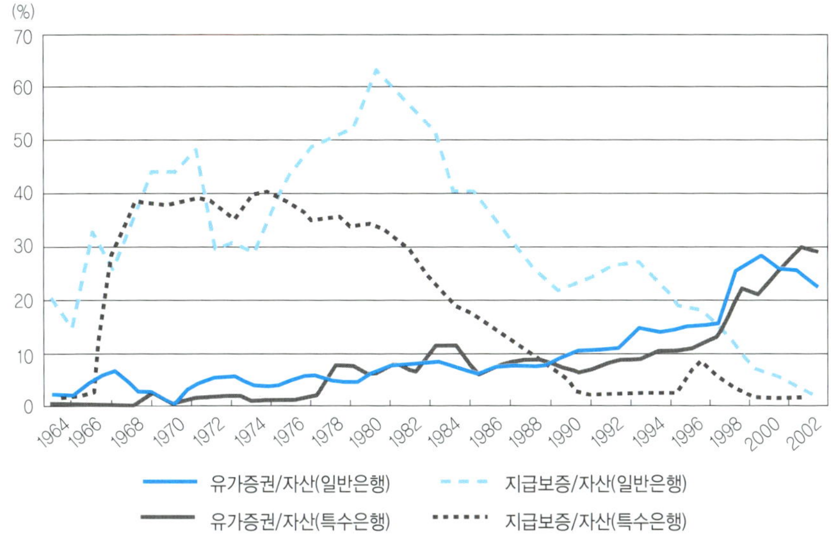

자료: 한국은행, 『경제통계연보』, 각 연도.

를 보였는데 [그림 25-1]을 보면, 외환위기 이후에는 증가세가 더욱 뚜렷해졌다.

1970년대 후반에 이르면 5개 시중은행, 주택은행과 국민은행을 제외한 특수은행, 외국 은행 국내 지점, 일부 지방은행까지 외국환을 취급할 수 있게 되었고, 1980년대 후반 이후 경상수지 적자로 외환규제가 완화되면서 외환의 취급범위는 물론 그 규모가 계속 확대하였다.

지급보증 업무는 원화 표시 또는 외화 표시로도 이루어졌다. 지급보증 총한도는 「은행법」에 따라 한국은행이 원화지급보증 대상 중에서 대출, 회사채 지급, 상업어음 보증은 보증요건, 보증한도, 보증상대 등을 엄격히 규제하였으나 이러한 규제는 1993년 4월에 규제완화정책에 따라 완전 폐지되었다. 1964년 제도화된 이래 지급보증의 증가는 자산 증가와 비교해서 변동은 있지만 일반은행은 1970년대 말까지 더 커지고 특수은행은 1970년대 접어들어 다소 줄어들었으나 전체적으로 커졌다. 그러나 1980년대 이후 금융자유화 시대에는 자산 증가에 비해 지급보증 증가세가 현저히 둔화되었다. [그림 25-1]에서 보듯이 경제개발 시대에 급격히 확장하였던 지급보증 업무는 금융자유화 시대에 점차 위축되어 외환위기 이후에는 거의 소멸되었다고 할 수 있다.

은행의 고유 업무는 아니지만 금융통화운영위원회의 허가를 받아 겸영하는 주요한 업무가 신탁 업무와 신용카드 업무이다. 신탁 업무는 1972년 이후 서울신탁은행이 독점하여 왔으나 지방은행은 1983년 5월부터, 다른 시중은행은 1984년 2월부터, 외국은행 지점은 1985년 5월부터 취급할 수 있게 되었으며, 특수은행에게도 개방되었다. 결과적으로 신탁 업무는 은행의 주요 업무가 되었을 뿐 아니라 신탁의 수신이 예금은행의 전체 예금에 비견될 정도 계속 확장하였다. 신용카드 업무도 국민은행이 1980년 9월부터 취급하는 것을 시작으로 시중은행, 지방은행으로 점차 개방되었다. 그런데 금융당국이 은행의 공동운영을 권장함에 따라 1982년 4월 은행신용카드협회가 조직되어 운영되었다가 BC카드회사로 발전하였고 이에 특수은행도 참여하였다. 1987년 5월에 「신용카드업법」이 제정되자 많은 은행이 자회사로 카드회사를 설립하고 재벌계열의 카드전업회사가 연이어 설립되었다. 신용카드시장이 확대됨에 따라 신용카드 수수료가 일반은행 수입의 5%에 가까워질 정도로 업무 비중이 증가하였다.

2) 예금은행별 자산과 그 추이

이 시기의 예금은행에 속하는 금융기관별 비중을 자산 규모를 통해 살펴볼 수 있도록 금융기관 총자산에 대한 상대적 비율로 제시한 것이 [표 25-5]이다.

자산 규모만 보면, 1980년에는 시중은행, 외환은행, 외은, 농협, 지방은행, 국민은행, 중소기업은행 순인데, 시중은행의 비중은 49.4%이고 특수은행으로서는 외환은행이 20.9%로 매우 높다. 시중은행의 비중은 특수은행의 민영화로 크게 높아진다. 즉, 1989년 외환은행, 1995년 국민은행, 1997년 주택은행의 민영화로 그 비중이 크게 높아졌다. 그 결과 특수은행 중에서는 농협과 중소기업은행이 2002년 산업은행이 특수은

[표 25-5] 예금은행 금융기관별 자산의 상대적 비율(1980~1997)

(단위: %)

연도	일반은행			특수은행							합계 (조 원)
	시중은행	지방은행	외국은행	농협	중소기업	국민	수협	외환	주택	축협	
1980	49.4	5.6	7.7	6.1	3.4	3.6	0.7	20.8	2.8		42.3
1981	49.7	5.9	7.6	6.1	3.7	3.8	0.7	20.5	2.0		53.3
1982	49.4	6.5	7.8	5.9	3.9	4.4	0.7	18.8	2.7		63.4
1983	49.2	7.5	5.7	6.2	4.5	5.0	0.7	17.3	3.5	0.4	68.8
1984	48.3	8.0	6.3	5.6	4.7	5.1	0.7	17.3	3.6	0.4	76.5
1985	47.5	8.1	6.4	5.7	4.9	5.2	0.7	17.6	3.3	0.4	86.4
1986	46.1	8.4	6.6	5.9	5.5	5.9	0.8	16.6	3.8	0.5	92.9
1987	46.0	9.2	6.1	7.1	5.9	6.2	0.9	13.9	4.2	0.5	105.3
1988	47.0	9.2	5.1	7.8	6.1	6.4	0.9	12.0	4.9	0.6	119.0
1989	51.7	11.5	5.2	9.4	7.1	7.2	1.0		6.3	0.6	124.3
1990	57.0	11.1	4.1	8.2	6.1	6.1	0.8		5.9	0.6	176.9
1991	56.1	11.7	4.7	8.1	5.9	6.0	0.9		6.0	0.7	213.4
1992	56.0	10.9	4.3	8.1	6.0	6.2	0.9		6.9	0.9	244.8
1993	55.7	10.8	3.7	8.1	6.4	6.7	0.9		6.6	1.0	271.2
1994	55.4	11.3	3.7	7.8	6.4	6.6	1.0		6.6	1.2	318.3
1995	60.2	11.8	3.7	9.1	6.4		0.9		6.6	1.2	373.9
1996	59.4	11.9	4.1	9.6	6.5		1.0		6.3	1.2	444.6
1997	67.5	10.5	6.0	8.1	5.8		1.0			1.2	561.4

주: 지급보증 포함.
자료: 한국은행, 『경제통계연보』, 각 연도.

행으로 전환될 때까지 가장 비중이 높았다. 지방은행은 지역을 기반으로 계속 확장세를 보인 반면에 외국 은행 지점의 영향은 점차로 줄어들고 있다. 1980년대 특수은행에서 규모가 큰 예금은행들이 민영화되면서 시중은행으로 전환함에 따라 시중은행의 비중은 계속 높아져 외환위기 직전에는 예금은행 자산의 67.5%를 차지할 정도로 영향력이 압도적으로 되었다. 따라서 금융자유화 시대에는 특수은행의 신설과 확장이 아니라 특수은행이 시중은행으로의 전환으로 인해 시중은행의 비중이 더욱 높아졌다고 할 수 있다.

3) 예금은행의 자금운용

예금은행 대차대조표의 자산계정을 통해 자금운용을 살펴볼 수 있다. 예금은행은 대출을 주요 업무로 하지만 투자 업무도 담당하고 유가증권을 제2준비금으로도 보유할 수 있다. 또한 예금은행은 예금에 대한 준비금으로 현금과 각종 예치금을 가지고 있으며, 이에 속하지 않는 자산은 기타 자산으로 분류하였다.

[표 25-6]을 보면, 일반은행의 가장 중요한 수익원이 되는 대출은 대략 전체 자산의

[표 25-6] 일반은행과 특수은행의 자산의 구성 비율(1980~1997)

(단위: %)

연도	일반은행				특수은행			
	대출	유가증권	현금 예치금	기타 자산	대출	유가증권	현금 예치금	기타 자산
1980	57.4	6.9	17.2	18.5	35.5	6.1	7.6	50.8
1981	55.9	7.9	18.8	17.4	36.3	7.8	7.2	48.7
1982	54.4	8.0	18.9	18.7	40.1	6.4	11.5	42.0
1983	53.9	8.5	15.2	22.4	44.2	11.2	7.5	37.1
1984	51.3	7.3	19.7	21.6	43.9	11.1	11.0	34.0
1985	54.5	6.2	18.6	20.7	44.6	6.2	18.0	31.2
1986	56.2	7.5	16.1	20.3	47.9	7.3	16.6	28.2
1987	50.3	7.5	23.3	18.9	52.6	8.6	13.7	25.1
1988	47.2	7.1	28.4	17.3	54.1	8.8	13.1	24.0
1989	51.9	8.9	22.4	16.8	56.4	7.3	13.3	23.0
1990	47.8	10.3	23.0	18.9	60.3	6.2	14.3	19.2
1991	49.8	10.6	20.7	19.0	60.1	7.3	14.6	18.0
1992	50.2	11.1	17.6	21.1	59.2	8.4	12.7	19.7
1993	48.8	14.9	14.6	21.7	62.7	8.8	11.2	17.3
1994	49.0	13.7	13.4	23.8	63.1	10.4	9.9	16.7
1995	48.1	14.8	13.0	24.1	59.2	10.3	9.6	20.9
1996	47.7	15.1	12.0	25.2	57.3	11.3	7.6	23.8
1997	44.9	15.9	9.2	30.1	57.0	13.4	6.1	23.5

주: 기타 자산에는 지급승락대충이 포함되어 있음.
자료: 한국은행, 『경제통계연보』, 각 연도.

절반 정도 되고 비중은 이 시기에 점차 줄어들고 있었다. 그에 반해 유가증권의 비중은 점차 증가하여 7%에서 16% 정도 되었다. 일반은행은 예금 업무 때문에 상당한 수준의 현금과 예치금을 보유해야 하는데 그 비중은 지급준비율 정책에 따라 적게는 9%에서 많게는 23% 수준까지 달하는 경우도 있었지만 1990년대 지급준비율의 하락 정책에 따라 예금의 증가에도 불구하고 점차로 낮아졌다. 이러한 추세는 특수은행의 경우도 마찬가지이었다. 특수은행의 대출 비중은 일반은행과 반대로 증가 추세를 보이다가 1990년대 중반 이후 하락 추세를 보였다. 특수은행의 유가증권 비중은 증감을 보이다 1990년대 증가 추세를 보였다. 따라서 예금은행의 자금운용을 보면 금융자유화 시대

[표 25-7] 예금은행 금융기관별 대출의 상대적 비율(1980~1997)

(단위: %)

연도	일반은행			특수은행							합계
	시중은행	지방은행	외국은행	농협	중소기업	국민	수협	외환	주택	축협	(조 원)
1980	43.4	6.7	13.0	7.8	6.5	5.6	1.3	10.1	5.4		15.0
1981	43.7	7.1	2.0	7.7	7.7	6.4	1.3	10.3	3.8		18.7
1982	42.1	7.1	11.4	7.3	7.5	8.4	1.3	9.9	5.1		23.5
1983	41.1	7.1	10.8	7.6	7.8	8.7	1.3	8.5	6.1	0.9	27.4
1984	40.1	7.8	11.6	7.8	7.6	8.4	1.4	7.8	6.4	1.0	31.3
1985	41.3	7.8	11.4	7.6	7.3	7.8	1.4	8.2	6.2	0.9	37.2
1986	41.2	7.5	10.9	7.6	7.8	7.2	1.4	9.2	6.2	0.8	42.9
1987	38.2	7.7	10.2	9.1	8.2	7.2	1.4	10.8	6.4	0.8	48.5
1988	37.9	8.0	8.6	10.0	8.8	7.5	1.5	10.0	6.8	0.8	54.3
1989	44.8	9.7	7.4	10.7	9.1	7.7	1.5		8.2	0.9	62.9
1990	47.9	10.4	6.0	9.9	8.2	6.9	1.4		8.4	0.9	81.9
1991	48.0	10.4	6.5	9.3	7.9	6.8	1.3		8.8	1.0	99.2
1992	47.9	9.8	5.6	9.2	7.9	7.2	1.3		9.7	1.3	112.5
1993	45.9	10.0	4.2	9.6	8.5	8.3	1.3		10.5	1.6	124.9
1994	47.0	10.0	4.0	9.2	8.3	8.1	1.2		10.1	1.9	148.5
1995	54.6	10.6	3.6	9.6	8.2		1.3		10.1	2.1	169.2
1996	54.5	10.4	4.2	10.0	8.2		1.2		9.3	2.2	198.9
1997	63.5	9.9	5.6	10.2	7.5		1.3			2.1	237.6

자료: 한국은행, 『경제통계연보』, 각 연도.

에는 유가증권 투자가 늘어나고 예치금이 줄어드는 등 경제개발 시대와 다른 모습이 나타났고, 이러한 경향은 1990년대에 더 뚜렷해졌다고 할 수 있다.

예금은행의 가장 중요한 자금운용 방식은 대출이다. [표 25-7]을 보면, 1980년에는 시중은행, 외은 지점, 외환은행, 농협, 지방은행의 대출 비중은 43.4%, 13.0%, 10.1%, 7.8%, 6.7%이다. 1997년에는 시중은행, 농협, 지방은행, 중소기업은행, 외은 지점의 비중이 63.5%, 10.2%, 9.9%, 7.5%, 5.6%이다. 다른 특수은행의 시중은행화로 시중은행의 비중이 크게 늘어났다. 특수은행에서는 농협과 중소기업은행만 그 위상을 유지하고

[표 25-8] 예금은행 자금별 구성 비율(1980~1997)

(단위: %)

연도	금융자금									재정자금	국민투자기금	합계(조 원)
	할인어음	무역금융	당좌대출	적금대출	급부금	일반자금	농수산자금	주택자금	기타			
1980	6.1	14.1	4.3	12.4	4.5	33.0	3.4	7.7	7.1	4.1	3.3	12.2
1981	8.5	13.8	4.9	8.6	4.8	33.1	2.9	5.4	10.5	4.4	3.1	16.0
1982	9.1	11.3	4.4	7.2	5.2	36.2	2.5	6.6	10.0	4.4	3.1	20.2
1983	8.6	10.8	5.0	7.1	5.5	34.9	2.4	7.2	10.3	4.6	3.4	24.2
1984	8.2	9.9	4.5	6.1	6.3	41.1	2.5	7.3	6.1	4.7	3.2	28.0
1985	7.9	9.3	4.4	5.3	6.3	43.7	2.3	6.9	6.5	4.7	2.9	33.8
1986	7.5	8.8	4.1	5.0	6.3	42.4	2.2	6.7	9.5	4.8	2.7	39.1
1987	7.9	5.6	2.9	5.1	6.8	43.1	2.4	7.0	11.7	5.0	2.5	43.1
1988	9.2	2.5	3.7	3.6	7.6	42.7	3.2	9.1	11.3	5.1	2.2	48.8
1989	9.5	2.2	3.8	4.2	8.4	43.4	3.0	9.6	9.3	5.0	1.7	62.5
1990	10.6	2.6	3.6	4.2	7.5	41.6	3.2	10.5	9.6	5.1	1.4	74.0
1991	12.2	2.5	5.6	3.7	5.1	42.3	3.2	10.9	8.3	5.2	1.1	89.4
1992	12.5	2.5	7.5	3.0	3.7	42.4	3.0	11.7	7.6	5.4	0.8	102.8
1993	13.0	2.1	6.7	2.3	2.8	43.7	3.1	12.4	7.7	5.6	0.5	115.1
1994	13.8	2.0	7.6	1.6	2.2	44.3	2.7	11.8	7.7	6.1	0.3	135.9
1995	14.5	1.9	5.5	1.5	1.8	46.3	2.6	11.6	6.9	7.3	0.2	152.5
1996	13.9	1.5	4.4	1.2	1.3	51.2	2.1	10.6	6.2	7.5	0.1	177.2
1997	12.3	1.3	4.0	0.9	0.8	54.2	2.1	10.5	6.0	7.9	0.1	200.4

주: 외국 은행 지점은 대출 제외.
자료: 한국은행, 경제통계시스템.

있었다.

예금은행의 자금의 조성과 운용방법을 제시한 것이 [표 25-8]이다. 예금은행이 대출은 정부로부터 위탁받은 자금, 국민투자기금이 조성한 자금, 스스로 조성한 금융자금으로 이루어졌는데, 재정자금의 비중은 1980년대 초반에는 4%에 그쳤으나 정책자금의 배분으로 서서히 증가하여 외환위기 직전에는 8%에 가까워졌다. 국민투자기금은 1992년부터 신규 자금의 공급을 중단함에 따라 비중이 점차로 낮아졌고 2003년에는 소멸되었다. 예금은행은 대출재원의 대부분을 예금과 차입금 등으로 조성한 금융자금인데, 이 자금은 1980년대 초반에는 일반자금, 무역금융, 적금대출, 주택자금, 할인어음, 당좌대출, 급부금, 농수산자금 순으로 이용되었으나 1997년 말에는 일반자금, 할인어음, 주택자금, 당좌대출, 농수산자금, 무역금융, 적금대출 순으로 이용되었다. 운용이 자유로운 일반자금, 당좌대출, 적금대출, 할인어음, 주택자금 등은 정책과 무관하다고 보고 이를 제외한 자금을 정책대출[2]로 간주한다면 금융자유화 시대에 일반은행의 정책대출 비중은 점차 낮아졌다고 할 수 있다. 어떻든 이 시기의 예금은행의 정책금융 비중은 지속적으로 낮아졌고 그만큼 예금은행의 자금운용 자율성이 높아지고 있었다고 할 수 있다.

4) 예금은행의 자금조달

예금은행의 자금조달은 대차대조표의 부채 및 지본 계정을 통해 살펴볼 수 있다. 예금은행은 요구불예금과 저축성예금을 통해 자금을 조달한 결과로 예금부채를 가지게 되고, 한국은행, 정부, 외국 또는 기타 금융기관으로부터의 차입으로 차입금을 가지게 된다. 또한 예금은행은 신규 자본조달, 증자, 적립금, 잉여금 같은 여러 종류의 자본이 합쳐진 자본계정을 가지게 된다. 그 밖에 이에 속하지 않는 각종 부채가 기타 부

2 손상호·김동환(2013), 『한국의 정책금융 분석 및 평가와 미래비전』, 한국금융연구원, pp. 86~87.

[표 25-9] 일반은행과 특수은행의 부채 및 자본의 구성 비율(1980~1997)

(단위: %)

연도	일반은행					특수은행				
	예금	차입금		기타 부채	자본 계정	예금	차입금		기타 부채	자본 계정
		소계	한은 비율				소계	한은 비율		
1980	52.7	20.1	57.6	22.4	4.8	33.0	7.3	50.5	55.6	4.2
1981	54.6	20.4	56.1	20.4	4.6	33.7	8.9	55.6	53.7	3.7
1982	52.5	25.3	48.2	17.8	4.4	37.3	8.6	49.8	50.6	3.5
1983	50.0	25.5	53.7	19.3	5.2	39.1	9.3	46.5	48.3	3.3
1984	50.0	25.6	61.5	19.5	4.9	40.6	9.8	47.9	46.3	3.3
1985	47.7	27.1	66.0	20.6	4.6	41.5	10.4	49.5	44.7	3.5
1986	50.5	22.4	73.5	22.2	4.9	45.6	11.5	50.6	39.5	3.4
1987	56.1	17.4	81.0	21.2	5.3	55.5	12.8	49.8	28.7	3.0
1988	62.2	12.5	79.6	17.4	7.9	60.5	13.7	45.8	23.0	2.8
1989	57.3	10.9	76.9	17.9	13.9	61.8	14.0	44.9	21.6	2.6
1990	59.4	11.2	73.8	18.2	11.2	70.3	13.9	28.8	14.3	1.6
1991	59.0	12.2	66.1	18.1	10.7	70.7	13.8	30.8	14.1	1.5
1992	57.7	13.5	71.2	18.3	10.5	67.3	13.5	31.0	17.9	1.4
1993	60.3	11.8	70.3	17.3	10.6	66.9	13.2	31.3	18.6	1.4
1994	60.7	10.0	56.8	19.1	10.2	65.3	13.1	25.7	19.8	1.9
1995	62.0	8.9	40.8	20.3	8.8	55.6	14.7	19.2	28.2	1.5
1996	59.9	7.7	23.9	24.3	8.1	54.6	12.8	10.6	30.9	1.7
1997	58.0	5.7	41.4	31.0	5.3	44.7	17.2	7.3	37.5	0.7

주: 예금은 원화예금, 외화예금, 양도성예금 합계. 기타 부채에는 지급보증액 포함.
자료: 한국은행, 『경제통계연보』, 각 연도.

채가 되는데, 여기에는 지급보증이 포함될 경우도 있고 그렇지 않은 경우도 있지만 그 비중은 크지 않았다.

[표 25-9]를 보면, 1980년대 중반 이후 일반은행의 예금의존 비중은 점차 증가하여 1990년대는 60% 수준에 이르고 있다. 이러한 예금의 증가세는 1980년대부터 물가가 안정되고 양도성예금이라는 새로운 상품이 등장한 영향으로 보인다. 이 시기에 일반은행의 예금 비중이 높아진 대신에 차입금 비중은 20%대에서 5%대로 낮아졌다. 주요 차

입선은 한국은행이었지만 그 비중도 점차 낮아졌다. 그것은 정부 차입보다는 금융기관 간 차입이 증가했던 결과로 보인다. 일반은행 자본계정의 비중은 1980년대 초반부터 1980년대 후반까지 5% 전후였으나 1988년 이후 크게 높아졌다. 1990년대 중반 이후 다시 낮아져 외환위기 직전에는 5.3%에 이른다. 일반은행의 자기자본 비율은 큰 문제가 없었으나 1990년대 중반부터 급히 낮아져 문제가 되기 시작하였다.

특수은행은 일반은행에 비해 예금의존도가 매우 낮았다. 1980년대 이후 예금 유치에 적극 노력한 결과 1990년대 초반에는 70%에 이르렀다가 점차로 낮아졌으나 일반은행과 비슷한 수준을 유지하고 있었다. 일반은행에 비해 예금에 의존하는 비중이 높

[표 25-10] 예금은행 금융기관별 예금의 상대적 비율(1980~1997)

(단위: %)

연도	일반은행			특수은행							합계
	시중은행	지방은행	외국은행	농협	중소기업	국민	수협	외환	주택	축협	(10억 원)
1980	51.7	9.7	1.5	8.5	6.1	9.7	0.9	7.5	4.4		13.7
1981	52.8	9.5	1.7	8.3	6.2	9.8	0.9	6.5	4.3		18.1
1982	49.7	10.0	2.4	8.1	6.1	11.2	1.0	6.4	5.2		22.2
1983	43.6	9.5	1.9	7.0	6.0	10.9	8.1	5.4	7.5	0.0	27.4
1984	47.7	10.8	2.1	7.6	6.2	11.1	0.8	6.1	7.6	0.1	30.1
1985	46.4	11.2	1.9	8.2	6.5	11.3	0.8	6.4	7.2	0.2	33.3
1986	45.4	11.8	1.6	8.4	6.9	11.4	0.8	6.4	7.2	0.2	39.2
1987	45.3	11.3	1.4	8.8	6.3	10.4	0.8	8.4	7.0	0.3	52.3
1988	47.3	10.7	1.0	8.2	6.1	9.7	0.7	8.3	7.4	0.4	66.0
1989	47.8	12.8	1.2	10.1	6.7	10.8	0.8		9.2	0.4	69.6
1990	51.8	13.1	1.7	9.4	5.2	9.1	0.7		8.6	0.4	98.5
1991	50.7	13.5	2.0	9.5	5.0	9.1	0.7		9.0	0.5	115.5
1992	50.6	13.0	1.3	9.5	5.1	9.6	0.7		9.6	0.6	126.2
1993	51.7	12.5	1.1	9.4	4.8	9.7	0.7		9.6	0.6	142.0
1994	53.8	12.4	1.0	8.9	4.5	9.3	0.8		9.1	0.4	167.5
1995	63.7	13.0	0.8	8.5	4.4		0.7		8.7	0.3	194.1
1996	63.2	13.3	0.8	9.1	4.2		0.7		8.3	0.4	224.4
1997	75.3	10.9	1.4	7.9	3.6		0.6			0.3	278.0

자료: 한국은행, 『경제통계연보』, 각 연도

아졌고 차입금에 의존하는 비중도 낮아짐에 따라 비용구조가 개선되었다. 그럼에도 불구하고 특수은행의 자기자본 비율은 일반은행보다 매우 낮았고 비율도 점차 낮아지고 있었다. 그렇지만 특수은행은 정부가 직접 소유·지배한 은행이어서 이 당시에는 낮은 자기자본 비율을 중요한 문제로 생각하지 않았다.

개별 은행이 예금에서 담당한 역할을 비교하기 위한 상대적 비율을 제시한 것이 [표 25-10]이다. 1980년에는 시중은행의 예금 비중이 51.7%로 압도적으로 높고, 그 다음으로 지방은행, 국민은행, 농협, 외환은행, 중소기업은행의 순인데, 예금 비중이 9.7%, 9.7%, 8.5%, 7.5%, 6.1%로 거의 비슷하였다. 1997년 말에는 특수은행의 일반은행화로 시중은행의 비중이 76.3%로 크게 높아졌고 그 다음으로 지방은행이 10.9%이다. 개발금융기관을 제외한 특수은행으로는 농협 7.9%, 중소기업은행 3.6%, 모두 합쳐도 14.6%에 불과하였다. 따라서 외환위기 직전에는 일반은행, 그중에서 시중은행이 예금의 대부분을 유치하고 있었다고 할 수 있다.

3. 비은행 금융기관 업무와 역할의 변천

1) 개발금융기관

이 시기의 개발금융기관은 한국산업은행, 한국수출입은행과 1980년에 설립된 장기신용은행이다. 개발금융기관은 특수한 목적을 가진 개발은행이라고 할 수 있는데, 은행과 같이 대출 업무를 담당하되 주요 자금원이 달랐고 결제 기능도 제약되어 있어 예금은행과 구분하였다. [표 25-11]에서 보듯이 이 시기에 개발금융기관 중에서 가장 비중이 높은 은행은 대출 기준으로 여전히 산업은행이었지만, 1980년대 중반 이후 경상수지 흑자라는 새로운 환경에서 수출입은행의 신장세는 주춤하고 장기신용은행이 급성장하였다.

[표 25-11] 개발금융기관의 주요 자산과 부채(1980~1997)

(단위: 10억 원)

연도	대출			채권 발행			차입금		
	산업 은행	수출입 은행	장기신용 은행	산업 은행	수출입 은행	장기신용 은행	산업 은행	수출입 은행	장기신용 은행
1980	3,105	511		510			2,534	322	
1981	3,825	948	511	610		134	3,484	558	340
1982	4,670	1,564	631	786		228	4,128	1,008	403
1983	5,327	2,055	738	900		312	4,962	1,396	463
1984	5,883	2,607	806	1,160		392	5,577	1,624	523
1985	6,914	3,350	962	1,711		528	6,810	1,942	601
1986	7,498	2,542	1,317	2,229		697	6,237	1,421	773
1987	8,672	2,004	1,631	2,688		792	4,139	692	635
1988	9,305	1,715	1,917	2,896	340	937	3,484	703	567
1989	10,616	1,960	2,384	3,404	306	1,287	3,202	750	719
1990	12,738	2,367	3,290	4,612	381	2,099	3,517	1,257	917
1991	15,690	2,931	4,085	7,974	837	3,655	3,877	1,542	1,018
1992	17,740	2,498	4,919	10,412	856	4,116	4,028	1,036	946
1993	20,057	3,261	5,906	13,921	986	4,628	4,016	1,760	1,026
1994	22,399	4,076	4,571	16,617	1,161	6,255	4,173	2,321	1,075
1995	25,437	5,315	8,457	19,639	1,546	7,558	4,434	2,858	1,086
1996	29,873	7,142	9,133	23,764	2,534	8,158	5,536	3,441	1,343
1997	40,548	11,632	10,876	34,782	7,044	10,022	13,277	7,461	2,593

자료: 한국은행, 『경제통계연보』, 각 연도.

한국산업은행은 금융자유화 시대에도 경제개발 시대와 마찬가지로 전력, 석탄, 조선, 철강 등 중요 산업의 개발·육성에 필요한 1년 이상의 시설자금을 공급한 업체에 운영자금 대출과 업체관리를 주업무로 하였다. 이 은행은 필요한 자금을 정부차입금, 해외차입금과 산업금융채권의 발행을 통해 조달하였다.[3] 1980년대에는 차입금에 주로 의존하였지만 1980년대 후반부터 해외 차입이 줄어들고 산업금융채권의 소화가 순

3 한국은행(1993), 『우리나라의 금융제도』, pp. 126~127.

조로워짐에 따라 차입보다는 채권 발행에 크게 의존하여 대출을 확장하였다. 이 채권 발행은 원화는 물론 외화로도 발행되었고 1990년대 중반에는 가장 중요한 재원조달 수단이 되었다. 이 은행은 중장기 자금공급을 위한 대출과 주식과 채권의 인수와 함께 보증 업무도 수행하였는데 주로 회사채 보증을 담당하였다.

수출입은행은 금융자유화 시대에도 마찬가지로 연불거래 방식에 의한 선박, 플랜트 수출 등의 수출자금 대출, 해외 투자 및 자원개발사업에 대한 대출, 국산품 수입 외국업자에 대한 대출 및 관련 업무를 취급하였다. 이 은행은 이에 필요한 자금은 정부, 국내 금융기관 또는 해외로부터 차입, 그리고 채권 발행과 보유연불 매각 등으로 조달하였다. 이 보유연불 매각은 1980년대 중반까지 중요하였으나 주로 차입과 채권 발행에 의존하여 이에 대한 비중이 점차로 높아졌다. 이 은행은 다른 금융기관이나 외국 금융기관에 대한 채무보증, 협조융자 채무보증, 선수금 환급보증, 계약이행보증, 대외 채무보증 등 각종 보증을 통해 수출입과 해외 투자를 지원하였다.[4] 그리고 이 은행은 1976년부터 갑류 외환은행이 되어 외국환 업무도 부대 업무로 취급하였다. 이 은행은 산업금융채권의 소화가 순조로워짐에 따라 차입보다는 채권 발행에 크게 의존하여 대출을 확장하였다. 이 채권 발행은 원화는 물론 외화로도 발행되었는데, 1990년대 중반에는 가장 중요한 재원조달 수단이 되었다. 이 은행은 조달한 자금의 대부분은 대출로 이용하였다.

금융자유화 시대에 재출범한 장기신용은행의 주요 업무는 3년 이상의 중장기 시설자금 대출과 이와 관련된 채무보증이었다. 주요 단기 금융 업무로 1년 미만의 단기 운영자금을 어음할인, 당좌대출, 일반대출 형식으로 공급할 수 있었는데, 이것은 예·적금 한도 내에서만 할 수 있었다. 이 은행은 융자 업무 이외에도 유가증권 업무, 투자 업무, 보증 업무도 하였다. 또한 자기자본, 국내외 차입, 예수금 이외에도 자기자본 20배에 해당하는 채권 발행으로 국내외 자금을 조달할 수 있는데, 이것이 가장 중요한

4 한국은행(1993), pp. 133, 138.

자금조달 수단이었다.[5] 앞서 설명하였듯이 이 은행은 1998년 12월 국민은행에 흡수·합병되었다.

장기신용은행은 1980년대 중반까지는 채권 발행보다 공공차관을 중심으로 하는 차입금에 더 많이 의존하였으나 장기 신용채권의 소화가 순조로워짐에 따라 차입보다는 채권 발행에 크게 의존하여 채권이 가장 중요한 재원조달 수단이 되었다. 이 은행이 조달한 자금의 대부분은 대출에 운용하였으나 유가증권 투자의 비중도 높여 갔다.

2) 저축금융기관

이 시기의 저축(금융)기관으로는 은행신탁계정, 상호신용금고, 신용협동기구, 상호금융, 체신예금 등이 있었으나 은행신탁계정은 이미 충분히 다루었으므로 여기서는 언급하지 않는다. [표 25-12]를 보면, 이 시기의 저축기관 중에서 수신 기준으로는 상호금융, 상호신용금고, 새마을금고, 신용협동조합, 우체국 순이다. 여신 기준으로는 상호금융, 상호신용금고, 새마을금고, 신용협동조합 순으로 그 비중이 높았다.

상호신용금고는 상호신용계, 신용부금, 할부상환 방식에 의한 소액 신용대출, 계원 또는 부금자에 대한 어음할인 등을 취급할 수 있었다. 이 금고는 업무 외에도 가계대출, 부금대출, 보통부금예수금, 정기부금예수금, 근로자장기저축 등을 취급하였다. 상호신용금고의 주요 자금원은 부금예수금과 수입부금이고 주요 운용처는 부금대출과 어음할인이었다.[6]

신용협동조합은 조합원으로부터 출자금, 예탁금 및 적금의 수입, 조합원에 대한 대출, 조합원의 보험료 등 대리수납, 금융기관 연합회 예탁, 자금의 차입, 기타 부대 업무 등을 취급할 수 있었다. 신용협동조합은 조합원으로부터 출자금, 예탁금, 적금으로

5 한국은행(1993), pp. 139~141.
6 앞의 책, pp. 184~185.

[표 25-12] 저축금융기관의 수신과 여신(1980~1997)

(단위: %)

연도	수신						여신				
	상호신용금고	신용협동조합	새마을금고	상호금융	우체국예금	합계(10억 원)	상호신용금고	신용협동조합	새마을금고	상호금융	합계(10억 원)
1980	20.8	9.0		63.9	6.3	1,349	39.6	13.8		46.7	1,211
1981	19.5	11.3		64.2	5.0	1,870	36.0	13.2		50.8	1,956
1982	19.5	11.4		58.8	10.2	2,758	36.5	13.2		50.3	2,874
1983	22.0	12.1		55.7	10.2	3,230	44.1	13.1		42.8	3,648
1984	17.6	10.3	15.1	49.1	7.9	4,575	39.3	10.4	14.6	35.6	5,353
1985	17.4	10.2	16.9	51.7	3.8	5,448	43.4	9.9	14.8	32.0	6,667
1986	16.2	9.7	18.6	52.2	3.3	7,357	44.1	8.9	14.4	32.6	8,889
1987	13.1	9.3	18.9	52.3	6.5	10,832	40.6	9.1	15.6	34.7	11,558
1988	25.5	7.7	16.0	44.1	6.6	17,634	35.8	9.5	16.8	37.8	14,829
1989	26.9	7.9	16.5	43.3	5.3	23,035	35.0	9.7	16.9	38.4	19,737
1990	26.6	8.3	17.7	43.2	4.3	32,002	35.0	9.8	17.2	37.9	27,348
1991	26.9	8.9	17.4	42.5	4.4	43,129	34.4	10.2	17.3	38.1	37,179
1992	26.8	9.2	16.5	42.5	5.0	55,717	33.7	10.7	16.6	39.0	45,395
1993	27.2	9.6	16.3	42.3	4.5	67,561	33.7	10.8	15.8	39.7	54,478
1994	27.5	10.0	15.9	41.6	5.0	82,529	34.2	11.1	15.0	39.7	66,708
1995	26.6	10.6	16.2	42.0	4.5	96,411	33.6	11.7	15.0	39.7	76,674
1996	24.6	11.2	16.7	43.1	4.5	116,516	31.5	11.9	15.3	41.3	89,337
1997	21.2	11.5	17.3	45.5	4.5	128,690	27.3	12.3	16.0	44.4	102,924

자료: 한국은행, 『경제통계연보』, 각 연도.

조달한 자금을 주로 조합원에 대한 대출로 운용하고 있었다.[7]

상호금융은 농수축협이 단위조합의 자립 기반을 강화하기 위해 조합원의 예금을 조합원에 대출하는 것을 말한다. 이 조합들은 요구불예금, 저축성예금 등의 예수금과 중앙회로부터 차입으로 자금을 조달할 수 있는데, 대부분은 예수금이었다. 단위조합은 이 자금을 준비금인 현금·예치금을 제외한 자금의 대부분은 조합원 대출에 운용하

7 한국은행(1993), pp. 186~187.

였고 유가증권 투자에도 활용하는 데 유가증권 비중은 변화가 많았다.[8]

새마을금고는 신용협동기구의 하나로 1982년 12월 「새마을금고법」 제정을 계기로 법적 단체로 재출범하면서 금고 수는 급감하였으나 회원은 계속 늘어났다. 이 금고는 회원의 출자금, 예탁금과 적금수입으로 조달한 자금을 회원에 대한 대출에 주로 운용하였다.[9]

우체국의 예금 업무는 1977년 일시 농협으로 이관되었으나 1983년 「체신예금·보험에 관한 법률」에 의거 체신관서가 다시 취급하였다. 이 자금은 예금과 환매채로 조달되어 현금·예치금과 유가증권으로만 운용되었고 대출은 없었다.[10]

3) 투자금융기관

투자(금융)기관은 단기 금융시장, 자본시장을 매개로 금융중개를 담당하는데, 금융시장의 성장과 정부와 기업의 직접금융을 지원하는 기능을 수행하고 있다. 이 시기의 투자금융기관으로는 투자금융회사, 종합금융회사, 투자신탁회사, 증권금융회사 등이 있었다. [표 25-13]에서 이 시기의 투자금융기관을 수신 기준으로 보면 투자신탁, 종합금융, 투자금융, 증권금융 순이다. 금융여신을 기준으로 보면 종합금융, 투자금융, 증권금융 순이다. 투자신탁은 대부분의 자산을 유가증권에 운용하고 있기 때문에 여신에서는 제외되었다.

투자금융회사는 사채, 특히 어음시장의 양성화를 위해 제정한 「단기금융업법」에 근거하여 설립된 금융기관으로서 어음 및 채무증서의 발행, 어음의 할인과 매매, 어음의 인수 및 보증, 어음의 매매 중개와 어음관리구좌(CMA), 팩토링, 콜거래 중개 등의 업무를 취급하였지만 허가를 받아 증권 업무도 할 수 있었다. 이 투자금융회사는 자기발

8 한국은행(1993), p. 190.
9 앞의 책, pp. 188~189.
10 앞의 책, pp. 192~193.

[표 25-13] 투자금융기관의 주요 부채와 자산(1980~1997)

(단위: 10억 원)

연도	수신					여신			
	투자금융	종합금융	투자신탁	증권금융	합계	투자금융	종합금융	증권금융	합계
1980	902	228	563	17	1,710	873	323	99	1,295
1981	1,055	341	1,182	28	2,606	1,307	421	109	1,837
1982	1,443	526	2,590	66	4,625	1,665	460	126	2,251
1983	1,837	668	3,546	50	6,101	2,286	536	176	2,998
1984	3,378	793	4,265	29	8,465	3,970	800	186	4,956
1985	3,239	870	5,400	24	9,533	3,721	854	250	4,825
1986	3,774	1,024	7,746	5	12,549	4,174	992	215	5,381
1987	5,217	1,224	10,330	75	16,846	5,278	950	446	6,674
1988	7,091	1,391	14,123	1	22,606	7,065	805	249	8,119
1989	7,511	1,173	19,929	51	28,664	8,591	930	734	10,255
1990	8,844	1,209	24,180	918	35,151	10,528	1,452	1,282	13,262
1991	7,890	8,456	26,665	1,130	44,141	11,437	13,232	1,620	26,289
1992	10,120	8,451	35,741	2,000	56,312	11,057	13,289	2,076	26,422
1993	10,651	7,913	46,790	2,320	67,674	12,508	15,378	2,149	30,035
1994	12,019	17,778	59,159	5,207	94,163	14,062	19,971	2,797	36,830
1995	11,295	18,531	66,148	4,258	100,232	13,585	21,712	7,024	42,321
1996		20,285	70,424	2,782	93,491		21,972	7,518	29,490
1997		34,320	86,092	556	120,968		25,192	6,007	31,199

자료: 한국은행, 『경제통계연보』, 각 연도.

행어음 또는 CMA 수탁, 콜머니 등으로 자금을 조달하여 할인어음, 콜론, 유가증권 투자에 주로 운용하고 있었다. 자기어음 발행의 비중은 감소한 반면에 CMA와 표지어음 비중은 증가하였다. 자금운용을 보면 기업어음 위주의 할인어음 비중은 줄어들고 팩토링이나 다른 자산 비중은 늘어났다.[11] 종합금융회사는 단기 금융업, 외자 업무, 시설 대여, 회사채 발행과 중장기 대출, 증권투자, 팩토링 등 비은행 금융기관이 취급하는

11 한국은행(1993), pp. 155~157.

모든 업무를 취급할 수 있어 투자금융회사와 경쟁적이었다. 이 종합금융회사는 자기발행어음, 국내외 차입금, 사채 발행, 자본금 등으로 자금을 조달할 수 있었으나 자기발행어음이나 CMA보다는 국내외 차입, 사채 발행에 주로 의존하였다. 이 자금으로 외화대출, 어음할인, 중장기 대출, 리스 등에 주로 운용하였는데 외화대출에서 점차로 리스로 주요 운용 대상이 변화하였다.[12]

투자신탁기관은 증권시장의 육성에 필요한 증권투자신탁을 전담하는 금융기관이다. 이 증권신탁 전업 금융기관으로는 한국투자신탁(1974), 대한투자신탁(1977), 국민투자신탁(1982) 등이 있었으나 각 지방에 지방투자신탁도 설립되었고 종합금융회사도 이 업무를 수행하였다. 이 회사는 수익증권, 증권저축, 차입금, 자본금 등으로 조달한 자금을 채권과 주식 등의 유가증권이나 기타 자산에 운용하였다. 또한 증권저축보다는 수익증권을 발행하여 자금을 조달하면서 필요한 경우 차입하였고, 운용자금 대부분은 유가증권에 투자하였는데, 주로 채권에 투자하였다.[13]

증권금융회사는 증권의 발행 및 유통시장을 지원하기 위한 금융 업무, 유가증권의 수탁 등 다양한 증권 업무를 취급할 수 있다. 이 금융기관은 다른 금융기관 차입금, 채무증서 발행, 증권회사의 예수금 등으로 소요자금을 조달하고 이를 증권유통, 증권인수, 증권담보, 주식매입, 금융기관 운영자금 등으로 대출하거나 전매부 채권인수에 운용하고 있었다. 이 회사는 차입보다는 예수금이나 채무증서 발행을 통해 필요한 자금을 조달하였는데, 1980년대에는 대출에 주로 활용하였으나 1990년대부터는 할인어음 매입에 주로 활용하였다.[14] 이러한 할인어음 비중의 급증은 정부가 증권시장 안성을 위해 투자신탁의 어음을 대폭 매입한 결과이었다.

12 한국은행(1993), p. 158.
13 앞의 책, pp. 163~164.
14 앞의 책, pp. 169~170.

4. 보험회사의 성장과 변천

이 시기에 보험과 관련되는 기관으로는 1990년에 설립된 한국보험공사, 생명보험회사, 손해보험회사 등이 있었다. 1980년대 전반까지는 6개 생명보험회사(대한, 흥국, 제일, 삼성, 동방, 동아, 대한교육)의 과점 체제가 유지되었으나 외국의 보험업 개방 요구가 강화됨에 따라 1986년부터 외국 생명보험회사의 설립 기준이 정해지고 1987년에는 국내 지점 설치, 합작회사 현지법인 설립 등이 허용되었다. 외국계 생명보험회사의 국내 지점 설치 이후 국내 생명보험회사의 설립도 1987년 지방에서부터 시작되어 늘어났다. 1997년 생명보험회사는 33개인데 전국 규모 보험사가 12개, 지방보험사 9개, 합작사 7개, 현지법인 3사, 외국 지점 2개이었다. 이 회사의 대부분은 1980년대 후반에 설립되었다. 이러한 변화는 개방 요구도 있었지만 1980년대 중반부터 소득 수준의 증가와 인구의 고령화로 생명보험시장이 확장하기 시작하였기 때문이다. [그림 25-2]를 보면, 1980년대 중반부터 생명보험 1인당 계약액이 급증함에 따라 생명보험사의 자산도 국민소득에 비해 급증하고 있었다.

[표 25-14]에서 보듯이, 이 시기에도 생명보험 수요는 단체보험보다는 개인보험 위주이었고 개인보험 비중도 더 커지고 있었다. 개인보험의 수요는 개인수명의 연장에 따라 사망보험의 비중은 점차 줄어들었다가 약간 증가하였고, 생존보험의 비중이 크게 늘어났다 다소 줄어들었다. 그리고 양로보험이라고 불리는 생사혼합보험의 비중은 점차로 줄어듦으로써 개인보험은 사망보험과 생존보험으로 양극화되었다.

[표 25-15]를 보면, 1980년대에는 생명보험계약금의 폭발적인 증가세에 따라 생명보험회사의 자산총액도 이 기간 동안 30배 가까이 증가하였다. 이러한 외형적 증가세에도 불구하고 자본계정은 1983년부터 1988년까지 마이너스(-)로 자본잠식이 발생하고 있었다. 이것은 적자의 연속이라기보다는 보험계약이 증가함에 따라 보험계약준비금이 과도하게 책정된 결과로 보인다. 생명보험회사는 이 보험금을 유가증권, 대출, 현금예금, 기타 자산 등으로 운용하였다. 이 회사들은 1980년대 초반에는 대출에 60%

[그림 25-2] 국민소득 대비 생명보험 및 손해보험 자산 및 계약의 추이(1982~1997)

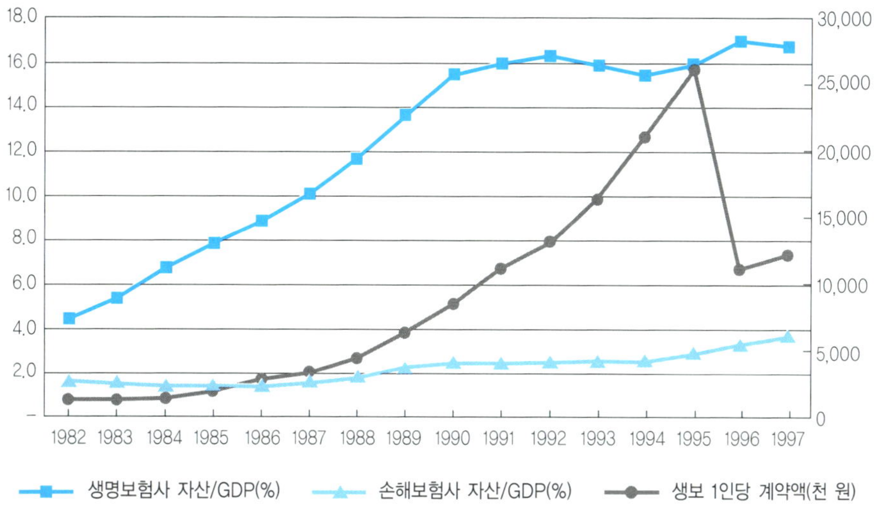

자료: 한국보험공사·보험개발원, 『보험통계연감』, 각 연도.

[표 25-14] 생명보험회사의 보험계약별 추이(1980~1995)

(단위: 억 원, %)

구분		1980		1985		1990		1995	
		금액	비율	금액	비율	금액	비율	금액	비율
개인	소계	9,748	85.7	68,183	90.6	340,828	94.2	380,563	88.7
	사망보험	3,243	28.5	28,383	37.7	13,440	3.7	140,980	32.9
	생존보험	2,229	19.6	17,264	22.9	281,502	77.8	213,923	49.9
	생사혼합	4,276	37.6	22,536	29.9	45,886	12.7	25,659	6.0
단체보험		1,630	14.3	7,101	9.4	20,897	5.8	48,376	11.3
합계		11,377	100	75,284	100	361,725	100	428,939	100

자료: 한국보험공사·보험개발원, 『보험통계연감』, 각 연도.

정도를 운용하고, 유가증권에는 20% 이하로, 부동산으로 10% 이상 운용하였다. 이 회사는 1980년대 후반에는 대출과 부동산의 비중은 줄이고 유가증권의 비중을 늘렸으나 1990년대에는 대출은 50% 전후, 유가증권에 25% 전후, 부동산은 7~8%로 자금운용 비

[표 25-15] 생명보험회사의 자산과 부채 및 자본의 구성 비율(1980~1997)

(단위: %)

연도	자산					부채 및 자본			합계 (10억 원)
	유가 증권	대출	부동산	현금 예금	기타 자산	보험계약 준비금	자본 계정	기타 부채	
1980	20.5	60.2	11.2	4.0	4.1	91.1	4.8	4.1	991
1981	19.6	60.2	12.0	4.0	4.2	95.1	0.3	4.6	1,470
1982	16.6	61.5	14.5	4.0	3.4	66.6	30.6	2.8	2,287
1983	14.9	64.0	14.1	3.7	3.2	98.2	-0.6	2.4	3,425
1984	13.2	63.9	18.7	4.0	2.6	96.3	-1.5	5.2	5,049
1985	19.9	60.8	11.4	5.0	2.9	99.9	-2.0	2.1	6,583
1986	24.1	56.0	9.9	6.5	3.6	100.8	-2.4	1.6	8,484
1987	24.3	57.1	7.9	7.5	3.3	100.4	-1.6	1.2	11,647
1988	28.2	52.6	7.4	8.5	3.3	98.8	-0.2	1.4	15,580
1989	24.2	54.9	7.2	8.9	4.8	97.2	1.2	1.6	20,803
1990	26.1	53.4	7.8	8.1	4.7	95.5	2.4	2.1	28,460
1991	26.7	50.5	6.3	8.9	6.3	96.3	2.1	1.5	36,656
1992	26.7	49.4	7.7	10.4	5.8	96.5	1.9	1.5	43,184
1993	28.3	50.5	7.9	6.5	6.7	96.4	1.9	1.7	48,791
1994	27.3	51.2	8.2	6.5	7.0	96.3	1.9	1.8	56,021
1995	28.2	47.4	7.7	8.9	7.9	97.2	1.1	1.7	66,972
1996	28.1	48.4	7.7	10.4	5.4	98.3	-0.1	1.7	80,074
1997	24.9	48.2	7.9	13.0	5.9	98.8	-0.9	2.1	92,534

자료: 한국은행, 『경제통계연보』, 각 연도.

중이 안정되었다.

1980년대 후반에 생명보험회사는 활발히 설립되었으나 손해보험회사는 큰 변화가 없었다. 미국계 손해보험 2개 회사가 1984년에 국내 지점을 설치하고, 한국보증보험이 1989년에 설립되고, 외국계 손해보험사 VIGILANT의 국내 지점이 1992년 설치된 것 이외에는 큰 변화가 없었지만 손해보험시장은 꾸준히 성장하고 있었다. [그림 25-2]를 보면, 손해보험사 자산이 국민소득 증가에 비해 더 증가하고 있었다.

[표 25-16]에서 보듯이 1980년대 초반에는 손해보험의 수요가 장기 저축, 해상, 특

[표 25-16] 손해보험회사의 보험종류별 수입보험료 추이(1980~1995)

(단위: 억 원, %)

구분	1980		1985		1990		1995	
	금액	비율	금액	비율	금액	비율	금액	비율
화재	49	12.5	94	9.5	216	6.6	221	6.2
해상	74	19.1	168	17.1	267	8.2	286	8.0
자동차	130	33.6	434	44.1	1,639	50.2	1,773	49.4
보증	22	5.8	46	4.6	267	8.2	285	7.9
특종	50	12.9	125	12.7	188	5.8	212	5.6
장기 저축	63	16.1	118	12.0	678	20.7	814	22.7
해외원보험					9	0.3		
합계	388	100.0	984	100.0	3,264	100.0	3,590	100.0

자료: 한국보험공사·보험개발원, 『보험통계연감』, 각 연도.

종, 화재 순이었으나 1990년에는 자동차, 장기 저축, 해상, 화재 순이었고, 1990년대에는 변화가 거의 없었다. 1980년대에는 자동차의 보급 확대에 따라 자동차보험이 손해보험의 1/2 정도를 차지하는 것에서 알 수 있듯이 이 시기의 손해보험의 중심은 화재보험이나 해상보험이 아니라 자동차보험이 되었다. 그 다음으로 비중은 높은 것이 장기 저축인데, 이것은 손해보험의 본래 영역이 확장된 것이라기보다는 손해보험사가 영업이익을 늘리기 위해 저축상품을 개발하여 적극 판매한 결과이었다.

손해보험회사의 자산은 보험계약금 납입에 따라 늘어나지만 이로 인해 보험계약준비금이라는 부채도 늘어난다. [표 25-17]을 보면, 이 회사의 자산은 1980년대 동안 6배 정도 늘어났고 그 이후 외환위기까지는 4배 정도 늘어난 것에서 알 수 있듯이 손해보험시장은 꾸준히 성장하고 있었다. 손해보험회사가 조성한 자금 중에서 수익을 낼 수 있는 운용자산의 비율은 1980년대 초반에는 60%에 그쳤으나 1990년대에는 80%로 늘어났다. 또한 이 회사들의 운용수익률은 저금리 추세에 따라 낮아지기는 하였지만 시장금리보다는 높은 수준에서 안정적인 수익률을 기록하였다. 그리고 이 회사들의 계약준비금 비율은 1980년대 초반에는 50%대로 높지 않았지만 1990년대 중반에는 80%

[표 25-17] 손해보험회사의 자산과 부채 및 자본의 구성 비율(1980~1997)

(단위: 10억 원)

연도	주요 자산, 부채, 수익 지표					주요 비율(%)			자산 (10억 원)
	운용 자산	보험계약 준비금	자본금	운용 수익	당기 순익	자산 운용률	운용 수익률	준비금 비율	
1980	346	325	25	25	25	56.9	17.3	53.5	608
1981	448	408	26	26	26	58.0	16.9	52.8	773
1982	561	491	27	27	27	61.0	11.8	53.4	919
1983	633	616	36	36	36	60.7	9.9	59.1	1,043
1984	706	657	39	39	39	63.5	10.3	59.2	1,111
1985	805	807	43	43	43	65.1	10.3	65.3	1,236
1986	1,021	1,055	64	64	64	68.8	11.8	71.1	1,484
1987	1,512	1,417	101	101	101	77.3	12.4	72.4	1,956
1988	2,177	1,905	140	140	140	81.8	12.9	71.6	2,660
1989	3,028	2,574	215	215	215	83.1	11.7	70.7	3,642
1990	3,922	3,466	236	236	236	81.1	9.3	71.7	4,836
1991	4,134	4,435	236	236	236	70.5	11.8	75.6	5,865
1992	5,501	5,354	269	269	269	81.0	10.3	78.8	6,794
1993	6,527	6,353	348	348	348	81.9	10.8	79.7	7,973
1994	7,818	7,559	420	420	420	81.6	10.1	78.9	9,585
1995	10,448	10,305	421	421	421	82.2	8.5	81.1	12,711
1996	13,356	13,486	436	436	436	82.3	8.9	83.1	16,228
1997	16,338	17,398	441	441	441	81.9	9.8	87.2	19,944

자료: 한국은행, 『경제통계연보』, 각 연도.

를 넘어서고 있다. 이것은 보험금 미지급금의 비중이 줄어든 결과로 보인다.

손해보험회사는 보험금 지급에 대한 예측이 어렵기 때문에 [표 25-18]에서 보듯이, 현금·예금과 같은 유동성 자산의 비중이 높아진 반면에 부동산 같은 비유동성 자산의 비중은 낮아졌다. 1980년대에는 부동산 비중이 줄어든 반면에 대출 비중이 늘어났다. 1990년대에는 이 회사들의 운용자산은 유가증권의 비중이 가장 높고, 대출과 현금·예금은 비슷한 비중이고, 부동산 비중은 약간 높아졌으나 안정적인 비율을 보여 주고 있다. 특히, 1980년대 이후 금융시장의 발전은 유가증권의 유동성을 높여 주었을 것이기

[표 25-18] 손해보험회사의 자금조달 및 자금운용 추이(1980~1995)

(단위: 10억 원, %)

<table>
<tr><th colspan="2" rowspan="2">구분</th><th colspan="2">1980</th><th colspan="2">1985</th><th colspan="2">1990</th><th colspan="2">1995</th></tr>
<tr><th>금액</th><th>비율</th><th>금액</th><th>비율</th><th>금액</th><th>비율</th><th>금액</th><th>비율</th></tr>
<tr><td rowspan="5">조달</td><td>보험계약준비</td><td>325</td><td>53.4</td><td>776</td><td>64.0</td><td>3,646</td><td>75.4</td><td>10,305</td><td>81.1</td></tr>
<tr><td>기타 부채</td><td>234</td><td>38.5</td><td>441</td><td>36.4</td><td>820</td><td>17.0</td><td rowspan="2">1,724</td><td rowspan="2">13.6</td></tr>
<tr><td>(보험금미지급)</td><td>197</td><td>32.4</td><td>330</td><td>27.2</td><td>532</td><td>11.0</td></tr>
<tr><td>자본금</td><td>25</td><td>4.1</td><td>43</td><td>3.5</td><td>236</td><td>4.9</td><td>421</td><td>3.3</td></tr>
<tr><td>잉여금</td><td>25</td><td>4.0</td><td>-47</td><td>-3.9</td><td>314</td><td>6.5</td><td>261</td><td>2.1</td></tr>
<tr><td rowspan="6">운용</td><td>현금예치금</td><td>46</td><td>7.6</td><td>298</td><td>24.6</td><td>842</td><td>17.4</td><td>2,390</td><td>18.8</td></tr>
<tr><td>유가증권</td><td>206</td><td>33.8</td><td>263</td><td>21.7</td><td>1,907</td><td>39.4</td><td>4,155</td><td>32.7</td></tr>
<tr><td>대출금</td><td>44</td><td>7.2</td><td>85</td><td>7.0</td><td>876</td><td>18.1</td><td>2,788</td><td>21.9</td></tr>
<tr><td>부동산</td><td>51</td><td>8.4</td><td>138</td><td>11.4</td><td>297</td><td>6.1</td><td>1,115</td><td>8.8</td></tr>
<tr><td>기타 자산</td><td>262</td><td>43.0</td><td>430</td><td>35.4</td><td>914</td><td>18.9</td><td rowspan="2">2,263</td><td rowspan="2">17.8</td></tr>
<tr><td>(보험미수)</td><td>204</td><td>33.4</td><td>275</td><td>22.7</td><td>475</td><td>9.8</td></tr>
<tr><td colspan="2">합계</td><td>608</td><td>100</td><td>1,213</td><td>100</td><td>4,836</td><td>100</td><td>12,711</td><td>100</td></tr>
</table>

주: 미지급금은 보험미지급금으로 기타 부채에 포함되고 보험미수금은 자산에 포함.
자료: 한국은행, 『경제통계연보』, 각 연도.

때문에 유가증권은 수익성과 유동성을 겸비한 자산이 되어 그 비중이 가장 높았던 것으로 보인다.

제26장 금융자유화 시대의 금융시장

1. 금융자유화 시대의 주식시장

1) 주식 유통시장

우리나라 대부분의 기업이 고도성장기에 자기자본보다는 타인자본에 의존하여 설립·확장함으로써 차입의존도가 높고 금융비용도 높은 문제를 가지고 있었다. 박정희 정부에서부터 기업공개와 증권시장 상장을 통해 자본시장에서 자금을 조달하는 것이 필요하여 기업의 공개와 증시 상장을 지속적으로 추진하여 회사채시장은 정착되었으나, 주식시장은 1970년대 말 중동 건설경기로 일시 과열된 이후 침체를 면치 못하고 있었다.

전두환 정부는 기업공개, 증시 상장, 유상증자에 대한 유인을 강화하고, 증권시장을 육성하여 직접금융을 강화하고, 기업의 재무구조도 개선하고자 하였다. 이러한 목적에서 처음으로 제시된 것이 1983년 7월에 발표된 「자본시장 기능 확충방안」이었다. 이 방안의 핵심은 기업공개 및 상장요건의 완화, 비상장 중견기업의 자본시장 활용, 상장법인의 유상증자 촉진, 시가발행제도의 도입과 배당정책 개선 등이었다.[1] 이러한 정책은 [표 26-1]에서 보듯이 약간의 효과는 거두었지만 주가를 크게 상승시키지는 못하였다. 1984년에는 거래대금의 증가와 증권자금 조달액의 증가가 있었지만 곧 침체에 들어갔다. 이와 같이 전두환 정부에서는 [그림 24-1]에서 보았듯이 실질경제성장률의 상승세에도 불구하고 주식시장은 [그림 26-1]과 [표 26-1]에서 보듯이 계속 침체를 면치 못하였다.

전두환 정부는 주식시장 및 채권시장의 육성을 위해 1985년 6월 기관투자가의 증권투자 확대 등을 통한 증권수요 확충에 중점을 둔 「자본시장 육성방안」을 발표하였고, 11월에는 해외 증권 발행을 허용하는 「외환증권 발행 규정」을 발표하였다. 1985년

1 이영훈·박기주·이명휘·최상오(2005), 『한국의 유가증권 100년사』, pp. 360~364.

[표 26-1] 주식시장 주요 지표(1980~1997)

연도	상장회사 (개)	주식인구 (천 명)	시가총액 (10억 원)	거래대금 (10억 원)	주가지수	조달금액 (10억 원)	시가 회전율 (%)	배당수익률 (%)
1980	352	753	2,527	1,134	109	171	44.4	17.8
1981	343	696	2,959	2,534	127	306	85.7	13.2
1982	334	682	3,001	1,973	122	274	66.1	10.5
1983	328	709	3,490	1,753	122	463	53.9	6.9
1984	336	724	5,149	3,118	132	479	74.3	5.1
1985	342	772	6,570	3,621	139	295	66.1	5.3
1986	355	1,411	11,994	9,598	228	841	106.8	4.3
1987	389	3,102	26,172	20,494	417	1,899	105.2	2.6
1988	502	8,541	64,544	58,121	692	7,770	139.8	2.4
1989	626	19,014	95,477	81,200	919	15,163	106.9	2.0
1990	669	2,418	79,020	53,455	746	2,918	64.7	2.2
1991	686	2,150	73,118	62,565	658	2,687	79.4	2.6
1992	688	1,741	84,712	90,624	586	2,350	121.8	2.2
1993	693	1,486	112,665	169,918	728	3,259	182.0	1.6
1994	699	1,708	151,217	229,772	966	6,248	171.6	1.2
1995	721	1,548	141,151	142,914	935	6,267	100.6	1.2
1996	760	1,465	117,370	142,642	833	5,286	102.3	1.3
1997	776	1,329	70,989	162,282	654	3,409	138.9	1.5

주: 주가지수는 각 연도 말 값. 주가지수 기준은 1980. 1. 4=100.
자료: 한국증권거래소, 『증권통계연보』(1979, 1987, 2004).

에 이르면 이른바 '3저 호황'의 대외적 여건과 산업구조의 전환효과로 인한 한국 경제의 대외경쟁력 회복에 힘입어 1986년부터 경상수지 흑자와 그로 인한 통화팽창 등이 있었다. 이러한 국내외 여건의 변화로 [그림 26-1]에서 보듯이 1986년부터 주가가 상승세로 접어들어 1989년 4월 주가지수가 1,000포인트를 넘어섰으나 다시 하락하였다.

노태우 정부는 주가의 하락세가 지속되자 1989년 11월에 주식시장 공급량을 줄이기 위한 대책으로 「발행시장 수급조절대책」을 발표하였다. 이 조치는 공급물량의 일시적 집중이나 전반적 과다로 증시침체의 우려가 있을 때 당국이 공급을 조절하기 위

[그림 26-1] 주가지수 추이(1980. 1~1997. 12)

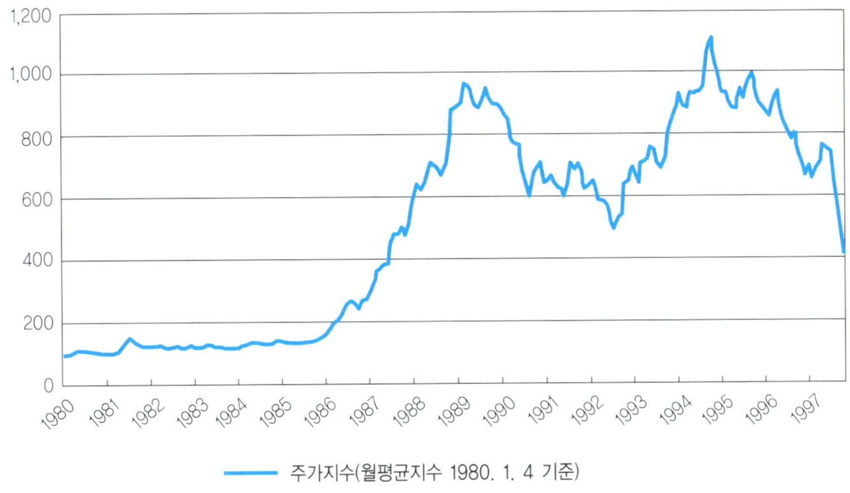

자료: 한국은행, 『경제통계연보』, 각 연도.

해 시장에 직접 개입한다는 것을 천명한 것이다. 즉, 유상증자나 기업공개계획을 사전에 점검하고, 시기의 분산과 발행희망기업의 자율조절을 유도하고, 그것이 안 될 경우에는 증권관리위원회가 조절한다는 것이었다.

이 정부는 이것만으로 수습이 되지 않자 1989년 12월에 주식시장 안정을 위한 종합대책으로 「증권시장 안정화 대책」을 발표하였다. 첫째, 주식발행계획의 사전점검과 예고제도로 주식의 공급물량을 적정 수준으로 조정한다. 둘째, 증시가 안정될 때까지 투신사가 무제한으로 주식을 매입하도록 하고 한국은행이 이에 필요한 자금을 지원한다. 셋째, 시가 발행 할인율은 30% 이내에서 발행기업이 자율적으로 결정한다. 넷째, 위탁증거금과 신용거래보증률을 대용증권으로 대납할 수 있다. 다섯째, 금융기관 외에 각종 기금, 공공단체를 기관투자가에 포함시킨다. 여섯째, 외국인 전용수익증권을 신규로 설정하고, 코리아펀드 증자를 허용하고, 해외 증권 발행을 허용한다. 일곱째, 고객예탁금 이용료율을 인상한다. 이 대책은 주식의 공급물량 조절은 물론 주식에 대한 수요를 확대할 수 있는 정책수단을 총동원하여 정부의 증시안정 정책의지를 확실하게 보여 주려고 한 것으로 보인다.

이 정부가 증시안정에 대한 적극적인 정책의지를 표명하였음에도 불구하고 주가 하락세가 지속되자 1990년 2월에는 주식의 공급물량을 축소하고 기업공개 실사 강화를 주요 내용으로 하는 「기업공개제도 개선방안」을 발표하였고, 3월에는 기업의 공모가격을 기업의 본질가치에 가깝도록 하고자 「공모주식 인수가액 결정에 관한 기준」을 제정하여 발표하였고, 8월에는 기업의 공개요건을 더욱 강화하였다.

이 정부의 증시안정을 위한 종합대책 추진에도 불구하고 주식시장 침체가 나아지지 않자 증권업계를 중심으로 증권시장 안정기금을 설립하려는 움직임을 보였다. 증권협회는 1990년 4월 주식시장 회복을 위해 기금 조성에 합의하고 기금 2조 원을 단계적으로 조성하기로 하고 조합 형태의 '증권시장 안정기금'을 발족하였다.[2] 이 정부는 1990년 5월 이 기금에 은행, 보험회사, 상장법인 등을 참여시키면서 기금을 4조 원으로 늘리고, 증권거래세율도 0.5%에서 0.2%로 대폭 인하하고, 외국인 증권 수익증권의 추가 설정을 주요 내용으로 하는 「증권시장안정대책」을 발표하였다.

그런데 1990년 9월에는 500포인트 이하로까지 급락하였다. 주가가 이렇게 단기간에 급락한 것은 거시경제 여건이 악화되어 경제의 불확실성이 증가하여 주식에 대한 수요 증가는 정체된 반면에 자본시장 육성을 위한 국민주 보급, 유상증자의 폭증 등으로 주식의 공급이 급증한 결과이었다.

1991년 1월에는 이자소득 전면 비과세인 근로자장기저축 및 근로자장기증권저축, 근로자장기수익증권저축 등을 신설하고 이를 전체 금융기관이 취급할 수 있게 하는 등 증권수요 확대에 대한 정책은 지속되었다. 이와 같은 노태우 정부의 고강도 증시수요 증진과 공급조절을 위한 정책에도 불구하고 주가 하락세는 1992년 3분기까지 이어졌다.

2 증권시장의 글로벌화가 진전되면서 주가조작의 부정적 의미를 준다는 비판도 있어 1996년 5월에 해체되었다(한국거래소(2016a), 『한국거래소60년사 통사』, p. 155).

우리나라에서 공기업의 민영화는 은행의 민영화로 시작되었으나 1987년 대통령 선거에서 공약으로 이전과 내용을 달리하는 민영화 계획이 발표되면서 주식시장이 영향을 받았다. 즉, 이 시기에는 [표 26-1]에서 보았듯이 주식보유 인구가 폭발적으로 늘어났다. 1987년 12월에 1988년 이후 5개년에 걸쳐 국민주 대상 기업의 주식 매각을 주요 내용으로 하는 「국민주 개발·보급 계획」이 발표되었기 때문이었다. 이 계획은 경제성장의 이익을 국민에게 환원한다는 큰 목표를 내세웠지만 일반국민도 주식을 많이 보유하여 주식시장의 기반을 확충하는 것이 더 중요한 내용이었다.

국민주로는 포항제철, 한국전력, 국민은행, 한국전기통신공사 등의 주식이 선정되었고, 1988년 4월부터 포항제철주, 1989년 5월부터 한국전력주가 매각되었다. 한국전력 주식은 증권시장 전체 시가총액의 15% 정도가 되었을 정도로 국민주 보급은 증권시장에 큰 충격을 주었다. [그림 26-1]에서 보듯이, 1989년 7월부터 주식시장이 침체됨에 따라 국민은행과 전기통신공사의 민영화는 연기되었다. 노태우 정부는 1990년 2월 「공기업 민영화 추진계획」을 수립하였으나 증시여건을 고려하여 민영화는 유보되거나 중단되는 일이 반복되었다. 그럼에도 국민주 보급 형식의 공기업 민영화는 계속 추진되었고 특수은행의 민영화도 이러한 형식으로 지속되었다.

우리나라에서 주식 장외시장도 1987년부터 제도화되기 시작하였다. 증권관리위원회가 1987년 3월 「중소기업 등 주식장외거래에 관한 규정」을 제정함에 따라 증권업협회가 운용하는 협회중개시장이 탄생하였다. 이 장외시장에서 거래되려면, 증권관리위원회에 유가증권 발행법인으로 등록되고, 법인 설립 경과연수가 2년 이상 되어야 하고, 자본금은 2억 원 이상이고, 주식분산율이 10% 이상이어야 하였다. 이 장외거래는 증권회사들이 담당하였다.

2) 주식 발행시장

주식회사 발행은, ① 기업공개, 즉 회사 설립 시, ② 설립 이후 유상증자 시, ③ 재무적 필요가 있을 때 이루어지고 공모 또는 비공모 발행이 이루어진다. 증권거래소를 통하는 발행은 주로 상장기업이 기업공개를 하면서 공모나 매출 형식으로 이루어진다. 증권거래소를 통한 자금조달의 대부분은 유상증자이고 그 다음이 기업공개 시 공모에 의한 경우이다.

전두환 정부는 1983년 7월 「자본시장 기능 확충방안」에서 증권시장 육성방향을 제시하였다. 즉, 주식의 분산요건을 완화하고 중견기업의 자본시장 참여를 위해 시장을 1부, 2부로 구분하고 장외시장도 활용할 수 있도록 하였고, 시가발행제도를 도입하여 창업자의 이익을 보장받도록 하였다. 그리고 유상증자를 권장하고자 유상증자 실적에 따라 회사채 지급보증과 신종어음(CP) 발행한도를 확대하였고, 자본금 200억 원 이상의 대형 증권사는 회사채 보증 업무, 해외 영업 및 단기 금융 업무, 즉 CP 및 CD 인수 매출 중개 업무 등도 취급할 수 있도록 하였다.[3] 이러한 정책은 효과를 내어 1984년에 현대건설의 기업공개, 일부 주식에 대한 청약과열, 거래도 크게 증가하였으나 주식시장을 통한 자금조달액은 [표 26-2]에서 보듯이 증가하지 않았고 도리어 다음 해부터 급감하였다.

전두환 정부는 1986년 3월 증시시장의 안정적 성장을 위해 「기업공개 및 유상증자 촉진방안」을 발표하였다. 이 방안의 핵심은 기업공개 및 유상증자 법인을 선정하고 이들을 중심으로 공개 및 증자를 적극 추진한다는 것이었다. 이에 따라 우량 대기업 65개사, 중견법인 117개사를 공개 가능 법인으로 선정하고 이들 중에 일정 기준을 충족하는 법인의 시가 발행을 유도하였다. 또한 기업경영권 보호를 위한 우선주 발행도 권장하였다. 이에 따르는 기업은 회사채 보증한도를 늘려 주었고 증자 시 소득공제율도 높여주었다. 이 정부는 공개와 증자를 압박하기 위해 증권감독원이 유상증자 필요법인을 선정하고 이를 은행감독원에 통보하여 은행의 여신관리 강화 조치를 주요 내용으로 하는 「자본시장을 통한 자금조달 확충방안」도 4월에 연이어 발표하였다. 결국

3 한국은행(2000), 『한국의 금융·경제연표』, p. 356.

[표 26-2] 증권거래소를 통한 주식에 의한 자금조달(1980~1997)

(단위: %)

연도	기업공개				유상증자		합계	
	모집		매출					
	건수	금액 (10억 원)	건수	금액 (10억 원)	건수	금액 (10억 원)	건수	금액 (10억 원)
1980	1	0			52	171	53	171
1981	2	3			81	303	83	306
1982					67	274	67	274
1983	2	21	1	10	102	432	105	463
1984	13	81	1	0	107	398	121	479
1985	10	34	1	1	60	260	71	295
1986	12	33	4	10	110	798	126	841
1987	40	198	4	46	178	1,655	222	1,899
1988	98	554	14	495	298	6,721	410	7,770
1989	119	1,962	16	1,582	274	11,125	409	15,163
1990	33	316	3	20	169	2,582	205	2,918
1991	22	507	-	-	136	2,180	158	2,687
1992	19	318	7	321	133	1,711	159	2,350
1993	35	356	4	114	171	2,789	210	3,259
1994	36	855	1	14	161	5,379	198	6,248
1995	52	605	4	78	163	5,584	219	6,267
1996	64	1,634	-	-	146	3,652	210	5,286
1997	66	628	33	103	110	2,678	209	3,409

자료: 한국증권거래소, 『증권통계연보』(1979, 1987, 2004).

공개 대상 법인에 대해서는 공개계획서를 제출하게 하고 이를 이행하지 않은 법인에 대해서는 은행여신 제한이나 회사채 발행 제한이라는 제재수단을 동원하는 등 강권적인 조치가 부활하였다.

[표 26-2]에서 보듯이 1980년대 초반에는 기업공개 실적이 미미하였지만 유상증자만은 어느 정도 이루어져 1983년부터 증시조달액이 4,000억 원을 넘어섰다가 1985년에는 다시 절반으로 줄어들었다. 기업공개 건수는 1985년까지도 10건 정도에 그쳤으나 1987년에는 40여 건, 1988년 110여 건, 1989년 120여 건으로 크게 늘어났다. 1988년에는

포항제철, 1989년에 한국전력 등의 기업공개라는 증권시장의 대형 호재가 있었다. 유상증자도 건수로나 금액으로 크게 늘어나 금액으로는 1987년 1조 6,000억 원, 1988년 6조 7,000억 원, 1989년 11조 1,000억 원으로 급증하였다. 그러나 1990년대에 들어 기업공개는 1990년 36건, 1991년 22건, 1992년 26건으로, 유상증자액도 2조 원 전후로 크게 줄어들었다. 이러한 주식 발행시장의 위축은 기본적으로 상장기업의 주가하락에 따른 기업의 주식 발행이 위축된 결과이지만, 이것은 노태우 정부의 주가하락 저지를 위한 주식안정정책과도 무관하지 않다.

김영삼 정부는 1993년 말부터 주가가 상승세를 보이게 되자 1994년 1월 기관투자자가의 주식 매수 자제를 요청하고 증시안정기금의 보유 주식을 처분하고 대주제를 부활하고 위탁증거금 20%를 부과하는 「증권시장 안정대책」을 내놓았고, 2월에는 증권거래세율도 0.2%에서 0.35%로 인상하였다. 이어 정부가 1994년 12월 「증권업무 자율화 방안」을 발표하면서 금융기관을 제외한 상장기업의 유상증자를 전면 허용하고, 유상증자 및 기업공개 요건을 완화하였다. 이러한 정책의 변화로 기업공개 건수와 유상증자액이 늘어났으나 외환위기 이전까지는 주식 발행을 통한 상장기업의 자금조달이 하락 추세를 보였다. 이 당시 우리나라 대기업은 금융기관 차입이나 회사채 발행을 통해서도 많은 자금을 안정적으로 조달할 수 있었기 때문에 주식 발행에는 적극적이지 않았던 결과이기도 하다.

2. 금융자유화 시대의 채권시장

채권은 기업은 물론 국가, 공공단체, 금융기관 등 다양한 경제주체들이 자금조달을 위해 발행하였다. [표 26-3]에서 보듯이 채권은 발행주체에 따라 국공채와 회사채로 구분하였고, 국공채는 국채, 지방채, 특수채 등으로 구분되었다. 금융기관이 자금을 조달하기 위해 발행하는 금융채는 특수채에 포함되어 있었다. 국공채의 발행주체는

[표 26-3] 우리나라 채권의 종류

			종류
국공채	국채	일반국채	건국국채, 산업부흥국채, 국고채, 재정증권
		사업국채	도로국채, 철도국채
		기금증권	국민투자채권, 양곡기금채권, 국민주택채권
		보상증권	대일청구권보상, 징발보상채권
	지방채		지하철(서울특별시, 부산직할시), 상수도공채, 도로공채
	특수채		통화안정증권, 산업금융채권, 장기신용채권, 외국환금융채권, 중소기업금융채권, 장기산업채권, 주택채권 등
			한국전력, 전기통신공사, 기술개발금융, 토지개발
회사채	보증 여부		보증사채, 일반무보증사채, 담보부지사채
	이자지급		확정이자부사채, 변동금리부사채, 금리연동부사채
	상환기간		중장기, 장기
	특수발행조건		전환사채, 이익사채, 이익참가사채, 신주인수권부사채, 수의상환사채, 등록사채 등

자료: 임웅기·윤봉한(1989), 『한국의 증권시장』, pp. 267~268.

매우 많았고 발행조건도 채권마다 달랐다. 발행방법은 액면 발행과 할인 발행이 있었는데 둘 다 겸하는 경우도 적지 않았다. 적용금리는 고정금리도 있었고 시장금리도 있었는데, 고정금리는 의무적으로 채권에 적용되었다. 만기는 1년의 재정증권이나 546일 이내 통화안정증권을 제외하면 모두 1년 이상이지만 만기는 1년부터 3년, 5년, 9년, 10년, 20년 등으로 매우 다양하였다. 회사채는 발행조건에 따라 여러 가지로 구분하였다.

국채의 발행은 재경부(재무부) 장관이 각 부처의 요청에 따라 발행안을 작성하여 국회의 심의 의결을 거치면 가능하였다. 국채는 일반투자자에게 매출하는 공모 발행, 금융기관 인수단이 공동 인수하는 인수 발행, 채무를 변제하기 위해 발행하는 교부 발행 등 여러 방식으로 발행되었다. 국민주택채권과 양곡기금채권을 제외한 국채 발행 업무는 한국은행이 담당하였다. 지방채는 대부분 교부 발행이었고 특수채는 일반매출 또는 교부 발행이었다. 이 중에서 일반매출의 비중이 높은 것은 특수채 중에서 금

[표 26-4] 주요 국공채 연발행액(1980~1997)

(단위: 10억 원)

연도	재정 증권	외국환 평형기금	국채관리 기금	양곡 증권	국민주택 채권	통화안정 증권	산업금융 채권	외국환 금융채	장기신용 채권
1980	470		201	260	123		200	40	65
1981	510		455	310	152		200	50	120
1982	190		500	650	229		307	70	131
1983			371	600	362		337	70	161
1984			300	780	376	1,514	510	70	219
1985			277	750	342	2,100	650	120	330
1986	200		292	670	357	4,435	750	90	332
1987	1,000	1,500	384	800	388	9,383	850	60	380
1988	1,500	989	383	1,450	540	16,966	1,200	70	493
1989	2,500	1,400	92	2,200	704	20,149	1,700	679	685
1990	2,500	3,000	6	2,642	1,155	20,262	2,200	501	1,561
1991	2,207	1,483	1	2,850	1,651	18,900	4,732	25	2,918
1992	1,580	1,000		3,409	1,825	24,853	5,900	92	3,335
1993	620	2,000		5,059	1,731	29,796	6,554		3,272
1994	100	1,199	1,125	4,979	1,910	34,879	6,700	78	3,830
1995		1,000	1,833	3,771	2,144	39,468	6,960		5,103
1996		2,000	1,910	2,520	2,430	30,725	9,230		4,166
1997		1,295	2,077	1,320	2,781	31,224	10,537		5,795

주: 국채투자채권은 국채관리기금으로 전환. 통화안정증권은 일반공모분.
자료: 한국은행, 『경제통계연보』, 각 연도.

융기관이 발행하는 금융채이었다. 그런데 한국은행이 발행하는 통화안정증권(이하 통안채)은 사실상 금융채이었지만 통화정책 요구에 따라 발행되었기 때문에 이 당시에 특수채로 분류하였다.

국공채의 발행은 관계기관의 필요와 요구에 따라 이루어지기 때문에 시기별로 어떤 사업 또는 정책이 추진되는가에 따라 달라졌다. [표 26-4]에서 보듯이, 1980년대 초반에는 개발금융기관인 산업은행과 장기신용은행이 자금조달을 위해 발행한 산업금융채권, 장기신용채권의 발행액이 많았고, 정부의 단기 자금조달을 위한 재정증권, 정부사업을 위한 양곡증권, 국민주택채권 등의 발행액이 많았고, 국채의 원금과 이자 상환을 위한 국채관리기금 채권발행액도 많았다. 1980년대 중반 이후에는 개발금융기관의 확장, 정부의 사업 확장 등에 의한 국공채의 신규 발행도 있지만 한국은행이 경상수지 흑자로 급격히 늘어난 통화를 환수하기 위한 통안채 발행이 급격히 늘어나 다른 국공채 발행을 압도하였다. 이와 같이 우리나라 국공채 발행은 재정보다는 정책금융기관의 자금조달이나 통화량 관리와 더 깊이 관련되어 있었다.

1970년대 말부터 1980년대 전반기에는 주식시장은 부진한 반면에 채권시장은 성장세를 보였다. 이러한 주식시장의 부진은 이 시기 경기침체보다는 당시의 정치·사회적 불안정과도 연관되어 있었다. 반면에 회사채시장은 1970년대 말부터 유통시장이 활성화되었기 때문에 기업자금 수요의 상당 부분이 회사채 발행을 통해 해결될 수 있었다. 이에 따라 회사채 발행이 꾸준히 확대되었다.

전두환 정부는 1981년 4월 「회사채 발행 촉진방안」을 발표하였는데, 주요 내용은 발행금리의 조정, 인수 수수료율의 인하, 무보증사채의 발행요건 완화, 장기채 주선한도의 확대, 기채조정제도의 실시 등이었다.[4] 이 정부는 1980년대 이후 경제여건과 증권시장의 변화를 감안하여 1982년 3월 「증권거래법」을 개정하였는데, 증권시장의 내실화와 시장 기능의 강화에 목적을 두고 있었다. 첫째, 유가증권신고서 수리 후 일정기간이 지나면 효력을 발휘하도록 하였다. 둘째, 내부자거래의 부당이익 청구권 실효성을 강화시켰다. 셋째, 상장법인의 경영권 안정 및 관리를 강화하였다. 상장법인의 신고의무를 강화하고 주식매수청구권제도도 도입하였다. 넷째, 증권시장 국제화의 법적 근거를 마련하였다.[5]

이 정부는 1982년 7월 「신종 사채 발행 등에 관한 요령」을 발표하여 신종 회사채, 즉 담보부 사채, 전환사채, 할인사채 발행을 촉진하고자 하였다. 이 요령이 발표된 이후 1982년 11월 최초로 담보부 사채가 발행되었고, 1984년 4월에는 시가전환사채가 발

4 이영훈·박기주·이명휘·최상오(2005), p. 364.
5 한국거래소(2016b), 『한국거래소60년사』, p. 145.

[표 26-5] **채권시장 주요 지표(1980~1997)**

연도	국공채			회사채				
	종목 수 (개)	상장 잔액 (10억 원)	거래대금 (10억 원)	회사 수 (개)	종목 수 (개)	상장 잔액 (10억 원)	거래대금 (10억 원)	조달금액 (10억 원)
1980	230	895	246	434	1,004	1,649	644	964
1981	274	1,535	476	457	1,157	2,366	935	1,036
1982	401	2,497	3,081	519	1,244	3,304	3,166	2,093
1983	627	3,026	1,322	734	1,680	4,371	2,026	1,427
1984	916	4,194	899	1,065	2,618	5,287	1,353	1,804
1985	979	4,738	660	1,213	2,749	7,263	2,918	3,177
1986	1,305	8,638	1,001	1,354	3,103	8,474	2,166	2,729
1987	1,856	15,034	5,327	1,457	3,311	9,973	1,912	3,190
1988	1,717	22,159	7,001	1,467	3,372	11,521	1,545	4,244
1989	2,072	28,095	4,378	1,504	3,622	15,395	771	6,959
1990	2,648	29,049	2,455	1,603	4,243	22,068	795	11,084
1991	2,831	32,250	1,394	1,862	5,527	29,241	704	12,718
1992	2,943	32,447	453	2,070	6,496	32,697	152	11,155
1993	3,082	41,359	4	2,234	7,477	37,574	2	15,600
1994	3,712	56,620	24	2,068	7,590	45,876	1,145	20,050
1995	4,671	69,542	254	2,024	8,050	56,456	1,176	23,598
1996	5,808	102,419	192	1,977	8,762	73,120	1,186	29,905
1997	7,717	138,092	237	1,827	8,170	86,024	3,807	34,322

자료: 한국증권거래소, 『증권통계연보』(1979, 1987, 2004).

행되었다. 전환사채는 1972년 이미 발행되었지만 주식시장의 침체로 기업의 자금조달 수단이 되지 못하다가 1984년 6월 다시 발행되었다.

일부 회사채의 경우 발행이자율의 자율화도 진행되자 1984년 11월 증권관리위원회가 무보증사채의 발행이자율을 자율화하였고, 1985년 8월에는 전환사채 담보부 사채의 발행이자율도 자율화하였다.[6] 1984년 12월 증권회사의 대기업에 대한 지급보증

6 한국은행(2000), p. 384.

한도가 확대되었다. 그리고 1984년 3월 개정된 「상법」에서는 자본금과 준비금의 총액으로 되어 있는 사채총액 한도가 총액의 2배로 증액되었다. 이 조치 직후 [표 26-5]에서 보듯이 회사채 발행이 크게 증가하여 1985년에는 회사채의 발행 잔액이 국공채 발행 잔액보다 더 많아졌다.

1980년대 중반 이후 '3저 호황'과 경상수지 흑자에 따른 증권시장 확장에 대응하여 증권시장에 대한 육성이 시도되었다. 1986년 4월에 발표된 「자본시장을 통한 자금조달 확충방안」에는 주식 발행은 물론 채권 발행을 촉진하는 방안이 제시되었다. 여기에는 회사채의 발행비용은 낮추고, 발행한도는 무보증의 경우 자기자본 50%에서 100%로, 보증의 경우 100%에서 150%로 확장되는 것이 포함되어 있었다.

우리나라 신용평가회사로는 산업은행 자회사로 한국기업평가회사가 1983년 12월에 설립되고, 은행 및 금융회사 등의 공동출자로 한국신용평가회사는 1986년 2월에, 한국신용정보회사는 1986년 9월에 설립되었다. 이 회사들은 회사채와 기업어음의 신용도를 평가하여 기업이 발행하는 채권의 발행이자율에 반영되도록 하였다.

1987년 11월 「자본시장육성법」이 발표되면서 이익참가부 사채와 교환사채를 발행할 수 있는 규정을 신설하였다. 전자는 의결권이 없는 우선주와 비슷하고, 교환사채는 전환사채와 비슷하여 별다른 영향이 없었다.[7] 1987년 11월 증권시장 신뢰 기반 강화, 기능 개선, 공기업 민영화에 대비하여 「증권거래법」을 개정하였다. 첫째, 유가증권신고서 수리 후 동시에 유가증권 모집과 매출을 할 수 있도록 하였다. 둘째, 기업공시의무를 강화하였다. 셋째, 내부자거래에 대한 규제를 강화하였다. 넷째, 공공법인에 대한 경영권 보호를 강화하였다. 1980년대 후반에는 3저 호황으로 기업의 회사채 발행이 꾸준히 늘어났지만 경상수지 흑자로 급격히 늘어난 통화 환수를 위해 한국은행이 통화안정증권을 대량 발행함에 따라 1989년에는 국공채 발행 잔액이 회사채 발행 잔액의 2배 가까이 되었다.

7 이영훈·박기주·이명휘·최상오(2005), p. 407.

노태우 정부는 1990년대에 접어들어 주식시장의 침체로 회사채 발행에 대한 수요가 증가함에 따라 회사채 발행시장을 활성화하기 위해 1990년 12월에 「회사채시장 활성화 방안」을 발표하였다. 단기 방안으로 무보증사채의 신속한 발행, 고액권 사채의 발행, 신용등급 일정 수준 이상인 경우 무보증사채 발행 허용, 주식 관련 사채의 전환가격 할인율 확대, 인수단 소화 의무비율제도 재검토, 채권수요 기반 확충을 위한 다양한 금융상품의 개발 등이 제시되었다. 중장기 방안으로는 주식 관련 사채의 발행 활성화, 실물보유 없이 제반 권리 행사를 가능하게 하는 회사채 등록제도의 도입 등이 제시되었다.

이러한 방안도 별다른 성과를 거두지 못하자 정부는 1991년 5월에 「회사채시장의 개선방안」이라는 수정안을 발표하였다. 단기 방안으로 발행절차의 간소화, 고액권 사채 발행의 허용, 무보증 발행 대상 법인 확대, 전환가격 할인율 조정, 인수단 의무비율제도 재검토 등이 제시되었으나 중복된 내용이 많이 제시되었다. 중장기 방안으로는 회사채 발행 종류의 다양화, 일괄등록제 도입 및 실물 없는 채권시장 실현 등이 제시되었다.[8] 어떻든 회사채 발행제도가 정비되거나 개선되었고, 고액권 사채가 발행되고, 기관투자가의 의무소화비율제도도 폐지되었다. 1992년 1월에는 채권시장을 관리하기 위해 채권발행협의회가 재무부 내에 설치되었다.

김영삼 정부는 1993년 4월 채권시장의 선진화와 거래활성화를 도모할 「채권시장 발전 방안」을 발표하였고, 9월에는 「채권시장 활성화 방안」을 발표하였다. 그 핵심 내용은 채권수요 확충을 위해 기관투자가의 인수 여력을 높이고 개인투자가의 수요 기반을 확충하는 것이었다.[9] 이 방안 제시 이후에 회사채 발행과 관련된 각종 규제가 완화되거나 폐지되었으며, 회사채 발행가격이 시장가격에 가까워졌다. 그러나 회사채 발행물량 조절은 지속되었지만 발행금액은 [그림 26-2]에서 보듯이 1996년까지 꾸준히 늘어났다.

8 이영훈 · 박기주 · 이명휘 · 최상오(2005), p. 421.
9 앞의 책, p. 421.

[그림 26-2] 국공채 및 회사채의 상장액 증가와 장내거래액 추이(1980~1997)

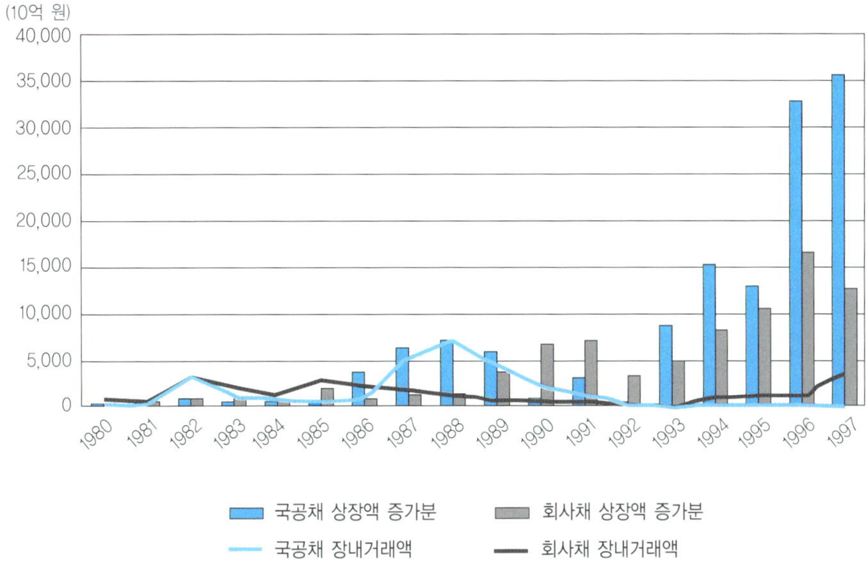

자료: 한국증권거래소, 『증권통계연보』(1979, 1987, 2004).

[그림 26-2]에서 보듯이 회사채 상장액 증가분은 1980년대에 계속 늘어났지만 1990년대 초반 회사채 물량조절정책으로 일시적으로 감소하다 증가세로 돌아갔다. 이에 반해 국공채 상장액은 1980년대 후반에 급격히 늘어났다가 1990년대 초반에는 일시 정체되었다가 증가세를 보인다. 이와 같이 발행시장을 보면 회사채는 꾸준히 확장된 반면에 국공채는 1980년대 후반, 1990년대 중반 이후에는 급격히 확장되었지만 정체된 시기도 있었다. 전체적으로 발행시장은 성장세를 유지하였다고 할 수 있다. 그러나 채권시장 상장액의 변화는 회사채나 국채보다 통안채 동향에 좌우되고 있기 때문에 다른 나라 채권시장의 일반적 성장과 다른 모습이라고 할 수 있다.

이 시기의 국공채와 회사채의 장내거래액 변화를 통해 제도화된 채권유통시장의 변화를 살펴볼 수 있다. 회사채 장내거래액은 1980년대 전반까지 늘어나지만 1980년대 후반부터 감소하다 1990년대 중반 이후에야 늘어났다. 이에 반해 국공채 장내거래액은 1986년 이후 급격히 늘어났다 1989년부터 계속 감소하였다. 1986년부터 1988년까지 급속히 늘어났던 것은 통안채 발행이 급증한 결과이다. [그림 26-2]에서 보듯이 국공채이든 회사채이든 채권시장의 장내 거래액이 상장액에 비해 매우 적은 것은 주식시장과 정반대로 채권시장의 대부분의 거래가 장외에서 이루어지기 때문이었다. 특히, 이 시기에 채권의 상장액은 크게 늘어났지만 장내 거래액의 증가는 매우 제한적이었고 1990년대 이후 그 상황이 심각하였다. 통안채를 중심으로 하는 국공채 상장은 많았지만 다른 국공채는 표준화되지 않았고 유통시장이 제대로 형성되지 않아 대부분 거래소 밖에서, 다시 말해 장외에서 거래되었다. 이와 같이 외환위기 이전까지도 거래소를 통한 채권거래는 주로 회사채 중심으로 이루어졌고 국공채의 거의 대부분이 장외시장에서 소화되었던 것이다.

3. 증권시장의 국제화와 증권제도의 정비

1) 증권시장의 국제화

전두환 정부는 1981년 1월 「자본시장 국제화 장기계획」을 수립하여 발표하였다. 이러한 자본시장 개방계획은 대외적 요구에 따라서 수립한 것이라기보다는 무역자유화가 어느 정도 진척되어 우리나라도 자본자유화를 시도할 단계에 이르렀고, 외채가 증가하는 상황에서 외자조달을 다양화하고 기업의 직접금융을 강화하고 증권산업도 육성해야 할 필요성이 증대하였기 때문이었다. 즉, 자본시장 개방은 점진적이고 단계적으로 추진할 과제로 설정된 것이다.

이 계획에 의하면, 제1단계는 1981년부터 1984년까지 증권기관의 수용태세 정비단계로 외국 증권회사의 국내 진출을 상호주의 원칙하에 허용하고 외국인의 간접적 증권취득을 제한적으로 허용하고, 제2단계는 1987년까지로 외국인의 직접적 증권취득을 제한적으로 허용하기로 하고, 제3단계는 1988년 이후로 외국인의 증권투자 자유화 폭을 확대하여 자본유입 면에서 완전자유화를 실현시키고 국내 기업의 해외 증권 발행도 허용하기로 하고, 제4단계인 1990년대에는 내외국인의 자본거래의 완전자유화 및 증권업 영업도 완전히 허용하기로 되어 있었다.[10]

이 계획은 국내외 여건의 변화를 고려하여 일부 보완되었다. 1983년 7월에 발표된 「자본시장 기능 확충방안」에서는 자본금 200억 원 이상의 대형 증권회사에 대해서는 10% 범위 내에서 외국 증권사 출자가 허용되고 해외 유가증권 인수 매출과 해외 현지 법인 설립도 허용되었다. 이 계획에 따라 1985년 중반까지 국내외 증권회사의 상호 사무소 개설 및 해외 증권회사의 국내 증권회사 진출, 코리언펀드 설립, 외국인 전용 수익증권의 발매 등의 외국인 간접투자가 실현되었다.[11]

자본시장 개방의 출발점인 증권회사의 상호 진출은 외국 증권회사의 진출에서 시작되었다. 일본의 노무라증권이 1981년 3월 서울사무소를 개설하였고, 1982년에는 야마이치증권, 다이와증권, 1983년에는 닛코증권이 서울사무소를 개설하였다. 1985년에는 미국 메릴린치, 홍콩 플래밍사가 사무소를 개설하였다. 우리나라의 증권사들도 일본 도쿄에 잇달아 사무소를 내고, 1985년부터 런던, 뉴욕 등 해외 금융 중심지에 해외 사무소를 개설하였다.

우리나라의 증권투자 국제화는 외국인 전용 수익증권의 발매, 외국인 투자전용회사의 설립, 외국인 직접투자의 허용, 국내 증권회사 및 내국인의 해외 증권투자 허용 등으로 실현되기 시작하였다.

외국인 전용 수익증권의 발매는 국내 투자신탁회사가 「증권투자신탁업법」에 의거 외국인 전용 수익증권이 발행되어 외국투자가에게 판매됨으로써 시작되었다. 1981년 11월 한국투자신탁이 외국인 전용 수익증권을 처음 발매하였고 호응이 좋자 그 규모가 1,500만 달러에서 5,000만 달러로 점차 확대되었다. 1981년부터 1986년 초까지 외

10 한국증권거래소(1986), 『한국증권거래소30년사』, pp. 277~279.
11 한국거래소(2016b), pp. 156~157.

국인 전용 수익증권의 발매가 순조롭게 이루어졌으나 신설된 코리아펀드와 코리아유럽펀드로 수요가 이동함에 따라 일시 중단되었다. 그러나 정부가 증권시장 육성과 안정을 위해 1990년 4월, 5월에 한국투신과 대한투신을 통해 신규 외국인 전용 수익증권을 발매하였고 매칭펀드도 발매하였다.[12]

코리아펀드, 코리아유럽펀드와 같은 외국인 투자전용회사가 설립되었다. 코리아펀드는 1984년 5월 미국의 「투자회사법」에 의해 대우증권과 미국 SS & C의 합작으로 설립된 회사형 신탁으로, 그해 8월 미국 뉴욕증권거래소에 상장되었다. 이 펀드는 국내 증권을 통해 얻은 운용수익을 투자자에게 배당하는 폐쇄형 투자신탁이었다. 1986년부터 한국이 경상수지 흑자국이 되고 국내 증시도 활황에 있자 외국인의 참여와 개방 압력이 강화되어 정부는 새로운 투자전용회사를 설립하기로 하였다. 1987년 3월 코리아펀드와 성격이나 운용방법이 같은 코리아유럽펀드가 설립되어 그해 4월 런던증권거래소에 상장되었다. 노태우 정부가 대외개방 압력에 직면하여 증권시장의 직접 개방보다는 외국인의 간접투자 확대로 대응한 결과 규모가 점차 커져 증시가 정점에 이른 1989년 말에는 코리아펀드는 3억 9,000만 달러, 코리아유럽펀드는 6억 2,000만 달러에 이르렀다. 1990년 7월에는 1억 달러 규모의 코리아아시아펀드가 설립되어 홍콩증권거래소와 런던증권거래소에 상장되었다.[13]

외국인의 직접투자도 제한적이지만 허용되기 시작하였다. 우리나라 정부는 자본시장 개방 압력이 강화됨에 따라 1992년 1월 증권관리위원회의 「외국인 주식매매거래 등에 관한 규정」을 개정하여 상장 일반법인에 대해서는 발행주식의 10%(1인 한도 3%), 공공법인에 대해서는 8%(1인 한도 1%) 한도 내에서 주식을 취득할 수 있도록 하였다. 이 한도는 점차 확대되어 외환위기 직전인 1997년 12월에는 일반법인 55%(1인 한도 50%), 공공법인 25%(1인 한도 1%)에 이르렀다가 외환위기 이후인 1998년 5월에 공공법인 1인 한도 3%만 두고 완전 폐지되었다. 채권시장도 1994년 7월부터 단계적으로 개방되기

12 한국거래소(2016b), pp. 159~160.
13 앞의 책, pp. 160~161.

[표 26-6] 외국인 주식투자 현황(1992~1997)

연도	외국인 투자등록자 수		외국인 소유 주식 수		외국인 소유 시가총액	
	기관 (사)	개인 (명)	주식 수 (만 주)	비율 (%)	시가총액 (10억 원)	비율 (%)
1992	895	677	11,140	2.6	22,938	4.9
1993	1,653	1,092	39,275	4.1	86,167	9.8
1994	2,111	1,316	50,525	8.7	121,391	10.2
1995	2,766	1,520	62,763	9.2	140,634	11.9
1996	3,512	1,782	83,743	10.0	122,686	13.0
1997	4,519	1,995	67,034	11.5	87,347	14.6

주: 비율은 상장된 주식 수 및 시가총액 대비 비율임.
자료: 금융감독원, 「증권업무자료」.

시작하였다. 무보증전환사채에 대하여 총 30% 한도로 개방되고 저리 국공채시장도 개방하였고, 1997년 10월에는 채권국가기금을 통한 간접투자도 허용하였다. 1997년에는 외국인 전용 중소기업 무보증채권의 발행을 허용하는 한편 전체 상장채권에 대한 모든 투자한도를 폐지하였다.[14]

외국인의 투자는 직접투자이든 주식투자이든 등록되었는데, 이 수는 기관, 개인 모두 꾸준히 증가하고 있었다. 1992년 증권거래소 상장 주식투자가 허용됨에 따라 외국인은 간접투자뿐 아니라 직접투자가 가능하게 되었다. 외국인 주식투자의 충격을 완화하기 위해 설정된 투자한도는 1992년 1월 이후 9차에 걸쳐 완화되었는데, [표 26-6]을 보면, 한도 완화에 따라 외국인 주식투자 비중이 점차 늘어났으나 개방 초기만큼 늘어나지는 않았다. 외환위기 직전에는 외국인 지분이 주식 수로는 11.5%, 시가로는 14.6%까지 증가하여 외국인 주식투자가 한국의 주식시장에 많은 영향을 미치게 되었다. 그런데 외국인은 상대적으로 고가주식에 투자하여 주식 수 비중보다 시가의 비중이 더 높게 나타나고 있었다.

14 한국거래소(2016b), pp. 161~162.

외국인의 국내 증권투자에 상응하여 내국인의 해외 증권투자도 허용되었고 국내 증권회사의 해외 증권투자도 허용되기 시작하였다. 금융당국은 1987년 경상수지 흑자로 인한 통화관리를 원활히 하고 흑자재원을 효율적으로 이용하기 위해 국내 증권회사의 외화증권 인수 참여를 확대하고 외화보유 허용 폭도 확대하였다. 1988년에는 해외 증권투자 한도도 확대하였다. 금융당국은 1990년 3월에는 국제 업무를 허가받은 증권회사의 해외 증권한도를 확대하고 투자기관 범위를 확대하여 해외 증권투자를 독려하였다. 1992년 9월부터는 증권, 보험, 신탁 기관투자가에게만 허용하던 해외 증권투자를 단기 금융회사, 연기금도 참여할 수 있게 하고, 기관투자가에게는 투자한도를 자유화하였고, 일반투자가인 법인, 개인도 해외 투자가 가능하도록 하였다. 일반투자가에게는 1994년에 일부 허용하였지만 1996년부터 금액도 자유화하였다.[15]

증권 발행의 국제화는 해외에서 금융기관이나 기업이 채권이나 주식의 발행을 통해 자금을 조달하는 것으로 1970년대부터 시작되었다. 한국산업은행이 1974년 10월 아랍에미레이트에서 채권을 발행해 자금을 조달하였다. 이후에도 금융기관이나 공공기관은 외화 표시 채권을 발행해서 자금을 조달하였다. 민간기업으로는 삼성반도체가 1984년 7월에 처음 유로시장에서 채권을 발행하여 자금을 조달하였고, 금성사는 1985년 4월에, 현대건설은 1985년 5월에 채권을 발행하여 자금을 조달하였다.[16]

전두환 정부는 1985년 11월 순자산 500억 원 이상의 우량 대기업이 전환사채, 신주인수권부 사채, 주식예탁증서 발행하는 것을 허용하였다. 이를 위한 제도적 정비가 이루어지자 삼성전자, 대우중공업, 유공 등이 해외 전환사채를 발행하여 필요한 자금을 조달하였다. 노태우 정부는 1988년 12월에 「자본시장 국제화의 단계적 확대 추진계획」을 발표하면서 1990년부터 해외 전환사채 발행을 촉진하고 해외 증권 발행을 다양화하여 외국인의 한국 기업에 대한 투자수요를 충족시키기로 하였다. 당시에 전환사채를 중심으로 해외 증권을 발행한 것은 외국인의 직접적인 국내 증권투자를 통제하

15 한국거래소(2016b), pp. 162~163.
16 한국증권거래소(1986), p. 289.

[표 26-7] 해외 증권 발행 추이(1985~1997)

(단위: 만 달러)

연도	전환사채		신주 인수권부 사채		주식예탁증서		합계	
	건수	금액	건수	금액	건수	금액	건수	금액
1985	1	2,000					1	2,000
1986	2	6,000					2	6,000
1987	1	3,000					1	3,000
1988	1	3,000					1	3,000
1989			1	5,000			1	5,000
1990	5	18,000	1	7,000	1	4,000	7	29,000
1991	15	59,450	3	27,000	2	20,000	20	106,450
1992	7	42,400	2	6,500	1	15,000	10	63,900
1993	11	53,800	1	4,500	3	32,800	15	91,100
1994	22	63,910	1	21,300	11	116,800	34	202,010
1995	40	75,150	3	4,380	9	131,000	52	210,530
1996	26	123,870	1		7	115,000	34	238,870
1997	17	117,619			4	63,000	21	180,619

자료: 이정도(2003), 『한국의 증권시장』, p. 443.

기 위해서였다. 이러한 전환사채는 1990년 2월부터 주식으로 전환되기 시작하였는데, 외국인의 주식취득 상황은 신고제를 활용하여 파악하였다.

우리나라 기업과 금융기관의 외국에서 증권 발행은 [표 26-7]에서 보듯이 전환사채, 신주 인수권부 사채, 주식예탁증서 순서로 이루어졌는데, 1980년대에는 전환사채가 대부분이었다. 1994년 3월 주식예탁증서의 발행이 허용되자 미국계 은행이 증권관리위원회의 승인을 얻어 미국 시장에서 공모하여 뉴욕증권거래소에 상장하였다. 이를 계기로 이의 발행액이 전환사채 발행액을 넘어설 정도로 활발해졌다. 1994년에 이르러서는 해외 증권 발행액이 20억 달러를 상회할 정도로 크게 증가하였고, 이를 활용하는 기업도 많이 늘어났다.

김영삼 정부는 OECD 가입에 대비하여 1994년 국내 상장법인의 대외신인도 유지, 공시제도 보완, 감독기관과 정보교류를 주요 내용으로 한 국내 상장법인의 해외 증권시장 상장방안을 마련하였고, 그 결과 포항제철과 한국전력이 1994년 10월 뉴욕증권거래소에 상장되었다.[17] 이를 계기로 우리나라 기업의 해외 증시 상장이 이어졌다. 우리나라 기업이 외국 증권시장에서 증권 발행을 통해 직접 자금을 조달할 수 있는 길이 열리기 시작하였다.

2) 증권거래소의 정비와 코스닥 증권의 설립

증권거래소는 1974년 7월부터 채권의 당일결제를 폐지하고 보통거래로 일원화하였으나 1980년대 들어 채권매매가 활성화되자 거래 종류를 다양화하고자 1982년 3월 당일결제제도를 도입하였다. 1983년부터는 당일결제가 보통거래를 넘어서는 변화가 나타났다. 1984년 6월 종목별 매매 대신에 종류별 매매제도를 도입하고, 가격에 의한 호가방법 대신에 수익률에 의한 호가방법을 도입하고 채권의 호가와 매매 상황을 정보전달 단말기를 통해 공시하도록 하였다.[18]

채권이나 주식 등의 유가증권 거래가 증가하면 이에 따른 거래비용이 증가하는데, 이 비용을 절약하기 위한 예탁결제가 도입될 유인이 증대하였다. 1973년 증권예탁결제가 처음 도입되었고 예탁결제 업무는 한국증권결제가 담당하였다. 1980년대 채권의 발행이 확대되고 이에 따라 유통시장도 발달되면서 채권대체결제 요구가 증대하자 1982년 5월부터 일부 종목에서 시작된 채권대체결제제도는 1983년 1월 상장채권에 대해 실시하게 되었다. 1983년 5월부터는 주식과 상장채권 전 종목에 대해 계좌 간 결제를 가능하게 하는 집중예탁제도가 실시되었고, 1985년 4월에는 주권계속예탁제도가 실시되어 실물이동이 줄어들고 투자자의 권리를 중앙예탁기관이 관리하는 것이 가능하게 되었다.[19]

---

17 한국거래소(2016a), 『한국거래소60년사 통사』, pp. 165~166.
18 앞의 책, pp. 133~134.
19 이영훈 · 박기주 · 이명휘 · 최상오(2005), pp. 370~372.

1970년대 시작된 증권 업무의 전산화는 1980년대에 그 성과를 거두기 시작하였다. 첫째, 시계게시의 전산화로 시시각각 증권정보가 영업장까지 게시되고 전파될 수 있게 되었다. 둘째, 1980년부터 증권정보 온라인시스템이 가동되어 투자자들이 신속 정확하게 증권정보를 받아 투자결정 시에 활용할 수 있게 되었다. 셋째, 증권 공동 온라인시스템의 구축으로 1983년 2월부터 증권 업무를 온라인으로 처리하는 것이 가능해졌다. 넷째, 1988년 3월부터 주식에 대한 전산매매가 시작되었으나 처리능력의 한계로 체결범위가 단계적으로 확장되어 1997년 9월에 전산화가 완료되었다.[20]

전두환 정부가 1987년 6월 「공기업의 민영화와 정부주식매각」을 발표하면서 증권거래소를 증권회사에 완전 매각할 방안을 발표하였고, 11월 「증권거래법」 개정 시 증권거래소를 정부투자기관에서 회원제 조직으로 전환하였다. 이사장은 회원총회에서 선출하여 정부의 승인을 받도록 하였다. 그 결과로 거래원이 회원으로 변경되어 거래원 등록제도가 폐지되고 회원총회에서 회원가입을 승인하였다. 회원자격은 정관에서 정하였는데 증권회사가 회원이 되었다. 1991년에는 자본시장 개방 진전에 따라 회원제도를 다변화하고 외국 증권업자에 대한 회원가입 제한은 폐지되었다.[21]

전두환 정부는 중소기업 육성을 주요 경제정책으로 정하고 중소기업에 대한 금융지원을 강화하였지만 중소기업이 자본시장을 이용하여 자금을 조달하는 것은 불가능한 상황은 지속되었다. 이 정부는 1986년 12월 「중소기업 등의 주식거래 활성화를 위한 시장조직화 방안」을 발표하고 주식장외시장 개설을 추진하기 시작하였다. 주식장외시장은 증권협회가 주관하였는데, 등록하는 기업이 빠르게 늘어나 1995년 말에는 340개 사에 이르렀다. 특히, 1992년 외환은행 등 대형 기업들이 등록하면서 증가세가 두드러졌다.

김영삼 정부는 1996년 3월 「주식시장 발전방안」을 발표하면서 장외시장 전문중개회사를 설립하여 장외시장에 경쟁매매를 도입한다고 발표하였다. 이에 따라 증권업

20 한국거래소(2016a), pp. 139~142.
21 한국거래소(2016c), 『한국거래소60년사 세도사』, p. 7.

협회와 증권회사가 자본금 50억 원 규모의 주식회사 코스닥증권을 설립하였고 1996년 7월부터 업무를 시작하였다. 그런데 코스닥시장은 설립 이후 상장법인 수는 거래소의 45%에 해당할 정도로 많았으나 이 시장의 신뢰도도 낮고 제도미비로 거래도 불편하여 설립 초기에는 거래가 매우 부진하였다.

4. 단기 금융시장의 육성과 발전

우리나라 단기 금융시장은 1972년 기업어음을 전문적으로 할인매출하는 투자금융회사가 설립되면서부터 사금융의 제도금융화와 함께 단기 금융시장이 조직화된 시장으로 나타났다. 다른 단기 금융상품이 연이어 출시되어 다양화되기는 하였지만, 1980년대 초반까지도 사채시장이 거대한 규모로 온존하고 있다는 것은 이른바 장영자·이철희 거액 어음사기사건으로 드러났다.

1982년 4월 말 사채시장에서 자금을 많이 써 온 공영토건 등에 대한 부도 소문이 나돌면서 시작된 장영자·이철희 부부의 거액 어음부정사건은 이들이 검찰의 구속으로 공개되었다. 제5공화국 출범으로 새로 등장한 정치권력을 배경으로 기업의 어음을 편취하고, 그 어음을 시중에 할인하거나 다른 회사의 어음과 교환하거나, 어음을 담보로 은행에 대출받는 방식으로 자금을 편취한 사건이었다. 이들 부부가 유통시킨 어음의 총액은 2,624억 원이고 이 가운데 채무액이 576억 원이고 나머지 2,048억 원은 견질어음으로 되어 있었다. 이들은 제5공화국 권력자를 배경으로 1981년 2월부터 1982년 4월까지 재무 상태가 악화된 기업체에 접근하여 자신이 수백억 원을 가지고 있는 양 위장하고 유리한 조건의 대출을 약속하고 그 금액의 2배에 해당하는 어음을 받아 이를 사채시장에서 할인하였다. 그리고 그중 일부를 기업에 대부하고 거래를 계속하지 않는 경우에는 부도로 압박하여 실제 대출액의 10배에 해당하는 어음을 교부받았다.

이 사건으로 사채거래가 위축된 것은 물론이고 이 사건과 관련된 기업의 금융거래가 어려워지고 이와 관련 없는 많은 상장기업의 주가까지 하락하는 등 금융 전반에 영향을 미쳤다. 특히, 사채시장에 의존하였던 기업의 자금난이 가중되자 전두환 정부는 1982년 5월 7일 이 사건의 영향을 줄이기 위한 사후 수습책을 제시하였다. 첫째, 투자금융회사의 유보어음 매출을 촉진하여 기금으로 기업자금 공급을 확대하고 이 회사의 대출은 이전대로 유지하여 우량 기업 어음의 매출을 확대하고 단자시장에 500억 원 정도의 자금을 지원하기로 하였다. 둘째, 증권시장을 안정화하기 위해 투자신탁회사, 증권회사 및 보험회사 등의 여유자금으로 주식을 적극 매입하고 회사채도 계속 인수하도록 하였다. 셋째, 중소기업의 자금난을 해소하기 위해 2,000억 원 정도를 지원하기로 하였다.

특히, 이 사건을 계기로 박정희 정부 때 제정된 「예·적금 비밀보장에 관한 법률」의 개정이나 폐지가 거론되고 금융거래 실명제의 이행을 위한 유인이 검토되기 시작함으로써 금융실명제 논의가 시작되었다. 그 결과 1982년 12월 「금융실명거래에 관한 법률」이 제정되었으나 그 실시 시기는 1986년 1월 이후 대통령령에 의해 정하도록 하여 그 실시 여부는 불투명하게 되었다. 김영삼 정부는 금융실명제 실시에 따른 비실명자금, 즉 가명자금이나 차명자금 인출에 따른 금융시장 경색을 고려하여 시기를 탐색하다 1993년 8월 12일 대통령 긴급명령 형식으로 전격적으로 실시하였다. 이 금융실명제 실시로 금융종합세제의 실시가 가능하게 되었을 뿐 아니라 금융거래의 투명성이 크게 높아지게 되었다.

전두환 정부는 이 사건을 수습하고 제도금융권의 역할을 강화하기 위해 1984년 2월 「단기 금융시장의 활성화 방안」을 발표하였다. 이 방안은 대형 증권회사 및 지방투자금융회사에 신종 기업어음(CP)의 취급을 허용하고, 중소기업을 위한 기업어음제도를 도입하고, 어음관리구좌(CMA)제도를 도입하고, 지방 투자금융회사의 서울 지점 설치를 주요 내용으로 하고 있다.[22]

22 한국은행(2000), p. 362

[표 26-8] 단기 금융시장의 규모 추이(1980~1995)

(단위: 10억 원, %)

	1980		1985		1990		1995	
	금액	비율	금액	비율	금액	비율	금액	비율
콜시장	179	7.0	433	3.6	3,464	7.8	4,480	3.7
기업어음시장	2,083	81.9	7,396	61.5	15,740	35.5	44,230	36.9
양도성예금시장			1,081	9.0	6,804	15.3	28,330	23.7
환매채시장	130	5.1	2,563	21.3	3,358	7.6	6,173	5.2
통화안정증권	3	0.1	504	4.2	12,241	27.6	25,825	21.6
재정증권	150	5.9			2,500	5.6		
표지어음					227	0.5	10,697	8.9
합계	2,545	100	12,022	100	44,334	100	119,735	100

자료: 1980년, 1985년은 한국은행(1993), 『우리나라의 금융제도』, p. 253; 1990년, 1995년은 한국은행(1999), 『우리나라의 금융제도』, p. 242; 재정증권은 한국은행, 『경제통계연보』, 각 연도.

[표 26-8]에서 보듯이 1980년대 초반에는 기업어음시장이 중심에 있었고 콜시장, 환매채시장, 재정증권시장도 형성되어 있었다. 1980년대 이후 새로운 단기 금융시장이 등장하기보다는 각 시장에 참가하는 금융기관이 늘어남으로써 단기 금융시장이 확충되면서 다원화되고 있었다. 첫째, 1980년대 초반에 투자금융회사가 신설되어 늘어남에 따라 기업어음시장에 참가하는 금융기관이 늘어났다. 둘째, 환매조건부채권 매매가 이전에는 증권회사를 중심으로 이루어졌지만 이 업무는 은행, 우체국 등으로 확산되었다. 1994년 11월부터는 환매채 거래가 콜시장 참가 금융기관 전체로 확대되었다. 셋째, 1984년에 부활한 양도성예금증서는 처음에는 시중은행과 지방은행에만 허용되었지만 1980년대 중반부터 특수은행과 외국 은행 지점으로 확대하고 1997년에 산업은행까지 취급할 수 있게 되었다. 넷째, 표지어음은 1989년까지는 투자금융회사에만 허용되었지만 1994년 은행, 1995년 상호신용금고도 취급할 수 있게 되었다.

1980년대 말부터 단기 금융시장을 금융기관 간 단기 자금 조절 및 중앙은행의 유동성 조절을 강화하여 통화정책의 파급을 원활하게 하기 위한 제도적 정비가 이루어졌다. 이 시기에 존재하였던 단기 금융상품의 종류와 그 특징을 제시한 것이 [표 26-9]

[표 26-9] 단기 금융상품의 비교

	콜	기업 어음	양도성 예금증서	환매조건부 채권매매	통화안정 증권	표지어음
만기	1~15일 30일	1년 이내	90~180일 1992년부터 90~270일	90일~1년 이내	할인: 14~546일 액면: 2년	은행: 30일 이상 종금: 1년 이내 상호금고: 자유
거래 단위	1억	500만 원. 지방 100만 원	100만→1억→5천만 원→3천만 원	소액 10만 원 거액 5천만 원 →3천만 원	경쟁: 1억 일반: 100만	없음
중도 환매		가능	불가능	가능	불가능	은행: 불가 종금: 가능 상호금고: 가능
이자지급 방식	할인	할인 선지급	할인 선지급	만기 일시지급	할인 매 3개월	할인 선지급
제도화 시기	1960	1972	1974 도입 1984 부활	1977 1980 공식화	1961	1989

자료: 한국은행(1999), 『우리나라의 금융제도』, p. 241.

이다. 첫째, 은행 중심 장내시장과 비은행 금융기관 중심 장외시장으로 이원화된 콜시장을 1989년 단일시장으로 통합하였다. 둘째, 무차별 중개거래 방식을 콜거래에 도입하여 콜시장의 금융기관 간의 자금수급 조절기구 기능을 강화하였다. 셋째, 단기 금융시장의 전문금융기관 육성에도 힘을 기울였다. 1991년 투자금융회사의 업종전환을 허용하고, 투자금융회사의 CMA 및 자발어음의 발행한도를 축소하고, 종합금융회사의 콜거래 업무는 폐지되었다. 넷째, 1991년부터 단계별 금리자유화에 따라 단기 금융상품의 금리 및 발행조건에 따라 규제도 점차 완화하였다. 외환위기 직전에 은행별 양도성예금증서 발행한도가 폐지되고 기업어음, 표지어음, CD, RP 등의 최저거래금액 및 만기에 대한 규제가 대부분 폐지되었다. [표 26-8]에서 보았듯이 1980년대 이후 단기 금융시장은 1980년대 전반, 1990년대 전반에는 전체적으로 빠르게 성장한 반면에 1980년대 후반에는 성장이 늦어졌다. 1980년대 전반에는 기업어음시장과 환매채시장이 급성장하였고 1980년대 후반에는 콜시장, 통화안정증권 및 양도성예금증서 시장이 빠르게 성장하였지만 기업어음시장과 환매채시장은 빠르게 성장하지 못하였다. 1990년대 전반에는 기업어음시장, 양도성예금증서시장이 빠르게 성장한 반면에 콜시장과 환매채시장은 정체되었고 재정증권시장은 소멸되어 갔다.

콜시장을 금융기관 간 단기 자금 수급조절 기구로 발전시키기 위해 참여기관을 확대하려는 조치는 1979년 8월부터 시작되었고 이로 인해 서울 소재 비은행 금융기관, 즉 투자금융, 종합금융, 투자신탁 등의 참여가 시작되었고, 1982년 6월부터는 그 대상이 더욱 확대되었다. 즉, 보험회사, 증권금융, 상호신용금고연합회, 지방 소재 투자금융도 콜거래에 참여할 수 있게 되었고 그 범위는 점차 확대되어 거의 모든 금융기관이 참여하게 되었다. 1989년부터 투자금융회사가 콜거래 전문중개기관이 되었는데, 거래단위는 1억 원이었지만 신청한도에는 제한이 없었다. 콜거래 만기는 일반콜거래는 1일물에서 15일물까지 있었고 30일도 추가되었으나 1일물 중심으로 이루어지고 있었다.[23] 콜금리는 자유화되어 있었다. 콜시장에서 은행신탁, 보험회사, 특수은행 등이 주로 자금공급을 담당하였고 시중은행과 증권회사 등은 주로 자금이용자가 되는 등 자금편중 현상이 있었기 때문에 단기 자금의 수급조절보다는 금융기관 간 자금수급 조절에 기울어져 있었다.

기업어음은 투자금융이나 종합금융에 의해 매입된 후 투자자에게 담보 또는 무담보로 매출되고 있었는데, 만기는 180일 이내이지만 중도환매도 가능하였다. 거래단위는 500만 원(지방 100만 원)이고 할인금리는 자유화되어 있었다. 기업어음의 경우 매출보다는 할인 비중이 2배 정도 높았고 기업어음 매출의 대부분은 무담보이었다. 투자금융회사가 취급하였던 단순중개어음은 거래단위가 5,000만 원, 만기는 60~180일이고, 무담보이며 할인금리도 자유화되어 있었다.[24] 이 단순중개어음은 사채 어음시장을 제도권으로 포섭하는 역할을 하고 있었다. 따라서 이 시기의 기업어음시장은 사채

23 한국은행(1993), 『우리나라의 금융제도』, pp. 254~255.
24 앞의 책, pp. 256~257.

시장의 상업어음을 대체하는 시장으로서 중요할 뿐 아니라 단기 금융시장에서도 가장 비중이 큰 시장이었다고 할 수 있다.

양도성예금증서(CD)는 그 실효성 때문에 1981년 12월에 폐지되었다가 1984년 6월 은행의 수신력 제고와 금리자유화 기반을 조성하고 나아가 유휴자금을 흡수할 목적으로 시중은행, 외환은행, 지방은행이 발행할 수 있도록 하였다. 만기는 1974년 도입 당시에는 1년 6개월이었으나 1978년에는 30일로 줄었다가 1984년부터는 90~180일, 1992년부터는 90~270일로 자금수요에 맞추어 자유롭게 정할 수 있도록 하였다. 거래단위는 1984년 1억 원, 1987년 5,000만 원, 1993년 3,000만 원으로 점차 낮아졌는데, 그것은 이 상품의 수요 기반을 확대하기 위한 것으로 보인다. CD의 유통은 투자금융, 종합금융, 증권회사 등이 참여하였다.[25] 이 CD의 할인금리는 1년 이상 정기예금보다 높았다가 1991년부터 자유화되었는데, 정기예금과 경쟁되는 상품으로서 그 비중이 날로 높아져 정기예금시장을 잠식해 가고 있었다.

환매조건부 채권거래는 1977년부터 시작되었지만 공식화된 것은 1980년대 이후이었다. 1980년 2월 관련 규정이 제정되어 증권회사 업무가 공식화되었고, 9월에는 은행, 1983년 3월에는 우체국도 이 상품을 취급할 수 있게 되었다. 1988년 말부터는 증권회사와 은행이 거액 RP를 5,000만 원(1993년부터는 3,000만 원)을 거래단위로 하여 취급하게 되었다. 거래기간은 90일 이상 1년 이내에서 자유롭게 정할 수 있었고 거액 RP는 자유화되었다. 1991년부터 은행이 금융기관을 상대로 할 때에는 거래기간, 거래금액, 거래 대상 채권에 대한 제한이 사라졌다. 이 시기에 한매채 매도가 압도적이었고 그 주요 매도기관은 우체국, 은행, 증권회사이었다.[26] 이 RP는 1980년대 이후에는 빠른 성장세를 보이지 못하였다.

한국은행이 통화량을 조절하는 방안으로 발행하는 통안채는 1970년대 말부터 통화환수 최종수단으로 활용되어 경상수지 흑자로 통화관리가 어려워진 1980년대 후반

25 한국은행(1993), pp. 259~260.
26 앞의 책, pp. 261~262.

에 크게 늘어났다. 그 결과로 통안채 발행이 단기 금융시장에 미친 영향은 점차 증대되었다. 통화안정증권의 만기는 최단 14일에서 최장 546일로 그 종류가 열 가지 정도 되었다. 이 증권은 1987년 10월부터는 증권, 보험, 은행신탁 등을 대상으로 인수량을 사전에 배정한 물량을 모두 인수하는 총액인수제를 시행하다가 1993년부터 경쟁입찰에 의한 일반매출 방식으로 변경되었다.[27] 이 통안채는 단기로 발행될 경우 한국은행으로서는 상환부담이 가중되는 문제가 발생하였지만 이로 인해 단기 금융시장은 확장될 수 있었다.

표지어음이란 금융기관이 할인하여 보유하고 있는 상업어음, 무역어음 또는 팩토링어음을 분할하거나 통합하여 새로 발행하는 약속어음으로 원어음의 잔여만기에 기초하여 발행하였다. 이 제도는 1989년 9월 수출기업 지원을 위한 무역어음제도를 도입할 때 투자금융회사에 표지무역어음의 발행을 허용하면서 도입되었다. 그 이후 표지어음을 발행할 수 있는 원어음의 범위를 확대하고 발행기관도 점차로 확대함으로써 이 어음의 발행과 유통이 1994년 4월 신탁제도 개편으로 수익성과 유동성이 낮아진 금전신탁[28]을 대체하여 1990년대 전반에 크게 증가하였다.[29]

재정증권은 1983년부터 1985년까지 발행이 중단되었으나 경상수지 흑자로 통화관리가 어려워지자 1986년부터 발행이 재개되었다. 재정증권은 매출방식으로 발행되어 은행신탁이 가장 많이 매입하였고 보험회사, 투자금융, 투자신탁회사 등도 인수하였다.[30] 1990년 이후 통화관리를 위한 외국환평형기금채권이 발행되면서 필요성이 줄어들자 자연 소멸되었다.

27 한국은행(1993), p. 264.
28 은행이 취급하는 금전신탁은 장기 실적배당형 상품이었지만 만기가 짧고 수수료율도 낮고 고정금리로 운용되고 지급예치 의무도 없었다. 금융당국이 1994년 4월 최단만기를 연장하고 해지수수료율도 인상하여 금전신탁의 원래 기능을 회복시키자 금전신탁의 수요는 줄어들고 그 수요의 상당 부분이 표지어음으로 이동하였다.
29 한국은행(1999), 『우리나라 금융제도』, pp. 253~254.
30 앞의 책, pp. 265~267.

제27장

금융자유화 이후의 금융발전과 한국 경제

1. 금융자유화 이후의 금융발전

1) 금리자유화와 금융시장 통합

노태우 정부는 1991년 8월 4단계 금리자유화 추진계획을 확정하고 일정에 따라 금리자유화를 시행하여 1991년부터 1997년까지 단계적으로 금리를 자유화하기로 하였다. 1991년 11월 1단계 금리자유화에서는 단기 여신금리 및 거액 단기 금융상품의 금리가 자유화되었다. 김영삼 정부에 들어와서 1993년 11월부터 실시된 2단계 금리자유화에서는 정책금융을 제외한 거의 모든 여신금리와 장기 수신금리의 자유화가 이루어졌다. 3단계 금리자유화는 제3차에 걸쳐 진행되었다. 1994년 7월 제1차 조치에서는 단기 금융상품의 만기가 확장되고, 표지어음의 발행 매출이 허용되고, CD, RP, CP 등 단기 금융상품의 만기는 단축되고 CP의 만기는 연장되었다. 1994년 12월 제2차 조치에서는 정책자금 여신금리의 일부 자유화와 단기 수신금리의 단계적 자유화가 진행되었고, 1995년 7월에는 정책자금의 여신금리 자유화, 단기 수신금리의 자유화가 추가적으로 시행되었다.

이러한 금융자유화 추진의 결과로 1995년 7월 말 현재 자유금리상품의 비중은 [표 27-1]에서 보듯이 여신의 경우 94%에 이르고 있고, 수신의 경우 77%에 이르고 있었다.

[표 27-1] 금리자유화 이후의 자유금리상품의 비중

(단위: %)

		전체 금융중개기관		은행		시행연월
		여신	수신	여신	수신	
제1단계 금리자유화		19	41	10	10	1991. 11
제2단계 금리자유화		71	69	73	41	1993. 11
제3단계 금리자유화	제1차					1994. 07
	제2차	90	75	78	52	1994. 12
	제3차	94	77	90	55	1995. 07

자료: 한국금융연구원(1995), 『금융조사자료 95-08』, pp. 1~5.

수신금리보다는 여신금리가, 장기 금리보다는 단기 금리가, 제1금융권 금리보다는 제2금융권 금리가 우선적으로 자유화되고 있었다. 여신금리를 수신금리에 앞서 자유화함으로써 금융중개기관의 수지악화를 막았으나, 예금은행의 수신금리 자유화가 지연됨으로써 은행예금의 이탈이 나타날 수 있고, 장기 금리 자유화가 지연됨으로써 자금의 단기화가 나타날 수 있다.

금융자율화 이후에 금융기관이 도입한 신금융상품의 증가, 기존의 실적배당부 금융상품의 증가, 그리고 시장형 금융상품에 속하는 금융채, 국공채, 회사채, 주식 등의 증가는 금융시장의 수익률 체계를 변동시키고 그에 따라 자금의 대량 이동이 전개되면서 금융시장의 구조 변화가 초래되었다. 이와 같이 금융시장의 금리변동성 증가는 금리의 자금수급 조절 기능을 향상, 강화시키는 동시에 금융시장의 불안정성도 높이고 있었다.

신금융상품이나 실적배당부 금융상품이나 그 수익률은 여전히 정부에 의해 규제되고 있었기 때문에 실적배당부 금융상품의 금리변동성은 큰 것이 아니었다. 그럼에도 불구하고 실적배당부 금융상품은 금리규제를 우회하는 특성을 가지고 있어 금융시장 간의 자금이동을 촉진하였다. 그리고 채권의 유통수익률과 주가수익률은 정부의 금리규제와 상관없이 예금금리보다 높이 결정되고 있었기 때문에 채권시장과 주식시장으로의 예금이탈이 빈번히 나타났다. 이와 같이 금리규제 회피성 금융상품의 등장과 그 시장의 확장은 이미 금리규제의 힘을 약화시키고 있었던 것이다.

금리자유화가 1988년 12월에 시험적으로 실시되었지만, 다음 해부터 통화증가율 상승에 따른 인플레이션 우려로 자유화된 금리는 실제로 창구지도로 재규제되었다. 이와 같이 1980년대에는 은행 금융기관의 대출 및 예금금리가 계속 규제되었으나, 금융시장의 금리변동성은 실적배당부 상품과 같은 금리규제 회피성 금융상품의 비중이 점차 커지고 있었던 것이다. 그리고 금융 및 비금융 부문의 유가증권 투자의 비중과 증권시장의 비중이 증가하고 있는 것도 금리 기능을 강화하고 있었다고 할 수 있다.

증권시장에서의 수익률 변화는 예금이탈을 통해 장기적으로 그와 경쟁적인 위치

[표 27-2] 1980년대 이후의 주요 금리의 변화(1980~1997)

(단위: 연리 %)

연도	시중은행		신탁 및 투자금융		채권 유통수익률		주가 수익률	사채 이자율	GDP 디플레이트 상승률
	일반대출 금리	정예금기 금리	일반불특정 금전신탁	CP**	회사채*	국민 주택***			
1980	20.0	19.5	21.9		30.1	30.1	2.6	45.0	24.9
1981	17.0	16.2	17.4		24.4	23.4	3.1	35.4	17.6
1982	10.0	8.0	8.0		17.3	17.2	3.4	29.0	6.7
1983	10.0	8.0	10.0	13.7	14.2	13.0	3.8	24.7	5.2
1984	10.0~11.5	10.0	8.0	13.6	14.1	14.3	4.5	25.4	5.4
1985	10.0~11.5	10.0	10.0	13.4	14.2	13.6	5.2	23.4	4.7
1986	10.1~11.5	10.0	10.0	13.3	12.8	11.6	7.6	23.3	4.6
1987	10.0~11.5	10.0	10.0	12.8	12.8	12.0	10.9	24.4	5.1
1988	10.0~13.0	10.0	10.0	12.8	14.5	12.4	11.2	22.3	6.7
1989	10.0~12.5	10.0	10.0		15.2	14.4	13.9	22.7	5.3
1990	10.0~12.5	10.0	10.0		16.4	15.0	12.8	23.1	9.9
1991	10.0~12.5	10.0	10.0	18.5	18.8	16.5	11.2	19.9	10.1
1992	10.0~12.5	10.0	12.7**	16.4	12.9	15.1	10.9	17.2	6.1
1993	8.5~12.0	8.5	13.1**	13.0	14.1	12.1	12.7	15.7	5.1
1994	8.5~12.5	8.5~10.0	11.5**	13.3	12.9*	12.3	16.2		5.5
1995	9.0~12.5	7.5~10.0	12.6**	14.1	13.8*	12.4	16.4		5.6
1996	8.8~15.0	7.5~10.4	12.5**	12.6	11.9*	10.9	17.8		3.4
1997	11.3~15.3	9.8~12.6	12.5*	13.4	13.4*	11.7	17.0		2.3

주: * 장외회사채, ** 가계금전신탁금리, *** 이용 가능 자료의 단순월평균.
자료: 한국은행, 『경제통계연보』; 사채이자율은 한국은행 내부자료.

에 있는 금융중개시장의 수익률 변화를 가져온다. 채권은 금융기관의 예금과 대체성이 크기 때문에 채권의 유통수익률 변화는 규제예금금리의 변화에 영향을 크게 주게 된다. [표 27-2]의 금리 체계에서 보듯이 은행의 예금 및 대출이자율이 장기적으로 회사채 수익률과 비슷한 변동 추세를 보이는 것에서도 알 수 있지만, 채권 유통수익률과 예금/대출이자율은 불완전하지만 연동이 강화되고 있었다. 이것은 예대시장과 채권시장이 더욱 통합되고 있다는 근거가 된다.

금리자유화는 금리의 급등으로 연기되었으나, 금리하락 추세가 다시 나타났던

[표 27-3] 금리의 변이계수 추이

(단위: %)

기간	콜금리		CD 유통 수익률	기업어음 할인율	금융채 (1년물)	회사채 (3년물)	통화량(M2) 평균증가율
	은행	비은행					
Ⅰ기(89. 12~91. 11)	0.14	0.17	0.03		0.07	0.07	20.5
Ⅱ기(91. 12~93. 10)	0.06	0.13	0.10	0.10	0.15	0.13	18.8
Ⅲ기(93. 11~94. 11)	0.11	0.15	0.09	0.07	0.06	0.06	15.2
Ⅳ기(94. 12~95. 07)	0.17	0.22	0.10	0.07	0.03	0.03	17.2

자료: 한국금융연구원1995), 『금융조사자료』, 95-08, pp. 19, 28; 한국은행(1995), 『조사월보』, 1995. 5.

1991년 11월부터 1995년 11월까지 3단계로 시행되었다. 이러한 금리자유화는 수신금리보다는 여신금리가, 장기 금리보다는 단기 금리가, 은행 금융기관 금리보다는 비은행 금융기관 금리가 우선적으로 자유화되는 방식으로 실시되었다. 이에 따라 비은행 금융기관이 상대적으로 영향을 더 빨리 더 많이 받겠지만, 그중에서는 거액 단기 자금을 취급하는 투자(금융)기관이 가장 먼저 영향을 받을 것이고, 최장기 자금 및 정책자금을 취급하는 개발금융기관이 가장 늦게 영향을 받을 것이다. 은행 금융기관은 비은행 금융기관에 비해 금리자유화의 영향을 상대적으로 늦게 받겠지만, 금리자유화 과정에서 특히 단기 예금 이탈을 피할 수 없었다.

금리자유화가 본격적으로 실시된 1992년 이후에는 금리가 예상과 달리 상승하지는 않았지만 단기 금리의 변동성만은 급속히 커질 것이라고 예상되었다. [표 27-3]에서 금리의 변동성을 알려주는 금리의 변이계수(표준편차/평균)를 보면, 금리자유화 이전인 Ⅰ기에 비해 1단계 금리자유화 이후인 Ⅱ기에는 콜금리, CD 금리와 같은 단기 금융시장의 금리변동성은 작아지고 자본시장의 금리변동성은 커지고 있다. 1단계 금리자유화가 경기하강 국면에서 실시되었고, 또한 통화관리가 완화되어 통화량증가율이 높았기 때문에 이와 같이 단기 금융시장 금리의 변동성은 도리어 작아지고 자본시장 금리의 변동성은 커지고 있었던 것이다.

그러나 금리자유화 폭이 컸던 2단계 금리자유화 이후인 Ⅲ기와 Ⅳ기에서는 전기와 반대로 단기 금융시장의 금리변동성은 커지고 자본시장의 금리변동성은 작아지고 있었다. 이와 같이 금리변동성은 만료기간이 짧을수록 크게 나타나고 있었다. Ⅲ기와 Ⅳ기에는 정부가 경기상승 국면에서 경기과열에 대비하여 통화긴축을 실시하면서 금리자유화를 진행시켰기 때문에 앞 기간과는 반대 결과가 나타나고 있었다. 금리자유화는 금리변동 폭의 상한을 확대하였지만, 금리의 변동성은 그것에 영향을 받기보다는 통화정책의 방향이나 경기변동이 더 작용하여 결과가 달라졌던 것이다.

금융시장 간의 분단 또는 분열은 각종 규제로 금융시장의 접근이 제약되거나 금융시장이 매우 불완전 상태에 있기 때문에 발생하고, 이것은 금융자산 간의 대체성을 낮추었다. 이러한 금융시장의 분열 중에서 가장 현저한 것은 제도 금융시장과 사채시장과의 분열(분단)이었다. [표 27-2]를 보면 비제도 금융시장의 사채금리와 제도 금융시장의 격차는 여전히 큰 편이고, 제도 금융시장의 금리 중에서 회사채 수익률은 기업어음 수익률이나 일반예금 금리보다 계속 높은 수준에 있는데, 이 격차는 사라지지 않고 있다. 이것은 한국의 금융시장에서 금융중개시장과 채권시장 간의 분열과 제도 금융시장과 비제도 금융시장 간의 분열이 구조적으로 존재하였다는 점을 시사해 주고 있다.

금융시장 간의 현존하는 큰 금리격차는 금융시장의 불안전성과 폐쇄성에서 비롯되었지만 금리규제에 의해 유지되고 있으므로, 금리자유화는 각 금융시장의 통합을 통해 금리격차를 더욱 줄일 것으로 기대되었다. [표 27-2]에서 보듯이 1980년 이후 사채시장을 포함하여 금융시장 간의 금리격차가 점차 줄어들고 있었던 것은 1980년 이후 금융자율화의 결과로 금융시장의 통합이 진전되고 있었다는 점을 말해 주고 있다.

1991년부터 실질적인 금리자유화가 진행된 이후의 금융시장 통합 정도를 각 금융시장 금리 간의 동행성을 통해 확인해 볼 수 있다. [표 27-4]에서 상관계수의 크기를 보면, 콜금리는 다른 금리와 거의 상관관계가 작았고, CD 금리와 CP 금리, 그리고 금융채 금리와 회사채 금리는 높은 상관관계를 가지고 있는 것으로 나타나고 있다. 이것은 CD시장과 CP시장, 그리고 금융채시장과 회사채시장은 통합되어 있으나, 단기 금융시

[표 27-4] 금리 간 동행성(상관관계)의 추이

	콜금리	콜금리	CD 금리	금융채 수익률	은행 콜금리	비은행 콜금리	비은행 콜금리	CD 금리
	CD 금리	회사채 수익률	회사채 수익률	회사채 수익률	비은행 콜금리	CD 금리	CP 금리	CP 금리
I기*	0.45	0.10	0.68	0.96	0.69	0.45		
II기*	0.55	0.51	0.95	0.98	0.62	0.55	0.38	0.86
III기*	0.53	0.30	0.89	0.99	0.83	0.53	0.69	0.91
IV기*	0.52	0.21	0.80	0.98	0.86	0.60	0.81	0.80

자료: [표 27-3].

장과 자본시장은 아직 제대로 통합되지 않았다는 것을 시사하고 있다. 이와 같이 금리자유화가 진전되면서 콜시장과 CD시장 및 CP시장의 통합이 진전되고 있고, CD시장과 금융채/회사채시장의 통합이 진전되고 있음은 [표 27-4]에서 상관계수 증가를 통해 확인할 수 있다. 금리자유화는 이와 같이 단기 금융시장과 자본시장의 자체 통합은 물론 두 시장의 통합에도 긍정적인 효과를 미치고 있었다.

금리자유화는 물론 금리규제를 우회하는 실적형 금융상품과 증권시장의 성장이 금리나 채권 유통수익률 같은 가격 기능을 활성화 함으로써 분열된 금융시장을 통합하여 자금의 효율적 배분은 물론 통화정책의 금리전달기구를 강화하여 전체 통화정책의 효과를 증진시키는 동시에 금리 중심의 자금배분을 촉진하고 있었던 것이다.

2) 금융 부문의 성장과 구조 변화

한국의 금융자율화는 금융기관의 자금운용 규제를 완화하는 것에 그치지 않고 금융기관의 자금조달 방식을 다원화하였다. 나아가 가계와 기업의 금융자산 선호에 부응함으로써 금융 부문의 구조 변화와 함께 국내 저축을 촉진하여 금융 부문의 성장에 기여한 것으로 보인다. [표 27-5]에서 보는 바와 같은 1980년대 이후의 한국 금융 부문

[표 27-5] 한국, 일본, 미국의 금융연관비율과 한국의 실질금리 및 저축률(1975~1995)

		1975	1980	1985	1990	1995
금융연관 비율	미국	5.07	5.23	5.66	6.17	6.96
	일본	4.60	5.44	6.65	8.52	8.63
	한국	2.71	3.09	3.58	3.90	4.32
정기예금(1년 이상)(%)		15.0	24.0~19.5	10.0	10.0	7.5~10.0
소비자물가상승률(%)		25.2	28.7	2.5	8.3	4.5
총저축률(%)		28.7	34.1	32.7	39.5	39.1

주: 정기예금 금리는 1년 이상 또는 1년 이상 2년 이내 금리임.
자료: 한국은행, 『경제통계연보』; 미국 및 일본의 통계는 OECD.

의 급속한 성장과 저축률 증가는 금융자율화뿐 아니라 1980년대 초반의 물가안정으로 실질이자율 상승 같은 거시경제적 조건에 영향을 받았을 것이다.

우리나라에서 금융 부문의 성장이 경제개발 시대에서 억제되고 있었던 것은 낮은 금리와 함께 이루어진 신용에 대한 통제뿐 아니라 과거 높은 물가상승률로 인한 실물자산 선호가 있었던 결과이다. 특히, 마이너스(-) 실질금리는 저축률을 낮추었던 반면에 투자율을 높였다. 이것은 만성적인 투자초과 현상과 금융기관의 만성적 초과대출(over-laon)을 통해 통화증발과 외자도입 수요에까지 영향을 미칠 수 있었다.

전두환 정부가 1980년 초반부터 외채 문제를 해결하는 방편으로 물가안정책을 강력히 추진함에 따라 무엇보다도 물가가 안정되어 갔다. 그에 따라 기대인플레이션율이 하락하자 실물자산 선호도가 다소나마 억제되고 실질금리가 상승하여 저축률이 계속 상승하게 되었다. 말하자면, '금융억압'의 부작용이 물가안정과 금융자율화로 인해 줄어들게 되었던 것이다. 이러한 거시경제 안정기조는 1980년대 말에 경상수지 흑자 이후의 물가상승과 부동산투기의 재현으로 흔들렸지만 경상수지 흑자에 따른 외화유입은 금융자산 가격을 올리고 자금중개를 확대시켜 국내 금융 부문의 급성장을 촉진하였다.

1990년대에 접어들어 물가상승률도 다소 높아지고 경상수지 적자가 재현되었으

[그림 27-1] 한국, 미국 및 일본의 금융연관비율(금융자산 잔액/GNP)의 추이(1962~1997)

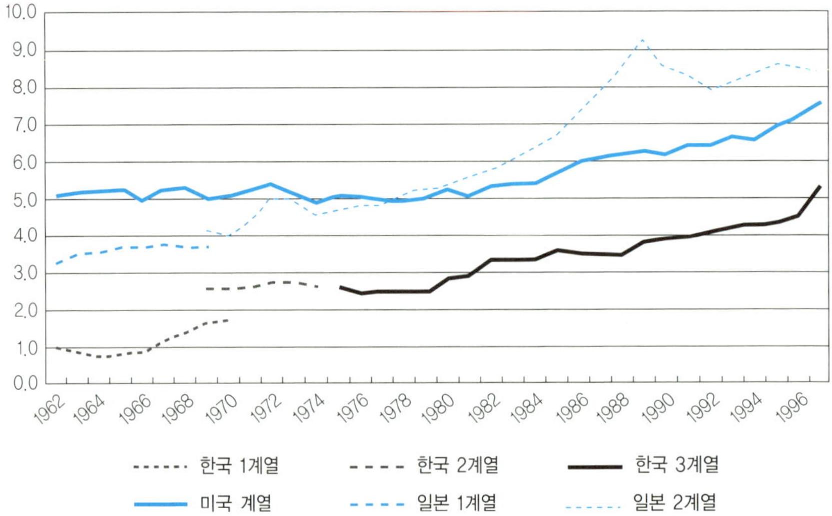

자료: 한국 1계열은 1953년 SNA, 2계열은 1968년 SNA, 3계열은 1968년 SNS 기준; 일본 1계열은 일본은행, 2계열은 OECD; 미국은 OECD 자료.

나, 정부가 부동산투기를 저지하기 위해 금융긴축으로 다시 돌아서고 금리자유화 같은 실효성이 큰 금융자율화 조치를 시행함으로써 실질금리가 높아져 저축률의 하락을 저지할 수 있었다. 따라서 금융자유화가 실질적으로 성과를 내기 시작한 1990년대 이후 금융 부문의 성장은 거시경제 안정보다는 다방면에 걸친 금융자유화 조치의 효과와 더 관련되었던 것으로 보인다.

[그림 27-1]에서 보듯이 세 나라의 금융 부문 성장은 멈추지 않았고, 특히 1980년대 이후에 빨라지고 있다. 미국의 경우 금융혁신의 영향을 받았던 1970년대 중반 이후부터 나타나고 있고, 일본의 경우 이의 영향을 받기 시작한 1970년대부터 나타나고 있지만, 우리나라는 금융자율화가 시작된 1980년대 이후에야 금융연관비율이 빠르게 증가하고 있다.

우리나라 각 부문의 금융자산 축적의 증가는 금융 부문에서 빠르게 되고 있을 뿐

[그림 27-2] 우리나라의 부문별 금융연관비율 추이(1962~1996)

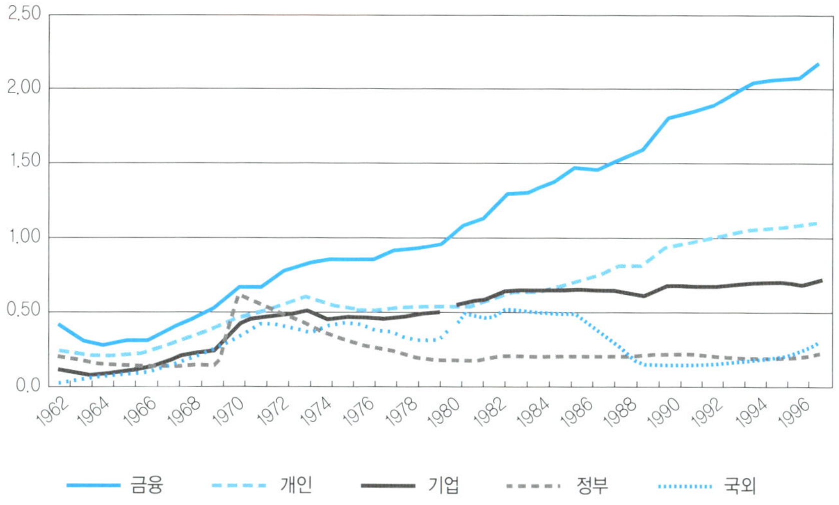

자료: 한국은행, 경제통계시스템.

아니라 영향력도 가장 크다는 점을 [그림 27-2]에서 알 수 있다. 특히, 1980년대 이후에는 금융 부문의 확장과 개인 부문의 금융자산 축적이 금융의 양적 성장을 주도하고 있고 그중에서 특히 금융 부문의 영향이 압도적이었다. 따라서 1980년대 이후 금융 부문의 빠른 성장은 가계 부문의 자산축적에 의해서도 많은 영향을 받았지만 그것보다는 금융기관의 활발한 금융활동에 의한 금융거래의 확대에 더 영향을 받았다.

우리나라 금융 부문의 성장은 1980년대 이전에는 한국은행, 예금은행, 그리고 산업은행과 같은 주로 은행 금융기관에 의해 주도되었다. 때문에 [표 27-6]에서 보듯이 간접금융 형태인 예금과 대출에 의한 금융거래가 가장 비중이 높았고, 주식·출자, 채권·펀드 등 직접금융과 연계된 거래의 비중은 낮았고, 다른 간접금융 형태인 신탁·보험 등 비은행 금융기관에 의해 중개되는 거래의 비중도 낮았다.

그러나 1980년대 금융자율화가 진행되면서 증권시장 등 금융시장의 성장과 발전에 따라 주식·출자, 채권·펀드 거래 잔액의 비중이 높아지고 있다. 이것은 1980년대

[표 27-6] 우리나라의 금융거래 유형별 잔액 비율의 추이(1980~1997)

연도	현금통화	예금 · 예수금		대출	정부융자	주식출자	채권펀드	상거래신용	대외거래	기타거래
		통화금융기관	기타							
1980	1.6	11.5	5.2	24.8	2.7	9.0	8.6	6.7	19.8	10.1
1981	1.4	10.6	5.4	25.5	2.8	8.3	9.0	6.9	19.0	11.0
1982	1.4	11.0	5.9	25.3	2.6	9.0	10.2	6.8	18.1	9.7
1983	1.3	10.0	6.8	25.7	2.6	8.9	11.7	6.9	17.3	8.7
1984	1.2	9.9	8.2	26.7	2.4	8.7	11.6	6.9	16.0	8.5
1985	1.1	11.4	8.6	27.0	2.3	8.3	10.7	6.8	15.6	8.3
1986	1.0	11.2	9.7	26.9	2.1	8.4	11.8	6.7	13.3	8.7
1987	1.1	12.0	11.4	26.6	1.9	8.6	12.4	6.6	9.1	10.3
1988	1.0	12.4	12.5	25.2	1.7	8.9	13.6	6.1	7.2	11.4
1989	1.0	11.1	13.2	25.1	1.6	11.5	14.2	5.4	6.1	10.9
1990	0.9	11.1	14.4	25.1	1.5	10.5	14.4	5.0	6.0	11.0
1991	0.8	11.0	14.7	25.9	1.5	9.6	14.4	4.7	6.1	11.3
1992	0.8	10.8	15.6	25.8	1.4	9.0	15.3	4.5	6.2	10.7
1993	0.9	10.5	16.4	25.0	1.3	8.8	16.8	4.4	5.8	10.1
1994	0.8	10.4	17.0	24.9	1.2	8.8	16.5	4.2	6.2	9.9
1995	0.8	10.0	17.7	24.1	1.2	8.3	17.0	4.0	7.1	9.8
1996	0.7	9.8	17.5	23.4	1.3	7.5	18.2	3.8	8.2	9.8
1997	0.6	9.2	16.0	22.2	1.5	6.7	18.9	3.5	11.3	10.2

자료: 한국은행, 경제통계시스템.

이후에 증권을 매개로 하는 자금을 조달·운용하는 금융방식이 예금과 대출에 의하는 전통적인 금융방식보다 비중이 커지고 있는 것은 금융의 증권화 현상이 확산된 결과일 것이다. 비통화 금융기관, 즉 비은행 금융기관의 예수금 비중도 크게 높아졌다. 1980년대 이후 금융시장의 개방에도 불구하고 경상수지 흑자가 나타난 1980년대 후반부터 대외거래의 비중이 낮아지는 것은 각 부문의 대외의존도가 금융국제화로 높아졌지만 그보다는 기업 등 비금융 부문의 대외금융 의존도가 더 낮아진 결과로 보인다. 그리고 기업이 금융기관 매개 없이 이용하는 기업 간 거래의 한 유형인 상거래 신용의 비중은 금융기관의 영역이 확대됨에 따라 비중이 점차 낮아지고 있었다.

2. 금융개방 이후의 한국 경제

1) 자본유출입과 금융시장 불안

금융개방의 진전은 금융산업 개방, 자본자유화, 외환자유화 등을 통하여 자본유출입을 확대시킨다. 금융개방은 일차적으로 자본수지를 변화시키고 이차적으로 통화량, 환율, 이자율, 주가 등의 금융시장에 영향을 주고 나아가 경상수지, 물가, 금리, 고용이나 생산 등 실물경제에까지 영향을 줄 수 있다.[1] [표 27-7]에서 보듯이 자본유출입이 확대함에 따라 자본수지의 폭이 확대되고 있는데, 특히 증권투자로 인한 자본순유입의 영향이 컸던 것으로 나타나고 있다.

한국의 자본자유화로 인한 외국인의 증권투자는 자본외환시장의 단계적 개방으로 점차 확대되어 이로 인한 순유입이 1992년부터는 자본흑자액의 60% 이상을 넘는 큰 폭으로 이루어지게 되었다. 특히, 1993년부터는 외국인 증권투자로만 확대된 자본순유입이 100억 달러를 넘어서고 자본수지의 50% 이상을 넘어서고 있기 때문에 그 영향은 매우 컸던 것이라고 추정할 수 있다. 더욱이 증권투자에 의한 자본유입은 장기자본수지의 흑자로 기록되지만, 증권투자자금은 상황 변화에 따라 다른 단기 자본보다 더 유동적일 수 있다. 따라서 자본자유화가 직접투자가 아닌 증권투자를 중심으로 될 때 금융시장의 불안이 증대될 수 있으므로 자본자유화가 한국의 금융시장을 확장시키면서 불안정하게 하였다는 점에 유의할 필요가 있다.

증권투자자금의 순유입 증가는 자본수지의 흑자를 통해 경상수지의 적자를 보전시킴으로써 국제수지 관리와 환율 안정에는 도움을 주었으나 그로 인해 환율의 고평가와 함께 경상수지 적자를 피할 수 없게 되었다. [표 27-7]을 보면, 1990년대에는 1993

---

1 우리나라 거시경제모형 한 연구에 의하면, 자본수지를 10%(약 4억 달러) 정도 증가할 경우 환율은 약 0.14~0.34% 절상되고 통화량은 중화정책에 따라 달라지나 적극적으로 중화할 경우 1.2~1.4% 정도 증가하고 국내 물가는 0.06~0.1% 정도 상승하고 수출은 별다른 영향이 없으나 산업생산이 0.4% 정도 증가하므로 수입은 0.2~0.6% 정도 증가하고 경상수지 적자는 그만큼 커진다(하성근·김정식(1997), 자본유출입이 환율 물가 통화량에 미치는 영향, 『경제분석』, 제3권 제2호).

[표 27-7] 1990년대 자본유출입 및 관련 지표(1989~1997)

연도	경상수지 (10억$)	자본수지(A) (10억$)	종합수지 (10억$)	증권순투자(B) (10억$)	(B)/(A) (%)	(B)/무역총액 (%)	환율 (원/$)	통화(M2) 증가율 (%)	통화(M3) 증가율 (%)	소비자 물가 (%)	회사채 수익률 (%)	주가 지수 (%)	어음 부도율 (%)
1989	5.4	-2.9	2.5	-0.7	24.6	-0.6	679	18.4	26.6	5.7	15.2	918	0.04
1990	-2.0	2.6	0.6	0.08	3.2	0.1	716	21.2	29.9	8.6	16.5	747	0.04
1991	-8.3	6.4	-1.9	3.1	47.6	2.1	760	18.6	25.7	9.3	18.9	657	0.06
1992	-3.9	6.6	2.6	5.8	88.1	3.7	788	18.4	22.2	6.2	16.2	587	0.12
1993	1.0	2.7	3.7	10.0	365.5	6.2	808	18.6	21.6	4.8	12.6	728	0.13
1994	-3.8	10.3	6.4	6.1	59.5	3.2	788	15.6	22.0	6.2	12.9	965	0.17
1995	-8.5	16.8	8.3	11.6	69.1	4.6	774	15.5	19.9	4.5	13.8	934	0.20
1996	-23.0	23.3	0.3	15.2	65.1	5.5	845	16.2	19.0	5.0	11.9	833	0.17
1997	-8.6	5.4	-3.2	14.8	271.5	5.3	1,695	19.2	16.3	4.5	13.4	655	0.52

자료: 한국은행, 『경제통계연보』, 각 연도.

년을 제외하면 계속 경상수지 적자가 나타나고 있지만 환율은 1995년까지도 안정세를 보이고 있었다. 1990년대 경상수지의 만성적인 적자에도 불구하고 자본수지의 흑자에 의해 환율이 안정되었다는 것은 원화의 환율이 기초조건(fundamentals)에서 계속 이탈하여 고평가되고 있었음을 의미한다. 이러한 환율의 고평가는 수입물가의 상승을 억제시킴으로써 물가를 안정시키는 것에 기여하였다. [표 27-7]에서 보듯이, 물가상승률은 자본순유입의 증가에도 불구하고 환율의 안정으로 큰 변화를 보이지 않고 있었다.

자본순유입의 증가는 중화정책(불태화정책)이 완전하지 않는 한, 통화량의 증가를 초래하기 때문에 통화관리의 어려움을 가중시킬 수 있다. 1990년대에 접어들어 자본유입 증가에 의해 초래된 종합수지 흑자가 1996년까지 지속되어 한국은행은 중화정책을 적극적으로 수행해야만 하였다. [표 27-7]을 보면, 한국의 통화증가율은 M2, M3 어느 기준으로 보아도 서서히 낮아지고는 있으나, 그렇다고 통화관리가 순조로웠던 것은 아니었다.

[표 27-8]에서 보듯이, 1990년대 이후 자본유입에 의한 종합수지 흑자로 인해 본원통화의 주요 공급원이 국내 부문보다는 해외 부문이 되고, 한국은행은 해외 부문에서

[표 27-8] 부문별 통화공급 추이와 민간 부문 통화환수 추이(1985~1995)

(단위: 10억 원)

연도	부문별 본원통화 공급					
	정부 및 정부 대행기관	예금 은행	비통화 금융기관	기타	국내 부문	해외 부문
1985	1,457	3,526	-2,871	918	3,030	1,289
1990	-4,623	15,783	-9,939	1,985	10,604	10,604
1995	-4,306	8,902	-3,593	2,884	25,419	25,419
연도	수단별 민간 부문 본원통화 환수					
	통화안정 증권	통화안정 계정	외화 예수금	외국환 평형기금	환매 계약	민간 부문
1985	1,899	6,518	137			8,555
1990	15,611	11	19	2,780	1,979	20,402
1995	25,824		55	3,773	2,000	31,653

자료: 한국은행, 『경제통계연보』, 각 연도.

의 본원통화 증가를 대부분 통화안정증권을 발행하여 환수하고 그 일부를 외국환평형기금과 환매계약을 동원하여 환수하는 중화정책을 적극적으로 수행하였다. 통화안정증권은 많은 문제[2]를 가지고 있는 통화환수 수단임에도 불구하고 80% 이상을 이 수단에 의존하여 해외 부문에 의해 증가된 본원통화를 환수하였다는 것은 자본유입으로 인해 통화 증가 압력이 그만큼 컸기 때문이었다.

자본순유입의 증가는 국내에서 자금공급을 확대함으로써 이자율을 하락시키는 효과를 가지고 있기 때문에 금리상승을 진정시킬 수 있었다. 그리고 자본의 자유화로 인한 자본유출입의 증가는 국내 금리와 국외 금리 간의 차이를 줄일 수 있다. [표 27-9]에서 보듯이 자본자유화가 본격적으로 진행되었던 1992년부터 회사채 유통수익률이 하락세에 있고, 다른 단기 금리도 장기 금리에 비해 변동이 크지만 하락 추세에 있다.

2 통안증권의 통화환수 효과는 1년 만에 종결되어 추가적인 통화증발을 가져오며, 한국은행의 이자상환과 함께 추가적인 본원통화의 증가를 초래할 수 있으며, 통안증권은 단기 상환 부채로 통화관리에 어려움을 더하고, 통안증권의 대량 유통은 다른 금융시장의 발진을 제약힐 수 있다.

[표 27-9] 국내외 금리차 및 환율 할인율의 추이(1990~1997)

(단위: 연율 %)

연도	회사채 유통수익률 (3년) ①	CD 유통 수익률 (91일)	연말 콜금리	통안채 유통수익률 (364일) ②	영국 TB 수익률 (90일) ③	미국 TB 수익률 (90일) ④	①-③	②-④	⑤ 원화 활증률	②-④ +⑤
1990	16.5		13.6	15.6	13.41	6.65	3.36	8.95	-5.14	3.81
1991	18.9	18.4	16.8	17.7	10.31	3.95	8.59	13.75	-5.84	7.81
1992	16.2	15.2	13.5	15.8	6.69	3.16	9.51	12.64	-3.50	9.14
1993	12.6	12.3	11.5	12.4	5.03	3.07	7.57	9.33	-2.44	6.89
1994	12.9	14.9	14.1	12.3	6.31	5.72	6.59	6.58	2.46	9.04
1995	13.8	11.8	11.0	13.5	6.25	5.08	7.55	8.42	1.81	10.23
1996	11.9	13.5	12.5	12.8	6.22	5.20	5.68	7.60	-8.23	-0.63
1997	13.4	18.7	21.9	14.9	7.08	5.36	6.32	9.54	-50.19	-40.65

자료: 한국은행, 『경제통계연보』, 각 연도 및 『조사월보』.

국내외 금리차를 보여 주는 [표 27-9]의 (①-③)의 값과 (②-④)의 값은 1995년을 예외로 하면 1991년부터 1996년까지 줄어들고 있음을 보여 주고 있다. 국가 간 자본이동이 증가하여 국내 금리와 국외 금리 간의 연동이 강화됨에 따라 이와 같이 국내외 금리차가 줄어들고 있었던 것이다. 자본의 유출입은 환율예상과 관련되므로 커버된 이자율의 평가와 관련되어 설명되어야 하나 선물환시세 자료가 없기 때문에 그 설명은 어렵다. 대신에 사후적 커버된 이자율 격차를 나타내는 [국내대표이자율 ②-해외대표이자율 ④+사후적 현물할증료 ⑤]의 값을 보면, 1995년까지는 큰 양(+)의 값을 가지고 있었으나 1996년부터는 음(-)의 값을 가지고 있었음을 알 수 있다.

여기서 1995년까지는 환율의 안정과 높은 이자율로 인해 외국 자본의 한국으로의 유입 압력이 컸으나, 1996년부터는 이자율 하락보다는 환율상승으로 인해 외국 자본의 한국으로부터 유출 압력이 나타났다는 것을 알 수 있다. [그림 27-3]에서 보듯이 1996년부터 경상수지 적자 폭은 더욱 커지고 이자율은 안정되어 있지만 환율이 상승하고 주가 하락세가 강화되는 등 자본유입보다는 자본유출과 관련되는 징후가 보이기 시

[그림 27-3] 환율·주가 및 금리의 추이(1980~1997)

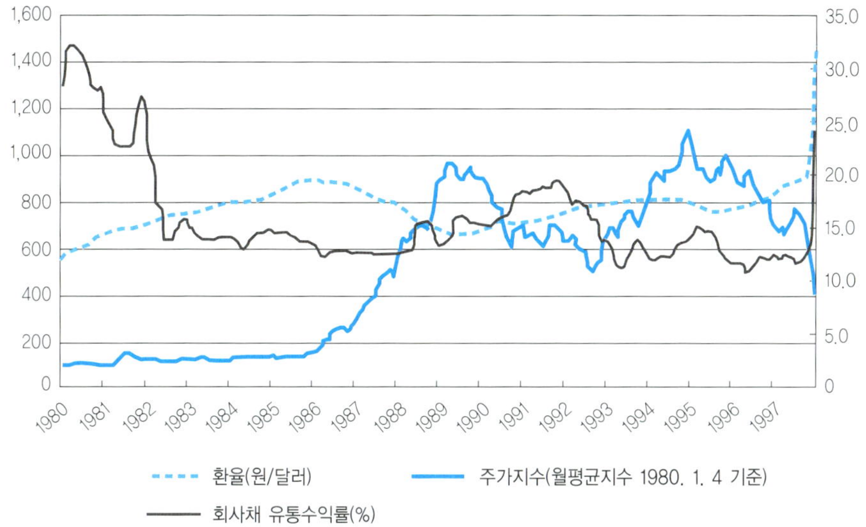

자료: 한국은행, 『경제통계연보』, 각 연도.

작하였다.

1990년대 우리나라 금융자유화는 금리자유화와 함께 자본자유화를 중심으로 본격화됨에 따라 증권투자를 매개로 하는 외국 자본의 유출입이 이전보다 크게 증가하였을 뿐 아니라 경상수지의 적자가 자본수지의 대폭적인 흑자로 쉽게 보전될 수 있었다. 이 때문에 환율인상, 금리상승, 물가상승, 주가하락 등 금융시장의 불안과 관련되는 주요 거시경제 변수의 변화가 억세되었다. 특히, 자본수지 흑자로 인한 종합수지 흑자는 원화 환율의 고평가를 가져오면서 경상수지의 적자 폭은 GDP에 비해서도 더욱 확대되었다. 그리고 외국 자본 순유입의 급증은 본원통화 증가를 가져와 통화관리에 어려움을 가중시키게 되었다. 외국 자본 순유입은 직접투자와 같이 이동성이 작은 외국 자본의 유입이 아니라 증권투자나 금융기관의 단기 차입 등과 같이 이동성이 큰 외국 자본의 유입이었기 때문에 이에 바탕을 둔 한국의 거시경제는 전례 없이 불안정해졌다.

이러한 상황에서 정부의 거시경제 불안정에 대처하는 정책도 거의 없었고 기업부실을 줄이기 위한 구조조정이나 거시경제 안정을 위한 구조개혁[3]은 지연되었다. 김영삼 정부는 1996년 9월에 물가안정하의 경제활력을 높이고 대외경쟁력을 강화하는 데 초점을 두고 거시경제를 운용하기로 하였다. 특히, 대외경쟁력을 높이기 위해 기업의 부담과 규제를 줄이는 등 기업환경을 개선하기로 하고 노동시장을 유연화하기 위해 「노동관계법」 개정안도 제출하였다. 이 정부는 1997년에 들어와서 1996년 경상수지 대폭 적자에 대응하여 경상수지 적자 해소를 핵심 정책과제를 설정하는 동시에 해외 자본 유입책을 동시에 강구하였다.[4] 거시경제의 불확실성이나 불안정성이 높아지고 있음에도 불구하고 금융자유화의 진전으로 거시경제의 조정에 큰 영향을 미치고 있는 외환시장, 금융시장이나 자본시장에 대한 통제력을 과거만큼 가질 수 없게 되었고 임기 말에 가까워짐에 따라 김영삼 정부의 대응력도 갈수록 약화되고 있었다. 따라서 금융자유화는 결과적으로 구조개혁이나 대비책이 부족한 상태에서 한국 경제의 글로벌 금융 체제로의 편입으로 인해 금융불안이 증대되고 있었다고 할 수 있었다.

2) 기업의 과잉투자와 자금조달

한국 경제의 고도성장은 1990년대에도 그 성장률은 다소 낮아지고 있으나 지속되고 있었다. 이러한 고도성장은 1991년의 둔화기가 있지만 민간소비 및 고정투자의 빠른 증가에 의해 뒷받침되고 있었다. 이 시기 한국 경제의 고도성장도 [표 27-10]에서 보듯이 한국의 높은 저축률과 투자율에 의해 뒷받침되고 있다. 즉, 35%를 넘는 총저축률과 그것을 약간 넘고 있고 국내 총투자율의 유지가 한국 경제의 지속적인 성장을 뒷받침하고 있었던 것이다.

3 경제안정을 위한 구조개혁은 각국마다 다소의 차이를 보이고 있으나, 정책의 신뢰성과 일관성을 높이면서 재정통화를 긴축적으로 운용하고 각 부문의 경쟁제한적인 규제를 철폐하고 상품요소시장의 경직성을 가져오는 구조의 개혁을 추진하여 시장의 규율을 강화하였고, 정부는 재정의 역할을 재정립하면서 정부의 조직·인사·예산을 축소하고 노사정 합의를 통한 조정비용의 분담을 추진하였다는 점에서 공통점이 있었다(한국은행(1997. 11), 『조사연구자료』, 97-11).

4 이규성(2006), 『한국의 외환위기』, pp. 5~6.

[표 27-10] 한국의 부문별 자금과부족과 각 부문의 증가율과 비율(1980~1997)

(단위: %)

연도	부문별 자금과부족/GDP 비율					실질 GDP 성장률	최종 소비 증가율	고정 투자 증가율	총 투자율	총 저축률
	금융 부문	개인 부문	기업 부문	정부 부문	국외 부문					
1980	0.9	5.3	-15.0	0.2	8.6	-1.6	1.7	-11.1	34.1	25.2
1981	0.8	6.4	-13.8	-0.4	6.9	7.2	5.6	-2.1	32.4	24.7
1982	-1.1	8.3	-11.9	-0.3	5.1	8.3	6.7	11.7	32.0	26.5
1983	0.2	5.1	-9.2	0.9	2.9	13.4	8.4	16.1	32.6	30.2
1985	0.6	5.5	-9.8	1.4	2.3	10.6	7.2	11.6	32.6	32.4
1986	1.1	6.0	-9.6	0.8	1.7	7.8	6.7	6.3	32.7	32.5
1987	-0.3	8.6	-6.1	1.3	-3.5	11.3	8.7	14.3	33.0	35.8
1988	-0.3	10.6	-6.2	3.5	-7.5	12.7	8.4	18.4	32.6	39.2
1989	0.6	7.9	-6.1	4.5	-6.9	12.0	9.2	14.0	34.7	41.3
1990	0.5	9.1	-10.6	3.3	-2.4	7.1	10.9	16.1	36.7	38.7
1991	0.0	10.0	-14.9	3.4	1.5	9.9	10.1	24.6	39.5	38.9
1992	0.3	9.2	-13.5	1.6	2.4	10.8	8.3	14.3	41.2	39.0
1993	0.5	8.9	-11.5	1.2	0.9	6.2	6.8	2.4	38.7	38.1
1994	0.4	9.1	-11.8	2.3	0.1	6.9	6.5	8.1	37.6	38.2
1995	0.5	8.9	-13.5	2.7	1.3	9.3	8.2	14.1	38.5	37.9
1996	-0.7	9.2	-13.8	3.4	1.8	9.6	9.6	13.0	39.1	37.8
1997	-0.6	7.8	-14.2	3.4	3.8	7.9	7.6	8.6	39.6	36.1

자료: 한국은행, 『조사월보』, 각 연도 3월호 「자금순환동향」; 통계청, 국가통계포털.

한국 경제의 저축률과 투자율은 개인 부문의 자금잉여와 기업 부문의 자금 부족이 연관되어 있다. 즉, GDP와 비교해 볼 때, 한국의 개인 부문의 자금잉여 비율은 다른 나라에 비해 매우 높은 편이고, 기업 부문의 자금부족액의 GDP에 대한 비율도 다른 나라에 비해 매우 높은 편이고, 개인 부문의 자금잉여액의 GDP에 대한 비율도 다른 나라에 비해 높은 편이었다. 특히, 한국의 기업은 다른 나라 기업에 비해 지나칠 정도로 외부 금융에 의존해서 확장하여 왔기 때문에 기업의 자금부족률은 항상 높은 수준에 있었다.

한국 경세 내의 자금순환을 [표 27-11]에서 보면, 심각한 자금 부족 상태에 있는 기

[표 27-11] 기업 부문의 자금조달 구성(1990~1997)

(단위: %)

연도	간접금융			직접금융					해외 차입	기타	
	소계	예금 은행	기타 금융기관	소계	국공채	기업 어음	회사채	주식		소계	기업 간 신용
1990	38.4	15.8	22.6	42.4		3.7	21.5	11.8	6.4	12.8	6.6
1991	41.8	19.8	22.0	37.9		−3.8	24.2	11.5	4.1	16.1	8.7
1992	36.3	15.1	21.1	41.4	1.0	7.6	12.1	13.1	4.6	17.7	8.9
1993	34.1	13.1	18.3	52.9	3.4	13.9	14.5	14.7	−2.2	17.9	9.0
1994	44.5	20.7	23.8	38.1	0.4	4.9	14.2	14.8	4.9	12.4	6.9
1995	31.8	14.9	17.0	48.1	−0.9	16.1	15.3	14.4	8.4	11.7	5.0
1996	29.1	15.2	13.9	47.2	0.3	17.5	17.9	10.9	10.4	13.2	6.8
1997	37.9	12.9	24.3	37.1	0.5	4.1	22.9	7.7	6.1	18.9	8.6

자료: 한국은행, 『조사월보』 각 연도 3월호 「자금순환동향」.

업은 자금잉여 상태에 있는 개인 부문, 정부 부문의 잉여자금으로 보전하고 그래도 부족한 부문은 국외 부문에서 보전하고 있는데, 1980년대 후반 경상수지 흑자기를 예외로 한다면 국외 자금 의존 비중은 더욱 커지고 있다고 할 수 있다. 특히, 유의해야 할 것은 기업 부문의 자금부족률이 1990년대에 와서 크게 높아졌다는 것이다. 1990년대로 이어지고 있는 기업의 과도한 투자는 이와 같이 기업 부문의 자금 부족을 심화시키고 있을 뿐 아니라 국민경제 전체적으로도 대외차입 의존도를 높여 해외 자금 잉여를 확대하여 외채 증가를 가져오고 있었다. 따라서 1990년대까지 지속된 한국 기업의 과잉투자는 외국으로부터의 순조로운 자금유입과도 관련되어 있다고 할 수 있다. 1990년대 금융자유화에 의한 외국으로부터의 자금유입 증가는 기업의 과잉투자의 주요한 여건 중 하나가 되었던 것이다.

1990년대 기업의 외부 자금 조달 형태를 [표 27-11]에 의거해 보면, 기업은 추가자금 조달에서 금융기관 차입 비중이 1994년에는 예외적으로 높았지만 30~40%에서 유지되고 있었다. 1990년대 초반까지 기업이 금융기관 차입에서 대체로 예금은행에 의존하는 비중을 줄이고 있지만 다른 금융기관에 의존하는 비중은 일정하지 않았다. 기업이 증권시장에서 회사채나 주식의 발행에 의존하는 비중은 주가나 회사채 수익률에 따라 달라지고 있었으나 [그림 27-3]에서 보았듯이, 주가는 1996년까지는 높아지고 있고 회사채 수익률도 낮아지고 있어 기업은 주식과 회사채 발행 비중을 조정하며 장기 자금조달에 힘을 기울였다. 그리고 기업어음(CP)을 발행할 수 있는 대기업은 단기 자금조달에도 힘을 기울여 그 비중이 1996년까지 크게 증가하였다. 기업어음 비중의 증가는 기업의 자금조달이 단기화하고 있었음을 시사하고 있다.

기업어음의 비중이 이와 같이 급증하고 있는 것은 대기업이 투자를 지나치게 확대함에 따라 급속히 늘어난 단기 운용자금 수요를 충족하기 위해 시중의 자금사정이 좋지 않음에도 불구하고 기업어음의 발행을 확대하였기 때문이었다.[5] 시중의 자금사정이 점차 나빠지고 있다는 것은 기업신용의 비중이 줄어들고, [표 27-7]에서 보았듯이 어음부도율이 높아지고 있는 것에서 알 수 있다.

대기업은 금융기관을 통해서뿐 아니라 직접 해외 증권의 발행에 의존하여 외국으로부터의 자금도입도 확대하였다. 그 결과 해외 차입의 비중이 증가하게 되었다. 특히, 기업의 해외 차입은 1994년 이후 급속히 증가하고 있다. 한국 기업의 대외채무는 1997년 11월 현재 장기 채무 176억 달러, 단기 채무 258억 달러, 합계 434억 달러에 이르게 되었다. 이 채무 속에는 현지금융(역외 금융) 방식에 의해 이루어진 것이 상당량 포함되어 있으나 그 내용은 자세히 파악되지 않고 있다.

기업의 자금조달에 직접적으로 영향을 미치고 있는 금융시장의 변화를 [그림 27-3]에서 보면, 주가는 1992년까지 하락하였지만 그 이후로 상승하여 기업의 주식 발행을 통한 자금조달이 어렵지는 않았다. 그리고 기업의 회사채 유통수익률이 1991년을 정점으로 하락하여, 다시 말해 회사채 가격이 높고 당시의 주가는 낮아 회사채 발행에 의한 자금조달 비중이 증가하게 되었다. 그리고 [표 27-9]에서 보았듯이 국내외 금리격

5 기업은 자금조달 시기, 상환시기 등을 신축적으로 조정할 수 있고 차환 발행이 용이하여 기업어음을 중요한 자금조달 수단으로 이용한다. 기업어음은 시중의 자금사정이 어려운데 기업의 단기 자금수요는 증가하고 기관투자가의 자금운용은 단기화될 때 급승하는 경향이 있었다.

차가 큰 상태에 있었기 때문에 기업의 해외 차입 유인이 강하게 있었고, 환율도 안정되어 해외 자금 유입도 순조롭게 이루어졌다. 금융자유화 속의 이러한 금융시장의 호조건은 기업의 방만한 차입에 의한 과잉투자를 지속시키는 주요한 원인이 되었던 것이다.

3) 기업의 재무구조 악화와 수익성 하락

기업이 부채에 의존하여 확장을 하면 할수록 레버리지 효과가 작용하기 때문에 자기자본의 수익률 변동이 더욱 커지므로 기업재무의 안정성은 낮아진다. 한국의 기업이 표준 비율[6]에서 얼마나 벗어나 있는가를 기업 중에서 중심적인 위치에 있는 제조업을 예로 하여 검토해 보자. [표 27-12]를 보면, 미국 기업은 자기자본 비율이나 부채 비율의 표준 비율을 충족하지 못하고 있지만 일본과 한국에 비해서는 재무구조가 건전한 상태에 있는 편이다. 일본 기업은 미국 기업에 비해 재무구조가 나쁜 상태에 있

[표 27-12] 각국의 기업(제조업) 재무 관련 주요 지표(1990~1997)

(단위: %)

연도	자기자본 비율			부채 비율			유동 비율			매출액 영업이익률		
	한국	일본	미국	한국	일본	미국	한국	일본	미국	한국	일본	미국
1990	25.9	30.6	40.2	285.5	226.8	148.7	99.4	139.9	131.9	6.5	6.1	4.8
1991	24.6	31.2	40.4	306.7	220.5	147.3	95.3	140.9	137.4	6.6	4.9	4.2
1992	23.9	31.6	37.3	318.7	216.5	168.2	92.8	139.2	141.1	6.6	5.2	3.3
1993	25.3	32.0	36.4	294.9	215.5	174.5	94.1	140.3	144.3	7.0	6.0	2.5
1994	24.8	32.3	37.5	302.5	209.6	166.5	94.6	139.4	142.6	7.7	7.4	2.9
1995	25.8	32.6	38.5	286.8	206.8	159.7	95.4	140.6	139.1	8.3	7.7	3.3
1996	24.0	34.1	39.4	317.1	193.2	153.5	91.9	137.9	130.0	6.5	7.4	3.6
1997	20.2	34.9	39.4	396.3	186.4	153.8	91.8	134.9	129.8	8.3	7.6	3.5

자료: 한국은행, 『기업경영분석』, 각 연도.

6 기업이 안전성을 확보하였다고 판단되는 재무 비율이 표준 비율이다. 이 표준 비율은 자기자본 비율(자기자본/총자본)은 50% 이상이고, 유동 비율(유동자산/유동부채)은 200% 이상이고, 부채 비율(총부채/자기자본)의 100% 이하이다.

지만 한국 기업에 비해서는 훨씬 양호한 상태에 있다고 할 수 있다. 그러나 한국 기업의 경우 자기자본 비율이 표준 비율의 1/2 수준인 25%에 그치고, 유동 비율도 표준 비율의 1/2 이하인 100% 미만이며, 부채 비율은 표준 비율의 3배인 300% 가까이에 있다. 이와 같이 한국 기업의 안정성은 열악한 정도가 아니라 아주 심각한 상태에 있었다.

우리나라 기업이 다른 나라 기업보다 높은 수익성을 가지고 있기 때문에 열악한 재무구조를 가지고 높은 차입비용을 지불하더라도 다른 나라 기업과 경쟁할 수도 있을 것이다. 그러나 당시 한국 기업의 수익성도 [표 27-12]에서 보듯이 다른 나라보다 낮은 것은 아니었지만 그렇다고 아주 높은 편은 아니었다. 즉, 매출액 영업이익률을 보면 우리나라 기업은 다른 나라 기업에 비해 적어도 1995년까지는 높은 편이었다. 그러나 1996년에 이르면 우리나라 기업의 수익성은 다른 나라보다 낮아졌고 당시의 임금 등 비용의 상승으로 많은 기업들이 한계 상황에 있었다.

4) 대기업 집단의 확장과 부실화

한국의 대기업 집단은 표면적으로 기업 간의 상호 출자 관계로 형성되는 것으로 나타나고 있다. 이 기업 집단은 중핵기업이 다른 기업을 설립 또는 인수하면서 기업 집단을 확장하는 한편, 그 기업은 원래의 중핵기업이나 계열기업에 상호 출자함으로써 가공자본을 형성하면서 지분을 증가시켜 기업 집단의 지배를 공고히 하였다. 1996년 4월 현재 자기자본 중 재벌기업의 내부 지분율은 44.1%인데, 그중에서 개인적 소유에 해당하는 총수 및 특수관계인 등의 개인지분율은 10.3%에 불과하고 상호 출자에 해당하는 계열회사 지분은 33.8%에 달한다. 이러한 구성은 1990년대에는 큰 변화가 없었음을 [표 27-13]을 통해 확인할 수 있다. 개인적 출자는 전체 자기자본의 1/10에 불과하지만 개인이 기업 집단을 지배할 수 있는 것은 계열회사의 상호 출자가 있기 때문이다.

우리나라 재벌의 경우 1990년대 계속 자기자본 비율이 20%에 불과하였다는 것은

[표 27-13] 30대 기업 집단의 지분율 및 부채 비율(1991~1996)

(단위: %)

		1991	1993	1995	1996
30대 기업 집단	자기자본 비율	19.8	19.0	19.9	20.5
	내부지분율	47.0	43.4	43.3	44.1
	계열사지분율	32.9	33.1	32.8	33.8
	개인지분율	14.1	10.3	10.5	10.3
부채 비율	30대 기업 집단	369.8	348.4	348.8	387.8
	대기업(제조업)	290.6	273.5	267.3	301.6
	중소기업(제조업)	415.5	388.1	380.6	387.4

자료: 공정거래위원회 및 한국은행, 『기업경영분석』, 각 연도.

재벌기업은 자기자본의 5배에 상당하는 자산을 운용하고 있었다는 것을 의미한다. 개인적 소유가 자기자본의 1/10이라는 점을 고려하면 재벌 소유주가 개인투자액의 50배에 해당하는 자산을 운용하고 있었다는 것을 알 수 있다. 바꾸어 말하면 재벌 소유주, 그중의 총수는 자신이 결정한 투자가 실패하더라도 재벌의 개인적 소유를 대표하여 그 투자액의 2%만 책임지면 되는 것이다. 따라서 대기업 집단의 방만한 투자는 그 의사결정자인 총수들의 도덕적 해이와 무관하지 않았다.

이러한 문제를 가지고 있는 비민주적이고 후진적인 대기업 집단의 소유·경영구조는 이른바 '정경유착' 속에서 방치되고 있었다. 정부의 통제를 강하게 받는 금융기관이 정치적 요구나 정책적 요구와 결합된 대기업 집단에 대한 자금지원을 거부하는 것은 사실상 불가능하다. 대기업 집단은 정계나 관계에 유착하여 특혜적인 금융지원을 이끌어낼 수 있을 뿐 아니라 이러한 성격의 자금지원이 부실채권으로 변하더라도 정부의 구제에 의해 그 상환이 쉽게 이루어지게 할 수도 있고 때로는 부채탕감도 기대할 수 있었다. 그렇기 때문에 금융기관은 경우에 따라 이 집단에 대해 우선적으로 지원에 나서는 경우도 적지 않았다. 정계, 재계, 금융계의 강고한 인적 결합도 이러한 체제를 뒷받침하고 있었다.

한국의 기업이 상호 출자를 매개로 일단 계열화되면 신규 사업의 위험을 다른 계열기업에 분산·전가할 수 있기 때문에 쉽게 확장을 도모할 수 있고 또한 상호 보증을 통해서 신규 기업과 기존 기업의 자금공급을 동시적으로 확대할 수 있었다. 그런데 이 상호 보증은 상호 출자한도를 넘어서 이루어지고 그것은 계열기업의 연쇄도산이라는 메커니즘을 만든다. 대기업 집단의 연이은 파산위기는 그와 연계되어 있는 수많은 하청기업의 부도는 물론이고 그와 거래하고 있던 금융기관의 부실화로 연결되기 때문에 한국의 국가신용에도 손상을 가하는 것이었다.

[표 27-13]에서 보듯이, 한국의 대기업 중에서 기업 집단에 속하는 대기업일수록 다른 어떤 기업보다도 외부 차입 비율이 높아 자기자본 비율이 지나치게 낮거나 부채 비율이 지나치게 높다는 것은 대기업 집단이 다른 대기업이나 중소기업에 비해 금융시장에서 우대를 받아 차입에 의한 기업 규모 확장을 지속한 결과일 수 있다. 한국의 기업 부문의 과잉투자는 기업 부문의 중심을 이루고 있는 대기업 집단의 과잉투자에 의한 방만한 확장에 의해 주도되었고 그것은 부채의 확대로 이어졌다. 이러한 대기업 집단의 위험하고 과도한 차입 경영은 금융시장 접근에서 상대적으로 우위를 확보하고 있었던 것과 무관하지 않다.

금융기관이 기업에 대한 평가를 제대로 할 수 있는 제도적 여건이나 관행이 확립되어 있지 않기 때문에 기업 평가에는 막대한 비용이 소요될 뿐 아니라 막대한 비용을 치루더라도 기업에 대한 신뢰할 만한 정보에 접근하는 것이 매우 어렵다. 금융기관이나 개인투자가는 기업평가 비용이 적으면서 채권회수가 쉬운 담보, 보증 등에 우선적으로 의존하여 자금을 제공할 수밖에 없다. 이런 점에서 금융기관이나 개인투자가는 담보, 보증제도를 쉽게 활용할 수 있을 뿐 아니라 기업의 사회적 평판을 높이는 데 막대한 투자를 하고 있는 대기업 집단을 선호하고 있었던 것이다.

박정희 정부는 1974년 1월 여신관리제도의 일환으로 도입된 「계열기업군에 대한 여신관리협정」에 근거하여 대기업 집단에 대한 여신관리를 외환위기 이전까지 그 내용은 시기마다 다르지만 계속 시행하였다.[7] 대기업 집단이 일반은행의 대출을 과점해

7 김인수(1997), 「한국의 여신관리와 주거래은행제도」, 경상대학교 박사학위논문, pp. 16~25.

감에 따라 대기업 집단의 자금운용을 효율적으로 감시하고자 주거래은행제도는 1976년 7월 「주거래은행 운영협정」에 의거 도입하였다. 전두환 정부는 1982년 12월 동일기업군 여신관리를 제도화하였고, 여신이 일정 한도를 넘어서는 기업군을 관리하였다. 노태우 정부는 1991년 6월부터 대출금 기준 상위 5대 계열기업군에 대해 관리하면서 주력업체를 제외하는 등 여신관리를 완화하였다. 김영삼 정부는 1994년 은행의 편중여신을 억제하기 위해 대출과 지급보증 총액을 제한하는 「은행법」을 개정하여 동일인 또는 동일기업군에 대한 대출 및 지급보증의 합계를 은행 자기자본 15%로 제한하는 거액총액한도제를 실시하였다. 이러한 여신관리제도는 경제력집중 억제, 편중여신 완화, 재무구조 개선, 업종 전문화, 소유분산 등의 다목적으로 운용되었지만 예외조항의 존재, 관리상의 한계 등으로 성과는 제한적이었다.[8]

주거래은행으로 선정된 시중은행이 대기업 집단에 대해 가장 객관적인 정보를 가지고 있었다. 그렇지만 이 은행이 기업 집단의 위험하고 방만한 투자를 뒷받침할 자금공급을 사전적으로나 사후적으로 차단하기 어려웠고 또한 과잉투자에 의해 유발된 추가적인 자금공급 부담을 피하기도 어려웠다. 주거래은행으로 선정되지 않은 금융기관은 거래비용을 절감하는 방편으로 주거래은행의 신규 대출을 신호로 하여 대출을 시작하는 경우가 대부분이어서 금융기관 전체의 대기업 집단 과잉투자에 대한 통제력은 미약할 수밖에 없었다. 대기업 집단의 방만한 차입 경영 구조와 그에 대한 정부와 금융기관의 통제력 부재가 우리나라 대기업 집단과 주거래은행의 동시적 부실을 초래하는 중요한 조건이 되었던 것이다.

8 김인수(1997), pp. 26~36.

3. 금융 부문의 취약성과 금융안전망 확충

1) 전체 금융기관의 자금조달과 자금운용

금융기관은 금융자유화가 진행됨에 따라 가장 직접적으로 영향을 받는 부문이다. 금융기관은 금리가 자유화되고 업무 영역이 넓어짐에 따라 더욱 경쟁적인 금융환경에 노출되었다. 금융기관은 높은 금리를 지급하고서라도 예금흡수 능력을 강화해야 하고, 자금조달비용의 상승을 커버하기 위해 업무 영역을 확대하면서도 고수익 실현을 위해 위험을 더 감수하지 않을 수 없게 되었다.

우리나라 금융기관은 앞장에서 살펴본 바와 같이 지속적이고 안정적인 예수금을 통한 자금조달에 주로 의존하고 있었다. 1992년 이후에는 주식시장 활성화로 주식을 통한 자금조달 비중이 늘어나기는 하였으나 채권 발행에 여러 가지 규제가 잔존하고 있고 채권유통시장 자체도 발전되어 있지 않기 때문에 채권 발행도 안정적인 자금원이 되기는 어려웠다. 주식시장마저도 1995년 이후에는 주가의 하락세로 안정적인 자금조달원이 되기 어려웠다. [표 27-14]를 보면, 금융기관은 1990년대에는 예수금에 의존하여 자금을 조달하는 비중을 높였지만 채권 발행에 잔존하는 각종 제약[9]으로 채권 발행에 의존하여 자금을 조달하는 비중은 도리어 낮아졌다.

우리나라 금융기관은 전체적으로 금융시장의 개방으로 해외로부터 차입을 더 쉽게 할 수 있게 되었다. 금융기관의 해외 차입 비중은 1990년대 이후 계속 증가하여 1996년에는 전체 자금조달액의 10%를 넘어서고 있음을 [표 27-14]에서 확인할 수 있다. 이러한 해외 차입은 국내 금융기관의 신용도, 환율 변화를 고려한 이자율의 격차에 따라 달라질 수 있다. 그런데 [표 27-9]에서 보았듯이, 환율을 반영한 국내외 금리격차는

9 한국은행은 단기 통안채를, 개발기관은 장기 금융채를 발행하였고, 다른 금융기관은 CD 또는 CP 등을 발행하여 자금을 조달하고 있었으나 금융기관이 장단기 채권을 자유롭게 발행할 수 없을 뿐 아니라 한도도 주어져 있었고 이에 앞서 금융기관이 발행한 채권을 소화할 만큼 유동시장이 크지 않았다.

[표 27-14] 금융 부문의 형태별 자금조달과 자금운용(1990~1996)

(단위: %)

연도	형태별 자금조달의 구성								형태별 자금운용의 구성					
	예수금	채권			주식	해외 차입	국내 차입	기타	대출금	유가증권			대외 자산	기타
		소계	단기	장기						소계	채권	주식		
1990	64.4	14.3				1.2	20.2		53.7	27.0			1.7	17.7
1991	56.6	12.9				6.6	23.9		55.2	18.1			1.7	24.9
1992	62.9	18.1				1.2	17.9		51.1	32.6			2.0	24.9
1993	59.7	26.8	3.2	23.6	0.2	-0.4	1.3	6.8	41.3	36.2	32.5	3.7	2.7	5.7
1994	64.1	14.0	0.6	13.4	2.5	4.8	-1.4	16.0	54.4	26.4	16.9	9.5	3.6	15.9
1995	63.1	10.0	0.1	9.9	1.4	9.2	1.4	15.0	41.4	28.4	25.3	3.1	4.0	26.2
1996	67.5	9.9	0.4	9.9	1.7	10.7	2.4	8.2	49.7	30.8	29.9	0.9	0.2	19.2

자료: 한국은행, 『조사월보』, 각 연도 3월호 「자금순환동향」.

1995년까지는 도리어 커지고 있다. 그 격차가 큰 만큼 외국으로부터 차입 유인이 더 커지면서 국내 금융기관의 해외 차입 비중이 더 커지게 되었던 것으로 보인다.

1996년 이후에는 환율의 급상승으로 상황이 반전되어 그 유인이 거의 없어졌음에도 불구하고 금융기관의 해외 차입 비중이 높아진 것은 금융기관이 증폭되고 있는 외화자금수요를 충족하기 위해 무리하게 해외 차입, 특히 단기 차입까지 확대한 결과로 보인다. 그리고 국내 기업의 해외 진출이 확대되고 정부의 현지금융에 대한 통제가 완화됨에 따라 국내 금융기관의 해외 차입도 급격히 늘어났다. 우리나라 정부가 IMF에 보고한 총외채는 1,197억 달러이고 그중 단기 외채는 678억 달러, 장기 외채는 519억 달러, 그리고 국내 법인 해외 현지금융 차입액은 400억 달러 정도인 것으로 알려졌다.[10]

우리나라의 금융 부문은 금리자유화로 인한 금융기관 간의 가격경쟁으로 예대마진이 줄어들 수 있기 때문에 대출 비중을 줄이고 수익성이 높을 것으로 예상되는 유가증권 투자에 주력하는 등 자금운용도 달리하게 되었다. 금융기관이 유가증권 투자의 비중을 높인 것은 규제가 상대적으로 느슨한 신탁계정으로 자금을 조달하고 이를 유

10 『동아일보』, 1997. 12. 24.

가증권 투자에 적극 활용한 결과이기도 하다. 이러한 변화는 [표 27-14]에서 보듯이 금융 부문에서 대출 비중의 감소와 유가증권 구입 비중의 증가로 나타나고 있다. 채권수익률을 대표하는 회사채 수익률은 대출이자율보다 높기 때문에 금융기관이 유가증권 투자 비중을 높임으로써 과거에 비해 주가, 이자율, 환율 변동의 위험에 더 많이 노출되었다.

[표 27-14]를 보면, 금융기관은 1990년대 해외 차입 비중을 높이고 있었고 대외자산에 대한 투자 비중도 1995년까지 확대하고 있는 것으로 나타나고 있다. 금융기관은 이 기간 동안, 환율이 안정적이었고 자본거래의 자유화가 가속되었기 때문에 외국과의 금융거래를 확대할 수 있었으나 그만큼 금융기관은 환위험에 더 노출되었다.

금융기관이 1990년대 이후 이와 같이 그 위험이 더 큰 유가증권 투자 비중을 높이고, 미흡하지만 대외자산 운용을 확대하고 있는 것은 자산운용에 안전성보다는 수익성을 중시한 결과로 보인다. 즉, 금융자유화로 금융기관은 더 격렬한 경쟁에 직면하여 자금조달비용의 상승을 피할 수 없게 됨에 따라 그 비용을 상회하는 고수익 자산운용을 도모하지 않을 수 없게 되었다. 결국 금융기관은 대외자산, 주식, 채권 등과 관련된 가격변동 위험이 크지만 수익성을 높일 수 있는 자산에 자금을 운용하지 않을 수 없게 되었던 것이다. 따라서 금융기관은 금융자유화가 진행될수록 더 큰 시장 위험에 노출되고 있었던 것이다.

2) 금융기관의 부실과 유동성 위험

우리나라 금융기관의 부실은 1996년까지도 거의 문제로 제기되지 않고 있었다. 그러나 1997년부터 대기업 집단의 연이은 부도위기가 표면화되면서 잠재되어 있던 부실여신이 드러나자 금융기관의 건전성도 의심을 받기 시작하였다. 우리나라 금융기관은 증권가격 하락에 따른 증권투자의 실패로 부실화되었다기보다는 높은 이자율을 제공하고서도 위험한 사업을 시행하는 기업에게 우선적으로 대출함으로써 부실화되

[표 27-15] 일반은행의 건전성 지표 추이(1992~1997)

(단위: %)

	1992	1993	1994	1995	1996	1997
총자산수익률(ROA)	0.56	0.45	0.42	0.32	0.26	-0.93
자기자본 수익률(ROE)	6.69	5.90	6.99	4.19	3.80	-14.18
자기자본 비율	6.77	6.13	5.68	4.78	4.26	2.99
BIS 자기자본 비율	11.18	11.00	10.62	9.33	9.14	7.94
무수익자산 비율	7.1	7.4	5.8	5.2	4.1	6.9

주: 신탁계정 포함.
자료: 금융감독원, 『은행경영통계』, 각 연도.

었던 것이다.

[표 27-15]에서 보듯이 당시 일반은행의 건전성은 지표상으로 악화되고 있었지만 그것은 점진적인 것으로 나타났다. 1997년에야 급격히 악화되어 그 문제의 심각성에 대한 인식에 기초한 대응이 늦었다. 첫째, 일반은행의 효율성(ROA)은 지속적으로 악화되고 있었으나 은행이 관심을 집중하고 있는 자기자본 수익률은 1996년까지 점차 하락하여 경영개선 노력이 크지 않았다. 둘째, 위험가중치 자기자본 비율인 BIS 자기자본 비율은 하락세에 있었지만 매우 점진적이었고 1997년에 와서야 임계치인 8%를 넘어섰다. 셋째, 무수익자산은 1996년까지도 하락하고 있었다. 따라서 일반은행은 경영악화와 부실대출을 내부적으로 알고 있었겠지만 금융당국은 적어도 부실 문제의 심각성을 제대로 파악하지 못하고 있었던 것으로 보인다. 이 시기는 금융감독 당국이 한국은행에서 금융감독원으로 이행하던 시기로, 특히 한국은행은 이에 대한 감시가 느슨하였다는 비판에서 자유로울 수 없다.

IMF 구제금융 신청을 계기로 드러난 부실여신 규모는 1997년 9월 말 현재 국내 은행 여신의 6.4%에 해당하는 28.0조 원 정도이고, 종합금융회사는 여신의 2.9%에 해당하는 3조 9,000억 원인 것으로 알려졌다.[11] 미국 은행의 부실여신 비중이 2~3%임을 고려하면 우리나라 금융기관의 부실여신은 매우 심각한 상태에 있다고 할 수 있다. 상황

11 한국은행(1998), 『조사연구자료』, 98-11, Financial Crisis in Korea, Table 3.

의 변화에 따라 부실화될 수 있는 여신, 이른바 '요주의' 여신까지 포함하면 부실여신이 15%에 이를 수 있는 것으로 알려졌다.

우리나라 금융기관은 금융자유화로 점차 단기적 예수금에 더 의존하면서도 대출은 장기 대출 중심으로 하여 자금의 수요·공급 간의 기간 불일치에 노출되어 있었다. 예금은행 대출은 단기 대출로 출발하지만 롤오버(차환)를 통해 대출이 장기화되면서 고정화될 수 있었다. 롤오버 비율은 높은 경우 90%에 가까웠는데, 은행위기에 임박하자 예금은행은 비로소 이 비율을 낮추기 시작하여 외환위기 직전에는 60% 수준으로 낮아졌다.[12] 그런데 금융기관은 대출기한 연장에 따른 유동성 부족에 대해서는 단기채를 매각하거나 단기채 발행으로 대처하기가 어려워 국내 다른 금융기관이나 외국 금융기관으로부터 차입으로 해결하고자 하였다. 더욱이 한국의 금융기관은 국제적인 기준보다는 훨씬 낮은 수준에서 자기자본 비율을 유지하여 왔기 때문에 유동성 부족이나 부실채권 정리에 대해 능동적으로 대처하기도 어려운 상태에 있었다.

한국의 금융기관이 대출과 증권투자를 확대해 가면서 해외 차입에 점점 더 의존함으로써 유동성 위험을 증대시키고 있었다. [표 27-16]에서 보는 바와 같이 우리나라 금융기관은 해외 차입에 의존하면서도 장기 차입보다는 단기 차입에 더 의존하였다. 금융기관 중에서 단기 금융기관인 종금사뿐 아니라 예금은행과 개발금융기관도 단기 차입에 주력하면서도 그 위험성은 제대로 인식하지 못하였다.

이러한 단기 차입은 외환위기가 있었던 1997년에 외국 금융기관이 일거에 회수를 하는 사태, 이른바 외국 금융기관이 주도한 국제적 뱅그런(bank run)의 단초이었음은 [표 27-16]에서 알 수 있다. 한국의 금융기관은 외환위기로 주요 자금원의 하나인 단기 외채의 상환 문제가 발생하자 갑자기 자금원천의 상당 부분을 잃고 유동성 위기에 빠져 급박하게 신용경색이 발생함으로써 거의 모든 기업이 유동성 위기에 직면하게 된다.

12 Kyu-Sung Lee(2011), *The Korean Financial Crisis of 1997*, p. 17 Table 1.6.

[표 27-16] 금융기관의 해외 차입 증감과 자본수지(1990~1997)

(단위: 억 달러)

연도	금융기관 단기 차입 ①				금융기관 장기 차입 ②				①+②	자본수지 내역				
	소계	예금은행	개발기관	종금사	소계	예금은행	개발기관	종금사		소계	투자수지	직접투자	증권투자	기타투자
1990	29.1	24.2	3.6	1.3	-0.5	-3.3	0.7	2.1	28.6	25.6	29.0	-2.6	0.8	30.8
1991	21.5	18.0	3.1	0.4	37.1	21.5	9.1	6.5	58.6	64.1	67.4	-3.1	30.5	40.0
1992	12.3	7.0	5.9	-0.6	12.0	9.0	0.8	2.2	24.3	65.9	69.9	-4.3	58.0	16.2
1993	11.2	3.9	5.6	1.7	0.8	1.5	-0.8	0.1	12.0	27.4	32.2	-7.5	100.1	-60.5
1994	70.3	53.8	7.8	8.7	19.5	21.8	0.1	-2.4	89.8	103.0	107.3	-16.5	61.2	62.6
1995	117.9	85.2	15.6	17.1	16.1	20.3	-3.5	-0.7	134.0	167.9	172.7	-17.8	115.8	74.6
1996	126.2	71.9	22.4	31.9	15.3	24.9	-8.5	-1.1	141.5	233.3	239.2	-23.4	151.8	110.8
1997	-148.4	-103.1	-24.3	-21.0	7.2	6.6	-0.1	0.7	-141.2	54.4	60.3	-19.5	147.6	-67.9

자료: 한국은행(1998), 투기적 공격이론과 한국의 외환위기, 『경제분석』, 4-2, p. 146.

3) 예금보험공사의 설립

예금보험제도는 미국에서 은행공황을 계기로 예금인출 사태(bank run)에 의한 은행의 연쇄도산을 방지하기 위해 1933년에 처음 도입되었다. 이것이 전 세계로 확산된 것은 금융위기가 빈발하기 시작하였던 1990년대 이후이었다. 우리나라에서도 한국전쟁 이후 은행에 대한 사실상의 뱅크런이 발생한 적은 있었다. 하지만 우리나라 은행은 1954년부터 지급준비제도가 실질적으로 시행되면서 높은 지급준비율이 유지되어 왔고, 한국은행의 은행에 대한 긴급대출이 잦았지만 중앙은행의 은행에 대한 지급보증이라는 암묵적 금융안전망이 사실상 작동하여 은행에 대한 뱅크런은 더 이상 나타나지 않았다.

그런데 1980년대 들어 상호신용금고 등 비은행 금융기관이 급속히 늘어나면서부터 장영자·이철희 어음사기사건 등 크고 작은 금융사고가 빈발하였다. 비은행 금융기관의 예금자를 보호하고 나아가 이들 금융기관의 신용도를 높여 이들 간의 자금융통을 도모하는 데 도움이 될 예금보험기구의 필요성이 높아졌다.[13] 전두환 정부는 1982년 12월 투자금융회사, 종합금융회사 및 상호신용금고를 대상으로 하는 예금보험기금의 설립과 운영을 위해 「신용관리기금법」을 제정·공포하였다. 이에 따라 신용관리기금이 1983년 7월부터 업무를 시작하였다.

1991년 금리자유화가 본격적으로 시행될 것으로 예정됨에 따라 이에 따른 금융기관 간 자금이동이 증대하고, 경쟁 격화로 인한 금융기관 부실 발생의 보완책으로 예금자보험제도를 도입할 것을 KDI와 금융연구원이 제안하였고,[14] 제안 당시에는 이에 대한 논의가 없었다. 김영삼 정부는 1995년 2월에 금융시장 개방이 빠르게 진행되고 있기 때문에 1997년 이후에 검토하기로 된 예금보험제도 도입을 서둘러 진행하기로 발표하였다.[15] 그 결과 「예금자보호법」이 1995년 12월에 제정되어 1996년 6월부터 시행하기로 하였다. 그 주요 내용은, 첫째 예금보험제도의 도입과 예금보험공사를 설립하고, 둘째 예금은행, 산업은행, 장기신용은행을 가입 대상으로 하고, 셋째 가입 대상 예금은 은행계정 예금 및 손실보전계약부 금전신탁이고, 넷째 보험료율은 연 0.05% 등이었다.[16] 이에 따라 예금보험공사는 1996년 4월 무자본특수법인으로 설립되었고 9인으로 구성되는 예금보험위원회가 의사결정기구가 되었다. 이 당시에 설립된 예금보험공사는 은행만을 대상으로 한 보험기구이었다. 외환위기가 발생한 1997년 말에 「예금자보호법」의 개정으로 금융권별로 분산된 예금기금들 – 1983년 5월 신용관리기금, 1984년 1월 신용협동조합중앙회 안전기금, 1989년 4월 보험보증기금, 1996년 6월 예금보험기금, 1997년 4월 증권투자자보험기금 – 이 예금보험공사의 예금보험기금으로 통합되었다. 특수은행을 포함한 은행, 증권회사, 보험회사, 종금사, 상호신용금고, 신용협동조합 등 전 금융기관이 예금보험제도 내로 편입되었다.

13 한국은행(1993), 『우리나라의 금융제도』, p. 241.
14 『동아일보』, 1991. 8. 17.
15 『동아일보』, 1995. 2. 18.
16 한국은행(2000), 『한국의 금융 · 경제연표』, p. 490.

제8부

통화 · 금융위기와 한국 금융의 발전

제28장 통화·금융위기와 한국 경제의 구조조정

제29장 통화·금융위기 이후 금융기관의 재편과 확장

제30장 통화·금융위기 이후 금융시장의 재편과 확장

제31장 금융안정과 경제안정을 위한 통화·금융정책

제8부

1997년 태국에서 시작된 동아시아 통화위기가 북상하여 한국으로 파급되자 한국은 처음으로 외환 부족에 직면하여 IMF에 구제금융을 신청하고 고정환율제를 포기하는 통화위기, 이른바 외환위기를 겪었다. 이러한 한국의 통화위기는 동아시아 통화위기의 단순한 파급 과정이라기보다는 1990년대 금융자유화와 한국 경제의 구조적 취약점으로 인해 금융기관과 기업이 부실화됨으로써 나타난 문제이기도 하였다. 우리나라의 외환위기는 IMF를 비롯한 국제적인 지원과 한국 경제의 회복력으로 빠르게 수습되어 갔지만 한국 정부는 IMF와의 협약에 따라 한국 경제의 전면적 개방과 구조조정을 추진하지 않을 수 없게 되었다.

외환위기 이후 금융 구조조정의 결과로 금융기관의 재편도 이루어졌다. 김대중 정부는 IMF와의 협약에 따라 부실 금융기관에 대해서 구조조정과 재편을 추진하였다. 노무현 정부는 한국 금융의 경쟁력 제고를 위해 자본시장과 관련 금융기관을 재정비하였다. 그 결과로 금융기관 체제가 큰 변화를 보이고 금융기관의 대형화·겸업화가 진전되면서 금융기관 간 경쟁은 더욱 치열해졌다. 이에 따라 금융업종별 비중이나 금융기관별 비중과 역할도 변화하였다. 자율화된 금융기관의 경영목표가 달라지면서 자금운용이나 자금조달이 외환위기 이전과는 달라졌다. 비은행 금융기관 내부에서도 종합금융회사는 거의 사라진 반면에 여신전문 금융회사가 부상하는 등 변화가 적지 않았다. 보험회사는 구조조정을 거치고 난 다음 보

통화·금융위기와 한국 금융의 발전

험산업 환경의 급변에도 불구하고 성장세를 유지하였지만 저금리 추세 속에 경영은 도리어 악화되는 등 적지 않은 변화가 있었다.

금융시장은 금융기관과는 달리 빠르게 회복되면서 확장세를 지속하다가 글로벌 금융위기로 일시 위축되었다. 이 위기 이후 저금리 추세의 정착으로 안정적인 확장세를 보였다. 외환위기 이전부터 추진되어 왔던 선물거래소가 1999년부터 개장하였고 거래소의 파생상품거래도 시작되었다. 유가증권, 코스닥, 선물로 3분되어 있던 증권거래소가 통합되어 출범하였다. 또한 「자본시장법」이 2009년부터 시행되어 증권투자업계와 감독 체계에 큰 변화가 나타났다. 주식시장은 유가증권시장의 경우 외환위기, 대우 사태, 글로벌 금융위기 전후로 동요가 있었지만 우량 대기업을 중심으로 안정적인 성장세를 이어갔다. 반면에 코스닥시장은 외환위기 이후 벤처 붐으로 과열된 이후 정체되었지만 역대 정부들의 일관성 있는 육성책으로 2010년대 들어 점진적인 회복세를 보이게 되었다. 외환위기 이후에도 채권시장은 확장되었지만 회사채보다는 국채 및 금융채가 중심이 되어 성장함으로써 채권시장의 구조가 크게 변하였다. 이러한 금융시장의 성장과 변화는 정부의 구조조정이나 경기회복을 위한 각종 기금조성과 기업의 자금조달 패턴의 변화와 무관하지 않았다. 그리고 각종 수요의 변화에 조응하여 새로운 금융상품이 등장함으로써 금융시장은 더욱 다양한 모습을 보이게 되었다.

우리나라 외환위기 이후 통화·금융정책의 목표, 운용방식, 그리고 추진방법이 이전과는 많이 달라졌다. 특히, 외환위기 이후에는 국내외적인 금융불안의 빈발로 금융안정이 중시되기 시작하였고 단기적인 위기대응이 강조되었고 국제적인 금융환경이 국내의 통화·금융정책에 큰 영향을 미치게 되었다. 외환위기 직후의 「한국은행법」 개정으로 통화량목표제에서 물가안정목표제로 운용방식이 변화하였고 통화량보다 금리를 중시하는 등 운용 표적도 크게 변화하였다. 국내외 경제의 불확실성이 증대하는 상황에서 금융불안이나 경기침체 등과 같은 새로운 문제들로 인해 통화정책은 전통적인 목표나 운용방식에서 벗어날 수밖에 없었다.

제8부에서는 외환위기 이후부터 2019년까지 우리나라가 어떤 정책목표를 가지고 금융기관과 기업을 어떻게 재편하였으며, 금융시장을 육성하기 위해 어떠한 제도개혁과 금융정책을 추진하였으며, 그 결과로 금융기관, 금융시장, 나아가 한국의 기업이 어떻게 변모하였는가를 설명하고자 한다. 첫째, 통화·금융위기의 발생과 한국 경제의 구조조정을 파악하기 위해 외환위기(통화위기)의 발발 전후 상황, IMF의 구조조정 프로그램, 전면적 금융자유화, 금융 구조조정, 기업 구조조정 등을 살펴본다. 둘째, 위기 이후 금융기관의 재편과 확장을 파악하기 위해 이 시기의 각 금융기관의 체계와 비중을 살펴보고, 예금은행에 속하게 된 일반은행과 특수은행의 역할, 자금운용과 자금조달 등을 살펴보고, 이어 저축금융기관, 여신전문금융회사, 보험회사 등 비은행 금융기관의 역할, 자금조달과 자금운용을 살펴본다. 셋

째, 외환위기 이후 금융시장의 변화를 파악하기 위해 주식시장의 변화를 유가증권시장, 코스닥시장으로 나누어 살펴보고, 채권시장의 확장과 구조 변화를 살펴보고, 파생상품시장, 단기 금융시장, 투자금융기관 등도 살펴본다. 넷째, 외환위기와 글로벌 금융위기의 충격을 줄이기 위해 실시한 통화·금융정책과 그 목표나 체계의 변화를 파악하기 위해 먼저 외환위기부터 글로벌 금융위기 이전까지 발생한 주요 금융불안 사태에 대한 금융당국의 대응을 살펴보고, 그동안 진행된 통화 및 금융의 안정을 위한 다른 통화·금융정책 체계의 변화나 정책을 살펴보고, 이어서 글로벌 금융위기 발발과 그 대응을 파악하기 위해 글로벌 금융위기 전후의 주요 통화·금융정책을 살펴본다.

제28장

통화 · 금융위기와 한국 경제의 구조조정

1. 통화·금융위기의 발발

1) 통화·금융위기의 징후

김영삼 정부가 1997년 11월 말 IMF에 구제금융을 요청함으로써 공식화된 외환위기는 태국에서부터 시작된 동아시아의 통화위기(외환위기)[1]가 한국에까지 파급되는 과정이기도 하고, 한국 경제가 가지고 있던 제반 문제점들이 국제적 뱅크런을 초래하여 한국의 외환보유고가 고갈되고 환율이 폭등한 경제현상이기도 하다. 외환위기의 시발점은 한국 경제에 대한 불신과 금융자유화로 파생된 국제수지 불균형 문제인데, 그것은 1990년대 중반에 접어들면서 나타났다. 하지만 그 이전까지는 금융시장 개방으로 자본순유입이 크게 늘어나 경상수지 적자를 커버할 정도로 자본수지 흑자가 유지되어 1995년까지도 국제수지상의 불균형이 심각한 것으로 인식되지 않았고 한국 경제의 불안이나 그에 대한 우려도 별로 제기되지 않았다.

1996년에 실물경제, 특히 한국의 주력산업인 제조업에서 문제가 나타나기 시작하였다. 1995년 상반기부터 경기침체가 강화되면서 [표 28-1]에서도 보듯이 매출액 증가가 크게 둔화되었고 제조업의 수익성도 크게 악화되었다. 그럼에도 불구하고 기업의 차입에 의한 확장으로 차입의존도와 부채 비율이 높아지고 있었다. 그 결과 자기자본 수익률이 매출액 수익률보다는 높았으나 손실이 발생한 1997년에는 자기자본 수익률이 매출액 수익률보다 더 낮아졌다. 이 시기에 부채 비율과 차입의존도는 높은 반면에 총자본 또는 자기자본의 수익률이 낮은 것은 제조업 기업들이 차입에 의존하여 과도하게 확장을 꾀함으로써 수익성이 악화된 상태에 있었음을 알려주고 있다.

---

1 통화위기(currency crisis)는 한 나라의 중앙은행이 고정된 환율을 유지할 수 없을 정도로 준비금인 외환(foreign exchange)이 충분하지 못한 상태를 말하지만 외환 부족은 변동환율제도에서도 발생할 수 있다. 우리나라의 경우 대외결제가 문제가 될 정도로 외환 부족 문제가 있었기 때문에 외환위기라고 하는 것이 더 적합할 수도 있다. 하지만 그 원인으로 국제수지 불균형에 초점을 둘 경우 국제수지 위기라고 할 수도 있다. 또한 1997년 말에 발생한 우리나라의 외환위기(통화위기)는 금융위기(financial crisis 또는 banking crisis)와 함께 발생하였으므로 동시위기(twin crises) 또는 통화·금융위기라고도 할 수 있다.

[표 28-1] 제조업의 주요 재무지표 추이(1995~2000)

	1995	1996	1997	1998	1999	2000
매출액증가율	20.44	10.26	11.02	0.71	8.02	15.02
경상이익/매출액	3.60	0.99	-0.34	-1.84	1.68	1.29
경상이익/자기자본	14.00	3.74	-1.38	-6.72	4.96	3.79
부채 비율	286.8	317.1	396.3	303.0	214.7	210.6
차입의존도	44.8	47.7	54.2	50.8	42.8	41.2
이자보상 비율	149.6	112.1	129.1	68.3	96.1	157.2

자료: 한국은행(2001), 『기업경영분석』.

1996년에 접어들면서 교역조건이 급격히 악화되고 있었다. 우리나라 주력수출품이었던 반도체, 철강, 석유화학 제품이 세계적인 공급과잉 상태로 가격하락이 시작되어 우리나라 전체의 상품교역조건이 급격히 악화되었다([그림 28-1]). 더욱이 이 시기 일본의 엔화가 강세에서 약세로 바뀜에 따라 주력산업의 대외경쟁력이 급격히 약화되면서 무역수지 적자가 1996년에는 더욱 확대되었다. 이를 반영하여 주가는 1996년 5월을 정점으로 하락세를 보이기 시작하였고 금리와 환율은 이와 반대로 상승세를 보이기 시작하였다([그림 28-2]).

1997년에 접어들어 1996년의 경상수지가 대폭 적자라는 발표에 이어 1월의 노동계 총파업 등 한국 경제의 대외신인도에 큰 영향을 줄 사건들이 줄을 이었다. 1996년 7월 부도설이 있었던 재계서열 14위 한보그룹이 1월 23일 부도처리되었다. 더욱이 은행도 부도처리될 수 있다는 당국자의 언급 등으로 인해 해외 자본들의 한국 경제에 대한 감시가 강화되기 시작하였다. 이러한 사정을 감안하여 이경식 총리가 “국내 은행 해외 지점의 자금 부족 문제는 해외 지점이 보유한 외화자산의 매각이나 본점의 지원을 통해 해결하도록 하겠다”[2]고 하였다. 사실 이 시기에 외국 언론들이 한국 기업과 금융기관의 건전성에 대한 의문을 제기하기 시작하였고 신용등급도 조정되었다. 뉴욕타

2 『동아일보』, 1997. 2. 2.

[그림 28-1] 무역수지 및 무역외수지와 순상품교역조건 추이(1994~1998)

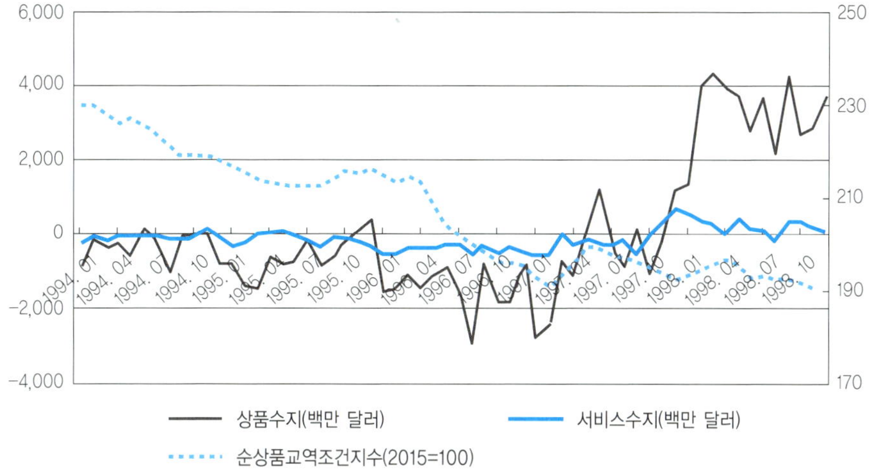

자료: 한국은행, 경제통계시스템.

[그림 28-2] 외환위기 직전의 환율, 이자율 및 주가의 동향(1996~1997)

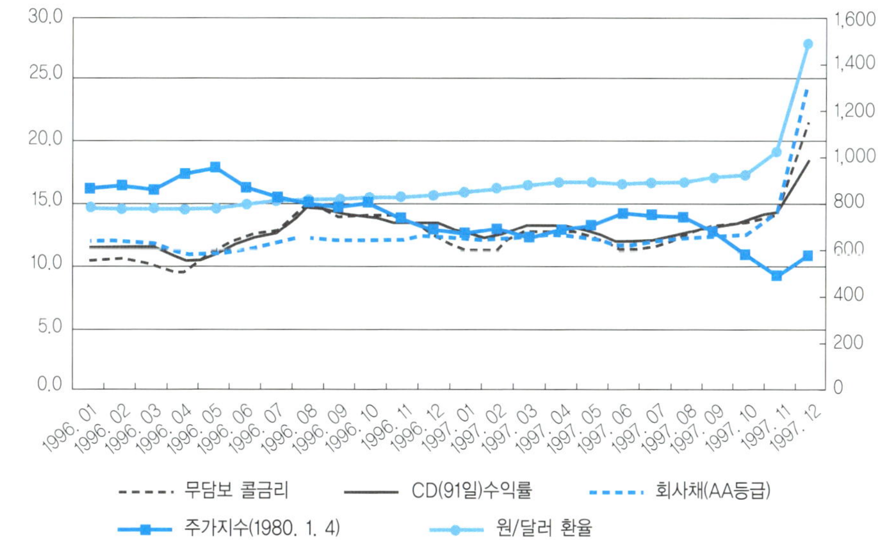

자료: 한국은행, 『경제통계연보』, 각 연도.

임스가 한국의 경제위기가 고조된다고 보도하였고 헤럴드 트리뷴지 등이 한국의 금융위기 가능성을 보도하기 시작하였고, 신용평가사 무디스는 1997년 2월 한보 부도를 반영하여 조흥, 제일, 외환은행의 장기 신용등급을 한 단계씩 내렸다.

3월 19에는 삼미특수강이 부도처리되었다. 한보 부도는 먼저 해외에 있는 한국계 금융기관의 자금난을 초래하였다. 일본의 은행은 결산기인 3월에 원래 대출을 줄이는데 한국계 금융기관은 한보 사태의 여파로 대출이 차단되거나 규모가 더 줄어들게 되었고, 미국에서도 이러한 현상이 나타나자 현지에서 해결을 못하고 본점이 요청하는 경우가 늘어나기 시작하였다.[3] 국내 언론에서도 이러한 사태가 외환위기의 전조일 수도 있다는 경고까지 등장하였다.

> "누구도 바라지 않는 일이지만 한보와 삼미에 이어 또 다른 대기업의 추가 부도가 발생한다면 사태는 걷잡을 수 없게 된다. 만약 대기업의 부도 도미노 사태가 벌어진다면 국가신용도가 급락해 차입금리가 급등하고 국내 은행들이 해외 금융시장에서 아예 돈을 빌릴 수 없는 상황이 오지 않는다는 보장이 없다. 이미 적정 수준을 넘어선 외채와 경상적자, 줄어만 가는 외환보유고 등을 감안할 때 최악의 외환위기 상황까지도 상정해야 한다."[4]

대규모 파업, 한보와 삼미 부도 등의 충격이 어느 정도 수습되자 [그림 28-2]에서 보듯이 하락세를 보이던 주가도 상승하고 이자율도 안정세를 보여 잠시 위기의식은 줄어들었다. 하지만 4월에는 진로그룹, 5월에는 삼립식품·대농·한신공영 등이 도산위기에 있음이 알려졌다. 6월에는 기아그룹이 자구계획을 발표하면서 경영난에 처해 있음이 드러나기 시작하였다. 이러한 상황을 반영하여 스탠다드 앤드 푸어(S&P)사가 4월 18일에 한보그룹 주거래은행인 제일은행의 신용등급을 낮추었다. 기아 사태를 본

3 『동아일보』, 1997. 3. 15.
4 『동아일보』, 1997. 3. 22.

무디스사가 6월 27일에 한국의 국가신용등급을 낮추었다. 한국 대기업들의 잇따른 경영위기와 도산이 한국 경제 전체에 대한 불신으로 전염되기 시작하였다.

2) 동아시아 통화위기의 전염

태국이 1997년 7월 2일 고정환율제도를 포기하고 관리변동환율제도로 이행한다고 발표함으로써 태국의 통화위기, 즉 외환위기는 수습된 것이 아니라 확산되기 시작하였다. 이 발표로 달러당 바트는 24.35에서 29.00으로 16% 절하되었지만 외환위기가 수습되지 않아 7월 말에는 32바트로 24%까지 절하되었다.

태국이 환율제도 변경이라는 조치에 앞서 바트화를 방어하기 위해 보유외환을 사용한 것은 물론이고 외국 금융기관에 대한 바트화 대출을 중지하고, 역외금융시장 금리를 대폭 인상하고, 싱가포르·말레이시아·홍콩 등 동아시아 주요 통화당국과 협조하여 바트화를 구매하는 외환시장 개입을 시도하였다. 그럼에도 투기적 공격이 지속되어 고정환율제도를 포기할 수밖에 없었던 것이다.

바트화에 대한 절하 압력을 증대시킨, 바트화의 대량 매각, 다시 말해 투기적 공격이 나타난 배경으로는 경상수지 적자, 실질실효환율 절상, 단기 대외채무 증가, 재정수지 악화, 금융 부문 취약성 등이 지적되고 있다.[5]

인도네시아는 아시아 통화위기 이전에 자본순유입 증가에 대비하여 루피아 환율의 변동 폭을 넓히자 루피아의 절상이 나타나고 수출이 1996년 후반부터 감소하였으나 태국에 비해 재정수지와 수출은 양호한 편이었다. 태국의 환율제도 변경에 영향을 받아 투기적 공격이 거세지자 인도네시아도 환율변동 폭을 넓히다 1997년 8월에 변동환율제로 이행하였다. 루피아 환율은 태국 사태 이후 10월까지 30% 이상 절하되었다. IMF는 1997년 11월 5일 인도네시아에 100억 달러 구제금융을 실시하기로 하고 다른 국

5 IMF(1999), "Financial Sector Crisis and Restructuring, Lesson from Asia," IMF Occasional Paper 188, pp 93~94

[표 28-2] 1997년 동아시아 통화(외환)위기 관련 주요 사건 및 정책

시기	나라	사건발생, 정책의 발표 및 실시 내용
3월 3일	태국	2개 금융회사 문제 및 구조조정안 발표
3~6월	태국	태국중앙은행 66개 금융회사 유동성 지원, 자본유출 심화
4월	말레이시아	Bank Negara Malaysia 은행 부동산회사 대출 제한, 주식구매
6월 29일	태국	16개 금융회사 영업정지. 잔여회사, 예금자, 채권자, 기금 지급보증
7월 2일	태국	변동환율제 이행, 바트화 폭락(10~20%)
7월 초	인도네시아	루피아 투기적 공격(압력) 확산
7월 8~14일	말레이시아	Bank Negara Malaysia 링기트 방어 외환시장 개입, 환율변동 허용
7월 11일	인도네시아	루피아 변동 폭(밴드) 확대
	필리핀	페소 밴드 확대
7월 24일	공통	루피아, 바트, 링기트, 페소 동시적·투기적 공격 확산(currency melt down)
8월 5일	태국	42개 금융회사 영업정지
8월 14일	인도네시아	루피아 밴드 포기
8월 20일	태국	IMF 구제금융(3년 대기성 자금공급) 승인
8월 31일	인도네시아	은행 구조조정안 발표(상업은행 폐점, 예금보험 제한, 기타 은행 폐점)
10월 17일	타이완	환율 방어 포기, 환율 3.6% 절하
10월 23일	홍콩	주가 대폭락(10.4% 하락)
11월 5일	인도네시아	IMF 구제금융(3년 대기성 자금공급) 승인
11월 19일	한국	환율밴드 확대, 원화 폭락
12월 4일	한국	IMF 구제금융(3년 대기성 자금공급) 승인
12월 중순	인도네시아	예금인출 사태

자료: IMF(1999), "Financial Sector Crisis and Restructuring, Lesson from Asia," IMF Occasional Paper 188; 이규성(2006), 『한국의 외환위기』, p. 32.

제금융기구 및 다른 나라의 협조를 구하였다.[6]

말레이시아는 다른 나라와 달리 자본이 통제되고 있었고 IMF의 구제금융을 거절한 나라로 알려져 있다. 말레이시아는 태국의 바트화 폭락으로 시작된 아시아 통화위기가 확산될 때까지 거시경제 조건이나 금융 부문의 건전성에서 별다른 문제를 겪지 않았다. 실질경제성장률은 8% 정도, 물가상승률은 3% 전후이었고, 경상수지 적자가

6 IMF(1999), p. 54.

1995년에는 GDP의 8.5% 정도이었지만 줄어들고 있었고, 대외채무/수출도 40% 정도로 태국에 비해 1/3 수준이었고, 단기채 비율도 다른 나라에 비해 높지 않았다.[7] 그럼에도 말레이시아 금융시장에 대한 우려 및 불신과 태국의 외환위기 여파로 1997년 말까지 링기트화 가치와 주가가 4~50% 수준으로 급락하였다. 이에 따라 말레이시아도 외환보유액이 줄어들어 외환위기에 직면한 국가로 분류되었지만 IMF 등에서 기술적 지원만 받고 구제금융은 받지 않았다.

필리핀의 거시경제 여건을 보면 아시아 통화위기 이전에는 양호하지는 않았지만 개선되고 있었다. 1996년 경제성장률은 7% 정도, 물가상승률은 10% 정도이고, 경상수지 적자는 GDP 대비 5% 수준에 있었다. 하지만 1997년에 접어들어 주가가 크게 하락하고 페소화도 하락 압력을 받고 있었다.[8] 바트화 폭락 이후에 자본유입의 대폭 감소, 주가하락, 페소화가치 하락 압력에 따라 필리핀 중앙은행이 환율 방어를 시도하다 외환준비금만 줄어들어 변동환율제로 이행하였다. 이 과정에 페소화는 9월 말까지 달러 대비로 41% 정도 하락하였다.

태국의 바트화 폭락으로 시작된 동아시아 통화위기는 싱가포르, 대만, 홍콩을 거쳐 한국으로 북상하고 있었다. 일본은 동아시아 통화위기를 계기로 아시아통화기금을 창설하여 대응하자는 제안을 9월 21일 IMF/IBRD 연차 총회에서 논의하였으나 중국의 소극적인 태도와 미국과 IMF의 반대로 무산되었다.[9] 대만이 10월 17일 대달러 환율 방어를 포기하자 대달러 환율이 급락하고, 그 영향을 받은 홍콩의 주가가 10월 23일 10% 넘게 폭락하자 고정환율제하의 홍콩달러에 대한 투기적 공격, 즉 대량 매도가 시작되었다. 이러한 아시아의 통화위기는 한국 경제에 대한 관심과 우려를 증폭시키고 우리나라의 국가신용등급 조정 등으로 현실화되자 원화에 대한 투기적 공격의 도화선이 되기 시작하였던 것이다.

7 IMF(1999), p. 79.
8 앞의 책, p. 86.
9 이규성(2006), 『한국의 외환위기』, p. 22.

3) 통화·금융위기에 대한 정책적 대응

한국의 통화위기, 즉 외환위기는 한국 대기업군의 대외경쟁력 저하에 따른 대폭적인 경상수지 적자 및 대기업의 연쇄도산, 외국의 한국 경제에 대한 부정적 평가 확산, 해외로부터 차입연장 차질 등으로 인한 것이라고 할 수 있다. 전체적으로 외국에서 한국 경제가 위기에 직면하였다고 판단하고 한국이 동아시아에서 통화위기를 겪은 나라와 다를 바 없다는 인식이 지배함에 따라 동아시아 국가에 대한 투기적 공격, 바꾸어 말해 국제적 뱅크런이 한국으로까지 확산되어 외환준비금 부족이 현실화된 것이 한국의 외환위기라고 할 수 있다.

한국 경제에 대한 부정적 평가의 출발점이 무엇인가는 당시 뉴욕타임스의 보도 "한국 경제 흐림" '성장 둔화, 무역적자 급증, 정부정책 부재가 부채질' 내용을 소개한 동아일보 3월 5일자 기사에 잘 나타나 있다.

> "한때 경제기적을 이룩했던 한국은 요즘 급속한 성장 둔화와 4년래 최저 수준의 주가, 그리고 두 배로 많아진 무역적자와 악성부채로 신음하는 은행, 고임금 등 때문에 미래가 밝지 못하다고 미국의 뉴욕타임스지가 4일 보도했다. 이 신문은 이날 한국 경제 특집기사를 통해 현재의 경제 상황을 상세하게 분석하고 이제 고성장시대가 막을 내린 한국은 미국이나 일본처럼 선진 첨단산업국이 되는 희망을 포기한 것처럼 보인다고 진단했다. 타임스는 최근 두 달 사이에 발생한 노조의 파업과 한보의 부도로 위기의식이 고조되고 있다고 하였다."

김영삼 정부는 경상수지 적자 폭이 확대되어 국제수지가 악화되는 것에 대응하여 대외경쟁력 회복을 통한 무역수지 개선보다는 무역외수지 적자를 줄이고 순자본유입을 통해 자본수지 흑자를 확대하는 것에 주력하였다.

이 정부는 1996년에 접어들어 2월에는 주식시장 개방 확대계획을 발표하고, 4월에는 일반투자자의 해외 증권투자 자유화 방안을 발표하고, 5월에는 외환관리 규정을 개정하여 대외지급과 해외 예금에 대한 규제를 완화하고, 6월에는 15개 투자금융회사를 종합금융회사로 전환시키고, 7월에는 종합금융회사도 외국환을 취급하고 역외금융거래도 하고 외국환포지션 한도도 폐지하고, 9월에는 외국인 투자한도를 확대하고, 11월에는 외국투자신탁의 국내 진출 규제를 완화하고, 12월에는 채권시장 개방을 확대하고 해외 증권 발행 요건을 간소화하였다.

김영삼 정부는 경상수지 적자를 줄이는 정책에는 소극적이었다. 이 정부는 1996년 6월 무역외 적자를 줄이기 위해 개인송금 1만 달러 이상의 신고를 의무화하고 신용카드 해외 사용 사후관리를 강화하는 조치를 취하였다. 그리고 7월에는 산업연수생 체류기간 연장, 국산대체가 불가능한 기초원자재 관세율 단계적 인하, 중소기업 민간 산업단지 입주 시 개발부담금 반감 등을 담은 시의성이나 실효성도 작은 대책이었다.[10] 이러한 과정에서 [그림 28-1]에서 보듯이 무역 및 무역외 수지의 적자 폭은 더욱 늘어나고 있었다. 1996년 동안 경상수지의 대폭적인 적자에도 불구하고 1997년에 들어서도 국제수지 개선을 위한 노력은 미미하였고[11] 정책방향은 여전히 금융시장 개방에 기울어져 있었다.

김영삼 정부는 금융시장 및 외환시장을 동시에 안정시킬 방안으로 자본시장의 조기개방을 먼저 선택하였다. 3월 15일 국내 은행의 중장기 차입의 연간한도제를 폐지하고 국내 기업의 해외 주식연계증권 발행한도를 폐지하는 등 은행과 기업의 해외 차입 규제를 완화하였으며, 3월 31일 「자본시장 조기 개방계획」을 발표하였다. 개방계획의 내용은 외국인의 중소기업 무보증 장기채와 대기업 무보증 전환사채 투자를 조기에 허용하고 외국인 주식투자 한도를 더 확대하는 것이었다.

그런데 한국 대기업의 도산은 1979년 1월 13일 한보그룹 이후 삼미 3월 18일, 진로

10 한국은행(2000a), 『한국의 금융 · 경제연표』, pp. 496, 499.

11 1997년 2월에 재정경제원이 국제수지 대책으로 자본재 산업의 수출력 강화, 수출선수금 영수한도를 20%에서 25%로 확대하고, 증여성 송금한도를 5만 달러에서 5,000달러로 축소하고, 유학 및 여행 경비 지급심사 사후 관리 강화 등을 발표하였다(앞의 책, pp. 507~508).

4월 28일, 대농 5월 19일, 한신공영 5월 23일, 기아 7월 14일, 쌍방울 10월 16일, 해태 11월 1일, 뉴코아 11월 3일 등 연쇄적으로 나타났다. 이러한 대기업의 연쇄부도는 이에 대출한 금융기관의 부실을 초래하고 한국 경제에 대한 신인도를 저하시키고 있었는데, 정부는 대기업의 경영위기나 연쇄부도를 저지하기보다 그 여파를 줄이는 것에 주력하였다.

한보 부도가 발생한 다음 날 1997년 1월 4일 정부는 한보 부도 종합대책을 발표하였는데, 주요 내용은 관련 중소기업의 연쇄부도를 방지하기 위해 상업어음을 구매하고 경영자금을 지원하기로 한 것이었다. 그 밖에 신용보증도 확충하고 중소기업 지원 재정자금을 확충하자 [그림 28-2]에서 보았듯이 일시 상승한 금리도 4월에 접어들어 안정되었으나 3월 삼미특수강이 다시 부도처리되었다.

전국은행연합회는 4월 1일부터 정부의 지침에 따라 「부도유예협약」을 마련하여 4월 21일 확정하였다. 이 협약의 대상은 은행여신 2,500억 이상인 부실징후 기업 또는 기업군이고, 이 기업의 정상화나 채권의 효율적 처리를 위해 채권행사를 유예할 수 있다는 것을 주요 내용으로 하고 있었다.[12] 모든 금융사가 참여하도록 하였으나 4월 28일에는 종금사만 이 협약에 가입하였다.[13] 이 부도협약에 따라 진로그룹에 대한 채권행사가 유예되었다.

이 정부는 4월 24일에 금융기관 부실채권의 효율적 처리와 부실징후 기업의 자구노력을 전담하는 기구를 설치하는 계획을 발표하였다. 금융기관 보유 부실채권을 매입하고 부실징후 기업의 소유 자산 처리를 지원할 수 있도록 성업공사를 확대·개편하였다. 성업공사는 원래 1962년 한국산업은행이 연체대출금 회수 업무를 수행하기 위해 설립된 기관이었다. 금융기관 출자로 1,000억 원의 성업공사 자본금을 조정하고 1조 5,000억 원의 부채채권정리기금을 설치하기 위해 「금융기관 부실자산 등의 효율적 처리 및 성업공사의 설립에 관한 법률」이 8월 22일 제정되었으나 그 시행은 11월 23일

12 한국은행(2000a), p. 512.
13 『동아일보』, 1997. 4. 29.

부터 하기로 하여 당장 효과를 거두지 못하였다. 이 성업공사는 1999년 12월 한국자산관리공사로 확대·개편되었다.

김영삼 정부는 한보 부도 이후 나타난 금융시장의 불안에 연이어 조치를 취하였다. 첫째, 4월 30일 「금융시장 불안 해소 및 기능」 활성화 방안을 발표하였는데, 콜중개한도제를 폐지하고 통안채의 편입의무비율제를 폐지하고 환매조건부 채권매매와 어음매매시장 등 단기 금융 시장을 활성화하기로 하였다. 둘째, 5월 15일 회사채 발행물량 조정제도를 단계적으로 폐지하고 중소기업 회사채 만기를 자유화하고 유상증자 요건 일몰제를 도입하여 기업의 직접 금융 기회를 확대하고자 하였다. 셋째, 5월 19일에 대기업 무보증 전환사채 개방, 중소기업 무보증 장기채 개방 폭을 확대하여 기업의 자금난 문제를 완화하고자 하였다.

기업의 연쇄부도와 종합금융사의 부실은 금융기관 대출 억제와 어음유통 위축을 초래하여 금융시장 경색이 나타나기 시작하였지만 정부의 안정책으로 금융시장이 안정세를 유지하는 가운데 기아 사태가 발생하였다. 제일은행이 1997년 7월 15일 재계 8위 기아그룹을 부도유예협약의 대상으로 지정하였는데, 당시 순여신은 5월 말 현재 9조 4,360억 원(은행 5조 3,845억 원, 제2금융권 등 4조 515억 원)이었다.[14] 기아그룹의 경영위기 징후를 인지한 종금사가 대출자금 회수에 들어갔고 추가대출을 통해 수습하려던 주거래은행인 제일은행도 수습 여력이 없었다.

기아 사태 이후로 한국의 은행과 종금사들이 외국에서 자금을 차입하기가 매우 어려워짐에 따라 한국은행이 긴급자금을 지원하기 시작하였고, 무디스와 스탠나드앤드 푸어스(S&P) 등 국제신용평가기관들은 한국의 국가신용등급 및 각 은행들의 신용등급 하향조정을 검토하고 있어 금융기관들 사이에서 위기의식이 높아지고 있었다.[15] 이에 따라 정부는 8월 25일에는 이전에 비해 정책적 부담은 크지만 강력한 「금융시장 안정 및 대외신인도 제고 대책」을 발표하였다. 그 주요 내용은, 첫째 한국은행이

14 『동아일보』, 1997. 7. 16.
15 『동아일보』, 1997. 8. 13.

은행 및 종합금융회사에 대해 자금지원을 하고, 둘째 부실정리기금을 3조 5,000억 원으로 확충하고, 셋째 금융기관 대외채무에 대해 정부가 보증하고, 넷째 외화자금 유입을 위한 자본시장 개방 폭을 더 확대한다는 것이었다.[16]

우리나라에서 금융·외환위기가 현실화됨에 따라 중앙은행인 한국은행이 직접 나서게 되었다. 한국은행은 금융기관의 외환유동성 사정 악화에 대처하여 금융기관에 대한 외화예탁 및 해외 점포 예치의 형태로 단기 외화자금을 지원하였다. 특히, 8월 초부터는 매일 금융기관별 외화자금 결제 상황을 점검하여 결제자금을 조달하지 못하는 은행과 종금사에 대해서는 자금조달이 가능한 은행이 지원하도록 유도하고 불가능한 경우 한국은행이 지원하였고, 9월과 10월에는 부실채권으로 자금난에 처해 있는 제일은행 등 은행과 종금사에 대해 특별대출을 실시하였다.[17]

1997년 이후 정부의 금융시장 안정을 위한 자금공급, 한국은행의 긴급자금 지원, 외화자금의 유입과 상관없이 대기업의 부실과 그로 인한 연쇄부도로 인해 금융기관의 부실채권 규모는 급증하고 있었다. 일반은행의 무수익여신은 1996년 말 12조 2,000억 원에서 1997년 9월 말 21조 9,000억 원으로 2배 정도 증가하였고, 종금사의 무수익여신은 1996년 말 1조 3,000억 원에서 1997년 10월 말 3조 9,000원으로 3배가량 증가하였다.[18] 이러한 금융기관의 부실은 국내에서도 예금자 불안으로 인한 뱅크런 가능성을 배제할 수 없게 만들었다. 실제로 정부는 11월 19일 「금융시장 안정 및 금융산업 구조조정을 위한 종합대책」을 발표하면서 예금자의 불안을 해소하기 위해 은행, 종금사, 상호신용금고 등 금융기관의 예금에 대해서 2000년까지 3년간 원리금 전액을 보장한다고 하였다.[19]

16 한국은행(2000a), p. 516.
17 한국은행(2000b), 『한국은행50년사』, p. 558.
18 앞의 책, pp. 556~557.
19 앞의 책, p. 560.

4) 한국의 외환위기와 IMF의 금융지원

우리나라 금융기관이 외국에서 신규 차입은 물론이고 기존 차입의 만기연장도 어려워져 외화유동성의 부족이 극도로 악화된 것은 10월 하순경이었다. 이러한 상황의 급변은 동아시아 통화위기의 북상과 국제신용평가사들의 한국 신용등급 강등과 관련되어 있었다. 대만이 10월 17일 환율 방어를 포기하고, 이로 인해 10월 23일에 홍콩 주가가 폭락하자 미국 주가 폭락에도 영향을 미쳤다. 스탠다드 앤드 푸어사는 10월 24일 우리나라 장기 신용등급을 AA^-에서 A+로, 단기 신용등급을 A+에서 A1으로 강등시킨 것에 그치지 않고 다음 날 신용등급을 한 단계씩 낮추었다. 무디스도 10월 28일에 단기 국가신용등급을, 29일에는 장기 국가신용등급과 단기 신용등급을 한 단계씩 낮추었다. 그리고 피치도 국가신용등급을 18일과 26일 연이어 한 단계씩 낮추었다.

이 시기에 기업들의 법정관리 신청이 이어지고, 국내 금융기관의 대규모 부실이 드러나는 등 국내적으로 금융위기가 현실화되면서 한국 경제의 건전성이 도마에 오른 상태에서 동아시아 금융시장 불안과 국제신용평가사의 잇따른 신용강등은 해외투자가의 한국 경제에 대한 불신을 증폭시키는 도화선이 되었다.

한국의 신용등급 강등 소식이 쏟아지던 10월 28일에는 외환 부족으로 인해 시장평균환율제의 일일변동 폭인 2.25%까지 상승하여 외환거래가 중단되었다. 이 사태가 10월 30일까지 지속되자 김영삼 정부는 10월 31일 채권시장 개방, 현금차관 도입 확대, 일부 외화매입의 한시적 제한, 현물환 포지션 제한 등 긴급조치를 취하였다. 그럼에도 외환거래가 종종 중단되면서 외환보유액도 감소하는 등 대외결제의 불능 전조 현상이 나타났다.[20] 결국 김영삼 정부는 11월 20일 환율의 일일변동 폭을 ±2.25%에서 ±10%로 확대하는 조치를 취하고 11월 21일에는 IMF에 자금지원을 요청하였다.

우리나라 정부는 IMF와 12월 3일 210억 달러의 대기성차관협정을 체결하였고 국

20 한국은행(2000b), p. 560.

[표 28-3] 1997년 하반기 외환시장 및 금융시장 관련 주요 지표

연월	경상수지 (백만 달러)	자본수지 (백만 달러)	외환보유액 (천만 달러)	환율 (원/달러)	주가 (1980. 1. 4)	무담보콜 (%)	CD (91일) (%)	회사채 (AA⁻) (%)
1997. 07	−832	1,860	3,367	890.5	752.3	11.4	11.9	11.9
1997. 08	−1,314	−1,211	3,114	895.9	740.5	12.5	12.7	12.1
1997. 09	−655	629	3,043	909.5	676.4	13.3	13.4	12.4
1997. 10	−1,395	1,103	3,051	921.9	584.1	13.6	13.8	12.5
1997. 11	207	−3,624	2,440	1,025.6	494.1	14.1	14.5	14.1
1997. 12	2,394	−5,537	2,041	1,484.1	576.2	21.6	18.6	24.3

자료: 한국은행, 경제통계시스템.

제금융기구인 세계은행(IBRD)에서 100억 달러, 아시아개발은행에서 40억 달러의 지원을 받기로 하였고, 이 기구들의 도움으로 수습되지 않을 경우 미국과 일본으로부터 233억 5,000만 달러의 자금을 순차적으로 지원받기로 하였다.

국제기구의 지원자금으로 1997년 12월 5일 IMF 자금 52억 달러가 도입된 후, 1997년 12월 중에는 161억 달러, 1998년에는 126억 달러, 1999년 15억 달러 등 총 302억 달러가 도입되었는데, 기관별로는 IMF가 195억 달러, IBRD가 70억 달러, ADB가 37억 달러를 지원하였다.[21]

IMF의 금융지원이 결정된 이후에도 금융·외환위기가 곧바로 사라진 것은 아니었다. 구제금융이 결정된 직후인 11월과 한 달 후인 12월 말의 금융지표를 [표 28-3]에서 비교해 보면 경상수지는 개선되었으나 자본수지는 악화되었고 외환보유액이 줄어듦에 따라 환율은 더 상승하였다. 주가는 상승하였으나 시장금리가 큰 폭으로 상승하였다. 주식시장은 상황이 나아졌지만 외환시장과 금융시장의 불안은 연말까지 지속되었던 것이다.

한국에 대한 IMF의 금융지원이 결정되었음에도 국제신용평가기관의 한국 경제

21 한국은행(2000b), p. 568.

전망은 낙관적이 아니라 더욱 비관적으로 변하였다. 무디스는와 스탠다드 앤드 푸어사는 12월 10일 각각 한국의 국가신용등급을 한 단계 또는 그 이상 낮추었고 유럽의 피치와 일본의 공사채연구소는 여러 단계 낮추었다.[22] 이에 따라 우리나라의 단기 외채 만기연장 또는 차환이 10월 80% 수준에서 12월에는 30% 수준으로 크게 낮아져 경상수지 흑자가 늘어났음에도 불구하고 자본수지 적자도 커짐에 따라 외환보유액이 도리어 줄어들었는데, 일시적이었지만 12월 18일에는 39억 달러까지 줄어들었다. 이와 같이 자본순유출로 국제수지가 악화되고 외환보유액도 줄어듦에 따라 환율은 계속 상승하여 12월 24일에는 달러당 최고 1,965원에 이르렀고 연말에는 1,415원에 이르렀으며 월평균으로도 외환사정이 악화되었던 11월보다 1.5배 이상 높은 수준에 있게 되었다. 이러한 환율 급등은 교역조건에 큰 변화를 초래하여 수입업자에게는 영업중단을 요구할 수준이었던 반면에 수출기업에게는 회생의 기회를 주는 것이었다.

금융시장에서 기업과 금융기관의 부도 위험이 최고조로 높아졌지만 IMF와 협약에서 금융긴축이 정해져 시장금리도 가파르게 상승하였다. 회사채 수익률은 11월까지도 14%를 넘어서지 않았지만 12월에는 10%포인트 높은 24.3%에 이르렀다. 콜금리는 12월부터 급상승하여 최고 26%까지 상승하였고 월평균으로도 21.6%로 높아졌다. 구제금융을 받는 금융기관의 자금조달 금리인 CD 금리는 그렇지 못한 회사의 회사채 수익률보다는 낮은 수준에 있었다. 가장 위험이 큰 기업의 CP 금리는 40%를 넘어선 경우까지 나타났다. 이러한 금리급등은 순이익이 금융비용도 커버할 수 없는 상태, 즉 이자보상 비율이 1 이하인 기업을 양산하여 많은 기업을 도산으로 몰고 있었다. [표 28-1]을 보면, 제조업의 재무 상태가 1998년에는 1997년에 비해 더욱 악화되고 있음을 확인할 수 있다.

외환위기는 정부가 IMF와 합의한 대로 1997년 12월 22일 국회로부터 총 270억 달러의 정부자금 보증 동의서를 받고, 1998년 1월 28일 뉴욕에서 채권은행들과 금융기관

22 『동아일보』, 1997. 12. 12, 12. 13.

단기 외채 만기연장에 관한 기본 원칙에 합의함으로써 수습의 계기를 마련하였다.[23]

2. IMF 관리하의 경제정책 프로그램

우리나라 정부와 IMF는 위기 수습을 위해 외국 채권자들이 안심할 정도로 IMF의 금융지원 규모를 정하고, 한국 경제가 신뢰를 얻을 수 있도록 경제의 취약점을 시정하는 정책 프로그램을 실시하는 것에 초점을 두고 수습안을 마련하였으나, 정책 프로그램 분야와 정책 강도에서는 견해 차이가 있었다.[24] 우리나라 정부는 경제성장률 목표를 가급적 높은 수준을 유지하고 급격한 금리인상을 피하고 구조조정과 자본·무역자유화의 속도도 늦추고자 하였으나 IMF의 강력한 요구가 반영된 협의안이 발표되었다.[25]

1997년 12월 3일 제1차 스텐바이협약에 포함된 금융지원 규모와 경제정책 프로그램이 발표되었다. 먼저 금융지원 규모를 보면 다음과 같다. 첫째, IMF는 한국에 3년에 걸쳐 210억 달러, 그중 SDR 155억 달러를 지원한다. 둘째, IBRD가 최대 100억 달러, 아시아개발은행이 40억 달러를 지원한다. 셋째, 제2선 자금으로 일본 100억 달러, 미국 50억 달러 등 총 233억 5,000만 달러를 지원하기로 한다. 결과적으로 국제적으로 지원하기로 약속된 금액은 585억 5,000만 달러로 외국 채권자들이 만족할 수 있는 수준이 되었다.

IMF가 실시하고자 한 경제정책 프로그램은 거시경제정책, 금융 구조조정 이외에도 무역·자본자유화, 기업 구조조정, 노동시장 개혁 등 매우 광범하고도 야심적인 것

23 한국은행(2020), 『한국은행70년사』, p. 132.
24 이규성(2006), pp. 161~162.
25 당시 우리나라 언론들은 IMF 협의안을 제2의 신탁통치안라고 언급하면서 매우 수치스런 것으로 언급하였다. 이러한 정서를 묘사하는 표현이 'IMF 사태' 라는 신조어다. 이 표현대로라면 위기는 한국에 있었던 것이 아니라 IMF에 있었던 것으로 된다.

으로 당시 한국 경제 상태로서는 매우 충격적인 요법이라 볼 수 있는 정책이었다.

1) 거시경제정책

거시경제 목표를 보면, 경상수지 적자는 2년간 GDP 1% 이내로 유지하고, 물가상승률은 5% 이내로 유지하고, 1998년에는 경제성장률은 3% 정도로, 1999년에는 잠재성장률 수준으로 회복하기로 하였다.

통화정책은 긴축 기조로 전환하기로 하였다. 즉, 통화증가율은 물가상승률 5% 이하로 안정시킬 수 있는 수준으로 억제하고, 현재 14~16% 시장금리의 상승을 용인하고, 환율시장에는 급격한 변동이 있을 경우에만 개입하기로 하였다. 재정정책도 1998년에는 긴축 기조를 유지하여 균형이나 약간의 흑자를 유지할 수 있도록 하기 위해 세출은 억제하고 세입은 확대하기로 하였다. 이에 따라 조세감면은 줄이고 세율은 인상할 수밖에 없었다.

2) 금융 부문 구조조정

김영삼 정부는 외환위기 이전에 많은 금융개혁을 추진하고 있었다. 그 결과물 중의 하나가 1997년 3월부터 시행된 「금융구조 개선에 관한 법률」이었다. 이 법은 부실금융기관을 징비힐 수 있는 법직인 근거를 마련해 주있다. 1997년 1월에 발족한 금융개혁위원회는 금융규제 완화뿐 아니라 중앙은행제도, 금융감독제도, 금융산업의 진입 및 퇴출, 금융시장 정보효율성 제도 등 금융제도와 관련된 광범한 개혁을 주도하고 있었다. 그 결과 제출된 법안들의 국회 통과와 적극적 시행을 IMF가 요구하였다.

국회 통과를 요구한 법안을 보면, 첫째 중앙은행 독립성을 부여하고 물가안정목표제를 도입하는 것을 주요 내용으로 한 「한국은행법」 개정안이었다. 둘째, 부실금융기관을 효과적으로 정리하는 것에 도움이 될 통합금융감독기구의 출범이었다. 셋째,

기업이 결합재무제표를 작성하고 외부 감사에 의해 감사를 받도록 하는 주식회사 외부 감사에 관한 법률 개정안이었다.

1997년 12월 말에는 금융 관련 법의 제정이나 개정이 유난히 많았다.[26] 한국은행 조직 개편, 물가안정목표제 도입, 은행감독원 폐지 등을 주요 내용으로 하는 「한국은행법」 개정, 금융감독위원회와 통합금융감독기구의 신설을 위한 「금융감독기구의 설치 등에 관한 법률」 제정, 긴급명령 대체와 소득종합과세 유보 및 실명전환자금 출처 조사 면제를 위한 「금융실명거래 및 비밀보장에 관한 법률」 제정, 예금보험 통합을 위한 「예금자보험법」 개정, 금융기관 부실의 신속한 시정을 위한 「금융산업 구조개선을 위한 법률」 개정, 은행주식 보유한도 예외 인정, 보유한도 초과 출자자 여신 제한, 금융전업기업제도 폐지를 위한 「은행법」 개정 등이 있었다.

금융 부문 구조조정이나 운용지침은 일반지침과 함께 세부지침 형식으로도 제시되었는데 주요한 내용은 다음과 같다. 첫째, 회생이 어려운 부실금융기관은 폐쇄하고 회생이 가능한 부실금융기관은 구조조정과 자본확충을 한다. 둘째, 부실대출 정리를 가속화한다. 셋째, 예금전액보장은 3년 내에 끝내고 부분보장제도로 대체한다. 넷째, 회계 및 공시에 관련된 국제 기준에 부합하도록 하며 대형 금융기관은 국제회계법인의 감사를 받도록 한다. 다섯째, 국내 금융 부문에 대한 외국인 투자개방계획을 가속화한다. 여섯째, 국내 은행 해외 지점의 차입, 대출 활동을 점검하고 유지가 어려운 지점들은 폐쇄한다.

3) 무역·자본 자유화

무역자유화에 대해 IMF는 WTO와 양허계획에 맞추어 무역 관련 보조금 폐지, 제한적인 수입승인제 폐지, 수입선 다변화 제도 폐지, 수입증명 절차의 간소화와 투명성

26 한국은행(2000a), pp. 526~528.

제고 등을 요구함으로써 경상수지 개선에는 도움이 되지 않은 상품시장의 비관세장벽을 사실상 무력화하는 전술을 구사하였다.

IMF는 이미 진행되고 있는 자본자유화를 가속시킬 수 있는 조치들을 요구하였는데, 그 내용을 보면 다음과 같다. 첫째, 국내 외국인 주식투자 한도를 현재 26%에서 1998년 말까지 55%까지 확대한다. 둘째, 외국인의 단기 금융상품 매입을 제한 없이 허용한다. 셋째, 국내 회사채시장에 대한 외국인 투자를 제한 없이 허용한다. 넷째, 민간기업의 해외 차입에 대한 제한을 철폐한다.

4) 기업 부문 구조조정과 노동시장 개혁

기업 부문에 대한 IMF의 요구는 회계의 투명성 제고, 정부의 기업에 대한 재정·금융 지원 차단, 재무구조 개선, 상호 지급보증 축소 등 금융 부문에 비해서는 덜 강력한 것이었다. 첫째, 기업의 감사, 공시, 재무제표 등에서 국제회계원칙을 적용하도록 한다. 둘째, 정부는 은행 경영이나 대출에 개입해서는 안 되고 지시금융은 폐지한다. 셋째, 정부가 개별 기업을 지원하기 위해서 보조금을 지원하거나 세제지원을 해서는 안 된다. 넷째, 기업의 부채 비율을 낮추기 위한 조치를 시행하고 자본시장을 발전시킨다. 다섯째, 상호 지급보증 관행을 변화시킨다.

노동시장 개혁과 관련하여 노동시장의 유연성 제고 조치를 추가적으로 취하고 노동자의 재배치를 촉진하기 위해 고용보험제도를 강화하는 요구를 하였다.

5) 구조개혁 프로그램 강화와 일정 단축

IMF와 협정 이후 우리나라 정부와 IMF의 수습 노력에도 불구하고 국제신용평가사의 신용등급 강등으로 외환사정이 더욱 나빠지고 있었다. 이에 따라 IMF는 자금지원계획을 앞당겨 집행하고, 제2선 자금지원계획에 포함된 80억 달러도 집행하고, 단기 외채 만기연장을 호소하여 어느 정도 성과를 거두었다. 우리나라 정부는 IMF와 선진국 금융지원을 앞당기기 위해 구조개혁 프로그램을 강화하고 시행일정을 앞당겼다.[27] 즉, 우리나라 정부는 12월 24일 IMF에 구체적인 실행계획과 일정이 명시된[28] 새로운 의향서를 제출하고 발표하였다.

우리나라 정부가 강화하겠다고 제안한 프로그램은 금융정책, 자본계정의 자유화, 금융 구조조정, 환율 및 외환보유고 관리, 무역정책, 노동시장 정책 등과 관련된 것이었다. 첫째, 금융정책으로는 환율의 안정을 위해 콜금리를 30% 이상 인상하고, 이자율 한도를 폐지하고, 한국은행의 유동성 공급을 억제하는 것이었다. 둘째, 자본계정의 자유화에서는 주식시장과 채권시장에 대해 일정을 앞당겨 대폭 개방하고 단기 금융시장의 외국인 접근 제한을 없애고, 기업의 해외 차입 규제를 완화하고 외국 은행·증권회사의 현지법인 설립을 허용하고 역외차입 건전성을 강화한다는 것이었다. 금융 구조조정에서는 금융위기 처리 실무반을 강화하고 금융위기 처리를 지원하고, 부실종금사를 신속히 처리하고, 시중은행의 관리·감독을 강화하고 예금보험을 강화하고 정리를 위한 법제를 신속히 마련하는 것이었다. 셋째, 환율 및 외환보유고 관리에서는 이미 환율변동 폭 제한이 사라졌기 때문에 외환시장 개입은 급격한 환율변동 시로 제한하며 외환대출은 이자율 제한도 없애고 관리도 강화하는 것이었다. 무역정책에서 무역 관련 보조금은 1998년 말까지 폐지하고 수입자유화도 빠르게 추진하여 1999년 말까지 완료하기로 하는 것이었다. 노동시장 개혁도 1998년 1월부터 발표하기로 하였다.

27 이규성(2006), p. 181.

28 예를 들어, 12월 24에 발표된 경제정책 프로그램 중에서 '노동시장정책'에서 구체화된 내용을 보면 다음과 같다.
"• 노동시장 유연성 제고 – 1998년 1월에 노동시장 및 임금 문제와 잉여노동력의 발생의 경우 사업주와 근로자 간 정당한 손실분담에 관한 정부 입장을 발표한다.
• 정부의 고용보험제도의 강화 – 1998년 2월 실업자를 지원하고, 훈련을 강화하며, 노동시장을 개편하는 계획을 발표한다."

3. 전면적 금융자유화

1) 외환자유화

김영삼 정부는 IMF에 자금지원을 요청한 11월 20일에 환율의 일일변동 폭을 ±2.25%에서 ±10%로 확대하는 조치를 취하였다. 우리나라는 1997년 12월 16일에는 환율의 일일변동 제한 폭 ±10%까지 폐지함으로써 자유변동환율제도로 완전히 이행하게 되었다.

1998년 6월에는 외환거래를 2단계에 걸쳐 전면 자유화하는 계획을 발표하였으며, 9월에는 외환거래에 대한 사전규제보다 사후보고 및 건전성 감독 위주의 사후관리에 중점을 둔 외환관리 체계를 구축하기 위해 새로이 「외국환거래법」을 제정하고 1999년 4월부터 기존의 「외국환관리법」을 대체하게 하였다. 1999년 4월 「외국환거래법」의 시행과 함께 실시된 제1단계 자유화 조치에서는 기업 및 금융기관의 대외영업 활동과 관련된 대부분의 외환거래를 자유화하고, 자본거래에 대한 규제를 '원칙규제·예외허용 체계'(positive system)에서 '원칙자유·예외규제 체계'(negative system)로 개편하였다. 한편, 자본거래 규제 완화로 인해 급격한 자본유출입이 발생할 가능성이 높아짐에 따라 유사시에 대비하여 가변예치의무제도, 외환집중제 등의 안전장치(safeguard)를 운용할 수 있는 제도적 근거를 마련하였다. 2001년 1월 시행된 제2단계 자유화 조치에서는 제1단계 자유화 조치에서 유보되었던 여행경비, 해외 이주비 및 해외 예금 등의 한도를 폐지하는 등 개인의 외환거래를 자유화하였다.[29]

우리나라는 1999년과 2001년의 두 차례 외환거래 자유화 조치를 통해 실질적인 외환자유화가 정착된 나라가 되었다. 즉, 1단계에서는 경상거래와 관련된 모든 외환거래가 자유화되고 자본거래도 국내 금융의 불안과 관련될 수 있는 외국인의 원화차입

29 한국은행(2007), 『우리나라의 외환거래제도』, p. 7.

상환 등과 일부 조항만 남겨 두었으나 2단계에서는 이마저도 사라졌다. 우리나라 외환거래는 외환자유화 조치로 인해 빠르게 확대되었으나 외국인의 채권거래 비중이 높지 않아 다른 선진국에 비해서는 많지 않았다.

2) 자본자유화

자본자유화는 김영삼 정부가 일관성 있게 추진하였던 정책이었다. 외환위기 직전인 1997년 3월에는 「자본시장 조기 개방계획」을 발표하고 5월부터 시행하였고, 5월에는 「채권시장 조기 확대방안」을 발표하고 6월부터 시행하였고, 8월에 「금융시장 안정 및 대외신인도 제고 대책」을 발표하면서 그 대책 속에 외화자금 유입을 위한 자본시장 개방 확대를 포함시켰고, 10월 「증권시장 선진화 방침」을 발표하면서 외국인 주식투자 한도를 확대하였고, 10월에 「금융시장 안정대책」을 발표하면서 채권시장 개방 확대를 포함시켰다.[30] 그리고 외환위기 직후인 12월 22일에도 「채권시장 확대방안」을 발표하였다. 이 방안은 이전에 비해 개방 폭이 가장 큰 것이었다. 즉, 모든 상장 국공채, 특수채 및 단기 회사채에 대한 외국인 투자를 허용하고 투자한도도 회사당 30%로 확대하고 1인당 투자한도 10%도 폐지하였다.

김대중 정부도 기업과 금융기관의 단기 자금 조달을 원활히 하고자 1998년 2월 「단기 금융시장 개방계획」을 발표하였다. 이 계획에 의하면, 외국인은 기업 발행 단기 금융상품을 곧바로 구입할 수 있고 금융기관 발행 단기 금융상품은 1998년 말부터 구입할 수 있도록 하였다. 이 정부는 당초 2000년 말로 예정된 공공법인에 대한 투자제한을 제외한 외국인의 주식투자 제한 철폐를 예정을 앞당겨 1998년 5월에 시행하였다. 외국인의 금융기관 발행 단기 금융상품 투자는 예정을 앞당겨 5월에 허용되었다.

김대중 정부는 우리나라에서 외국인의 직접투자에 대한 부정적인 인식이 높음에

30 한국은행(2000a), pp. 510~524.

도 불구하고 외국인 투자업종을 확대하는 것에서 나아가 1998년 5월에는 대부분 개방하면서 외국인 투자에 대한 규제도 대폭 완화하고 나아가 적극 유치하고자 관련 법을 개정하였다. 특히, 「외국인 투자 및 외자도입에 관한 법률」 개정을 통해 외국인의 국내 기업의 적대적 인수·합병을 전면적으로 허용하였다. 이러한 외국인 투자의 활성화는 기업환경은 물론 증권시장에 큰 변화를 초래하였다. 즉, 기업의 외국인 지분율이 상승하고 외국인의 자본시장에 대한 영향력이 증대되었다.

4. 금융 부문 구조조정

김대중 정부는 금융시장의 불안을 해소하고 금융산업의 대외신인도를 회복하기 위해 IMF 협약에 따라 부실채권의 누적으로 회생이 불가능한 금융기관은 정리하고 회생 가능한 금융기관에 대해서는 자본확충과 부실채권 정리를 추진하면서 합병, 경영진 교체 및 인력 축소 등의 강도 높은 자구노력을 경주하여 금융 부문의 빠른 정상화를 도모하고자 하였다.[31]

금융기관의 회생 여부는 지급능력 기준에 따라 부실화 우려가 큰 금융기관을 선정하고 해당 금융기관이 제출한 경영정상화 계획을 금융감독위원회가 심사하여 퇴출 여부를 결정하였다. 1998년부터 2003년까지 6년 동안 14개 은행을 포함하여 모두 840개의 금융기관이 합병, 자산부채 이전, 청산 등의 방법으로 퇴출되었다. 이 과정에 경제에 미치는 영향을 고려하여 종합금융회사, 은행, 증권회사, 여신전문금융회사 순으로 구조조정을 하였다.[32] 이에 앞서 1997년 말에 「금융산업의 구조개선에 관한 법률」을 개정하여 적기 시정조치, 합병 및 전환에 관한 절차 축소 등 구조조정의 법적 근거

31 이를 담당한 금융감독원이 적용한 원칙은, 첫째 부실금융회사는 국제 기준과 국내 법규, 시장원리에 입각하여 공정하고 투명하게 처리하고, 둘째 공적자금은 엄격한 손실분담과 자구노력을 조건으로 지원함으로써 도덕적 해이를 방지하고 국민부담을 최소화하고, 셋째 신속하고 과감한 개혁으로 금융시장의 조기안정화를 도모한다는 것이었다(금융감독원(2019), 『금융감독원20년사』, p. 68).

32 앞의 책, p. 68.

부터 마련하였다.

종합금융회사(이하 종금사)는 대기업의 연쇄부도로 채권이 부실화된 상태에서 단기 외화자금을 무리하게 조달하고 있어 우리나라 정부는 외환위기 발발 직후 12월 2일에 청솔·경남·경일·고려·삼삼·신세계·쌍용·한솔 등 9개 종금사의 업무를 정지하고 업무정지된 종금사의 예금 대지급, 자산의 양수·관리·매각을 위해 한아름종합금융을 가교회사로 설립하는 등 신속한 구조조정에 착수하였다.

금융당국이 전체 종금사의 경영정상화 계획의 심사 결과 정상화가 불가능한 것으로 판단한 경남·경일·고려·삼삼·신세계·신한·쌍용·청솔·항도·한화 등 10개 종금사는 1998년 2월 인가를 취소하고 가교회사인 한아름종합금융으로 이관하였다. 금융당국은 심사 결과에 따라 한솔·대구·삼양·제일·새한·대한종금 등 7개사 인가를 취소하고, 한외·현대·LG종금은 외환은행·강원은행·LG증권에 합병되었다. 종금사는 1998년 총 16개사가 퇴출되었는데, 2001년 6월 리젠트 종금이 동양현대종금에 합병되고, 11월에는 동양현대종금이 동양증권에 합병되고, 우리종금은 우리은행에 합병되어 2003년에는 3개사만 남게 되었다.

은행의 구조조정은 금융통화위원회가 1998년 1월 대형 은행인 제일은행과 서울은행을 정리하지 않고 부실금융회사로 지정하여 정부와 예금보험공사에 출자를 요청함으로써 시작되었다. 당국은 두 은행에 대해 감자를 한 다음 각각 1조 5,000억 원의 공적자금을 투입하여 자본금을 확충하였다. 두 은행 모두 경영이 악화되어 예금보험공사가 6월 제일은행에 4조 2,000억 원, 9월 서울은행에 3조 3,000억 원을 추가로 출자하였다. 제일은행은 1999년 12월에 미국의 뉴브리지캐피탈이 주축이 된 컨소시엄에 매각되었다. 서울은행도 매각을 추진하였으나 무산되자 부실자산은 성업공사(자산관리공사)에 매각하고 예금보험공사는 3조 3,000억 원을 추가로 지원하면서 이 은행은 사실상 국유은행으로 전환되었다.

[표 28-4]에서 보듯이 제일은행과 서울은행을 제외한 은행 중에서 건전성 기준에 미달한 은행은 경영정상화 계획 심사 결과에 따라 명운이 갈라졌다. 대동·동남·동

[표 28-4] 제1단계 은행 구조조정 현황

1997년 말 건전성	은행	정리방식			
		퇴출	인수·합병	외자유치 해외 매각	자본확충 정부 증자
BIS 자기자본 비율 8% 미달	동남, 동화, 충청, 경기, 대동	퇴출			
	상업, 한일, 조흥, 강원, 충북, 외환, 평화		상업+한일 조흥+강원+현대종금+충북	외자유치(외환, 한빛, 조흥)	자체: 외환 정부: 한빛, 조흥, 평화
	제일, 서울			해외 매각	정부 증자
BIS 자기자본 비율 8% 이상	국민, 신한, 주택, 하나, 한미, 보람, 장기신용, 대구, 전북, 광주		하나+보람 국민+장기신용	외자유치: 국민, 하나	자체+정부: 5개 은행 자체: 광주, 전북, 대구
	제주, 부산, 경남 (경영개선 조치)				

자료: 재정경제부(2007), 『공적자금관리백서』, p. 184.

화·경기·충청은행은 우량 자산과 부채를 각각 국민·주택·신한·한미·하나은행에 이전하도록 하는 계약이전 방식이 적용되어 퇴출되었다. 또한 조흥·상업·한일·외환·평화·충북·강원은행 등 7개 은행에 대해서는 경영정상화 계획을 조건부로 승인하고 자구계획을 7월 말까지 제출하도록 하여 경영개선을 유도하였다.[33] 이 중에서 코메르쯔은행과 합작을 통해 3,500억 원을 증자한 외환은행과 국제 업무를 포기한 평화은행을 제외한 5개 은행은 합병을 선택하였는데, 상업·한일은행은 한빛은행으로, 충북·강원은행은 조흥은행에 합병되었다. 그리고 장기신용은행은 국민은행에, 보람은행은 하나은행에 합병되었다.

김대중 정부는 2000년 9월 「제2단계 금융 구조조정 추진계획」을 발표하였다. 제2단계 금융 구조조정은, 첫째 잠재부실 요인의 조기정리를 통하여 금융기관의 건전성

33 한국은행(2000b), p. 563.

[표 28-5] 부실금융기관 정리실적(1997. 11~2003. 6)

금융권	1997년 말	구조조정 현황				신설 등	2003년 6월 말
		인가 취소	합병	해산, 파산, 계약이전 등	계		
은행	33	5	10	–	15	1	19
비은행	2,068	152	151	469	772	66	1,362
종금	30	22	6	–	28	1	3
증권	36	5	3	2	10	18	44
보험	50	8	6	2	16	13	47
투신	30	6	1	–	7	9	32
상호저축	231	100	27	1	128	12	115
신협	1,666	2	106	463	571	9	1,104
리스	25	9	2	1	12	4	17
계	2,101	157	161	469	787	67	1,381

자료: 재정경제부(2003), 『공적자금관리백서』.

을 회복시키고, 둘째 부실방지를 위한 제도개선과 소프트웨어 개혁을 통한 시장 중심의 구조조정 기반을 구축하고, 셋째 미래지향적으로 금융산업의 경쟁력을 강화하는 목적을 가지고 추진되었다. 이 정부는 우선 2002년까지 49조 원의 공적자금을 추가로 투입하여 부실화된 금융기관을 정리하였다. 이에 따라 [표 28-5]에서 보듯이 2003년 6월까지 종합금융회사 28개, 증권회사 10개, 보험회사 16개, 저축은행 128개 등 제2금융권에서 총 772개의 부실금융기관이 시장에서 사라지게 되었다.

금융당국은 2000년 8월에 BIS 자기자본 비율이 8%에 미달하거나 공적자금이 투입된 조흥·한빛·외환·평화·광주·제주은행에 대해서 경영정상화 계획을 평가하여 독자생존이 가능한 조흥·외환은행에 대해서는 승인하고 다른 은행에 대해서는 수정된 계획을 요구하였는데, 그 결과 2001년 한빛·평화·광주은행은 경남은행과 함께 우리금융지주회사의 자회사로 편입되고 제주은행은 신한금융지주 자회사로 편입되었다.[34] 평화은행은 2001년 12월 한빛은행과 우리신용카드에 분할되어 합병되었고, 서울

34 금융감독원(2019), 『금융감독원20년사』, pp. 70~71.

은행은 2002년 11월 하나은행이 인수하여 12월에 합병은행 하나은행이 재출범하였다. 소비자금융에 특화되어 통화·금융위기의 영향을 적게 받았던 국민은행과 주택은행은 이른바 '우량선도은행'으로서 합병하여 2001년 11월 합병은행 국민은행으로 재출범하였다.

외환위기 이후 경기침체, 기업부도에 따른 부실자산의 증가뿐 아니라 실직 등에 따른 보험금 지급 등으로 보험회사 유동성 부족과 지급불능이 문제가 되자 금융감독위원회는 1998년 5월 지급여력이 부족한 18개 보험회사에 대해 경영정상화 계획을 제출하도록 하였다. 당국은 8월 정상화 이행이 확실시되는 한일명·신한·한성·대신·SK·금호 등 7개 생명보험회사와 동부화재·해동화재 등 2개 손해보험회사에 대해서는 계획서를 승인하고 이행각서를 받았다. 반면에 회생 가능성이 희박하다고 생각되는 국세명·BYC·태양·고려 등 4개 생명보험회사에 대해서는 금융당국이 8월 영업정지를 내리고 이들을 삼성·교보·흥국·제일생명에 각각 계약이전을 시킨 후 11월 허가를 취소하였다. 또한 손해보험회사인 대한보증과 한국보증은 합병하여 서울보증으로 재출범하였다. 지급여력이 낮아 기준치로 높이는 것이 어렵다고 판단된 조선·국민·태평양·한덕·한국·두원·동원 등 7개 생명보험회사는 공개 매각을 추진하였다. 1999년 6월 두원생명은 대한생명으로 계약이전 이후 2000년 3월 허가가 취소되었고, 나머지는 다른 생명회사가 인수하였다. 대한생명은 외화유치 과정에 부실이 드러나 공적자금이 투입되었고 이 지분의 절반 정도는 2000년 9월 한화컨소시엄에 매각되었다.

금융당국은 2000년 이후에도 보험회사 경쟁력을 높이고자 구조조정을 지속하였다. 금융감독원은 2000년 9월 지급여력 비율이 부족한 신한·럭키·현대·한일 4개 생명보험회사와 신동아·대한·국제·제일 4개 화재보험회사로부터 지급여력 확충계획서를 받고, 현대·한일 생명보험과 4개 손해보험사에 대해 경영개선 조치를 요구하였다. 2000년 11월에는 삼신생명, 2001년 1월에는 현대생명·한일생명·대한화재·국제화재·리젠트화재 등을 부실금융회사로 지정하여 경영개선에 노력을 기울이도록 하였다. 대한화재·국제화재는 타 회사에 인수되고, 현대생명·삼신생명·리젠트화재·대신생

명은 다른 회사로 계약이전되고 보험업 허가는 취소되었다.[35]

외환위기 직후 증권가격 폭락으로 증권회사나 관련 회사도 구조조정을 피할 수 없었다. 금융당국이 회생이 어렵다고 판단한 1998년 6월 고려와 한남투자가 장은증권, 동방페레그린증권 등 3개 증권사의 허가가 1999년에 취소되었다. 한국산업증권은 허가를 반납하였고, 삼성증권은 2000년에 삼성투자신탁증권을 합병하였고, 2002년에 브릿지증권이 일은증권을, 신한증권이 굿모닝증권을 합병하였다. 그리고 1998년에서 2000년까지 5개 증권회사가 신설되었는데, 이 회사들은 이전의 투자신탁회사들이 증권회사로 전환한 것이었다.

투자신탁회사도 구조조정의 대상이 되었는데, 신세기투신·한남투신은 인가가 취소되고, 영업이 어려워진 고려·동방페레그린·보람·으뜸투신운용사 등이 해산하였고, 삼성투신운용은 삼성생명투신운용으로 합병되었다. 현대·제일·동양투신은 증권회사로 전환하고 자회사로 투자신탁운용회사를 설립하였다. 투신사들은 1999년 대우 사태로 인해 대량 환매가 나타나 또 다시 위기를 맞게 되었다. 정부는 금융시장의 혼란을 우려하여 1999년 말 한국투자신탁에 2조 원, 대한투자신탁에 1조 원에 해당하는 공적자금을 투입하여 경영정상화를 지원하였다. 이 투신사의 경영이 다시 어려워짐에 따라 증권사로 전환하고 공적자금 4조 9,000억 원을 투입하였으나 영업이 개선되지 않아 공개 매각을 추진하여 2003년 11월 한국투신은 동원금융지주에, 대한투신은 하나은행에 매각하였다.[36]

리스회사는 대부분이 은행 자회사이었기 때문에 은행의 구조조정에 따라 리스회사도 구조조정의 대상이 되었다. 서울·장은·부산·중앙·대구리스는 가교리스사인 한국리스에, 대동리스는 경인리스에 계약 이전하는 방식으로 정리하고, 한일리스와 상은리스는 한빛여신전문에 합병하였다.[37]

35 금융감독원(2019), p. 72.
36 재정경제부(2007), 『공적자금관리백서』, pp. 200~201.
37 한국은행(2000b), p. 564.

상호저축은행은 외환위기 이후 부실자산 증가로 경영상 어려움이 가중되고 건전성도 악화되었다. 금융감독원은 1999년 말부터 불법·부실이 과다한 61개 저축은행에 대해 경영개선계획을 제출하게 하여 심사를 한 다음, 42개 저축은행은 영업인가를 취소하고 14개 은행은 공개 매각을 하고 3개 은행만 계획을 승인하였다. 금융당국은 2000년에도 문제가 있는 저축은행에 대해서 경영개선을 명하고 3개 은행은 인가를 취소하였다. 그리고 2002년에 들어서도 경영 상태를 점검하고 7개 저축은행을 부실금융기관으로 지정하고 경영개선을 명하고 2개 은행은 정상화시키고 나머지는 허가를 취소하였다.[38] 금융감독원은 신용조합에 대해서도 1998년 4월부터 구조조정 작업을 시작하여 115개 부실 신협 중에서 6개는 정상화시키고, 109개 신협에 대해서 지방법원에 파산을 신청하였다.

5. 기업 구조조정

김대중 대통령 당선자는 1998년 1월 13일 삼성 이건희, 현대 정몽구, LG 구본무, SK 최종현 등 4대 그룹 총수들과 대기업 구조개혁 5대 원칙에 합의함으로써 기업 구조조정의 틀이 결정되는 동시에 추진력을 가지게 되었다.[39] 5대 원칙은 기업의 경영투명성 제고, 상호 지급보증 해소, 재무구조의 획기적 개선, 핵심사업 부문 선정, 지배주주 및 경영진 책임 강화 등이었다. 이에 따라 1998년 4월 5대 삼성·현대·LG·SK·대우 등 재벌대기업군은 물론 금융기관 여신 2,500억 원 이상 기업들은 주채권은행과 재무구조 개선 약정을 체결하였다.

5대 원칙은 구조개혁을 추진함에 있어 재계가 스스로 지켜야 할 일종의 약속으로 간주되었고, 기업과 주채권은행이 체결한 재무구조 개선 약정을 통해 세부적인 내용

38 재정경제부(2007), pp. 207~208.
39 『동아일보』, 1998. 1. 14.

이 확정되었다. 1998년 1월에 발표된 기업구조개혁의 5대 원칙에 더하여 1999년 8월에는, ① 제2금융권의 지배구조 개선, ② 계열사 간 순환출자의 억제 및 부당내부거래 차단, ③ 변칙적인 상속·증여의 방지 등 3대 보완과제가 제시되었다. 이러한 이른바 '5+3' 원칙에 따라 제시된 주요 개혁과제는 [표 28-6]에서 제시된 것과 같다.

김대중 정부는 1998년 4월 IMF와 합의한 경제개혁 프로그램을 구체화하여 「금융·기업구조 개혁 촉진방안」을 4월 14일 발표하고 대기업 재무구조 개선, 기업정리 및 기업개선작업 등을 포함하는 1단계 기업 구조조정을 본격적으로 추진하였다. 1단계 기업 구조조정에서는 기업 규모에 따라 구조조정 능력이 다른 점을 고려하여 5대 대기업군은 채권금융회사와 협의해 재무구조 개선 약정을 체결하여 이를 자율적으로 추진하도록 하고, 여타 주채무계열과 중견기업의 경우 기업개선작업을 통해 구조조정을 추진하도록 하고, 중소기업의 경우 채권금융회사 차원에서 자체적으로 추진하도록 하였다.[40]

금융기관 차입금 2,500억 원 이상인 기업계열군은 63개이었는데 그중에서 [표 28-7]에서 보듯이 30개가 부실기업을 가지고 있었다. 여기에는 기업 집단 전체가 아닌 현대그룹의 부실기업 현대건설, 현대전자 및 삼성그룹의 삼성자동차까지 포함하면 부실채권 규모는 훨씬 컸다. 1998년 3월 말 기준으로 부실채권이 드러난 것만 112조 원 정도이었는데, 이것은 국내총생산의 28%에 해당할 정도로 엄청난 액수이었다.[41]

각 은행은 1998년 5월부터 기업부실판정위원회를 설치하고 부실징후 기업 총 313개를 대상으로 부실 정도를 평가한 후 이 중 55개 기업을 부실기업으로 판정하여 청산, 매각, 합병 등으로 정리하도록 하였다.[42] 1998년 6월에는 전체 금융업종을 망라한 210개 금융기관이 기업 구조조정협약을 체결하고 회생 가능한 부실징후 기업에 대해서는 자구노력을 전제로 채무조정과 신규 자금지원을 통한 기업개선작업(work-out)을

40 금융감독원(2019), p. 75.
41 한국개발연구원(2007), 『경제위기 10년: 평가와 과제』, pp. 69~71.
42 한국은행(2000b), pp. 565~566.

[표 28-6] 기업구조 개혁 관련 주요 조치

	주요 개혁조치
기업경영 투명성 제고	• 30대 대규모 기업 집단의 결합재무제표 작성 의무화(1998. 1) • 국제적 회계 기준에 따라 기업회계 기준 개정(1998. 12) • 상장법인의 사외이사 선임 의무화(1998. 2) • 분기보고서 작성 의무화(1999. 2) • 대규모 내부거래 이사회 의결 및 공시 의무화(1999. 12) • 일정 규모 이상의 상장기업에 대한 감사위원회 설치 및 전체 이사 중 사외이사 1/2 이상 선임 의무화(1999. 12) • 분식회계 및 부실감사에 대한 처벌 강화(1999~)
상호 지급보증 해소	• 1998년 4월부터 신규 채무보증 금지, 기존 채무보증은 2000년 3월까지 해소(1998. 2)
재무구조 개선	• 자기자본 대비 과다차입금에 대한 이자의 손비 불인정(1998. 2) • 기업의 부동산 매각 또는 주주의 자산증여로 부채를 상환하는 경우 양도세 면제(1998. 2) • 재무구조 개선 약정을 통한 부채 비율 감축 유도(1998~1999)
핵심 주력 역량집중	• 법인 간 고정자산 교환 시 법인세 및 특별부가세 면제(1998. 2)
지배주주 경영자 책임성 강화	• 지배주주의 이사 등재 유도(1998. 1) • 회사정리 원인을 제공한 대주주의 주식을 소각하는 조항 도입(1998. 2) • 사실상의 이사 직무를 수행한 자를 이사로 간주(1998. 12) • 부실채무기업에 대한 조사권을 예금보험공사에 부여(2001. 3) • 사외이사 제2금융권 사외이사 및 준법감시인 제도 도입(1999~2000)
순환출자 억제 및 계열사 간 부당 내부거래 차단	• 부당내부거래에 대한 제재 강화(1998~) • 2001년 4월부터 기업의 순자산 대비 25%로 출자를 제한하는 출자총액제한제도 재시행(1999. 12)
변칙적인 상속증여 방지	• 비상장주식의 상장시세 차익에 대해 과세(1999. 8) • 지분율 3% 이상 대주주의 보유지분 거래 시 보유기간에 따라 20~40%의 양도세 부과(1999. 8)

자료: 한국개발연구원(2007), 『경제위기 10년: 평가와 과제』, p. 68.

추진하였다. 그리고 중소기업 및 중견기업의 구조조정을 지원하기 위해 1998년 9월 25개 금융기관 공동출자로 4개 기업 구조조정기금을 조성하였다. 이 중에서 서울부채조정기금은 금융기관 단기 차입금을 만기 2~3년의 장기 부채로 전환하기 위해 조성된

[표 28-7] 부실화된 30개 주채무계열기업군의 금융기관 차입과 처리 현황

	계열명	주기업	선정 시 기업 수	차입금	처리방식
30대 계열	대우	대우	250	25,347	워크아웃(1999. 8. 26)
	기아	기아자동차	40	5,819	법정관리(1998. 4. 15)
	쌍용	쌍용양회	75	9,004	워크아웃(쌍용건설, 1998. 11. 1)
	한라	한라시멘트	36	4,501	화의(1998. 3. 20)
	고합	고합	25	3,384	워크아웃(1998. 7. 14)
	동아건설	대한통운	42	3,696	법정관리(폐지 결정, 2001. 3. 9)
	진로	진로	32	1,443	화의(1998. 2. 3)
	한일	한일합섬	20	1,578	법정관리(1999. 1. 19)
	아남산업	아남산업	34	2,217	워크아웃(아남반도체, 1998. 10. 30)
	해태	해태제과	37	3,254	법정관리(2001. 4. 11)
	신호	신호제지	33	1,569	워크아웃(1998. 7. 1)
	통일	통일중공업	18	1,373	법정관리(1999. 4. 23)
	뉴코아	뉴코아	18	691	법정관리(1998. 11. 16)
	동국무역	동국무역	24	1,091	워크아웃(1998. 10. 27)
	새한	새한미디어	24	1,805	워크아웃(2000. 5. 27)
	갑을	갑을	23	832	워크아웃(1998. 7. 24)
	거평	대한중석	20	1,960	워크아웃(1998. 7. 23)
	17개		731	67,604	
31~63대 계열	벽산	벽산건설	20	1,064	워크아웃(1998. 8. 14)
	대농	대농	26	1,137	법정관리(1997. 12. 30)
	우방	우방	14	833	워크아웃(1998. 7. 25)
	수산중공업	수산중공업	18	506	법정관리(1998. 9. 22)
	강원산업	강원산업	29	1,566	워크아웃(1998. 7. 28)
	청구	청구	20	750	법정관리(1998. 8. 17)
	세풍	세풍	10	531	워크아웃(1998. 7. 24)
	보성	보성	12	543	워크아웃(1998. 5. 6)
	진도	진도	24	807	워크아웃(1998. 7. 23) 법정관리(2001. 5. 16)
	신원	신원	26	870	워크아웃(1998. 7. 24)
	나산	나산	20	881	법정관리(1998. 7. 14)
	극동건설	극동건설	19	899	법정관리(1998. 7. 6)
	대동주택	대동주택	9	334	화의(2000. 3. 22)
	13개		950	77,092	
	30		998	80,284	

자료: 감사원(2001), 『공적자금 운용 및 감독실태 감사결과 보고』, p. 170.

[표 28-8] 부실징후 기업 및 관리기업의 신용위험 평가(2000. 11. 3)

평가 결과			부실징후 기업[1)]	워크아웃	법정관리	화의
정상영업 가능 기업		136	121	2	9	4
일시적 유동성 부족 기업		28	23	3	2	
구조적 유동성 부족 기업 중 자금지원으로 회생이 가능한 기업	소계	69	25	13	23	8
	자구계획	67	24	12	23	8
	채무재조정	2	1	1		
구조적 유동성 부족 기업 중 회생이 불가능한 기업	소계	52	13	20	15	4
	청산	19	7	1	7	4
	법정관리	10	2	2	6	
	매각	20	3	15	2	
	합병	3	1	2		
기타(현대건설, 쌍용양회)		2	2			
계		287	184	38	49	16

주: 1) 미래채무상환능력기준(Forward-Looking Criteria: FLC)으로 신용위험을 평가한 결과 '요주의' 등급 이하로 분류된 기업, 최근 3년 연속 이자보상 비율이 1.0 미만인 기업, 각 은행이 내규에 따라 부실징후 기업으로 관리 중인 기업 등.
자료: [표 28-6], p. 62.

부채기금이고 한강·무궁화·아리랑 구조조정기금은 부채조정은 물론 주식인수를 통해 자기자본을 확충하기 위해 조성된 기금으로 4개 기금 총규모는 2조 원 정도 되었다.[43]

김대중 정부는 1단계 기업 구조조정에도 불구하고 대우계열 등의 유동성 문제가 다시 부각되면서 금융시장 불안이 재현되자 1단계 기업 구조조정 기본 틀을 유지하되 공적자금을 추가로 조성하여 기업 구조조정을 촉진하는 2단계 기업 구조조정을 추진하였다. 이에 따라 채권은행은 2000년 11월 워크아웃, 법정관리, 화의 중인 기업과 금융회사 여신이 500억 원 이상인 기업 중에서 부실징후가 있는 기업 등 287개 기업의 신용위험의 평가 결과([표 28-8])에 따라 52개 기업을 청산, 법정관리, 매각 등을 추진하여

43 한국은행(2000b), p. 566.

정리하였다.[44] 단기 유동성 등에 심각한 문제가 있었음에도 불구하고 금융회사 자기자본 비율 하락 등을 우려하여 구조조정이 지연되었던 부실기업이 정리되고, 대우계열사 대기업을 중심으로 20개 이상이 정상화되었다.

이 정부는 1998년 9월부터 과잉·중복투자 업종에 대한 기업 간 사업 구조조정, 이른바 '빅딜'을 정유, 석유화학, 반도체, 철도차량, 항공기, 발전설비, 선박용 엔진 등 7개 사업 부문을 대상으로 추진하였다. 기업 간 인수·합병이 활성화되지 않은 상황에서 정부가 주도한 빅딜이 추진된 결과 철도차량·항공기·선박용 엔진 등 3개 부문에서는 통합법인이 설립되었고, 발전설비·반도체·정유 등 3개 부문에서는 사업이관이 이루어졌으며, 석유화학 부문에서는 외자유치 협상이 결렬된 후 해당 기업들이 자체적으로 구조조정을 추진하였고, 자동차 부문에서 삼성과 대우 간의 빅딜이 추진되었으나 협상이 무산되어 삼성자동차와 대우자동차는 법정관리를 거쳐 르노와 GM에 매각되었다.[45]

워크아웃은 원래 6대 재벌 이하 중견기업을 대상으로 추진되었으나 부실화된 대우계열사가 1999년부터 편입되어 적용범위가 확대되었다. 1998년 6월 체결된 기업 구조조정협약에 의거해 워크아웃이 시행되었다. 이 워크아웃은 기업의 채권자 중 금융기관만 합의하여 금융부채를 동결시키고 법정관리에 비해 손실반영 정도가 낮고 기업개선계획 확정에 소요되는 시간을 단축할 수 있다는 장점 때문에 도입된 제도이었다. 이 제도가 1998년 6월부터 2002년 6월 말까지 83개 업체에 대해 실시되어 30개사가 조기 졸업하였고, 17개사는 졸업 전 단계인 자율 추진에 들어갔고, 정상화 가능성이 없는 15개사는 워크아웃이 중단되어 7개사는 법정관리로, 8개사는 청산되었다. 나머지 21개사는 워크아웃 상태가 지속되었다.[46]

44 금융감독원(2019), pp. 75~76.
45 한국개발연구원(2007), pp. 59~60.
46 앞의 책, p. 60.

제 29 장

통화 · 금융위기 이후 금융기관의 재편과 확장

50000
10000
5000

1. 금융기관의 체계와 구성

1) 금융기관의 체계와 그 변화

김대중 정부는 외환위기 수습책의 하나로 금융 구조조정을 단행하였는데, 그 과정에 기존의 금융기관이 정리되거나 합병되면서 사라지기도 하고 새로운 금융기관이 탄생하기도 하는 등 적지 않은 변화가 나타났다. 1997년 25개에 달하던 일반은행은 2015년 12개로 줄었지만 인터넷은행이 2개 신설되어 2019년 말 14개만 남아 있다. 이 과정에서 많은 일반은행은 정리되거나 합병되어 대형 일반은행, 그중에서 시중은행이 대형화되었다.

일반은행의 변천 과정에 대해서는 그 내용을 [표 29-1]과 같이 정리할 수 있다. 첫째, 우리은행은 상업은행과 한일은행이 합병되어 한빛은행이 된 이후 평화은행을 합병하여 2001년 재출범하였다. 둘째, 하나은행은 구 하나은행이 충청은행·보람은행·서울은행·외환은행을 합병함으로써 2015년 대형 은행으로 재탄생하였다. 셋째, 국민은행은 구 국민은행이 대동은행과 장기신용은행을 합병하고 이어서 주택은행을 합병함으로써 2001년 대형 은행으로 재탄생하였다. 넷째, 신한은행은 구 신한은행이 지방은행인 충북은행과 강원은행을 합병한 후 동화은행도 합병하고 이어서 조흥은행과 합병하여 2013년 대형 은행으로 재탄생하였다. '4대 천왕'이라고 불리는 국민은행, 우리은행, 신한은행, 하나은행이 대형화 결과로 일반은행의 중심에 서게 되었나. 다섯째, 한미은행은 경기은행과 합병하여 규모를 늘렸고, 제일은행은 외국인 투자가에게 매각되어 한국SC은행이라는 이름으로 존속하고 있다. 여섯째, ICT 발전을 은행 부문에 반영하고 새로운 금융혁신을 도모하는 차원에서 2017년 인터넷전문은행이 2개 신설되었다.

특수은행은 외환위기 직전에는 6개 은행이었는데, 국민은행이 일반은행으로 전환되고 장기신용은행과 주택은행이 국민은행으로 전환되어 특수은행은 중소기업은

[표 29-1] 외환위기 이후 일반은행의 변천 과정

종류	1997. 12	변천 과정		2019. 12
시중	상업	한빛(1998. 12)	우리은행 출범(2001. 12)	우리
시중	한일			
시중	평화	2001. 10(합병)		
시중	제일	상호 변경(2005. 9)		한국SC
시중	하나			하나
지방	충청	1998. 6(합병)		
시중	보람	1999. 1(합병)		
시중	서울	2002. 2(합병)		
시중	외환	2015. 9(합병)		
특수	국민			국민
시중	대동	1998. 6(합병)		
특수	장기신용	1998. 12(합병)		
특수	주택	2001. 4(합병)		
지방	충남	1998. 6(합병)		
시중	한미	상호 변경(2004. 11)		한국씨티
지방	경기	1998. 6(합병)		
시중	신한			신한
시중	동화	1998. 6(합병)		
시중	조흥	2013. 7(합병)		
지방	강원	1999. 7(합병)		
지방	충북	1997. 7(합병)		
지방	대구			대구
지방	부산			부산
지방	광주			광주
지방	제주			제주
지방	전북			전북
지방	경남			경남
인터넷		2017. 4 신설		케이뱅크
인터넷		2017. 7 신설		카카오뱅크

행, 농협중앙회, 수협중앙회만 남았다가 한국산업은행과 한국수출입은행이 개발금융기관에서 특수은행으로 재분류되어 2000년부터 5개 특수은행 체제가 계속 유지되었다. 한국산업은행은 2009년 6월 민영화가 추진되어 산은금융지주회사가 설립되면서 자회사로 편입되었으나 민영화의 차질로 2015년에는 한국산업은행·산은금융지주회사·한국정책금융공사를 통합한 한국산업은행이 재탄생되었다.

종합금융회사는 1997년에는 30개에 달했지만 부실이 심해 대부분 퇴출되거나 합병된 다른 금융기관에 업무가 이양되었고, 전업종합금융회사는 2001년 3개로 줄어들고 2010년에 이르면 우리종합금융만 존속하여 현재에 이르고 있다. 신용협동조합은 금융 구조조정이 지속되면서 그 수가 계속 줄어들었다. [표 29-2]에서 보듯이 1997년에는 1,666개에서 2003년에는 1,086개로 크게 줄어들었다. 상호저축은행은 1997년에 231개에 달했으나 금융 구조조정의 대상이 되면서 정리 및 합병이 진행되어 2002년에는 116개로 크게 줄었고 그 이후로 자연적으로 도태되어 2014년 이후에는 80개 이하로까지 줄어들었다.

외환위기 이후 금융 구조조정의 결과로 더욱 강화된 금융회사의 대형화, 겸업화 추세를 반영하여 2000년 4월 「금융지주회사법」이 제정됨에 따라 2001년 4월 우리금융지주회사가 처음으로 설립되었다. 금융지주회사는 주식 또는 지분의 소유를 통하여 금융업을 영위하는 회사 또는 이와 관련이 깊은 회사를 지배하는 것을 주된 업무로 하는 회사이다. 금융지주회사의 대부분은 은행 지주회사이고 비은행 지주회사로는 메리츠금융지주회사가 있었다. 일반은행의 대부분이 지주회사 체제로 전환됨에 따라 그 수가 점차 늘어 2019년에는 10개에 이르렀다.

외환위기 직후인 1998년 1월부터 「여신전문금융업법」이 시행됨에 따라 신용카드회사를 포함하여 리스회사, 할부금융회사, 신기술사업(벤처)회사 등이 이 법에 근거하여 영업을 하게 되었다. 이 금융회사들은 수신 없이 여신만 취급하기 때문에 지급결제기능을 가진 신용카드회사 이외에는 진입 규제가 약했다. 구조조정으로 그 영업이 위축된 저축은행, 신용협동조합, 새마을금고 등을 대신하여 여신전문회사의 설립이 증

[표 29-2] 외환위기 이후의 금융기관 수 추이(1997~2019)

연도	일반 은행	특수 은행	외은 지점	종합 금융	저축 은행	신용 협동 조합	여신 전문	신용 카드	생명 보험	손해 보험	증권 회사	선물 회사	자산 운용	금융 지주
1997	25	6	26	30	231	1,666	68	8	33	17	58		24	
1998	21	6	27	14	211	1,592	57	7	29	16	53		22	
1999	17	6	28	10	186	1,442	54	7	29	16	58	15	31	
2000	17	5	27	10	147	1,317	53	7	23	17	64	14	40	
2001	15	5	33	3	122	1,268	53	8	22	22	61	14	42	3
2002	14	5	31	3	116	1,233	57	9	23	23	60	14	44	3
2003	14	5	31	2	114	1,086	50	8	23	25	59	14	45	4
2004	14	5	28	2	113	1,066	45	6	23	27	57	14	47	3
2005	14	5	28	2	111	1,051	47	6	23	28	54	14	46	4
2006	13	5	29	2	110	1,024	50	6	22	29	54	14	49	4
2007	13	5	29	2	108	1,007	54	5	22	28	54	14	51	4
2008	13	5	30	2	106	994	56	5	22	30	61	14	63	5
2009	13	5	29	2	105	982	58	6	22	30	62	11	69	7
2010	13	5	29	1	105	962	63	6	23	30	62	9	80	8
2011	13	5	30	1	98	965	64	7	23	30	62	7	82	11
2012	13	5	31	1	93	949	65	7	24	31	61	7	84	12
2013	13	5	32	1	89	942	67	8	25	31	62	7	84	13
2014	13	5	31	1	80	920	73	8	25	31	58	7	86	10
2015	12	5	31	1	79	910	78	8	25	31	56	6	93	9
2016	12	5	43	1	79	904	86	8	25	32	53	5	165	9
2017	14	5	38	1	79	898	97	8	25	32	55	5	215	9
2018	14	5	38	1	79	888	105	8	24	31	56	5	243	9
2019	14	5	36	1	79	883	115	8	24	31	56	5	292	10

주: 2000년 전까지는 투자신탁회사는 자산운용사에 포함.
자료: 금융감독원, 『은행경영연보』, 『금융통계월보』, 금융통계정보시스템.

가하여 [표 29-2]에서 보듯이 신용카드사 수는 거의 변화가 없지만 다른 여신금융회사 수는 서서히 늘어났다.

외환위기 이후 생명보험사의 부실이 심화되어 보험사에 대한 구조조정 결과로 그 수가 1997년 33개에서 2000년 23개로 줄어들었다. 2000년에 접어들어 금융의 자유화와 겸업화 논의가 활성화되고 보험업법 개정논의가 진행된 결과로 2003년 「보험업법」이 개정되면서 방카슈랑스제도가 도입되고 신규 진입규제가 완화되고 보험소비자 보호가 강화되었다. 외환위기 직후 부실에 직면하였던 보증보험사가 합병되었고 2000년 들어 손해보험사에 대한 자동차보험 사업규제가 철폐됨에 따라 자동차보험사가 신설되었다. 다른 종류의 손해보험사도 설립되어 생명보험사와 달리 손해보험사는 2012년까지 서서히 늘어났다.

외환위기 이전에 존재하였던 증권 관련 회사는 증권회사, 투자신탁회사, 자산운용회사와 증권금융회사 등이었다. 외환위기 이후 투자신탁회사의 운용조직은 자산운용사로, 판매조직은 증권회사로 전환하였다. 그 결과 7개 투자신탁회사가 증권회사로 전환되어 증권회사 수가 2000년에 일시적으로 늘어났다. 이 기간 동안 부실로 2개 증권사가 퇴출되었고 6개 증권회사가 합병되었다. 온라인 증권회사와 중개전문 증권회사 등을 중심으로 19개의 증권회사가 신설되었다. 결과적으로 금융 구조조정기에도 증권회사는 늘어났다.

선물회사는 1996년 7월 「선물거래법」 시행으로 선물시장의 개설을 전제로 설립되었다. 그러나 선물시장 개설이 늦어져 1999년 4월에야 개정되어 15개 선물회사가 설립되었고, 이후 3개 선물회사가 추가 설립되었다. 그러나 2009년 「자본시장법」 시행으로 증권회사와 합병하거나 증권회사로 전환 또는 영업 폐지 등으로 그 수가 계속 감소하여 2016년부터는 5개에 그치고 있다.

노무현 정부는 금융산업을 육성하기 위해 자본시장과 관련된 법 개정에 나섰다. 「증권거래법」, 「간접투자자산운용법」, 「신탁업법」 등 자본시장 관련 6개 법률을 통합한 「자본시장과 금융투자업에 관한 법률」(이하 「자본시장법」)을 2007년 8월에 제정하고, 이를 2009년 2월부터 시행하기로 하였다. 이 법은 대형 투자은행과 자본시장을 육성하여 간접금융과 직접금융의 동반성장을 도모하기 위해 제정된 것이었다. 이 법에 따라 금융투자업을 투자매매업, 투자중개업, 집합투자업, 신탁업, 투자일임업, 투자자문업 6개로 구분하고 금융회사는 업무를 복수 또는 단수로 할 수 있도록 하였다.

이에 앞서 구 투자신탁회사인 자산운용사는 2003년 12월 「간접투자자산운용업」에 의거 투자신탁회사와 통합되어 도입되었다. 자산운용사에 해당하는 투자신탁회사는 외환위기 직전에 23개 신설되었으나 외환위기 직후에는 기존 투자신탁회사가 부실로 퇴출되었다가 외환위기 이후 증시활황으로 투자신탁회사가 많이 늘어났다. 결과적으로 자산운용사는 [표 29-2]에서 보듯이 외환위기 이후 계속 늘어났다. 특히, 집합투자업자의 기준이 완화되면서 그 수가 크게 늘어남에 따라 자산운용회사 수가 급속히 늘어나게 되었다.

외환위기 이후 기존 금융기관의 취약점 보완 목적을 가진 공적 금융기관으로는 한국무역보험공사, 한국주택공사, 한국자산관리공사, 한국투자공사 및 서민금융진흥원 등이 있었다.

1968년 12월에 도입된 수출보험제도를 전담할 기관으로 1992년 7월 한국수출보험공사가 설립되었는데, 2010년 7월에 한국무역공사로 개칭하고 수입보험제도를 도입하여 담당하였다. 이 공사는 수출 및 수입 보험, 수입자 및 수입국에 대한 신용조사 업무를 수행하였다.

한국자산관리공사는 1992년 12월 금융기관의 부실자산 정리 및 부실징후 기업의 정상화를 지원하기 위해 연체대출 회수를 목적으로 설립된 성업공사를 확대·개편하여 설립되었다. 이 공사는 정부, 수출입은행, 산업은행 및 기타 금융기관이 출자하여 설립되었으며 금융회사 부실채권 인수, 정리 및 기업 구조조정 업무, 신용회복지원 업무 및 체납조세정리 업무를 등을 수행하였다.

한국주택금융공사는 주택금융의 확장을 위해 「한국주택금융공사법」에 의거하여 정부, 한국은행, 주택도시기금이 출자하여 2004년 3월 설립되었다. 이 공사는 주택담보대출채권을 기초로 주택저당채권, 주택저당채권담보부 채권을 발행하여 조달한 자금으로 보금자리론, 적격대출을 공급하는 것을 주요 업무로 하였다. 또한 노무현 정부는 외환위기 이후 규모가 커진 외환보유액 및 공공기금의 효율적 운용을 위해 「한국투자공사법」에 의거 2005년 7월 한국투자공사를 설립하였다. 박근혜 정부는 서민에

[표 29-3] 외환위기 이후 금융기관 체계

종류		금융기관명	1997 (6)	2006 (6)	2011 (9)	2017 (12)
예금은행	일반은행	시중은행	15	8	7	8
		지방은행	10	6	6	6
	특수은행	외국 은행 지점	26	29	30	38
		산업은행, (주택은행), 수출입은행, 중소기업은행, 농협은행, 수협은행, (축협)	(7)	5	5	5
저축(금융)기관	상호저축은행		284	112	106	79
	종합금융회사		30	2	1	1
	신용협동기구	신용협동조합	1,664	1,059	957	898
		상호금융	1,765	1,541	1,399	1,358
		새마을금고	2,814	1,624	1,463	1,315
	우체국예금		1	1	1	1
금융투자업자	투자매매 · 중개업자	증권회사	52	55	62	55
		선물회사		14	7	5
	집합투자업자				81	215
	투자일임자문		18		153	179
	신탁업자(자산운용사)	은행, 증권, 보험, 부동산신탁	(24)	(46)	57	175
보험기관	생명보험	생명보험회사	33	22	23	25
	손해보험	손해보험회사	17	19	30	32
	기타 보험	우체국보험, 공제기관(수협, 신협, 새마을)	5	5	5	4
기타금융기관	금융지주회사			4	12	9
	여신전문 금융기관(리스/카드/할부금융/신기술금융)		68	45	64(108)	97
	증권금융		1	1	1	1
	대부업자				n.a.	8,084
공적금융기관	무역금융공사, 주택금융공사, 자산관리공사, 투자공사, 정책금융공사, 서민금융진흥원(2016)		2	4	5	5

자료: The Bank of Korea(1997), *Financial System in Korea*; 금융감독원, 『은행경영통계』, 『금융통계월보』; 한국은행, 『우리나라 금융제도』(2005), 『한국의 금융제도』(2011, 2018).

[그림 29-1] 금융기관 종사자 수의 추이(1996~2015)

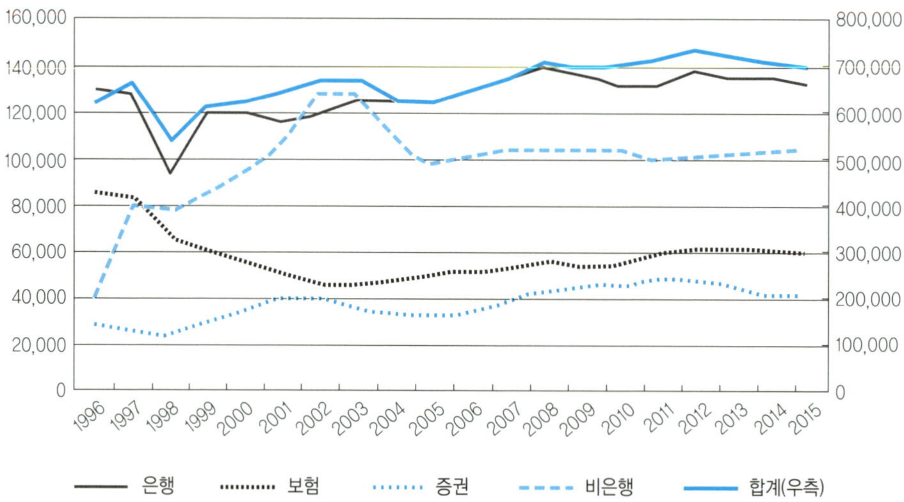

자료: 금융감독원, 『금융통계월보』.

대한 금융지원을 총괄할 금융기관을 2016년 3월에 제정된 「서민의 금융생활 지원에 관한 법률」에 의거 설립하였다. 이 과정에 설립된 서민금융진흥원은 복잡다기해진 서민금융의 지원 체계를 통합·관리하여 효율성을 높이는 역할을 담당하였다.

우리나라 금융기관은 외환위기 직후에는 금융 구조조정으로, 2000년대에는 금융 선진화를 위한 금융개혁의 결과로 외환위기 이전과는 다른 금융기관 체계를 가지게 되었다. 새로운 금융기관 체계는 중앙은행인 한국은행을 제외한다면 6개로 구분할 수 있다. [표 29-3]에서 보듯이 외환위기 직후에는 금융기관의 구조조정 결과로 급격한 변화가 있었으나, 2005년 이후에는 금융투자업 이외에는 변화가 크지 않았음을 알 수 있다.

외환위기 이후 대대적인 금융 구조조정으로 [표 29-2]에서 보았듯이 모든 업종에서 금융기관이 줄어들자 종사자 수도 [그림 29-1]에서 보는 바와 같이 1998년부터 줄어들기 시작하였으나 감소세는 금융 구조조정의 진도에 따라 업종별 차이가 있었다. 은행이 가장 빠르게 진행되어 1998년에 감소 폭이 가장 컸지만 구조조정이 곧바로 종결되었다. 보험업의 구조조정이 늦어짐에 따라 2000년대 초반까지 서서히 진행되어 감소세가 지속되었다. 외환위기 직전에 급격히 늘어난 비은행 부문은 금융기관 수는 크게 줄었지만 종사자 수는 회복세를 보였다. 2000년대 초반 제2차 금융 구조조정으로 전체 종사자 수는 다시 감소세를 보이다 2000년 중반에 감소세가 그쳤다. 자본시장과 관련된 증권업계 종사자 수는 증권업의 활황으로 외환위기 때 일시 감소세를 보였다가 도리어 증가세를 보였다. 전체적으로 보면 금융기관 종사자 수는 외환위기 직후 급감한 뒤 증가하다 2000년대 초반 금융 구조조정으로 일시 줄었다가 다시 증가세를 보였다. 그렇지만 2010년대 이후에는 핀테크 발전과 정보화의 영향으로 종사자 수가 다시 줄어들고 있었다.

2) 금융기관별 자산 규모와 그 추이

외환위기 이후에 금융기관의 자산, 여신, 수신 등의 상대적인 비중을 통해 어떤 금융기관이 중추 금융기관이었고, 각 금융기관의 역할이 얼마나 중요하였는가와 그 변화를 살펴볼 수 있다. [표 29-4]에서 보듯이 이러한 상대적인 비중부터 파악하기 위해 주요 금융기관의 자산 규모부터 비교해 본다.

첫째, 이 시기에 금융중개 비중이 가장 높은 금융기관은 일반은행이었는데, 그 비중은 외환위기 이후 증가하여 글로벌 금융위기 직전에는 50%를 넘어선 적도 있으나 점차 감소하였다. 특히, 생명보험사의 약진으로 일반은행 비중이 줄어들어 2010년대 후반에는 35% 이하로 떨어졌다.

둘째, 외환위기 전후 주택은행과 장기신용은행이 국민은행에 합병되어 특수은행 비중이 줄어들었지만 개발금융기관으로 분류되었던 산업은행과 수출입은행이 특수은행으로 분류되어 그 비중은 다소 증가하여 18~19% 수준에서 안정되어 있었다. 외환위기로 일반은행은 정리 대상이 되었지만 특수은행은 일반은행 업무를 확장하면서

[표 29-4] 금융기관의 자산 규모와 상대적 비율(1997~2019)

(단위: %)

연도	은행계정		은행 신탁 계정	비은행 금융기관		생명 보험	손해 보험	증권 회사	합계 (10억 원)
	일반 은행	특수 은행		소계	신용 카드				
1997	39.3	15.5	16.2	17.3	1.0	7.9	1.7	2.1	975,733
1998	39.8	17.9	13.5	15.6	1.3	8.2	2.0	3.1	976,878
1999	41.4	17.7	12.4	11.9	1.8	9.1	2.3	5.2	1,018,728
2000	46.4	19.1	7.5	10.3	2.9	9.9	2.4	4.3	1,121,791
2001	45.7	19.1	8.3	9.5	3.6	10.4	2.5	4.5	1,213,152
2002	46.1	18.3	9.0	10.0	4.6	10.9	2.4	3.4	1,363,627
2003	48.4	19.0	8.4	7.3	2.2	11.5	2.4	3.0	1,461,251
2004	48.9	18.9	6.8	6.9	1.8	12.8	2.6	3.2	1,532,728
2005	47.4	19.3	6.3	7.0	1.7	13.2	2.8	4.1	1,668,500
2006	47.2	19.0	6.4	7.1	1.6	13.0	2.7	4.5	1,914,586
2007	46.4	18.9	6.5	7.5	1.7	12.6	2.7	5.4	2,200,701
2008	50.4	18.7	5.2	7.1	1.5	11.2	2.5	4.9	2,723,106
2009	46.4	18.4	5.4	8.2	1.6	12.8	2.9	5.8	2,662,992
2010	44.0	17.8	5.6	8.7	1.8	13.8	3.3	6.7	2,793,626
2011	42.5	18.0	5.8	8.7	2.6	13.8	3.9	7.3	3,012,544
2012	40.4	17.7	6.0	7.9	2.4	16.0	4.4	7.6	3,219,951
2013	38.6	17.5	7.0	7.6	2.4	16.8	4.8	7.6	3,303,478
2014	37.8	18.5	6.7	7.2	2.3	16.8	5.1	7.9	3,681,117
2015	37.1	18.4	6.8	7.3	2.3	17.0	5.3	8.1	3,982,473
2016	35.3	19.3	7.8	7.6	2.3	17.0	5.5	7.6	4,247,659
2017	35.0	18.5	7.8	8.0	2.3	17.1	5.7	7.8	4,481,248
2018	34.8	18.0	8.4	8.3	2.4	16.5	5.7	8.3	4,759,347
2019	34.8	17.6	8.6	8.4	2.3	16.4	5.7	8.5	5,127,883

주: 비은행 금융기관에는 종합금융회사, 상호저축은행, 신용조합, 신용협동조합, 여신전문기관(신용카드, 리스, 할부금융, 신기술금융)이 포함됨. 상호금융은 제외.
자료: 금융감독원, 『금융통계월보』, 금융통계정보시스템.

기업의 구조조정 지원, 중소기업 육성, 무역금융 지원과 새로운 정책 기능도 부여받음으로써 역할이 확장되어 그 비중을 유지할 수 있었던 것으로 보인다.

셋째, 은행 신탁계정의 비중은 외환위기를 거치면서 급격히 줄어들었다. 은행은 외환위기 이후 은행 신탁이 배당률 하락 등의 원인으로 투자신탁회사(자산운용사)로 급격히 이동함에 따라 수익증권에 대응하는 새로운 신탁상품을 출시하였음에도 은행 신탁 규모는 절대적으로 줄어들었다. 이에 따라 상대적 비중도 계속 줄어들다가 글로벌 금융위기 이후 다소 늘어나 8%대를 유지하고 있다.

넷째, 금융자유화 시기와는 달리 외환위기 이후에는 비은행 금융기관의 상대적 비중은 점차 줄어들었다. 그러나 수는 늘어나지 않았지만 신용카드회사의 역할이 강화되면서 비중은 도리어 증가하였다. 표로 제시하지 않았지만, 신용카드회사, 할부금융회사, 리스회사, 신기술금융회사로 구성되는 여신전문 금융회사 전체의 비중은 줄어들고 있었다. 또한 종합금융회사, 상호저축은행, 신용협동조합 등은 구조조정 대상이 되어 그 수는 물론이고 비중이 크게 줄어들고 있었다.

다섯째, 외환위기 이후에는 생명보험 등이 구조조정 대상이 되어 수가 줄어들었지만 개인연금 등으로 성장 기반을 확보하고 신탁 등으로 업무 영역을 확대하고 증권시장의 기관투자가로서의 역할도 강화되면서 이 기간 동안 비중이 2배 정도 늘어났다. 생명보험기관이 특수은행과 비슷한 수준의 자산을 보유하게 되었다. 손해보험은 자동차 보급 확대, 보증보험의 인수 등 각종 성장 요인으로 생명보험과 마찬가지로 이 기간에 비중이 3배가량 늘어났다.

여섯째, 외환위기 이후 증권시장의 활황으로 인해 증권시장의 역할이 증대되고 겸업화로 업무 영역이 확대되면서 비중이 서서히 늘어났다. 증권회사의 비중은 이 시기에 3배가량 늘어났다.

이와 같이 외환위기 이후에는 예금은행의 비중이 줄어들고 있었는데 그것은 특수은행보다는 일반은행에서 뚜렷하게 나타났다. 은행 신탁 비중의 급감까지 반영하면 그 감소세는 더 뚜렷하였다. 신용카드회사를 제외한 종합금융회사, 상호저축은행, 신용협동조합, 여신전문 금융기관 등 이른바 비은행 금융기관의 비중은 급격히 줄어들었다. 물론 분류상 개발금융기관이 특수은행에 포함되고 신탁업이 개방되어 그 비중이 더욱 줄어들었던 것으로 보인다. 반면에 보험회사와 증권회사는 외환위기 이후 확장된 영업 기반으로 절대적 규모나 상대적 비중이 서서히 높아졌다. 이것은 우리나라 금융시스템이 간접금융 중심에서 이탈하여 직접금융이 강화되는 추세와 무관하지 않다.

3) 금융기관별 여신 및 수신과 그 추이

금융기관의 자금운용에서 비중이 높고 수익성·안전성과 관련하여서 가장 중요한 것은 여신 또는 대출이다. 이러한 여신 또는 대출의 집계를 통해 자금공급에서 금융기관이 차지한 비중과 변화를 [표 29-5]에서 살펴볼 수 있다.

첫째, 이 시기에 대출에서 가장 높은 비중을 차지한 금융기관은 예금은행이었고 그중에서 일반은행이 더 중요하였다. 일반은행이 차지한 비중은 시기별로 약간의 차이는 있지만 40~50% 정도가 되었다. 외환위기 이후 일반은행 구조조정으로 비중이 늘어나 2003년부터는 50%에 이르렀고, 글로벌 금융위기 이후에는 서서히 줄어 2010년대 말에는 40% 정도만 담당하였다. 반면에 특수은행의 여신 비중은 외환위기 직후 일반은행 구조조정기에는 15%대에서 20%대까지 증가하여 2010년대 중반에 정점에 달한 이후 다소 낮아지고 있었다. 이 시기에는 개발금융기관이 모두 특수은행으로 분류되고 있기 때문에 이전에 비해 비중이 더 늘어난 것은 아니라고 할 수 있다.

둘째, 비은행 금융기관의 여신 비중은 저축기관, 여신전문 금융기관의 신장으로 증가세를 보였다. 기타로 분류된 종합금융회사는 외환위기 이후 대부분 정리되거나 다른 금융기관에 합병되어 명맥만 유지하고 있었다. 여신전문 금융기관은 신용카드회사 중심으로 확장세를 유지하였으나 2003년 카드 사태 여파로 일시 조정기가 있었다. 반면에 저축기관은 외환위기 이후 조정기를 거친 다음에는 그 수는 줄었지만 서민금융정책 등으로 인해 비중은 완만하지만 더 늘어나게 되었다.

셋째, 생명보험사는 자산을 기준으로는 비중이 늘어나고 있었으나 대출 비중은 도리어 줄어들고 있었다. 그것은 생명보험회사의 자산운용을 대출보다는 증권투자에

[표 29-5] **금융기관의 여신 규모와 상대적 비율(1997~2019)**

(단위: %)

연도	은행계정		은행 신탁 계정	비은행 금융기관			생명 보험사	자산 운용사	합계 (10억 원)
	일반 은행	특수 은행		저축 기관	여신 전문	기타			
1997	45.3	15.8	9.0	16.9	n.a.	4.3	7.4	1.3	614,739
1998	39.4	17.7	7.0	16.8	3.2	2.7	6.5	6.8	568,124
1999	41.9	18.6	4.6	14.8	8.0	1.8	6.0	4.3	632,553
2000	46.2	20.2	2.3	13.6	8.5	1.1	6.0	2.2	698,979
2001	46.9	19.0	3.7	13.1	8.3	0.8	5.3	2.7	775,888
2002	47.7	17.7	6.0	12.2	8.6	0.9	4.8	2.1	935,301
2003	50.4	18.2	6.3	13.4	5.3	0.6	4.8	1.1	1,003,325
2004	50.9	18.9	5.0	15.0	3.8	0.7	4.5	1.1	1,017,833
2005	50.3	20.0	4.2	15.4	4.1	0.8	4.3	0.9	1,099,160
2006	50.9	19.9	3.8	14.8	4.4	1.1	4.0	1.2	1,260,997
2007	50.4	20.3	2.8	14.7	4.9	1.6	3.9	1.5	1,432,045
2008	50.0	21.8	2.3	14.5	4.6	1.3	3.9	1.7	1,656,568
2009	48.6	22.0	2.7	15.5	4.8	1.1	3.9	1.5	1,703,774
2010	47.9	21.8	2.9	16.0	5.4	1.0	3.9	1.2	1,765,823
2011	46.6	22.1	2.6	15.2	7.4	0.9	3.8	1.6	1,918,036
2012	45.8	22.4	2.9	14.4	7.6	0.8	4.1	2.0	1,970,912
2013	45.1	22.6	3.8	14.2	7.5	0.5	4.4	1.8	2,068,696
2014	44.1	24.0	3.7	14.1	7.4	0.4	4.4	1.9	2,262,732
2015	44.0	23.9	3.5	14.5	7.5	0.4	4.5	1.7	2,426,374
2016	42.7	23.6	3.8	15.7	7.3	0.4	4.6	1.9	2,626,145
2017	42.2	22.8	3.7	16.6	7.5	0.5	4.6	2.0	2,795,646
2018	41.8	22.1	4.0	16.8	7.6	0.5	4.6	2.5	3,016,215
2019	40.9	21.7	5.1	16.6	7.7	0.4	4.4	3.2	3,270,890

주: 비은행 금융기관에는 종합금융회사, 저축기관(상호금융, 상호저축은행, 신용협동, 새마을금고), 여신전문기관(신용카드, 리스, 할부금융, 신기술금융) 등이 포함됨.
자료: 금융감독원, 『금융통계월보』, 금융통계정보시스템.

더 집중하였기 때문이었다.

넷째, 자산운용사의 대출 비중은 안정적이지 못하였다. 그것은 자산운용사는 거의 투자신탁회사와 마찬가지로 대부분 증권에 투자하기 때문이다. 자산운용사와 성격이 비슷한 은행 신탁계정도 외환위기 이후 저금리 기조가 정착되고 증권시장이 활성화됨에 따라 수신도 줄었고, 나아가 대출보다는 증권투자에 집중한 결과 그 대출 비중이 계속 줄어들었다.

금융기관의 자금조달에서 가장 비중이 높고 가장 저렴한 조달방법이 예금이나 수신이다. 은행 신탁계정이나 자산운용사는 수익증권을 판매하여 자금을 조달하므로 주요 수신은 예금이 아니라 증권이다. 이를 포함하여 각 금융기관이 자금조달에 기여한 바를 비교하기 위해 제시한 것이 [표 29-6]이다. 각 금융기관의 예금과 수익증권 등 금융기관의 주요 수신액을 비교함으로써 고객들이 어떤 금융기관을 선호하고 있고, 나아가 어떤 금융기관이 수신을 통해 간접금융에 더 많이 기여하고 있었던가를 살펴볼 수 있다.

첫째, 이 시기에 수신액이 가장 많은 금융기관은 예금은행으로 비중이 40%에서 50%에 달한다. 그 비중은 일반은행의 경우 2003년 이후 감소세를 보이고 있으나, 특수은행의 경우 외환위기 이후 크게 늘어나고 있다. 외환위기 이후 개발금융기관인 산업은행이 일반은행 업무를 겸하고 다른 특수은행도 일반은행 업무를 강화한 결과 전체 10% 정도를 담당하고 그 비중은 안정되어 있다.

둘째, 은행 신탁은 외환위기 이후 저금리 기조와 증권투자의 활성화로 인해 크게 비중이 낮아졌다. 금융자유화 시대는 신탁이 높은 수익률로 급속히 성장하였지만 외환위기 수습 과정에 절대적으로나 상대적으로 급속히 감소하였기 때문이었다.

셋째, 저축기관은 구조조정기에 그 수가 크게 줄어들었지만 예금금리상의 이점을 적극 활용하면서 예금유치에 성공하여 비중을 높여 가고 있었다.

넷째, 보험기관 중에서 생명보험은 적극적인 영업전략으로 가입자가 늘어나고 보험증권 발행이 빠르게 증가함에 따라 수신액 비중도 2010년대 중반까지는 늘어났다가 정체 상태로 들어갔다.

다섯째, 자산운용사는 과거 투자신탁을 대신하여 간접 증권투자를 주도하는 기관으로 수익증권 발행을 통해 증권시장의 활황을 활용하여 수신액을 크게 늘려 수신 비

[표 29-6] 금융기관의 수신 규모와 상대적 비율(1997~2019)

(단위: %)

연도	은행계정		신탁 계정	비은행 금융기관		자산 운용사	생명 보험	합계 (10억 원)
	일반 은행	특수 은행		저축 기관	기타			
1997	31.1	4.4	23.9	14.8	3.9	10.2	11.7	831,791
1998	27.7	5.6	16.9	14.9	3.3	21.3	10.3	940,900
1999	31.3	6.9	12.8	15.3	2.2	20.1	11.4	938,583
2000	37.9	9.3	8.2	15.8	1.3	14.8	12.7	950,776
2001	38.4	9.9	7.8	15.7	0.9	14.8	12.6	1,049,177
2002	39.6	9.7	6.4	15.4	0.8	14.8	13.3	1,148,693
2003	41.7	10.4	4.9	16.2	0.7	11.9	14.2	1,185,964
2004	38.3	10.6	3.8	17.1	0.7	14.7	14.9	1,265,934
2005	38.2	10.8	3.6	17.7	0.8	14.4	14.5	1,353,970
2006	37.0	10.1	4.9	18.0	1.1	14.7	14.2	1,516,030
2007	35.5	9.9	5.6	16.6	1.4	16.9	14.0	1,671,018
2008	36.1	10.0	5.1	16.4	1.2	18.1	13.1	1,917,550
2009	36.2	9.8	5.8	18.1	1.1	15.6	13.4	2,039,017
2010	36.1	9.7	6.3	18.9	1.0	13.9	13.9	2,170,927
2011	36.7	10.4	7.3	17.9	0.6	12.5	14.5	2,298,887
2012	34.5	10.6	8.4	17.1	0.5	12.2	16.7	2,500,586
2013	33.8	10.2	9.4	16.4	0.4	12.2	17.6	2,646,150
2014	33.4	10.1	9.9	15.9	0.4	12.8	17.5	2,889,899
2015	32.7	10.2	10.2	15.6	0.4	13.5	17.5	3,152,576
2016	31.9	10.1	10.7	15.6	0.4	13.9	17.4	3,418,012
2017	31.9	10.0	10.8	16.0	0.4	13.7	17.2	3,653,195
2018	31.7	9.8	11.1	16.1	0.4	14.1	16.7	3,923,567
2019	31.6	9.6	11.2	16.3	0.3	15.2	15.8	4,290,118

주: 비은행 금융기관에는 저축기관(상호저축은행, 신용조합, 신용협동조합, 새마을금고)과 종합금융회사 등이 포함됨.
자료: 금융감독원, 『금융통계월보』, 금융통계정보시스템.

중이 증가하였다. 그러나 글로벌 금융위기 이후 그 비중이 크게 낮아졌다. 이것은 수익증권을 대신하는 각종 펀드의 높은 인기와 개인의 직접 증권투자의 증가로 비중이 낮아졌지만 2010년대 중반 이후 다시 비중이 높아지고 있다.

2. 은행 금융기관의 역할과 그 변화

1) 은행의 재편과 업무의 확장

예금, 대출 및 지급결제를 고유 업무로 하는 일반은행은 외환위기 직전에는 시중은행 25개, 지방은행 10개, 외국 은행 지점 26개이었지만 2019년 말에는 신설된 인터넷은행을 포함하여 시중은행 14개, 지방은행 5개, 외국 은행 지점 36개이다. 이러한 은행 수의 변화는 금융 구조조정의 결과이다. 앞서 살펴본 바와 같이 지방은행은행 반은 시중은행에 합병되었고, 중소시중은행의 대부분이 사라짐에 따라 시중은행은 대형화되었다. 정부는 금융과 ICT 부문 간의 융합을 촉진하고 금융서비스 확장과 핀테크 발전을 촉진할 목적으로 통신사업자가 운영하게 될 케이뱅크와 카카오뱅크라는 2개 인터넷전문은행의 설립을 허용하였다. 지방은행의 지점 설치 규제는 외환위기 직후 1998년 11월에 폐지되어 시중은행과 지방은행 간의 차이가 사실상 사라졌다. 반면에 외국인 은행은 외환위기 이후 업무규제 완화로 국내 은행과 거의 동일한 대우를 받게 되었고[1] 이러한 이유로 외국 은행 지점은 도리어 확대되었다.

김대중 정부는 금융전업기업가제도가 지나친 요건 때문에 실효성이 없다는 이유로 1998년 1월 이 제도를 폐지하고 시중은행 동일인 소유한도를 4%로 제한하고 지방은행은 15%까지 허용하였다. 2002년에는 금융 주력자와 비주력자로 구분한 다음 주력자는 한도를 10%로 완화하였다. 이명박 정부는 비주력자에 대해서도 9%로 완화하였으나 박근혜 정부는 2014년 4월 4%로 다시 강화하였다. 일반은행의 금융의 대형화, 겸업화 등으로 인해 금융지주회사를 중심으로 소유집중도가 높아졌다. 2017년 말 기준으로 5개 시중은행의 경우 금융지주회사가 100% 또는 이에 가까이 소유하고 있고, 나머지 은행의 대주주 소유 비율은 우리은행(4) 38.5%, 케이뱅크(7) 57.2%, 카카오뱅크(3)

1 한국은행(2018), 『한국의 금융제도』, p. 179.

78.0%이고, 지방은행의 금융지주회사가 많게는 100%, 적게는 80% 소유하고 있다.[2]

한국산업은행은 외환위기를 계기로 일반은행 업무를 확대하여 1997년부터 양도성예금증서 및 표지어음을 발행하였으며, 인수·합병을 위한 주식취득자금 대출 업무를 시작하고, 교환사채 발행을 통한 자금조달도 시작하였다. 2009년 6월 「한국산업은행법」 개정에 따라 산업은행의 민영화가 시작되어 10월에 산은금융지주(주)가 설립됨에 따라 자회사로 편입되었고, 정책금융 업무는 신설된 한국정책금융공사로 이양되었다.[3] 이 은행은 이 시기에 투자은행 업무를 강화하는 동시에 법 개정으로 가계대출, 개인요구불예금 등 소매금융 및 은행 부수 업무 취급도 할 수 있게 되어 영업 기반이 확대되었다.[4] 그러나 민영화 계획이 제대로 추진되지 못하자 2015년 1월 한국산업은행, 산업금융지주회사, 한국정책금융공사를 통합한 한국산업은행이 설립되어 결과적으로 개발금융과 상업금융을 겸하는 은행으로 재탄생하였다.[5]

특수은행의 하나인 농협중앙회의 신용사업은 「한국은행법」과 「은행법」의 적용을 받고, 지역조합의 신용사업은 「신용협동조합법」에 의한 상호금융으로 분류되었다. 그러나 2011년 3월 「농업협동조합법」 개정에 따라 농협중앙회의 신용사업이 분리되었다. 즉, 농협금융지주(주)가 신설되고 농협은행이 농협금융지주의 자회사가 되고 농협생명보험, 농협손해보험도 자회사로 신설되었다.[6] 농협은행은 특수은행이지만 다른 시중은행과 차이가 없는 상업은행의 하나가 되었다. 그리고 수산업협동조합 신용사업부는 분리되어 수협은행이 되었다.

이 시기의 예금은행 고유 업무는 변함없이 예·적금 수입, 유가증권 또는 채무증서 발행 등으로 조달한 자금을 대출하는 업무와 내·외국환 업무 등이었다. 이 은행은 지급보증, 어음인수, 상호부금, 팩토링, 보호예수, 수납 및 지급대행 등을 부수 업무로

2 한국은행(2018), p. 181.
3 한국산업은행(2014), 『한국산업은행60년사』, pp. 184~186.
4 앞의 책, p. 49.
5 한국은행(2018), p. 206.
6 농협(2011), 『한국농협50년사』, pp. 98~107.

취급하였지만, 그 밖에도 「은행법」 개정에 따라 부수 업무를 포괄적으로 취급할 수 있었다. 이 은행은 금융기관의 겸업화 진전으로 은행이 영위하는 은행 고유 및 부수 업무가 아닌 업무로서 다른 법령에 따른 인허가 등이 필요한 업무와 필요로 하지 않는 기타 업무도 함께 취급할 수 있게 되었다. 금융위원회 인허가 또는 등록을 필요로 하는 겸영 업무로는 유가증권의 인수·매출 및 모집·매출 주선, 환매조건부 채권 매매, 집합투자업, 투자자문업, 투자매매업, 투자중개업, 신탁업, 방카슈랑스, 신용카드업, 「자본시장법」에 의한 파생상품의 매매·중개 등이 있다. 기타 업무에는 타 법령에서 은행이 운영할 수 있도록 한 업무와 기업 인수·합병의 중개·주선 또는 대리 업무, 증권의 투자 및 대차거래 업무, 상업어음 및 무역어음의 매출 업무, 무역보험의 판매대행 등이 있다.[7] 이와 같이 금융의 겸업화가 진전되면서 투자신탁 상품의 창구 판매가 허용되었고 골드뱅킹 및 방카슈랑스는 2003년부터 허용되었고, 「간접투자자산운용법」에 따른 자산운용회사의 업무 및 판매회사 업무 등이 2004년에 추가되었다.

2) 개별 예금은행별의 규모와 비중

이 시기의 은행은 개별 은행의 성장세와 상관없이 금융기관 체계의 개편으로도 개별 은행의 규모와 비중은 이전과는 달라졌다. 특수은행인 주택은행과 장기신용은행이 일반은행인 국민은행에 합병되고 산업은행이 예금은행으로 개편되고 여기에 수출입은행을 포함하면 그 비율이 크게 달라질 수밖에 없었다. 그리고 2000년에 축협과 인삼협동조합이 농협에 합병되었다. 일반은행은 국내 은행인 시중은행과 지방은행과 외국 은행 지점으로 구분하고, 특수은행은 농협은행, (중소)기업은행, 수협, 산업은행, 수출입은행을 포함하여 자산의 규모와 상대적 비율을 제시한 것이 [표 29-7]이다.

자산 규모별로 보면, 시중은행은 은행 자산 전체의 50~60%를 차지하고 있는 은행

7 한국은행(2018), p. 183.

[표 29-7] 예금은행 금융기관별 자산 규모와 상대적 비율(1997~2019)

(단위: %)

연도	일반은행			특수은행					합계 (10억 원)
	시중 은행	지방 은행	외은 지점	농협 은행	기업 은행	수협	산업 은행	수출입 은행	
1997	56.7	9.2	5.8	7.1	5.1	0.9	11.8	3.4	638,521
1998	58.0	6.5	4.5	8.2	5.9	1.1	12.5	3.3	651,833
1999	60.0	5.9	4.2	8.7	6.0	1.3	11.0	3.0	686,580
2000	59.6	5.4	5.8	10.3	6.2	0.9	10.2	1.5	794,636
2001	59.4	5.7	5.5	11.1	6.4	1.0	9.6	1.3	857,776
2002	60.4	5.6	5.7	11.4	6.7	1.0	8.2	1.1	964,672
2003	59.4	5.5	7.0	11.1	6.7	1.0	8.3	1.0	1,074,713
2004	58.7	5.7	7.6	10.8	6.7	1.0	8.3	1.1	1,114,885
2005	59.2	6.0	5.8	11.2	7.2	1.1	8.1	1.3	1,187,025
2006	58.5	6.1	6.8	10.9	7.6	1.1	7.7	1.3	1,354,033
2007	56.8	6.1	8.2	10.5	7.8	1.2	8.0	1.5	1,535,648
2008	54.2	5.1	13.6	9.2	7.1	1.0	7.9	1.8	1,986,589
2009	56.0	5.7	9.9	10.0	8.3	1.0	6.7	2.3	1,823,678
2010	56.1	6.3	8.8	9.9	9.0	1.1	6.2	2.6	1,829,191
2011	55.9	6.5	7.9	9.9	9.3	1.1	6.6	2.9	1,934,404
2012	54.6	6.8	8.2	9.8	9.6	1.1	7.2	2.7	1,989,761
2013	54.7	7.3	6.8	9.7	0.2	1.1	7.2	3.1	1,994,351
2014	51.5	6.9	8.7	9.4	9.4	1.0	9.8	3.3	2,220,164
2015	51.1	7.0	8.8	9.6	9.5	1.0	9.5	3.5	2,372,894
2016	50.4	7.0	7.3	9.8	9.6	3.6	8.7	3.6	2,514,574
2017	51.3	7.0	7.1	10.1	9.8	3.2	8.2	3.2	2,601,202
2018	52.2	6.8	6.9	10.2	9.8	3.3	7.6	3.3	2,743,697
2019	53.0	6.7	6.7	9.9	10.0	3.1	7.4	3.1	2,940,450

자료: 한국은행, 『경제통계연보』; 금융감독원, 『금융통계월보』, 금융통계정보시스템.

의 중추 기관이었다. 외환위기 이후 금융 구조조정에서 지방은행의 상당수가 시중은행에 합병되어 지방은행의 비중은 줄어들고 시중은행의 비중이 늘어 전체 자산의 60% 정도를 차지하게 되었다. 금융 구조조정이 어느 정도 마무리된 2000년대 중반 이후에는 시중은행의 상대적인 비중이 줄어들었다. 은행에 대한 규제 완화로 지방은행과 외국 은행 지점의 비중은 외환위기 직후에 비해 점차 늘어나기는 하였으나 큰 변화가 있었다고 하기는 어렵다.

자산 규모로 보면, 외환위기 직후에는 일반은행과 경쟁적인 영업을 하였던 농협은행, 수협, 기업은행은 별다른 구조조정이 없었기 때문에 일시적 성장세를 유지하였으나 구조조정이 마무리되는 2000년대 초반이면 그 성장세가 멈추었다. 반면에 외환위기 직후에 산업은행과 수출입은행 자산의 상대적 비중은 줄어들고 있다. 당시의 산업은행은 금융 구조조정보다는 기업 구조조정을 추진하는 주요 기관이 되어 부실자산 처리에 주력함[8]에 따라 성장세가 둔화되었다. 수출입은행은 환율의 급등락에 따라 수출입금융의 제약으로 업무가 위축되어 자산이 도리어 줄어들면서 비중이 크게 줄어들었다. 따라서 외환위기 이후에는 상업금융이 확산되어 시중은행과 일반은행 업무를 취급하는 특수은행의 역할이 더욱 견고해진 반면에 기업 구조조정에 주력한 산업은행이나 무역금융에 주력하였던 수출입은행의 역할은 도리어 위축되었다고 할 수 있다.

3) 예금과 대출

일반은행과 특수은행의 가장 중요한 수익원이 되는 대출 비중은 [표 29-8]에서 보듯이 외환위기 이후 둘 다 증가하는 추세를 보이고 있었다. 이 시기 일반은행의 자산 중에서 대출 비중은 점차 높아져 1998년 최저 48.2%에서 2015년 최고 74.4% 정도 되었다. 특수은행의 경우 대출 비중은 1998년 최저 50.2%에서 2019년 최고 75.8%로 점차 높아지고 있었다. 특히, 특수은행도 대출 비중을 크게 높이고 있는데, 그것은 특수은행이 일반은행화되면서 일반은행과 대출 경쟁을 적극적으로 전개한 결과로 보인다. 반면에 수익성과 유동성을 함께 갖춘 유가증권의 비중은 점차 낮아지는 추세를 보이고

8 한국산업은행(2014), pp. 133~139.

[표 29-8] 일반은행과 특수은행의 자산 구성 비율(1997~2019)

(단위: %)

연도	일반은행					특수은행				
	현금 예치금	유가 증권	대출	유형 자산	기타 자산	현금 예치금	유가 증권	대출	유형 자산	기타 자산
1997	10.3	13.6	54.6	2.9	18.6	8.3	13.4	57.0	3.3	18.0
1998	9.1	23.7	48.2	3.6	15.4	7.1	22.0	50.2	3.1	17.6
1999	9.6	27.8	55.6	2.5	4.6	8.6	24.3	57.1	1.3	8.6
2000	7.8	25.2	59.1	2.1	5.8	6.0	24.4	57.2	1.2	11.3
2001	5.5	24.9	62.2	2.1	5.3	4.1	29.1	52.5	1.1	13.2
2002	4.6	20.8	67.5	1.9	5.2	4.2	27.6	52.4	1.0	14.8
2003	4.8	19.0	69.8	1.7	4.7	2.8	26.6	53.9	1.0	15.7
2004	3.8	18.3	70.1	1.6	6.3	2.5	26.8	55.4	0.9	14.3
2005	4.9	19.6	69.3	1.4	4.7	2.3	27.9	58.0	0.9	10.9
2006	4.8	17.4	71.3	1.3	5.2	3.2	26.5	57.5	0.8	11.9
2007	4.7	15.6	72.4	1.2	6.1	3.3	25.2	59.2	0.8	11.6
2008	5.5	14.5	68.0	1.1	10.9	2.6	20.9	60.7	0.7	15.2
2009	5.3	16.4	70.6	1.1	6.6	3.0	17.3	67.1	0.7	12.0
2010	4.9	16.9	71.3	1.1	5.9	3.8	16.3	68.8	0.7	10.4
2011	5.0	16.3	71.5	1.2	5.9	3.0	16.5	69.4	0.6	10.4
2012	4.7	16.3	71.4	1.2	6.4	3.4	16.2	69.3	0.8	10.3
2013	5.3	15.2	72.8	1.2	5.6	4.7	15.4	71.9	0.8	7.1
2014	5.6	14.6	73.4	1.1	5.2	3.8	17.5	71.3	0.7	6.6
2015	5.1	14.4	74.0	1.0	5.5	4.2	17.3	73.9	0.7	3.8
2016	5.5	14.5	73.8	1.0	5.3	3.6	16.1	75.2	0.8	4.3
2017	4.8	15.3	74.4	0.9	4.6	3.4	16.8	75.1	0.7	4.0
2018	4.6	15.8	74.4	0.9	4.3	3.5	17.5	75.4	0.7	2.8
2019	4.9	16.9	72.8	0.9	4.4	3.0	17.7	75.8	0.7	2.8

주: 1997년, 1998년에는 특수은행에서 산업은행, 수출입은행 제외.
자료: 한국은행, 『경제통계연보』; 금융감독원, 『금융통계월보』, 금융통계정보시스템.

있었다. 이 시기 일반은행의 자산 중에서 유가증권이 차지하는 비중은 1999년 최고 27.8%에서 2015년 최저 14.4% 정도로 점차 낮아지고 있었다. 특수은행의 경우 유가증권 비중은 전체적으로 일반은행보다 높은 수준이었는데, 2001년 최고 29.1%에서 2016년 최저 16.1%가 되어 점차 낮아지고 있었다. 예치금 비중도 외환위기 이후 금융불안이 해소되고 지급준비율 하락 추세 등으로 인해 현금·예치금의 비중은 낮아지는 추세를 보였다. 특수은행의 경우 일반은행에 비해 예금 비중이 낮기 때문에 전체적으로 현금·예치금의 비율이 낮은 것으로 나타나고 있었다. 이와 같이 외환위기 이후 은행의 자금운용에서는 일반은행과 특수은행 모두 대출 비중을 높였던 반면에 외환위기 직후 유동성 확보 차원에서 일시적으로 늘렸던 현금·예치금 비중과 유가증권 비중은 줄이고 있었던 것으로 나타났다.

은행의 가장 중요한 자금운용 방식은 대출인데, 외국 은행 지점을 제외한 국내 은행 전체의 자산을 집계하여 자산 구성을 제시한 것이 [표 29-9]이다. 앞서 제시된 것과 같이 국내 은행 현금·예치금 비중은 2000년 이후 하락하였고, 유가증권 비중은 2001년을 정점으로 하락하였고, 대출 비중은 외환위기 이후 계속 상승하였고, 유형자산의 비중은 계속 하락하였다. 대출 비중의 증가는 주로 원화대출 비중이 증가한 결과이었다. 대출 비중의 증가세에도 불구하고 외화대출 비중은 외환위기 이후 하락세를 보이다 글로벌 금융위기 이후 약간 반등하였다. 기타 대출(콜론과 내국수입유산스)의 비중도 큰 차이는 아니지만 하락세를 보였다. 외환위기 이후 크게 늘었던 대손충당금 비중은 점차로 줄어들었지만 글로벌 금융위기 이후 일시적으로 증가하였다.

[표 29-10]을 보면, 외환위기가 일어난 직후인 1998년 대출 비중은 국내 일반은행이 65.9%, 외국 은행 지점은 3.1%, 농협은행 7.9%, 기업은행 5.7%, 수협 1.1%, 산업은행 12.8%, 수출입은행 3.5%이었다. 2019년의 대출 비중은 국내 일반은행이 62.4%, 외국 은행 지점은 2.9%, 농협은행 11.6%, 기업은행 11.1%, 수협 1.6%, 산업은행 6.9%, 수출입은행 3.5%이었다. 외환위기 이후 20여 년 동안 국내 은행 안에서 정리, 인수 및 합병, 신설 등으로 비중의 변화가 적지 않게 있었지만 전체적인 비중은 약간 줄어들었고 외국 은행 지점은 줄어들었다가 최근에 증가하였다. 반면에 특수은행은 은행별로 부침이 적지 않았다. 농협은행, 기업은행 등은 외환위기 이후 상대적으로 금융 및 기업 구조조정의 영향을 적게 받으면서 성장세를 유지하였고, 과거 개발은행이었던 산업은행과 수출입은행의 비중은 도리어 줄어들었다. 산업은행은 외환위기 이후 부실기업 및 부

[표 29-9] 예금은행 자산의 구성 비율(1997~2019)

(단위: %)

연도	현금 예치금	유가 증권	대출					유형 자산	기타 자산	자산총액 (10억 원)
			소계	원화 대출	외화 대출	기타 대출	대손 충당금(-)			
1997	10.0	13.6	55.0	34.3	12.6	9.1	1.0	3.0	18.5	576,195
1998	8.7	23.4	48.6	34.9	8.4	7.2	1.9	3.5	15.8	551,236
1999	9.3	26.7	56.1	41.1	9.8	8.3	3.3	2.1	5.9	660,835
2000	7.2	25.0	58.5	44.6	7.6	9.1	2.8	1.9	7.5	748,403
2001	5.0	26.2	59.2	46.1	5.8	8.9	1.6	1.8	7.7	810,820
2002	4.5	22.8	63.0	51.7	5.3	7.3	1.4	1.6	8.1	910,094
2003	4.2	21.3	65.0	53.7	5.1	7.8	1.5	1.5	8.0	999,796
2004	3.4	20.9	65.7	55.0	4.6	7.4	1.4	1.4	8.7	1,029,834
2005	4.1	22.1	65.8	54.9	4.7	7.4	1.1	1.3	6.6	1,118,100
2006	4.3	20.2	67.1	55.4	5.1	7.5	1.1	1.2	7.3	1,262,067
2007	4.3	18.6	68.2	57.1	5.4	6.8	1.1	1.0	7.9	1,409,804
2008	4.6	16.5	65.7	53.6	6.8	6.6	1.3	1.0	12.2	1,716,450
2009	4.6	16.7	69.5	58.6	5.8	6.4	1.3	1.0	8.3	1,642,947
2010	4.6	16.7	70.5	59.6	5.8	6.7	1.6	0.9	7.3	1,667,606
2011	4.4	16.4	70.9	60.1	5.9	5.8	1.1	1.0	7.4	1,782,443
2012	4.3	16.3	70.7	60.7	5.2	5.9	1.1	1.0	7.7	1,826,799
2013	5.1	15.3	72.5	62.6	5.1	5.9	1.1	1.0	6.1	1,859,629
2014	5.0	15.7	72.6	62.8	5.6	5.2	0.9	1.0	5.7	2,026,826
2015	4.8	15.5	74.0	63.3	6.0	5.7	1.0	0.9	4.9	2,163,901
2016	4.8	15.1	74.3	63.7	5.7	6.0	1.1	0.9	4.9	2,268,072
2017	4.3	15.8	74.7	64.6	4.9	6.2	1.0	0.9	4.4	2,361,991
2018	4.2	16.4	74.7	64.6	4.9	6.3	1.2	0.8	3.8	2,502,375
2019	4.2	17.2	73.9	63.8	5.2	5.7	0.8	0.8	3.9	2,692,571

주: 외국 은행 지점 제외. 1997년, 1998년에는 산업은행과 수출입은행은 제외.
자료: 1998년까지는 한국은행, 『경제통계연보』; 이후는 금융감독원, 『금융통계월보』.

실금융기관의 구조조정을 담당하면서 본연의 업무인 대출 확장에 주력하지 못하였고, 수출입은행은 외환위기 이후 외환시장 불안정으로 일시 위축되었으나 글로벌 금융위기 이후 다시 회복세를 보였다.

예금은행의 자금조싱과 운용빙법을 제시힌 것이 [표 29-11]이다. 예금은행이 정부

[표 29-10] 전체 은행별 대출의 상대적 비율(1997~2019)

(단위: %)

연도	일반은행		특수은행					합계 (10억 원)
	국내 은행	외은 지점	농협 은행	기업 은행	수협 중앙회	산업 은행	수출입 은행	
1997	70.6	3.5	6.5	4.7	0.8	10.8	3.1	375,827
1998	65.9	3.1	7.9	5.7	1.1	12.8	3.5	324,324
1999	65.7	3.6	9.3	6.6	1.1	11.4	2.4	382,618
2000	65.8	3.7	10.5	6.7	0.8	10.8	1.6	463,757
2001	67.9	3.2	10.4	6.9	0.8	9.2	1.6	511,449
2002	70.3	2.7	9.9	7.6	0.8	7.3	1.4	611,860
2003	70.8	2.7	10.0	7.5	0.9	6.9	1.1	687,525
2004	70.9	2.1	10.6	7.8	1.0	6.5	1.2	710,330
2005	69.6	2.0	10.9	8.3	1.2	6.5	1.5	772,055
2006	69.8	2.1	10.8	8.7	1.3	5.7	1.6	892,591
2007	69.1	2.2	10.9	8.8	1.3	5.6	2.0	1,011,141
2008	67.4	2.3	11.2	8.8	1.2	6.4	2.7	1,189,304
2009	66.1	2.8	11.0	9.7	1.2	6.2	3.0	1,202,642
2010	66.1	2.6	10.7	10.3	1.3	5.7	3.2	1,230,545
2011	65.6	2.2	10.7	10.5	1.3	6.1	3.5	1,316,783
2012	64.8	2.3	10.7	10.7	1.3	6.8	3.4	1,345,316
2013	64.2	2.4	10.9	10.7	1.3	6.9	3.7	1,401,562
2014	61.8	3.0	10.9	10.4	1.2	8.7	4.0	1,540,654
2015	62.0	2.8	11.0	10.7	1.2	8.3	4.0	1,647,119
2016	61.1	3.2	11.6	10.7	1.3	7.9	4.2	1,740,926
2017	62.0	2.9	11.7	10.7	1.4	7.5	3.8	1,816,919
2018	62.4	2.9	11.8	10.6	1.6	7.0	3.6	1,926,675
2019	62.4	2.9	11.6	11.1	1.6	6.9	3.5	2,047,515

자료: 한국은행, 『경제통계연보』; 금융감독원, 『금융통계월보』, 금융통계정보시스템.

로부터 위탁받은 재정자금과 국민투자기금을 취급하였지만 그 자금의 대출 비중은 외환위기 당시 8%에 가까워졌고 외환위기 직후 정책자금 배분으로 잠깐 늘었으나 계속 비중이 줄어 2019년에는 2.2%에 그치게 되었다. 예금은행 대출재원의 대부분은 예금과 차입금 등으로 조성한 금융자금인데, 외환위기 직후인 1998년 말에는 일반자금,

[표 29-11] 예금은행 자금별 구성 비율(1997~2019)

(단위: %)

연도	금융자금										재정자금
	할인어음	무역금융	당좌대출	적금대출	급부금	일반자금	농수산자금	주택자금	기업구매	기타	
1997	12.3	1.3	4.0	0.9	0.8	54.2	2.1	10.5		6.0	7.9
1998	8.8	1.7	3.1	0.5	0.4	57.4	2.3	10.6		6.4	8.8
1999	9.9	2.2	1.8	0.2	0.2	60.7	2.6	9.1		5.2	8.2
2000	8.4	2.4	1.6	0.1	0.1	64.3	2.3	8.9	1.1	3.9	6.8
2001	5.1	2.1	1.0	0.1	0.1	69.1	2.2	8.8	2.3	3.3	5.8
2002	3.4	1.8	0.9	0.1	0.1	71.9	1.6	9.7	2.4	3.2	5.0
2003	2.9	1.5	0.7	0.1	0.1	73.4	1.5	10.1	2.3	3.2	4.2
2004	2.6	1.5	0.6	0.1	0.1	73.7	1.3	10.7	2.1	3.6	3.8
2005	2.2	1.5	0.5	0.0	0.1	75.0	1.3	10.1	1.9	3.9	3.6
2006	1.9	1.5	0.4	0.0	0.0	76.5	1.3	9.6	1.7	3.9	3.2
2007	1.7	1.3	0.4	0.0	0.0	77.8	1.2	9.1	1.6	4.0	2.8
2008	1.8	1.5	0.4	0.0	0.0	79.1	1.3	7.5	1.6	4.2	2.5
2009	1.2	1.3	0.3	0.0	0.0	81.3	1.3	6.5	1.5	4.0	2.5
2010	1.1	1.3	0.3	0.0	0.0	82.2	1.3	5.7	1.5	4.1	2.6
2011	1.0	1.3	0.3	0.0	0.0	81.9	1.3	5.9	1.5	4.2	2.5
2012	0.8	1.2	0.3	0.0	0.0	82.1	1.5	6.5	1.4	3.7	2.4
2013	0.7	1.1	0.3	0.0	0.0	81.8	1.6	7.4	1.2	3.3	2.3
2014	0.6	1.1	0.3	0.0	0.0	81.3	1.7	8.8	1.1	3.0	2.1
2015	0.4	0.9	0.2	0.0	0.0	81.1	1.8	9.9	0.9	2.7	1.9
2016	0.4	0.8	0.2	0.0	0.0	80.3	1.9	11.1	0.8	2.5	2.0
2017	0.3	0.8	0.2	0.0	0.0	80.3	2.0	11.1	0.7	2.4	2.1
2018	0.3	0.7	0.2	0.0	0.0	80.0	2.1	12.0	0.6	1.8	2.3
2019	0.2	0.6	0.1	0.0	0.0	79.4	2.2	13.1	0.5	1.7	2.2

주: 외국 은행 지점은 대출 제외. 국민투자기금은 재정자금에 포함.
자료: 한국은행, 경제통계시스템.

할인어음, 주택자금, 당좌대출, 농수산자금, 무역금융, 적금대출 순으로 이용되고 있었다. 2019년 기준으로 보면, 일반자금, 당좌대출, 농수산자금, 당좌대출 순으로 되어 있다.

예금은행이 취급하는 일반자금은 자금용도도 지정되지 않고 대출과목도 따로 지정되지 않고 대출기한도 특별한 제한이 없는 자금으로 은행이 규제 없이 상업적 목적으로 자유롭게 대출할 수 있다. 이 자금의 비중이 외환위기 직후에는 57%이었으나 2009년 이후에는 80%를 넘어 안정세를 유지하고 있다. 그 다음으로 높은 비중을 차지한 주택자금의 비중은 외환위기 직후 부동산가격 하락세로 일시 주춤하였다가 상승세가 재현된 2002년부터 비중이 늘어나 10%를 넘었으나 2006년에 멈추었다. 이 비중도 서서히 증가하여 2010년대 후반에는 10%를 넘어서고 있다. 그리고 기업구매자금 대출은 기업 간 거래에 상업어음 사용 부작용을 줄이기 위해 2001년에 새로 도입된 대출제도이다. 이 제도 도입 초기에는 이용이 많았으나 그 비중은 점차로 감소하였다. 은행들이 상업적 목적을 위해 자금운용 규제가 적은 일반자금 대출제도를 적극적으로 활용한 결과로 할인어음, 당좌대출의 비중은 도리어 줄어들게 되었다.

외환위기 이후 국내 은행의 대출 대상은 크게 변화하였다. 국내 은행의 여신유형 변화를 보여 주는 [그림 29-2]를 보면, 가계대출 비중은 크게 늘어난 반면에 기업대출 비중은 크게 줄었다. 이러한 추세는 2007년과 2008년에 일시적으로 역전되었지만 그 이후에는 가계대출 비중 증가와 기업대출 비중의 감소 추세가 계속 유지되었다. 이러한 추세는 외환위기 이후 국내 은행의 건전성 규제가 강화됨에 따라 국내 은행이 위험성이 큰 기업대출보다는 위험성이 작은 가계대출을 선호한 결과이다. 가계대출에서 주택담보 대출 비중이 매우 높은 점은 이러한 선택을 설명해 준다. 기업대출의 비중이 줄어드는 가운데 개인사업자에 대한 비중은 늘어나고 있다. 대기업에 대한 대출 비중은 2014년까지 별로 줄지 않았으나 2015년부터는 크게 줄어들고 있다. 이와 같이 기업대출 비중 감소는 개인사업자를 제외한 중소기업 대출 비율의 감소가 가져온 결과이다. 따라서 외환위기 이후 중소기업 의무대출의 강제성도 약화되고 국내 은행의 가계대출과 개인사업자 대출 선호로 과거와 같은 일반은행의 중소기업 우대정책은 사실상 사라지고 있었다고 할 수 있다.

[그림 29-2] 국내 은행의 원화대출 여신유형별 구성 비율 추이(1999~2019)

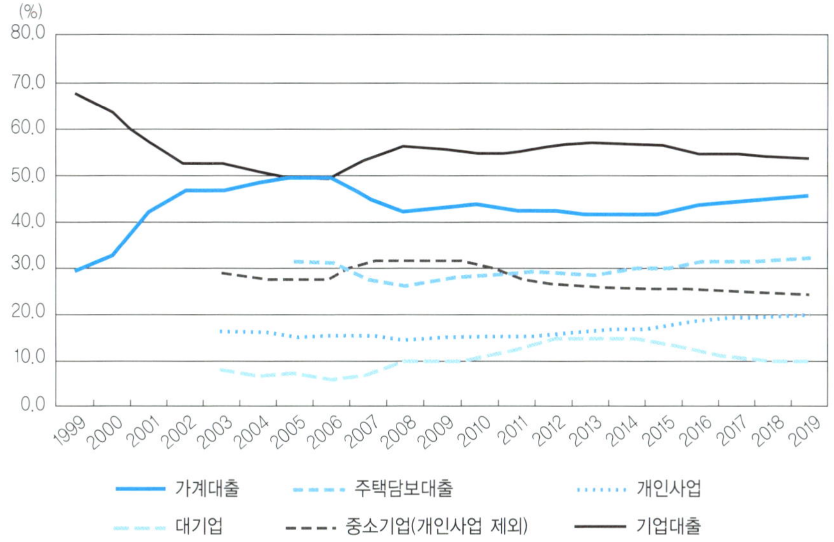

자료: 금융감독원, 금융통계정보시스템.

4) 예금은행의 자금조달과 예금

[표 29-12]를 보면, 외환위기 이후 일반은행의 예금 의존 비중이 점차 증가 추세를 보이다 글로벌 금융위기 전후에 일시 감소하였다가 다시 증가세를 보인다. 그 비중은 외환위기 직후에 57.5%이었으나 2019년에는 74.9%로 일반은행은 전체 자금의 3/4 정도를 예금을 통해 조달할 수 있게 되었다. 차입금 비중은 이러한 예금 비중의 증가세와 반대로 외환위기 이후에는 감소세를 보이다 글로벌 금융위기 전후로 크게 늘었다가 2010년대로 접어들면서 하락세를 보였다. 예금에 비해 자금조달 비용이 높은 차입금 비중의 일시적 증가는 글로벌 금융위기 전후에 나타난 유동성 부족의 결과로 보인다. 일반은행 자본계정의 비중은 외환위기 직후인 1998년에는 3.4%에 불과하였으나 2010년대 초반에는 8%를 넘어섰다 2019년 7.5%까지 낮아졌다. 일반은행은 외환위기 이후 차입보다는 예금유치에 적극적으로 노력하여 예금 비중을 높게 유지하는 동시에 주

[표 29-12] 일반은행과 특수은행의 부채 및 자본의 구성 비율(1997~2019)

(단위: %)

연도	일반은행					특수은행				
	예금	차입금		기타 부채	자본 계정	예금	차입금		기타 부채	자본 계정
		소계	금융채				소계	금융채		
1997	52.5	21.8	4.5	22.0	3.7	44.7	26.5	8.4	28.2	0.7
1998	57.5	20.0	3.9	19.1	3.4	47.9	26.2	7.9	24.5	1.4
1999	63.6	19.6	4.6	12.0	4.8	32.7	52.5	24.4	9.4	5.4
2000	67.8	16.7	4.8	11.2	4.3	38.0	48.4	21.4	10.1	3.4
2001	70.2	16.3	4.9	8.8	4.7	40.9	44.8	18.5	9.1	5.1
2002	69.6	18.3	8.0	7.5	4.7	40.9	45.4	17.4	8.8	4.9
2003	68.9	18.7	9.2	7.8	4.5	40.8	42.4	18.4	11.9	4.8
2004	66.3	20.0	11.4	8.2	5.4	43.2	40.1	20.1	10.8	5.9
2005	65.9	20.2	10.9	7.3	6.6	42.7	41.9	21.9	8.0	7.4
2006	63.3	22.1	12.2	7.8	6.8	39.6	44.7	25.4	8.3	7.4
2007	60.3	23.9	14.0	9.0	6.8	37.2	46.9	29.0	8.9	7.0
2008	58.0	22.6	13.0	13.4	6.0	35.6	47.0	30.9	12.0	5.4
2009	64.8	19.6	11.5	8.5	7.1	38.5	46.4	31.8	8.9	6.2
2010	67.9	17.0	9.6	7.9	7.2	40.2	44.5	30.8	8.8	6.5
2011	69.1	15.4	7.9	7.7	7.9	41.5	42.9	29.6	8.8	6.8
2012	69.7	13.7	7.2	8.5	8.1	43.9	38.8	28.4	8.3	9.0
2013	70.7	13.0	7.1	8.0	8.3	43.4	42.1	30.8	5.7	8.8
2014	71.7	12.8	6.8	7.5	8.0	39.8	45.3	35.3	5.8	9.0
2015	72.6	12.0	6.3	7.7	7.7	40.9	44.4	34.6	6.0	8.7
2016	73.2	11.2	5.9	8.0	7.7	41.9	44.2	35.5	5.7	8.2
2017	74.4	11.0	6.4	6.9	7.7	43.1	42.5	34.7	6.1	8.4
2018	74.3	11.4	6.8	6.7	7.6	43.6	42.6	35.5	5.0	8.7
2019	74.9	10.9	6.5	6.8	7.4	44.0	42.3	35.1	5.1	8.6

주: 1) 1997년, 1998년에는 특수은행에서 산업은행, 수출입은행 제외.
2) 일반은행에서 외국 은행 지점 제외.
자료: 1998년까지는 한국은행, 『경제통계연보』; 이후는 금융감독원, 『금융통계월보』.

식 발행을 통한 증자와 대출손실 축소 등을 통해 자본력 강화에 노력한 결과로 자본계정 비중이 증대하여 일반은행의 건전성도 높아졌던 것으로 보인다.

특수은행은 일반은행에 비해 예금의존도가 매우 낮았다. [표 29-12]에서 보듯이, 특히 2000년부터 채권 발행에 크게 의존하는 산업은행과 수출입은행도 특수은행으로 분류되어 특수은행 전체의 예금의존도는 일반은행에 비해 크게 낮아졌다. 특수은행도 일반은행과 같이 외환위기 이후 양도성예금증서의 활용과 예금 유치 노력의 결과로 예금 비중이 점차로 높아져 예금의존도가 1999년에는 32.7%이었으나 2019년에는 44.0%로 크게 높아졌다. 예금의존도가 높아짐에 따라 차입금의존도는 1999년 52.5%에서 2019년 42.3%로 낮아졌다. 차입금의존도는 낮아졌지만 CD, CP, 환매채 등 금융채에 의존하는 비율은 도리어 높아졌다. 그것은 특수은행이 원활한 자금조달을 위해 금융채 발행은 확대하되 금융비용이 높은 다른 차입의 비중은 낮춘 결과일 것이다. 특수은행도 외환위기 이후 부실대출을 줄이고 주식 발행 등 자본력 강화에 노력한 결과 자본계정의 비중이 크게 높아졌다.

국내 은행의 자금조달 방식을 전체적으로 살펴보기 위해 외국 은행 지점을 제외한 국내 은행 전체의 부채와 자본을 집계하여 구성 비율을 제시한 것이 [표 29-13]이다. 앞서 설명된 바와 같이 예금의 비중은 외환위기 이후 상승세를 보였지만 글로벌 금융위기 전후로 일시 감소한 경우도 있었다. 이 시기에 원화예금의 비중이 낮아진 것을 양도성예금증서 발행의 증가로 대처하였다. 외환위기 이후 외화예금 비중은 하락하였지만 글로벌 금융위기 이후 다시 증가 추세를 보인다. 차입금 비중의 감소세는 원화 및 외화 차입금과 환매채 감소세와 연관되어 있다. 반면에 금융채 발행에 의한 차입 비중은 늘어나고 있다. 이러한 금융채 비중의 증가는 특수은행의 채권 발행 증가와 일반은행 후순위채 같은 채권의 발행과 연관되어 있다. 자금조달도 용이하고 조달비용도 낮은 금융채 발행이 새로운 자금조달 방안으로 정착되었음을 시사하고 있다. 외환위기 이후 국내 은행 전체의 자본구조가 개선되어 자본총액의 비중은 글로벌 금융위기 때 동요가 있어도 상승세를 유지하였지만 2010년대 후반에는 낮아졌다.

개별 은행이 예금에서 담당한 역할을 비교하기 위해 상대적 비율을 제시한 것이 [표 29-14]이다. 외환위기 직후인 1998년에는 국내 은행의 예금 비중이 81.4%로 압도적으로 높고, 그 다음으로 농협은행, 기업은행, 외국 은행 지점, 산업은행, 수협 순이다.

[표 29-13] 국내 은행의 부채 및 자본의 구성 비율(1997~2019)

(단위: %)

연도	예금				차입금						기타 부채	자본 총액
	소계	원화	외화	양도성 예금	소계	원화	외화	콜머니	환매채	금융채		
1997	51.2	34.2	12.9	4.1	22.5	6.8	5.8	2.3	2.4	5.1	23.0	3.3
1998	55.6	45.3	7.8	2.5	21.2	8.3	5.1	1.6	1.5	4.7	20.2	3.0
1999	53.9	49.2	2.3	2.4	30.0	8.3	7.4	1.3	2.1	10.8	11.2	5.0
2000	58.6	54.4	2.4	1.8	26.5	6.8	5.9	0.9	3.0	9.9	10.9	4.0
2001	61.1	56.5	2.6	2.0	25.2	6.5	5.0	1.0	3.5	9.2	8.9	4.8
2002	61.0	56.2	2.1	2.7	26.4	5.2	6.0	0.6	3.8	10.8	7.9	4.7
2003	60.4	54.5	2.3	3.6	25.9	4.8	5.0	0.7	3.4	12.0	9.0	4.6
2004	59.3	53.0	2.2	4.2	26.1	4.6	4.0	0.9	2.6	14.0	9.0	5.6
2005	58.7	51.0	2.0	5.7	26.9	4.4	3.8	1.3	3.1	14.2	7.5	6.8
2006	56.0	47.9	1.9	6.3	29.0	4.0	4.1	1.5	3.2	16.3	8.0	7.0
2007	53.0	43.3	1.9	7.9	31.1	3.4	4.4	1.5	2.7	18.8	9.0	6.9
2008	51.0	41.8	2.5	6.7	30.2	3.0	4.9	1.4	2.0	18.6	12.9	5.8
2009	56.6	47.1	2.6	6.8	28.1	3.4	4.2	1.2	1.3	17.9	8.6	6.8
2010	59.2	54.4	2.1	2.6	25.7	3.2	4.1	1.0	0.9	16.3	8.2	7.0
2011	60.2	55.7	2.6	1.8	24.3	3.1	4.6	0.7	0.9	14.9	8.0	7.5
2012	61.1	56.9	2.9	1.4	22.0	3.1	3.3	0.8	0.5	14.2	8.4	8.4
2013	61.6	57.1	3.0	1.5	22.8	3.1	3.1	0.8	0.6	15.0	7.2	8.4
2014	60.2	56.1	2.9	1.2	24.5	3.1	3.3	0.6	0.4	17.1	6.9	8.3
2015	61.1	56.1	3.4	1.5	23.8	3.1	3.1	0.5	0.4	16.6	7.1	8.1
2016	61.8	56.8	3.6	1.4	23.2	2.9	2.7	0.6	0.2	16.7	7.1	7.9
2017	63.1	57.7	3.9	1.4	22.3	2.9	2.2	0.3	0.3	16.6	6.6	8.0
2018	63.4	58.2	3.7	1.6	22.4	2.8	2.4	0.1	0.2	16.9	6.1	8.0
2019	64.2	59.1	3.9	1.1	21.8	2.7	2.3	0.1	0.2	16.4	6.2	7.8

주: 외국 은행 지점 제외. 1997년, 1998년에는 산업은행과 수출입은행 제외.
자료: 1998년까지는 한국은행, 『경제통계연보』; 이후는 금융감독원, 『금융통계월보』.

2019년 말에는 국내 은행의 예금 비중은 74.4%로 낮아졌고 농협은행 비중은 13.2%, 기업은행 비중은 6.4%로 크게 높아졌고, 산업은행과 수협도 그 비중이 높아졌다. 이와 같이 국내 은행의 예금 비중은 낮아진 반면에 다른 은행의 비중이 거의 높아졌다. 이러한 변화는 특수은행이 외환위기 이후 은행 업무에 대한 전반적인 규제가 완화되자

[표 29-14] 예금은행 금융기관별 예금의 상대적 비율(1997~2019)

(단위: %)

연도	일반은행		특수은행				합계 (10억 원)
	국내 은행	외은 지점	농협은행	기업은행	수협중앙회	산업은행	
1997	86.4	1.3	7.4	3.4	0.6	0.9	294,985
1998	81.4	1.7	9.2	4.3	0.9	2.5	313,316
1999	80.3	1.6	9.9	4.9	1.3	1.9	358,404
2000	78.1	2.3	11.2	5.7	0.8	1.9	448,885
2001	77.3	2.3	11.8	5.7	0.9	2.1	506,511
2002	78.2	2.0	11.6	5.7	0.9	1.5	566,272
2003	77.8	2.2	11.7	5.5	1.0	1.7	617,686
2004	76.9	1.4	13.2	6.0	1.1	1.4	619,608
2005	76.9	1.1	13.2	6.0	1.1	1.7	663,907
2006	77.4	1.0	13.8	5.2	1.2	1.4	714,167
2007	76.9	1.3	14.3	4.9	1.4	1.3	757,776
2008	77.3	1.0	14.0	4.6	1.3	1.9	884,539
2009	77.9	0.9	13.2	5.4	1.1	1.5	937,393
2010	77.8	0.9	12.4	5.9	1.1	1.9	995,905
2011	76.9	1.0	12.5	6.1	1.1	2.3	1,083,353
2012	75.5	1.0	12.4	6.6	1.1	3.4	1,127,694
2013	75.1	1.7	12.2	6.7	1.0	3.2	1,165,541
2014	74.0	2.9	12.6	6.6	1.0	3.0	1,257,219
2015	74.0	2.3	13.0	6.8	1.0	3.0	1,352,247
2016	73.6	2.3	13.3	7.0	1.2	2.6	1,435,182
2017	73.6	2.5	13.2	7.1	1.4	2.2	1,529,718
2018	73.7	2.7	13.5	6.5	1.7	2.0	1,630,528
2019	74.4	2.3	13.2	6.4	1.7	2.0	1,768,798

주: 수출입은행은 예금취급기관이 아니므로 제외.
자료: 한국은행, 『경제통계연보』; 금융감독원, 『금융통계월보』, 금융통계정보시스템.

일반은행 업무를 확장하면서 예금에 의존하는 비율을 높인 결과로 보인다.

5) 국내 은행의 건전성과 수익성의 변화

일반은행은 외환위기에 앞서 진행되고 있었던 대기업 부실채권 증가로 수익성뿐만 아니라 건전성도 악화되고 있었다. 외환위기 직후에 진행된 은행산업, 주로 일반은행의 부실채권 정리 결과 일반은행의 건전성은 개선되었지만 그 손실의 반영으로 수익성은 급격히 악화되었다. [표 29-15]에서 보듯이 BIS 기준 자기자본 비율은, 일반은행의 경우 1998년 8.2%로 거의 한계치에 가까웠지만 1999년부터 10% 이상을 유지하였다. 반면에 경영효율성 지표인 총자산순수익률(ROA)은 개선되고는 있었지만 일반은행의 경우 2000년까지 마이너스(-)를 기록하였고 특수은행의 경우도 2000년에 마이너스를 기록하였다. 이에 따라 주주 기준 수익성 지표인 자기자본순수익률(ROE)은 일반은행의 경우 1998년부터 2000년까지 많게는 52.5%, 적게는 11.9%의 순손실을 기록하여 자본이 크게 줄어드는 결과가 나타났다.

외환위기 이후 거시경제적 충격이 줄어들고 은행과 기업의 구조조정이 어느 정도 성과를 거둔 이후, 2001년부터는 은행의 건전성이 높아지고 은행의 효율성 및 수익성도 개선되기 시작하였다. 국내 은행의 건전성은 그 지표인 BIS 기준 자기자본 비율과 고정이하여신 비율에서 잘 나타나고 있다. 첫째, 2005년까지 일반은행, 특수은행 모두 BIS 자기자본 비율이 높아지고 있었다. 둘째, 2007년까지 일반은행, 특수은행 모두 고정이하여신 비율이 낮아지고 있었다. 국내 은행 수익성도 개선되고 있었다. 첫째, ROA는 일반은행, 특수은행 모두 2005년까지 높아지고 있었다. 둘째, 약간의 기복은 있지만 ROE도 2005년까지 모두 높아지고 있었다. 국내 은행 수익의 주요 원천인 순이자마진은 외환위기 이후 금리 하락세가 나타났지만 크게 줄어들지 않았다. 그러므로 일반은행은 2012년까지 2% 이상의 마진을 누렸고, 특수은행은 그보다 낮기는 하였지만 1.5% 이상의 마진을 누리고 있었다. 글로벌 금융위기로 금융환경의 변화가 있기 전까지는 일반은행, 특수은행 모두 안정적인 이자마진과 부실대출의 축소를 통해 수익성을 높이는 동시에 건전성도 높일 수 있었다.

[표 29-15] 국내 은행의 경영지표(1998~2019)

(단위: %)

연도	BIS 자기자본 비율		ROA (순이익/총자산)		ROE (순이익/자기자본)		고정이하 여신 비율		순이자 마진	
	일반은행	특수은행	일반은행	특수은행	일반은행	특수은행	일반은행	특수은행	일반은행	특수은행
1998	8.2	n.a.	−3.25		−52.5					
1999	10.8	13.9	−1.31	0.25	−23.1	4.2				
2000	10.5	10.7	−0.57	−0.63	−11.9	−9.5				
2001	10.8	13.6	0.80	0.50	15.9	7.8	3.30	3.60	3.00	1.90
2002	10.5	13.2	0.60	0.60	11.7	9.6	2.40	2.10	2.90	2.20
2003	10.4	12.8	0.10	0.40	2.2	5.6	2.80	2.40	2.80	2.10
2004	11.3	13.7	0.90	0.80	18.0	10.7	2.00	1.70	2.80	2.10
2005	12.4	14.1	1.20	1.40	20.3	15.4	1.30	1.10	3.10	2.20
2006	12.3	13.6	1.05	1.24	15.6	13.3	0.90	0.71	2.85	2.04
2007	11.9	13.0	1.08	1.15	16.2	12.1	0.73	0.69	2.73	1.80
2008	12.7	11.6	0.55	0.31	9.1	3.9	1.16	1.11	2.55	1.77
2009	14.6	14.0	0.41	0.35	6.6	4.4	1.17	1.38	2.15	1.62
2010	14.7	14.4	0.53	0.56	7.7	6.4	1.85	1.98	2.43	2.08
2011	14.3	13.5	0.69	0.61	9.3	6.7	1.28	1.50	2.42	2.04
2012	14.8	13.4	0.54	0.34	7.4	4.0	1.28	1.44	2.21	1.87
2013	15.2	13.4	0.37	−0.11	4.9	−1.3	1.70	1.93	1.94	1.71
2014	14.9	12.8	0.39	0.17	5.2	2.1	1.39	1.83	1.83	1.72
2015	14.7	13.0	0.32	−0.14	4.5	−1.6	1.14	2.87	1.62	1.52
2016	15.8	13.6	0.45	−0.49	5.9	−5.7	0.82	2.39	1.59	1.41
2017	15.9	14.5	0.56	0.33	7.3	3.9	0.71	2.01	1.68	1.55
2018	15.9	14.8	0.60	0.69	7.9	8.2	0.56	1.70	1.71	1.60
2019	15.9	14.4	0.58	0.41	7.9	4.8	0.45	1.35	1.62	1.44

자료: 금융감독원, 『은행경영통계』, 『금융통계월보』.

글로벌 금융위기가 2008년부터 한국 경제에 영향을 미침에 따라 국내 은행의 경영실적이 2008년부터 영향을 받기 시작하였다. 국내 은행의 경영실적이 나빠짐에 따라 [표 29-15]에서 보듯이 2008년부터 ROA가 일반은행, 특수은행 모두 크게 하락하였다. 이에 따라 ROE도 크게 하락하였다. 이 금융위기의 충격으로 고정이하여신 비율의 급격한 증가에서 보듯이 부실대출 비율이 크게 증가하였다. 금리인하로 예대마진 감소는 점차적으로 나타났다. 어떻든 글로벌 금융위기를 계기로 금리가 단계적으로 인하되면서 은행의 경영실적이 크게 나빠졌고, 순마진도 줄어들었으며, 자기자본 수익률도 크게 낮아졌다. 그 충격은 일반은행보다 특수은행에 더 컸는데 그것은 특수은행이 수익성이 낮은 정책대출을 많이 취급한 결과로 보인다. 글로벌 금융위기 이후 건전성 감독을 더 강화한 결과 BIS 기준 자기자본 비율이 더 높아졌다.

[표 29-15]에서 보듯이 우리나라가 글로벌 금융위기 충격에서 벗어나 2010년대 중반 이후에는 부실대출 비중이 다시 줄어들고 국내 은행, 특히 일반은행의 경영실적이 개선됨에 따라 일반은행의 자기자본 순이익률도 개선되었다. 특수은행의 경우 경영실적의 기복이 심해 수익성은 불안정하였지만 2010년대 후반에 점차 개선되는 움직임을 보이고 있다. 이와는 상관없이 특수은행, 일반은행 모두 건전성에서 안정되어 있는 것으로 나타나고 있다.

3. 비은행 금융기관의 역할과 그 변화

1) 저축금융기관

외환위기 이후의 저축금융기관으로는 은행 신탁을 제외하면 상호저축은행, 신용협동기구, 상호금융, 체신예금 등이 있었다.

상호신용금고는 [표 29-16]에서 보듯이 외환위기 이후 경기침체로 수신이 크게 줄어들고 많은 지방 중소기업이 도산하는 등 영업 기반이 축소됨에 따라 여신도 크게 줄어들었다. 이 금융기관도 금융 구조조정 대상이 됨에 따라 1997년 231개에 달하였으나 2003년 6월에는 115개로 줄어들었다. 2001년 3월 「상호신용금고법」이 「상호저축은행법」으로 개정됨에 따라 상호저축은행으로 바뀌었고, 영업구역 및 지점설치 기준이 완

[표 29-16] 저축금융기관의 수신과 여신(1997~2019)

(단위: %)

연도	수신						여신				
	상호저축은행	신용협동조합	새마을금고	상호금융	우체국예금	합계(조 원)	상호저축은행	신용협동조합	새마을금고	상호금융	합계(조 원)
1997	21.2	11.5	17.3	45.5	4.5	128.7	27.2	12.2	15.8	44.8	103.9
1998	16.9	11.2	17.9	47.0	7.0	151.3	23.0	12.0	16.5	48.5	95.6
1999	14.3	10.4	18.2	47.8	9.2	158.4	20.2	12.9	15.9	51.0	93.5
2000	10.9	9.9	17.8	48.9	12.5	172.0	16.6	12.3	15.6	55.5	95.2
2001	10.5	10.2	17.9	48.1	13.3	190.2	15.9	11.8	16.4	56.0	102.0
2002	11.0	8.2	17.4	49.5	13.9	205.3	17.0	9.5	17.3	56.2	113.8
2003	12.1	7.3	17.1	50.0	13.5	222.6	18.1	8.2	17.8	55.9	134.9
2004	13.2	7.6	16.9	49.4	12.9	247.9	19.8	8.0	16.2	55.9	152.9
2005	13.5	7.4	16.7	49.6	12.8	275.3	21.0	8.0	14.8	56.2	169.5
2006	14.3	7.3	16.5	49.7	12.2	310.3	22.8	8.2	13.9	55.1	187.2
2007	15.9	7.1	16.2	48.7	12.0	316.1	22.4	8.4	13.9	55.3	210.2
2008	17.0	7.4	15.6	47.4	12.6	359.1	22.7	8.4	14.2	54.6	240.8
2009	17.8	8.5	16.6	46.9	10.2	411.2	24.5	8.7	14.6	52.2	263.3
2010	16.7	9.1	17.4	46.2	10.6	459.7	22.9	9.8	16.0	51.3	282.3
2011	13.6	9.3	17.1	48.8	11.2	463.9	17.3	10.6	18.2	54.0	291.1
2012	9.0	10.2	19.3	50.8	10.7	477.8	11.4	11.4	20.1	57.1	282.9
2013	6.8	10.3	20.1	52.0	10.8	486.3	9.9	11.5	20.9	57.6	292.8
2014	6.4	10.6	20.9	52.5	9.7	508.0	9.4	11.9	21.4	57.3	318.4
2015	6.9	10.8	20.7	52.4	9.2	541.8	10.1	12.4	21.3	56.1	351.0
2016	7.7	11.1	20.8	51.3	9.2	588.2	10.6	12.7	22.0	54.8	411.9
2017	8.0	11.5	20.8	51.1	8.6	640.0	11.0	12.8	22.5	53.8	465.0
2018	8.6	11.7	21.0	50.0	8.6	693.1	11.7	12.9	22.1	53.3	506.5
2019	8.7	12.1	22.4	48.9	8.0	761.2	12.0	13.1	23.2	51.8	543.5

자료: 금융감독원, 『금융통계월보』.

화되었고, 업무범위 및 동일여신한도가 완화되었다. 2006년 6월에는 동일인 여신규제가 완화되면서 상호저축은행의 여신과 수신이 함께 늘어났다. 이 시기에 일부 상호저축은행들이 부실위험이 큰 부동산 PF(프로젝트 파이낸싱)을 중심으로 외형을 확대하였고, 금융기관의 부실과 대주주와 경영진의 도적적 해이가 적지 않았다. 글로벌 금융위기 이후 거시경제 상황이 악화되고 부동산시장이 악화되자 저축은행의 부실과 도적적 해이가 드러나기 시작하였다. 2011년 1월 삼화저축은행의 영업정지를 시작으로 2월 부산저축은행으로 확대되기 시작하는 '저축은행 사태'가 발생하였다. 금융당국은 2011년 7월부터 총 85개에 이르는 저축은행에 대한 경영진단을 실시하여 7개 저축은행에 영업정지를 내리고 6개 저축은행에 대해서 경영정상화를 추진하였으나 4개 은행은 정상화에 실패하고 영업정지됨으로써 구조조정이 완료되었다.[9] 이러한 '저축은행 사태'로 인해 [표 29-16]에서 보듯이 저축은행 수신이 2011년부터 크게 줄자 여신도 따라 줄었으나 자본금 증액을 통해 여신은 점차 확대하였다. 이 금융기관은 정기예금에 주로 의존하여 자금을 조달하고 대부분을 대출에 운용하는 틀을 유지하고 있지만 저축은행 중앙회에 20~30% 정도 예치하고 있었다.

신용협동조합도 외환위기 이후 구조조정 대상이 되어 부실조합 상당수가 퇴출되어 1997년 1,666개에서 2003년 6월 1,104개로 크게 줄었고 경기침체에다 영업점 상당수의 폐쇄로 [표 29-16]에서 보듯이 수신은 물론 여신도 크게 줄어들었다. 이 금융기관은 정기예금에 주로 의존하되 출자금을 추가하여 주로 대출을 하였지만 신용협동조합중앙회에 20~30%를 예치하거나 10% 전후로 유가증권에 투자하는 자금운용 방식을 유지하고 있었다.

새마을금고도 외환위기 이후 구조조정으로 1997년 2,713개에서 2003년 1,671개로 크게 줄어들었으나 [표 29-16]에서 보듯이 다른 저축기관과는 달리 수신과 여신이 큰 폭으로 줄어들지는 않았다. 새마을금고는 이전과 마찬가지로 대부분 정기예탁금으로 자금을 조달하여 대출에 주로 운용하지만 새마을금고연합회에 20~30%를 예치하거나 5~20% 정도는 유가증권으로도 운용하였다.

상호금융은 농수축협이 단위조합의 자립 기반을 강화하기 위해 조합원의 예금을 조합원에 대출하는 기관으로 [표 29-16]에서 보듯이 외환위기 동안 다른 저축금융기관

9 금융감독원(2020), 『금융감독원20년사』, p. 114.

과 달리 수신의 감소도 별로 없었고 여신은 도리어 성장세를 유지하였다. 이 조합들은 요구불예금, 저축성예금 등의 예수금과 중앙회로부터의 차입으로 자금을 조달할 수 있는데, 95% 이상이 예수금이었다. 단위조합은 이 자금을 준비금인 현금·예치금을 제외한 자금의 대부분은 조합원 대출에 운용하였고, 중앙회를 통해 유가증권 투자에도 활용하는데 유가증권 비중은 변화가 많지만 대략 15~25% 정도이었고 점차로 줄어들고 있었다.

우체국은 부수 업무로 예금과 보험을 취급하고 있는데, 예금과 환매채로 자금을 조달하여 현금·예치금과 유가증권으로만 운용하고 대출은 취급하지 않는다. 우체국은 1994년부터 「공공자금관리기금법」에 의거하여 여유자금은 이 기금에만 예탁하게 되어 있었다. 우체국예금은 취급점이 점차로 줄어듦에 따라 그 비중도 줄었고 우체국의 금융적 기능도 점차 약화되었다.

2) 여신전문 금융회사의 재편과 확장

여신전문 금융회사는 수신 기능 없이 여신 업무만을 취급하는 기관이다. 1997년 8월에 제정되어 1998년 1월부터 시행된 「여신전문금융업법」에 따라 신용카드업, 리스업, 할부금융업, 신기술사업 등이 통합되어 관리되기 시작하였다. 여신전문 금융회사는 주로 채권 발행과 금융기관 차입금 등으로 자금을 조달하여 다른 금융기관이 거의 취급하지 않는 소비자금융, 리스, 벤처금융 등에 특화하도록 하였다. 이 법이 제정된 것은 겸업화 추세에 따라 금융상품, 즉 업종별로 나누어 규제하지 않음으로써 영세성을 면하고 나아가 외국계 금융회사의 진출에도 대비할 필요가 있었기 때문이었다.[10] 이 법의 제정으로 신용카드사, 리스사, 할부금융사, 신기술금융사는 고유의 업무 이외에도 자본금 요건만 갖추면 다른 업무를 할 수 있게 되었다.

10 한국은행(2005), 『우리나라의 금융제도』, p. 275.

신용카드회사는 신용카드 이용과 관련된 대금결제, 신용카드 발행과 관리, 신용카드 가맹점의 모집 및 관리를 기본 업무로 하였지만 회원에 대한 대출, 직불카드 발행, 대금결제, 선불카드의 발행 판매 대금결제 등의 부수 업무도 하였다. 외환위기 이후 신용카드 보급이 급속히 확대되어 영업이 확대되면서 [표 29-17]에서 보듯이 카드사 수는 변화가 없었지만 자산이 빠르게 증가하였다. 특히, 1999년 이후 신용카드 사용액 소득공제제도 도입과 한도 확대 등 신용카드 사용 권장정책으로 카드회사가 급성장하였지만 다음에 설명할 2002년 '신용카드 사태' 등의 영향으로 2003년부터는 영업이 위축되고 자산도 급감하였다. 그러다 글로벌 금융위기 이후 신용카드 이용도 증가, 부가서비스 혜택 강화 등으로 다시 사용액이 계속 늘어남에 따라 신용카드사의 증가세를 유지하였다. 이러한 신용카드 관련 영업 실적이 상승하자 카드사는 카드 관련 업무에 집중하였으므로 다른 업종 관련 자산의 비중은 매우 낮았다.

리스회사는 시설대여 방식 또는 연불판매로 기업에 설비자금을 공급하는 금융회사인데, 종합금융, 신기술금융회사 등도 리스 업무를 취급하였다. 외환위기 이후 기업의 부도가 늘어남에 따라 부실화된 리스회사가 많이 정리되어 [표 29-17]에서 보듯이 회사 수도 줄어들고 자산 규모도 급감하였다. 이 회사는 글로벌 금융위기를 거치면서 기업에 대한 대출과 시설대여 시장을 넓히면서 그 자산이 빠르게 늘어나게 되었다.

할부금융회사는 할부금융 이용자에게 구매자금을 공급하는 소비자금융 전문회사로 외환위기 직전인 1996년 3월에 출범하였다. 이때 업종별 구분이 사라지면서 여러 유형의 할부금융회사가 등장하였는데 외환위기 이후 경기침체로 일시 위축되었다. 그러나 신용카드 할부, 자동차 할부구매 및 각종 상품의 할부구매가 늘어남에 따라 2000년 중반부터 영업이 계속 확장되어 신설회사도 늘고 기설회사의 자산도 늘어났다.

신기술금융회사는 기술력이나 장래성은 있지만 자본과 경영 기반이 취약한 기업에 자금, 경영, 기술 등의 서비스를 제공하는 회사이다. 이 회사는 신기술사업자에 대해 주식인수, 전환사채, 신주인수권부 사채 등의 인수를 통해 자금을 공급하였다. 이

[표 29-17] 여신전문금융회사 자산 규모와 비율(1997~2019)

연도	신용카드사		리스사		할부금융사		신기술금융사		합계 (조 원)
	회사 수	금액 (조 원)	회사 수	금액 (조 원)	회사 수	금액 (조 원)	회사 수	금액 (조 원)	
1997	8	12.1	25		31		4		68.3
1998	7	15.2	21	33.0	25	13.5	4	2.6	64.2
1999	7	20.4	21	33.0	21	12.7	5	3.0	54.8
2000	7	35.4		18.7	21	11.0	6	2.4	62.4
2001	8	47.6	19	13.6	20	16.0	6	1.8	76.1
2002	9	69.1	18	8.2	23	23.3	7	2.1	101.7
2003	8	35.1	16	7.5	19	22.3	7	1.6	66.5
2004	6	29.3	18	8.0	13	14.8	8	1.8	53.9
2005	6	29.5	19	9.2	14	16.7	8	2.6	58.0
2006	6	31.9	20	11.9	15	20.7	9	3.3	67.8
2007	5	39.3	24	18.0	15	22.7	10	4.7	84.7
2008	5	42.7	24	21.7	16	33.0	11	4.2	101.6
2009	6	44.4	25	22.5	16	32.9	11	4.2	104.1
2010	6	54.5	26	25.2	18	36.3	13	4.9	120.8
2011	7	81.7	27	28.6	18	43.4	12	5.0	158.8
2012	7	82.4	27	32.1	19	45.3	12	5.2	164.9
2013	8	86.5	26	33.7	19	47.8	14	6.1	174.1
2014	8	92.2	28	36.0	19	51.2	18	6.1	185.4
2015	8	97.0	26	41.5	20	57.2	24	7.6	203.3
2016	8	104.4	25	47.5	22	62.0	31	8.5	222.4
2017	8	113.9	26	54.2	21	67.1	42	9.8	245.0
2018	8	123.1	25	58.6	21	72.3	51	12.7	266.6
2019	8	130.2	25	64.4	23	80.1	58	16.2	290.9

자료: 금융감독원, 『금융통계월보』.

회사도 다른 여신전문회사와 같은 방식으로 자금을 조달하지만 각종 정책자금을 차입하고 있다는 점에서 다른 여신전문회사와는 차이가 있었다. 정부의 신기술개발에 대한 정부의 기금조성으로 이 회사들이 늘어났지만 이들 대부분은 영세성을 면치 못하고 있었다.

3) 종합금융회사의 재편과 소멸

외환위기 발발 당시인 1997년 말 종합금융회사는 30개에 달하였다. 종합금융회사는 외환위기 이후 금융 구조조정 대상이 되었고 부실종합금융회사들이 외환위기를 거치면서 대거 퇴출되거나 합병되었다. 종합금융회사는 발행어음, 차입금, 주식 발행 등으로 조달한 자금을 대출, 유가증권, 리스 자산 등으로 운용하였는데, 주요 자금조달 수단은 발행어음과 CMA(cash management account)이고, 주요 자금운용 수단은 어음할인 방식의 대출, 유가증권 인수 및 리스 등이었다. 이러한 종합금융 업무는 인수·합병한 은행의 업무가 되어 2000년대까지는 잠정적으로 은행의 종합금융계정으로 분리되어 관리되었다.

1998년 16개 부실회사가 퇴출되었고, 이어 1999년부터 2003년 동안 13개사(신설사 1개 포함)가 퇴출 또는 합병되었다. 2010년 4월 메리츠종합금융이 메리츠증권과 합병하여 메리츠종합금융증권이 되면서 2017년 말에 이르면 전업종합금융회사는 우리종합금융 1개사만 남게 되었다. 종합금융회사를 합병한 신한은행, 하나은행 및 메리츠종금증권의 경우 종합금융회사 업무를 계승하였고 단기 금융 업무를 겸영하고 있다.

4) 대부업 양성화와 「이자제한법」의 부활

외환위기 이후 부실금융기관 정리와 은행의 인수·합병 과정을 통해서 서민의 소액 생활자금을 취급하는 금융기관이 크게 감소함에 따라 대부업체가 늘어났다. 금융당국은 이에 대응하여 미등록 사채업자 및 대부업자의 고율이자와 불법영업으로부터 저신용 서민계층을 보호하고자 관련 제도를 정비하였다. 김대중 정부는 2002년 8월 「대부업 등의 등록 및 금융이용자 보호에 관한 법률」을 제정하여 대부업자가 등록하도록 하는 방식으로 대부업을 양성화하였다.

대부업의 경우 대체로 최저자본금 등의 진입요건, 영업지역 제한, 자금조달에 관

[표 29-18] 대부업자의 수, 거래잔액 및 적용금리(2010~2019)

연도	등록업자			거래잔액		거래자 수		평균금리	
	합계	법인	개인	법인	개인	법인	개인	신용	담보
	개			10억 원		만 명		연리(%)	
2010	14,014	1,531	12,483	7,129	436.3	204.4	16.3	41.5	18.6
2011	12,486	1,625	10,861	8,228	489.9	236.6	15.6	37.3	17.8
2012	10,895	1,707	9,188	8,195	494.9	235.6	15.0	35.4	17.8
2013	9,326	1,706	7,620	9,505	511.0	241.2	14.7	34.6	17.2
2014	8,964	1,678	7,016	10,573	585.9	234.7	14.6	32.1	17.3
2015	8,752	1,822	6,930	12,600	645.7	253.2	14.7	29.9	17.1
2016	8,564	2,156	6,498	13,950	697.7	236.8	13.2	25.0	16.0
2017	8,084	2,593	5,491	15,807	694.9	234.5	12.8	24.0	15.1
2018	8,310	2,758	5,523	16,574	775.2	208.6	12.7	21.7	15.2
2019	8,354	2,735	5,506	15,183	734.3	165.7	12.1	21.1	13.8

자료: 금융위원회, 보도자료.

한 규제가 없었다. 대부업자에 대한 감독권은 시·도지사에게 주어졌다. 「대부업법」이 2018년 11월 개정되면서 대부업자 중 법인으로서 자산 규모가 100억 원을 넘거나 P2P연계 대부업자, 채권매입 추심업자 등은 금융위원회에 등록하여 감독을 받도록 하였다.[11]

[표 29-18]에서 보는 바와 같이 금융위원회의 실태조사에 따르면, 대부업자의 양성화 이후 등록대부업자의 수는 계속 줄어들고 있다. 대부업자 수의 감소는 개인대금업자의 감소이며 법인대부업자, 다시 말해 대부회사 수는 도리어 증가하고 있었다. 등록대부업자 중에서 영향이 큰 대부업자는 대부회사이다. 대부업자 수로는 개인대부업자가 압도적으로 많지만 대부 잔액을 기준으로 보면, 법인대부업자가 개인대부업자에 비해 2~3배 정도 많다. 개인대부업자는 상대적으로 거래 대상이 매우 제한되어 이용자 수로는 법인대부업자가 압도적으로 많다. 이 표를 보면 신용도가 낮거나 담보력이 부족하여 다른 금융기관으로부터 소외된 영세민들이 주로 이용하는 것은 법인대

11 한국은행(2018), pp. 310~311.

부업체임을 알 수 있다. 이 업체의 수는 점차 줄어들었지만 거래잔액은 계속 늘어나고 있기 때문에 거래당 금액이 늘어나고 대부회사들은 도리어 번성하고 있다고 할 수 있다. 다만 등록하는 개인대부업자는 줄어들었다.

대부업자들이 적용하는 금리가 [표 29-18]에서 보듯이 점차 하락하고 있고, 특히 신용대출 금리가 더 빠르게 하락하고 있다. 신용대부 금리의 하락은 대부회사 신용대출과 신용카드회사의 카드대출, 상호저축은행의 신용대출과의 경쟁이 확산된 결과이기도 하지만 「이자제한법」이 부활된 결과이기도 하다.

「이자제한법」은 외환위기 직후인 1998년 1월에 폐지되었으나 노무현 정부는 고리대의 폐해를 줄이고자 금융계의 반대를 무릅쓰고 2007년 3월에 「이자제한법」을 제정하여 6월부터 시행하였다. 이 법령에 따라 대부업체의 대부금리는 연 30%를 초과할 수 없게 되었다. 고금리 대출 이용자의 부담을 경감하기 위하여 대부업자 및 여신금융기관에 적용되는 법정 최고금리를 2014년 7월부터 25%, 2017년 11월부터 24%로 하향 조정하였다. 금전대차의 경우 등록 여부와 상관없이 이자제한법 및 시행령에 따라 최고금리가 적용되었다.

4. 보험회사 업무와 역할의 변화

1) 생명보험회사

1997년 외환위기 이후 생명보험산업은 경기침체, 실업 및 물가상승에 따른 소득감소로 계약, 수지 및 자산 등 보험 전 부문에 걸쳐 성장세가 크게 둔화되었다. 외환위기가 생명보험 시장에 본격적으로 부정적인 영향을 미치기 시작한 1998년에는 수입보험료가 최초로 마이너스(-) 성장을 기록하였다. 또한 유동성 위기에 몰린 금융기관 간에 고금리 수신경쟁이 격화되면서 해약환급금이 크게 늘어나 1997년 지급보험금이 크게 증가하여 일부 생명보험사들의 경우 유동성 문제로 보험금 지급이 지연되는 사태까지 발생하였다.[12] 결국, 외환위기 이후 악화된 경영환경으로 인해 1998년 생명보험업계 전체의 당기순손실이 4조 원에 달하였다. 외환위기 이전까지 높은 성장세를 유지하였던 생명보험회사들이 금융 구조조정의 대상이 되어 1997년 33개에 달하던 생명보험회사가 2003년에 23개로 줄어들었다.

당시 보험환경의 변화를 고려한 제도적 개편이 이어졌다. 금융의 겸업화와 자유화 추세를 반영하고 소비자 권익을 강화하는 것을 목적으로 「보험업법」 개정이 2003년 5월 이루어졌다. 이 개정으로 종목별 자본금제도의 설정, 운용가능자산 열거주의 폐지를 통한 자금운용의 자율성 제고, 제3보험 – 생명보험과 손해보험의 두 가지 특성을 가진 보험, 상해보험, 질병보험, 간병보험 등 – 의 도입과 은행의 보험 업무 취급을 허용한 방카슈랑스 도입이 실현되었다.[13] 특히, 은행을 통한 보험판매는 보험업계로서 엄청난 충격이었다. 이 때문에 2003년 보험회사의 펀드 및 수익증권 판매가 허용되었고 2006년 4월에는 보험설계사의 간접투자증권 취득 권유가 가능하게 되었다.[14] 2010년 7월 「보험업법」 개정에서는 보험산업의 경쟁력 강화와 소비자 보호를 내세워 자산운용 규제 완화, 보험상품 개발 절차 간소화, 보험상품 설명 의무 부과 등이 도입되었다. 2016년 「보험업법」 개정에서는 보험상품 개발 및 자산운용에 대한 규제가 사전 규제에서 사후 감독 중심으로 전환되면서 보험업의 자율규제가 더욱 중요해졌다.

[그림 29-3]에서 보듯이 외환위기 이후에도 생명보험 신규 계약액은 2000년대까지 증가 추세를 보이지만 2010년대 이후에는 감소 추세를 보인다. 개인보험 중에서 가장 비중이 높은 것은 사망보험인데, 외환위기 직후 급증하였다가 하락한 이후 점차 증가하는 추세를 보였다. 개인보험의 수요는 개인수명의 연장에 따라 사망보험의 비중은 점차 줄어들었다가 약간 증가하였다. 하지만 저축성 보험에 속하는 생존보험이나 양

12 생명보험협회(2019), 『생명보험협회60년사』, p. 143.
13 앞의 책, pp. 150~151.
14 앞의 책, p. 152.

[그림 29-3] 생명보험 신규 계약액과 구성 비율 추이(1997~2017)

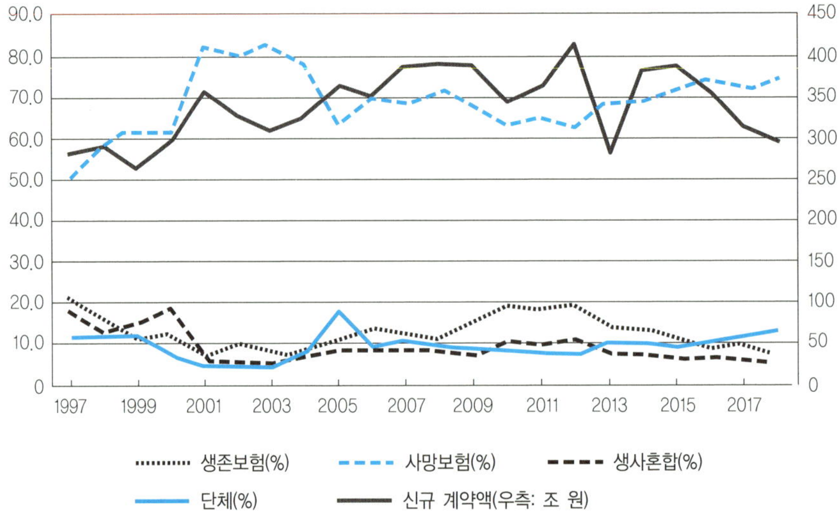

자료: 생명보험협회, Fact Book.

로보험이라고 불리는 생사혼합보험의 비중은 점차 줄어들고 있다. 이것은 생명보험의 저축성 상품 기능이 점차 약화되고 있음을 보여 주는 것이다. 손해보험회사가 장기 저축성 상품을 적극적으로 판매함에 따라 생명보험사의 비중이 상대적으로 낮아진 것과도 관련되어 있었다. 그리고 단체보험의 비중이 2010년대 이후 높아지고 있지만 아직 10%를 약간 넘는 수준에 그치고 있다.

외환위기 이후 생명보험회사의 구조조정이 있었지만 성장세는 지속되었다. 생명보험회사의 자산은 GDP와 비교하여 외환위기 직후인 1998년에는 17.2%이었으나 2010년에는 30%를 넘어서고 2019년에는 48%에 이를 정도로 그 비중이 높아졌다. 이러한 생명보험회사의 성장은 [그림 29-4]에서 보듯이 국민 1인당 생명보험 계약액이 증가하는 것을 배경으로 하고 있다. 특히, 외환위기 이후 고용이 불안정해지고 노후에 대한 우려가 커지면서 보험시장의 급성장이 실현되었다. 손해보험회사의 자산 규모도 GDP 대비로 1998년에는 4%에 불과하였으나 2012년에는 10%를 넘어섰고 2019년에는 17%에

[그림 29-4] 보험사 자산의 대GDP 비율과 생명보험 1인당 계약액(1998~2019)

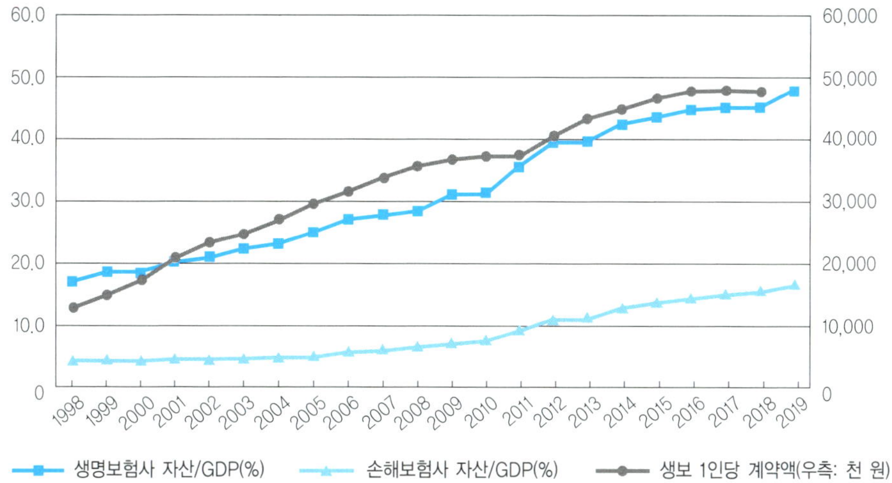

자료: 생명보험협회, 『생명보험통계』; 손해보험협회, 『보험통계연감』; 금융감독원, 『금융통계월보』.

이를 정도로 성장세를 보였다.

[그림 29-4]에서 보듯이, 외환위기 이후에도 크게 높아진 생명보험 계약의 증가율은 2000년대 이후 하락세를 보였지만 보험계약액은 지속적으로 증가하였다. 이러한 생명보험회사의 자산 증가는 보험료지급률이 점차 낮아지면서 더 빠르게 진행될 수 있었다. 결과적으로 생명보험회사의 자산총액은 이 기간에 9배 가까이 증가하였다.

생명보험회사의 보험계약준비금 증가와 동시에 자산 규모도 계속 늘어감에 따라 생명보험사가 금융시장에서 영향력이 매우 큰 기관투자가가 되었을 뿐 아니라 자금 동원력이 커짐에 따라 이 업종에 대한 대기업 집단의 관심도 높아졌다.

[표 29-19]에서 보듯이 생명보험사는 보험계약으로 축적된 자금에서 가장 비중이 큰 것은 유가증권이었다. 수익성과 유동성을 동시에 갖춘 유가증권의 비중은 외환위기 전후 30% 수준에 그쳤으나 계속 증가하여 2010년대 초반에 50%를 넘어서고 2010년대 말에는 60%에 이르고 있다. 그 다음으로 높은 비중을 차지하는 것이 대출인데, 외

[표 29-19] 생명보험회사의 자산과 부채의 구성 비율(1997~2018)

(단위: %)

연도	운용자산				비운용 자산	특별계정 자산	보험계약 준비금	계약자 적립금	자산 합계 (조 원)
	유가증권	대출	부동산	현금예금					
1997	25.8	45.9	8.1	14.9	5.2		99.6		90.9
1998	35.0	38.4	9.4	7.1	10.2		103.0		92.3
1999	40.8	32.0	8.7	4.7	9.5	4.3	90.6	4.3	110.3
2000	40.0	31.8	7.9	3.1	10.6	6.7	88.0	6.6	120.7
2001	44.7	28.4	6.5	1.9	11.0	7.5	82.5	7.4	143.0
2002	46.8	26.5	5.5	2.0	11.2	8.0	81.7	7.9	164.2
2003	50.5	24.1	4.8	1.7	11.0	7.9	79.6	7.7	187.4
2004	52.6	21.4	4.2	1.4	11.5	8.8	78.4	8.6	211.6
2005	52.3	19.8	3.9	1.8	10.4	11.9	75.6	11.5	239.4
2006	51.9	18.5	3.6	1.8	9.9	14.4	73.5	13.9	273.1
2007	49.5	18.8	3.3	2.7	8.6	17.1	70.7	17.0	305.4
2008	48.6	18.9	3.5	3.6	7.8	17.5	70.2	17.5	328.3
2009	50.9	17.3	3.2	2.6	6.7	19.4	67.6	19.3	372.5
2010	52.8	16.0	2.9	2.8	5.9	19.6	67.0	19.5	416.7
2011	56.3	15.0	2.8	3.1	5.6	17.2	69.2	17.2	496.6
2012	58.6	14.1	2.5	3.0	4.9	16.8	69.1	16.8	569.8
2013	58.6	14.9	2.5	2.3	4.7	17.1	70.5	17.6	597.5
2014	59.6	14.7	2.2	2.5	4.1	16.9	69.8	17.5	662.1
2015	60.3	14.6	2.1	2.1	3.8	17.1	69.8	17.5	724.9
2016	60.7	15.1	1.8	1.9	3.5	16.9	70.1	17.6	782.1
2017	60.2	15.3	1.6	1.7	3.7	17.5	69.8	17.9	832.8
2018	60.8	16.1	1.5	1.8	3.1	16.8	70.7	17.2	857.2

자료: 생명보험협회, 『생명보험통계』.

환위기 전후에는 40% 내외이었으나 점차로 줄어 2000년대 중반 이후에는 20% 이하로 떨어지고 2010년대 말에는 16%로 줄어들었다. 외환위기 이후 부동산 비중은 크게 줄었고 점차 하락하여 2010년대 후반에는 장부가격으로 2% 이하에 그치고 있다. 생명보험회사가 외환위기 당시에는 보험료지급률도 높고 보험해약률도 증가할 것을 대비하여 현금·예금 비율을 15% 정도 유지하였으나 보험료지급률이 크게 낮아지고 유동성

[그림 29-5] 생명보험회사 주요 경영지표(1997~2018)

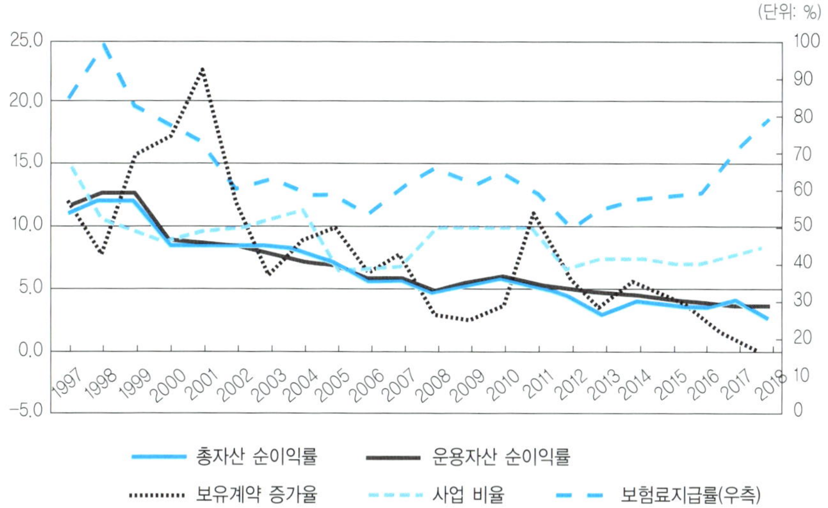

자료: 생명보험협회, 『생명보험통계』; 금융감독원, 『금융통계월보』.

위기 우려도 사라짐에 따라 그 비율을 크게 낮추었다. 그리고 생명보험회사는 수익성을 제고시키기 위해 비운용자산의 비중도 계속 낮추고 있었음을 [표 29-19]에서 알 수 있다.

생명보험회사는 수익성을 높이기 위해 적극적으로 자산운용을 하였지만 자산의 급성장에 따라 경영효율성은 점차 낮아지고 있었다. [그림 29-5]를 보면, 총자산 순이익률(ROA)이 이 기간 동안 계속 떨어지고 있었다. 총자산수익률의 하락세는 사업 비율이 불안정하지만 하락세를 보인 것은 아니므로 무엇보다도 운용자산 수익률의 하락세가 반영된 결과로 보인다.

2) 손해보험회사

손해보험회사도 외환위기 이후 구조조정과 함께 지배구조의 변화가 적지 않았다.

[표 29-20] 손해보험회사의 보험종류별 수입보험료(1995~2017)

(단위: 10억 원, %)

연도	1995		2000		2013		2017	
	금액	비율	금액	비율	금액	비율	금액	비율
화재	378	3.5	275	1.7	241	0.5	297	0.4
해상	453	4.1	434	2.6	601	1.2	644	0.8
자동차	5,010	45.9	6,434	39.1	9,739	19.3	16,857	21.5
보증	700	6.4	602	3.6	1,124	2.2	1,744	2.2
특종	607	5.2	1,114	6.7	4,199	8.3	6,228	7.9
장기저축	3,059	28.0	6,938	41.8	31,506	62.3	49,088	62.5
개인연금	716	6.6	616	3.7	3,182	6.3	3,704	4.7
합계	10,924	100.0	16,602	100.0	50,592	100.0	78,558	100.0

자료: 손해보험협회, 『월간손해보험』; 금융감독원, 『금융통계월보』.

1998년 대한보증보험과 한국보증보험이 통합되어 서울보증보험이 되었고, 리제트·대한·국제 같은 중소형 손해보험사는 부실회사로 지정되어 매각되거나 허가 취소되었다. 일부 재벌 보험사는 그룹에서 분리하여 독자 경영을 시작하였고 외국 보험사 중에서는 철수하는 회사도 있었다. 2000년대 들어 손해보험사에 대한 자동차보험사업 규제가 철폐됨에 따라 국내 2개 자동차보험사가 신설되었고, 재보험사를 중심으로 8개 외국계 보험사가 국내 지점을 개설하였다. 2015년 6월 해운업 등 경기민감업종에 대한 자금변동성을 줄이고 불황 시 경쟁력 유지를 지원하기 위해 한국해양보증보험이 새로이 보험업 허가를 받았으며, 외국계 재보험사들이 8개의 국내 지점을 개설하였다. 이러한 과정에서도 앞서 [그림 29-4]에서 보았듯이 손해보험회사는 경제성장보다 더 빠르게 꾸준히 성장하고 있었다.

[표 29-20]에서 보듯이 외환위기 이전의 손해보험회사는 자동차보험, 장기저축보험을 중심으로 성장하였고, 과거에 성장을 주도하였던 화재보험, 해상보험 등은 퇴조하고 있었다. 이러한 추세는 외환위기 이후에도 크게 달라지지 않았고 자동차보험과 장기저축보험에 더욱 집중되는 현상이 나타났다. 2010년대로 넘어가면 손해보험회사

도 자동차보험보다는 장기저축보험의 확장에 더 의존하는 모습을 보이게 되었다. 손해보험회사가 자동차보험 등 손해보험 본래의 영역보다는 생명보험과 업무 영역 논란을 일으킬 장기저축성보험[15]의 비중을 높이게 된 것은, 자동차보험에서의 적자를 저축성보험 흑자로 보전하는 것을 정책적으로 허용한 결과이기도 하였다.

금융당국은 2006년 전체적으로 손해보험사가 생명보험사의 업무 영역을 침투해 가는 양상을 현실로 받아들이고 겸영을 통한 보험산업의 대형화·종합화와 경쟁의 촉진을 도모하고자 하였다. 금융당국은 생보와 손보 간의 겸영이 글로벌 기준과 멀고 손해보험을 더욱 위축시킬 우려가 있다는 지적을 받아들여서 2007년 12월 「보험업법」 개편방안을 발표하면서 겸영은 금지하는 방향으로 전환하였다. 즉, 손보사의 연금보험 참여, 질병·사망보장 확대, 저축성 보장 확대와 같은 요구를 수용하지 않는 등 손보사의 생보 겸업 제한에 힘을 실어주게 되었다.[16]

손해보험회사의 자산은 보험계약금 납입에 따라 늘어나지만 이로 인해 보험계약 준비금이라는 부채도 늘어난다. 이 회사의 자산은 2000년부터 20여 년 동안 11배 정도 늘어났다. 손해보험회사가 조성한 자금 중에서 수익을 낼 수 있는 운용자산의 비율은 이 기간 동안 약 80%로 안정되어 있었다. 손해보험회사는 보험금 지급에 대한 예측이 어려우므로 현금·예금과 같은 유동성 자산의 비중이 높아져야 하지만 유가증권시장의 발달과 이로 인한 유가증권의 유동성 증가로 [표 29-21]에서 보듯이 유동성이 높아진 유가증권의 비중이 높아졌다. 그렇지만 수익성은 높지만 유동성이 낮은 부동산의 비중은 낮아졌다. 대출은 높은 수익성 때문에 부동산을 대신하여 그 비중이 높아졌다.

손해보험회사는 외환위기 이후 경기침체와 부실자산의 증가로 적자가 크게 증가하였다. [그림 29-6]을 보면, 경영효율성을 나타내는 총자산순이익률(ROA)이 2000년까지 적자를 내다가 2001년부터 흑자로 들어섰다. 총자산순이익률은 2000년대 중반에

15 보험사고가 없더라도 만기에 보험금을 지급하는 장기저축성보험에는 장기화재, 장기상해, 장기질병, 장기종합보험 등이 있다.
16 생명보험협회(2019), 『생명보험협회60년사』, pp. 190~191.

[표 29-21] 손해보험회사의 자산과 부채 및 자본의 구성 비율(2000~2019)

(단위: %)

	2000	2005	2010	2015	2019
운용자산	78.5	81.9	80.3	81.1	81.3
현금예금	10.1	4.2	5.0	4.1	2.2
유가증권	46.0	53.6	52.3	52.5	55.1
대출금	12.7	16.9	17.5	21.7	22.2
부동산	9.7	7.2	5.6	2.9	1.8
기타 자산	21.5	18.1	19.7	18.9	18.7
보험계약준비금	89.2	68.3	69.8	74.7	72.0
기타 부채	18.6	15.7	15.4	12.2	6.4
자본계정	-7.5	15.9	14.8	13.0	13.4
자산 합계(10억 원)	29,031	49,019	99,099	226,061	320,659

자료: 금융감독원, 『금융통계월보』.

[그림 29-6] 손해보험회사 주요 경영지표(1997~2019)

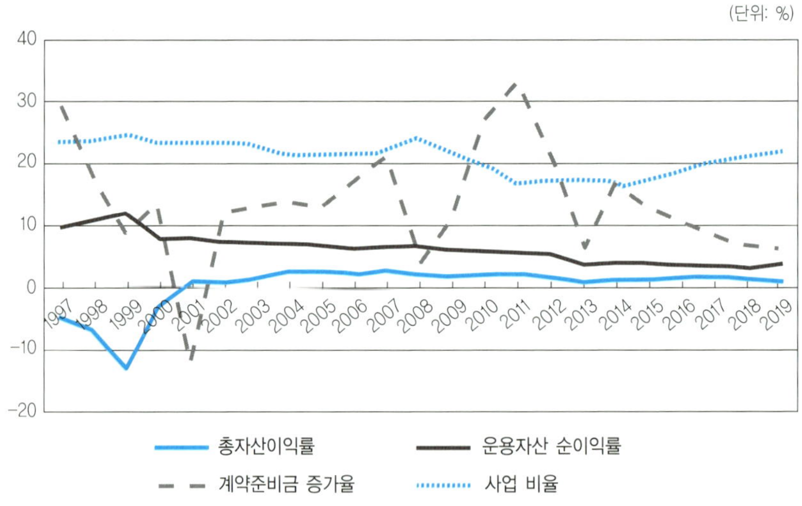

자료: 금융감독원, 『월간손해보험통계』, 『금융통계월보』.

회복되어 2007년 2.5%까지 상승하였지만 글로벌 금융위기 이후 다시 2% 미만으로 하락하여 2010년대 말에는 1% 전후에 머물렀다. 이에 따라 자기자본이익률(ROE)도 2010

년대 초반 15% 수준에서 2019년 5% 수준으로까지 하락하였다. 이러한 총자산수익률 하락은 계약준비금 증가율에서 보듯이 외형의 증가세는 유지되고 있지만 운용자산의 수익률이 떨어지고 사업 비율이 높아지는 것에서 알 수 있듯이 그 수익구조가 계속 악화된 결과이었던 것이다.

제30장

통화 · 금융위기 이후 금융시장의 재편과 확장

50000
10000
5000

1. 외환위기 이후의 증권 관련 기관의 재편

1) 한국선물거래소의 설립

우리나라에서 선물거래는 1995년 12월에 「선물거래법」이 제정되면서 제도화되었지만 선물시장의 설립 움직임은 일찍부터 있었다. 우리나라 정부는 1973년 석유파동을 계기로 원자재의 안정적 확보를 위해 외국 증권사의 중개로 해외시장에서 선물거래를 시도하였고, 1984년 국내 선물중개회사가 설립되면서 해외 선물거래가 본격화되었고 일반제조업체도 참여하였다.[1] 1987년 말 정부가 외국환관리규정을 개정하여 해외 금융선물거래도 가능하게 되었다.

개방경제하에서 환율 및 금리의 급격한 변동에 적절히 대응하기 위해 국내 선물거래소의 필요성이 대두됨에 따라 1995년 12월에는 「선물거래법」이 제정되었다. 한국증권거래소는 1980년대 중반부터 선물시장 개설을 준비하기 시작하였고 관련법 제정에 따라 1996년 5월 KOSPI200 지수를 거래 대상으로 하는 주가선물거래를 시작하였다. 한국선물거래소는 11개 회원이 330억 원을 출자하여 모의시장 운용을 거쳐 1999년 4월 정식으로 선물시장을 개설하였다. 이 선물거래는 전산거래 방식으로 하고 설립 당시 거래 대상은 CD금리선물, 미국달러선물, 미국달러옵션 및 금선물 4개 상품이었다.

증권거래소의 선물시장 개설과 선물거래소 설립을 계기로 다양한 선물옵션이 두 거래소에 분산되어 상장되었다. 1996년 5월 증권거래소에 코스피 200선물, 1997년 7월 증권거래소에 코스피200 지수 1999년 4월 선물거래소에 미국달러선물, 미국달러옵션, CD금리선물, 금선물, 1999년 4월 선물거래소에 3년물국채선물, 2001년 1월 선물거래소에 코스닥50선물, 2002년 1월 증권거래소에 주식옵션, 2002년 5월 선물거래소에 3년국채선물옵션, 2002년 12월 선물거래소에 통화안정증권금리선물, 2003년 8월 선물거래

1 한국거래소(2016a), 『한국거래소60년사 통사』, pp. 176~177.

소에 5년물국채선물이 상장되었다. 그 결과 선물거래가 이원화되고, 주가 선물 및 옵션의 선물거래소 이관에 대한 한국증권거래소와 한국선물거래소 간의 의견차이로 거래소 통합 논의까지 나타나자 2004년부터는 선물거래소의 이름으로 거래하되 증권거래소와 증권전산이 파견인력으로 업무를 수행하는 것으로 타협되었다.[2]

2) 한국(증권·선물)거래소의 설립

외환위기 이후 자본시장을 완전히 개방하게 됨에 따라 우리나라 자본시장의 경쟁력과 효율성 확보가 중요한 과제로 등장하였다. 자본시장 육성을 위해서는 분열된 증권선물시장의 통합과 개편이 필요하다는 인식하에 2001년부터 논의를 시작하여 금융발전심의회가 그 안을 제시하였다. 그 운영 체제로, ① 단일거래소 설립, ② 지주회사제, ③ 기능별 통합 등의 세 가지 방안이 2003년 3월 제시되었다. 노무현 정부는 이를 바탕으로 2003년 8월 「증권·선물시장 선진화를 위한 추진계획」을 발표하였다.

이 계획에 따르면, ① 통합거래소는 종전 발표한 지주회사 방식 대신 주식회사 조직 형태의 단일거래소 체제로 한다. ② 단일시장 운영주체로 통합거래소를 설립하여 유가증권시장, 코스닥시장, 선물시장의 3개 시장본부와 시장감시·매매심리·회원감리 등 불공정거래 자율규제 기능을 담당하는 시장감시위원회 및 기획·예산·인사 등을 담당하는 경영지원본부를 설치한다. ③ 청산·결제, 전산 및 시장 규제 기능을 통합함으로써 3개 시장의 연계운영을 강화하고, 중복·분산된 시장 기능의 통합시너지 효과를 통해 거래비용 절감 및 시장이용자 편의를 제고한다. ④ 증권거래소는 2004년 1월 1일부터 주식 관련 선물·옵션에 대한 시장운영 및 전산시스템 사용권한을 선물거래소로 일괄 이관한다. ⑤ 통합거래소의 본사 소재지를 부산에 두어 지방분권 및 지역경제 활성화에 이바지하고자 하는 것 등이 그 주요 내용이었다.[3] 이 계획은 법안으로

2 한국거래소(2016a), pp. 210~211.

성안되어 2004년 1월 「한국증권선물거래소법」이 제정·공포되었다.

통합거래소는 「한국증권선물거래소법」에 따라 기존의 한국증권거래소, 한국선물거래소, 코스닥위원회, (주)코스닥증권시장이 통합되어 설립되었다. 통합거래소는 종전의 증권거래소시장, 코스닥시장 및 선물시장의 기능을 유지한 채 운영기관만을 단일화하여 각 시장의 운영상 자율성과 효율성을 보장하였다. 노무현 정부의 공공기관 지방분산정책의 일환으로 증권선물거래소는 부산으로 이전하기로 하였다. 그리고 시장규제의 효율성 제고를 위하여 3개 시장을 포괄하는 내부 시장자율규제 기구로서 시장감시위원회를 설치하여, ① 이상거래의 심리 및 회원감리, ② 시장연계 감시, ③ 시장감시에 따른 회원 및 관련 임직원 징계요구, ④ 시장감시 규정 및 분쟁조정 규정 제·개정 및 시행 등으로, 특히 투자자 권익 보호를 위하여 증권업자와 투자자 간의 이해상충 등에 따른 분쟁발생 시 자율조정 업무를 수행하도록 규정하였다.[4] 이 통합거래소는 설립 당시에는 상호를 한국증권선물거래소로 하였다가 2009년 2월에 (주)한국거래소로 변경하였다.

한국거래소는 유가증권의 상장, 매매거래 체결, 시세공표, 시장의 제도개선 등에 관한 업무를 담당하였다. 유가증권의 상장 심사 업무에서는, 발행회사의 경영상 문제로 인해 공익 또는 투자자 보호에 문제가 있거나 당해 유가증권의 공정한 가격 형성과 유통에 지장이 초래되는 경우, 일정 기간 매매거래를 정지하거나 상장을 폐지하는 등의 조치를 취하였다. 상장폐지의 경우 상장폐지 기준에 해당된다고 해서 곧바로 시행하면 투자자들의 재산상 손실이 클 수 있으므로 일단 관리종목으로 별도 지정하여 일정한 상장폐지 유예기간을 부여하였고 관리종목 지정사유를 해소할 경우에는 관리종목 지정을 해제하였다. 유가증권시장으로는 주식시장, 채권시장, 증권상품시장을 개설·운용하였으며, 각 시장의 종합시세, 매매동향, 거래실적 등의 정보와 해외시장 정보를 제공하였다.

3 한국거래소(2016a), p. 219.
4 앞의 책, p. 220.

거래소는 통합거래소 출범을 계기로 통합 효과를 높이기 위해 여러 가지 제도적 정비를 시작하였다.[5] 첫째, 주식시장에서 분산된 매매제도를 2005년 3월부터 단일화하고, 매매가 부진한 종목에 대해 거래가 성립되도록 매도·매수 효과를 의무적으로 제출하는 유동성공급자제도를 2006년 1월 도입하고, 주가의 급등락을 줄이기 위해 2006년 7월부터 전 종목에 대해 프로그램 매매를 통제할 수 있도록 하였고, 공매도에 대한 제한을 국제적 기준에 따라 완화하였다. 둘째, 분산된 선물옵션시장의 통합이 2007년 1월부터 실현되었다. 셋째, 시장감시 기준도 통합하고 시장시스템도 통합하였다. 넷째, 거래소의 통합이익을 실감시키는 노력의 하나로 2005년 7월 거래수수료를 일괄적으로 10% 인하하였고, 2006년 7월에는 회원사의 경쟁부담을 덜어 주기 위해 거래수수료율을 추가로 5% 인하하였다. 2010년 1월에는 20%, 2012년 5월에도 20%로 수수료율이 추가로 인하됨에 따라 증권투자자는 물론 증권회사의 수수료 부담이 크게 줄어들었다.

3) 「자본시장법」의 제정과 금융 체제의 변화

외환위기 이후 김대중 정부는 금융 구조조정과 함께 금융개방, 금융규제 완화, 금융하부구조 개선 등을 꾸준히 추진해 온 결과 금융시장 안정, 대외신인도 향상, 금융기관 경영건전성 제고 등의 성과를 거두었다. 노무현 정부는 금융업을 높은 부가가치와 양질의 고용을 창출할 수 있는 성장산업으로 육성하기 위해 금융제도 개선을 추진하였다. 이 정부는 2003년 3월 금융시장을 규율하는 금융 관련 통합법 제정을 추진하면서, ① 금융시장에 대한 규율 체제를 종전의 금융기관(회사)별 규율 체제에서 기능별 규율 체제로, ② 금융투자상품 범주를 열거주의에서 포괄주의로 개편하고, 자본시장 관련 금융업 간 겸영을 전면적으로 허용하는 한편, ③ 투자권유 규제 및 이해상충 방

5 한국거래소(2016a), pp. 223~229.

[표 30-1] 「자본시장법」에 의한 금융투자업의 기능적 분류

<table>
<tr><th colspan="3">「자본시장법」 이전</th><th colspan="2">「자본시장법」 이후</th></tr>
<tr><td>(채권인수)</td><td rowspan="3"></td><td rowspan="4">종금업</td><td rowspan="2">투자매매업</td><td rowspan="9">금융투자업</td></tr>
<tr><td>은행, 보험사,
자산운용사(펀드 판매)</td></tr>
<tr><td rowspan="2">증권업</td><td rowspan="2">투자중개업</td></tr>
<tr><td>선물업</td></tr>
<tr><td>은행, 보험,
부동산, 선박투자사</td><td colspan="2">자산운용법</td><td>집합투자업</td></tr>
<tr><td rowspan="2"></td><td rowspan="2"></td><td>투자자문업</td><td>투자자문업</td></tr>
<tr><td>투자일임업</td><td></td></tr>
<tr><td>은행, 증권, 보험사</td><td colspan="2" rowspan="2">신탁업</td><td rowspan="2">신탁업</td></tr>
<tr><td></td></tr>
</table>

자료: 한국은행(2018), 『한국의 금융제도』, p. 239.

지장치를 강화하여 투자자보호제도를 선진화하는 정책을 발표하였다. 이러한 발표에 따라 자본시장 통합에 관한 여러 연구가 진행되었고, 이러한 연구 결과와 의견수렴에 의거하여 종래의 「증권거래법」, 「간접투자자산운용업법」, 「신탁업법」 등 자본시장 관련 6개 법률을 통합한 「자본시장과 금융투자업에 관한 법률」이 제정되어 2007년 7월 공포되고 2009년 2월부터 시행되었다.

이 법은 자본시장과 금융투자업에 대한 규제를 재편하여 금융혁신과 경쟁을 촉진하고, 대형 투자은행 육성과 자본시장 활성화 등 직접금융시장을 확충함으로써 기존 은행 중심의 간접금융 체계와 조화를 도모하기 위한 기반 조성에 목적을 두고 제정되었다. [표 30-1]에서 보듯이 금융투자업은 투자매매업, 투자중개업, 집합투자업, 신탁업, 투자일임업, 투자자문업 등 6개 업종으로 세분되는데, 금융투자업을 영위하려는 자는 원하는 업무를 복수 또는 단수로 선택적으로 인가를 받거나 등록을 한 후 영업을 할 수 있게 되었다.

이 법의 시행으로 금융투자업자의 겸업이 쉬워지고 업무 영역도 확대될 수 있었다. 이해상충 발생 가능성이 높다고 인정되는 금융투자업 간에는 매매에 관한 정보제공 금지, 임직원의 겸직 제한, 사무공간 등의 공동이용 제한 등을 의무화하였다. 또한 고유자산 및 운용재산이 각각 2조 원 이상, 6조 원 이상인 금융투자업자는 의무적으로 사외이사를 선임하고 감사위원회를 설치하도록 하였다. 이 법의 제정 이후에도 대다수 금융투자업자가 증권사, 선물사, 자산운용사 이름을 그대로 가지고 있었고 업무도 크게 달라지지 않았으나 증권사, 선물사, 자산운용사 모두 금융위원회 인가 취득에 따라 모든 업무를 할 수 있게 되었다. 금융위원회는 투자자가 부담해야 할 위험 정도나 투자자 보호 필요성에 따라 등록제 또는 인가제로 하고 최저자본 규모에서 차이를 두었다.[6]

이 법에 따라 증권의 분류도 달라졌다. 금융투자상품을 포괄주의에 입각하여 원금 손실이 발생할 가능성이 있는 모든 금융상품으로 정의하였다. 금융투자상품을 증권, 장내파생금융상품, 장외파생금융상품으로 구분하고 증권은 다시 채무증권(국채, 회사채 등), 지분증권(주식, 신주인수권 등), 수익증권(신탁수익증권 등), 증권예탁증권, 투자계약증권(펀드지분), 파생결합증권(주가연계증권, 신용연계증권 등) 등으로 구분하여 관리하게 되었다.

「자본시장법」은 금융업의 환경에 적지 않은 영향을 미치게 되었는데 주요한 것을 제시해 보면 다음과 같다. 첫째, 금융투자업자는 현재의 업종과 상관없이 상호간에 겸영이 허용되어 경쟁이 강화되면서 대형화와 겸업화가 촉진되었다. 증권업자들도 규모에 따라 대응이 달랐다. 대형 증권회사는 해외시장 진출을 모색하거나 기업들의 해외 인수 및 합병을 지원하였다. 반면에 중소 증권사는 중소 사업채나 전문성을 요구하는 사업에 특화하는 틈새시장을 공략하였다. 둘째, 금융투자업자들도 지급결제 업무를 수행할 수 있게 되었고, 은행 공동결제망에 접근할 수 있게 됨에 따라 은행과 증권 간의 결제 업무를 둘러싼 경쟁이 격화된 반면에 고객은 더 편리하게 지급결제를 할 수

6 한국은행(2018), 『한국의 금융제도』, p. 242 표 III-24에서 세부 내용 정리.

있게 되었다. 셋째, 국내 금융기관이 외국 금융기관과 경쟁하기 위해 대형화를 추진하고 투자은행 관련 업무의 전문성을 높여야만 하였다. 금융지주회사를 매개로 은행과 증권의 협력이 강화되었다. 그 결과 은행은 투자은행 업무를 확대하였고, 증권사는 은행과 경쟁하기 위해 고객과의 장기적인 관계 강화와 위험관리기법에 필요한 시스템 구축과 인력 양성에 힘을 기울이게 되었다. 이 법의 시행으로 금융업 간의 경쟁과 협력이 강화되었고, 그 중심에 금융지주회사가 설 수 있게 되었다.

2. 외환위기 이후 주식시장

1) 유가증권(코스피)시장의 구조 변화와 성장

코스피(KOSPI, 유가증권시장 주가지수)는 1994년 11월 28일 1,139로 정점에 달한 이후 [그림 30-1]에서 보듯이 IMF 구제금융 발표의 영향을 받은 1997년 12월에는 월평균지수가 393.3까지 낮아졌고 위기대응에 대한 낙관으로 일시 반등하였지만 기업부실의 심화로 1998년 6월부터 9월까지는 월평균지수가 310대에 머물게 되었다. 1998년 10월부터 1999년 말까지는 상승세를 유지하였는데, 그것은 주식시장의 완전한 개방의 효과이었다. 김영삼 정부는 1997년 12월 외국인 주식 취득한도를 50%로 대폭 확대하고, 이를 이은 김대중 정부도 1998년 5월에는 외국인 투자한도를 완전히 폐지하였다. 우리나라는 2001년 8월 IMF 구제금융의 전액 상환에 따른 한국 경제에 대한 낙관적인 전망 확산으로 2001년 9.11 테러로 인한 세계증시 폭락의 영향에도 불구하고 코스피는 글로벌 금융위기의 영향이 나타날 때까지 상승세를 이어갔다.

유가증권시장은 2007년 8월 미국의 서브프라임 모기지 사태가 발생한 2007년 8월에도 상승세를 이어가다 상황이 심각해진 11월부터 하락하여 수습의 가닥이 보이지 않던 2009년 2월까지 하락세를 보였다. 코스피는 2009년 3월부터 2011년 4월까지 상승

[그림 30-1] 주가지수의 추이(1996. 7~2019. 12)

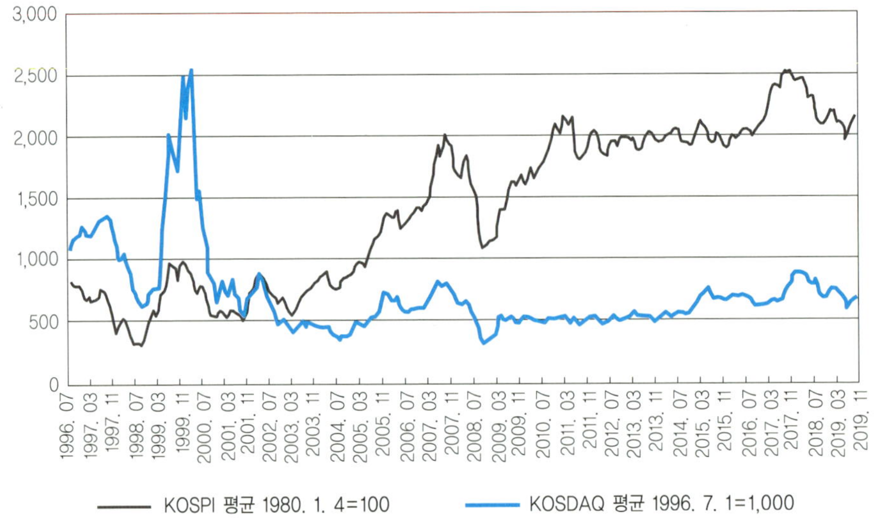

자료: 한국거래소, KRX Market Data.

세를 이어갔다. 이러한 상승세는 국내적으로 2009년 2월 시행된 「자본시장법」에 의한 주식투자 환경의 개선과 글로벌 금융위기 수습을 위해 이른바 제로금리 시대로 대표되는 금융완화정책으로 국제적 유동성이 증가한 것과 관련되었던 것으로 보인다. 미국의 경기회복 지연, 유럽의 재정위기, 미국의 양적 완화 종료와 국제적 불확실성 증대의 영향이 있었지만 한국 기업의 수익성 개선과 경상수지의 지속적 흑자의 영향으로 2017년 말까지 완만한 상승세를 유지하였다. 2018년부터 미중 무역마찰, 미국의 금리정상화 등 대외적 불확실성 증가로 코스피 주가는 하락세를 보였다.

외환위기 이후 코스피지수의 장기적인 상승세는 유가증권시장의 성장과 상호 작용하고 있었다.

첫째, 유가증권시장에 상대적으로 우량한 기업이 집중되었다. [표 30-2]에서 보듯이, 외환위기 이후 기업의 구조조정 결과로 유가증권시장에 상장회사는 도리어 줄어든 시기도 있지만 2010년대 말까지도 그 수가 800개 미만에 이를 정도로 크게 늘어나

[표 30-2] 유가증권시장 주요 지표(1997~2019)

연도	상장회사 (개)	주식인구 (천 명)	시가총액 (10억 원)	거래대금 (10억 원)	주가지수	시가회전율 (%)	배당수익률 (%)
1997	776	1,329	70,989	162,282	654	139	1.50
1998	748	1,915	137,798	192,845	406	217	1.90
1999	725	2,951	349,504	866,923	807	350	0.65
2000	704	2,701	188,041	627,133	734	233	2.44
2001	689	3,256	255,850	491,365	573	221	1.73
2002	683	3,094	258,681	742,150	757	249	1.77
2003	684	3,239	355,363	547,509	680	193	2.09
2004	683	3,102	412,588	555,795	833	148	2.06
2005	702	2,848	655,075	786,258	1,074	154	1.74
2006	731	2,832	704,588	848,490	1,352	129	1.66
2007	746	3,394	951,918	1,362,877	1,712	157	1.39
2008	765	3,771	576,928	1,287,165	1,529	173	2.58
2009	770	3,795	887,935	1,466,275	1,429	200	1.17
2010	777	3,864	1,141,885	1,410,562	1,765	146	1.12
2011	791	4,373	1,041,999	1,702,060	1,983	152	1.54
2012	784	4,115	1,154,294	1,196,263	1,930	107	1.33
2013	777	4,149	1,185,974	986,375	1,961	86	1.14
2014	773		1,192,253	975,977	1,982	82	1.13
2015	770		1,242,832	1,327,230	2,012	105	1.33
2016	779		1,308,440	1,112,669	1,987	88	1.52
2017	774		1,605,821	1,294,160	2,311	86	1.36
2018	788		1,343,972	1,597,864	2,325	103	1.93
2019	799		1,475,909	1,227,493	2,106	87	2.02

주: 주가지수는 각 연도 말 값. 주가지수 기준은 1980. 1. 4=100.
자료: 한국증권거래소, 『증권통계연보』; 금융감독원, 『금융통계월보』.

지 않았다. 위험이 크거나 문제가 있는 기업은 유가증권시장에서 퇴출되었지만 코스닥시장의 우량 대기업은 유가증권시장으로 이동함으로써 유가증권시장은 우량 대기업 중심으로 구성되었다. 외환위기 이후에는 기업실적이 악화될 경우에 퇴출되었고 유가증권시장 상장조건의 강화도 이러한 추세를 강화시켰다.

둘째, 유가증권시장 상장기업의 실적이 개선됨에 따라 주가가 상승하면서 시가총액은 [표 30-2]에서 보듯이, 구조조정이 진전된 2000년부터 글로벌 금융위기의 영향을 받은 2008년, 2009년을 제외하면 지속적으로 증가하였다.

셋째, 거래대금은 시가총액과 시가회전율의 영향을 받는데, 시가회전율의 증가보다는 시가총액의 증가로 인해 증가하였던 것으로 보인다. 시가회전율은 주가의 변동이 큰 시기에 더 높고 이로 인해 거래대금이 크게 증가하였는데, 이에 해당하는 시기가 1999년부터 2002년까지, 2007년부터 2009년까지이었다.

넷째, 코스피의 상승세에 따라 [표 30-2]에서 보듯이 개인투자자의 증가로 유가증권시장 주식투자 인구가 계속 증가하였다.

다섯째, 주식투자 인구의 증가는 배당을 노린 것이라기보다는 시세차익을 노린 결과이었다. 배당수익률은 주식인구나 주식의 거래대금과 별다른 관계를 보여 주지 못하고 있다. 배당수익률은 주식거래대금이 많은 시기에 도리어 낮았다. 2018년 이후에는 배당수익률이 높아지고 있지만 예금금리보다 크게 높지 않았다. 주식이 장기 투자나 저축수단이 되기 위해서는 배당수익률이 예금금리보다 높아야 할 것인데 그런 시기는 도리어 드물었다.

외환위기 이후 주식시장은 완전한 개방의 결과로 외국인의 투자 비중이 급격히 높아졌다. 우리나라 정부는 IMF의 요구에 따라 1997년 12월 종목당 26%이던 외국인 주식 취득한도를 50%로 확대한 것을 시작으로 점차 한도를 늘려오다가 1998년 5월에는 외국인 투자한도를 완전 폐지하였다. 나아가 투자신탁회사 및 종합금융회사에 대한 외국인 지분소유 한도를 폐지하고, 증권회사의 외국인 지분소유한도 50% 제한 규정마저 폐지함으로써 본격적인 주식시장 개방의 시대가 열리게 되었다. 이러한 주식시장의 완전한 개방으로 외국인의 주식 소유는 외환위기 발발 당시인 1997년 말에는 주식 수 기준으로 9%, 주식액 기준으로 15%이었으나 IMF 구제금융이 종료된 2001년 말에는 주식 수의 15%, 주식액의 36%를 차지하였다. [그림 30-2]에서 보듯이 시가총액으로 외국인의 주식 소유는 2003년 40%를 넘어서기까지 하였다. 외국인의 주식 소유는

[그림 30-2] 외국인의 주식소유 비중 추이(1996~2019)

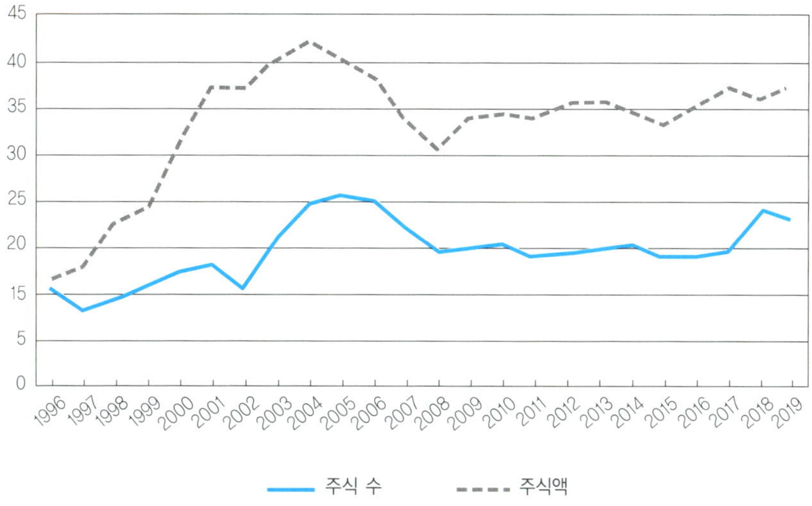

자료: 한국거래소.

대략 35% 전후에서 안정되고 있었다. 당시 외국인은 공매도, 프로그램 매매 등 우리나라 투자자에 낯선 여러 투자기법을 적극 활용하여 주식시장을 주도하면서 더 많은 이익을 향유하였다.

[그림 30-3]에서 보듯이, 유가증권시장의 경우 개인투자자의 역할은 줄어든 반면에 기관투자자와 외국인 투자기관의 역할이 강화되었다. 주식거래에서 개인투자자의 거래금액은 2000년 72% 수준이었으나 점차 줄어서 2014년에는 45%에 그쳤고, 기관투자가의 비중은 2001년에 16%이었으나 2008년에는 25%까지 증가하였다가 2015년에는 19%이었다. 외국인 투자가의 비중은 2000년에는 9%에 불과하였으나 2014년에는 30%로 높아졌다.[7] 유가증권시장에서 투자 관련 전문지식, 자료 및 체계적인 분석에 의존하여 대규모로 자금을 운용하는 기관투자자와 외국인 투자가의 비중이 증가함으로써

7 외국인 소유 주식 비율은 2000년에는 30.1%이었고, 2014년에는 33.6%이었다. 외국인의 주식보유액 비중은 거래대금 비중보다 낮다. 외국인은 내국인보다 거래빈도가 적기 때문에 이러한 차이가 나는 것으로 보인다.

[그림 30-3] 유가증권시장 투자주체별 매매대금 비중(2000~2015)

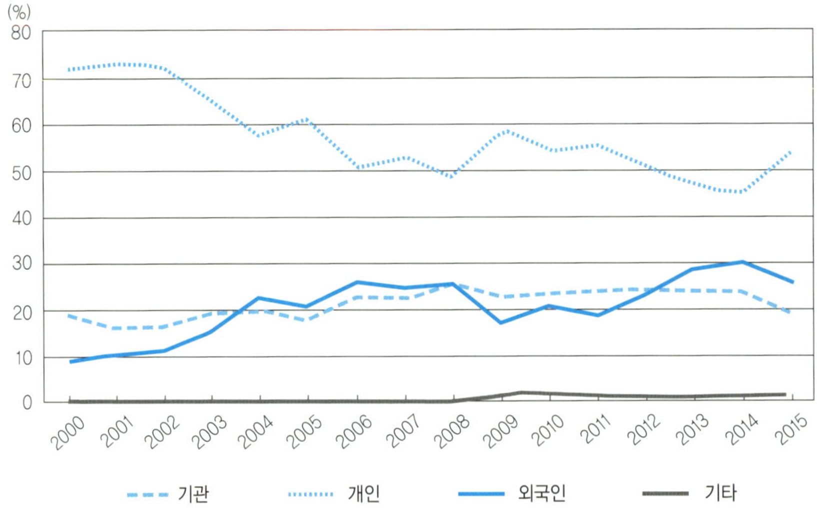

자료: 한국거래소(2016), 『한국거래소60년사 통사』, p. 556.

증권시장이 글로벌 환경의 영향을 더 받을 뿐 아니라 과거보다 더 합리적이고 효율적으로 움직일 가능성이 높아지게 되었다. 코스피는 특히 미국 다우지수와 동조하는 경향이 더 강화되었다.

외환위기 이후 증권시장과 연관된 기업 및 금융기관 지배구조 개선, 금융기관의 재무건전성 향상 및 내부통제제도의 강화, 회계투명성의 진전 및 각종 증시제도의 국제 정합성 제고 등의 정책이 성과를 내고 시장인프라도 재정비되자 이른바 '코리아 디스카운트'도 점점 줄어들었다. 2004년 9월에는 우리나라 증권시장이 FTSE(Financial Times Stock Exchange) 선진국지수 편입을 위한 관찰 대상으로 지정되었다. 그 이후 FTSE는 2009년 9월 우리나라 증권시장을 선진국지수에 정식으로 편입하였다.[8]

외환위기 이후 유가증권시장을 포함한 증권시장의 성장을 촉진한 주요한 요인 중

8 한국거래소(2016a), p. 196.

하나는 새로운 금융상품의 등장이었다. 그중에서 가장 영향이 큰 상품은 뮤추얼펀드(mutual fund: 증권투자회사)이었다. 1998년 9월 「증권투자신탁업법」과는 별도로 「증권투자회사법」이 제정되어 뮤추얼펀드의 설립근거가 마련되었다. 뮤추얼펀드는 지분 발행을 통하여 투자자를 모집하고, 모집된 자금을 전문운용회사가 운용하고 이 운용으로 발생한 수익을 투자자에게 배분하는 투자회사이다. 도입 초기의 뮤추얼펀드는 모두 폐쇄형이었다. 1998년 12월 박현주 1호가 최초로 설립되었고, 1999년 2월에는 '미래에셋 KOSPI200 인덱스펀드(KOSPIDER)'가 증권거래소에 최초로 상장되었으며, 이어서 동원 장보고 1호와 트윈스 챌린지 1호가 코스닥시장에 등록되었다. 시장의 활성화를 위하여 2000년 8월에는 준개방형(일정 기간 환매금지)이 도입되고, 2001년 1월에는 개방형(open-end)이 허용되었다. 이 뮤추얼펀드는 기관투자자의 증시 참여를 촉진하였다. 뮤추얼펀드는 유가증권거래소시장에 14종목, 코스닥시장에는 96종목이 상장되어 상장종목을 늘리는 것에도 크게 기여하였다.[9]

개방형에 비해 상대적으로 경쟁력이 취약한 폐쇄형의 수요가 급격히 감소하고, 거래부진으로 인한 환금성 부족 등으로 자산운용회사들이 만기가 돌아오는 증권투자회사를 해산한 뒤, 신규 설정이 거의 이루어지지 않는 등 문제점이 나타났다. 그렇지만 증권투자회사는 회사형 펀드의 시초가 되어 그 후 등장하는 부동산투자회사(REITs), 기업 구조조정 부동산투자회사 등의 도입 토대가 되었다.[10] 자산유동화 상품의 한계를 극복하고 부동산시장을 활성화하기 위하여 2001년 4월 「부동산투자회사법」이 제정되었고, 이어 5월에는 기업 구조조정을 원활히 하기 위한 「부동산투자회사법」의 개정으로 기업 구조조정 부동산투자회사의 도입 근거가 마련되었다. 이에 따라 2002년 1월 존속기간 5년의 교보-메리츠 퍼스트CR리츠가 국내 최초로 설립·상장되었다.[11]

특정 지수의 변동에 따른 수익을 얻을 수 있도록 설계된 인덱스펀드의 일종으로

9 한국거래소(2016a), p. 197.
10 앞의 책, p. 198.
11 앞의 책, p. 198.

주식처럼 매매가 가능한 상장지수펀드(Exchange Traded Fund: ETF)가 도입되었다. 2002년 4월 「증권투자신탁업법」과 「증권투자회사법」이 개정되어 계약형 ETF와 회사형 ETF의 도입 근거가 마련되었다. 이에 따라 2002년 10월 코스피200지수와 코스피50지수를 추적하는 인덱스펀드가 상장되었고, 2006년 이후에는 스타일지수, 해외지수 ETF 등이 잇달아 상장되면서 거래소는 투자자에게 다양한 투자 대상을 제공하게 되었다.[12] 그리고 주식시장의 저변을 확대하려는 증시안정대책의 일환으로 2003년 2월 「증권거래법 시행령」이 개정되면서 주가연계증권(Equity Linked Securities: ELS)이 유가증권으로 지정되었고 ELS도 본격적으로 발행되었다.[13]

2) 코스닥시장의 과열, 정체, 그리고 부활

코스닥시장은 유망 중소벤처기업의 자금조달이라는 야심찬 목표로 1996년 7월 업무를 시작하였지만 [그림 30-1]과 [표 30-3]에서 보듯이 1년이 넘도록 부진을 면치 못하였다. 1997년 10월 말 코스닥시장 등록법인 수는 증권거래소 상장법인 수의 45%에 해당하였으나, 연간거래량이 증권거래소 거래의 1~2일분에 그치는 상황이었다. 코스닥시장은 정체성을 확보하지 못하였고, 사회 일반의 신뢰도도 낮았고 또한 각종 제도 장치의 미비로 구주매출에 의한 등록방식을 더 많이 이용함으로써 종전 창업주주 등의 자본이득만 실현될 뿐이라는 인식을 불식시키지 못하였다. 특히, 투자자들이 코스닥시장 종목을 매매할 때는 100% 위탁증거금이 필요하였고 동시호가제도의 미비 등으로 투자자들의 코스닥시장에서의 투자 불편이 여전하였고, 투자신탁회사와 연기금 등 기관투자자들의 투자도 부진한 상황이었다.[14]

김영삼 정부는 코스닥시장을 활성화시키기 위하여 1997년 11월 「코스닥시장의 개

12 한국거래소(2016a), p. 198.
13 앞의 책, p. 199.
14 앞의 책, p. 174.

[표 30-3] 코스닥시장 주요 지표(1997~2019)

연도	상장회사 (개)	주식인구 (천 명)	시가총액 (10억 원)	거래대금 (10억 원)	주가지수 (연평균)	시가회전율 (%)
1997	359		7,068	1,166	972.5	7
1998	331		7,892	1,607	751.8	23
1999	453	1,141	98,704	106,808	2,561.4	335
2000	604	1,574	29,015	578,490	525.8	848
2001	721	1,692	51,818	425,180	722.1	1,278
2002	843	1,775	37,403	294,092	443.6	819
2003	879	1,595	37,375	266,383	448.7	895
2004	890	1,384	31,149	155,696	380.33	587
2005	918	1,476	70,898	446,378	701.79	1,191
2006	963	1,623	72,137	427,505	606.15	879
2007	1,023	2,156	99,980	500,748	704.23	857
2008	1,038	1,946	46,186	308,979	332.05	603
2009	1,028	2,093	86,103	530,961	513.57	885
2010	1,029	2,096	97,972	483,091	510.69	687
2011	1,031	2,382	105,994	558,007	500.18	599
2012	1,005	2,359	109,122	528,028	496.32	687
2013	1,009	2,373	119,293	450,369	499.99	467
2014	1,061		143,088	482,731	542.97	399
2015	1,152		201,631	873,782	682.35	634
2016	1,209		201,523	834,913	631.44	648
2017	1,267		282,740	896,309	798.42	573
2018	1,323		228,238	1,201,858	675.65	557
2019	1,405		241,351	1,060,121	669.83	541

주: 주가지수는 각 연도 말 값. 주가지수 기준은 1996. 7. 1=1,000.
자료: 한국증권거래소, 『증권통계연보』; 통계청, 국가통계포털.

편 및 육성방안」을 발표하였다. 코스닥시장의 진입요건을 대폭 완화하되 시장유지 조건은 엄격히 적용하고, 공시제도를 개선하여 투자자 보호 대책을 더욱 강화하였다. 한편 코스닥시장의 운영과 감독을 분리하여 코스닥시장 운영의 독립성과 시장감독의 공공성을 제고하고 나아가 코스닥시장 내에 벤처기업 전용시장을 신설하여 증권거래소시장은 우량 대기업 중심 시장으로, 코스닥 일반기업시장은 중소기업 위주의 시장으로, 코스닥 벤처기업시장은 벤처기업 위주의 시장으로 기업의 규모와 특성에 따라 세 가지로 차별화하여 육성하고자 하였다.

외환위기 이후에도 코스닥시장은 침체를 거듭해 1998년 10월 7일에는 코스닥지수가 607 – 이전 지수로 60.7 – 로 최저치를 기록하는 등 코스닥시장의 침체는 지속되었다. 김대중 정부는 코스닥위원회 설립을 더 이상 미룰 수 없다는 판단하에 1998년 10월 코스닥위원회를 설립하였다. 그리고 코스닥시장의 공신력 제고를 위한 다양한 정책 추진을 위해 1998년 12월 「벤처기업 창업 및 육성 5개년계획」을 수립하여 발표하였다. 이 계획은 벤처기업에 대해 법인세를 50% 감면해 주는 등 창업기업에 특화된 세제지원과 코스닥시장 등록심사 시 우대 등 예비창업자들과 초기 창업기업들을 지원하는 것을 핵심 정책으로 하였는데, 이 정책은 IT기술을 이용한 신산업 육성에 크게 기여하였다.[15] 연이어 1999년 12월 「코스닥시장 건전화를 위한 발전방안」도 발표되었다. 이 방안은 코스닥위원회의 독립성과 전문성을 높이기 위한 것이었다. 코스닥시장의 투자자 보호와 불공정거래 방지를 위하여 2000년 9월에는 코스닥시장 종합감리시스템을 구축하여 시장감시와 매매심리 기능을 강화함으로써 투자자의 신뢰를 제고하고자 하였다.[16]

[그림 30-1]에서 보았듯이, 코스닥지수는 구제금융의 전개로 1998년 초에 일시 반등하였지만 하락세가 1998년 말까지 지속되어 지수는 600대에 갇혀 있었다. 1999년 1월부터 지수 반등이 시작되어 연말에는 2,500선에 이를 정도로 폭등세가 이어졌다. 1999년의 코스닥시장은 인터넷을 기반으로 한 전 세계적인 벤처 붐에 편승하여 역대 최고의 활황세를 보였다. [표 30-3]에서 보듯이 이러한 활황세에 따라 등록법인 수가 1998년 말 331개사에서 1999년 말 453개사, 2000년 말 604개사로 증가하였고, 시가총액이 1998년 7.9조 원에서 1999년 98.7조 원, 2000년 29.0조 원으로 급증하였고, 거래대금

15 한국거래소(2016a), p. 175.
16 앞의 책, p. 175.

은 1998년 1.6조 원에서 1999년 106.8조 원, 2000년 578.5조 원으로 급증하였다. 『한국거래소60년사』는 당시 코스닥 활황세에 대해 다음과 같이 설명하고 있다.

> "신규 등록과 유상증자에 따른 자본금의 증가로 등록법인의 자본금 또한 1998년 말 증권거래소 상장법인 대비 9.8%에서 1999년 말 16.7%로 확대되었다. 1999년 7월에는 코스닥지수가 2,000을 돌파하였고, 일평균 거래대금이 1999년 4월 644억 원에서 5월 1,053억 원, 6월 2,322억 원, 10월 4,121억 원으로 급증하였으며, 2000년 2월에는 거래대금이 증권거래소시장을 추월하기도 하였다. 이는 탄생 44개월 만에 45년의 전통을 지닌 증권거래소의 거래대금을 능가한 경이로운 성장속도였다. 시가총액도 1998년 7조 8,922억 원에서 1999년에는 98조 7,044억 원으로 무려 11배나 증가하였다. 이에 따라 투자자들은 계속 코스닥시장으로 몰렸고 2000년 2월 14일에는 코스닥시장의 하루 거래대금이 6조 4,211억 원으로 사상 최고치를 기록하였다. 예상을 뛰어넘는 활황세가 이어지면서 등록법인 수도 크게 증가하여 2001년 12월 13일에는 700개사를 돌파하였다. 이러한 과정에서 중소벤처기업들이 코스닥시장을 통해 자금을 조달한 실적도 1997년 2,162억 원에 불과하던 것이 1998년부터 급격히 증가하여 2000년에는 7조 7,407억 원을 기록하였다."[17]

코스닥시장의 활황세는 사실상 거품(bubble)에 가까운 것이었기 때문에 코스닥시장의 급성장은 지속될 수 없었다. 미국의 나스닥이 첨단기술주의 거품 붕괴에 대한 우려와 금리인상이 겹치면서 하락하자 코스닥도 곧바로 영향을 받았다. 즉, 코스닥지수는 2000년 3월을 고비로 하락하기 시작하여 4월과 5월에는 외국인의 순매도 반전, 투자신탁권의 지속적 환매, 첨단기술주의 수익모델 불확실, 신규 등록 및 증자물량 출회

17 한국거래소(2016a), p. 202.

등에 의한 수급 불균형, 벤처캐피탈의 이익 실현을 위한 매도공세 등 각종 국내외 악재가 부각되면서 폭락을 거듭하였다.

당시 공모가격이 너무 높다는 논란 속에 1999년 12월 세종하이테크 주가조작 사건 등은 시장에 대한 신뢰를 약화시키는 도화선이 되었다. 코스닥시장 과열을 염려하던 금융당국이 불과 1년도 지나지 않아 코스닥시장 침체를 반전시켜야 할 상황으로 급반전된 것이었다. 1999년 말과 대비하여 절반 수준으로 하락하고 있던 주가지수와 갈수록 줄어드는 거래대금이 당시의 상황을 숫자로 보여 주고 있었다. 한 신문의 만화는 당시 투자자의 공포를 "코스닥 정말 무서워" 하면서 눈물을 흘리는 가정주부의 모습으로 보여 주고 있었다.

김대중 정부는 2000년 9월 물량공급 축소 등을 통해 시장의 활력을 되찾고 위축된 투자심리를 회복시키기 위해 「코스닥시장 안정대책」을 발표하였다. 이러한 대책에도 이른바 정현준 게이트 사건[18]은 주식시장에 대한 신뢰를 추락시켰다. [그림 30-4]에서 보듯이, 코스닥 주가상승을 주도하였던 벤처제조업 기업이 주도하였던 벤처거품이 꺼지면서 IT 기술주들의 실적 부진과 일부 기업들의 주가조작 등으로 코스닥 주가는 반등하지 못하였다.

더욱이 2001년 미국 9·11테러 사태의 충격으로 글로벌 증시 상황이 악화되면서, [그림 30-1]에서 확인할 수 있듯이, 경쟁력이 부족한 코스닥시장의 지수는 유가증권시장의 코스피보다 더 하락 폭이 커졌다. 2003년에는 이라크전쟁 발발과 북핵 리스크 및 국내외 경제지표 악화 등으로 투자심리는 극도로 악화되었으며, 2004년에는 대통령탄핵안 가결 사태와 미국의 금리인상, 중국의 경제긴축정책, 고유가 등 대내외 여건 악화로 2004년 8월 4일 코스닥지수가 최저치인 324.7포인트를 기록하였다. [그림 30-1]에서 보았듯이, 코스닥시장 침체는 2004년까지 지속되었다.

18 2000년 10월 한국디지털라인 사장 정현준과 동방금고 부회장 등이 수백억 원대의 금고 돈을 횡령하는 과정에서 정치인과 금융감독원, 검찰 간부 등이 개입되었다는 의혹이 제기된 사건이다. 그러나 사건의 열쇠를 쥔 장래찬 전 금감원 국장이 자살하고 핵심 관련자들이 해외로 도피하는 바람에 흐지부지되었다.

[그림 30-4] 코스닥 주요 주가지수(1999~2004)

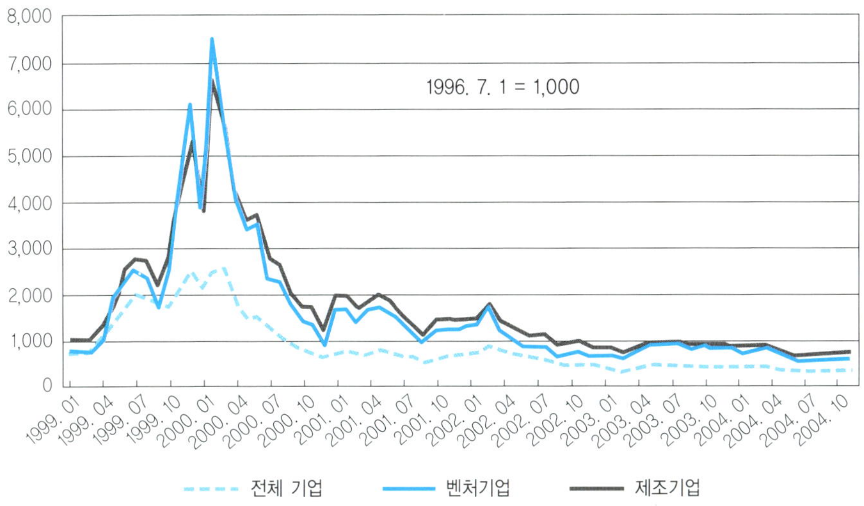

자료: 한국증권(선물)거래소, 『증권통계연보』.

코스닥시장은 2005년 출범한 통합거래소의 일부로 편입됨으로써 회생할 기회를 얻게 되었다. 한국거래소는 코스닥시장이 다양한 투자자 요구를 충족시킬 수 있도록 적극적인 상장활성화 및 시장안정화 정책을 추진하여 이전처럼 코스피시장의 2부 리그에 그칠 것이라는 우려를 줄이고자 하였다. [그림 30-1]에서 보았듯이, 코스닥시장은 글로벌 금융위기 여파로 2008년 1월 주가지수 700선이 무너진 이후 11월에는 310까지 떨어졌으나 경기반등으로 2010년부터 500 수준으로 회복하여 2014년까지 500대 전후에서 머물고 있다가 2015년부터 상승세를 타기 시작하였다. 2015년 이후 코스닥시장 부활은 2005년부터 10여 년간 이루어진 코스닥시장의 육성책이 그 성과를 거둔 것으로도 해석할 수 있다.

[표 30-3]에서 보았듯이 통합거래소가 출범하기 이전인 2004년과 이후인 2005년을 비교해 보면 상장법인 수는 물론 시가총액이 크게 늘어났다. 코스닥 주가 정체에도 불구하고 시가총액은 2005년 말 기준 202조 원으로서 전년에 비해 6.5배 늘어났다. 나아

가 코스닥시장은 시장신뢰 저하로 인해 발생하는 구조적 문제를 해소하기 위하여 2009년 2월 상장적격성 실질심사제도, 2011년 3월 조회공시 사후심사제도, 2011년 5월 투자주의 환기종목 지정제도 및 소속부제도 도입 등 다양한 투자자 보호정책을 마련하여 시행하였다.

2008년 10월 글로벌 금융위기 발발로 코스닥시장은 주가지수가 또 다시 사상 최저 수준까지 하락하는 등 장기·안정적 수요 기반이 취약함에 따른 문제점이 다시 부각되었다. 예를 들어, [표 30-2]와 [표 30-3]을 비교해 보면, 코스닥의 시가회전율은 유가증권 시가회전율에 비해 크게 높았다. 이명박 정부는 단기 투자에 주력하는 코스닥시장을 장기 투자시장으로 유도하고 거래를 활성화하기 위해 다양한 정책을 추진하였다. 코스닥 관련 기관은 약 5,500억 원의 주식형 인덱스공동펀드를 설정하였다.[19] 이 펀드는 당초 유가증권시장에 80%, 코스닥시장에 20%를 투자하도록 하였으나, 주로 코스닥시장 안정에 활용하였다. 또한 거래소의 투자수요 증대 및 시장안정화를 위한 노력과 함께 부실기업에 대한 적극적인 상장폐지 등으로 시장불건전 행위 등이 크게 감소하면서 코스닥시장에 대한 전반적인 신뢰도가 높아졌다. 이러한 코스닥시장에 대한 외국인 투자자의 관심이 증가함에 따라 이들의 투자 비중이 크게 증가하였다. 코스닥 매매금액에서 외국인 투자가의 비중은 2000년 1.0%, 2005년 2.3%, 2010년 2.8%, 2015년 5.7%로 지속적으로 증가하였다.

2010년대 중반 이후 미래 성장산업에 속한 기업들과 독립적인 매출구조를 보유한 기업들의 코스닥 상장이 많아지면서 상장법인들의 성장성에 대한 기대가 높아져 코스닥시장은 수익률, 가격변동성, 유동성 측면에서 안정적으로 양호한 수익을 거둘 수 있는 시장으로 인정받기 시작하였다. [표 30-3]에서 보았듯이 이 시기에는 코스닥 상장기업들도 꾸준히 늘어나고 주가도 상승세를 보여 시가총액은 물론 거래대금도 크게 늘어났다. 장기간 일관성 있게 지속된 코스닥시장 육성정책은 성과를 거두면서 유가

19 한국거래소(2016a), pp. 292~293.

증권시장의 2부 리그가 아니라 수많은 유망 중소기업이나 유망 신생기업이 주식시장으로 진출하는 장으로서 자리잡게 되었다.

3) 제3시장과 코넥스의 개설과 성장

2000년 3월에는 거래소와 코스닥시장에서 거래되지 않는 주식을 대상으로 하는 장외주식호가중개시장(제3시장)이 개설되었으나 거래가 부진하자 2005년 7월 일부 제도 개선과 함께 명칭도 프리보드로 변경되었다. 그런데 코넥스시장 개설 이후에는 그 역할이 분명하지 않아 2014년 8월 기업 규모에 관계없이 모든 비상장법인의 주식이 거래될 수 있도록 시장운영 방식이 개선되었고 명칭도 K-OTC시장으로 재차 변경되었다.[20]

이명박 정부는 기술력은 있으나, 사업화 자금이 부족한 기업 등이 상장을 통해 자금을 조달하여 창업 초기의 어려움을 극복할 수 있도록 중소·벤처기업의 상장여건을 개선할 필요에 따라 2011년부터 개선방안을 준비하기 시작하였다. 박근혜 정부가 2013년 출범과 동시에 한국 경제의 "새로운 도약과 웅비"를 위하여 '창조경제'를 새로운 패러다임으로 제시하였고, 중소·벤처기업의 상장여건 개선은 이를 뒷받침할 수 있는 방안의 하나로 부각되었다. 당시 프리보드(현재 K-OTC시장)의 경우에 거래소 퇴출기업 등이 포함되어 있어 부실기업 시장으로 인식됨으로써 시장 기능 자체가 위축되어 있었나. 이에 따라 한국거래소는 종진 시장을 활용하기보다 성장 초기 중소·벤처기업을 위한 신시장 개설을 추진하기로 하였다.[21] 한국거래소는 2013년 2월 코넥스시장 개설을 위한 거래소 규정을 개정하고, 시스템 구축 등 인프라 정비를 거쳐 동년 7월 1일 중소 신생기업 전용 주식시장인 코넥스(Korea New Exchange: KONEX)시장을 개설하였다.[22]

코넥스시장은 설립 초기 중소기업에 특화된 시장으로 「중소기업기본법」상 중소

20 한국은행(2016), 『한국의 금융시장』, p. 258.
21 한국거래소(2016a), pp. 295~297.
22 앞의 책, p. 296.

[표 30-4] 코넥스시장 주요 지표(2013~2019)

연도	회사 수 (개)	상장자본금 (천 원)	시가총액 (10억 원)	거래대금 (10억 원)	시가회전율 (%)
2013	45	92	923	49	8.65
2014	71	150	1,425	96	7.98
2015	108	238	3,947	452	15.58
2016	141	286	4,308	607	12.63
2017	154	315	4,908	434	10.30
2018	153	362	6,250	1,171	18.06
2019	151	357	5,325	605	9.87

자료: 통계청, 국가통계포털.

기업만 상장이 가능하였다. 코넥스시장의 상장폐지 요건은 코스닥시장과 유사하지만 재무 상태 및 경영성과와 관련된 요건은 코넥스시장에 적용하지 않았다. 매매거래제도 코넥스시장의 거래시간, 매매단위 및 호가단위는 코스닥시장과 거의 동일하나 개별 종목의 일중 주가변동 폭은 전일 종가의 상하 15%로 제한되고 유가증권시장 및 코스닥시장에 적용하고 있는 변동성 완화장치, 매매거래중단제도 등은 운영하지 않고 있었다.[23]

이 코넥스시장은 정부와 한국거래소의 적극적인 육성책에 힘입어 설립 초기에는, [표 30-4]에서 보듯이, 상장회사도 빠르게 증가하였고 시가총액은 물론이고 거래대금도 빠르게 늘어나는 등 비교적 좋은 성과를 거두었다. 그러나 2017년 이후 상장회사 수도 정체되고 시가총액, 거래대금이 줄어들고 시가회전율이 크게 떨어지는 등 시장이 크게 위축되는 모습을 보이고 있다.

23 한국은행(2018), p. 359.

4) 주식 및 회사채 발행시장

외환위기의 충격으로, [표 30-5]에서 보듯이, 1998년에는 1997년에 비해 기업공개의 모집 및 매출 건수는 줄어들었지만 금액은 별로 줄지 않았고 유상증자는 건수나 금액

[표 30-5] 증권시장을 통한 유가증권시장의 자본조달액(1997~2019)

(단위: 10억 원)

연도	기업공개				유상증자		합계		회사채	
	모집		매출							
	건수	금액	건수	금액	건수	금액	건수	금액	건수	금액
1997	66	628	33	103	110	2,678	209	3,409	2,246	34,322
1998	18	799	1	2	122	13,452	141	14,253	1,097	56,000
1999	143	5,198	3	69	340	35,847	486	41,114	803	30,671
2000	262	3,982	1	3	252	10,364	515	14,349	886	58,663
2001	208	5,811			215	6,357	423	12,168	1,245	87,195
2002	152	2,533	4	635	227	6,731	383	9,899	1,580	77,522
2003	103	2,835	1	36	311	8,281	415	11,152	1,697	61,758
2004	67	2,702	2	86	202	5,577	271	8,365	1,501	50,379
2005	76	1,267	1	20	279	5,425	356	6,712	1,451	48,103
2006	60	1,706			253	4,717	313	6,423	1,250	41,678
2007	66	2,288			337	14,955	403	17,243	1,188	45,260
2008	42	717			227	4,363	269	5,080	1,373	52,759
2009	61	1,674			316	9,942	377	11,616	1,928	84,208
2010	96	4,304			158	6,035	254	10,339	1,891	83,574
2011	67	2,439			97	10,463	164	12,902	1,692	101,658
2012	25	466			62	1,897	87	2,363	1,901	101,831
2013	39	1,096			66	4,106	105	5,202	2,386	90,327
2014	70	1,753	12	2,651	75	4,013	157	8,417	2,695	92,037
2015	123	3,379	31	1,375	54	4,639	208	9,393	3,108	123,102
2016	202	7,345	61	3,823	138	10,401	401	21,569	5,838	224,233
2017	84	5,954	33	1,889	83	4,425	200	12,268	3,331	144,024
2018	101	2,681	32	515	69	6,215	202	9,411	3,224	160,918
2019	109	2,738	26	695	51	2,734	186	6,167	3,334	170,183

자료: 한국증권거래소, 『증권통계연보』; 금융감독원, 금융통계정보시스템.

이 크게 늘어났고 회사채 발행도 크게 늘어났다. 기업의 구조조정은 있었지만 대우 등 일부 기업 집단들이 기업 인수·합병을 통한 확장에 나서면서 증권시장을 통한 자금조달액이 크게 증가한 결과로 보인다. 1999년에 접어들어 대우 사태 등으로 기업에 대한 불신이 고조되어 회사채 발행은 크게 줄었지만 코스닥 열풍과 주가상승세 등으로 유상증자는 크게 증가하였다. 2000년부터 채권시장 안정책의 영향으로 회사채 발행시장이 정상화되어 회사채 발행액은 늘어났지만 코스닥시장의 불안으로 주식 발행은 크게 줄어들었다. 2000년대 초반에는 회사채시장은 안정세를 보였지만, 주식시장은 급등락으로 주식발행액의 변동이 적지 않았다가 2007년에는 주식시장의 활황세에 따라 주식 발행이 17조 원에 이를 정도로 크게 늘어났다. 글로벌 금융위기의 영향을 받은 2008년에는 주식 발행시장이 일시 위축되었지만 회사채시장이 이를 보완하였다.

글로벌 금융위기 이후에는 지속적인 저금리정책으로 풍부해진 유동성이 주식시장과 회사채시장으로 유입되면서 2011년까지는 증권시장을 통한 자금조달이 쉽게 이루어졌다. 그러나 2012년부터 2015년까지는 남유럽 국가들의 재정위기, 미국의 양적완화 축소, 신흥 개도국들의 금융 및 경제의 불안 등으로 국제 금융시장이 불안해지면서 우리나라 주가상승세도 멈추었고, 이에 따라 증권시장의 기업공개, 유상증자도 줄어들었다. 그러나 2016년 중국의 고도성장 영향 등으로 주가상승세가 나타나자 기업공개와 유상증자가 크게 증가하면서 증권시장을 통한 주식과 회사채 발행이 크게 늘었다. 그러나 2017년 이후 미중 무역마찰 등으로 기업투자 환경이 악화되자 주식 및 회사채 발행이 줄어들기 시작하였다.

주식시장의 발행을 통한 자금조달액은 [그림 30-5]에서 보듯이 유가증권시장과 코스닥시장의 주가 추이에 적지 않은 영향을 받았다. 코스닥시장의 경우 코스닥 과열이 있거나 주가상승이 있었던 이후에 조달액이 증가하였는데, 유가증권시장도 마찬가지이었다. 이와 같이 우리나라에서도 주가상승세가 나타나는 시기에는 주식시장의 발행액이 빠르게 증가하였던 것은 주식시장의 움직임이 점차 기업투자에 큰 영향을 주게 되었음을 말해 주고 있다.

[그림 30-5] 주식시장 연간자금조달액과 주가지수(1997~2019)

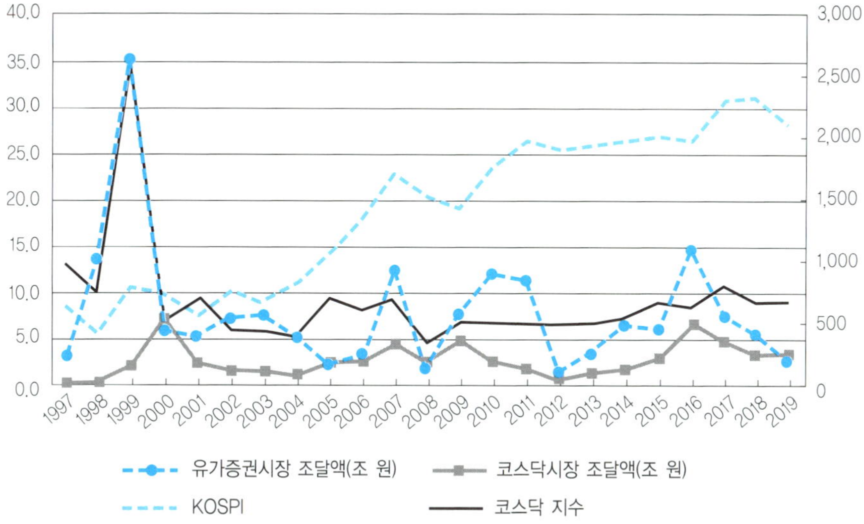

자료: [표 30-5].

3. 채권시장의 성장과 구조 변화

1) 채권의 발행과 유통

채권은 발행주체, 지급보증 여부, 담보제공 여부, 이자지급 방법 등에 따라 여러 종류로 구분되고 있다. 외환위기 이후 자본시장에서 발행되는 채권을 발행주체별로 구분하면 다음과 같다. 정부가 발행하는 국고채권(이하 '국고채'), 국민주택채권, 양곡기금채권, 외국환평형기금, 보상채권 등의 국채가 있다. 한국은행이 발행하는 통화안정증권(이하 통안채), 지방자치단체가 발행하는 지방채, 「상법」상의 주식회사가 발행하는 회사채가 있다. 은행·금융투자회사·리스회사·신용카드회사 등 금융회사가 발행하는 금융채가 있다. 그리고 한국전력공사·예금보험공사 등 법률에 의해 직접 설립된

[표 30-6] 채권의 잔액 구성비(1995~2016)

(단위: %)

연도	1995. 12	2000. 12	2002. 12	2008. 12	2012. 12	2016. 06
국채	14.2	17.3	16.2	30.1	32.8	37.7
(국고채)		(10.0)	(9.2)	(25.5)	(28.1)	(32.4)
지방채	2.4	2.3	1.4	1.4	1.3	1.3
특수채	3.3	22.9	21.6	12.8	21.2	14.9
통안채	18.8	61.0	13.9	13.5	12.6	11.6
금융채	20.2	11.6	17.2	26.6	16.0	20.3
회사채	41.1	30.2	29.7	15.6	16.0	14.2
합계(조 원)	137	424	607	937	1,290	1,596

자료: 한국은행(2004), 『우리나라 금융시장』, p. 155; 한국은행(2016), 『한국의 금융시장』, p. 194; 국고채는 경제통계시스템.

법인이 발행하는 특수채가 있다. 이 채권들의 발행 잔액의 추이는 [표 30-6]과 같다.

외환위기 이전인 1995년을 기준으로 보면 회사채가 41.1%로 가장 많고 그 다음으로 금융채, 통안채, 특수채, 지방채 순이었다. 그러나 외환위기를 거치면서 기업 구조조정으로 회사채는 줄어든 대신에 금융 구조조정을 위한 예금보험기금채권 등이 대량 발행되어 2000년대 초반에는 특수채 비중이 20% 이상 높아졌다. 외환위기 이후 정부가 국고채 발행 등을 통해 구조조정에 소요된 자금을 조달함에 따라 국고채 발행 잔액이 지속적으로 증가하였는데, 동 자금의 상환은 2007년 중 마무리되었다. 하지만 글로벌 금융위기 이후 경기회복을 위한 재정지출 확대 및 추경 편성 등으로 발행액이 다시 크게 증가하였다.

금융채의 경우는 시중 여유자금의 은행권 유입이 지속됨에 따라 감소세를 나타내다가 일부 특수은행들의 채권 발행 등의 영향으로 발행액 비중이 크게 증가하였다. 특수채의 경우에는 글로벌 금융위기 이후 정부의 주요 정책사업 지속, 경기회복 지원을 위한 공기업의 채권 발행 등으로 증가세를 나타내었다. 그러다 저축은행 구조조정 일단락에 따른 예금보험기금채권 발행 규모 축소, 정부의 공공기관 부채관리 강화 등의 영향으로 비중이 감소하였다. 통안채는 글로벌 금융위기 이후 경상수지 흑자 지속, 외국인 증권투자자금 유입에 따른 통화공급 확대 등으로 유동성 조절 규모가 확대되면서 발행액이 지속적으로 증가하였다. 다른 유동성 조절수단의 활용이 늘어나면서 증가 폭이 점차 감소하여 그 비중이 줄어들었다.

[표 30-6]에서 보듯이 2016년 6월 말 현재 전체 채권 발행 잔액은 1,596조 원에 이른다. 채권종류별로는 국채가 602조 원으로 전체의 38%를 차지하고 있으며, 금융채 324조 원(20%), 특수채 238조 원(15%), 회사채 227조 원(14%), 통안채 185조 원(12%) 등의 순이다. 2016년 기준으로 채권 발행 잔액은 국고채, 금융채, 특수채, 회사채, 통화안정증권 순이다.

채권 유통시장은 장외시장과 장내시장으로 구분된다. 현재 대부분의 채권거래는 장외시장에서 증권회사의 단순중개를 통하여 이루어지고 있다. 채권의 종목이 다양하고 거래조건이 표준화되어 있지 않아 한국거래소의 자동매매시스템을 통해 거래하기가 곤란하기 때문이다. 장내시장으로는 한국거래소 내에 일반채권시장과 국채전문유통시장이 개설되어 있다. 일반채권시장에서는 전환사채가 주로 거래되고 소액 국공채의 장내거래가 의무화되어 있다.[24] 장외시장에서의 채권종류별 거래 비중을 보면, 국채가 50% 이상을, 통화안정증권이 20% 이상을 차지하고, 그 다음으로 금융채가 차지하고 있다. 반면 특수채와 회사채는 표준화되어 있지 않는 경우가 많아 장내거래가 매우 부진한 편이다.[25]

2) 채권시장의 육성과 국공채시장의 확상

1997년 외환위기 이후에도 우리나라 정부는 기업 구조조정 등을 위한 재정자금 조달과 기업의 자금조달을 원활히 하고자 다양한 채권시장 육성책을 일관성 있게 추진하여 왔다.

24 한국은행(2016), p. 180.
25 앞의 책, pp. 197~198.

김대중 정부는 1997년 12월 회사채 발행한도 확대, 외국인에 대한 채권시장을 전면 개방하고, 1998년 8월 증권회사의 회사채 총액인수제도를 의무화하고, 1998년 11월 채권시가평가제를 일부 시행하였다. 이 정부는 국채시장을 육성하기 위해 1999년 1월 국채 발행을 정례화하고, 1999년 3월 한국증권거래소 내 국채전문유통시장을 개설하고, 1999년 7월 국채전문딜러(primary dealer)제도를 도입하였고, 1999년 10월에는 채권안정기금을 설립하였다.[26] 한국증권거래소는 1999년 3월 전자거래시스템을 기반으로 하는 국채전문유통시장을 개설하여 전자거래시장을 정착시켰다. 이어 2000년 5월 「채권시장구조의 선진화 계획」을 발표하고 국채의 통합 발행을 추진하는 등 국채시장을 육성하는 제도적 개혁을 추진하였고, 환매조건부 채권거래 활성화를 위해 거래소에 Repo 시장을 2002년 2월 개설하였다.[27] 그리고 「자산유동화에 관한 법률」이 1998년 9월에 제정되어 자산유동화채권(ABS) 발행이 가능해졌고, 채권시가평가제도가 2000년 7월부터 전면적으로 시행되었다.

김대중 정부가 시행한 이러한 정책의 결과로 국공채의 상장액이 크게 늘어났다. [표 30-7]을 보면, 1997년 말의 국공채 잔액은 138조 원이었지만 1998년에는 214조 원으로 크게 늘어났고 2002년 말에는 422조 원이 되었다. 국공채 상장액의 증가, 국채유통시장의 육성 등으로 1999년 거래액이 폭발적으로 늘어났으나 곧 줄어들었다. 또한 회사채 발행에 대한 규제 완화로 상장 잔액과 거래대금이 늘어났으나 기업의 구조조정 등의 여파로 회사채 발행자 수, 종목 수 등이 줄었다. 국채 발행의 대폭적인 증가에 비해 회사채 발행의 증가는 작아 2002년 말 국채는 442조 원으로 회사채 141조 원의 3배 이상이 되었다.

노무현 정부에서 2003년 3월에는 국채종목의 식별과 국채거래를 용이하게 하고자 국채 표면금리 단위를 변경하고, 11월에는 외국환평형기금채권을 국고채권에 통합하여 국채의 종류가 더욱 단순화되었다. 2006년 1월에는 20년 만기의 최장기 국채

26 한국은행(2016), p. 158.
27 한국거래소(2016b), 『한국거래소60년사』, pp. 302~303.

[표 30-7] 채권시장 주요 지표(1997~2019)

(단위: 10억 원)

연도	국공채			회사채			
	종목 수	상장 잔액	자금거래	회사 수	종목 수	상장 잔액	자금거래
1997	7,717	138,092	237	1,827	8,170	86,024	3,807
1998	7,090	214,600	6,520	1,512	6,500	119,435	8,969
1999	5,701	253,298	281,922	1,078	4,054	111,121	11,685
2000	5,030	296,806	23,521	727	2,436	127,878	3,648
2001	5,585	363,506	12,214	742	2,306	141,224	2,013
2002	6,303	422,630	46,063	682	2,260	141,314	1,111
2003	6,528	471,151	214,010	681	2,422	136,143	892
2004	6,273	546,131	383,122	673	2,441	115,490	987
2005	5,968	614,488	360,824	787	2,434	107,301	1,935
2006	3,727	593,484	293,064	808	4,500	186,248	1,869
2007	3,987	621,830	348,128	833	4,612	208,838	3,267
2008	4,517	636,726	370,780	851	4,786	228,862	3,227
2009	4,489	750,342	505,507	781	5,039	264,136	4,687
2010	4,587	846,480	580,152	672	4,941	270,498	5,054
2011	4,513	900,894	818,433	619	5,284	301,821	6,393
2012	4,619	960,929	1,369,118	582	5,628	331,543	7,247
2013	5,020	1,050,351	1,315,358	588	6,235	345,765	6,631
2014	5,172	1,108,634	1,389,911	611	6,678	349,199	4,982
2015	5,341	1,200,181	1,788,944	601	7,023	357,305	3,289
2016	5,411	1,236,818	3,241,970	588	7,276	361,424	3,034
2017	5,423	1,277,497	2,406,746	570	7,696	381,678	3,803
2018	5,394	1,304,682	2,404,300	536	7,968	416,430	2,951
2019	5,377	1,355,659	2,240,109	560	8,561	467,870	3,776

자료: 한국증권거래소, 『증권통계연보』; 금융감독원, 금융통계정보시스템.

발행을 시도하였고, 2007년 3월에는 물가연동국채를 발행하여 장기 채권투자의 물가변동위험을 해지할 수 있는 수단이 마련되었다. 이 채권의 발행은 글로벌 금융위기로 일시 중단되었으나 2010년 6월에 물가연동국채의 발행이 재개되었다. 그리고 국고채 이자와 원금을 분리하는 제도가 시행되고 담보부 자금대차 방식으로 이루어지던 대금융기관 RP 거래가 2006년 4월에 채권매매 방식으로 변경되었고 채권장외거래 호가

집중제도가 2007년 11월에 도입되어 장외거래 효율성이 높아졌다.[28]

노무현 정부에서도 국공채 상장액이 크게 늘어났다. 2003년 말의 국공채 잔액은 471조 원이었지만 2007년 말에는 621조 원으로 1.3배 정도 늘어났다. 이 시기에는 국공채 거래액이 4~5배 정도 급증한 후 안정될 정도로 국공채 유통시장이 활황을 이룬 후 정착되었는데, 정부가 국공채의 단순화와 표준화를 통해 국채유통시장을 적극 육성한 결과로 보인다. 이에 반해 위축되었던 회사채 발행과 유통은 회사 수나 상장액 거래대금은 서서히 늘어났지만 회사채 유통액은 국채 유통액과 비교하면 매우 미미하였다. 이 정부하에서 국공채 유통시장은 급성장하였지만 회사채 유통시장은 계속 침체되어 있었던 것이다.

이명박 정부는 2009년에 국고채 ETF를 허용하고 국채교환제도를 도입하는 등 국채시장의 유동성을 높이기 위한 제도도 함께 도입하였다. 2012년 4월 기업투자 활성화를 위해 종전 순자산액의 4배로 규정되어 있던 회사채 발행한도를 폐지하였고 투자은행 활성화와 회사채 발행시장의 질적 성장을 위해 회사채 수요예측제도를 새로 도입하였다.[29]

이명박 정부에서도 국공채의 상장액은 크게 늘어났다. 2008년 말의 국공채 잔액은 636조 원이었지만 2012년 말에는 960조 원으로 1.5배 정도 늘어났다. 이 시기에 회사채 거래액은 2배 정도 늘어났지만 국공채 거래액은 4배 가까이 늘어났다. 이로 인해 회사채 거래액은 국공채 거래액의 0.5%에 불과할 정도로 미미하게 되었다. 국공채에는 정책금융기관의 금융채가 포함되어 있기 때문에 단순 비교는 어렵지만 회사채 유통시장이 극도로 위축되었다고 할 수 있다. 이 시기에 회사채시장이 정부의 육성정책에도 불구하고 상대적으로 더 위축된 것은 글로벌 금융위기의 영향으로 회사채에 대한 불신이 증폭된 결과로 보인다.

박근혜 정부는 채권시장 간의 불균형을 줄이기 위한 여러 정책을 시행하였다.

28 한국은행(2016), pp. 151, 158.
29 앞의 책, pp. 151, 163~164.

2013년 4월 국고채 발행물량을 조절하는 「국고채시장 안정화방안」을 시행하고, 7월에는 회사채시장 안정을 위해 P-CBO를 최대 6조 4,000억 원 발행하여 유동성 공급을 확대하기로 하였으며, 신용평가제도 개선을 추진하고, 12월에는 「국고채시장 관리개선방안」을 발표하고 이를 추진하였다. 이 정부는 2014년 12월, 2015년 7월, 2016년 6월 국고채제도 개선조치들을 연이어 취하고, 10월에는 50년물 국고채를 발행하여 최장기 국채가 시장에 등장하게 되었다. 그리고 2016년 7월 회사채 인프라 개선을 도모하면서 중소·중견기업의 회사채 발행을 정책적으로 지원하였다.[30]

박근혜 정부에서도 국공채의 상장액은 늘어났지만 상대적으로 적게 늘어났다. 2013년 말의 국공채 잔액은 1,050조 원이었지만 2017년 말에는 1,277조 원으로 1.2배 정도 늘어났다. 이 시기에 회사채 발행액은 350조 원 전후로 정체되어 있었고 3~5조 원으로 많지 않았다. 회사채 거래액은 2배 정도 늘어났지만 국공채 거래액이 4배 가까이 늘어났기 때문에 회사채 거래액 비중은 크게 줄어들었다. 이 시기에 국공채 유통시장은 활성화되었으나 회사채시장은 도리어 위축되었다.

외환위기 이후 채권시장의 성장은 [그림 30-6]에서 보듯이 국공채시장이 주도하였다. 외환위기를 계기로 구조조정과 글로벌 금융위기 이후 경기부양 과정에 국공채, 금융채, 특수채의 발행이 크게 늘어남에 따라 GDP 대비 국공채 상장액 비율이 빠르게 증가하였고 그 추세는 2010년대 이후 완만해지기는 하였지만 2015년까지 지속되었다. 외환위기 직후 국공채 거래액이 폭발적으로 늘어났으나 곧 정체되었다. 2002년 이후 역대 정부들의 국공채 유통시장 육성책과 보험·연기금 수요의 증가 등으로 증권시장을 통한 국공채 거래액은 폭발적으로 늘어났지만 그 효과는 오래가지 못하였다.

반면에 외환위기 이전까지 채권시장을 주도하였던 회사채시장의 상장액은 외환위기 직후 잠깐 늘어났으나 시장의 불안으로 국민소득 증가 속도를 넘어설 정도로 크게 증가하지는 못하였다. 글로벌 금융위기 이전에 확장세를 보였던 회사채는 2010년

30 한국은행(2016), p. 165.

[그림 30-6] 채권시장의 상장액 및 거래액 추이(1997~2019)

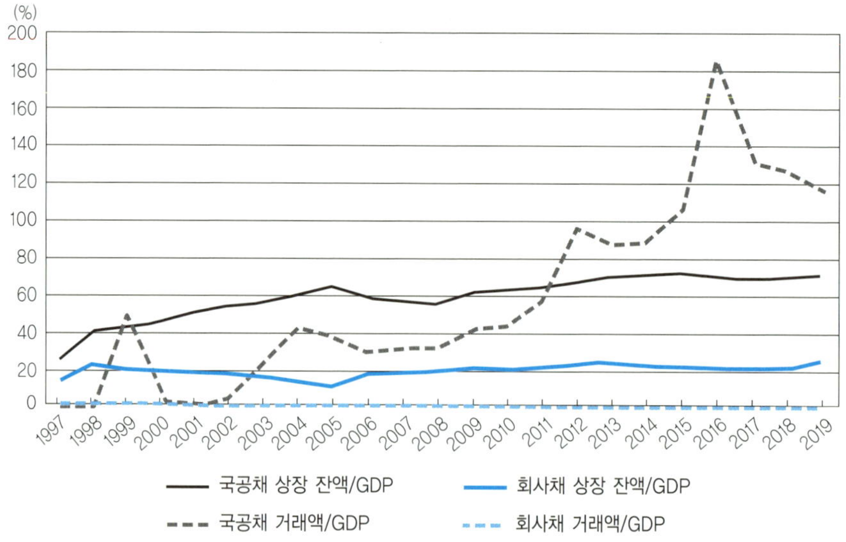

자료: [표 30-7].

말까지 정체되었다. 특히, 상장된 회사채는 장외시장, 증권회사의 창구판매, 즉 단순 중개를 통하여 거래되고 있었기 때문에 장내거래가 주를 이루는 국공채에 비해 금액이 장내에서 거래는 상대적으로 매우 적었고 그 이후에도 별다른 변화가 없었다.

일반적으로는 회사채 연발행액은 회사채 가격, 즉 회사채 수익률에 영향을 크게 받을 수 있겠지만 회사채 발행은 기업의 확장이나 금융불안으로 인한 자금수요 확대 등에 좌우되기 때문에 회사채 수익률 상승, 회사채를 통한 자금조달 비용의 상승이 있다고 그 발행액은 바로 줄어들었던 것으로 보이지 않는다. [그림 30-7]에서 보듯이 외환위기 직후 금리가 높았지만 대우 등 기업 집단은 확장을 위해 일시적이지만 회사채 발행을 늘렸다. 2001년 이후 수익률 하락에 따른 회사채 가격 상승세에도 불구하고 회사채 발행액은 도리어 줄어들었다. 그러나 글로벌 금융위기 전후와 2016년 이후 국제적 불확실성 증가로 금융불안이 확대되자 기업은 유동성 확보를 위해 회사채 발행을 다시 크게 늘리기 시작하였다.

[그림 30-7] 회사채의 연간자본조달액과 유통수익률(금리)(1997~2019)

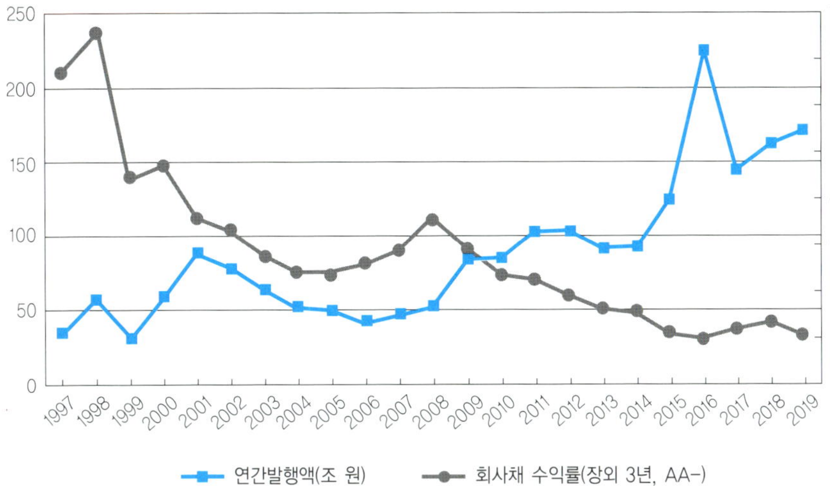

자료: [표 30-5].

3) 기업의 자금조달과 자본시장

외환위기 이후 우리나라 기업이 유가증권시장과 코스닥시장을 통해 조달한 자금은 회사채가 주식보다 많았기 때문에 회사채시장이 주식시장보다 더 빠르게 성장하였다고 할 수는 없다. 회사채는 대부분 만기 3년이므로 일정한 금액을 계속 발행해야만 이전 수준을 유지할 수 있지만, 주식은 한번 발행으로 이전 수준을 유지할 수 있기 때문이다. 따라서 개별 증권시장의 규모는 개별 자본시장의 시가총액을 통해 비교해 보는 것이 더 정확할 것이다. 국공채, 회사채, 유가증권시장 주식, 코스닥 주식을 시가로 비교한 것을 제시한 것이 [그림 30-8]이다.

우리나라는 상장총액은 1999년 대우 사태에 이어 2000년 현대그룹의 유동성 위기, 세계경제 둔화의 영향으로 금융시장의 불안이 있었고 주가 하락이 있었던 2000년과 글로벌 금융위기 영향으로 주가 급락이 있었던 2008년, 미중 무역마찰 등 국제적 불확

[그림 30-8] 자본시장 상장증권의 시가총액 추이(1997~2019)

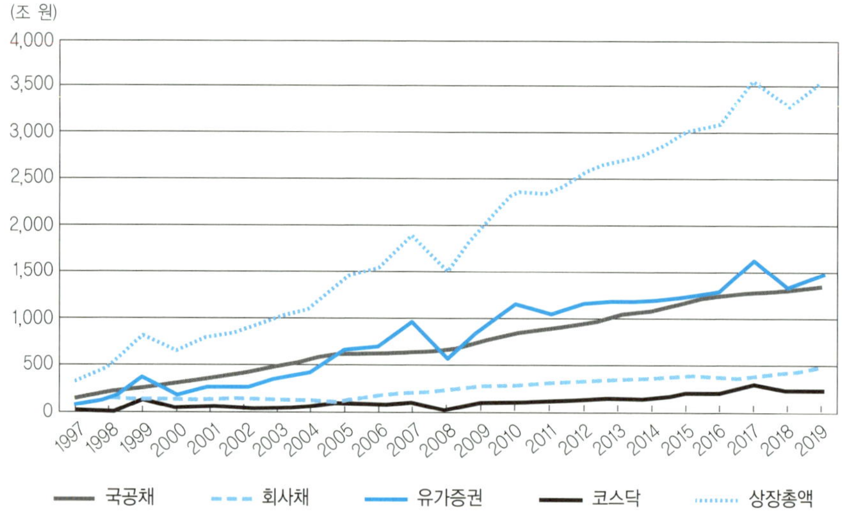

자료: 한국증권거래소, 『증권통계연보』; 금융감독원, 금융통계정보시스템; 한국은행, 경제통계시스템.

실성 확대로 주가하락이 있었던 2018년을 제외하면 주식시장은 성장세를 유지하였다. 이것은 기업 부문이 상장과 증시자금 조달을 통해 주식에 의한 외부 자금조달 비중을 높일 수 있는 여건이 되었다. 회사채시장의 상장액이 늘어나고 자본조달액도 늘어나기는 하였지만 상대적으로 정체되어 있었다.

비금융 기업의 외부 자금조달 방식도 자본시장의 성장과 연관되어 달라지고 있었다. 외환위기 이후 주식시장은 점차로 활황세를 보이고 회사채시장은 침체되어 비금융 기업의 장기 자금조달은 주식시장에 주로 의존하게 되었다. [그림 30-9]에서 기업의 주요 부채 비중을 보면 주식시장과 연관된 지분(주식)과 투자펀드 비중이 높아지고 있었다. 특히, 글로벌 금융위기 이전에는 지속적인 증가세를 보이다 글로벌 금융위기 충격으로 하락세를 보인 이후 40~50% 수준에서 안정되어 있다. 주식시장을 통한 외부 자금조달 잔액 의존도가 높아진 반면에 채권 발행을 통한 외부 자금조달 잔액 의존도는 외환위기 이후 하락세를 보이다 글로벌 금융위기 전후로 일시적인 상승세를 보인 후

[그림 30-9] 비금융 기업의 주요 부채 잔액의 비중(1997~2019)

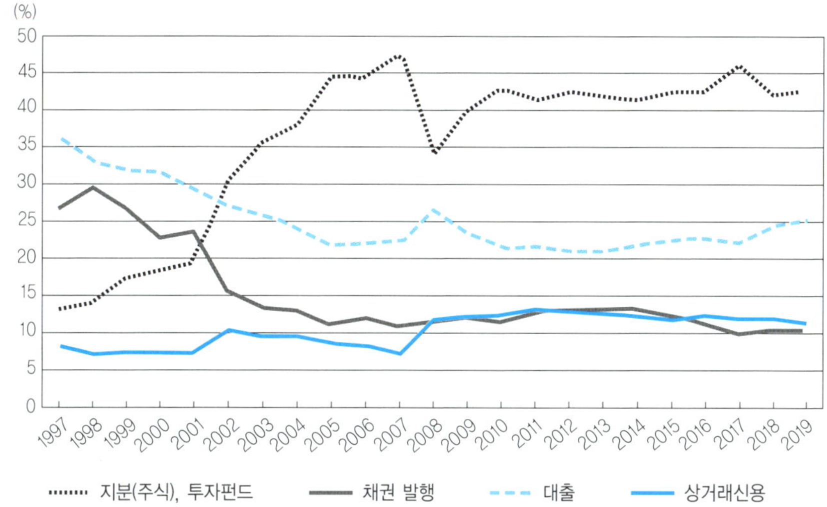

주: 1997~2001년은 1968SNA, 2002~2007년은 1993SNA, 2008년 이후는 2008SNA.
자료: 한국은행, 경제통계시스템.

20~30% 수준에서 안정되어 있다. 이러한 변화는 대기업이 금융기관의 차입에 의존하기보다는 자본시장에 접근하여 주식이나 채권 발행을 통해 자금을 조달하고 중소기업이나 신생기업도 주식시장을 적극적으로 활용한 결과로 보인다. 그 결과 비금융 기업의 대출 의존도도 외환위기 당시는 30%에 가까웠지만 글로벌 금융위기 이전까지 하락세를 보이다가 이후에는 10%대로 낮아졌다. 이와 같이 외환위기 이후 자본시장의 성장으로 비금융 기업의 외부 자금조달 방식의 변화가 적지 않았다.

4) 자산유동화 증권시장

자산유동화 증권(Asset-Backed Securities: ABS)은 부동산, 매출채권, 유가증권, 주택저당채권 등과 같이 유동성이 낮은 자산을 기초로 하여 발행되는 증권을 말한다. ABS는 자산보유자가 특수목적기구를 설립하여 이 기구에 기초자산의 법률적인 소유권을 양도하는 절차를 거쳐 발행되며, 이 증권의 원리금은 일차적으로 기초자산으로부터 발생하는 현금흐름으로 상환된다.

1998년 9월 「자산유동화에 관한 법률」(이하 「ABS법」)이 제정되고 동년 11월 「자산유동화 업무 감독규정」(구 「자산유동화업무처리에 관한 규정」, 이하 「ABS 규정」), 2000년 4월 「자산유동화에 관한 법률 시행령」이 각각 제정됨에 따라 자산유동화를 위한 법적 기반이 완성되었다.

이 시장은 자산보유자와 기초자산의 범위가 확대됨에 따라 그 시장이 점차 확대되어 갔다. 1999년 5월에는 중소기업진흥공단, 2001년 3월에는 상호저축은행, 2004년 3월에는 한국주택금융공사가 ABS 발행을 할 수 있는 자산보유자로 추가되었다. 한국주택금융공사는 정부지원 학자금 대출제도 시행으로 2005년 7월부터는 주택저당증권(MBS)뿐만 아니라 학자금대출증권도 발행할 수 있게 되었고, 일반법인의 경우에는 2000년 4월과 6월에 걸쳐 자산보유자 요건이 완화된 데 이어 동년 10월 기업 구조조정을 지원하기 위한 기업 구조조정 투자회사와 2002년 12월 투자적격 신용등급을 보유한 일부 SOC사업자로 더욱 확대되었다.[31] 2009년 2월에는 「자본시장과 금융투자업에 관한 법률」의 시행으로 유가증권 발행인 등록제도가 폐지됨에 따라 ABS를 발행할 수 있는 자산보유자는 투자적격등급 법인 및 상장법인으로 변경되었다. 농협은행은 2012년 3월에, 새마을금고 중앙회 및 신용협동조합 중앙회의 신용사업 부문은 2016년 3월에 자산보유자로 추가되었다.[32]

1998년 9월 「ABS법」이 제정된 이후 발행 초기에는 금융기관 및 공공법인이 BIS 자기자본 비율 및 유동성 제고, 재무구조 개선, 부실채권 처분 등을 목적으로 유가증권(주로 회사채와 대출채권)을 기초자산으로 ABS를 적극 발행하였기 때문에 [표 30-8]에서 보듯이 2000년에는 유가증권 관련 금액이 대부분이다. 2001년에 들어서는 신용카드 이용실적의 급증으로 여신전문 금융회사의 ABS 발행이 늘었고, 주택가격 상승 여파

31 한국은행(2016), p. 229.
32 앞의 책, p. 229.

[표 30-8] 기초자산별 ABS 발행액(2000~2015)

(단위: 10억 원)

<table>
<tr><th colspan="2"></th><th>2000</th><th>2005</th><th>2010</th><th>2015</th></tr>
<tr><td rowspan="4">대출채권</td><td>소계</td><td>11,691</td><td>10,733</td><td>14,421</td><td>61,658</td></tr>
<tr><td>주택저당</td><td>1,379</td><td>4,631</td><td>9,088</td><td>56,040</td></tr>
<tr><td>학자금</td><td></td><td>517</td><td>–</td><td>–</td></tr>
<tr><td>기업·개인여신</td><td></td><td>1,579</td><td>5,334</td><td>5,618</td></tr>
<tr><td rowspan="8">매출채권</td><td>소계</td><td>7,863</td><td>15,261</td><td>10,651</td><td>17,654</td></tr>
<tr><td>신용카드 매출</td><td>3,980</td><td>3,415</td><td>802</td><td>1,932</td></tr>
<tr><td>자동차할부채</td><td rowspan="2">2,478</td><td>4,302</td><td>3,213</td><td>4,273</td></tr>
<tr><td>리스채권</td><td>382</td><td>234</td><td>1,099</td></tr>
<tr><td>팩토링채권</td><td></td><td>–</td><td>1,154</td><td>3,706</td></tr>
<tr><td>주택분양대금</td><td>27,722</td><td>4,876</td><td>1,211</td><td>2,032</td></tr>
<tr><td>기업매출채권</td><td>972</td><td>2,266</td><td>4,037</td><td>4,613</td></tr>
<tr><td>기타</td><td>432</td><td></td><td></td><td></td></tr>
<tr><td colspan="2">유가증권</td><td>28,638</td><td>1,562</td><td>2,931</td><td>3,667</td></tr>
<tr><td colspan="2">부동산</td><td>1,191</td><td>10,149</td><td></td><td></td></tr>
<tr><td colspan="2">합계</td><td>49,383</td><td>28,507</td><td>28,003</td><td>82,980</td></tr>
</table>

자료: 한국은행(2012), 『한국의 금융시장』, p. 249; 한국은행(2016), 『한국의 금융시장』, p. 244; 한국은행(2003), 『우리나라의 금융시장』, p. 229.

로 2004년 이후에는 주택저당증권(MBS), 부동산개발PF ABS의 발행이 증가하였다. 그리고 금융·기업 구조조정이 일단락되어 금융회사의 부실대출채권 정리를 위한 ABS 발행은 줄어들어 [표 30-8]에서 보듯이 유가증권 발행액은 크게 줄고 주택 관련 발행액이 늘어났다. 2008년 글로벌 금융위기 직후 기업과 개인의 여신 관련 및 기업매출채권을 기초자산으로 하는 ABS 발행 규모가 확대되었으나 신용카드 관련 ABS는 크게 줄었다. 그리고 2012년 이후에는 한국주택금융공사가 유동화 조건부 적격대출을 출시하면서 MBS 발행 규모가 크게 늘어났는데, 특히 2015년에는 한국주택금융공사의 보금자리론 및 적격대출 취급 증가, 대규모 안심전환대출 시행 등으로 수익증권 규모가 급증하면서 ABS 발행금액이 83조 원에 이르게 되었다.

[표 30-9]에서 보듯이 ABS 자산소유자 중에서 공공법인의 비율이 늘어나고 있는데

[표 30-9] ABS 자산소유자 발행 잔액(2000~2015)

(단위: 10억 원)

	2000	2006	2010	2015
금융법인	41,741(84.5)	10,334(44.5)	14,229(50.8)	18,985(22.9)
일반기업	928(1.9)	8,789(37.8)	3,168(11.3)	8,199(9.9)
공공법인	6,714(13.6)	4,099(17.7)	10,606(37.9)	55,796(67.2)
합계	49,383(100.0)	23,222(100.0)	28,003(100.0)	82,980(100.0)

자료: 한국은행(2012), 『한국의 금융시장』, p. 248; 한국은행(2016), 『한국의 금융시장』, p. 243; 한국은행(2003), 『우리나라의 금융시장』, p. 228.

이것은 한국주택공사가 ABS를 적극 활용하였기 때문이었다. 이 자산의 발행이 시작되는 단계에서 한국자산관리공사 소유 부실채권을 기초자산으로 하여 ABS를 발행하였으나 금융 구조조정이 마무리되면서 그 비중은 크게 줄었다. 2004년에 신설된 한국주택금융공사가 금융기관으로부터 주택저당채권을 양도받아 이를 담보로 ABS 발행을 확대함에 따라 공공법인의 비중이 높아졌고 이의 대부분은 주택금융공사가 차지하게 되었다. 금융법인 중에서는 가장 높은 비중을 차지한 것은 신용카드채, 자동차할부채, 기업매출채권을 다루는 여신전문금융회사들이었다. 글로벌 금융위기 이전까지는 이 회사의 비중이 가장 높았으나 공공기관으로 분류되는 주택금융공사가 ABS로 본격적인 대출을 시작한 2014년부터는 이 기관의 비중이 가장 높아졌다.

4. 기타 금융시장의 발전

1) 단기 금융시장의 육성과 발전

이 시기의 단기 금융시장은 [표 30-10]에서 보듯이 콜시장, 환매조건부 매매시장, 한국은행 환매조건부 매매시장, 양도성예금증서시장, 기업어음시장, 전자단기사채시장, 표지어음시장, 통화안정증권(만기 1년 이내)시장, 재정증권시장 등으로 구성되었다.

[표 30-10] 단기 금융시장의 규모 추이(1997~2016)

(단위: 10억 원, 비율: %)

	1997		2000		2010		2016. 6	
	금액	비율	금액	비율	금액	비율	금액	비율
콜시장	14,324	8.0	16,058	11.6	22,501	8.5	9,390	2.4
환매채	23,699	13.2	26,309	18.8	78,766	29.7	133,829	33.8
양도성예금	25,500	14.2	14,218	10.2	44,472	16.8	24,162	6.1
기업어음	87,444	48.8	44,677	32.2	76,366	28.8	132,997	33.6
통안증권	15,867	8.9	26,488	19.1	41,140	15.5	53,670	13.6
표지어음	12,365	6.9	11,201	8.1	1,640	0.6	524	0.1
전자단기사채							35,365	8.9
합계	179,187	100	138,757	100	264,849	100	395,937	100

주: 통안증권은 1년 미만 잔액.
자료: 1997년은 한국은행(2005), 『우리나라의 금융제도』, p. 326; 2010년, 2016년은 한국은행(2016), 『한국의 금융시장』, p. 28.

여기서 전자단기사채시장만 새로 탄생한 시장이었다. 전자단기사채는 「자본시장법」상의 사채권으로서 실물이 아닌 전자적으로 발행·유통되는 단기 금융상품으로 정의할 수 있다. 글로벌 금융위기 이후부터 논의되기 시작하여 2013년 1월에 도입되었다. 전자단기사채의 법적 성격은 어음이 아닌 사채권이지만 내용은 기존의 기업어음(CP)과 동일하다. 다만 기업어음은 실물로 발행·유통되지만 전자단기사채는 실물 없이 중앙등록기관의 전자장부에 등록되는 방식으로 발행·유통되는 점만 달랐다.[33]

[표 30-10]에서 보듯이 외환위기 직전에는 기업어음시장이 중심에 있었고 양도성예금증서시장, 환매채시장 중심으로 형성되어 있었다. 외환위기 이후 단기 금융시장은 일시 위축되었지만 이후 성장세를 유지하고 있었다. 기업어음시장의 비중이 줄어든 대신에 환매채시장의 비중이 증가하여 두 상품의 시장이 비슷한 수준에 이르게 되었다. 그리고 표지어음시장은 거의 소멸되어 가고 있었다.

외환위기 1년 전인 1996년 11월부터는 콜거래 전문중개기관인 한국자금중개(주)

33 한국은행(2018), p. 337.

가 콜거래를 전담하여 중개하도록 하였다. 한국자금중개(주)는 1996년 7월 총 120개 금융기관이 공동으로 자본금을 출자하여 설립된 주식회사인데, 이 회사는 중개 업무 범위를 확대해 왔다.[34] 글로벌 금융위기 이후 콜시장에서 비은행 금융기관의 참가를 점진적으로 배제하였다. 2015년 3월부터는 국고채 전문딜러 및 한국은행 공개시장운영(OMO) 대상 기관 증권사의 콜차입과 자산운용사의 콜론 거래를 제외한 비은행 금융기관의 콜시장 참가가 원칙적으로 배제되고 있었다.[35] 글로벌 금융위기로 늘어난 콜자금 수요도 2010년대 전반기의 완화적 통화정책으로 줄어들면서 거래와 그 비중이 크게 줄어들었다.

1990년대 중반부터 환매조건부매매(RP)를 활성화하기 위한 다양한 정책이 추진되었다.[36] 첫째, RP를 취급하는 금융기관의 범위가 점차로 확대되었다. 둘째, 거래조건에 대한 규제도 점진적으로 완화되어 왔다. 셋째, 거래 대상 증권도 1997년 7월 이후 변화가 없다가 2007년 12월 기관 간 거래 대상 증권이 완전 자유화되었고 대고객 거래증권에 ABS와 MBS 등이 추가되었다.

[표 30-10]에서 보듯이 RP 시장은 경제주체들의 RP 거래에 대한 인식 제고와 관련 제도 및 인프라 개선 등에 힘입어 빠른 속도로 성장하였다. 대고객 RP 거래는 예금 또는 MMF 등 실적배당형 상품의 대체투자수단으로 인식되고 투자자 보호 강화 등 관련 제도도 개선되면서 거래액이 다른 단기 금융수단에 비해 빠르게 증가하고 비중도 크게 증가하여 기업어음과 함께 중요성이 높아졌다. 기관 간 RP 거래는 도입 초기에는 부진하였으나 2008년 이후 거래제도와 인프라 개선 등 거래 활성화 조치가 시행되고, 2010년 7월 이후 제2금융권의 콜시장 참가 제한 등 단기 금융시장 개편이 추진되면서 이들의 자금이 RP 시장으로 이동하자 빠르게 증가한 것으로 보인다.

[그림 30-10]을 보면, 콜금리는 통화정책의 기준이 되는 한국은행 기준금리에 따라 결정되고 있다. 금융불안이 존재하던 외환위기 이후부터 2003년까지 그리고 글로벌

34 한국은행(2016), pp. 30~31.
35 앞의 책, p. 31.
36 앞의 책, pp. 52~53.

[그림 30-10] 단기 금융시장의 주요 금리 추이(1998~2019)

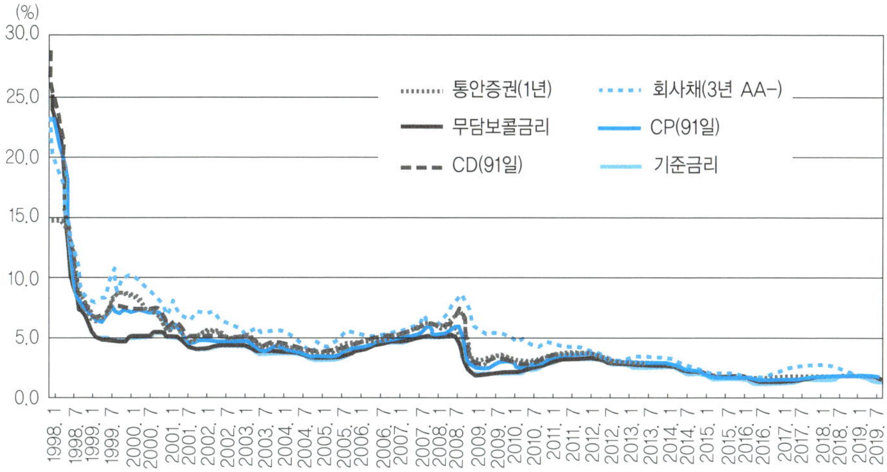

자료: 한국은행, 경제통계시스템.

금융위기 전후로는 CD, CP 금리는 한국은행의 기준금리나 콜금리와 상당한 격차가 있었으나 2013년부터 국내 금융시장의 불안이 사라지면서 격차는 크게 줄어들었다. 이러한 단기 금융시장의 금리가 한국은행의 기준금리와 동조되면서 격차까지 줄어들고 있다는 것은 통화정책이 단기 금융시장을 통해 잘 파급되고 있었고, 글로벌 금융위기 이후는 이 경로가 위험의 증폭 없이 순조롭게 정착되어 갔음을 시사하고 있다.

한국은행은 1980년대 이후 RP 매매를 주된 공개시장 운영수단의 하나로 이용하여 왔다. 한국은행은 일시적인 유동성 과부족을 조절하기 위한 수단으로 RP 매매를 활용하기 때문에 RP 매매는 통화안정증권, 통화안정계정에 비해 단기로 운용되었다. 글로벌 금융위기에서 한국은행은 신용경색 해소 등을 위하여 RP 매입을 통해 유동성을 적극적으로 공급한 바 있지만 우리나라의 경우 경상수지 흑자 등에 따른 국외 부문을 통한 유동성 공급으로 기조적으로 유동성 잉여 상태를 지속하고 있어 한국은행의 RP 매매는 유동성 흡수를 위한 RP 매각이 주를 이루게 되었다.[37]

외환위기 이후인 1998년 5월 정부의 단기 금융시장 조기개방 조치로 표지어음, 종합금융회사 발행어음 등과 함께 CD에 대해 외국인 투자가 허용되었다. CD가 실물증서로 발행·유통됨에 따라 위·변조 및 편취 등 각종 금융사고의 대상이 되는 경우가 많았기 때문에 2006년 6월부터 CD 등록발행제가 시행되었다.[38]

2001년부터 부동산가격 상승세가 나타나고 주택구입을 위한 가계대출이 급증하자 은행들은 주택담보대출 등 대출재원 마련을 위해 CD(양도성예금증서) 발행을 확대하였다. 특히, 2007년에는 대출 증가세가 지속된 데다 증시 활황으로 은행예금이 주식시장으로 이동함에 따라 CD 발행을 더욱 확대하여 [표 30-10]에서 보듯이 2010년에 CD 발행이 크게 증가하였고 그 비중도 크게 높아졌다. 그러나 2009년 말부터 CD를 예대출 산정에서 제외하는 예대율 규제가 효과를 발휘하는 2010년 전반에는 거래액도 크게 줄고 그 비중이 크게 낮아졌다.

외환위기 전후로는 CP(기업어음)시장을 육성하기 위한 제도 개편이 이루어졌다. 첫째, CP 취급 금융기관을 단계적으로 확대하였고, 둘째 1998년 2월에는 단기 금융시장 개방계획에 따라 상업어음, 무역어음 등과 함께 CP에 대하여 외국인 투자를 허용하였다.[39]

[표 30-10]에서 보듯이 CP시장 규모는 2000년대 중반 이후 자금조달의 편의성이 부각된 ABCP(자산담보기업어음) 발행이 크게 늘어나면서 빠르게 확대되었다. 그러나 글로벌 금융위기로 2008년 금융불안이 급속히 심화되자 캐피탈, 카드사 등 금융회사들이 영업위축 및 투자수요 감소로 디레버리징에 나서면서 금융회사의 CP 발행이 크게 줄었다. 이후 금융불안이 진정되고 시중 유동성 사정이 호전되었으나 기업들은 부채구조 개선을 위해 CP보다 상대적으로 만기가 긴 회사채 발행을 대폭 확대하면서 CP시장의 부진이 지속되었다.[40] 2010년 이후에는 일반 ABCP를 중심으로 발행이 빠르게 증가

37 한국은행(2016), pp. 75~76.
38 앞의 책, pp. 92~93.
39 앞의 책, pp. 112~113.
40 앞의 책, p. 121.

하면서 CP 발행 잔액이 크게 늘어나고 비중도 다시 높아졌다.

만기 1년 미만의 통안채 잔액은 1998년 외환위기 이후 경상수지 흑자 및 외국인 투자자금 유입 등 국외 부문을 통한 본원통화 공급 증가로 발행이 크게 늘어나면서 큰 폭의 증가세를 보였다. 글로벌 금융위기 이후 확장적인 통화·재정정책을 운용하면서 크게 늘어난 유동성을 환수한 결과 [표 30-10]에서 보듯이 2010년 말 그 잔액이 크게 증가하였다. 이러한 증가세는 국제수지 흑자구조로 인해 지속되었지만 그 증가 폭은 크지 않아 비중은 도리어 줄어들었다.

2) 파생금융상품시장의 성장과 그 한계

파생금융상품은 그 가치가 통화, 채권, 주식 등과 같은 기초금융자산의 가치변동에 의해 결정되는 금융상품으로서 계약 형태에 따라 크게 선도계약, 선물, 옵션, 스왑 등으로 구분된다. [표 30-11]에서 보는 바와 같이 기초자산의 유형에 따라 통화, 금리, 주식, 신용 관련 상품 등으로, 거래방법에 따라 장내 및 장외거래로 구분하고 있다.

우리나라의 파생금융상품시장으로는 대외거래와 관련한 환율변동위험 헤지 필요성 등으로 선물환시장이 상대적으로 일찍 형성되었으나 1990년대 중반 이전까지 다른 시장은 형성되지 못하였다. 1990년대 중반 이후 금융자율화 및 개방화의 진전에 따

[표 30-11] 주요 파생금융상품의 종류

기초자산	장내거래	장외거래
통화 관련	통화선물, 통화선물옵션	선물환, 통화스왑, 통화옵션
금리 관련	금리선물, 금리선물옵션	선도금리계약, 금리스왑, 금리옵션, 금리스왑옵션
주식 관련	주식옵션, 주가지수선물, 주가지수선물옵션	주식옵션, 주식스왑
신용 관련		신용파산스왑, 총수익스왑, 신용연계증권, 합성부채담보부증권

자료: 한국은행(2016), 『한국의 금융시장』, p. 291.

[표 30-12] 거래소(장내) 주요 파생상품 거래액(1999~2019)

(단위: 조 원)

연도	코스피200 선물	코스닥150 선물	코스피200 옵션	3년물 국채선물	10년물 국채선물	미달러 선물	엔 선물	유로 선물
1999	821.4		8.6	29.1		15.3		
2000	859.7		16.6	152.4		77.0		
2001	1,128.6		47.3	981.2		108.3		
2002	1,999.4		125.2	1,343.0		89.8		
2003	2,678.0		159.7	1,324.4		90.0		
2004	2,978.5		144.7	813.0		119.5		
2005	3,046.2		140.8	1,234.2		136.6		
2006	4,071.9		144.5	1,122.4		147.9	1.0	1.8
2007	5,272.8		218.4	1,455.1		266.6	10.8	13.6
2008	6,237.2		287.2	1,702.6	0.5	373.4	5.3	8.1
2009	7,652.8		256.6	2,209.6	0.0	684.1	4.6	7.2
2010	9,946.3		318.1	3,097.6	3.5	761.2	5.9	6.6
2011	11,259.9		436.3	3,536.5	378.5	780.1	11.3	3.2
2012	7,943.7		304.7	3,127.9	1,479.0	606.0	12.1	1.4
2013	6,421.4		262.9	3,108.1	1,381.2	569.8	10.4	4.5
2014	4,879.6		178.7	2,298.2	1,155.3	514.8	3.7	10.6
2015	4,898.3	0.5	184.3	2,837.9	1,462.1	595.3	3.5	12.2
2016	4,184.7	11.8	126.0	2,872.3	1,884.6	745.4	5.6	9.9
2017	4,172.1	35.2	123.8	2,413.2	1,509.5	689.3	5.7	9.6
2018	4,788.5	181.5	143.2	2,487.2	1,849.2	824.4	6.8	8.6
2019	4,236.5	145.1	126.7	2,945.9	2,312.8	999.3	9.0	8.0

자료: 한국거래소, KRX 통계.

른 금융시장 가격변수인 주가, 환율 및 금리의 변동성 확대로 파생금융상품에 대한 수요가 크게 증가하였다. 이에 따라 파생금융상품 관련 법규 및 제도의 정비가 이루어지면서 파생금융상품시장이 본격적으로 발전되기 시작하였다.

국내 파생금융상품시장에서 거래소를 통해 거래되는 장내 파생상품은 [표 30-12]에서 보듯이 코스피200 선물 및 옵션, 3년물 및 10년물 국채선물, 미국달러선물 등이고, 코스닥50에서 전환된 코스닥150선물은 2015년 늦게 출발하여 거래가 빠르게 증가

[표 30-13] 국내 금융기관의 장외파생상품 거래액(2001~2015)

(단위: 조 원)

		2001	2005	2007	2010	2015
통화 관련	소계	943.0	3,415.3	65,522.5	9,965.3	9,180.0
	선물환	877.2	3,153.3	5,820.3	9,601.7	8,683.7
	통화스왑	39.6	138.6	376.9	289.1	425.3
	통화옵션	26.1	123.5	325.3	74.5	71.0
금리 관련	소계	78.2	549.2	1,907.0	3,484.7	2,859.0
	선금리계약	5.6	48.1	111.9	53.3	70.0
	금리스왑	71.6	470.7	1,667.0	3,282.5	2,759.9
	금리옵션	1.0	30.5	128.2	148.9	29.1
주식 관련	소계	0.0	44.0	178.9	319.8	194.7
	주식선도			1.9	1.5	2.0
	주식스왑		2.5	17.0	16.0	72.4
	주식옵션	0.0	41.5	76.8	302.3	120.2
	주식ELW			83.1		
신용 관련	소계			2.9	6.1	20.0
	신용도스왑			1.1	3.6	11.1
	총수익스왑			1.9	2.5	8.9

자료: 한국은행(2016), 『한국의 금융시장』, p. 295.

하고 있다. 하지만 주식선물, 주식옵션, 5년 국채선물, 엔선물, 유로선물, 금선물, 돈육 선물 등은 시장은 열렸지만 거래가 많지 않았다.

장외 파생금융상품시장의 경우에는 [표 30-13]에서 보듯이 통화 관련 파생상품이 가장 거래량이 많았고, 그 다음으로 금리 관련 파생상품의 거래가 많았지만, 주식 관련 또는 신용 관련 파생금융상품의 거래량은 많지 않았다. 통화 관련 파생상품 중에서는 선물환거래가 대부분을 차지하고 있었는데, 이는 기업들의 환리스크 헤지수요 및 차액결제선물환 거래 등과 관련되어 있었다. 이 밖에 통화스왑도 비중이 큰 파생금융상품이 되어 있었다. 금리 관련 파생상품으로는 금리스왑, 금리옵션, 선도금리계약 등이 거래되고 있다. 금리스왑은 국내 대형 은행과 외국 은행 국내 지점을 중심으로 외환위기 이후 본격적으로 거래되기 시작하여 2000년대 빠르게 성장하였으나 2010년대 이후에는 위축되고 있었다. 이 금리스왑은 자산운용회사, 보험회사 등이 포트폴리오 평균만기(듀레이션) 조절을 위해, 또한 은행이 금리변동 위험 헤지 등을 위해 적극적으로 참가함에 따라 시장 규모가 크게 확대되었다. 그러나 금리옵션 및 선도금리계약의 경우에는 거래가 크게 활성화되지 않아 거래액이 많지 않다.

2006년 1월부터는 기업의 대외 경제 활동을 지원하기 위해 모든 신용파생상품 거래를 한국은행 신고사항으로 규제를 완화하였으며, 2009년 2월에는 외국환은행에 한해서는 보고사항으로 변경하였다. 2013년 12월에는 신탁·투자일임업자의 외화 표시 신용파생상품 매매가 허용되었다.[41] [표 30-13]에서 보듯이, 이로 인해 신용 관련 파생상품의 거래가 2015년 20조 원에 달할 정도로 빠르게 성장하였으나 다른 시장에 비해 그 규모는 크지 않다.

파생금융상품 중에서 사회적 관심을 불러일으킨 것은 '키코'(KOKO)라는 통화옵션계약이었다. 2005년 이후 원/달러 환율의 하락세가 지속되고 2006-2007년에는 선물환약정환율이 현물환율보다 낮아지자 달러가치 하락에 대비하려는 중소수출기업의 선물환 이외의 환위험 회피를 위한 환헤지상품 수요가 증가하였다. 이에 따라 국내 은행들이 일반적인 선물환상품보다 높은 수준의 행사환율로 달러화를 매도할 수 있는 통화옵션계약(Knock-In Overhedge), 이른바 키코의 체결이 크게 증가하였다. 그런데 2008년 이후 글로벌 금융위기로 원/달러 환율이 급증하자 이 계약을 체결한 기업은 시장환율과 행사환율 간의 차이만큼 손실을 보게 되었다. 이 키코에는 환율상승 시 계약금액의 2배를 만기 시 시장환율보다 낮은 행사환율로 매도하는 조건이 포함되어 있었기 때문이었다. 당시 금융감독원의 집계로는 2010년 6월 기준으로 732개사의 손실이 3조 2,000억 원에 이르렀다.[42] 큰 손실을 당한 기업들은 판매은행이 환율하락 전망만 강조하고 환율상승에 따른 손실위험을 제대로 설명하지 않았다고 주장하면서 집단적인 소송·고발로 대응하였다. 금융감독원이 분쟁조정을 위해 국내 은행의 불완전 판매 여부에

41 한국은행(2016), p. 389.
42 금융감독원(2020), 『금융감독원20년사』, p. 164.

검사를 시작하였으나 아직도 완전히 마무리되지 않고 있다. 이 사건은 아직도 완전히 해결되지 않고 있지만 파생금융상품의 위험성을 제대로 알리고 파생금융상품에 대한 감시·감독을 강화하는 계기가 되었다.

5. 투자금융기관의 재편과 금융투자업의 성장

금융투자업자는 금융투자상품의 거래와 관련된 업무를 주로 하는 금융기관이다. 2009년 2월 대형 투자은행 육성 및 자본시장 활성화 등을 위해 대부분의 증권 관련 법률을 통합·정비한 「자본시장법」에서는 투자매매업, 투자중개업, 집합투자업, 투자자문업, 투자일임업 및 신탁업의 전부 또는 일부를 영위하는 자로서 금융위원회의 인가를 받거나 금융위원회에 등록을 한 자를 금융투자업자로 분류하게 되었다. 금융투자업자가 복수의 업무단위를 자유롭게 선택하여 영위할 수 있기 때문에 증권회사이든 선물회사이든 자산운용사이든 인가취득에 따라 집합투자업 등 모든 금융투자 관련 업무를 영위할 수 있게 되었다.

외환위기 이후에 기존 투자신탁회사의 운용·판매조직을 분리하여 자산운용사로 분리하는 한편, 본체는 증권회사로 전환하는 증권산업 개편방안에 따라 1998년부터 2000년까지 7개 투자신탁회사가 증권회사로 전환하고 6개 증권회사는 구조조정으로 퇴출되었다. 이와는 달리 새로운 유형의 온라인증권회사와 인수를 하지 않는 중개전문 증권회사가 신설되기 시작하여 2003년까지 19개사가 신설되었다.[43] 2008년 「자본시장법」 시행을 앞두고 증권회사의 신설·합병으로 증권회사가 다수 증가하여 2013년 62개까지 늘어났으나 그 이후 인수·합병 등으로 다소 감소하여 2019년 56개사가 영업 중이고 전체 자산은 458조 원 정도가 되었다.

43 한국은행(2018), pp. 245~246.

[표 30-14] 증권회사의 부채 및 자본의 구성 비율(1998~2019)

(단위: %)

		1998. 3	2001. 3	2005. 12	2010. 12	2015. 12	2019. 12
예수금		13.5	20.5	24.0	9.9	8.8	9.3
차입 부채	소계	28.1	36.7	45.5	67.7	69.1	69.1
	발행어음		4.1	4.6			
	콜머니	10.7	9.4	7.7	5.1	1.2	0.8
	차입금	8.3	11.7	4.5	3.9	4.1	5.7
	RP 매도		8.6	11.9	31.2	29.6	25.6
	매도증권		0.1	1.7	–	3.1	5.1
	매도파생결합증권			14.7	13.8	27.8	23.8
	사채	0.4	0.3	0.0	1.2	1.5	4.2
	후순위채	6.4	2.1	0.4	0.9	0.9	0.8
	후순위차입	2.2	0.6				
파생상품						1.5	
파생상품부채			0.0	0.1		4.2	2.2
기타 부채		58.4	42.8	30.5	4.2	5.1	7.0
자본총계		29.9	25.8	24.3	18.2	12.9	12.5
부채 및 자본(10억 원)		23,018	42,033	68,162	189,006	337,684	474,830

자료: 금융감독원, 『금융통계월보』.

선물회사는 1996년에 본격 설립되었다. 하지만 외환위기 이후 선물회사의 주요 출자자인 금융기관의 구조조정이 추진되고 선물시장 개설 일정이 늦춰지면서 많은 업체가 선물회사 설립을 포기하였고, 일부 선물회사는 대주주의 경영난 등으로 해산됨에 따라 1999년 4월 선물거래소 개장 당시에는 11개 회사가 선물거래업을 영위하였다.[44] 2009년 「자본시장법」 시행 이후 일부 선물회사가 증권회사와 합병, 증권회사로 전환, 영업폐지 등으로 감소함에 따라 2019년 5개의 선물회사만 영업을 하였고 전체 자본금도 3조 원 정도로 증권회사에 비해서는 매우 미미한 존재라고 할 수 있다.

증권회사는 증권의 위탁매매, 발행 및 인수, 자기매매를 주요 업무로 하고 있지만

44 한국은행(2018), p. 251.

[표 30-15] 증권회사의 자산의 구성 비율(1998~2019)

(단위: %)

		1998. 3	2001. 3	2005. 12	2010. 12	2015. 12	2019. 12
현금예치금		7.3	24.6	28.6	20.0	16.6	14.3
증권	소계	21.4	30.6	41.9	60.3	66.5	66.7
	(파생결합)				2.1	2.7	0.9
파생상품자산					2.2	2.3	2.1
대출채권	소계	7.0	1.7	8.8	10.5	7.8	10.3
	콜론	3.0	0.4	1.2	0.4	–	–
	신용공여금	3.7	0.4	5.9	6.5	5.2	6.1
	RP 매수				1.2	0.7	0.9
유형자산		10.0	12.6	4.3	1.8	0.6	0.5
기타 자산		54.3	30.6	16.3	5.3	6.1	6.1
자산(10억 원)		23,018	2,033	68,162	189,006	337,684	474,830

자료: 금융감독원, 『금융통계월보』.

펀드 및 신종증권 판매, CMA 등 자산관리와 관련된 다양한 금융서비스를 취급하였다. [표 30-14]를 보면, 이러한 업무를 수행하기 위해 필요한 자금은 예수금보다 차입에 크게 의존하고 있는데, 그 비중이 점차 높아지고 있다. 차입은 다른 금융사와 달리 매우 다양한데, 비중이 높은 방식이 RP 매도와 매도파생결합증권이다. 후자의 비중이 높아진 것은 증권회사가 파생금융상품시장의 성장을 자금조달에서 적극적으로 활용하였음을 말해 주고 있다. 증권회사는 장기 자금을 조달하기 위해 주식이나 회사채, 후순위채 등을 발행하였으나 그 비중은 도리어 줄어들고 있었다.

[표 30-15]를 보면, 증권회사의 자산운용에서 가장 높은 비중을 차지하고 있는 것은 증권으로 외환위기 직후에는 21%에 불과하였으나 2015년 이후에는 70%에 근접하게 되었다. 이것은 증권회사의 자기매매 비중이 높아진 결과로 보인다. 증권회사 간의 경쟁 격화와 핀테크의 발전으로 위탁매매 수수료가 낮아짐에 따라 수익성이 높은 자기매매의 비중을 점차 높이고 유가증권 인수 주선을 확대하였다. 그러나 자기매매는 기대한 만큼 성과를 거두지 못하고 도리어 큰 손실을 초래한 경우가 적지 않았다. 그리

[그림 30-11] 증권회사 주요 경영지표의 추이(1997~2019)

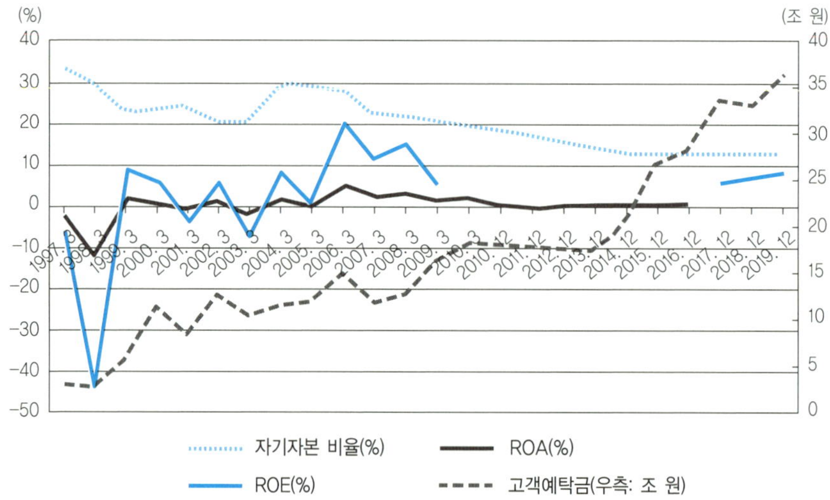

자료: 금융감독원, 『금융통계월보』.

고 증권시장의 성장에 따라 증권회사의 증권투자자에 대한 신용공여금 비중이 높아지면서 대출채권의 비중도 점차 높아지게 되었다. 증권회사는 외환위기를 거치면서 유동성 확보를 위한 노력을 경주한 결과 그 비중이 높아졌다가 글로벌 금융위기 이후 금융 완화에 따라 다시 낮아졌다.

외환위기의 충격으로 주가가 하락하고 회사채 등의 부실 증가로 주식과 채권의 가격이 동반 하락함에 따라, [그림 30-11]에서 보듯이, 외환위기 직후에는 고객예탁금도 정체되고 총자산순수익률(ROA)이 마이너스(-)를 기록하여 자기자본순수익률(ROE)이 40% 이상 손실률을 기록하였고 자본손실도 크게 증가하였다. 이에 따라 자기자본비율이 낮아지는 등 증권회사는 부실화되고 손실도 적지 않아 위기에 직면함으로써 구조조정의 대상이 되었다.

그러나 1999년에 주가가 상승세를 보이고, 특히 코스닥시장도 활황세를 보이면서, [그림 30-11]에서 보듯이, 증권회사에 고객예탁금이 급증하자 수수료 수익이 급증하게 되었다. 수수료 순수익을 보면, 1997년 2조 9,000억 원, 1998년 4.0조 원, 1999년 10조 5,000억 원, 2000년 6조 2,000억 원이었으므로 1999년에 시작된 코스닥 과열은 증권회사로서는 역설적으로 회생의 기회가 되었다.

고객예탁금이 글로벌 금융위기가 나타날 때까지 계속 증가세를 보이면서 기복은 있었지만 ROA 및 ROE가 회복세를 보였다. 글로벌 금융위기의 여파로 고객예탁금이 정체 상태에 있었지만 주가 회복에 따라 2014년부터 고객예탁금이 다시 빠른 증가세를 보이면서 자기자본순수익률(ROE)이 회복되는 등 증권회사 경영지표가 개선되었다. 그러나 증권회사는 자기자본 비율은 계속 낮아지고 있었다. 금융중개수수료에 크게 의존하고 자기인수 비율이 높지 않은 증권회사의 건전성이 더 이상 이슈가 되지 않았다. 그뿐 아니라 글로벌 금융위기 이후 금융 완화 국면이 장기간 지속되었기 때문일 것이다.

집합투자업자는 「자본시장법」에 따른 집합투자를 수행하는 금융기관으로서 이전의 자산운용회사에 해당된다. 2003년 12월 「간접투자자산운용업법」 제정을 계기로 종래의 「증권투자신탁업법」에 의한 투자신탁회사와 「증권투자회사법」에 의한 자산운용회사를 통합·개편함으로써 새롭게 도입된 업종이다.

1997년 외환위기를 계기로 구 투자신탁회사, 즉 자산운용업계는 구조 변화를 겪게 되었다. 경영부실로 인해 2개의 기존 투자신탁회사가 퇴출되고, 신설 투자신탁운용회사 가운데에서도 5개 투자신탁운용회사가 인가 취소되거나 정리되었다. 회사형 증권투자신탁인 뮤추얼펀드(투자회사)가 1998년 9월 「증권투자회사법」 제정을 통해 도입되었다. 당시 기존의 투자신탁운용회사는 뮤추얼펀드를 겸영할 수 있도록 하였다. 2003년 12월 「간접투자자산운용업법」으로 통합되기 전까지 「증권투자회사법」에 의해 설립·운영되었던 자산운용회사는 13개에 이르렀다.[45]

2009년 2월부터 시행된 「자본시장법」에서는 간접투자기구를 집합투자기구로 새

45 한국은행(2018), pp. 255~256.

로 변경하고 유한회사, 「민법」상 조합, 「상법」상 익명조합 등 민·상법상 설립 가능한 모든 기구로 그 범위를 확대하였다. 그리고 2015년 7월에는 사모집합투자기구(사모펀드) 활성화를 위해 「자본시장법」이 개정되면서 운영 목적에 따라 전문투자형과 경영참여형으로 단순화하고 공모펀드와 구별하여 규율하기 시작하였다. 전문투자형 사모펀드를 운용하는 집합투자업자를 '전문사모집합투자업자'라고 하고 인가가 아닌 등록만으로 진입을 허용하였다.[46]

집합투자업자에 속하는 회사는 1997년에는 31개사이었지만 외환위기 이후 구조조정으로 2000년에는 24개사로 줄었다. 그 이후 증시 활황을 배경으로 회사가 신설되어 2005년에는 46개, 2010년에는 80개, 2019년에는 292개사로 늘어나 영업 중이다. 특히, 그 수가 빠르게 증가하는 것은 2015년 이후인데 2014년 86개, 2015년 93개, 2016년 165개, 2017년 215개이었다. 2015년 이후의 빠른 증가세는 사모펀드를 활성화하기 위해 인가제에서 등록제로 설립 규제를 풀었던 결과이다. 이 사모펀드의 규제 완화는 이후 자본시장의 불건전성을 증대시키는 새로운 요인이 되었다.

자산운용회사는 총자산 규모를 기준으로 보면, [표 30-16]에서 보듯이, 선물회사의 2배 정도 되지만 증권회사와 비교하면 비중이 작다. 그렇지만 자산운용사의 수신에 해당하는 투자신탁설정액과 펀드설정액(투자회사 자본금)을 합친 수신액은 증권회사의 수신액에 비해 2배 이상 많았다. 회사형 투자신탁(펀드)은 투자신탁 형태의 수탁액에 비해 매우 작은 비중을 차지하고 있기 때문에 자산운용사의 성장은 대부분 투자신탁의 성장에 의한 것이라고 할 수 있다. [표 30-16]에서 보듯이 자산운용사가 1998년부터 출시한 투자회사와 투자신탁 합계액이 이미 200조 원을 넘어설 정도로 운용자산의 규모는 증권회사에 비해 대폭 확대되었다. 자본시장의 성장과 자산운용사의 투자신탁 성장이 선순환을 이루기 시작하자 투자신탁에만 의존하던 자산운용사의 수탁액이 외환위기가 수습 가닥을 보이던 1998년부터 1997년과 완전히 다른 양상이 나타났던 것

46 한국은행(2018), p. 256.

[표 30-16] 주요 금융투자업자의 자산과 수신 추이(1997~2019)

연도	자산			수탁고		
	증권회사	선물회사	자산운용사	증권회사[1]	선물회사[2]	자산운용사[3]
1997	23,868			3,303		85,028
1998	34,734			6,842		200,439
1999	60,681	277		19,310	8	188,886
2000	52,171	526	1,273	14,407	28	141,046
2001	58,945	579	1,387	26,271	31	154,883
2002	50,476	526	1,530	22,111	23	169,756
2003	48,369	621	1,565	24,596	31	141,591
2004	52,361	915	1,636	26,033	620	186,209
2005	73,060	1,177	1,622	40,825	835	194,604
2006	92,852	1,327	2,062	56,174	923	223,331
2007	126,904	1,972	2,500	74,223	1,522	283,136
2008	140,643	2,799	3,017	83,359	2,085	346,809
2009	163,956	2,480	3,355	98,013	1,916	319,032
2010	199,805	1,794	3,670	116,311	1,301	302,826
2011	233,781	2,280	3,889	135,240	1,769	286,919
2012	259,910	2,653	3,983	154,009	2,149	304,944
2013	270,532	2,247	4,177	171,025	1,779	323,531
2014	313,549	2,596	4,807	205,315	2,139	370,547
2015	344,472	3,830	4,049	233,806	3,359	425,504
2016	348,905	3,556	5,062	246,281	3,147	474,514
2017	381,389	3,331	5,636	256,995	2,871	501,470
2018	430,844	4,610	6,119	278,751	4,180	553,936
2019	474,830	3,158	7,409	303,148	2,651	650,313

주: 1) 예수금+환매조건부 매도+발행어음+CMA(종금)+매도옵션+파생결합증권.
2) 예수금+매도옵션.
3) 투자신탁 설정고+투자회사 자본금.
자료: 금융감독원, 『금융통계월보』.

이었다.

집합투자기구는 투자 대상별로 보면 증권, 부동산, 특별자산, 단기 금융(MMF), 혼합자산 등 5종류로 구분할 수 있다. 집합투자업자가 집합투자기구의 재산으로 운용할

[표 30-17] 집합투자기구의 투자 대상별 설정 잔액과 비중(2009~2019)

(단위: 비율 %)

연도	증권							부동산	특별 자산	혼합 자산	MMF	합계 (조 원)
	소계	주식형	채권형	혼합 주식형	혼합 채권형	파생형	기타					
2009	71.2	37.6	14.1	3.8	5.8	5.6	4.4	4.0	3.6	0.0	21.1	332.0
2010	70.0	30.8	17.1	3.5	7.0	5.6	6.0	4.8	4.7	0.0	20.6	325.3
2011	70.9	33.8	14.8	3.7	6.0	7.4	5.1	5.8	5.9	0.1	17.4	306.1
2012	67.1	28.8	14.6	2.8	5.7	9.4	5.7	6.4	6.8	0.3	19.4	325.0
2013	65.2	24.2	16.5	2.5	6.4	9.1	6.6	7.4	7.8	0.4	19.2	346.6
2014	62.6	19.7	18.2	2.2	6.6	8.0	7.9	7.9	8.1	0.7	20.8	396.1
2015	54.8	20.8	13.4	2.1	7.8	7.4	3.4	9.6	11.0	0.8	23.8	366.4
2016	51.5	19.9	12.5	1.9	6.7	7.3	3.1	9.5	12.2	0.5	26.3	329.2
2017	52.3	22.0	10.4	2.4	5.5	7.4	4.6	9.6	12.5	0.7	25.0	290.1
2018	54.0	23.5	11.1	2.5	4.9	7.6	4.5	8.2	11.1	2.9	23.9	291.3
2019	55.3	24.3	12.6	2.0	4.2	7.1	5.0	7.6	10.3	1.6	25.3	290.8

자료: 금융감독원, 『금융통계월보』.

수 있는 자산은 재산적 가치가 있는 모든 재산을 대상으로 하고, 편입 비율에 대한 제한만 두고 있었다. 단기 금융의 경우에는 증권에만 투자할 수 있게 하였다.

집합투자기구 투자 대상별 수탁고를 보면, 2010년, 2011년에는 글로벌 금융위기 여파로 설정 잔액이 일시적으로 위축되었지만 그 이후에는 증가세를 보이고 있고 2015년 이후 감소세를 보였다. [표 30-17]을 보면, 그 구성의 변화는 다음과 같다. 첫째, 전체적으로 증권의 비중이 1/2 이상으로 가장 높았다. 증권 중에서는 주식형, 채권형 등 단순형이 가장 높았으나 증권 전체 비중은 물론 개별 상품의 비중이 점차 낮아지고 있다. 파생금융상품시장의 발전에 따라 파생상품의 비중도 2013년까지 증가세를 보였다. 둘째, 부동산 비중은 2010년대 중반까지 높아졌으나 그 이후에는 낮아지고 있다. 셋째, 단기 금융상품인 MMF의 비중은 글로벌 금융위기 여파로 2010년대 초반에 일시 낮아졌으나 2010년대 후반에는 25% 수준까지 다시 높아졌다.

제31장

금융안정과 경제안정을 위한 통화·금융정책

50000
10000
5000

1. 외환위기 이후의 금융불안과 그 대응

1) 외환위기 직후의 거시경제 변화

우리나라가 IMF와 제1차 스텐바이협정을 맺으면서 합의한 주요 거시경제정책은 다음과 같았다. 첫째, 경상수지 적자는 2년간 GDP 1% 미만으로 유지한다. 둘째, 물가상승률은 5% 이내로 유지한다. 셋째, 경제성장률은 3% 정도로 1999년에는 잠재성장률 수준으로 회복하기로 한다. 넷째, 통화정책은 긴축기조를 유지하며 현재 13~16% 수준인 시장금리의 상승을 용인하고 통화증가율은 물가상승률 5% 이하로 안정시킬 수 있는 수준으로 억제한다. 다섯째, 환율정책은 신축적으로 운용하고 시장개입은 급격한 변동을 완화하는 데에 국한한다. 여섯째, 재정정책은 통화정책의 부담을 덜고 금융 구조조정 비용을 충당하기 위해 긴축 기조를 유지한다.

1998년 2월 공식으로 새로 출범한 김대중 정부는 거시경제정책에서 IMF와 협약한 정책을 시행하였지만 1998년 1/4분기 실적은 예상 이상으로 나쁜 것으로 나타났다. 잠정 경제성장률은 마이너스(-) 3.8%이었고 민간소비는 마이너스(-) 10.3%, 설비투자는 마이너스(-) 40.7%이고 3월 실업률은 6.5%, 물가상승률은 9%, 경상수지는 급격한 수입감소로 108억 달러 흑자를 기록하였다.[1] 재정경제부는 IMF에 경기활성화 필요성을 강조한 결과 5월 제6차 자금인출과 관련한 경제 프로그램 조정에서 은행을 통한 기업 구조조정을 가속화하는 대신에 콜금리 인하 등 금리의 탄력적 운용에 합의[2]를 이끌어 냄으로써 경기침체의 주요 원인 중 하나이었던 고금리 정책이 철회되었다.

이에 따라 1/4분기까지 연 20%가 넘던 콜금리는 점차 낮아져 연말에는 6%대로, 1999년 4월에는 4%대로 낮아졌다. [그림 31-1]에서 보듯이, 콜금리의 하락에 따라 은행대출의 기준금리가 되는 CD금리도 연동되어 하락하였고 회사채 유통수익률도 콜금

1 한국은행(1999), 『경제통계연보』, 주요 경제지표.
2 한국은행(2000), 『한국의 금융 · 경제연표』, p. 539.

[그림 31-1] 1998년 이후 금리, 주가 및 환율의 추이(1998~2007)

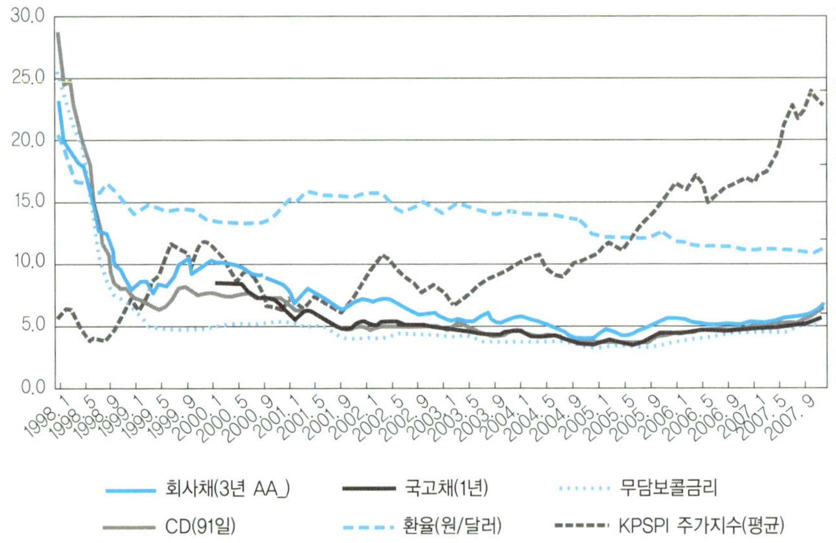

자료: 한국은행, 『경제통계연보』, 경제통계시스템.

리만큼 하락하지는 않았지만 연동되어 비슷한 추이로 하락세를 보였다. IMF에서 순조로운 자금인출을 시작으로 국제금융기구의 자금지원이 시작되고 외국에서 차환(만기연장)이 순조롭게 이루어지고 더욱이 환율 폭등의 효과로 수입이 급격히 감소한 반면에 일시 감소하였던 수출은 매월 100억 달러 수준이 유지됨으로써 외환위기가 빠르게 수습될 가능성이 나타났다.

1998년의 금융 구조조정과 기업 구조조정 등 구조조정정책과 금융·외환시장 안정을 위한 다양한 정책, '금모으기 운동'과 같은 일반국민의 외환위기 극복을 위한 협조, 그리고 세계경제의 호황 등으로 한국 경제는, [그림 31-1]에서 보듯이, 1999년 이후 금융·외환시장이 안정세를 보였고, 경제성장률의 급반등 등 실물경기가 빠른 속도로 상승하는 등 활력을 되찾기 시작하였다.

콜금리는 5% 내외에서 안정되었고, 외환위기 직후 15~20%까지 상승하였던 국고채 및 회사채 금리도 1999년 이후 크게 낮아져 7~9%대에 머물렀고, 주가도 1999년 중

빠른 경기회복과 저금리 영향 등으로 큰 폭의 상승세를 나타내었다. 1998년 6월 16일 280.0까지 떨어졌던 코스피는 2000년 1월 4일에는 1,059.0까지 상승하였다. 외환시장에서는 경상수지 흑자의 지속과 외국인 주식투자자금의 큰 폭 유입 등으로 초과공급이 이어지면서 원화의 대미달러 환율이 점차적으로 하락하였다. 1998년 3월부터 본격적으로 하락하기 시작한 원화환율은 1998년 말에는 달러당 1,204원을 기록하였고, 1999년 및 2000년에도 대체로 동 수준에서 등락하며 안정되고 있었다.

최후의 대출자인 한국은행은 금융기관 구조조정을 지원하기 위해 1997년 11월 부실채권정리기금이 발행한 채권 2조 원을 인수하였고, 12월에는 14개 종합금융회사의 영업정지로 이들 회사에 공여한 콜자금이 동결되는 등 유동성 사정이 악화된 금융기관에 대해 11조 2,000억 원의 특별유동성을 지원하였다. 1998년 1월에는 영업정지된 종합금융회사의 예금 대지급 및 제일·서울은행에 대한 출자재원 조성을 위해 발행된 예금보험기금채권 6조 5,000억 원을 인수하였다. 또한 1999년 2월에는 한국수출입은행의 수출입금융 확대를 위한 소요재원 및 자기자본 확충을 지원하기 위하여 한국수출입은행에 7,000억 원을 출자하였다.[3] 한국은행은 이러한 금융산업 구조조정 과정에서 늘어난 유동성을 다시 흡수하기 위해 통화안정증권 발행하였다.

[그림 31-2]에서 보듯이 우리나라는 외환위기 직후인 1998년에는 실질경제성장률이 마이너스(-) 6.9%로 급락하였으나 1999년, 2000년, 2001년에는 9.5%, 8.5%, 3.8%로 V자형 경기회복세를 보여 외환위기를 경험한 다른 동아시아 국가에 비해 회복세가 빠를 뿐 아니라 반등 폭도 매우 큰 것으로 평가하고 있다.[4] 이러한 급격한 변화는 IMF와 협약에 제시된 거시경제정책 기조와 관련되어 있다. IMF는 외환위기를 극복하기 위해 긴축적 통화·금융정책이 불가피하다고 보고 고금리정책을 수행함으로써 금융시장 경색이 일어나 소비와 투자의 급격한 감소로 인한 경기침체가 1998년의 급격한 저성장으로 나타났다. 물론 김대중 정부는 IMF와 협의하여 고금리정책을 철회하기는 하였

3 한국은행(2020), 『한국은행70년사』, p. 133.
4 한국개발연구원(2007), 『경제위기 10년: 평가와 과제』, pp. 43~44.

[그림 31-2] 외환위기 이후 주요 거시경제지표의 추이(1997~2019)

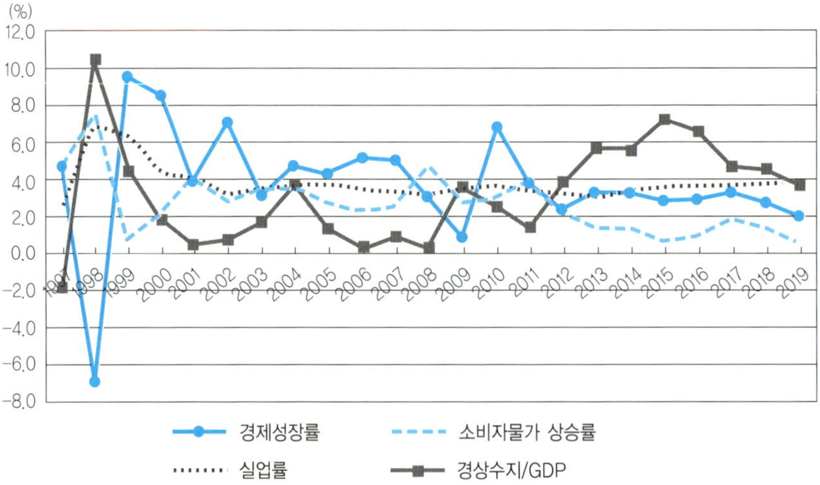

자료: 한국은행, 2007년까지는 『경제통계연보』, 경제통계시스템.

지만 고금리와 신용경색은 1년 가까이 지속되어 그동안 경기침체가 가속되고 실업률도 높아졌다. 이러한 경기침체에도 불구하고 소비자물가상승률이 높아진 것은 환율 상승으로 인한 수입물가 상승의 결과인데, 이러한 물가상승도 환율이 하락함에 따라 상승률은 1998년 7.5%에서 1999년 0.8%로 낮아졌다. 이러한 물가하락세는 당시에 '가격파괴'라는 신조어를 만들어 내었다.

1998년에는 긴축적 거시경제정책과 금융·기업 구조조정으로 큰 폭의 마이너스 성장(-6.9%)을 보였던 한국 경제는 금융·외환시장 안정을 바탕으로 수출이 크게 증가하고 소비 및 투자심리도 회복된 데 힘입어 1999년 1/4분기에는 플러스(+) 성장으로 돌아선 후 2000년까지 8%라는 높은 성장세를 보여 주었다. 경상수지는 내수침체와 환율 상승에 따른 수입의 대폭 감소로 1997년 11월 흑자로 전환된 후 1998년에는 흑자 폭이 404억 달러로 크게 확대되었다. 소비자물가상승률은 환율상승의 영향으로 1998년 7.5%로 높아졌으나 1999년에는 환율, 금리 등 비용요인이 안정되고 수요 면에서의 상승 압력도 크지 않음에 따라 0.8% 상승에 그쳤다. 2000년 들어서도 물가안정 목표범위 내인 2.3% 상승에 머물렀다. 외환보유액은 경상수지 흑자의 지속과 외자유입 확대로 2000년 말에는 962억 달러로 늘어났다. 이처럼 국내 금융·외환시장이 안정되고 실물경제가 호전됨에 따라 외환위기 기간 중 투자부적격 등급 이하로 하향조정되었던 우리나라의 국가신용등급이 1999년 상반기에는 투자적격 등급으로 상향조정되었다.[5] 나아가 대외지급 능력이 크게 개선됨에 따라 우리나라는 당초 계획보다 약 3년 정도 앞당겨 2001년 8월 23일 IMF 차입금 잔액을 모두 상환함으로써 한국 경제는 'IMF 관리체제'로부터 벗어나게 되었다. 이른바 'IMF 사태'가 종결된 것이다.

2) 대우 사태와 금융시장 안정책

대우그룹은 외환위기 이후 구조조정보다는 차입 경영으로 규모를 키우고 있었다. 대우그룹의 매출액은 1997년 49조 4,000억 원에서 1998년 61조 7,000억 원으로, 영업이익은 1997년 3,001억 원에서 1998년 3,192억 원으로, 금융비용은 1997년 2,996억 원에서 1998년 5,924억 원으로, 1997년 순이익 135억 원에서 1998년 손손실 554억 원, 총차입금은 1997년 말 28조 7,000억 원에서 1998년 말 43조 9,000억 원으로 증가하였다.[6] 대우 사태로 관심을 모은 금융권 간의 자금이동은 외환위기 직후의 자금순환의 변화를 보여주었다. 금융당국이 은행과 종금사의 구조조정에 들어가자 1998년 초반부터 시중자금이 은행 예금이나 제2금융권 예수금이 은행신탁이나 투신사로 이동함에 따라 회사채와 CP의 발행을 통한 자금조달이 쉬워졌다.[7] 대우그룹은 이 기회를 활용하여 1998년 1년 동안 회사채로 11조 4,000억 원, CP로 8조 4,000억 원이라는 거액을 조달하여 기업확장에 나섰다.

5 미국의 무디스와 S&P, 피치, IBCA 등 국제적 4대 신용평가기관들로부터 모두 투자적격 판정을 받았다(『동아일보』, 1999. 4. 27).
6 금융감독위원회(1999. 11. 4), 「대우그룹 워크아웃 추진현황과 향후 계획」.
7 이창용(2001), 『외환위기 이후 실물 및 금융 부문의 회복과정과 교훈』, p. 49.

1999년 1월 15일 접어들면서 5대 그룹은 재무구조 개선 약정을 채권은행에 제출하였다. 대우그룹은 주거래은행인 제일은행의 구조조정으로 1998년에 자금조달에 어려움을 겪은 바 있었는데, 구조조정 실적이 낮은 대우그룹이 또 다시 문제가 되었고 자금조달에서도 어려움이 있었다. 외환은행과 제일은행은 29일 정부의 자산재평가 불인정 방침에 반발하며 재무구조약정계획서 수정안 제출을 미뤄온 현대그룹과 대우그룹에 대해 3월 31일까지 제출을 거부할 경우 신규 여신 중단 등의 제재를 취하겠다고 하였다.[8] S&P는 구조조정을 지체하고 있는 (주)대우의 신용등급을 B에서 B-로 낮추었고 대우는 수출대금의 회수와 자금조달에서 어려움이 가중되었다. 대우그룹은 조선, 자동차, 호텔의 일부를 처분하는 자구안을 발표하였으나 국내 신용평가사도 신용등급을 낮추었고 회사채 만기연장이 거부되었다. 대우그룹은 국내외 채권자의 자금회수, 즉 유동성 위기에 직면하여 구조조정을 신청하였다.

대우그룹의 구조조정을 지원하기 위해 22개 은행, 24개 투신사, 14개 보험사, 9개 종금사 등 6개 금융기관으로 구성된 대규모 채권단이 1999년 7월 19일 지원방안을 결의하였다. 그 결과 대우그룹을 비롯한 대기업 구조조정 불신으로 금융시장이 동요하기 시작하였다. 대우그룹 회사채, CP 거래가 중단되고 대우채가 편입된 수익증권까지 환매요구가 쇄도하여 투신권의 자금난은 물론 금융시장 전체 금융경색이 나타났다. 대우 채권단이 4조 원이나 지원하였지만 8월에도 대우가 어음을 적기에 결제하지 못하자 대우그룹은 8월 26일 기업개선작업을 신청하였고 이 작업은 제일은행, 한빛은행, 산업은행, 조흥은행, 외환은행, 서울은행 등 6개 은행이 분담하기로 하였다.[9]

대우그룹의 워크아웃 결정 이후에도 채권은행들은 7월 23일 대우증권에 만기가 돌아온 대우 계열사 어음을 막기 위해 1조 8,700억 원을 긴급 콜자금으로 지원하고, 채권단은 연말까지 단기 여신 10조 원에 대한 상환기일을 6개월간 연장해 주고 회사채는 차환 발행을 통해 지원하기로 하였다.[10] 김대중 정부는 7월 25일 「금융시장 안정대

8 『동아일보』, 1999. 3. 30.
9 이규성(2006), 『한국의 외환위기』, pp. 843~847.
10 『동아일보』, 1999. 7. 23.

책」으로, ① 투신사에 무제한 유동성 지원, ② 증시부양 위해 저금리 기조 유지, ③ 필요시 대우 채권단에 공적자금 투입, ④ 탄력적 은행 지준관리, ⑤ 대우그룹 재무구조 개선 약정 조기시행, ⑥ 대우 해외 차입금 만기연장 요청 등 가능한 정책수단을 모두 동원하였다.[11]

김대중 정부는 이러한 금융시장 안정대책에도 불구하고 회사채 금리가 상승하고 수익증권 환매가 이어지자 8월 12일 투신사 수익증권 환매대책을 발표하였다. 이 대책은 투신사의 요구대로 펀드 내에 비대우채권 편입 비율만큼 지급하고, 대우 관련 채권의 편입 비율만큼 환매를 연기하고, 2000년 7월에 시가로 최종정산하기로 하는 것이었다.[12] 대우그룹의 워크아웃 이후의 금융불안을 사전에 차단하고자 한국은행은 대우그룹이 워크아웃을 시작한 8월 26일 대우그룹 협력업체의 자금난 완화를 위해 총액한도대출을 활용하고 제일은행에 대한 특별대출 1조 원을 1년간 지원하는 등 유동성 공급방안을 발표하였다. 정부도 9월에 들어서 금융시장 불안을 해소하기 위해 대우채권의 기간별 차등 환매원칙을 재확인하고 투자신탁회사에 유동성을 공급하고 10월까지 10조 5,000억 원 채권펀드를 조성하여 시장금리 하락을 유도하였다. 이러한 안정정책의 결과로, [그림 31-1]에서 보듯이, 회사채 금리는 일시 하락하였지만 다시 상승하였다. 하지만 대우 사태 진정으로 주가가 상승하고 환율시장도 안정되었다.

2000년에 접어들어 5월 현대그룹의 유동성 위기, 그리고 세계경제 둔화의 영향으로 금융시장의 불안이 지속되면서 일시적으로 환율도 상승하기 시작하였고, 기업들이 외환위기 전후로 발행한 회사채 만기가 2000년 이후에 집중적으로 도래함에 따라 회사채 차환 발행 수요가 급증하는 등 금융시장 불안요인이 있었다. 이 때문에 주가가 하락하고 환율이 상승하였으나 자금수요의 감소로 콜금리를 제외한 다른 금리는 하락 추세를 유지하였다.

11 『동아일보』, 1999. 7. 26.
12 한국은행(2000), p. 500.

3) 카드 사태 발생과 금융시장 안정책

김대중 정부는 외환위기 이후 급격히 위축된 소비를 진작시키고자 신용카드 현금대출(현금서비스) 월 이용한도(70만 원) 폐지(1999. 5), 신용카드 소득공제제도 도입(1999. 8), 신용카드 매출전표 발행사업자에 대한 세액공제혜택 확대(2000. 1) 등 각종 신용카드 거래 활성화 정책을 시행하였다. 이러한 정책적 지원을 배경으로 신용카드사들은 경쟁적으로 신용카드 가맹점과 회원 수 확대를 도모하였다. 그 결과 1999~2002년 신용카드 장수가 3,900만 장에서 1억 500만 장으로 급증하고, 신용카드사의 자산 규모는 3배 이상 증가하였으며, 명목GDP 대비 신용카드 거래액의 비율도 9.3%에서 94.1%로 급등하였고, 현금대출도 크게 늘어나 2002년에는 가계의 처분가능소득 대비 현금대출 비율이 103.4%를 기록하였다.[13]

신용카드회사 간 과당경쟁, 고위험 현금대출 위주의 영업 등으로 인해 2002년부터 신용카드사의 경영실적이 악화되기 시작하였고, 많은 신용카드 이용자들이 현금대출을 과도하게 확대하면서 개인 신용불량자 수도 2001년 245만 명에서 2003년 372만 명으로 증가하였다. 이러한 상황에서 2003년 3월 11일 'SK글로벌' 분식회계 사건을 계기로 카드채 부실에 대한 우려가 크게 증대되면서 투신사 및 은행 신탁에서 환매 요구가 급증하였다. 이에 따라 투신사들이 MMF 시장에서 만기 도래한 카드채의 상환을 요구하면서 신용카드회사들은 채무불이행 위험에 직면하였다. 또한 카드채의 신규 발행과 기존 발행 채권의 유통이 중단되는 등 카드채 시장이 혼란에 빠지고 이것이 전체 금융시장에 파급될 가능성이 있어 긴급조치가 필요하게 되었다.

금융당국은 신용카드회사의 유동성 위기가 금융시스템 전반으로 확산되는 것을 방지하기 위해 다각적인 조치를 시행하였다. 2003년 3월 13일 「금융시장 안정대책」을 발표하고 RP(환매조건부채권) 매입을 통해 2조 원의 단기 유동성을 긴급 지원한 데 이어

13 한국은행(2010), 『한국은행60년사』, pp. 456~457.

국고채 매입과 통화안정증권 조기상환을 통해 추가로 2조 원을 공급하였다. 또한 이라크전쟁의 발발로 금융시장 불안심리가 확산되자 유사시 유동성 공급 확대 및 중소기업 지원 확대를 주요 내용으로 하는 「미·이라크 전쟁 발발에 대응한 금융·외환시장 안정대책」을 3월 20일에 발표하였다.

이 정부는 2003년 3월 17일 「금융시장 안정을 위한 신용카드사 종합대책」을 통하여 신용카드사의 현금대출 비율 제한(50%) 준수 시한을 2004년 말까지 1년 연장하고 적기시정조치 시 연체율 기준을 변경하였다. 또한 신용카드사들로 하여금 대주주의 증자 등을 통한 자기자본 확충과 과도한 영업행위 시정 등 강도 높은 수지개선 대책을 강구하도록 하고 금융감독원으로 하여금 이행 여부를 점검하도록 하였다. 그리고 4월 3일에는 「신용카드사 및 투신사 유동성 문제 해소를 위한 금융시장 안정대책」을 발표하였다. 첫째, 은행, 증권사, 보험사, 연기금 등이 보유한 카드채 전액(44조 5,000억 원)과 투신사 보유 카드채의 50%를 만기연장하였다. 둘째, 은행, 보험사, 증권사 공동으로 5조 6,000억 원의 카드채 투자전용펀드를 조성하여 만기가 도래하는 투신사 보유 카드채를 매입하였다. 셋째, 신용카드사의 자본확충을 위해 대주주로 하여금 추가로 4조 6,000억 원을 출자하도록 권고하였다. 넷째, 장기 무이자 할부판매, 과도한 할인서비스, 연회비 면제 등 신규 회원 확보경쟁을 시정하도록 하였다. 이러한 정책적 노력에 힘입어 2004년 말 신용카드사 연체율이 전년의 14.1%에서 9.0%로 크게 낮아지고 총자산순이익률도 전년의 -20.3%에서 -3.9%로 손실이 크게 줄어들면서 금융시장은 점차 안정을 되찾았다.[14]

4) 통화 · 금융정책의 정상화를 위한 금리인상

한국은행은 2000년 들어 대우그룹 채권 문제와 관련된 금융불안이 해소되지는 않

14 한국은행(2010), p. 458.

았지만 [그림 31-2]에서 보았듯이 1999년 강력한 경기반등과 물가상승세를 감안하여 2000년 2월 콜금리 목표를 인상하여 연 5.0% 수준으로 유지하기로 하였다.[15] 2000년 5월 현대그룹의 유동성 위기를 계기로 금융시장이 다시 불안해졌지만 김대중 정부는 6월 「기업자금사정 원활화 대책」을 세워 금융시장 안정을 도모하고, 한국은행은 물가안정을 위해 2000년 10월에도 목표 금리를 0.25% 인상하였다.

2001년에 접어들어 세계경기의 둔화로 되살아난 국내 경기가 다시 둔화하기 시작하였고, 미국의 계속적인 금리인하로 금리인하 압력이 높아졌다. [그림 30-2]에서 보듯이 한국의 실질경제성장률도 급락하고 경상수지 흑자 폭도 크게 줄었다. 한국은행은 경기후퇴, 경상수지 악화와 경기전망의 악화에 2001년 7월부터 연이어 콜금리 목표를 낮추는 등 확장적 통화정책 기조로 전환하였다. 이에 따라 금융시장 금리는 하락세를 유지하였다.

한국 경제는 수출 호조 및 내수 회복에 힘입어 2005년 2/4분기 이래 경기회복세가 나타났다. 한국은행은 장기간의 저금리로 인한 부작용을 해소하면서 물가상승 압력을 줄이고자 2005년 10월부터 콜금리 목표를 0.25% 포인트씩 5회 인상하였다.

북한 미사일 발사실험, 중동지역 무력분쟁 등 지정학적 위험 증대 등으로 국내외 경제의 불확실성이 증대하자 2006년 9월부터 콜금리 목표를 연 4.5%로 동결하였다. 그러다 국내 경기 상승세 확대, 시중 유동성의 높은 증가세, 원유 등 국제 원자재 가격의 급등세 등 물가상승 요인들이 나타남에 따라 한국은행은 2007년 7월부터 정책금리를 다시 올리기 시작하여 2008년 8월까지 0.25% 포인트씩 3회 인상하였다.

15 한국은행(2017), 『한국의 통화정책』, p. 270.

2. 통화 및 금융의 안정을 위한 통화 · 금융정책 운용 체계의 개편

1) 「한국은행법」 개정

「한국은행법」은 정부 주도의 성장위주 경제정책을 뒷받침하기 위해 1962년 대폭 개정된 후 20여 년간 큰 변화 없이 유지되어 왔다. 1980년대 들어 정부 주도형 경제운용 방식이 퇴조하고 1987년 6·29선언 이후 정치·사회의 민주화가 진행되면서 금융 부문에서도 중앙은행의 독립성 요구가 나타났다. 정치권의 개헌협상 과정에서도 중앙은행의 중립성 보장이 필요하다는 데 의견이 일치하여 8월 31일 「한국은행법」 개정을 통해 중립성을 강화하기로 여당과 야당이 합의하였으나 이후 재무부와 한국은행 간의 의견 차이로 큰 진전이 없었다.

「한국은행법」 개정 문제는 1997년 초 재점화되었다. 1997년 1월 7일 김영삼 대통령이 연두기자회견을 통해 금융개혁 추진계획을 발표함에 따라 1997년 1월 금융개혁위원회가 설치되었다. 이 위원회는 수차의 논의를 거쳐 5월 중앙은행 및 금융감독제도 개편에 관한 최종안을 확정하여 6월 대통령에게 보고하였다. 이후 금융 관련 법안 처리를 둘러싸고 한국은행과 재정경제원이 첨예하게 대립하는 등 재정경제위원회도 야당 국회의원이 불참하는 등 난항을 거듭하자 여야 3당은 금융 관련 법안을 대통령선거 이후 처리하기로 합의하였다.[16]

통화·금융위기가 발생하면서 금융 관련 법안의 국회 처리 문제는 새로운 전기를 맞게 되었다. 1997년 12월 우리나라가 IMF에 구제금융을 신청하는 과정에서 금융 관련 13개 법률안을 연내에 국회에서 통과시킨다는 내용이 양해각서에 포함되어 법안의 처리를 지연할 수 없었다. 한국은행 측의 반대가 있었으나 「한국은행법」을 포함한 금융 관련 13개 법률안은 12월 29일 국회 본회의에서 가결되어 12월 31일 공포되었다.[17]

16 한국은행(2010), pp. 48~50.

「한국은행법」 제6차 개정의 주요 내용을 보면 다음과 같다.[18] 첫째, 한국은행법의 목적조항을 변경하고 중립성을 강화하였다. 한국은행의 설립목적이 통화가치의 안정과 은행·신용제도의 건전화에서 물가안정만으로 조정되었다. 둘째, 은행감독 기능을 분리하였다. 한국은행 산하 은행감독원은 신설 금융감독원으로 편입되고 한국은행은 금융감독원에 대하여 구체적 범위를 정하여 금융기관에 대한 검사 또는 공동검사를 요구하는 기능만을 보유하게 되었다. 셋째, 정책결정기구의 명칭을 바꾸고 구성을 개편하였다. 금융통화운영위원회의 명칭을 다시 금융통화위원회로 환원하고 금융통화위원회가 한국은행의 정책결정기구임을 명시하였다. 또한 재정경제원 장관의 금융통화위원회 참여를 배제하고 재정경제원 장관이 겸임하던 의장직을 한국은행 총재가 맡도록 변경하였다. 넷째, 통화신용정책 운영방식을 조정하였다. 한국은행으로 하여금 정부와 협의하여 매년 물가안정 목표를 정하고 이를 포함하여 통화신용정책 운영계획을 수립·공표하도록 하였다.

2) 물가안정목표제와 금리 중시 통화신용정책의 시행

물가안정목표제[19]는 통화량목표제의 유효성이 떨어짐에 따라 그 대안으로 관심을 가지게 되었는데, 이 제도는 뉴질랜드가 1990년에 처음으로, 캐나다가 그 다음으로 1991년에 도입한 이후 전 세계적으로 확산된 통화정책 운영 체계의 하나이다. 한국은행도 1990년대 중반경부터 통화량목표제의 대안으로 물가안정목표제의 도입 타당성을 검토해 왔다. 그러다가 1997년 12월 「한국은행법」 개정으로 「한국은행법」의 목적이 '통화가치의 안정과 은행·신용제도의 건전화'에서 '효율적인 통화신용정책의 수

17 한국은행(2010), p. 50.
18 앞의 책, pp. 50~53.
19 물가안정목표제(inflation targeting)는, 첫째 물가상승률(인플레이션율) 목표를 구체적으로 제시하고, 둘째 여러 정책목표를 고려하되 중장기적으로 물가안정을 중시하고, 셋째 중앙은행의 책임성과 투명성을 강화하여 이 정책에 대한 신뢰성을 높이는 것을 주요 골격으로 하는 통화정책 운영 체제이다.

립·집행을 통한 물가안정'으로 변경되고, 한국은행이 매년 정부와 협의하여 물가안정 목표를 정한다고 규정됨으로써 물가안정목표제가 공식적으로 도입되었다. 결과적으로 우리나라는 전통적인 통화정책 운영 체제이었던 통화량목표제(monetary targeting)에서 새로운 운용 체제인 물가안정목표제(inflation targeting)로 전환하게 되었다.

한국은행은 정부와의 협의를 거쳐 1998년에 적용할 물가목표를 소비자물가상승률 기준 9.0%±1%로 설정·발표하였으나 이러한 통화신용정책 운영 체계의 변경과 관계없이 실제로는 IMF자금 도입 당시 서명한 대기성차관 협정문에 제시된 통화운용 방식을 따라야 하였다. 그 방식은 당시 통화통계 편제상 가장 광의의 지표인 M3의 적정 증가율에 상응하는 본원통화 공급한도를 예시한도로 설정하여 관리하는 것인데, 이것은 통화량목표제에 속하는 것이었다.

1999년부터 IMF와의 M3 적정 수준에 관한 협의의무가 면제되었으나 한국은행은 당해 연도 물가목표와 함께 M3의 평잔 기준 증가율 목표를 13~14%로 설정하였다. 이와 같이 물가목표와 함께 M3 목표를 발표한 것은 지난 수십 년간 실시해 온 통화량목표제를 일시에 폐지할 경우 금융시장에 혼란이 예상될 뿐만 아니라, 일반의 인플레이션 기대심리가 통화지표에 영향을 받고 있는 현실을 감안할 때 적정 통화증가율을 제시함으로써 인플레이션 기대심리를 낮추는 것이 필요하다고 판단하였기 때문이다.[20] 어떻든 한국은행은 물가안정목표제가 정착되기까지 과도기적으로 양 지표를 혼용할 수밖에 없었다.[21]

물가안정목표제를 도입한 1998년에는 환율급등에 따른 영향을 반영하여 물가안정목표를 소비자물가상승률 기준 9.0%±1% 포인트로 비교적 높게 설정하였으나 이후 물가가 안정됨에 따라 1999년에는 3.0%±1% 포인트로 대폭 낮추었다. 목표 대상 물가지수를 변경한 2000년에는 근원인플레이션율 기준 2.5%±1% 포인트, 2001년부터 2003

20 한국은행(2020), p. 141.

21 한국은행은 2000년에도 물가목표와 함께 M3 증가율 목표를 7~10%로 제시하였으나 2001년부터는 M3 증가율을 중간목표가 아닌 감시지표로 전환하면서 통화량이 감시범위를 벗어나더라도 곧바로 대응할 필요가 없도록 하였다. 나아가 2003년부터는 M3 증가율을 정보변수로만 활용하였다.

년까지는 매년 3.0%±1% 포인트로 설정하였다. 중기목표 체제로 전환된 2004~2006년에는 2.5~3.5%로 설정하는 한편, 물가변동성을 최소화하면서 중장기 물가안정기조의 정착을 위해 변동 허용 폭을 종전의 2% 포인트에서 1% 포인트로 축소하였다.[22] 2007년 이후 목표 대상 물가지수는 일반인에 익숙한 소비자물가지수로 되돌아갔다.

한국은행은 1997년 12월 초 IMF의 구제금융 약속 이후에도 불안한 외환시장을 안정시키기 위한 수단으로 금리의 역할에 주목하고 IMF와의 협의를 거쳐 콜금리의 대폭 상승을 유도하였고, 공개시장 운영 시 적용되는 금리를 인상하여 콜금리를 당시 「이자제한법」상의 상한인 25%까지 끌어올렸다.[23] 이자 상한이 40%로까지 상향조정되자 콜금리가 곧 30%를 넘어섬에 따라 회사채 금리, 은행의 예대금리가 모두 큰 폭으로 상승하는 초고금리 시대가 도래하면서 경기침체가 심각해졌는데, 이런 현상이 통화량보다는 금리에 관심을 집중시켰다.

[그림 31-1]에서 보았듯이 1998년에 접어들어 외환시장이 빠르게 안정을 되찾아감에 따라 환율이 급락하자 IMF와 정부의 협의 결과에 따라 한국은행은 하반기부터 긴축 기조를 조금씩 완화하였다. 그 결과 콜금리와 다른 금리들도 일제히 하향세에 접어들었다. 한국은행이 금리를 명시적인 운용목표로 활용한 첫 사례는 1998년 9월 30일의 금리 인하 조치이었다. 한국은행은 위축된 실물경기를 되살리고 극심한 신용경색을 완화하기 위하여 미국 등 주요 선진국 중앙은행의 금리 인하를 계기로 공개시장운영 금리를 종전의 8.1%에서 7% 수준으로 인하하였다.[24]

1999년 들어 통화신용정책 방향이 콜금리를 중심으로 언급되면서 콜금리가 통화정책의 운용목표로 자리잡게 되었다. 1999년 5월부터 통화신용정책 방향에서 콜금리 목표를 구체적인 수치로 제시하기 시작하였다.[25] 당시 콜금리가 4.75% 내외에서 움직이고 있었으므로 실질적으로 4.75%를 목표로 한 것이었다. 이후 콜금리 목표를 조정할

22 한국은행(2017), pp. 203~204.
23 한국은행(2020), p. 141.
24 앞의 책, p. 141.
25 이전까지는 주로 '콜금리의 하향안정화를 유도'한다는 표현을 사용하였으나 5월 금융통화위원회 회의에서는 '콜금리는 현 수준을 중심으로 안정적으로 운용한다'고 표현하였다.

때는 그 폭을 명확히 기술함으로써 정책금리로서 콜금리 목표를 설정하고 이를 중심으로 통화신용정책을 운용하는 방식이 정착되었다.

콜금리를 기준금리로 하는 금리 중시 통화·금융정책은 금융불안 시 유동성 조절에 대응하기 쉽게 하는 장점을 가지고 있었다. 그렇지만 콜금리가 운용목표가 됨에 따라 장기간 고정되어 콜금리의 자금배분 기능이 사라지고 단기 자금거래가 콜시장으로 집중되는 문제점이 나타나고 통화정책의 파급경로 작동이 원활하지 않을 수 있다는 문제까지 발생하였다.[26] 한국은행은 이 문제를 해결하고자 2008년 3월 목표금리를 콜금리에서 한국은행 기준금리[27]로 전환하였다.

3) 부동산시장의 불안정과 안정정책

2000년대 초 경기부양책의 일환으로 실시된 부동산경기 활성화 대책 등으로 관련 규제가 완화되고 시중유동성도 증가하면서 주택가격이 [그림 31-3]에서 보듯이 큰 폭으로 상승하였다. 주택 매매가격은 2001년부터 가파른 오름세를 나타내었으며, 특히 서울지역의 아파트가격 상승률은 2002년 30%를 상회하였다. 2001년에서 2003년까지는 은행의 단기 자금 조달비용을 대표하는 CD 유통수익률보다 매우 높았다.

이러한 주택가격 상승세는 노무현 정부가 「10·29 주택시장안정 종합대책」을 발표한 이후 안정세로 돌아서면서 2004년 가격이 하락하였다. 그러나 2005년에 접어들어 강남, 분당, 용인 등에서 시작된 아파트가격 상승이 진국으로 확산되면서 부동산시장의 불안이 재현되었다. 2006년에는 「국토균형발전계획」에 의거한 각 지역개발 호재 등으로 전국 주택 매매가격이 10% 이상 상승하고 서울지역은 재건축 관련 호재 등으로 아파트 매매가격이 20% 이상 상승하였다. 2007년에 들어서는 금리의 소폭 상승, 정

26 한국은행(2017), p. 211.

27 한국은행 기준금리란 한국은행과 금융기관 간에 거래에서 기준이 되는 금리인데 매각 시에는 고정매각금리로, 매입 시에는 입찰최저금리로 기능한다.

[그림 31-3] 외환위기 이후 주택가격 상승률 추이(1998~2012)

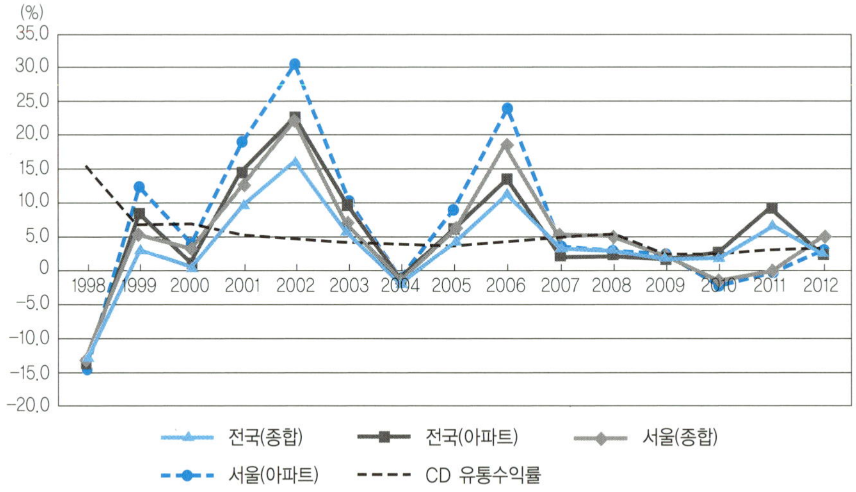

자료: 통계청, 국가통계포털; 한국은행, 경제통계시스템.

부의 대출규제, 세제강화 등 주택시장 안정화 조치의 영향으로 부동산시장이 진정되는 모습을 보였다.

이와 같이 2000년대 초반부터 글로벌 금융위기 이전까지의 부동산시장 불안의 주요 원인으로는 김대중 정부하의 부동산시장 관련 규제 완화, 주택 관련 대출 증가, 주택시장의 수급불균형 등을 들 수 있다.[28] 김대중 정부는 외환위기로 침체된 경기를 활성화하기 위해 1998년 12월 이후 재개발·재건축의 활성화, 양도소득세 면세, 분양가 자율화, 분양권 전매 허용 등 부동산 관련 규제를 대폭 완화하였다. 저금리 기조가 지속되는 가운데 금융기관은 안정적으로 영업 기반을 확장하고자 주택담보 대출을 확대하였다. 외환위기에 따른 건설업체 부도로 주택건설 물량이 크게 감소하면서 주택수급의 불균형이 발생하였다. 부동산시장의 불안으로 자원배분의 왜곡 및 미래 세대

28 한국은행(2010), pp. 460~461.

의 주택구입비 증가 등의 부작용에 대한 우려와 함께 향후 주택가격이 급격히 조정될 경우 소비위축에 따른 경기침체는 물론 가계대출의 부실 우려도 높아졌다. 김대중 정부는 2001년 부동산시장 불안이 확산되자 투기과열지구 지정, 분양권 전매제한, 신도시 개발 추진, 실거래가 과세 등을 주요 내용으로 하는 주택시장 안정대책을 수차례 발표하고 시행하였다.

노무현 정부는 2003년 10월 주택거래신고제 도입, 1세대 다주택자에 대한 양도세 중과, 강북 뉴타운 추가 지정 등을 주요 내용으로 하는 「10·29주택시장안정종합대책」을 발표한 이후 주택가격 상승세가 둔화되고 2004년에는 하락세로 전환되었다. 그러나 2005년 들어 부동산시장 불안이 나타나자 노무현 정부는 「8·31 서민주거 안정과 부동산투기 억제를 위한 부동산제도 개혁방안」을, 2006년에는 「3·30 부동산종합대책」을 발표하였다. 이 대책에 따라 시중유동성의 부동산시장 과다 유입을 차단하고 투기수요를 억제하기 위해 종합부동산세, 양도소득세 등의 과세를 강화하고 주택담보 대출 시 담보인정 비율(LTV), 총부채상환 비율(DTI) 등 대출요건을 엄격히 하는 한편 재건축 초과이익도 환수하였다. 신도시 개발, 공공택지 공급 등을 통해 안정적인 주택공급 확대 기반을 마련하는 한편, 서민주거 안정을 위해 주거안정지원자금을 늘리고 분양가상한제를 확대·시행하였다. 금융당국이 부동산시장에 대한 모니터링을 강화하였으나 부동산가격의 전국적 상승세로 예금은행의 가계대출이 주택담보 대출을 중심으로 급속히 늘어났다([그림 31-6] 참조).

노무현 정부는 수도권 주택공급 확대, 대출규제 강화 등을 주요 내용으로 하는 방안을 발표하였다. 2006년에는 「11·15 부동산시장 안정화방안」을, 2007년 1월에는 분양가 상한제 및 분양원가 공개 확대, 장기 임대주택 공급 확대 등이 포함된 「1·11 부동산시장 안정을 위한 제도 개편방안」과 「1·31 주택시장 안정과 주거복지 향상을 위한 공공부문 역할 강화 방안」 등 부동산시장 안정을 위한 대책들을 잇달아 발표하였다.[29]

29 한국은행(2010), p. 462.

한국은행도 예금지급준비율 인상 및 총액대출한도 감축을 통해 높은 유동성 증가 및 부동산가격 상승에 대응하였다. 한국은행은 시중유동성 증가에 따른 자산가격 상승 압력을 해소하고 예상되는 물가상승 압력에 선제적으로 대처하기 위해 콜금리 목표를 인상하였다.[30]

한국은행의 콜금리 목표 상향조정에도 불구하고 시중금리가 크게 오르지는 않았고 M2 증가율이 10%를 상회하고 장단기 금융상품 간 수익률 차이가 줄어들면서 시중자금이 수시입출식예금, MMF 등에 머무는 단기화 현상이 심화되었다.[31] 이에 따라 고수익을 겨냥한 시중자금이 자산시장으로 이동하면서 주가가 상승세를 이어가고, 안정세를 나타내었던 주택가격도 다시 빠르게 상승하기 시작하였지만, 뒤이은 2007년의 부동산시장 안정책으로 부동산시장이 안정세를 유지하다 글로벌 금융위기로 자산시장 전체가 안정되면서 부동산시장도 [그림 31-3]에서 보듯이 상당 기간 안정세로 들어갔다.

4) 금융감독기구의 통합과 금융(감독)위원회 설치

우리나라의 금융감독 체계는 오랫동안 은행, 증권, 보험 등 금융업종별로 별도의 금융감독기구가 존재하는 분산형 체계를 유지하여 왔다. 1954년 「은행법」 시행령이 제정된 1954년 8월 이후 은행감독이 한국은행 은행감독부로 일원화되면서 금융감독 체제가 정비되기 시작하였다. 은행감독부는 1962년 5월 「한국은행법」이 개정되면서 은행감독원으로 개편되었다. 특히, 1960년대부터 특수은행이 많이 설립되었는데 특수은행에 대한 감독·검사는 재무부가 담당하게 됨에 따라 한국은행 은행감독원은 시중은행과 지방은행을 감독·검사하는 이원적 감독 체제가 유지되었다.

1970년대 이후에는 증권 및 보험시장이 대폭 확대되고 다수의 비은행 금융기관이

30 한국은행(2020), p. 151.
31 한국은행(2010), p. 462.

신설되었는데, 이에 대한 감독권은 재무부가 행사하고 위탁을 요청하는 경우에만 은행감독원이 감독·검사 업무를 담당하였다. 이에 해당하는 금융기관은 상호신용금고, 단기금융회사, 종합금융회사, 신용협동조합 등으로, 1995년 「신용관리기금법」이 개정되어 신용관리기금으로 이 업무가 이양되었다. 보험업에 대한 감독은 재무부가 담당하였으나 1978년 설립된 한국보험공사가 이 업무를 이양받았다. 이 공사는 1989년 「보험업법」 개정으로 보험감독원으로 승격되었다. 증권관계 감독은 재무부가 담당하였으나 1976년 12월 「증권거래법」이 개정되어 1977년 2월 증권관리위원회와 증권감독원이 설립되면서 증권시장의 규제와 관리를 분리하여 담당하였다.

김영삼 정부가 1997년 1월 금융개혁위원회를 설치하고 금융산업 경쟁력 강화, 금융시장 효율성 제고, 건전한 금융회사 확립과 금융제도 개혁에 관련된 과제를 제시하면서 금융감독제도의 개선을 중장기 과제로 제시하였다. 금융개혁위원회는 금융감독제도의 개선을 단기 과제로 설정하고 개편방안을 연구한 결과에 기초하여 「금융감독기구 설치에 관한 법률」이 제정되었다. 이 법은 외환위기 직후 금융 구조조정의 일환으로 통과되어 공포되었다. 이 법에 따라 의사결정기구로 금융감독위원회(이후 2008년 금융위원회로 개편)가 설치되고 감독기관으로 금융감독원이 설립되었다. 금융감독원이 설립됨으로써 금융업종별로 분산되어 있던 은행감독원, 보험감독원, 증권감독원, 신용관리기금 등 4개 금융감독기관이 통합되었다.[32]

2008년 4월 「금융감독기구의 설치 등에 관한 법률」이 「금융위원회의 설치 등에 관한 법률」로 개정되면서 금융감독 당국은 '금융감독위원회 및 금융감독원'에서 '금융위원회 및 금융감독원'으로 개편되었다. 금융위원회는 기존의 감독정책 기능 외에 재정경제부(이후의 기획재정부)가 담당하던 국내 금융에 대한 정책 기능까지 수행하게 되었으며, 금융위원장과 금융감독원장의 겸임이 금지됨으로써 감독정책 기능과 집행 기능의 분리가 보다 명확해졌다.

32 금융감독원(2020), 『금융감독원 20년사』, pp. 52-53.

3. 글로벌 금융위기의 발발과 그 대응

1) 글로벌 금융위기의 발발과 파급효과

2007년 하반기부터 드러나기 시작한 미국의 비우량 주택담보 대출(서브프라임모기지)의 부실은 미국 금융기관의 연쇄적 부실과 파산 사태를 초래하고, 마침내 2008년 전 세계적인 금융위기, 이른바 글로벌 금융위기로까지 확산되었다. 미국에서 부동산시장 과열과 이에 대한 대응으로써 금리인상이 이어지자 부동산가격이 하락세를 이어갔다. 이에 따라 서브프라임모기지의 부실로 관련 대출회사가 파산하고 이를 채권화한 CDO(부채담보부증권)를 보유한 헤지펀드와 투자금융회사들이 연쇄적으로 부실회사로 변하였다. 2008년 9월 15일 전 세계 4위 투자은행인 리먼브라더스가 모기지 부실을 감당할 수 없어 파산보호 신청을 하였고 2위인 메릴린치는 BOA(Bank Of America)로의 매각이 합의되었다. 이 사건은 미국의 금융당국은 물론 금융시장에 큰 충격을 주었다. 이 사태의 심각성은 다음 날 미국 연방준비제도 이사회(중앙은행)가 세계 최대 보험회사인 AIG(Americal International Group)에 850억 달러의 긴급지원을 결정한 것에서 잘 나타나고 있다.

이 사태의 여파로 글로벌 금융회사에 대규모 손실이 발생하였을 뿐 아니라 글로벌 금융시장이 경색되면서 미국발 '글로벌 금융위기'라는 신조어가 만들어졌다. 이 글로벌 금융위기는 금융 부문의 과도한 성장에 따른 부실 문제를 다시 한 번 부각시켰고 전 세계적인 금융시장의 불안과 함께 실물투자 위축으로 귀결되었다. 외국 자본은 글로벌 금융위기에 따른 환매에 대비하기 위해 주가, 채권 등을 처분하고 대출도 억제함에 따라 자본유출이 급격하게 이루어졌다.

글로벌 금융위기가 발발한 2008년 4/4분기 들어 소비, 투자 등 내수가 크게 위축되고 수출이 급감하면서 국내 경기가 급격히 악화되었다. 그 결과 실질경제성장률이 2008년 3/4분기 3.1%에서 4/4분기 -3.4%로 급락하였다. 이 위기의 여파로 유가 등 국제

[그림 31-4] 2007년 이후 금리, 주가 및 환율의 추이(2007~2019)

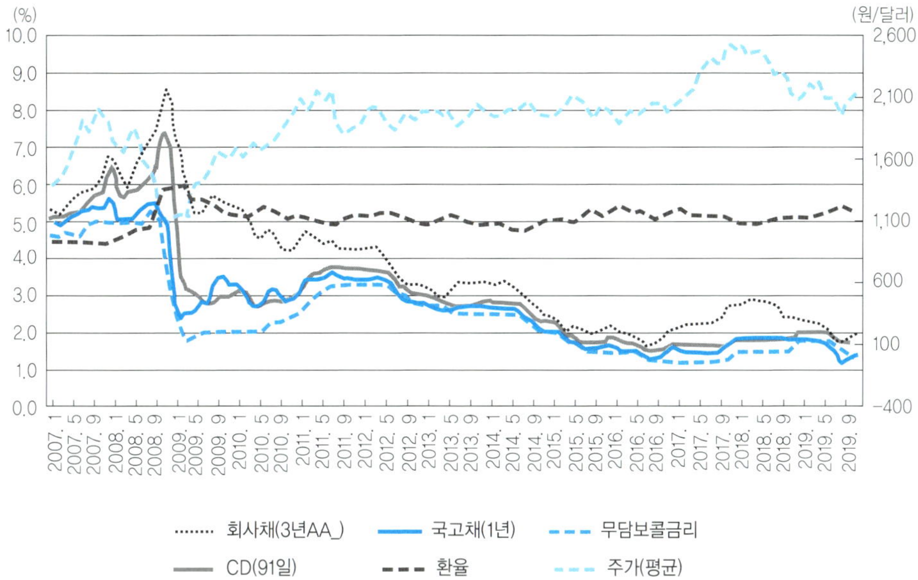

자료: 한국은행, 경제통계시스템.

원자재 가격이 크게 하락하였고 경기침제의 영향까지 겹쳐 물가상승세는 크게 둔화되었다. 국제 금융시장 불안의 영향 등으로 외국인 투자자금이 대규모로 유출되고 은행들의 조심스런 자금운용으로 신용경색 현상이 나타나면서 금융시장이 불안해졌다. [그림 31-4]에서 보듯이, 주가가 큰 폭으로 하락하여 2008년 10월 하순에는 코스피가 939까지 떨어졌다. 회사채, CP 등 신용위험증권의 수익률은 가파른 상승세를 보였고, 국고채 수익률과의 스프레드도 크게 확대되었다. 원/달러 환율은 국제 금융시장 불안에 따른 외국인 포트폴리오 투자자금 유출 및 외화 차입 여건 악화 등으로 2008년 9월 중순 이후 가파르게 상승하였다.

그런데 대외의존적인 한국 경제의 불확실성은 글로벌 금융위기 발발에 앞서 2007년부터 외환시장, 주식시장, 채권시장 등에서 반영되고 있었다. 주가는 글로벌 금융위기에 앞서 2007년 10월을 정점으로 하락하기 시작하였고, 환율은 2007년 12월부터 상승하기 시작하였고, 금리는 전체적으로 2008년 5월부터 상승세를 보였다. 금융시장의 불안은, [그림 31-4]에서 확인할 수 있듯이, 글로벌 금융위기가 발발한 2008년 9월을 전환점으로 증폭되고 있었다. 그러나 이로 인한 금융시장의 불안은 외환위기 때처럼 장기간 지속되지 않았다. 환율은 2009년 3월을 정점으로 하락세가 나타났고, 주가는 2009년 4월부터 상승세를 보였다. 초단기 금리인 콜금리는 글로벌 금융위기 발발 직후부터 하락세로 접어들었고, 90일물인 CD 금리는 2009년 1월부터 하락세를 보였고, 회사채 금리는 가장 급등세를 보였으나 2009년 1월부터 하락세를 보였다. 1년물인 국고채 금리는 2008년 12월부터 급락세를 보였다. 이러한 금융시장의 빠른 안정은 통화·금융위기를 경험한 우리나라의 위기에 대한 신속하고 철저하고도 효과적인 대응과도 무관하지 않았다. 그러면 이에 대한 대응을 좀 더 세부적으로 살펴보자.

2) 글로벌 금융위기 충격을 완화하기 위한 대응

노무현 정부는 기획재정부, 금융위원회, 한국은행 등 관계기관이 합동하여 미국의 서브프라임모기지 문제가 부각된 2007년 8월부터 모니터링을 시작하였고, 9월부터는 대책반을 꾸려 운영하는 등 선제적으로 대응하였으며, 2008년 8월부터는 사태의 심각성을 고려하여 24시간 모리터링을 실시하면서 부문별 리스크를 점검하고 비상대책까지 수립하였다.[33]

이명박 정부는 2008년 9월 글로벌 금융위기를 촉발한 리먼브라더스 관련 회사들을 영업정지하고, AIG 관련 보험계약자 보호대책도 수립하였다. 한국은행도 글로벌 금융위기에 대처하기 위해 2008년 10월부터 2009년 2월까지 기준금리를 여섯 차례에 걸쳐 총 3.25% 포인트 인하하였다. 이에 따라 기준금리는 연 5.25%에서 연 2.0%로 낮아졌다. 노무현 정부는 금융·외환시장의 안정을 위해 공개시장운영, 외화대출 등을 활

33 금융감독원(2020), p. 131.

용하여 원화 및 외화 유동성 공급을 확대하였다. 공개시장운영을 통해 2008년 9월부터 2009년 2월까지 총 18조 5,000억 원의 유동성을 공급하여 은행채, CP 시장 등 장단기 금융시장에서의 원활한 자금흐름을 유도하였으며, 공개시장운영 대상 증권을 확대하고 한국은행과 RP 매매 거래를 할 수 있는 증권사 수도 크게 늘렸다. 한국은행은 2008년 10월과 2009년 3월에는 총액한도대출 규모를 총 3조 5,000억 원 증액하고 총액한도대출 금리를 연 1.25%까지 인하하였다. 정부는 금융기관의 유동성 위기를 막기 위해 2008년 11월 채권시장안정펀드 출자 금융기관에 2조 1,000억 원의 유동성을 지원하였으며, 2008년 12월에는 은행의 BIS 자기자본 비율 개선을 통한 신용공급 여력 확충을 위해 금융기관이 한국은행에 예치한 지급준비금에 대해 총 5,002억 원의 이자를 지급하였다.[34]

이명박 정부도 경기침체를 방지하기 위해 재정지출 확대와 감세를 적극 추진하였다. 2008년 11월 3일 수정예산 편성을 통해 지방경제 활성화 지원 4조 6,000억 원, 지방중소기업·영세자영업자·농어업인 지원 3조 4,000억 원, 저소득층 복지 지원 및 청년실업대책 1조 3,000억 원 등 대략 10조 원 상당의 재정지출을 확대하였다. 2009년 3월에는 총 28조 9,000억 원에 달하는 최대 규모의 추가경정예산을 편성하여 각 부문의 재정지출을 확대하였다. 또한 이 정부는 임시투자세액 공제 확대, 승용차 소비세 인하, 퇴직소득세액공제 도입 등을 통해 총 4조 8,000억 원의 감세를 실시하였다. 여기에 2008년 6월 및 9월에 마련된 개인소득세 및 법인세 인하를 포함하면 글로벌 금융위기에 직·간접으로 관련된 감세 규모는 총 23조 6,000억 원에 달하였다.[35]

한국은행이 글로벌 금융위기 발생 직후부터 확장적 통화정책을 시행하고, 이명박 정부도 대규모 추경예산 편성, 재정지출 조기집행 등 확장적 재정정책을 통해 경기부진에 적극 대응한 결과 2009년 3월 중순 이후에는 시장금리가 안정세를 유지하는 한편, 주가가 반등하고 원/달러 환율은 하향 안정되었다. 실물경제도 수출이 꾸준히 회

34 한국은행(2020), pp. 158~159.
35 한국은행(2010), pp. 467~468.

복되고 내수가 완만하게나마 살아나는 등 점차 개선되었다. 이러한 금융·경제 상황의 지속적인 개선에도 불구하고 주요 선진국 경제의 회복 지연 우려, 국제 금융시장 불안, 일부 유로지역 국가의 재정위기 등 세계경제의 불확실성은 사라지지 않았다.

한국은행은 글로벌 금융위기 파급효과를 최소화하기 위해 금융 완화 기조를 유지하는 가운데서도 금융·외환시장 상황의 호전 추세를 보아가며 위기대응 과정에서 확장된 유동성을 단계적으로 환수하였다. 장기 RP 매입을 통한 원화유동성 공급 규모를 축소해 나갔으며, 스왑거래 및 미 연준과의 통화스왑 자금을 이용한 외화대출을 통해 공급된 외화유동성도 각각 2009년 8월 및 12월에 모두 회수하였다. 또한 공개시장운영 대상 증권에 은행채, 일부 특수채 등 신용위험 증권을 포함시켰던 한시적 조치를 당초의 만료시한인 2009년 11월 6일 종료하였다.[36]

3) 글로벌 금융위기 전후의 기업 구조조정

외환위기 이후 금융기관 및 기업의 구조조정 결과로 기업에 나타난 가시적 변화는 기업 부문의 부채와 부실자산이 많이 줄어들어 재무적 안정성이 높아졌다. 이것은 우리나라 기업이 성장성보다는 수익성과 안정성을 더 중시하게 된 결과이었다. 이러한 변화는, [표 31-1]에서 보는 바와 같이, 기업의 중심 부문인 제조업의 주요 경영지표에서도 잘 드러나고 있다.

첫째, 외환위기를 계기로 기업의 구조조정에서 부실자산이 줄어들면서 악성채무들이 청산됨에 따라 기업의 부채 비율이 낮아지고 있다. 차입에 의한 기업 확장이 줄어들거나 채무를 청산함에 따라 차입의존도도 1997년을 정점으로 낮아지고 있고 기업의 유동성도 개선되고 있음은 유동 비율도 높아지고 있는 것에서 확인할 수 있다. 외환위기를 계기로 대표적 대기업들이 차입 경영을 통한 확장을 지양하고 유동성 확보

36 한국은행(2020), p. 162.

[표 31-1] 제조업 부문의 주요 경영지표의 추이(1997~2004)

	1990~2	1997	1998	1999	2000	2001	2002	2003	2004
부채 비율	302	396	303	215	211	182	135	123	104
차입금 의존도	45.7	54.2	50.8	42.8	41.2	39.8	31.7	28.3	24.0
유동 비율	94.8	92	90	92	83	98	106	110	117
매출액 영업이익률	7.1	8.3	6.1	6.6	7.4	5.5	6.7	6.9	7.6
매출액 경상이익률	2.1	-0.3	-1.8	1.7	1.3	0.4	4.7	4.7	7.8
이자보상 비율	124	129	68	96	157	133	260	367	576
금융비용 부담률	5.7	6.4	9.1	6.9	4.7	4.2	2.6	1.9	1.3
매출액 증가율	11.0	11.0	0.7	8.0	15.2	1.7	8.3	6.1	17.1
유형자산 증가율	13.7	13.7	17.2	-0.01	2.4	-1.5	-2.2	1.7	4.8
총자산 증가율	22.4	22.4	3.5	2.8	-0.8	-1.8	3.1	6.9	8.0

자료: 한국은행, 『기업경영분석』, 각 연도.

에도 노력을 기울여 감에 따라 기업의 안정성과 관련된 재무지표들이 개선되고 있었다.

둘째, 기업이 구조조정을 통해 부실자산을 줄이거나 차입 경영을 지양한 결과 기업의 성장세가 줄어들고 연도에 따라 규모가 줄어드는 경우까지 나타나게 되었다. 제조업의 성장은 구조조정이 시작된 1998년 자산을 기준으로 급격히 줄어들고 있었다. 1990년대 이래 1997년까지 연 20% 이상 기업의 자산을 증식하였던 제조업 기업들이 3%대 이하의 성장에 그쳤으나 구조조정이 마무리되어 가던 2003년부터는 성장세를 점차 회복시키고 있다. 유형자산도 기업의 구조조정이 본격화된 1999년부터 크게 줄어들었다. 기업의 자산증식이 줄어듦에 따라 매출액 증가 폭도 크게 감소하였다. 매출액은 기업 규모 외에도 경기에 영향을 많이 받으므로 자산 규모에 비례하는 것은 아니지만 기업은, 특히 1998년과 2001년에 매출액 부진으로 어려웠다.

셋째, 기업의 구조조정 결과로 규모는 축소되었지만 기업의 수익성은 악화되지 않고 점차 개선되는 흐름을 보이고 있었다. 제조업 기업의 영업이익률은 6~7%대로 안정세를 보이고 있지만 매출액 경상이익률은 점차 개선되고 있었다. 이와 같이 수익성이 개선되는 이면에는 구조조정을 통해 수익성이 낮은 자산을 처분한 것과 아울러 금융비용이 낮아진 것도 작용하고 있었다. 1998년에는 금융비용 부담률이 9%를 넘었으나 금리 하락 추세와 차입의존도 저하로 점차 낮아져 2003년 이후에는 1%대에 그치게 되었다. 그해의 수익이 금융비용에도 못 미쳐 이자보상 비율이 100% 이하인 부실기업 또는 한계기업이 많아 1999년까지는 제조업의 평균 비율이 100%에 미치지 못하였으나 한계기업 또는 부실기업이 폐업 또는 기업 구조조정으로 점차 줄어듦에 따라 이 비율이 점차 높아져 2004년에는 평균 비율이 500%를 넘어서게 되었다.

금융감독원은 글로벌 금융위기가 발발하던 2008년 9월 이전부터 유동성 위기 우려가 높았던 건설업, 조선업 및 중소기업 등을 구조조정 대상으로 선정하고 모니터링을 실시하고 있었는데 글로벌 금융위기 발발로 금융시장의 불안이 커지자 12월 「구조조정 추진 방향 및 체계」를 발표하고 잠재위험이 높은 건설업, 중소조선업체부터 정리하기 시작하였다.[37]

상시적 구조조정을 위해 제정된 「기업구조조정촉진법」에 의거한 기업 구조조정을 병행하여 2008년 말까지 58개사를 대상으로 경영정상화 또는 제3차 매각방식으로 완료하였다. 2009년에는 총 46개 건설, 조선, 해운업체에 대한 워크아웃 등 구조조정을 추진하여, 6개사는 워크아웃을 완료하고, 17개사는 워크아웃을 개시하고, 23개는 기업회생절차에 들어갔다. 2010년에도 신용등급이 낮은 기업을 대상으로 기업 구조조정이 진행되어 워크아웃 완료 1개, 중단 6개, 나머지는 워크아웃이 계속되었다. 2010년 말 완료되는 「기업구조조정촉진법」을 대신하여 2011년 5월에 새로운 「기업구조조정촉진법」이 제정되어 구조조정은 상시적으로 지속할 수 있게 되었다.[38]

글로벌 금융위기 이후 기업의 구조조정과 별도로 자금난에 처한 중소기업 지원정책도 추진되었다. 이명박 정부는 2008년 10월 '중소기업 신속지원 프로그램'을 마련하여 2008년 10월부터 2009년 12월까지 24조 3,000억 원에 이르는 유동성을 공급하는 동

37 금융감독원(2020), pp. 133~134.
38 앞의 책, p. 134.

시에 보증기관의 보증 확대, 만기연장 등 지원대책을 실시하였다.[39]

4. 글로벌 금융위기 이후의 통화·금융정책

1. 국제적 불확실성에 대응한 금융안정정책

노무현 정부는 글로벌 금융위기가 발발한 이후에 국내 은행의 외화자금 조달이 어려워지고 외국인들이 자금회수에 나서면서 국내 외화유동성 사정이 급속히 악화됨에 따라 외환시장 안정대책을 적극 추진하였다. 한국은행은 2008년 10월 30일 미 연준과 300억 달러 규모의 통화스왑 계약을 체결하였고, 12월 12일에는 중국 인민은행과 1,800억 위안의 통화스왑 계약을 체결하고, 일본은행과는 원/엔 통화스왑 한도를 기존의 30억 달러 상당액에서 200억 달러 상당액으로 대폭 확대하였다.[40] 이러한 주요국과의 통화스왑 체결은 외화유동성 부족 우려를 불식시켜 외환시장은 급속히 안정되었다. 이것은 [그림 31-4]에서 보았던 바와 같이 2009년부터 환율의 하락세와 변동성 축소로 나타났다.

이명박 정부도 「자본유출입 변동 완화 방안」을 마련하여 2010년 6월에 발표하였다. 이 방안에 따라 은행들의 선물환 포지션 한도가 정해지고 외화대출의 용도가 해외사용 목적으로 제한되었다. 2011년 8월에는 외화자금의 급격한 유출을 선제적으로 통제하기 위하여 외환건전성부담금제도를 도입하였다. 이 정부는 2011년 1월에 외국인의 국고채·통화안정증권 이자소득 및 양도차익에 대한 비과세제도를 폐지하고 탄력세율을 도입하였다.

금융당국은 글로벌 금융위기 이후 외화자산을 효율적으로 관리하고 외화자산의

39 금융감독원(2020), p. 135.
40 한국은행(2020), p. 160.

안전성과 유동성을 최우선으로 확보할 수 있도록 자산운용 및 리스크 관리 체계를 강화하였다. 첫째, 외환보유액의 효율적 운용을 위해 외화자산의 안전성과 유동성을 저해하지 않는 범위 내에서 통화 및 상품 구성의 다변화 등을 통한 수익성을 제고하고자 상품 구성을 다변화하고 금도 추가로 매입하였다.[41] 둘째, 금융당국은 글로벌 금융위기 이후 외화자산 규모 증가, 국제 금융시장의 변동성 확대 등 대내외 여건 변화에 능동적으로 대처할 수 있도록 리스크 관리 및 투자운용 지원 기능이 강화된 외화자산운용 전산시스템을 새로이 구축하였고, 위기대응 체제를 재점검하였다.

미국의 통화정책이 2013년부터 완화에서 긴축으로 전환되었고, 2015년 말부터 정책금리가 실제로 인상됨에 따라 자본유출에 따른 신흥국의 금융불안 우려가 증폭되기 시작하였다. 이 시기부터 금융당국은 비상사태에 대비하여 위기상황별 비상대응계획을 수립하는 동시에 금융시장에 대한 감시를 강화하기 시작하였다. 실제로 금융시장 불안을 가중시키는 사건이 연이어 발생하였다. 2015년 6월 중국의 신용경색, 2016년 1월 북한의 핵실험, 2016년 6월 영국의 EU 탈퇴, 2016년 미국의 대선, 2018년부터 미·중 무역분쟁 등은 글로벌 경제의 불확실성을 증대시키는 동시에 금융시장 불안도 증폭시켰다. 범정부적으로는 기획재정부, 금융위원회, 한국은행 등 유관기관이 참여하는 거시경제금융회의를 개최하여 실물경제, 금융 부문, 외환 분야 리스크를 포괄적으로 점검하고 대응방안을 마련하고 이를 추진하였다.[42]

글로벌 금융위기 수습 과정에서 중앙은행인 한국은행은 「한국은행법」 제65조(금융기관에 대한 긴급여신)에 근거한 최종대부자 역할을 통해 암묵적으로 수행해 오던 금융안정 기능을 법상 책무로 명확히 하고, 이를 통해 한국은행이 보다 선제적이고 체계적으로 대응할 필요성이 커짐에 따라 「한국은행법」 개정이 추진되었다.[43] 그 결과 2011년 12월부터 시행된 개정 「한국은행법」에서는 한국은행 설립 목적(제1조)에 금융

41 한국은행(2020), p. 194.
42 금융감독원(2020), p. 86.
43 한국은행(2020), p. 179.

안정이 추가되어 "한국은행은 통화신용정책을 수행함에 있어 금융안정에 유의하여야 한다."라고 규정함으로써 금융안정은 물가안정에 이어 중요한 정책목표가 되었다. 이에 따라 한국은행은 금융위기 시 더 신속하고 적극적으로 대응할 수 있게 되었다.

2) 가계금융의 확장과 가계부채 관리

가계부채는 외환위기가 어느 정도 수습되고 소비자금융이 활성화되면서 증가세가 나타나기 시작하였다. 이 가계부채는 2002년 카드 사태 이후로 경제적·사회적 이슈가 되어 통계도 그 시기부터 정비되었다. [그림 31-5]에서 보듯이 가계부채에 대한 통계가 정비된 2002년에는 가계신용,[44] 가계 부문의 금융기관 부채와 판매신용을 합친

[그림 31-5] 가계신용, 가계부채 상환부담 추이(2002~2019)

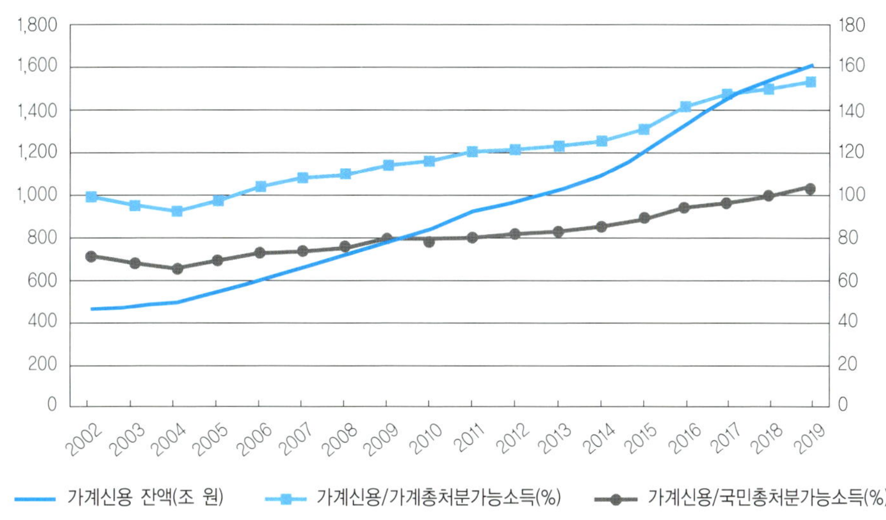

자료: 한국은행, 경제통계시스템.

44 가계금융복지조사 패널에서 가계부채에는 포함되지만 가계신용에는 포함되지 않는 것이 있는데, 부동산 임대에 따른 임대보증금이다. 2019년까지는 임대보증금의 반환 문제는 부동산가격 하락세일 때 간혹 제기되었으나 정책당국이 문제로 삼는 경우는 없었다.

금액이 465조 원이었으나 2013년에는 1,019조 원에 이르렀고 2019년에는 1,600조 원으로 늘어났다. 가계부채는 가계소득 또는 국민총소득이 늘어남에 따라 증가하는 것이므로 증가 자체가 문제가 되는 것은 아니다. 가계부채가 문제가 된 것은 국민소득 또는 가계소득 증가세에 비해 가계부채 증가세가 더 빠르게 진행되어 가계의 부채 상환부담이 늘어났기 때문이었다.

[그림 31-5]를 보면, 가계의 상환부담을 알 수 있는 가계신용/가계총처분가능소득과 가계신용/국민총처분가능소득의 비율이 증가하기 시작하였던 시기는 2005년부터이었다. 당시의 가계부채 증가세는 여러 가지 요인이 복합적으로 작용한 결과이었다. 확장적 통화·금융정책 기조로 저금리 기조가 정착됨에 따라 가계의 차입비용이 크게 낮아졌다. 우리나라는 외환위기가 수습된 2000년대부터 글로벌 금융위기 직후 기간을 제외하면 저금리 기조가 유지되었다. 이러한 저금리 기조는 미국을 비롯한 선진국의 확장적 통화·금융정책 기조에 상응하는 것이다. 특히, 글로벌 금융위기 이후 전 세계적으로 확장적 또는 완화적 금융정책 기조가 정착됨에 따라 외화자금의 유입이 증대되고 우리나라 통화·금융정책도 확장적으로 되어 국내 시장금리도 하락하여 가계 부문의 차입비용이 이전에 비해 크게 낮아졌다.

우리나라 금융기관이 외환위기를 계기로 기업보다는 가계에 대한 신용공급을 확대함으로써 수익성과 안전성을 높여 갔다. 은행 등 주요 금융기관이 외환위기 이전에는 제조업을 기반으로 하는 대기업을 주요 대상으로 하여 자금을 공급하여 [그림 31-6]에서 보듯이 제조업의 대출 비중이 가장 높았지만 외환위기 이후에는 그 비중이 20%대 이하로 낮아진 반면에 가계대출 비중은 50%까지 높아져 40%대 후반에서 안정되어 있는 것으로 나타났다.

외환위기 이후에 금융기관이 가계에 적극적으로 신용을 공급함으로써 가계대출이 빠르게 증가하였다. 외환위기를 계기로 대기업 대출에 주력하였던 금융기관은 부실금융기관이 된 반면에, 상대적으로 소외되었던 가계대출에 주력하였던 국민은행(국민은행+주택은행) 등이 최대우량은행으로 부상하였다. 가계대출은 복잡한 신용평가

[그림 31-6] 가계대출 관련 주요 지표의 추이(1992~2019)

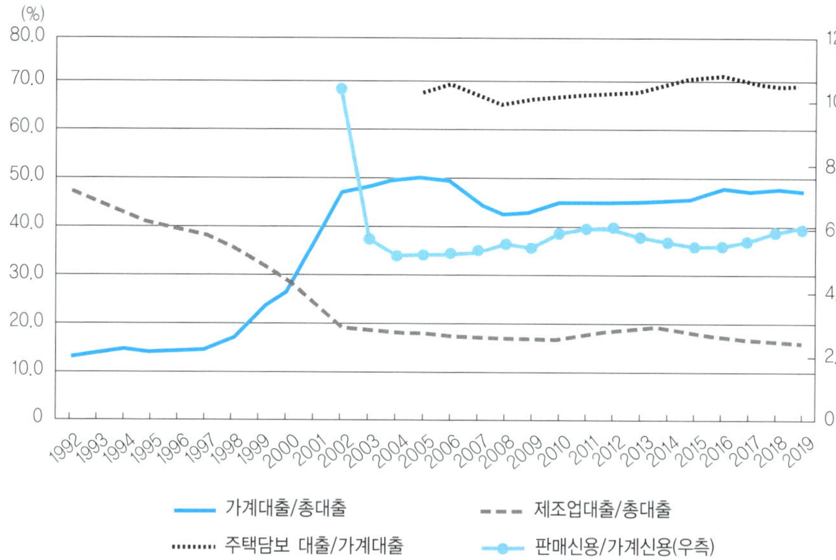

자료: 한국은행, 경제통계시스템.

제도의 확립 없이도 부동산담보 확보만으로 확장할 수 있어 거의 모든 금융기관이 가계대출 확장에 노력을 기울이게 되었다. [그림 31-6]에서 보듯이, 주택담보 대출의 비중이 도리어 높아져 가계대출의 70% 수준에 이르게 되었다. 그리고 신용카드 사용 보편화에 따른 판매신용 확대도 가계부채 증가의 한 요인이었으나 2002년 카드 사태 이후로 그 비율이 10%에서 6% 수준으로 급격히 하락하였지만 여전히 가계부채 증가의 한 구성 부분이었다. 2000년대 들어 풍부한 시장유동성, 주택수요 증대 등으로 인해 주택가격이 급등하면서 주택담보 대출이 가파른 증가세를 보였다. 이러한 주택시장 과열은 향후 주택가격 하락 충격 발생 시 가계 및 금융기관의 건전성을 훼손하고 금융불안을 유발할 가능성이 있다는 우려가 제기되면서 거시적 건전성을 제고시키기 위한 거시건전성 정책이 시행되기 시작하였다. 김대중 정부는 2002년 9월에 담보인정 비율(LTV) 규제를 도입하여 주택을 담보로 한 대출금액이 담보가액의 일정 비율을 초과하지 못하도록 제한하였다. 대체로 대출만기가 짧거나 주택가격이 높을수록 그리고 주택이 투기지역에 소재한 경우 LTV 비율의 상한이 낮게 책정되었다. LTV 비율 규제는 가계의 주택자산(stock)에 근거를 두고 있어 주택가격이 상승할 경우 담보가치도 함께 올라 대출 규모도 늘어나는 경기순응적 행태를 억제하는 데에는 한계가 있다. 노무현 정부는 2005년 8월 LTV 비율 규제를 보완하여 총부채상환 비율(DTI) 규제를 추가로 도입하여 활용하였다. DTI 비율 규제도 기혼 여부 등 차주의 특성, 담보주택의 가격, 소재지 등에 따라 차등 적용되었다.[45]

이명박 정부는 가계부채 증가에 대해 종합적인 대응 필요성을 처음으로 제기하였다. 이 정부는 총유동성의 안정적 관리, 일자리 창출을 통한 가계의 채무상환 능력 제고, 금융회사 건전성 제고, 서민금융 확대를 기본 방향으로 하는 「가계부채 연착륙 대책」을 2011년 6월에 발표하였다. 2012년 2월에는 가계대출 증가 속도가 빠른 제2금융권 건전성 제고 대책도 발표하였다. 한국은행은 주택담보 대출 중 변동금리부 대출 비중이 절대적으로 높아 가계의 금융리스크가 지나치게 큼에 따라 고정금리 대출을 확대하고자 하였고, 이를 위해 2012년 7월 한국주택금융공사에 추가 출자하였다.

박근혜 정부는 2014년 6월부터는 모기지유동화시장 활성화를 통한 가계부채 구조개선을 촉진하기 위해 한국주택금융공사가 발행하는 주택저당증권(MBS)을 환매조건부(RP) 매매에 한하여 공개시장운영 대상 증권에 포함하였다. 이후 2015년 6월에는 정부와 한국주택금융공사가 가계부채 구조개선을 위해 출시한 안심전환대출을 지원하기 위해 한국주택금융공사에 2,000억 원을 추가로 출자하였으며, 2016년 1월부터는 안심전환대출 취급 과정에서 증대된 은행의 자산운용 부담을 완화하기 위해 한국주택금융공사가 발행한 주택저당증권을 한국은행의 대출 및 차액결제 이행용 담보증권에 포함하였다. 한국은행은 2014년에 11월부터 가계부채 상황을 상시 모니터링하고 리스크 요인 분석도 강화하였다. 이러한 모니터링 및 분석을 기반으로 금융당국은 2014년 「가계부채 구조개선 촉진방안」, 2015년 「가계부채 종합관리방안」, 2016년 「가

45 한국은행(2015), 『한국의 거시건전성정책』, pp. 219~220.

계부채 관리방안」, 2017년 「가계부채 종합대책」을 마련하고 시행하였다.[46] 이와 같이 가계부채는 매년 그 대책이 발표될 정도로 우리나라에서 이미 중요한 정책과제가 되었다.

3) 경제성장률 회복을 위한 통화·금융정책

이명박 정부는 글로벌 금융위기에서 비롯된 한국 경제의 불안과 침체에서 벗어나기 위해 적극적인 확장적 재정정책과 함께 시행한 확장적 통화정책을 통해 글로벌 금융위기의 충격에서 빠르게 벗어났다. [그림 31-4]에서 보았듯이, 주식시장은 2009년 4월부터 상승세를 보이고, 외환시장은 대략 그 시기에 하락세를 보이기 시작하였고, 회사

[표 31-2] 글로벌 금융위기 전후 실물경제의 주요 지표(2007~2019)

(단위: 10억 원, 비율: %)

연도	경제 성장률	실질증가율			총저축률	국내 총투자율	수출입/GNI	수출/GNI
		민간소비	설비투자	건설투자				
2007	5.8	5.3	9.9	1.5	33.8	33.3	78.1	39.4
2008	3.0	1.6	−0.2	−2.7	33.4	33.7	99.9	49.8
2009	0.8	0.2	−8.1	3.6	33.5	29.5	90.1	47.1
2010	6.8	4.4	23.2	−3.7	35.2	32.6	95.4	49.2
2011	3.7	2.9	5.5	−2.8	34.6	33.2	109.0	55.3
2012	2.4	1.7	1.0	−3.5	34.5	31.1	108.3	56.0
2013	3.2	1.7	−3.9	6.3	34.8	29.7	101.1	53.2
2014	3.2	2.0	5.1	1.4	35.0	29.7	93.8	49.6
2015	2.8	2.2	5.1	6.9	36.4	29.5	82.0	44.6
2016	2.9	2.6	2.6	10.0	36.8	30.1	76.6	41.8
2017	3.2	2.8	16.5	7.3	37.1	32.3	80.2	42.7
2018	2.9	3.2	−2.3	−4.6	35.9	31.5	82.5	43.7
2019	2.0	1.7	−7.5	−2.5	34.7	31.2	80.8	42.3

자료: 한국은행, 경제통계시스템.

46 한국은행(2020), p. 181.

채 유통수익률도 상승세를 멈추었고 2011년 1월부터 하락세를 보였다. [표 31-2]에서 실물경제지표를 보면, 글로벌 금융위기로 일시적으로 민간소비가 위축되고 설비투자가 감소하고 총투자율이 크게 하락하였고 결과적으로 경제성장률은 1% 이하로 하락하였지만 2010년이면 위기 이전으로 거의 회복하였다.

한국 경제는 2010년대에 접어들어 경제성장률은 완만하지만 하락세를 보였다. 이러한 변화는 기복은 있지만 설비투자 감소세와 민간소비 감소세가 나타나면서 수출의 성장기여도도 낮아진 결과로 보인다.

이명박 정부는 경제성장률 회복을 위한 지속적 성장정책을 핵심 정책목표로 내세웠다. 그러나 글로벌 금융위기로 경제성장률 급락과 설비투자 급락에 의한 기저효과로 2010년의 경제성장률은 6.8%, 설비투자는 23.2%로 급등하였지만 2011년부터 경제성장률은 3% 전후, 기업의 설비투자는 5% 정도밖에 증가하지 못하였고 민간소비증가율도 점차 낮아져 2%에 그쳤다. 박근혜 정부가 경기부양을 위해 부동산 및 건설투자를 중심으로 하는 경기부양책을 실시함에 따라 2013, 2015, 2016, 2017년 건설투자증가율이 높아지고 이에 따라 경제성장률 하락세는 다소 줄어들었다.

기업의 투자율 하락세는 기업의 성장률 하락과 연관되어 있었다. 우리나라 기업은 [표 31-1]에서 보았듯이 외환위기를 거치면서 확장 위주의 차입 경영을 지양하고 유동성 확보와 수익성 회복에 주력하였다. 이러한 추세는 글로벌 금융위기 이후에 더 강화되었다. 기업의 매출액영업이익률을 보면, 시기에 따라 차이가 약간 있지만 5~7%대에서 안정되어 있다. 외환위기 이후 제조업 기업은 영업이익률 제고를 위해 노력을 많이 기울였지만 전체적으로 크게 나아지지는 않았다. 글로벌 금융위기 이후 다소 낮아졌지만 최근에 상승하고 있다. 기업은 외환위기를 계기로 차입의존도를 낮추어 그 비율이 위기 이전 50%대까지 높아졌지만 2000년대 중반부터 20% 수준에서 안정되고 있다.

[그림 31-7]에서 보듯이, 외환위기 이후 기업의 구조조정을 통한 가장 큰 변화는 재무구조 개선의 결과로 나타난 자기자본 비율의 상승인데, 기업 구조조정이 거의 완료

[그림 31-7] 제조업 주요 경영지표의 추이(1990~2019)

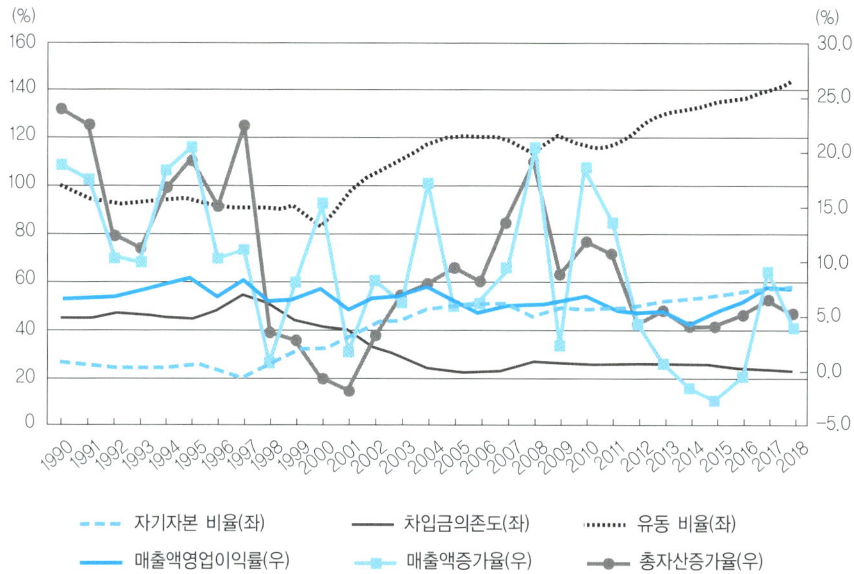

자료: 한국은행, 경제통계시스템.

된 2000년대 중반에 상승세가 그쳤다. 이러한 기업 재무구조의 개선은 글로벌 금융위기가 기업 경영에 대한 충격을 최소화하는 데 크게 기여하였다. 외환위기 이후 유동성 위기를 경험한 기업들은 유동 비율을 계속 높였다. 글로벌 금융위기 이후에는 불확실성 증가로 투자를 미룬 결과로도 유동 비율이 높아졌는데 2010년대 유동 비율 증가 추이는 그렇게 해석된다. 기업의 투자지연은 자산증가율 하락세와 연관되어 있다. 우리나라의 주력산업인 제조업의 매출액, 총자산증가율 하락세는 결국 거시경제적으로 투자율 감소와 경제성장률 하락으로 연계되어 나타날 수밖에 없었다. 경제성장률 하락세에 대한 통화·금융정책적 대응은 저금리 기조의 장기화, 정책금융의 확장, 기업 구조조정의 지원 등이었다.

외환위기 이후 김대중 정부는 경제성장 동력의 하나로 IT산업을 중심으로 하는 벤처자본의 육성과 활성화를 추진하여 기간산업이나 수출산업에 대한 지원은 상대적으로 위축되었다. 외환위기 이후 금융 및 기업의 구조조정에 주력하였던 정책금융의 목적도 노무현 정부에서부터는 신성장동력의 육성, 기술개발과 혁신, 지역의 균형발전, 중소기업의 육성 등을 목적으로 한 정책금융의 확장에 따라 그 대상이 다양해지기 시작하였다. 노무현 정부는 2003년 12월 경제성장 잠재력 확대를 위한 '10대 차세대성장동력산업'을 확정하여 종합적 산업발전 전략을 수립하였으나 실제로는 국책연구개발사업을 금융적으로 지원하는 것에 주력하였다.[47] 글로벌 금융위기 극복을 내세운 이명박 정부도 출범 당시에는 금융시장의 안정을 확보하고 자금난에 처한 기업에 유동성 공급을 우선 과제로 내세웠지만, 글로벌 금융위기로 인한 충격이 줄어든 2009년 1월부터 「신성장동력 비전 및 발전전략」을 발표하고 이를 위한 녹색기술산업 6개 분야, 첨단융합산업 6개 분야, 고부가가치산업 5개 분야 등 총 17개 신성장동력산업을 지정하여 2013년까지 부처별로 다양한 금융지원을 시행하였다.[48]

박근혜 정부도 마찬가지로 다양한 성장동력을 강화하기 위한 정책을 시행하였는데 이전 정부의 '차세대', '신성장'이라는 표현 대신에 '미래성장'의 동력이라는 표현을 사용하였다. 이 정부는 2014년 3월 「과학기술기본법」 제정을 통해 성장동력의 발굴과 육성을 명문화하고 매년 명칭을 바꾸어 가면서 성장동력 강화정책을 추진하였다. 이 정부는 이러한 정책을 위한 금융기관 간 협력을 강화하기 위해 2016년 3월 「정책금융의 미래 신성장 지원체계 구축방안」을 발표하였다.

문재인 정부는 2017년 12월 「혁신성장동력 추진계획」을 확정하고 총 13개의 혁신성장동력 산업을 확정하였다. 2018년 8월에는 미래성장동력특별위원회를 혁신성장동력특별위원회로 개칭하고 이 기구를 최고위정책결정기구로 설정하였다. 2019년 3월에는 이를 금융적으로 지원할 「혁신금융 추진방향」을 발표하였다. 여기서 중요시된 것은 혁신성장을 이끌 금융생태계를 구축하는 것이었고, 주요 내용은 기업여신제도 혁신, 모험자본을 위한 자본시장 활성화, 서비스산업과 산업의 혁신을 위한 정책금융

47 서울사회경제연구소(2019), 『한국의 산업금융100년사』, p. 392.
48 앞의 책, p. 392.

[표 31-3] 정책금융기관 개관(2018년 12월 기준)

	담당기관	설립	자본(조 원)	주요 업무
정부	중소기업 진흥공단	1979	1.7	• 중소기업 정책자금 융자 • 중소기업 글로벌화 및 마케팅 지원 • 중소기업 창업 및 진흥기금 운용·관리 등
중앙은행 (한국은행)		1950	–	• 화폐 발행, 통화신용정책 수립 및 진행 • 대출정책(금융중개지원 대출 등) • 지급결제제도의 총괄·감시 등
특수은행보증기관	산업은행	1954	17.5	• 기업금융(대출·투자·보증)·PF • 벤처투자·간접투자, 온렌딩·기업 구조조정 • 자본시장 업무(회사채 주선, M&A, PEF)
	수출입은행	1976	10.4	• 수출입금융·해외 투자자금 대출 • 수출입·해외 사업금융 대출기업 앞 보증 등
	기업은행	1961	3.3	• 중소기업금융(대출·투자·보증) • 가계·주택금융 등
	농협은행	1961	15.9	• 농어촌자금 등 농민, 조합 및 중앙회에 대한 자금대출
	신용보증기금	1976	16.5 (순자산)	• 신용보증·기본재산관리 • 보증연계투자 등
	기술보증기금	1989	10.4 (순자산)	• 기술보증·기술평가 및 인증 • 보증연계투자 등
	무역보험공사	1992	1.8 (순자산)	• 무역보험·수출신용보증 • 대외채권추심 등
	농림수산업자 신용보증기금	2009	2.3 (순자산)	• 농림수산업자 대상 신용보증 • 신용조사, 구상권 행사 등
투자기관	한국벤처투자	2005	0.05	• 모태펀드 자금을 중소·벤처기업에 투자하는 펀드에 출자
	한국성장금융 투자운용	2016	0.015	• 성장사다리펀드 자금을 중소·벤처기업에 투자하는 펀드에 출자

자료: 정책금융연구회(2018), 『정책금융의 현황과 발전과제』, pp. 41~42; 금융감독원, 금융통계정보시스템.

의 확대이었다.[49]

49 서울사회경제연구소(2019), p. 395.

이와 같이 각 정부마다 정치적 의미를 부여하기 위해 명칭은 달리하였지만 기업의 투자증대와 기술혁신을 통한 경제성장률 회복을 위해 일정 수준 이상의 실질경제성장률을 유지하려는 이른바 지속적 고도성장 전략은 지속되고 있었던 것이다.

2010년대에 접어들어서는 중앙정부, 한국은행, 지방자치단체 등이 정책금융을 주도하고 정책금융의 집행은 각종 정책금융기관, 지자체 산하기관, 신용보증기관, 상업금융기관 등이 담당하고 있었다. 2018년 12월 현재, 기업에 정책금융에 의한 자금지원을 수행하는 정책금융기관으로는 [표 31-3]에서 보는 바와 같이 한국은행, 중소벤처기업진흥공단(중진공), 산업은행, 수출입은행, 기업은행 등의 정책금융은행과 신용보증기금(신보), 기술보증기금(기보), 무역보험공사 등과 같은 신용보증기관, 한국벤처투자(한국모태펀드), 한국성장금융투자운용(상장사다리펀드)의 투자기관 등이 있었다. 이 밖에 소매금융과 관련하여 주택금융공사, 한국장학재단 등도 정책금융을 담당하였다.

대출방식의 기업에 대한 금융지원은 중진공, 산업은행, 기업은행 등을 통한 직접대출 형태와 함께 한국은행의 금융중개지원 대출, 산업은행과 기업은행 및 수출입은행의 온렌딩(on-lending) 대출, 중진공의 대리대출 등의 일반금융기관을 통한 간접지원방식을 사용하고 있었다. 앞의 방식과 달리 모태펀드나 상장사다리펀드를 통한 중소벤처기업 및 중견기업 지원은 투자 형태로 이루어지는 새로운 유형의 정책금융도 전개되었다.[50]

[그림 31-8]에서 보듯이, 한국은행은 글로벌 금융위기 발발 이전인 2008년 10월부터 신용경색을 우려해 기준금리를 단계적으로 인하하기 시작하여 2009년 2월에 그쳤는데, 그 결과 기준금리가 5%에서 2%까지 낮아졌다. 또한 글로벌 금융위기가 어느 정도 수습되기 시작한 2010년 7월부터는 기준금리를 2011년 6월까지 단계적으로 인상하였다. 그러나 글로벌 금융위기로 인한 세계경제의 침체 장기화, 북핵 지정학적 위험의 증가 등의 외부여건 불확실성이 증가하고 국내적으로 성장잠재력 저하에 따른 경제

50 서울사회경제연구소(2019), p. 375.

[그림 31-8] 한국은행의 기준금리와 주요 금리의 추이(2007~2019)

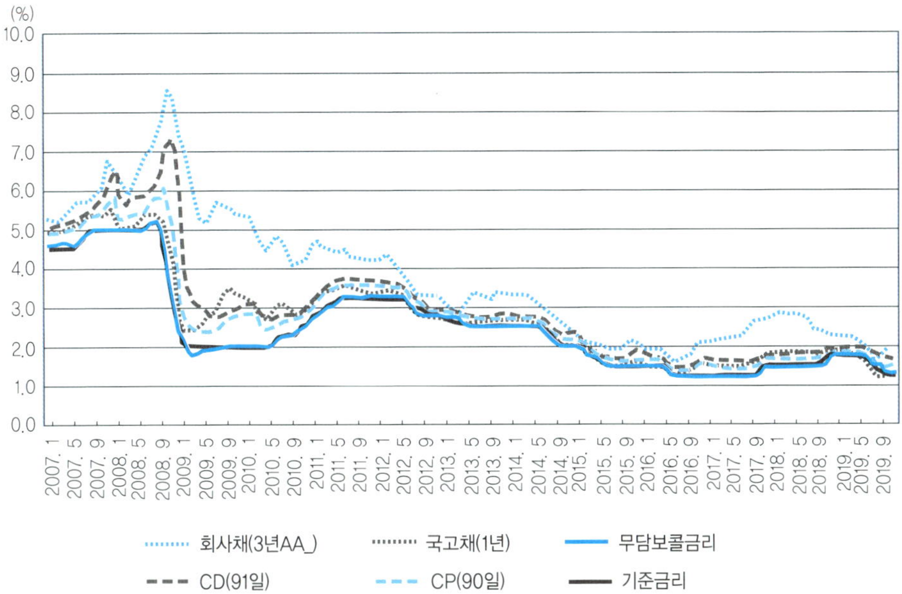

자료: 한국은행, 경제통계시스템.

성장률 하락에 대응하여 2012년 7월부터 2016년 6월까지 금리를 단계적으로 인하하였다.[51] 이와 같이 글로벌 금융위기 이후의 단기적인 불황뿐 아니라 장기적인 경제성장률 하락에 대응하는 통화·금융정책에서 더 중요한 정책은 단계적인 금리 인하이었던 것이다.

외환위기 이후 위기수습 과정에서부터 중앙은행이 아닌 다른 정책금융기관도 금융 및 경제의 안정을 위한 역할을 중시하였다. 예를 들어, 산업은행이 국제통화기금(IMF)의 구조조정 차관을 이용한 무역금융의 제공, 민간 부문을 대신한 외자유치, 부실금융기관과 기업의 구조조정, 회사채 신속인수제도 등을 통한 금융시스템의 안정 유지 등의 공공적 수요에 부응하는 정책금융기관으로서의 역할을 적극적으로 수행하였

51 한국은행(2020), p. 171.

다. 2000년대 중반 이후에는 2007~2008년 글로벌 금융위기로 민간금융의 자금공급이 둔화됨에 따라 정책금융기관은 경기대응적으로 자금공급을 확대함으로써 경기침체를 줄이는 역할도 담당하였다.

4) 글로벌 금융위기 이후 건전성 금융규제 강화

외환위기 직후부터 금융당국은 금융기관의 부실 재발을 방지하기 위하여 금융기관 경영건전성에 대한 규제를 강화하였다. 금융당국은 1998년 4월 적기시정조치제도를 은행, 종합금융회사 및 증권회사를 대상으로 적용하고, 1998년 6월부터 보험사, 1999년 12월부터 상호저축은행, 2003년 3월부터 신용협동조합이라는 전체 금융기관으로 확대하여 갔다. 금융당국은 금융기관의 자산건전성 분류 기준을 강화하여 종전에는 6개월 이상 연체 시 요주의 자산으로 분류하던 것을 3개월 이상 연체 시 요주의 자산으로 1998년 7월부터 분류하도록 하였다. 그리고 금융당국은 차주의 미래 채무상환능력까지 감안하는 자산건전성 분류 기준을 2000년 1월부터 은행에 도입하고 종합금융회사, 보험회사로 점차 범위를 확대해 갔다.[52]

2008년 글로벌 금융위기를 계기로 전 세계적으로 시스템 리스크를 억제하기 위해 금융규제를 강화하려는 움직임이 확산되어 갔다. 우리나라 정부도 이러한 국제적인 흐름에 따라 허점이 많았던 바젤II 대신에 새로운 바젤III를 도입하여 금융규제를 강화하고자 하였다. 특히, 2011년 발생한 저축은행 부실 사태 등은 금융규제 재정비를 가속화하는 계기가 되었다.

저축은행 사태는 2011년 1월 PF 대출의 부실로 자체 정상화에 실패한 삼화저축은행에 대한 영업정지 조치가 시행되면서 시작되었다. 이 은행의 영업정지 이후 다른 저축은행에 대한 우려가 증폭되어 부산저축은행 계열사를 중심으로 저축은행에 대한

52 한국은행(2018), 『한국의 금융제도』, p. 41.

예금인출 사태가 발생하자 금융당국은 2월부터 연쇄적으로 저축은행 영업조치를 취하였다. 그 결과 저축은행의 많은 예금자 및 후순위채 투자자의 피해가 발생하여 국정조사와 검찰수사가 이루어졌고, 저축은행 예금인출 사태도 연이어 발생하여 금융시장의 불안도 우려되었다.[53] 금융당국은 2011년 7월 「저축은행 경영정상화 추진방안」이라는 수습책을 제시하고 2012년까지 24개의 저축은행을 구조조정하고 대주주 및 경영진의 불법행위를 고발하고 부실책임도 추궁하였다.

금융당국은 은행의 건전성 강화를 위하여 2013년 12월부터 바젤III에 따른 자본규제를 국내 은행에 대하여 단계적으로 도입하였다. 은행이 위험가중자산과 관련하여 보유해야 하는 최저자본을 세분화하고 자본의 유형별 자본인정 요건을 강화하였고, 2015년에는 유동성 커버리지 비율(LCR), 2016년에는 자본보전 완충자본 및 국내 시스템적으로 중요한 은행에 대한 추가자본 적립을 시행하였고, 2018년부터는 순안정자금조달 비율(NSFR) 및 레버리지 비율 규제를 시행하였다.[54]

글로벌 금융위기 이후 금융회사 지배구조 확립에 대한 중요성이 부각되면서 이와 관련된 제도도 도입되었다. 금융회사의 건전한 경영을 유도하기 위하여 2015년 7월 「금융회사의 지배구조에 관한 법률」이 제정되었다. 이 법은 은행, 금융투자업자, 보험회사, 상호저축은행, 여신전문 금융회사, 금융지주회사 등 금융회사의 임원 자격요건, 이사회의 구성 및 운영, 내부통제제도 등 금융회사의 지배구조에 관한 기본적인 사항을 정하여 금융기관의 투명성과 건전성을 높이고자 제정된 것이었다. 금융당국은 나아가 경제력 집중, 이해상충 문제 등의 부작용을 방지하기 위하여 금산분리를 더욱 강화하였다. 즉, 2013년 8월 「은행법」 및 「금융지주회사법」을 개정하여 비금융 주력자(산업자본)의 은행 및 금융지주회사에 대한 주식 보유한도를 의결권이 있는 발행주식 총수의 9%에서 4%로 축소하였다.[55]

---

53 금융감독원(2020), pp. 158~159.
54 한국은행(2018), p. 44.
55 앞의 책, p. 45.

제9부

한국의 통화 및 금융의 장기 추이

제32장 통화량과 통화 구성의 장기 추이, 1905~2019

제33장 자금순환표로 본 한국의 금융발전, 1962~2019

제9부

제9부는 지금까지 살펴본 우리나라의 통화 및 금융의 규모와 구조 변화를 장기 시계열 자료를 이용하여 통화 및 금융제도와 관련된 총량 지표와 그 구성의 변화를 통해 설명하고자 한다. 첫째, 현대적 의미에서 통화량과 통화의 구성이 어떻게 변화하고 있는가를 파악하기 위해 기존 통화지표를 검토한 결과에 의거하여 1905~2019년간 화폐발행고, 통화, 총통화 등의 주요 통화지표의 장기 시계열을 재구성한 다음, 그 결과에 의거한 우리나라 통화의 양적 변화와 구성의 변화를 살펴본다. 둘째, 1962년 이후의 한국, 미국, 일본의 자금순환표를 장기 시계열로 분석할 수 있도록 재구성하여 1960년대 이후부터 지금까지의 한국 금융의 제도 부문별, 거래 유형별 전체 추이를 분석하고 이를 일본과 미국의 자금순환 분석과 비교하여 한국 금융발전의 추세와 특징을 살펴본다.

제32장 통화량과 통화 구성의 장기 추이, 1905~2019*

* 이 장은 「통화량과 통화 구성의 장기 추이, 1905-2014」(『경제사학』, 제40권 제2호, 2016. 6)를 시계열을 확장하는 방식으로 보완한 것이다.

50000
10000
5000

현대적 의미에서 통화공급에는 주화와 지폐(은행권)로 구성되는 현금통화와 예금통화로 정의되고, 나아가 이 통화와 큰 비용 없이 대체 가능한 유동성이 높은 금융자산까지 포함한다. 우리나라의 중앙은행인 한국은행이 이러한 기준에서 다양한 통화량 지표와 그 구성항목을 발표하여 왔다. 그러나 우리나라 현재 기준에서 작성된 통화량과 통화 구성은 1960년대까지만 파악할 수 있다. 우리나라에서 통화량의 정의도 변하고 있고 통화의 범위도 달라져 왔지만, 한국은행이 통화량 장기 추이를 파악할 수 있는 통화량 장기 시계열을 별도로 작성하고 있지 않기 때문에 장기간 통화량과 통화의 구성요소를 파악하려면 별도의 연구와 작업이 있어야만 한다.

우리나라 화폐제도와 이와 관련된 통화량에 관한 연구의 대부분은 주화와 은행권으로 구성되는 현금통화에 관한 연구이다. 한국은행의 『한국화폐사』(1965)에서 『우리나라의 화폐』(2015)에 이르기까지 발간한 화폐사는 주화와 은행권으로 구성되는 현금통화와 관련된 기록에 그치고 있다. 조선시대 화폐연구[1]는 물론이고 개항기 화폐제도와 화폐유통량을 다룬 오두환의 연구[2]도 은행권 주화의 발행만을 다루고 있고, 식민지시대의 화폐제도를 다룬 배영목[3]의 연구도 주로 은행권, 주화 등 현금통화 문제를 다루었다. 이헌창 외[4] 등이 고대부터 현대까지 우리나라 화폐를 다루면서 화폐에서 예금통화를 배제한 것은 아니지만 현금통화의 변화를 중심으로 기술하고 있다. 따라서 현대적 의미에서 화폐에 관한 연구가 활발해지려면 현금통화의 범위를 넘어서는 수준에서 화폐의 장기 시계열에 관한 연구도 있어야 할 것이다.

현재 우리나라 통화량 통계의 연도별 자료는 『경제통계연보』에 수록되어 있고 한국은행 경제통계시스템에서도 연도별, 분기별 자료가 제공되고 있다. 통화지표로는 화폐발행액, 본원통화, 협의의 통화(신M1), 광의의 통화(신M2), Lf(금융기관 유동성), 광의의 유동성(L), 예금은행 총예금, 저축성예금 등이 있다. 현재의 지표는 2002년 편제 개

1 원유한(2006), 『한국화폐사(고대부터 대한제국시대까지)』, 한국은행.
2 오두환(1991), 『한국근대화폐사』, 한국연구원.
3 배영목(1987), 「일제하 식민지 화폐제도의 형성과 전개」, 『경제사학』, 11호.
4 이헌창 · 도면회 · 배영목 · 정병욱 · 이영훈, 국사편찬위원회 편(2006), 『화폐와 경제활동의 이중주』, 한국문화사 08, 두산동아.

편으로 재작성된 것이고 이전에는 다른 통화지표가 이용되었다.[5] 따라서 한국은행이 제시한 통화 시계열 통계만으로는 통화량과 통화 구성의 장기 추이를 분석하는 것은 불가능하다. 그리고 식민지 시대에 발표된 단편적인 통화 관련 통계자료만으로는 현재의 통계와 직접 비교하는 것은 어렵고, 특히 1950년대 통화 통계는 현재 통계와 단절되어 있다.

통화의 범위는 시대에 따라 다르기 때문에 기존 통화량 지표를 단순히 연결시키는 방식으로 통화량 추이와 구성을 파악하는 것은 쉽지 않다. 예금통화가 통화의 일부로 포함된 현대적 의미에서 통화량 추계는 미국에서도 1940년대에 들어서야 시작되었고 통화량 추계나 집계의 대부분은 그 이후에 이루어졌다. 우리나라에서도 1950년대에야 예금을 통화의 일부로 포함시킨 통계가 처음으로 제시되기 시작하였다. 따라서 이 연구에서는 통화지표 장기 시계열을 확보하고 이를 분석하기 위해 공표된 통화 및 통화 관련 통계를 최대한으로 활용하되 해당 지표가 없는 시기의 통화지표는 새로 추계하여 각 계열을 함께 비교하는 방식으로 통화량과 그 구성요소의 장기 시계열을 제시한 다음, 그 추이를 설명해 보고자 한다.

1. 통화량 관련 지표의 변천

일제가 한국의 화폐제도를 일본의 화폐제도의 일부로 편입시키기 위해 실시한 이른바 화폐정리사업이 실시되기 이전인 1904년까지는 [표 32-1]에서 보듯이, 여러 유형의 화폐가 혼재하고 있었다. 구 한국 정부의 주화는 중심통화이었고 일본 통화도 외국 통화로서 유통되고 있었다. 그러나 1905년부터 실시된 화폐정리사업으로 일본계 통화가 한국 법화로 인정되면서 제일은행 조선 지점이 1903년부터 발행한 제일은행권도

5 한국은행 경제통계국(2002), 『새 통화지표의 편제결과』; 한국은행(2008), 『우리나라 통화지표의 해설』.

[표 32-1] 한국은행 설립 이전의 유통화폐량(1904~1948)

연도	구 한국 정부 화폐(주화)				조선 은행권[1]	조선 외 선은권 발행고	일본 화폐			
	소계	엽전	구화	신화			소계	일본 은행권	금화	보조 주화
1904	18,760	7,260	11,500		3,371		1,300			
1905	13,397	6,500	6,530	367	8,125		1,300			
1906	13,572	7,260	4,265	2,047	9,224		1,032	1,032	0	
1907	13,686	6,124	3,554	4,008	12,805		958	775	8	175
1908	11,073	5,822	2,036	3,215	10,385		432	338	9	85
1909	8,905	3,726	499	4,680	13,439	94	428	270	8	150
1910	9,182	2,415	495	6,272	20,163		552	275	15	262
1911	7,004	1,573	484	4,947	25,006		3,518	310	6	3,202
1912	5,578	1,099	481	3,998	25,500		4,535	141	3	4,391
1913	4,162	663	479	3,020	25,693		4,445	119	4	4,322
1914	3,174	379	477	2,318	21,850		4,955	106	5	4,844
1915	2,717	212	477	2,028	34,837		5,455	88	6	5,361
1916	2,522	132	477	1,913	46,627		5,489	132	5	5,352
1917	2,501	119	477	1,905	67,364	6,454	6,217	366	3	5,548
1918	2,499	118	477	1,904	115,523	22,348	8,409	160	3	5,585
1919	2,499	117	477	1,905	163,600	42,125	10,715	112		5,767
1920	2,499	117	477	1,905	114,034	28,838	10,386	14		6,529
1921	116	116			136,361	35,082	8,866	39		8,427
1922	114	114			100,345	29,329	10,237	374		9,863
1923	111	111			100,233	29,473	10,183	229		9,954
1924	104	104			129,119	41,562	9,290			9,290
1925	104	104			120,541	45,663	9,317			9,317
1926	85	85			110,937	35,549	8,838	404		8,434
1927	63	63			124,527	41,174	8,321	242		8,079
1928	46	46			132,444	45,375	8,475	6		8,469
1929	34	34			118,702		9,633			9,633
1930					90,615		8,114			8,114
1931					100,910		7,214			7,214
1932					124,623		8,000			7,999
1933					148,726	40,863	8,549			8,549
1934					192,458	75,392	9,030			9,029
1935					220,777	103,015	9,214			9,212
1936					210,614	93,030	9,634			9,634
1937					279,502	86,299	10,512			10,512
1938					321,978	66,488	12,328			11,922
1939					443,987	69,773	19,035			14,253
1940					580,534	94,388	23,521			17,865
1941					741,607	120,538	28,289			22,635
1942					908,646	137,234	32,560			27,758
1943					1,466,777	210,786	36,184			28,907
1944					3,135,692	511,043	46,559			31,845
1945					8,763,341	3,740,568	66,486			33,495
1946					17,710,623	3,740,568	66,486			33,495
1947					33,388,164	3,740,568	42,686			33,495
1948					43,444,111	3,740,568	42,686			33,495

주: 1) 1908년까지는 제일은행권, 1909~1910년에는 (구)한국은행권.

자료: 1904~1905년 값 『한국화폐정리사업』, pp. 319~323; 조선총독부 재무국, 『조선금융사항참고서』(1935, 1939); 조선은행조사부, 『경제연감』(1949).

법화로 지정되었고, 이 지점이 한국 정부의 중앙은행 역할을 담당하게 되었다. 제일은행권은 1906년부터 일본인은 물론 한국인 간에도 널리 보급·유통됨으로써 중심통화로 부상하였다. 일본 제일은행 조선 지점이 수행한 중앙은행 기능은 1909년에 설립된 한국은행(구)에 이양되어 이 구 한국은행이 구 한국은행권을 발행하였고, 1911년에는 이 은행을 대체한 조선은행이 새로 은행권을 발행하여 구 은행권과 주화를 대체하였다. 이후 조선은행은 식민지 조선과 인근 지역의 화폐 발행을 담당하는 기관이 되었고 광복 이후에도 1950년 6월 한국은행이 출범하기 이전까지 화폐 발행을 담당하였다. 조선은행권이 식민지 시대에서는 조선과 중국 일부 지역에서, 분단 이후에는 남한지역에서 주요 유통화폐(currency)가 된 것이다.

조선은행권이 유통되던 시기에는 발행 체계가 통일되어 있지 않았다([표 32-1]). 조선은행이 일본은행권을 조선은행권의 발행준비로 이용하고 일본 주화를 보조화폐로 이용함으로써 구 한국 정부의 주조화폐, 조선은행권, 일본은행권, 일본 주화 등이 함께 통용되었으나 유통화폐(현금통화)의 대부분은 [표 32-1]에서 보듯이 조선은행권이었다. 그리고 조선은행이 일본 식민지 은행으로서 조선 이외의 지역에서도 은행권을 발행·유통시키고 예금과 대출을 취급하였기 때문에 시기에 따라 조선은행 통계에는 관동주 등 조선 외 지역의 발행액이 포함되어 있고 예금, 대출도 마찬가지이다. 따라서 식민지 시대의 통화량 중에서 유통화폐는 구 한국 화폐, 조선지역 내에서 발행된 조선은행권과 조선에 유입된 일본 화폐의 합으로 구성된다.

화폐정리사업이 실시되던 1905년 이전에 한국인 은행과 일본인 은행이 이미 설립되어 활동하였다. 일본인 은행은 예금과 대출을 취급하고 있었고, 당좌예금과 당좌대월도 취급하고 있었다.[6] 대한천일은행 등의 한국인 은행도 일본인 은행과 마찬가지로 예금과 대출을 취급한 것은 물론이고 당좌예금으로 개칭된 무정기임금(無定期任金)을 취급하고 있었다.[7] 일본인 은행의 조선 내 지점을 통해 지금과 같은 당좌예금제도가

6 高嶋雅明(1988), 『조선에 있어서 금융사의 연구』, p. 275.
7 이영훈 · 배영목 · 박원암 · 김석진 · 연강흠(2004), 『한국의 은행 100년사』, pp. 116~117.

[표 32-2] 한국은행 설립 이전의 통화 관련 지표

통화지표	포괄범위	발행주체	보유주체	해당 기간
화폐 발행고	조선은행권(제일은행권, 구 한국은행권)	조선은행	조선은행 외 금융기관, 관공, 민간	1906~1948
유통화폐(현금)	조선은행권, 구 한국 화폐, 일본은행권, 일본 주조화폐	조선은행	전 금융기관, 관공, 일반	1906~1948
요구불 예금	당좌예금, 특별당좌예금	전 은행, 금융조합	전 금융기관, 관공, 일반	1906~1948
저축성 예금	정기예적금, 기타 예금	전 은행, 금융조합	전 금융기관, 관공, 일반	1906~1948

자료: 조선총독부 재무국, 『조선금융사항참고서』(1939), 『조선금융연보』(1942); 조선은행 조사부, 『조선경제연보』(1948), 『조선경제연감』(1949).

도입되고 당좌수표도 이용되고 있었다. 따라서 이 시기의 당좌예금도 현대적 의미에서 통화라는 기준에 포함시킬 수 있는 것이다.

이 당시에는 통화지표로는 구 한국 화폐, 조선은행권(제일은행권, 구 한국은행권) 일본 화폐 등이 발표되었지만, 각종 은행의 종류별 예금액도 발표되었다. 이 예금은 정기, 당좌, 특별당좌, 기타 등으로 분류되어 있는데, 이 예금액은 조선 내 예금액이었다.[8] 여기서 특별당좌예금은 1950년대까지 사용된 명칭으로 오늘날 보통예금으로 분류하고 있는 예금이다.[9] 이 장에서 금융기관 예금 중 이상의 요구불예금을 제외한 예금은 저축성예금으로 재분류하고 그중에서 정기예적금을 제외한 예금은 기타 저축성예금으로 정의한다. 따라서 1906년부터 1948년까지 공표된 통화 관련 지표는 [표 32-2]와 같이 정리하여 제시할 수 있다.

1950년 한국은행이 설립된 이후 1958년까지 발행한 화폐는 한국은행권뿐이었고

8 조선총독부 초기 통계에서는 조선 외 지역의 예금이 포함되는 경우가 가끔 있었고, 관공예금의 예금종류는 1915년까지 구분되지 않았다. 이후의 『조선금융사항참고서』에서는 재정리되어 제시되고 있으나, 정확하지 않으나 기타 예금으로 처리된 것으로 보인다. 이 연구에서는 일차자료인 조선총독부 재무국이 발간한 『조선금융사항참고서』(1938년까지), 『조선금융연보』(1941년까지) 그 이후나 없는 경우에는 1949년 『경제연감』(1948년까지)을 사용하였다.

9 기존의 분석(溝口敏行·梅村又次 편(1988), 『구일본식민지경제통계추계와 분석』, 일본경제신문사)에서는 특별당좌예금을 저축성예금으로 간주하여 M1에 포함시키지 않고 M2에만 포함시켰다. 이러한 분류방식은 특별당좌예금에 대한 다른 해석에 의한 것이고 우리나라 현재의 통화분류 방식과도 다른 것이다.

구 유통화폐가 점차 회수되어 감에 따라 유통화폐는 은행권인 한국은행권으로 통일되었다. 보조화폐인 소액 은행권을 제외한 구 조선은행권은 한국전쟁 중에 실시된 화폐교환 조치로 인해 1951년 4월 말에 거의 회수되어 일제 식민지 시대의 유산인 복잡한 유통화폐는 소액 화폐로만 사용되고 고액 화폐는 한국은행권으로 단순화되었다.[10] 주화는 1959년 새로 주조되어 유통될 때까지는 발행되지 않았다. 그런데 1953년 2월 통화개혁으로 화폐단위가 원(圓)에서 환(圜)으로 변경되고 100분의 1로 명목단위가 절하되었고, 1962년 6월에는 통화개혁으로 화폐단위가 환에서 원으로 변경되어 10분의 1로 명목단위가 다시 절하되었다.[11] 조선은행 시대에는 원(圓) 단위로 표시하고 1950년 이후 한국은행 시대에는 원 단위로 통일하여 표시할 것이므로 이 장에서는 1,000원(圓)=1원 관계만을 적용하여 통계를 제시한다.

한국은행이 설립되자마자 한국전쟁이 발발하여 혼란이 있었지만 1954년 3월부터 통화 분석을 위한 통화 통계가 소급하여 작성되었고 이러한 통화 통계는 [표 32-3]에서 보는 바와 같은 1945년을 기점으로 하는 통화량 제1의, 통화량 제2의이다. 이 통화량 제1의는 우리나라 통화지표(M1)의 효시이고 통화량 제2의는 총통화지표(M2)의 효시라고 할 수 있다. 한국은행이 작성한 통화지표 중에서 최근 시계열만 있는 유동성 지표(금융기관 유동성(Lf), 광의의 유동성(L))를 제외한 통화지표를 제시한 것이 [표 32-3]이다.

한국은행은 2000년대에 접어들어 금융환경의 변화와 금융혁신에 따른 금융시장 변화를 반영하고 IMF도 통화금융기관의 구분 없이 유동성 중심으로 통화지표를 변경할 것을 권고함에 따라, 금융기관의 제도적 구분보다는 금융상품의 유동성을 기준으로 하는 새로운 통화지표로서 협의의 통화(신M1), 광의의 통화(신M2) 지표를 새로운 매뉴얼로 공포하고, 이 지표를 점차적으로 과거로 소급하여 작성하고 발표하여 현재 1960년까지 이 지표에 의한 통화량 시계열이 작성되었다. 이 시기 전까지 우리나라는 다른 나라와 마찬가지로 IMF 기준에 따른 통화(구M1), 총통화(구M2) 정의를 장기간 사

10 배영목(2009), 「한국전쟁과 화폐개혁」, 『사회과학연구』, 26-1.
11 배영목(2010), 「우리나라 통화개혁의 비교 연구」, 『경제학연구』, 58-1.

[표 32-3] 한국은행 설립 이후의 통화지표

<table>
<tr><th>통화지표</th><th>포괄범위</th><th>발행주체</th><th>보유주체</th><th>적용기간</th></tr>
<tr><td>화폐 발행액</td><td>한국은행권, 주화(1959년 이후)</td><td>한국은행</td><td>한국은행 외 주체</td><td>1950~</td></tr>
<tr><td>민간화폐 보유액</td><td>한국은행권, 주화</td><td>한국은행</td><td>통화금융기관 이외 주체</td><td>1950~</td></tr>
<tr><td>통화량 제1의</td><td>비은행 은행권보유액+요구불예금</td><td>통화금융기관</td><td>민간, 정부대행기관</td><td>1945~1953</td></tr>
<tr><td>통화량 제2의</td><td>비은행 은행권보유액+민간, 정부대행기관 전 예금</td><td>통화금융기관</td><td>민간, 정부대행기관</td><td>1945~1953</td></tr>
<tr><td>통화성 예금</td><td>당좌예금+기타 요구불예금-미청산어음수표</td><td>통화금융기관, 산업은행</td><td>민간, 지방자치단체</td><td>1945~1972</td></tr>
<tr><td>본원통화</td><td>화폐발행액+지준예치금</td><td>한국은행</td><td>민간, 예금취급기관</td><td>1953~</td></tr>
<tr><td>통화 (구M1)</td><td>민간화폐보유량+통화성예금(당좌, 보통, 저축, 별단, 여신관리자금)</td><td>통화금융기관+산업은행</td><td>중앙정부와 통화금융기관을 제외한 거주자</td><td>1960~2001</td></tr>
<tr><td>총통화 (구M2)</td><td>민간화폐보유량+통화성예금+저축성예금+거주자 외화예금</td><td>통화금융기관+산업은행</td><td>동일</td><td>1960~2001</td></tr>
<tr><td>협의통화 (신M1)</td><td>현금통화+예금취급기관 요구불예금+수시입출식 저축성예금+MMF</td><td>예금취급기관</td><td rowspan="2">예금취급기관, 중앙정부를 제외한 모든 거주자</td><td>1960~</td></tr>
<tr><td>광의통화 (신M2)</td><td>M1+기타 예금(2년 미만)</td><td>예금취급기관</td><td>1960~</td></tr>
</table>

자료: 조선은행 조사부, 『조선경제연보』(1948), 『경제연감』(1949); 한국은행, 『경제연감』, 『경제통계연보』, 각 연도; 한국은행(2008), 『우리나라 통화지표의 해설』.

용하였다. 따라서 1960년대 이전까지 통화량과 구성을 비교하기 위해서 여러 통화지표를 동시에 관찰하는 것이 좋을 것이다.

2. 통화량과 장기 추이

전통적인 통화량 지표로는 화폐발행액, 본원통화, 통화, 총통화 등이 있다. 화폐발행액은 중앙은행이 금융기관을 포함하여 시중에 유통시키는 유통화폐, 즉 현금통화에 해당하는 것으로 중앙은행이 유통시킨 주조화폐와 은행권(지폐)의 총량을 말한다. 본원통화는 시중 통화공급의 원천으로서 중앙은행이 직접 통제하는 통화량인데, 화폐 발행액과 통화금융기관의 중앙은행 예치금으로 정의한다. 통화는 민간이 보유한 현금통화와 통화금융기관의 요구불예금을 합한 것을 말하고, 총통화는 통화에 저축성예금을 추가한 것을 말한다. 각 정의에 맞는 통화성 부채의 범위는 당시 중앙은행이 정한 기준에 따르되 그 내용을 명시하여 지표의 정의에 따른 차이부터 설명되어야 한다. 통화량의 장기 추이를 파악하기 위해 장기 시계열 분석에 이용할 통화지표의 작성 기준을 제시한 것이 [표 32-4]이다.

일제 식민지 시대에 발표된 통화지표로는 화폐발행고뿐이므로 본원통화, 통화, 총통화 시계열 자료는 추계하여 이용할 수밖에 없다. 조선은행 시대의 예금통화량을 추정하기 위해서는 통화금융기관의 범위를 확정해야만 한다. 당좌예금을 취급한 은행은 당연히 포함될 것이다. 하지만 특별당좌예금을 취급한 금융조합도 통화금융기관에 포함시킬 것인가가 문제가 될 수 있다. 금융조합은 1914년부터 저축성예금을 취급하였고, 1930년부터 특별당좌예금을 취급하였기 때문에 통화금융기관에서 완전히 배제할 수 없다. 이러한 점을 고려하여 금융조합을 포함시킨 경우와 그렇지 않은 경우의 추계치를 각각 제시하였다. 하지만 예적금을 취급한 우편국이나 금전신탁을 취급한 신탁회사는 통화금융기관이 아니므로 이 금융기관의 부채는 통화량 계산에서 제외하였다.

그런데 조선은행은 발권은행이지만 보통은행 업무를 겸하고 있었고, 당시에는 중앙은행 예치금제도도 없었다. 오늘날과 같은 본원통화라는 개념이 당시에 없었지만, 단순 비교를 위해 편의상 조선은행의 화폐발행고와 동업자 예금을 합한 것을 본원통화로 정의하였으나, 그 통계도 1915년부터 1948년까지만 작성할 수 있다. 통화와 총통화 추계에 필요한 민간보유 화폐량이 없기 때문에 화폐발행액을 대리변수로 사용하였다. 이로 인해 통화와 총통화가 다소 과다 추계될 수 있지만 통화증가율 분석이나

[표 32-4] 통화량 지표의 계열

계열	통화 지표명	포괄범위	발행주체	보유 주체	해당 기간
M011	은행권 발행액	제일은행권, 구 한국은행권(1909~10), 조선은행권(1911~), 한국은행권(1950~)	제일은행, 구 한국은행 조선은행, 한국은행	일반, 관공, 금융기관	1906~2014
M021	화폐 발행액1	구 한국 화폐+은행권+일본은행권+기타 일본 화폐	제일은행, 구 한국은행, 조선은행	일반, 관공, 금융기관	1904~1948
M022	조선 내 화폐유통액	구 한국 화폐, 조선 내 조선은행권 발행액 일본 화폐 유입액	조선은행	일반, 관공, 금융기관	1904~1948
M023	화폐 발행액2	한국은행권, 주화	한국은행	한국은행 외	1950~
M031	본원통화1	화폐발행액+조선은행 조선 내 동업자예금	조선은행	일반, 관공, 금융기관	1915~1948
M032	본원통화2	화폐발행액+지준예치금	한국은행	한국은행 외	1950~
M101	통화1	화폐발행액+전 은행 요구불예금	전체 은행	일반, 관공	1904~1948
M102	통화2	화폐발행액+전 금융기관 요구불예금	전체 은행, 금융조합	금융기관	1904~1953
M11	통화량1	민간보유화폐+당좌예금+기타 요구불예금-미청산어음수표	통화금융기관, 산업은행	민간, 지방자치단체	1945~1972
M12	통화 (구M1)	민간화폐보유량+통화성예금(당좌, 보통, 저축, 별단, 여신관리자금)	통화금융기관, 산업은행	중앙정부와 통화금융기관 제외	1960~2001
M13	협의통화 (신M1)	현금통화+예금취급기관 요구불예금+수시입출식 저축성예금+MMF	예금취급기관	중앙정부, 예금취급기관 제외	1960~
M201	총통화1	화폐발행액+전 은행예금	전체 은행	일반, 관공, 금융기관	1906~1948
M202	총통화2	화폐발행액+전 금융기관 예금	전체 은행, 금융조합		
M21	통화량2	민간보유화폐+당좌예금+기타 요구불예금-미청산어음수표+저축성예금	통화금융기관, 산업은행	민간, 지방자치단체	1945~1972
M22	총통화 (구M2)	민간화폐보유량+통화성예금(당좌, 보통, 저축, 별단, 여신관리자금)	통화금융기관, 산업은행	동일	1960~2001
M23	광의통화 (신M2)	M1+기타 예금(2년 미만)	예금취급기관	중앙정부, 예금취급기관 제외	1960~

주: 북한의 통화량은 제외되지 않음. 1948년까지는 남북한 통화량임.
자료: 조선총독부 재무국, 『조선금융사항참고서』(1935, 1939); 조선은행 조사부, 『경제연감(1949)』.

추이를 분석할 때에는 큰 문제가 안 될 것이다. 이 시대에는 화폐발행고 이외에는 통화지표가 작성되지 않아 이 시기의 통화량 추이를 파악하기 위해 [표 32-4]의 기준에 따라 새로 작성한 통화지표가 [표 32-5]이다. 1945년 이후에는 남한과 북한으로 통화권이 분리되었지만 통계에서는 북한분이 제외되지 않았기 때문에 실제 유통통화량은 그보다 훨씬 적을 것이다.

한국은행이 설립된 이후에는 화폐발행액 이외에도 현대적 통화량 정의에 따른 본원통화, 통화, 총통화 등 여러 통화지표를 별도로 작성하였고, 시기에 따라 차이가 있지만 통화지표를 새로 작성하면서 시계열을 연장한 것이 많아 광복 이후의 통화량은 기존의 추계치를 활용하도록 한다. 한국은행은 1955년 IMF의 국제적인 통화편제 기준 적용 권고와 재정안정계획의 평가를 위한 통화지표의 필요성에 따라 민간화폐보유액, 통화성예금 등의 통화지표를 1945년까지 소급 추정하여 발표하였다. 이에 근거하여 1972년까지 작성된 통화량 지표는 실제로 통화신용정책의 수립과 집행에 이용되었다. 그런데 한국은행이 경제 규모의 팽창과 IMF 통화개관표 방식의 도입 필요성에 따라 통화개관표에 입각한 통화량 계산방식을 도입하여 1974년부터 새로운 방식에 의한 통화량(구M1)과 총통화량(구M2) 지표를 편제하여 2001년까지 사용하였다. [표 32-6]은 한국은행이 작성한 광복 이후의 주요 통화량 지표를 정리한 것인데 1945년부터 1948년까지는 [표 32-5]와 중복된다. 특히, 1950년 통화교환 이후에야 북한의 조선은행권이 통계에서 정리되기 때문에 1950년 이전 통계에는 북한 유통통화량도 포함되어 있다.

[표 32-5], [표 32-6]과 [표 32-7]의 1905년부터 2019년까지 통화량 지표 중에서 화폐발행액, 본원통화, 통화, 총통화 4가지 지표를 이용하여 통화량의 장기 추이를 제시할 수 있다. 먼저 가장 긴 시계열을 가진 화폐발행액과 그보다 시계열이 다소 짧지만 통화공급의 원천이 되는 본원통화의 증가율을 함께 제시한 것이 [그림 32-1]이다. 이 시계열에 의하면, 조선은행 시기에는 화폐발행액과 본원통화액의 증가율이 거의 비슷한 추이를 보이지만, 한국은행 시기에는 본원통화 증감률의 변동이 커지고 화폐발행액 증가율과는 괴리가 크다. 한국은행은 지급준비제도[12]를 실시하였고, 지급준비금 금액도

[표 32-5] 한국은행 설립 이전(1905~1948)의 통화량 지표

(단위: 百萬圓)

계열명	M011	M021	M022	M031	M101	M102	M201	M202
지표명	은행권 발행액	화폐 발행액1	조선 내 유통액	본원통화 1	통화 1	통화 2	총통화 1	총통화 2
기준	말잔	말잔	말잔	말잔	말잔	말잔	말잔	말잔
1905	8.1	22.8	22.8					
1906	9.2	23.8	23.8		29.9	29.9	37.7	37.7
1907	12.8	26.5	27.4		34.3	34.3	44.0	44.0
1908	10.4	21.5	21.9		29.0	29.0	36.1	36.1
1909	13.4	22.3	22.7		34.0	34.0	41.2	41.2
1910	20.2	29.3	29.9		40.9	40.9	47.8	47.8
1911	25.0	32.0	35.5		46.9	46.9	54.1	54.1
1912	25.5	31.1	35.6		47.3	47.3	55.8	55.8
1913	25.7	29.9	34.3		46.8	46.8	56.4	56.4
1914	21.9	25.0	30.0		42.8	42.8	53.2	53.2
1915	34.8	37.6	43.0	38.7	60.7	60.7	71.2	71.4
1916	46.6	49.1	54.6	50.1	75.7	75.7	90.9	91.3
1917	67.4	69.9	69.6	72.2	94.1	94.1	115.7	116.3
1918	115.5	118.0	104.1	119.7	144.3	144.3	170.9	172.9
1919	163.6	166.1	134.7	170.7	187.5	187.5	242.1	248.7
1920	114.0	116.5	98.1	127.7	146.8	146.8	219.6	229.7
1921	136.4	136.5	110.3	138.2	175.9	175.9	262.0	279.0
1922	100.3	100.5	81.4	102.0	148.2	148.2	236.1	258.8
1923	100.2	100.3	81.1	103.4	155.2	155.2	233.3	263.1
1924	129.1	129.2	97.0	135.0	171.2	171.2	258.3	296.0
1925	120.5	120.6	84.3	123.7	156.1	156.1	255.5	301.6
1926	110.9	111.0	84.3	117.5	158.8	158.8	277.4	330.4
1927	124.5	124.6	91.7	132.5	171.5	171.5	292.0	353.5
1928	132.4	132.5	95.6	141.2	160.9	160.9	327.3	398.6
1929	118.7	118.7	128.4	125.0	198.7	198.7	364.8	441.7
1930	90.6	90.6	98.7	95.0	163.3	165.7	315.7	395.8
1931	100.9	100.9	108.1	112.1	176.3	178.9	339.9	428.7
1932	124.6	124.6	132.6	139.3	209.8	212.9	389.3	493.0
1933	148.7	148.7	116.4	167.3	202.9	206.2	410.5	534.8
1934	192.5	192.5	126.1	210.5	232.7	236.7	465.7	605.1
1935	220.8	220.8	127.0	233.4	246.9	251.3	531.4	684.8
1936	210.6	210.6	127.2	218.4	262.4	267.2	542.7	705.1
1937	279.5	279.5	203.7	295.2	365.9	371.7	666.2	854.3
1938	322.0	322.0	267.8	351.9	480.9	488.0	892.1	1,121.2
1939	444.0	444.0	393.2	508.7	737.7	750.5	1,261.1	1,569.7
1940	580.5	580.5	509.7	637.5	986.1	997.7	1,649.6	2,081.7
1941	741.6	741.6	649.4	801.3	1,210.7	1,227.5	2,036.1	2,622.3
1942	908.6	908.6	804.0	944.6	1,439.3	1,458.1	2,635.3	3,389.2
1943	1,466.8	1,466.8	1,292.2	1,466.8	2,158.3	2,200.2	3,854.5	5,000.5
1944	3,135.7	3,135.7	2,671.2	3,135.7	4,035.0	4,085.9	6,016.6	7,768.4
1945[1)]	8,763	8,763	5,089	8,763	6,783	6,783	7,905	8,559
1946[1)]	17,711	17,711	14,037	18,840	20,551	20,924	24,379	26,319
1947[1)]	33,388	33,388	29,690	35,522	42,088	43,387	50,338	55,389
1948[1)]	43,444	43,444	39,746	45,579	59,136	61,352	70,339	77,854

주: 1) 북한의 통화량은 제외되지 않음. 즉, 1948년까지는 남북한 통화량.

자료: 『통감부통계연보』; 조선총독부 재무국, 『조선금융사항참고서』(1939), 『조선금융연보』(1942); 조선은행 조사부, 『경제연감』(1949).

[표 32-6] 광복 이후의 통화량 지표(1)(1945~1979)

(단위: 10억 원)

계열명	M011	M023	M032	M11	M12	M13	M21	M22	M23
지표명	은행권 발행액	화폐 발행액2	본원통화 2	통화량 1	통화 (구M1)	협의통화 (신M1)	통화량 2	총통화 (구M2)	광의통화 (신M2)
기준	말잔	말잔	말잔	말잔	말잔	말잔	말잔	말잔	말잔
1945	0.0088	0.0088		0.0114			n.a.		
1946	0.0177	0.0177		0.0249			n.a.		
1947	0.0334	0.0334		0.0495			0.0513		
1948	0.0434	0.0434		0.0696			0.0743		
1949	0.075	0.075		0.121			0.125		
1950	0.229	0.229	0.234	0.283			0.289		
1951	0.558	0.558	0.604	0.73			0.743		
1952	1.01	1.01	1.18	1.43			1.46		
1953	2.31	2.31	2.65	3.03			3.27		
1954	4.17	4.17	4.77	5.81			6.19		
1955	6.24	6.24	7.77	9.35			10.05		
1956	7.85	7.85	10.44	12.09	12.1		13.51		
1957	8.96	8.96	11.72	14.52	14.5		16.03		
1958	11.6	11.6	14.1	19.3	19.3		20.9		
1959	13.2	13.2	16.2	23.3	23.3		26.5		
1960	14.5	14.6	16.8	24.5	22.7	22.9	27.6	25.7	24.9
1961	17.5	18.1	25.4	34.4	35.8	36.0	40.3	41.3	39.7
1962	20.6	20.7	29.8	40.8	39.4	40.0	53.5	51.6	49.7
1963	21.6	21.9	27.9	41.4	41.9	42.1	54.6	55.4	53.5
1964	27.6	27.9	32.7	48.6	48.9	49.1	63.4	63.6	61.7
1965	34.8	35.2	48.4	64.7	65.6	66.9	96.4	97.1	93.7
1966	46.0	46.5	80.2	84.2	85.1	86.4	156.0	157.0	142.0
1967	67.3	68.1	110.9	120.0	123.0	124.3	250.9	253.8	229.1
1968	94.5	95.7	156.2	149.8	177.9	179.9	409.8	436.6	394.0
1969	128.1	129.9	215.8	217.9	252.0	254.6	669.5	704.6	609.6
1970	155	159	300	307	308	335	883	898	762
1971	181	187	288	361	358	387	1,070	1,085	985
1972	237	245	428	509	519	541	1,421	1,452	1,316
1973	343	354	624		730	756		1,981	1,791
1974	436	455	775		946	959		2,457	2,175
1975	539	561	1,077		1,182	1,202		3,150	2,723
1976	708	736	1,438		1,544	1,595		4,205	3,680
1977	999	1,034	2,072		2,173	2,313		5,874	5,156
1978	1,446	1,492	2,802		2,714	3,208		7,929	6,982
1979	1,762	1,818	3,468		3,275	3,949		9,878	9,059

주: 1949년까지는 북한의 통화량이 제외되지 않음.
자료: 한국은행, 『경제연감』, 『경제통계연보』, 각 연도.

[표 32-7] 광복 이후의 통화량 지표(2)(1980~2019)

(단위: 10억 원)

계열명	M011	M023	M032	M12	M13	M22	M23
지표명	은행권 발행액	화폐 발행액2	본원통화 2	통화 (구M1)	협의통화 (신M1)	총통화 (구M2)	광의통화 (신M2)
기준	말잔	말잔	말잔	말잔	말잔	말잔	말잔
1980	1,977	2,039	3,244	3,807	4,779	12,535	13,087
1981	2,131	2,205	2,802	3,982	5,898	15,671	17,814
1982	2,694	2,793	3,825	5,799	9,603	19,904	24,414
1983	2,954	3,099	4,095	6,783	11,168	22,938	30,007
1984	3,234	3,393	4,248	6,821	11,803	24,706	35,704
1985	3,398	3,570	4,319	7,558	14,497	28,565	42,162
1986	3,794	4,002	5,017	8,809	19,469	33,833	54,620
1987	4,581	4,843	7,469	10,107	24,544	40,280	71,161
1988	5,303	5,630	9,728	12,151	29,745	48,939	92,387
1989	6,424	6,794	12,819	14,329	35,677	58,638	116,204
1990	7,794	8,228	13,811	15,905	44,132	68,708	145,604
1991	8,588	9,102	16,322	21,752	54,205	83,746	174,030
1992	9,235	9,808	18,107	24,586	64,765	96,259	211,469
1993	13,237	13,884	23,080	29,041	75,894	112,219	248,271
1994	14,375	15,089	25,204	32,511	87,460	133,179	300,658
1995	16,523	17,324	29,305	38,873	101,666	153,945	370,600
1996	17,029	17,907	25,722	39,542	114,775	178,312	432,316
1997	16,840	17,786	22,519	35,036	128,931	203,532	517,307
1998	15,055	15,934	20,703	35,583	121,731	258,538	639,664
1999	21,570	22,573	28,487	44,375	170,659	329,317	672,544
2000	20,316	21,425	28,238	46,997	196,715	413,049	707,699
2001	21,122	22,336	32,827	53,506	246,721	467,577	764,979
2002	22,834	24,174	37,987		283,581		872,076
2003	23,115	24,491	40,749		298,953		898,069
2004	23,429	24,882	38,792		321,728		954,723
2005	24,553	26,136	43,249		332,345		1,021,449
2006	26,184	27,843	51,870		371,088		1,149,262
2007	27,541	29,322	56,399		316,383		1,273,612
2008	28,915	30,758	64,846		330,624		1,425,888
2009	35,415	37,346	67,779		389,395		1,566,850
2010	41,281	43,307	74,545		427,792		1,660,530
2011	46,558	48,658	80,056		442,078		1,751,458
2012	52,176	54,334	88,342		470,011		1,835,642
2013	61,135	63,366	104,262		515,643		1,920,795
2014	72,644	74,945	116,794		585,823		2,077,234
2015	84,362	86,757	131,439		708,453		2,247,375
2016	94,908	97,382	143,435		795,531		2,407,459
2017	105,415	107,908	155,881		849,862		2,530,354
2018	112,879	115,390	172,353		865,852		2,700,362
2019	123,177	125,699	191,829		952,923		2,913,610

자료: 한국은행, 『경제연감』, 『경제통계연보』, 각 연도.

[그림 32-1] 화폐발행액 및 본원통화의 증가율 추이(1906~2019)

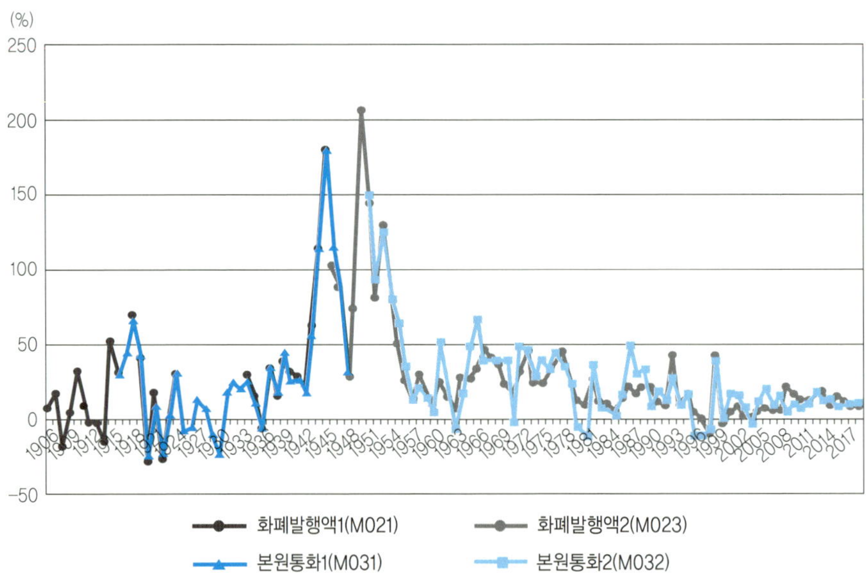

자료: [표 32-5], [표 32-6], [표 32-7].

상대적으로 크고 예치금의 큰 변동으로 그 변동도 커진 것으로 보인다. 어느 기준으로 보더라도 통화 증가율이 큰 시기는 1910년대, 1940년대, 1950년대 전반, 1970년대인데, 특히 1943~1955년까지는 다소 낮은 연도가 있지만 대부분 통화증가율이 50%를 넘는 통화남발기라고 할 수 있다. 이 시기는 일본과 한국이 전쟁 등으로 인한 재정위기를 타개하기 위해 통화정책을 적극적으로 활용한 시기이다.

현금통화에 요구불예금을 합친 통화(M1)에 속하는 통화량 지표를 모두 제시한 것이 [그림 32-2]이다. 이 그림에서 각종 시계열을 비교하면서 연결해 보면, 1907년에서 2014년까지의 통화증가율 추이를 파악할 수 있다. 통화증가율은 1910년대 상승 추세를 보이고, 1920년대는 하락 추세를 보이다가 1930년대부터 1940년대 중반까지 상승

12 일본 금융공황 이후인 1929년 보통은행에 대해서 예금의 10% 이상을 현금, 지금은, 외국 통화, 우편예금, 국채, 기타 유가증권 등을 준비금으로 보유하도록 하는 규정이 예금이탈을 예방하기 위해 처음 도입되었지만 유명무실한 규정에 불과하였다.

[그림 32-2] **통화량의 증가율 추이(1906~2019)**

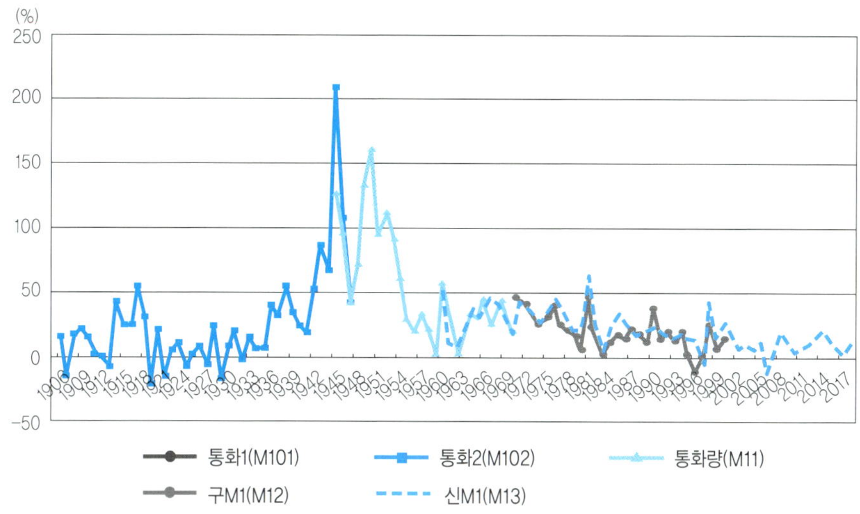

자료: [표 32-5], [표 32-6], [표 32-7].

추세를 보인다. 특히, 1943년부터 1955년까지는 통화증가율이 50% 수준을 넘는 통화남발이 이루어지는 시기이다. 재정안정정책이 시행된 1950년대 후반에는 통화증가율이 50% 이하로 낮아졌지만 경제개발정책이 본격화된 1960년대 중반부터 다시 증가하여 1970년대 중반까지 높은 증가율을 유지하다 1970년대 후반부터 다소 감소한다. 1980년대 초반의 경제안정정책의 성과로 1983년부터 통화증가율이 급격히 하락하여 예외적인 연도가 있지만 대체로 낮은 수준을 유지한다. 이 시기의 통화증가율이 신M1 기준으로 다소 높으나 이전에 비해서는 낮은 수준을 유지한다고 할 수 있다. 통화 기준으로 보면, 통화증가율이 높은 시기는 1910년대 후반, 1940년대, 1950년대 전반, 1970년대 전반이고, 특히 1943~1955년까지는 대부분 통화증가율이 50%를 넘는다. 따라서 이 시기는 통화 기준으로도 통화량이 남발된 시기라고 할 수 있다.

통화에 저축성예금을 합친 총통화(M2)에 속하는 통화량 지표를 모두 제시한 것이 [그림 32-3]이다. 이 그림에서 총통화를 나타내는 여러 시계열을 연결하면 이 시기 전체

[그림 32-3] 총통화증가율의 추이(1906~2019)

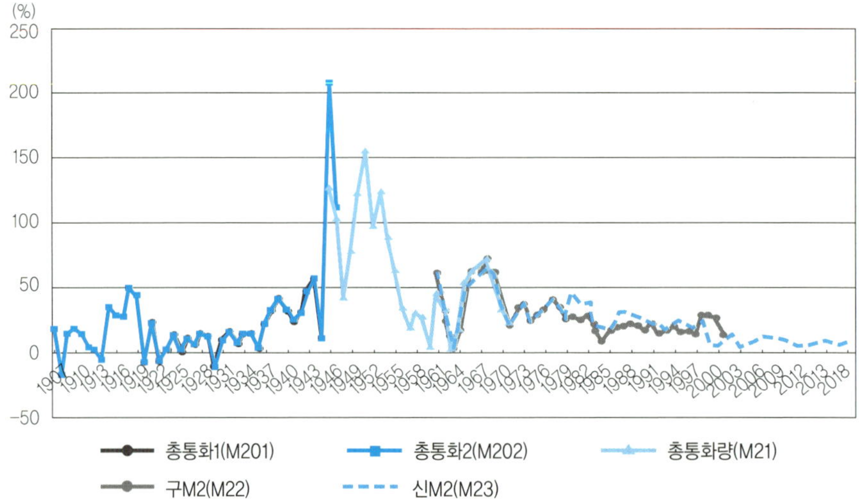

자료: [표 32-5], [표 32-6], [표 32-7].

의 증감률 추이를 파악할 수 있다. [그림 32-3]의 총통화지표는 [그림 32-2]의 통화지표에 비해 변동이 작고 안정적이다. 특히, 총통화 증감률 추이는 통화의 증감률 추이와 크게 다르지 않으나 일제 말 저축강권정책이 추진되었던 시기와 1960년대 중반 이후 금리현실화라는 고금리정책이 실시되어 저축성예금이 급격히 늘었던 시기에 총통화증가율이 크게 높아진 것으로 나타나고 있다. 1979년부터 통화관리지표로 M2를 설정함에 따라 구M2 기준으로 통화증가율이 안정적으로 되어 외환위기 직전까지 20% 수준 이하로 낮아졌다.

총통화의 범위를 확대시킨 신M2를 기준으로 하면, 1980년대에 접어든 이후에는 총통화증가율은 계속 하락세이었음을 확인할 수 있다. 따라서 총통화를 기준으로 보면, 한국은행 설립 이후 총통화증가율은 장기적으로 하락세에 있었다고 할 수 있다.

3. 통화의 구성과 장기 추이

우리나라에서 최초 법화로 인정된 은행권은 제일은행권이었고, 화폐정리사업 기간에 구화는 물론 신화도 점차 제일은행권으로 교체되었고, 구 한국은행의 설립과 조선은행권으로의 재편으로 제일은행권은 구 한국은행권에서 조선은행권으로 교체되었다. 1918년 조선총독과 일본 대장대신은 일본 화폐법의 조선 내 확대 실시를 합의하고 소액 보조화폐에 불과한 엽전을 제외한 구 한국 정부의 주화유통을 모두 금지시켰다. 그 결과 [그림 32-4]에서 보듯이, 현금통화에서 은행권 비율이 높아져 1910년대에 이미 지폐 발행 체제가 확립되었다. 1920년대부터 현금통화는 거의 모두가 조선은행권이었고, 주화는 새로 발행되지는 않았으나 전(錢)단위 일본 소액 주화는 일본 화폐법이 그대로 존속되면서 한국은행 설립 이후까지 유통되고 있었다.

[그림 32-4] 은행권 비중과 예금통화 비중의 추이(1904~2019)

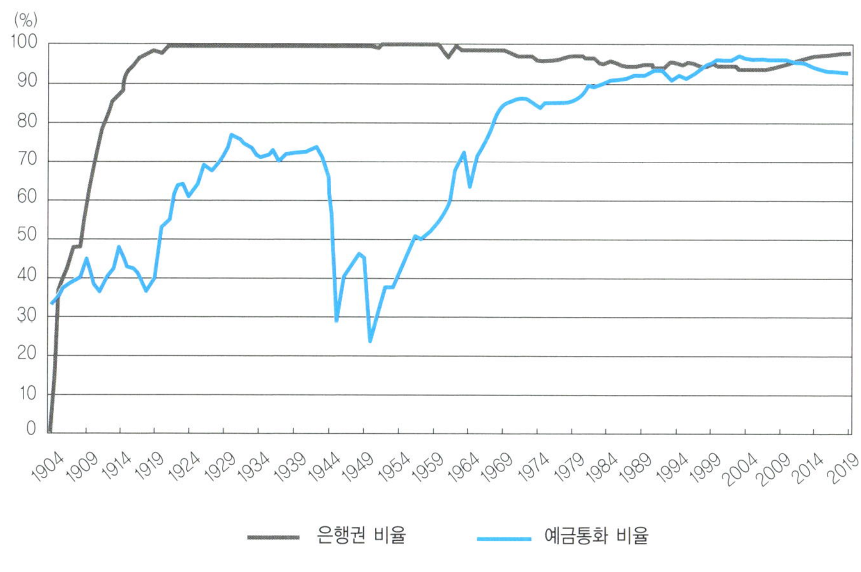

자료: 1) 은행권 비율은 『조선금융사항참고서』(1939), 『경제연감』(1949), 『경제통계연보』. 예금통화 비율은 예금통화/(현금통화+예금통화).
2) [표 32-5], [표 32-6], [표 32-7].

한국은행이 1959년부터 소액 화폐로서 주화를 발행하기 시작하여 주화가 현금통화의 일부분으로 다시 나타났다고 할 수 있다. 한국은행이 설립된 이후에 주화를 발행하는 것은 1959년부터이다. 한국은행은 당시 국내 기술로는 주화주조가 어려워 미국에서 주조된 주화를 사용하다 1966년 한국조폐공사가 주조한 1원, 5원, 10원 주화를 처음 사용하였다. 1970년에는 100원화, 1972년 50원화, 1982년 500원화가 발행되어 수요가 늘어났다. 이에 따라 [그림 32-4]에서 보듯이, 은행권 비율이 낮아지고, 특히 1980년대 이후 주화를 사용하는 자동판매기 증가로 더욱 낮아졌으나 자동판매기의 지폐사용으로 주화수요가 줄어들어 은행권 비율이 다시 증가하기 시작하였다.

예금통화 비율은 전체 통화에서 예금통화의 비율인데, 현금통화를 조선은행 시대에는 화폐발행고로, 한국은행 시대에는 민간현금통화 보유고를 기준으로 환산한 값이 [그림 32-4]에 제시되어 있다. 예금통화 비율은 1905년 이미 31.5%[13]에 이르고 있었고, 식민지 시대에 접어들어서는 이미 40%를 넘어 계속 증가하여 70% 이상에서 정체하다 일제 말 전쟁시기의 은행권 남발로 비율이 급격히 감소하여 40% 수준에 이르고 한국전쟁기까지 지속된다. 그 이후에는 비율이 계속 증가세를 보여 1980년대 초반에 90% 수준을 넘어선 다음 다소 정체한다. 이 예금통화 비율은 상승세를 유지하다 정치·경제적 혼란기에 급격히 하락한 뒤 증가세를 보여 장기적으로 상승세를 보여 주었다고 할 수 있다.

그러면 마지막으로 총통화의 구성 비율을 통해 통화의 구성이 어떻게 변화하였는가를 검토해 보자. 총통화의 구성을 일관성 있게 보려면 단일통화지표가 필요하고 예금통화의 변화를 보기 위해서 필요한 예금통화를 대체할 수 있는 유동성이 큰 금융자산까지 추가하여 검토할 필요가 있다. 하지만 기존의 예금통화와 대체성이 큰 자산은 1960년대 이후에야 등장하므로 그 이전까지는 현금통화와 예금통화의 세부 구성을 검토하는 것으로 충분하다. [표 32-8]은 조선은행 시대까지 통화의 세부 구성요소를 제시

13 1905년 예금 잔액은 원(圓) 기준으로 일본인 은행이 1,007만 원이고, 대한천일은행이 30만 원이고, 한성은행이 8만 원이고, 유통화폐 추정액은 2,282만 원이다.

[표 32-8] 총통화(통합지표1)의 구성 비율 1(1905~1948)

연도	총통화 합계액	화폐 발행액[1]	요구불예금[2]			저축성예금					
						정기예적금			기타 예금[3]		
			소계	은행	금조	소계	은행	금조	소계	은행	금조
단위	백만 원(圓)	%	%	%	%	%	%	%	%	%	%
1905	21.5	100.0									
1906	36.7	62.1	16.6	16.6		16.6	16.6		4.6	4.6	
1907	43.0	61.6	15.9	15.9		15.3	15.3		7.2	7.2	
1908	35.7	60.2	19.9	19.9		12.4	12.4		7.6	7.6	
1909	40.9	54.7	27.8	27.8		14.1	4.1		13.4	13.4	
1910	47.2	62.2	23.3	23.3		5.9	5.9		8.6	8.6	
1911	50.6	63.2	22.4	22.4		4.9	4.9		9.4	9.4	
1912	51.3	60.6	22.7	22.7		6.6	6.6		10.1	10.1	
1913	52.0	57.4	24.0	24.0		6.5	6.5		12.0	12.0	
1914	48.3	51.8	26.7	26.7		6.8	6.8		14.5	14.5	
1915	66.0	56.9	26.9	26.9		4.0	4.0		11.9	11.9	
1916	85.8	57.3	24.6	24.6		3.7	3.7		14.1	14.1	
1917	116.5	60.0	21.0	21.0		5.4	5.4		13.2	13.2	
1918	186.9	63.2	21.5	21.5		4.7	4.7		9.5	9.5	
1919	280.1	59.3	18.9	18.9		7.7	7.7		11.8	11.8	
1920	248.2	47.0	19.6	19.6		15.4	15.4		14.0	14.0	
1921	305.2	44.7	21.5	21.5		11.8	11.8		16.5	16.5	
1922	277.9	36.2	24.1	24.1		10.2	10.2		21.4	21.4	
1923	282.4	35.5	26.3	26.3		7.4	7.4		20.2	20.2	
1924	328.3	39.4	22.6	22.6		7.2	7.2		19.3	19.3	
1925	338.0	35.7	21.2	21.2		7.5	7.5		21.9	21.9	
1926	357.1	31.1	20.9	20.9		9.3	9.3		23.9	23.9	
1927	386.4	32.2	20.6	20.6		8.4	8.4		22.8	22.8	
1928	435.5	30.4	15.0	15.0		14.8	14.8		23.5	23.5	
1929	432.0	27.5	16.3	16.3		12.9	12.9		25.5	25.5	
1930	387.7	23.4	17.3	16.7	0.6	19.1	10.9	8.2	40.3	28.4	11.9
1931	421.5	23.9	16.8	16.2	0.6	20.5	11.4	9.1	38.8	27.5	11.3
1932	485.0	25.7	16.5	15.9	0.6	20.6	11.1	9.5	37.2	25.9	11.3
1933	567.1	26.2	15.8	15.3	0.6	18.8	9.6	9.2	39.2	27.0	12.2
1934	671.4	28.7	16.5	15.9	0.6	18.4	9.8	8.6	36.5	24.9	11.5
1935	778.6	28.4	16.0	15.4	0.6	18.7	10.5	8.2	36.9	26.1	10.9
1936	788.5	26.7	17.8	17.1	0.6	21.6	12.7	8.9	33.9	22.9	11.1
1937	930.1	30.0	18.1	17.4	0.6	19.0	10.6	8.4	32.9	21.7	11.1
1938	1,175.3	27.4	18.7	18.1	0.6	18.6	10.4	8.2	35.3	24.6	10.7
1939	1,620.5	27.4	22.0	21.3	0.8	18.4	11.1	7.3	32.2	21.2	11.0
1940	2,152.6	27.0	22.7	22.1	0.5	19.4	12.2	7.2	31.0	18.6	12.4
1941	2,714.5	27.3	21.3	20.7	0.6	19.2	12.1	7.1	32.1	18.3	13.9
1942	3,493.9	26.0	18.7	18.2	0.5	19.3	12.5	6.8	35.9	21.8	14.2
1943	5,175.1	28.3	17.5	16.7	0.8	19.4	13.3	6.1	34.7	19.5	15.2
1944	8,232.9	38.1	17.2	16.6	0.6	13.5	8.3	5.2	31.2	15.8	15.4
1945	12,232.7	71.6	13.8	13.8	n.a.	6.5	6.5		2.7	2.7	n.a.
1946	29,992.8	59.0	23.0	21.7	1.2	9.0	8.3	0.7	9.0	4.4	4.6
1947	59,087.2	56.5	23.2	21.0	2.2	11.7	10.7	1.0	8.6	3.2	5.4
1948	81,552.2	53.3	26.5	23.8	2.7	12.7	11.4	1.3	7.5	2.4	5.1

주: 1) 화폐발행액에는 조선 외 발행액이 포함된 전체 발행액. 일본 화폐 유통액은 제외.
2) 요구불예금에는 각 은행의 당좌예금, 특별당좌예금 포함.
3) 정기예금에는 정기예금과 정기적금이 포함. 기타 예금은 이에 포함되지 않은 예금.
자료: 『조선금융사항참고서』(1939), 『조선금융연보』(1942), 『경제연감』(1949).

한 것이다. 여기서 민간의 현금통화 자료가 없기 때문에 화폐발행액을 민간보유 현금통화를 대신하는 자료로 사용하였다. 그리고 식민지 시대의 현금통화와 예금통화를 비교하는 과정에서 조선 내 예금과 대비시키기 위해 조선에서 유통된 일본 화폐는 화폐발행액 계산에서 제외하였다.[14]

[표 32-9]는 한국은행이 설립된 이후 민간보유 현금통화, 요구불예금, 저축성예금, 그리고 요구불예금에 대체하여 새로 나타난 수시입출(식예)금, 저축성예금에 대체하여 나타난 2년 미만 금전신탁, 수익성증권저축, 양도성예금증서(CD), MMF 등 기타 통화대체자산에 포함하여 통화의 주요 구성요소 비율을 구하여 제시한 것이다. 이 표는 구M2의 구성요소와 달리 주요 기타 통화대체자산이 추가되어 있고, 신M2의 구성요소와 달리 2년 이상의 정기예적금도 포함되어 있어 공포된 구M2나 신M2는 차이가 있다. 구M2 방식으로 시계열 자료를 재구성하면 최근의 변화를 수용할 수 없고, 신M2 방식으로 구성하면 1960년 이전의 통계와 일관성을 유지할 수 없기 때문에 신M2 자료를 구M2 방식에 따라 통합하여 하나의 시계열 자료로 재구성한 것이 [표 32-9]이다. 이 통화지표는 실제 발표된 통화지표와는 차이가 있지만 통화량의 장기 시계열을 하나로만 꼭 나타내야 할 경우 이 지표를 시험적으로 활용할 수 있다.

[그림 32-5]를 보면, 요구불예금의 비중은 1905년 식민지 통화·금융제도가 도입 확산되었지만 1920년대 후반 은행공황기에 일시 낮아졌다 1940년까지 증가하는 추세를 보이다가 일제 말에는 일시 하락한다. 광복 이후 1950년대까지 요구불예금의 비중이 높아지다가 1960년대부터는 저축성예금의 상대적인 증가로 그 비중이 점차 낮아지는 추세를 보인다고 할 수 있다. 특히, 요구불예금의 대체수단인 수시입출금예금이 도입된 1978년 이후에는 그 비중이 급격히 낮아졌다고 할 수 있다. 따라서 요구불예금은 현금통화를 대신하여 대체통화성 자산으로 그 비중이 계속 높아져 왔으나 그와 부분적으로 대체관계에 있는 저축성 통화자산이나 다른 결제성 통화자산의 성장으로 1960년

14 [표 32-7]의 통화량 합계에서 일본 화폐를 추가하고 조선 외 은행권 발행액을 제외하면 [표 32-5]의 총통화2의 잔액과 같아진다.

[표 32-9] 총통화(통화지표2)의 구성 비율 2(1950~2019)

(단위: %)

연도	현금 통화	요구불 예금	수시 입출금	정기 예적금	금전 신탁	수익 증권	CD	MMF	기타 금융자산	합계 (10억 원)
1950	76.0	22.0		–					2.0	0.2933
1951	67.5	22.7		1.5					8.3	0.7995
1952	61.1	27.4		1.7					9.9	1.5950
1953	63.0	21.8		1.7					13.5	3.5431
1954	57.4	24.7		1.7					16.2	6.9639
1955	52.0	29.5		1.5					17.0	11.306
1956	47.2	32.1		2.8					17.9	15.525
1957	47.1	31.0		5.2					16.8	18.288
1958	45.9	32.5		5.6					16.1	24.22
1959	42.5	30.6		7.8					19.1	29.07
1960	41.4	32.0		6.6					20.0	33.7
1961	40.2	46.5		9.2	0.2				3.9	41.5
1962	29.8	45.6		15.1	3.9				5.6	59.0
1963	25.6	36.8		12.1	7.0				18.5	71.3
1964	33.9	38.8		11.7	7.6				8.0	73.6
1965	26.9	40.7		19.9	6.5				6.1	117.7
1966	23.9	28.4		31.7	8.6				7.4	179.4
1967	19.6	26.2		36.9	10.2				7.0	293.5
1968	16.2	23.2		43.3	10.2				7.1	506.5
1969	14.0	21.0		49.4	8.4				7.2	797.6
1970	13.3	21.3		49.3	7.9				8.2	1,003
1971	12.7	21.2		48.5	10.3				7.2	1,271
1972	12.8	24.2		45.8	9.6				7.7	1,706
1973	13.8	23.9		45.9	8.3				8.1	2,260
1974	15.0	24.0		47.2	7.1				6.7	2,734
1975	14.5	24.8		49.4	5.4				6.0	3,509
1976	14.3	24.2		47.6	5.3	1.0			7.6	4,738
1977	13.9	27.2		41.5	5.2	1.6			10.7	6,874
1978	18.7	22.4	4.9	36.6	6.2	2.8			8.5	6,982
1979	17.1	21.0	5.6	36.8	6.5	3.5			9.6	9,059
1980	13.8	17.4	5.3	43.5	8.0	4.0			8.1	13,087
1981	11.0	13.1	9.0	43.7	8.1	6.4			8.6	17,814
1982	10.3	15.6	13.4	33.6	6.5	10.2			10.4	24,414
1983	8.9	15.4	13.0	32.8	5.7	11.1			13.1	30,007
1984	8.0	12.7	12.4	30.0	6.1	11.5	1.7		17.6	35,704
1985	7.1	11.6	15.7	27.7	9.0	13.6	2.2		13.1	42,162

[표 32-9] 계속

(단위: %)

연도	현금 통화	요구불 예금	수시 입출금	정기 예적금	금전 신탁	수익 증권	CD	MMF	기타 금융자산	합계 (10억 원)
1986	6.3	10.7	18.6	25.5	8.9	15.1	1.9		12.9	54,620
1987	5.8	9.3	19.4	24.2	11.0	14.6	2.1		13.7	71,161
1988	5.2	8.9	18.1	24.5	12.7	15.6	1.5		13.4	92,387
1989	4.8	8.8	17.1	23.5	16.5	15.9	1.2		12.2	116,204
1990	4.4	8.0	17.9	21.5	17.4	15.2	4.0		11.6	145,604
1991	4.2	9.3	17.6	21.2	18.6	14.1	5.0		10.0	174,030
1992	3.7	9.4	17.6	21.0	20.7	14.7	3.9		9.1	211,469
1993	4.5	8.5	17.6	19.0	22.5	16.3	3.9		7.8	248,271
1994	3.8	8.2	17.1	17.7	23.6	16.0	4.7		8.9	300,658
1995	3.8	7.9	15.8	17.8	27.5	14.3	4.6		8.3	370,600
1996	3.4	7.0	15.1	19.7	28.4	12.4	4.7	1.1	8.2	432,316
1997	2.8	5.3	14.7	22.3	26.8	11.3	2.8	2.2	11.8	517,307
1998	1.9	4.7	10.8	34.5	15.9	21.2	0.8	1.6	8.6	639,664
1999	2.7	5.1	15.1	37.4	11.1	18.3	0.6	2.5	7.2	672,544
2000	2.3	5.5	17.2	44.4	6.6	11.2	0.4	2.8	9.6	707,699
2001	2.2	6.0	20.2	42.1	6.3	9.8	0.7	3.7	9.0	764,979
2002	2.1	6.4	19.4	41.5	5.5	9.8	0.9	4.6	9.8	872,076
2003	1.9	6.6	20.9	43.1	3.7	7.6	2.1	3.9	10.2	898,069
2004	2.0	6.7	19.3	42.2	2.8	8.8	2.2	5.7	10.3	954,723
2005	2.0	7.2	20.4	40.0	2.8	8.2	3.4	5.8	10.2	1,021,449
2006	1.9	7.3	19.6	38.7	4.3	9.7	3.6	4.8	10.1	1,149,262
2007	1.7	6.5	16.6	37.3	5.0	14.2	5.5	3.4	9.8	1,273,612
2008	1.6	6.0	15.6	39.9	4.7	13.2	5.8	3.6	9.6	1,425,888
2009	1.9	6.3	16.7	41.3	4.9	10.2	5.8	3.5	9.4	1,566,850
2010	2.1	6.3	17.4	46.7	4.6	8.6	2.2	3.3	8.8	1,660,530
2011	2.3	6.2	16.8	48.5	5.3	8.7	1.5	2.3	8.4	1,751,458
2012	2.4	6.1	17.1	47.7	6.7	8.2	1.1	2.5	8.2	1,835,642
2013	2.8	6.6	17.5	45.1	7.7	7.9	1.1	2.3	9.0	1,920,795
2014	3.1	6.9	18.2	42.6	8.3	7.8	0.7	2.8	9.6	2,077,234
2015	3.4	8.1	20.0	39.7	8.3	7.7	0.9	2.6	9.3	2,247,375
2016	3.6	8.8	20.7	38.7	8.5	7.5	0.9	2.5	8.8	2,407,459
2017	3.8	9.0	20.8	38.6	8.0	7.2	1.0	1.9	9.7	2,530,354
2018	3.9	8.7	19.5	40.4	8.5	7.7	1.0	1.7	8.6	2,700,362
2019	3.9	9.0	19.8	40.8	8.8	7.9	0.5	1.4	7.9	2,913,610

주: 1950년부터 1960년까지 예금은 일반은행, 산업은행, 농업은행(금융조합) 예금의 합계. 금전신탁은 2년 미만.

자료: 1960년 이전 통계는 한국은행, 『경제연감』(1955, 1958), 『경제통계연보』; 1978년 이후 한국은행, 경제통계시스템.

[그림 32-5] 총통화 구성 비율의 추이(1906~2019)

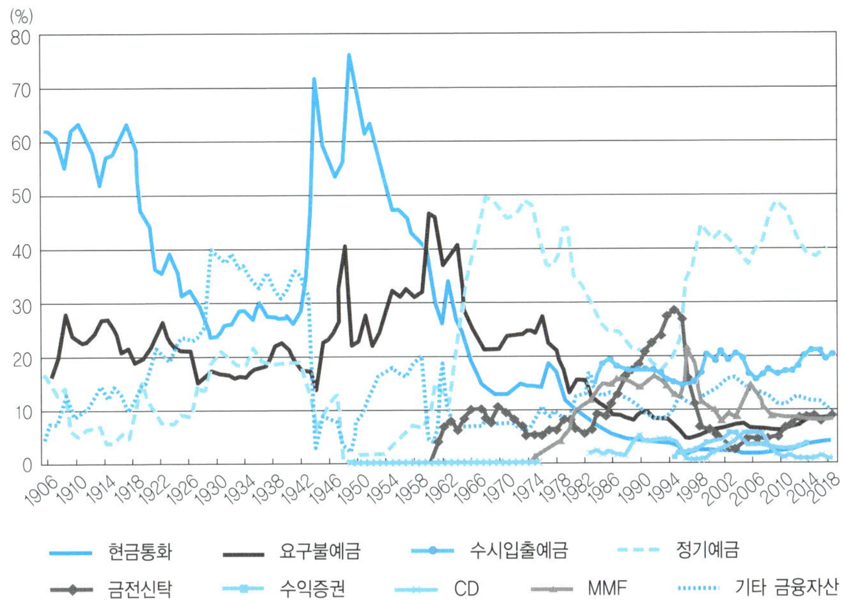

자료: [표 32-8], [표 32-9].

대부터 비중이 점차 낮아지는 추세를 보이게 되었다고 할 수 있다.

요구불예금과 달리 결제 기능은 없지만 가치저장수단으로서 대체관계에 있는 저축성예금은 1920년대부터 급격히 증가하여 일제 말까지 총통화의 50% 이상을 차지하게 된다. 하지만 광복 이후 예금인출 사태와 물가의 폭등세로 저축성예금의 비중은 10% 이하로 급락하여 1960년대 초반까지 유지되나, 1960년대 중반 이후 금리의 대폭 인상 등의 결과로 나타난 고금리 시대를 배경으로 그 비중이 40% 이상으로 높아진다. 저축성예금의 비중은 1980년대 중반부터 낮아졌다가 1997년 외환위기 이후부터 점차 증가하여 40% 전후에서 계속 유지되고 있다. 따라서 저축성예금의 비중은 고인플레이션기를 제외하면 점차로 증가세를 유지하였는데, 고금리 도래기에 일시적으로 증가세가 강화되었다고 할 수 있다.

통화성 자산을 대체하는 새로운 금융자산의 등장은 통화 구성의 큰 변화를 초래하였다. 수시입출금 예금의 증가는 요구불예금을 잠식하여 요구불예금의 비중을 크게 낮추었고, 시장금리를 반영하는 수익증권의 등장과 금전신탁의 등장은 그 비중을 높인 반면에 정기예적금의 비중을 크게 낮추었다. 그러나 수익증권은 외환위기 이후 금리의 완전자유화, 금전신탁은 신탁제도의 재편에 따른 수익성 저하로 2000년대 이후에는 비중이 급격히 줄어들고 대신에 정기예적금의 비중이 다시 증가하게 되었다.

4. 맺음말

우리나라 화폐사에 관한 대부분의 연구는 현금통화를 중심으로 하는 화폐발행액을 대상으로 하였으나, 본 장에서는 예금통화를 포함하는 현대적 의미에서 화폐를 대상으로 하고, 나아가 통화량과 통화 구성을 장기간 계량적으로 분석할 토대를 구축하고 그 추이를 분석하였다는 점에서 선행연구와 차이가 있다. 溝口敏行·梅村又次(1988) 등이 예금통화를 포함한 식민지 시대의 통화량을 추계하였으나 대상 시기도 극히 제한적이고 통화의 분류내용도 현대와는 다른 것이어서 도움이 되었다고 보기는 어렵다. 현대적 화폐제도가 도입된 시기부터 식민지 전시기의 통화량과 통화 구성을 추정하고, 1950년대 통화량과 통화 구성도 전후 시기와 비교할 수 있도록 재구성함으로써 110년이라는 장기간 통화량과 통화 구성의 추이를 제시하게 되었다.

통화지표의 시계열 자료는 현재의 기준으로 장기간 소급할 경우 최대한 연장할 수 있는 장점이 있지만, 그렇게 할 경우 통화정책의 평가지표가 되는 통화량이 당시의 경제 상황이나 금융제도와 너무 유리될 수 있다. 그래서 이 연구에서는 통화지표의 변화가 큰 2000년대 이후의 통화지표 기준을 적용하기보다 통화당국이 장기간 사용하였던 전통적인 기준, 화폐발행액, 본원통화, 구M1, 구M2 등 여러 지표에 의거하여 추이를 파악하기 위해 전후 계열을 함께 제시함으로써 그 차이를 명확히하였다. 실제로 조선은행 시대에는 화폐발행액의 영향이 커서 본원통화, 통화, 총통화 어느 통화지표로 증감률 추이를 파악하든 큰 차이가 없었으나, 한국은행이 설립되고 예금통화의 비중이 높아진 1960년대 이후에는 통화지표별 증감률의 차이가 커서 통화지표의 선택이 통화정책에서는 물론이고 장기 시계열 분석에서도 중요할 수 있음을 알 수 있었다.

중앙은행의 영향을 보기 위해 화폐발행액, 본원통화 증가율을 분석한 결과, 이 증가율이 높은 시기는 어느 지표를 보더라도 1910년대 후반, 1940년대, 1950년대 전반, 1970년대 전반인데, 특히 1943~1954년까지는 통화증가율이 50%를 넘는다. 따라서 이 시기는 중앙은행이 재정위기를 수습하거나 개발재원을 마련하기 위해 주도적으로 통화를 남발한 시기라고 할 수 있다. 통화 기준으로 보면, 통화증가율이 높은 시기는 1910년대 후반, 1940년대, 1950년대 전반, 1970년대 전반이고, 특히 1943~1955년까지는 통화증가율이 50%를 넘는다. 그렇지만 총통화지표는 다른 통화지표에 비해 변동이 작고 안정적이다. 다만, 일제 말 저축강권정책이 추진되었던 시기와 1960년대 중반 이후 금리현실화가 실시되었던 시기에는 저축성예금의 급증으로 총통화증가율이 크게 높아진 것으로 나타나고 있다. 1979년부터 통화관리지표로 총통화(M2)를 설정함에 따라 구M2 기준으로 통화증가율이 안정적으로 되고 외환위기 직전까지 20% 수준 이하로 낮아졌다. 따라서 총통화를 기준으로 하면, 한국은행 설립 이후 총통화증가율은 장기적으로 하락세를 보였다고 할 수 있다.

통화의 구성은 화폐제도와 금융제도의 변화를 반영하고 있었다. 일제의 화폐정리사업은 한국 정부의 구 주화를 신 주화로 교체하는 식민지 화폐제도 개혁으로 출발하였다. 그러나 결과적으로 지폐인 제일은행권이 법화로 지정되고 그 보급이 확대됨에 따라 한국이 일본의 식민지로 완전히 전락되기 이전에 이미 은행권 중심의 지폐유통체계가 부상하였고, 일본 「화폐법」이 한국에 시행되는 1910년대 말에는 유통화폐, 현금의 대부분이 은행권이 되는 은행권 발행제도가 정착되었다. 따라서 은행권을 중심으로 하는 지폐 발행 체계는 1910년대에 확립되었다고 할 수 있다. 우리나라의 현대적 화폐제도는 중앙은행권을 중심통화로 하는 지폐 발행 체계가 정립됨으로써 성립되었다고 할 수 있으나 그보다는 예금통화의 비중이 늘어남으로써 정착되는 것이라는 점에 유의할 필요가 있었다. 예금제도는 일본인 은행의 조선 진출로 도입되었던 것이고, 한국인이 설립한 은행도 수용하였던 제도이다. 은행권이 법화로 승격되기 이전에도 예금을 통화로 포함시킬 경우 예금통화 비율이 30% 이상이었다. 이 예금통화 비율은 식민지 시대에 높아졌다가 일제 말부터 한국전쟁기까지 은행권 남발로 인해 크게 낮아졌지만 한국전쟁 이후부터 높아지기 시작하여 1960년대 후반에 80%를 넘어서 화폐제도는 예금통화에 의해 완전히 주도되었다.

과거 백년을 넘어선 기간 동안 예금통화 구성 자체도 적지 않은 변화가 있었다. 요구불예금의 비중은 그동안 금융기관의 설립과 확장, 경제 규모의 확대에 따라 1920년대 은행공황기를 제외하고 증가 추세를 보이다 1960년대 이후에는 다른 통화성 자산의 빠른 증가세로 인해 계속 감소세를 보이게 된다. 요구불예금 비중의 이러한 감소세 이면에는 정기예적금 같은 저축성예금의 급격한 확장은 물론이고 1980년대 이후 기존 예금통화 자산을 대체하는 금융자산의 등장과 확장이 있었다. 따라서 전통적 통화를 대체하는 새로운 통화성 자산의 등장과 확장이 통화의 구성에 변화를 초래한 것은 물론이고 통화의 정의와 통화량 지표의 질적 변화까지 초래하여 예금통화만을 고려하는 통화량과 통화 구성 분석 의의를 약화시키고 있다고 할 수 있다.

제33장 자금순환표로 본 한국의 금융발전, 1962~2019*

* 이 장은 「한국의 금융발전, 1962-2016」(『경제발전연구』 제24권 제3호, 2018. 9)을 시계열을 확장하는 방식으로 보완한 것이다.

50000
10000
5000

광복 이후 한국의 금융제도가 일본으로부터 분리되고 정치·경제적 변동 속에 혼란을 거듭하다 1950년대부터 단계적으로 재편되면서 한국은 자립적인 금융발전의 길을 모색하였다. 새로운 유형의 한국 금융제도가 경제개발 추진과 관련하여 1960년대에도 재편성되기 시작하여 1970년대 말에서야 일단 정비되었다. 한국의 금융제도는 1980년대 이후 금융자율화와 대외개방 흐름에 따라 재편되면서 발전되었으나 증권시장의 성장과 1997년 외환·금융위기를 계기로 대대적인 구조조정을 거쳤다. 따라서 현재의 금융구조는 이러한 금융 구조조정과 증권시장 성장, 금융의 글로벌화라는 새로운 금융환경에 적응한 결과라고 할 수 있다.

한국 금융이 주로 은행의 설립과 확장에 의해 발전되어 왔기 때문에 금융발전에 관한 연구는 대부분 은행을 중심으로 하고 유가증권시장 연구를 제외하면 은행 외 다른 개별 부문에 대한 연구도 많은 것이 아니다.[1] 그뿐 아니라 그 밖의 은행사 연구나 증권시장 연구도 시기적으로 세분되어 단기적 분석에 그쳐 이 연구만으로는 한국 금융의 장기적 추이를 파악할 수 없다.

금융제도는 각 나라의 특성에 따라 달라지는 경로의존적 특징을 가지고 다양한 형태로 발전하므로 금융 부문 전체를 담아서 다룰 통계가 필요한데 그에 해당하는 것이 자금순환표이다. 이것을 활용하여 한국 금융 전체를 분석하려는 시도가 없었던 것은 아니었다. 한국은행은 자금순환표를 이용하여 주요국의 금융구조를 비교하였다.[2] 또한 한국과 일본의 자금순환을 분석하여 한국의 금융발전을 평가하려는 연구가 있었고, 특정 시기의 금융발전을 설명하면서 이 자료를 활용한 연구도 있었다.[3] 이 자료를 이용하여 인도의 금융발전을 설명한 연구도 있으나 그 시계가 매우 제한되어 있다.[4] 자금순환표 자료를 이용하여야만 분석 가능한 금융연관비율이나 금융구조의 구

1 이영훈·박기주·이명휘·최상오(2005), 『한국의 유가증권 100년사』; 이영훈·배영목·박원암·김석진·연강흠(2004), 『한국의 은행 100년사』.
2 한국은행(1989), 『주요국의 금융구조』.
3 배영목(1994), 「한국과 일본의 자금순환에 관한 비교 분석」, 『사회경제평론』, 7, pp. 188~232.
4 R. Mohan and P. Ray(2017), "Indian Financial Sector: Structure, Trends Turns," IMF Working Paper WP/17/7, January, pp. 1~35.

성비 등을 이용하여 1960년대부터 최근까지 한국 금융의 발전 과정을 분석하여 그 추이를 제시할 수 있다면 한국의 금융발전사를 수량적 측면에서 정리하는 한 연구가 될 것이다. 나아가 이 자료를 이용하여 한국의 금융발전을 그 기준점인 미국과 일본의 금융발전과 비교한다면 한국 금융구조의 특징과 발전 수준을 파악하는 데에도 도움을 받을 수 있을 것이다.

이 장에서는 한국 금융의 발전을 분석하되 자금순환표 자료가 뒷받침되는 1962년 이후 금융발전의 추이와 특징을 살펴본다. 첫째, 한국 자금순환표의 장기 추이를 분석할 수 있도록 5개로 나누어진 자금순환표의 내용을 검토하고 상호 비교할 수 있게 재구성한다. 둘째, 한국 금융 부문의 구조 변화를 분석하기 위해 한국의 금융기관 변천을 제시한 다음 금융 부문 구성의 변화를 자금순환표를 이용하여 분석하고 일본과 미국의 것과 비교하여 한국 금융 부문의 특징을 제시한다. 셋째, 한국의 비금융 부문, 개인, 기업, 정부, 국외 등의 자금과부족, 개인과 기업의 자금운용 및 자금조달의 변화를 분석하고 일본과 미국의 것과도 비교하여 비금융 부문의 금융구조와 그 특징을 제시한다. 마지막으로, 한국 금융의 발전 수준을 파악하기 위해 전 부문의 금융연관비율을 일본·미국의 것과 비교·분석하고 한국 금융의 구조 변화와 특징을 분석하기 위해 전 부문의 금융범주별 구성과 그 추이를, 주요 부문의 구성과 금융연관비율을 미국·일본과 비교·분석하여 한국의 금융구조와 금융범주별 금융발전 수준을 검토할 것이다.

1. 자금순환표 자료

1) 금융발전과 자금순환

은행이든 다른 금융기관이든 금융중개를 통해 저축을 투자로 전환하고 투자재원을 효율적으로 배분하고 위험을 분산시키기 때문에 금융기관의 설립과 확장은 경제성장을 촉진한다. 반대로 경제성장으로 저축, 투자 및 자본축적이 확대됨에 따라 금융거래가 증대하는 것은 물론이고, 금융수단의 수요가 다양해지고, 화폐화와 상업화가 진전되고, 금융 부문의 고정비용, 예를 들어 교통·통신·정보 인프라의 중요성도 약화되기 때문에 경제성장은 금융발전을 촉진할 수 있다.[5] 금융발전과 경제성장 간의 상호 인과관계는 지금까지의 많은 연구에도 불구하고 이론적으로나 실증적으로 명확하지 않은 것이 현실이다.[6]

금융발전은 금융 부문의 양적인 성장과 질적인 심화라고 정의하고 있지만, 그 정의가 어떤 금융 부문에 초점을 두는가에 따라 내용도 달라질 수밖에 없을 것이다. 이 연구에서 금융발전은 금융기관의 설립과 확장, 금융수단의 다양화와 확대, 금융수요의 증가 등에 기반을 둔 금융거래의 확대와 다양화로 파악하여 자금순환표와 연계해 보고자 한다. 금융발전의 수준을 언급하는 과거 연구를 보면, 양적인 측면에서 금융발전 수준을 제시할 때에는 금융 부문의 규모를 나타낼 수 있는 통화량이나 금융자산(금융부채)의 규모를 실물 부문의 규모(명목GDP)와 비교하여 전체 또는 부문별로 구분하여 다룬다. 개별 부문에 따라 다양한 양적 지표가 제시되고 있지만,[7] 명목GDP 또는 총금융자산 대비 각 부문의 자산 비율이 가장 자주 사용되는 지표가 되어 있다([표 33-1]).

금융 부문은 실물 부문의 성장에 따라 금융 부문과 실물 부문 간의 금융거래뿐 아니라 실물 부문 간의 금융거래도 증가하기 때문에 당연히 성장한다. 그러나 실물 부문의 급격한 성장에도 불구하고 금융억압정책으로 인해 실물 부문의 성장에 비해 금융 부문의 성장이 지체될 수 있다. 금융연관비율(금융자산/GDP 또는 금융부채/GDP)은 금융

5 H. T. Patrick(1966), "Financial Development and Economic Growth in Underdeveloped Countries," *Economic Development and Cultural Change*, Vol. 14, No. 2, Jan., pp. 174~189.

6 R. Levine(1997), "Financial Development and Economic Growth: View and Agenda," *Journal of Economic Literature*, 35, June, pp. 688~726; Tom Gole and Tao Sun(2013), "Financial Structures and Economic Outcome: An Empirical Analysis," IMF Working Paper WP/13/121, May, pp. 1~28.

7 개별적인 금융 부문의 발전이나 금융구조의 국가별 비교에 가장 많이 활용되고 있는 자료가 World Bank(2017)의 "A New Database on Financial Development and Structure"인데, 이 자료에 수록된 내용이 본 연구에 이용하기에 시계열이 짧고 국제 비교로서 사용될 수 있는 항목이 제한되어 참고만 하였다.

[표 33-1] 금융발전의 주요 부문별 지표

개별 부문	주요 지표
은행	총은행 수, 은행점포 수, 천명당 점포 수, 은행예금/GDP, 은행자산/총금융자산, 은행자산/GDP
보험	보험회사 수, 총보험료/GDP, 총생명보험/GDP, 총손해보험/GDP
연금	연금계획 수, 연금가입노동자 비중, 연금자산/GDP, 연금자산/총금융자산
단기 금융시장	단기 금융상품 수와 가치, 신규 발행액 및 증가액, 일일거래 수와 거래액
자본시장	상장유가증권(주식, 채권 등), 보유유가증권 가계, 기업, 금융기관 보유 비중, 신규 발행 주식/채권, 증권가치/GDP, 증권회전율, 파생상품 크기
집합투자기금	상품 유형과 수, 총자산/GDP, 투자자 수와 1인당 잔액, 경제주체별 비중

자료: IMF and World Bank(2005), *Financial Sector Assessment: A Handbook*, Ch.2 Indicator of Financial Structure, Development, and Soundness, 18.

부문과 실물 부문의 상대적 비율로 금융 부문의 상대적 발전 정도, 이른바 금융 심화(financial deepening) 정도를 측정할 수 있는 지표로도 이용되고 있다. 경제주체별 또는 국민경제 전체의 금융자산 또는 금융부채의 보유 수준이나 보유 내용을 거시적으로 보여 주는 것이 자금순환표이다. 금융연관비율은 이 자금순환표의 부문별·범주별(금융거래 형태별) 자산을 명목GDP로 나눈 비율이다. 따라서 한 나라의 금융발전 추이와 특징을 간편하게 파악할 수 있는 방법이 자금순환표를 이용하여, 한 나라 금융제도의 부문별·범주별 발전 수준을 알려 주는 금융연관비율이나 부문별 금융구조의 변화를 보여 주는 금융자산 또는 금융부채의 구성비를 분석하는 것이라고 할 수 있다.

2) 자금순환표의 구성과 특징

자금순환표는 1년 또는 분기별로 경제주체별 자금거래를 금융거래 형태별 또는 범주별로 기록한 행렬이다. 각 경제주체, 다시 말해 각 제도 부문이 특정 시점에 보유한 금융자산과 금융부채를 기록한 금융자산·부채잔액표가 있고, 각 제도 부문이 일정 기간 동안 조달한 자금과 운용한 자금을 기록한 금융거래표가 있고, 그 밖에도 금융거래 이외의 요인에 의한 자금순환을 기록한 거래 외 증감표가 있다. 이 연구에 이용하는 주요 자료는 금융자산·부채잔액표이고 각 제도 부문의 자금과부족을 파악할 필요가 있다면 금융거래표도 이용한다.

자금순환표는 코퍼랜드(Copeland)의 연구로 시작되어 각 나라의 중앙은행이 이것의 유용성을 인정하면서부터 작성하여 발표하고 있다. 미국은 1955년, 일본은 1958년, 한국은 1965년부터 작성하여 발표하였다. 다른 통화·금융통계는 관심을 가진 통화·금융지표와 관련된 통계만을 작성한 것이다. 자금순환표는 모든 금융거래를 구분하여 기록하기 때문에 금융 전체를 파악하고자 한다면 자금순환표를 이용하는 것이 가장 바람직하다.

자금순환표는 자금이 각 제도 부문의 실물거래, 산업적 유통에 따라 나타난 자금순환을 기록한 자본계정과 각 제도 부문의 자금을 조달하고 운용한 것을 기록한 금융계정으로 구성된다. 이 자금순환표는 거시경제모형의 추정, 개별 경제주체의 금융 행태, 금융시장 구조, 통화정책의 파급효과 분석, 금융위기 판정 등 다양한 방면에서 활용되고 있다. 이 자금순환표를 이용하여 작성된 금융연관비율도 개별 금융산업이나 한 나라의 금융발전 측도로 활용되기 시작하여 금융발전의 넓이와 깊이를 측정할 때 종종 활용되고 있다. 그러나 파생금융상품시장이 발전하면서 이 자금순환표가 다양한 금융 부문의 변화를 모두 담을 수 없다는 한계도 지적되고 있다.

3) 자금순환표 장기 시계열 자료

한국의 자금순환표는 다른 나라와 마찬가지로 열에는 각 제도 부문이 제시되고 행에는 금융거래 형태가 제시되고 그 내역이 제시되고 있다. 한국의 자금순환표는 그 출발점이 되는 국민소득 추계방식이 바뀌고 또한 제도 부문 분류방식이나 금융거래 분류방식이 점차 세분되어 왔기 때문에 자금순환표가 여러 계열로 나누어 제시되고 있다. 우리나라의 자금순환표에는 5개의 계열이 있는데, 1계열은 1953년 SNA 기준

(1962~1970), 2계열은 1968년 SNA 기준(1969~1974), 3계열은 1968년 SNA 기준(1975~2005), 4계열은 1993년 SNA 기준(2002~2013), 5계열은 2008년 SNA 기준(2008~2017)이다.

제도 부문은 1계열에서는 단순히 5개 부문, 즉 금융, 정부, 기업, 가계·비영리단체, 국외 부문으로 구분하였다. 이 구분 기준의 기본 틀은 변하지 않았으나, [표 33-2]에서 보듯이, 부분적으로 명칭의 변화가 있었고, 그 부분 내에서 제도 부문은 점차 세분되어 자금순환표가 작성되었다. 첫째, 금융 부문은 2계열에서 한국은행, 예금은행, 보험 및 연금기금으로 4개로 세분되는 것에 그쳤으나 4계열부터는 금융기관에 상세 기준이 적용되어 수가 많이 늘어났다. 둘째, 기업 부문은 공기업과 민간기업으로 세분되었고 그 명칭도 기업이 아니라 비금융 법인으로 바뀌었다. 셋째, 정부 부문은 일반정부로 명칭이 변화되고 국민연금 등 사회보장기구는 정부 부문에 포함되었다. 이 연구는 금융 부문은 필요에 따라 다시 세분하여 분석하지만, 이 부문을 제외한 나머지 제도 부문은 1계열의 분류방식을 그대로 수용하여 시계열 자료로 이용하되 각 계열의 자료를 함께 비교하는 방식으로 계열 간의 단절 문제를 극복해 보고자 한다.

[표 33-2]를 보면, 금융거래 방식은 1계열에서는 대분류 18개, 소분류 25개이었으나 5계열에서 대분류 12개, 소분류 57개로 전체 범주는 다소 줄었지만 상세 범주는 늘어났다. 다른 나라의 자금순환표를 보더라도 자금순환표는 금융기관의 설립, 확장 및 분화, 금융상품의 다양화 등으로 금융거래 방식은 당연히 늘어나는 것인데, 그 변화를 일관성 있는 기준으로 정리하는 것이 쉽지 않다. 이 장에서는 1계열부터 일관성을 유지하되 금융구조의 변화도 분석하기 위해 12개 범주로 재구성하였다. 금융거래 범주는 현금, 예금취급기관(은행) 예금·예수금, 신탁, 기타 예금, 보험·연금, 금융기관 등 대출, 정부융자, 주식·출자·투자펀드, 채권·수익증권, 상거래(기업)신용, 대외자산부채, 기타 자산부채 등이다.

OECD 자금순환표 통계는 OECD의 작성 기준에 따라 제도 부문과 범주가 재분류되어 작성된 통계, 즉 통합 통계와 원래 분류방식을 고수하는 비통합 통계로 구분된다. 미국과 일본의 OECD 자금순환표 통계는 비통합 통계뿐이다. 미국의 비통합 자금

[표 33-2] 자금순환표 제도 부문 분류방식의 변천

한국				일본	OECD
한1계열	한2계열 한3계열	한4계열	한5계열	일1계열	일2계열 미 전계열
금융 부문	1. 한국은행	1. 한국은행	1. 한국은행	일본은행	중앙은행
	2. 예금은행	2. 예금취급기관	2. 예금취급기관	민간 금융 기관 공적 금융 기관	예금 취급기관
		2-1 은행	은행		
		일반은행	일반은행		
		특수은행	특수은행		
		2-2 비은행	비은행		
		신탁	신탁		
		서민금융기관	서민금융기관		
		투자기관	3. 투자펀드		
			MMF		
			Non-MMF		
	4. 기타 금융 기관	4. 기타 금융중개기관	6. 기타 금융중개기관		기타 금융, 중개기관, 금융보조기관
		증권기관	증권기관		
		여신전문기관	여신전문기관		
		공적금융기관	공적금융기관		
			8. 전속금융기관 /대부업체		
		5. 금융보조기관	7. 금융보조기관		7. 금융보조기관
	3. 보험/연기금	3. 보험/연기금	4. 보험기관		보험/연기금
		보험	생명보험		
		생명보험	손해보험		
		손해보험	재보험		
		연금기금	5. 연금/기금		
정부 부문	정부 부문	일반정부	일반정부	중앙정부 공단지방공공단체	중앙정부, 지방정부, 사회보장기구
기업 부문	기업 부문	비금융 법인	비금융 법인	법인기업	비금융 법인기업
	공기업	공기업	공기업		
	민간기업	민간기업	민간기업		
가계 비영리단체	가계 비영리단체	가계 비영리단체	가계 비영리단체	가계 비영리단체	가계 비영리단체
국외 부문	국외 부문	국외	국외	해외	국외

자료: 한국은행, 경제통계시스템, 자금순환; OECD, https://www.oecd-ilibrary.org/economics/data/financial-balance-sheets/ non-consolidated-stocks_data; 日本銀行ホームページ, 「統計・データ金融經濟統計時系列データ」.

순환표 통계의 연결 과정을 알 수 없지만 1962년까지 장기간 조정 없이 사용할 수 있다. 이 자료의 제도 부문 분류는 [표 33-2]에서 제시된 것과 같다. 어느 나라나 자금순환표가 점차 세분되어 작성되고 있기 때문에 과거로 갈수록 세부 항목이 줄어들고 있는데 미국도 마찬가지이다. 일본의 OECD 자금순환표 통계도 미국과 마찬가지로 OECD와 통합되어 있지 않은 자료이고, 그것도 1994년부터만 수록되어 있다. 그 이전의 통계 중 제도 부문별 통계는 일본은행이 제공하는 '금융경제통계 시계열 데이터'를 이용하고 금융자산별 통계는 일본 정부 내각청 경제사회총합연구소가 발간한 『국민경제계산연보』 자료를 이용한다.

OECD가 제공하는 자금순환표를 비교·분석하는 것이 가장 바람직하다. 하지만 이 연구에서 사용할 미국 자료는 1962년부터 있고, 일본 자료는 1994년부터 있는데, 한국 자료는 2008년부터만 있어 이 자료를 이용하는 것은 적절하지 않다. 따라서 여기서는 한국은행 자금순환표를 이용하여 직접 추계한 제도 부문별·금융자산별 5계열의 자료를 이용하여 한국 금융의 추이를 분석하고, 이를 미국·일본의 것과 비교하는 방식으로 분석하고 그 결과를 설명할 것이다.

2. 금융 부문의 금융구조와 그 추이

1) 한국 금융기관의 구성과 변천

한국의 금융기관은 자금순환표 기준으로 보면, 1968년까지는 금융 부문 하나로만 분류되었으나 2008년 이후는 한국은행, 은행 및 비은행 예금취급기관, 투자펀드, 보험기관, 연기금, 기타 금융중개기관, 금융보조기관, 전속금융기관 및 대부업체로 세분되었다. 산업은행이 예금은행으로 편입된 2002년부터 비은행 금융기관이 예금취급기관의 한 부분으로 추가되었으나 한국의 금융기관은 오랫동안 한국은행, 예금은행, 보험

[그림 33-1] 한국의 금융기관별 금융자산 비중의 추이(1962~2019)

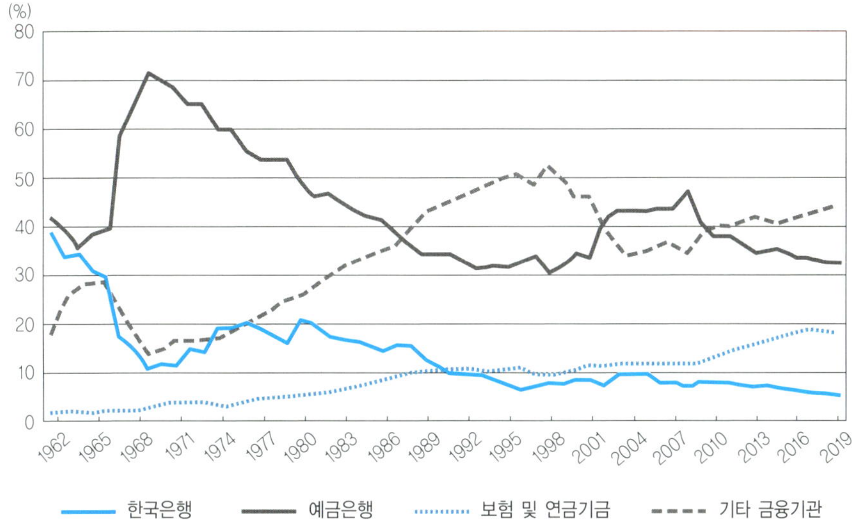

주: 자금순환표에서는 1968년까지 금융기관별 금융자산 자료가 없기 때문에 금융기관별 총자산을 별도로 집계하여 그 비중으로 대체.
자료: 한국은행, 경제통계시스템 자금순환, 『경제통계연보』.

및 연금기관, 기타 금융기관, 네 종류로만 분류되었다. 따라서 한국의 금융 부문을 구성하는 금융기관의 비중 추이를 제시하기 위해 2계열 이후는 자금순환표를 이용하고, 1계열의 금융기관 비중은 해당 금융기관의 총자산을 기준으로 그 비중을 보완하여 네 종류의 금융기관의 시계열 자료를 재구성한 것이 [그림 33-1]이다.

한국의 금융기관은 1960년 초반까지는 시중은행, 한국은행, 산업은행 등이 중심이었으나, 1960년대 대대적인 은행의 설립과 확장으로 예금은행의 비중이 급증하였다가 1970년대부터 외환위기 전까지는 점차 감소한다. 한국은행은 예금은행의 급팽창으로 상대적으로 그 역할이 약화되었다. 산업은행 등의 개발금융기관 확장은 물론 1970년대 저축금융기관, 투자금융기관 등 각종 비은행 금융기관이 신설·확장됨으로써 그 비중이 외환위기 직전까지 증가하는 추세를 보인다. 그러나 외환위기를 계기로 한 금융 부문의 구조조정, 산업은행의 예금은행화 등으로 비은행 금융기관 등 기타 금융기

[그림 33-2] 한국의 은행별 자산 비율의 추이(1962~2019)

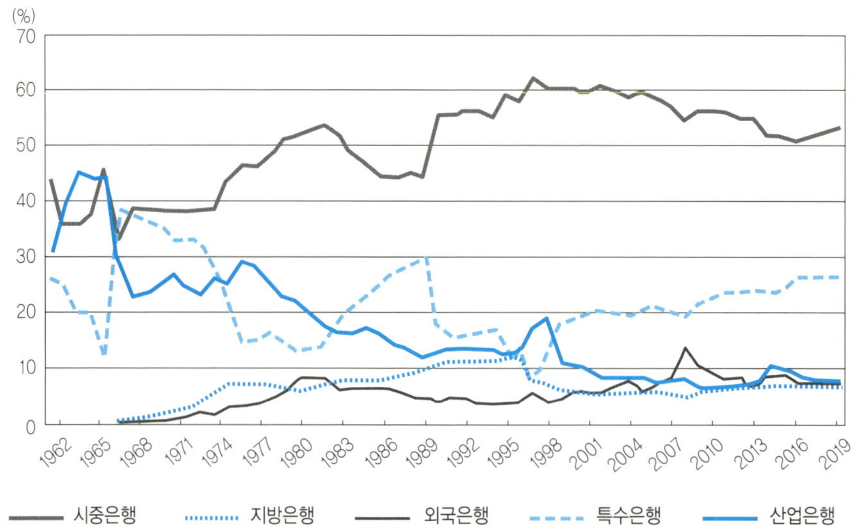

주: 산업은행은 2002년부터 특수은행으로 분류되나 기준통일을 위해 특수은행에서는 제외.
자료: 한국은행, 『경제통계연보』; 금융감독원, 『금융통계월보』.

관의 역할은 약화되었다가 다시 강화되는 추세를 보인다. 이와는 별도로 보험·연금기관은 보험산업 환경의 변화로 지속적인 증가세를 유지하고 있다.

한국의 예금은행은 1961년 군사정부가 등장하면서 재정비되었다. 정부가 각종 정책과 개발계획을 추진하는 방편으로 개별 특수은행법에 근거한 특수은행을 연이어 설립하였다. [그림 33-2]에서 보듯이, 그 결과 예금은행 중에서 특수은행의 비중이 크게 증가하였다. 일반은행에 속하는 지방은행이 1967년부터 1971년까지 각 시, 도 단위로 설립되어 은행의 지방화도 시작되었고, 1967년부터 외국 은행의 지점 설치를 통한 국내 진출이 시작되었으나 이들의 비중은 높지는 않았다. 시중은행이 중심인 일반은행은 1960년대 이후 다양화되면서 1990년대 중반까지 설립과 확장을 거듭한 반면에, 특수은행은 1990년대에 일부가 일반은행화 하여 상대적으로 위축되고 있었다. 외환위기 이후 일반은행은 금융 구조조정의 결과로 회사 수와 인력이 줄었으나 비은행 금융기관이 은행으로 전환하거나 퇴출 등으로 자산, 예금, 대출 등에서 성장을 지속하고 있고, 특수은행은 2002년 이후 산업은행의 편입으로 비중은 도리어 커지고 있다. 그러나 시중은행이 주도하는 은행시스템은 현재까지 그대로 유지되고 있다.

2) 금융 부문의 자금조달과 자금운용 추이

한국의 금융 부문, 즉 금융기관이 자금을 조달·운용하는 패턴과 그 추이를 분석하기 위해 금융 부문의 자산 및 부채 잔액의 구성비를 제시한 것이 [그림 33-3]과 [그림 33-4]이다. 이 두 그림을 보면, 한국의 금융기관은 주로 예금·예수금 형태로 자금을 조달하고, 이를 주로 대출 및 유가증권 인수에 이용하고 있음을 알 수 있다. 특히, 한국의 금융기관이 화폐 발행에 의존하여 자금을 조달하는 비중이 1960년대 초까지도 10%에 이르렀으나 1960~1970년대를 거치면서 미미해졌다. 비중이 높았던 정부융자도 점차 줄어들어 1980년대 이후에는 미미해졌다([그림 33-3]).

한편, 금융기관이 보험·연금 형태로 자금을 조달하는 비중은 지속적으로 증가한 반면에, 신탁에 의한 자금조달 비중은 1990년대 중반까지 늘어났지만 신탁제도의 개편으로 크게 줄어들어 미미한 수준에 그치고 있다. 금융기관의 주식 비중은 계속 낮았지만 증권시장 발전에 힘입어 금융기관이 채권이나 수익증권, 그리고 주식을 통한 자금조달 비중이 점차 증가하였다. 이것은 한국의 금융기관이 외환·금융위기를 계기로 자본금 증자를 통해 자기자본 비율을 제고시킨 결과로 보인다.

[그림 33-4]를 보면, 한국 금융기관의 자금운용에서 1970년대 이후 비은행 금융기관의 성장으로 은행대출 비중은 계속 낮아지다가 1997년 외환위기 이후 금융 구조조정의 결과로 급증한 후 안정된다. 반면에 비은행 금융기관의 대출(기타 대출)은 1960년대 중반 이후 고금리정책 이후 일시 감소하였지만 1970년대 이후 사금융 양성화와 비은행 금융기관의 신설·확장으로 그 비중은 외환위기 직전까지 계속 증가하였다. 그러나 외환위기로 종합금융회사 등 비은행 금융기관이 정리, 통·폐합되어 업무가 은행

[그림 33-3] 한국 금융기관의 자금원천 잔액 비율 추이(1962~2019)

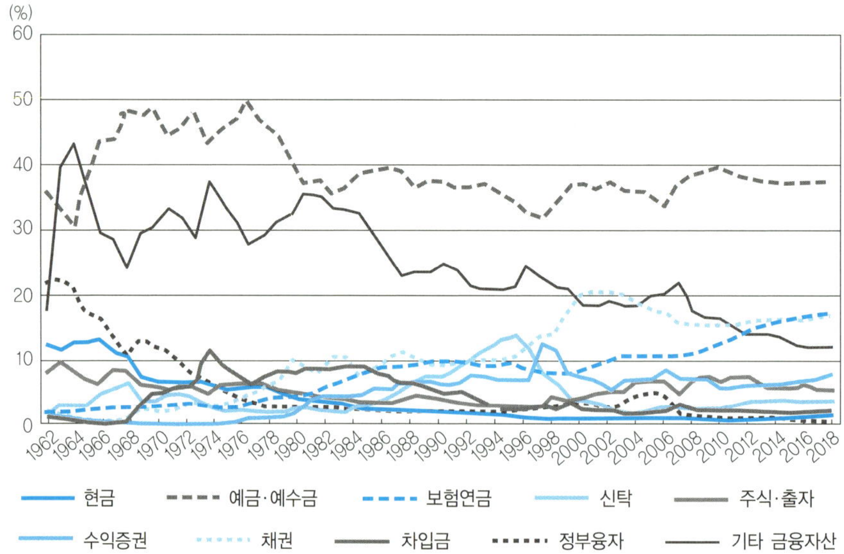

주: 1) 동일연도 2개의 값이 있을 경우 최근 계열의 자료 값.
2) 여러 계열의 연결로 1969년, 1975년, 2002년, 2008년에는 단절.
자료: 한국은행(http://ecos.bok.or), 경제통계시스템, 자금순환계정.

[그림 33-4] 한국 금융기관의 자금운용 잔액 비율 추이(1962~2019)

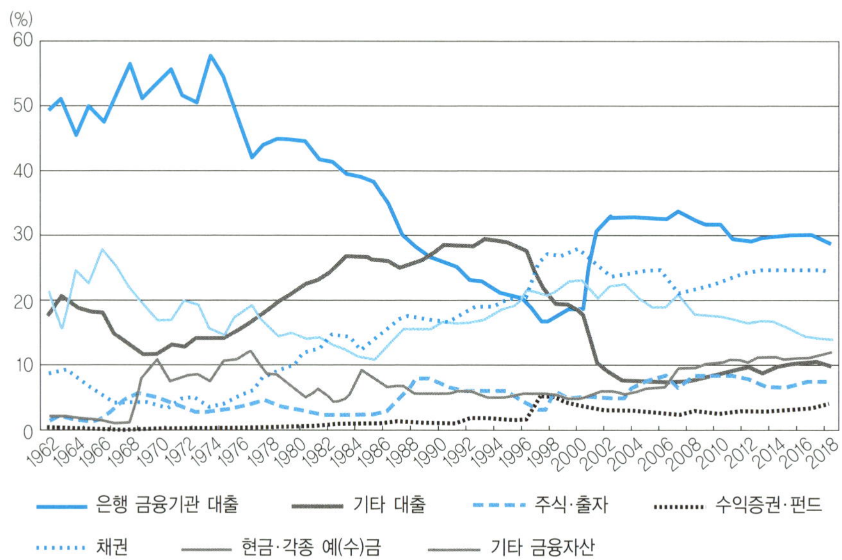

자료: [그림 33-3]과 같음.

금융기관에 흡수됨에 따라 비은행 금융기관 대출 비중이 급격히 줄어들었다. 금융기관의 채권인수는 증가세를 유지하다 2000년대 이후 안정된다. 그리고 금융기관이 자금운용의 다양화로 주식·출자, 수익증권의 비중을 높이고, 필요지급준비율 하락 추세에도 불구하고 유동성을 강화한 결과 예금 등 각종 준비금의 비중이 높아졌다.

3) 국제 비교로 본 한국 금융 부문의 특징

한국 금융기관의 자금조달 및 자금운용 방식을 일본·미국의 것과 비교해 본다면 한국의 금융 부문이 미국·일본과 어떻게 다른가 알 수 있다. OECD가 제공하는 각국의 금융 부문 자산·부채잔액표는 한국은 2008년부터, 일본은 1994년부터, 미국은 1962년부터 이용할 수 있다. 한국은 앞서 설명한 방식으로 집계한 표가 있기 때문에 이를 이용하면 1994년부터 세 나라 금융 부문의 자산·부채 구성을 비교할 수 있다.

이 자료의 비교 가능한 범주는 자료상의 한계로 제한되어 있다. 한국, 미국, 일본의 부채 구성 비율을 금융기관 수신액(예금·보험·연금), 채권발행액, 주식발행액, 정부 및 다른 금융기관으로부터의 차입액 4종류로 나누어 각국의 자금조달액 구성 비율을 제시한 것이 [그림 33-5]이다.

이 그림에서 확인할 수 있는 세 나라의 금융기관 조달방법의 차이와 추이는 다음과 같다. 첫째, 금융기관의 예금·보험·연금 비중을 보면, 한국은 일본보다는 낮지만 미국보다는 높다. 일본은 증가 추세이고, 미국은 글로벌 금융위기 이전에는 감소하다가 이후에는 증가 추세를 보이고, 한국은 외환위기 이전에는 감소 추세를 보이다가 이후에는 증가 추세를 보인다. 특히, 미국과 일본의 금융기관 수신에서 보험·연금이 매우 중요하다. 둘째, 금융기관의 차입 비중은 일본, 미국, 한국 순인데, 전체적으로 감소 추세를 보인다. 셋째, 미국은 주식 발행에 의존하는 비중이 매우 높은 반면에 한국과 일본은 매우 낮은 편이다. 넷째, 미국과 한국은 채권 발행에 의존하는 비중이 높은 반면에 일본은 매우 낮은 편이다. 최근에는 채권 발행 비중이 하락하는 추세이다. 한국

[그림 33-5] 한국, 미국, 일본의 금융기관 부채 잔액 구성비 추이(1994~2019)

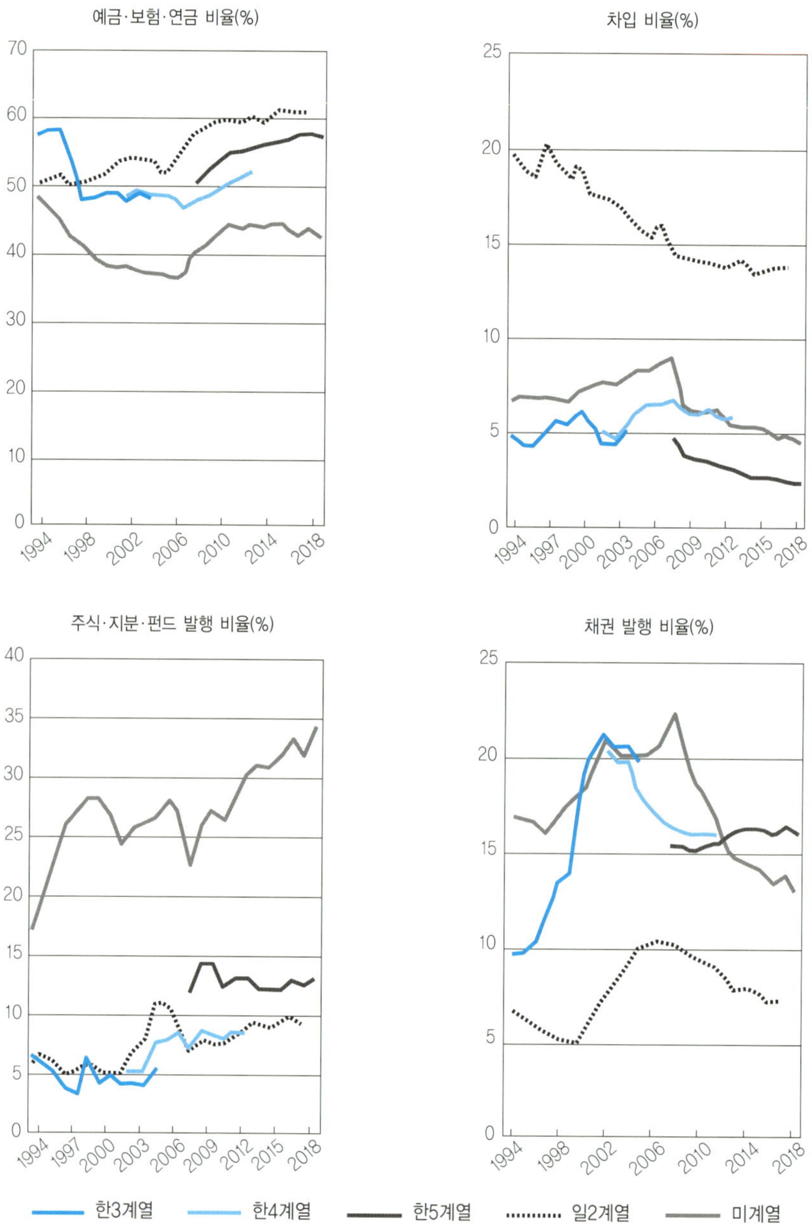

자료: 한국은행, 경제통계시스템, 자금순환; OECD, https://www.oecd-ilibrary.org/economics/data/; financial-balance-sheets/ non-consolidated-stocks_data.

금융기관의 자금조달 방법을 보면 수신에 많이 의존하고, 주식 비중이 낮은 점은 일본과 비슷하나 채권 발행 비중이 높고 차입 비중이 낮은 것은 미국과 비슷하다. 한국의 연기금 비중은 미국과 일본에 비해서는 아직은 매우 낮은 편이다.

각 나라 금융기관의 자금운용 방법을 비교하기 위해 자산의 구성 비율을 분석할 수 있지만 자료의 제약으로 비교 가능한 범주는 한정되어 있다. 한국, 미국, 일본의 자산의 구성 비율을 대출, 채권, 통화·예금, 지분(주식 및 투자지분) 4종류로 나누어 각국의 자금운용액 구성 비율을 제시한 것이 [그림 33-6]이다.

이 그림에서 확인할 수 있는 세 나라의 금융기관 조달운용 차이와 추이는 다음과 같다. 첫째, 금융기관의 대출 비중을 보면, 일본, 한국, 미국 순으로 높고 세 나라 모두 감소 추세이다. 둘째, 금융기관의 채권운용 비중은 시기에 따라 차이가 있지만 일본은 증가 추세로 최근에 가장 높고, 미국은 하락 추세이지만 한국보다는 늘 높은 수준이다. 한국은 외환위기 이전에는 일본보다 높고 증가 추세이었지만 이후에는 하락 추세이고 일본보다 낮은 수준이다. 셋째, 금융기관의 준비금인 통화·예금의 비중은 일본, 한국, 미국 순으로 높고 유동성 규제 강화로 전반적으로 증가 추세이다. 넷째, 금융기관의 지분운용 비중은 미국이 압도적으로 높고 한국과 일본은 비슷한 수준이지만 추세상의 특징은 잘 드러나지 않고 있다. 한국 금융기관은 자금운용에서 대출과 채권에 집중하고 있는데, 이 방식은 일본 금융기관의 자금운용과 매우 비슷한 방식이고 미국과는 크게 다르다. 하지만 세 나라의 자금운용 방식은 2000년대 이후 대출 비중을 줄이고 채권 비중을 늘리고 있는 점에서는 비슷해지고 있다.

[그림 33-6] 한국, 미국, 일본의 금융기관 자산 잔액 구성비 추이(1994~2019)

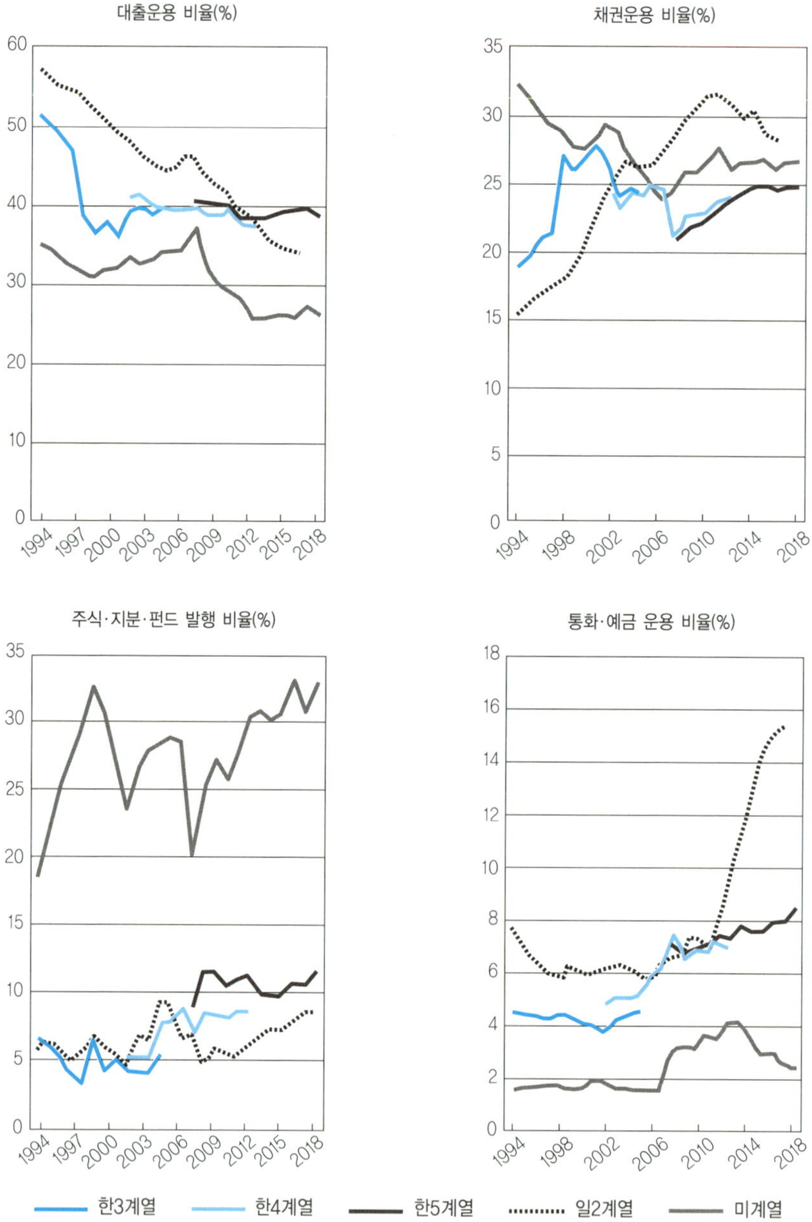

자료: [그림 33-5].

3. 비금융 부문의 금융구조와 그 추이

1) 비금융 부문의 자금과부족

금융기관으로 구성되는 금융 부문은 금융부채 발행으로 조달한 자금의 대부분을 금융자산으로 운용하는 자금중개를 담당하는 부문이기 때문에 다른 부문에 비해 금융자산과 금융부채 간의 차이도 작고 자금과부족의 폭도 작다. 그러나 비금융 부문은 스스로 자금을 조절하는 부문이 아니기 때문에 자금과부족 상태의 역할에 따라 좌우된다. 각 부문의 자금과부족 상태를 분석하기 위해 각 부문의 자금과부족 자금순환표 중에서 각 부문의 연도별 자금운용액과 자금조달액 차이를 그 연도의 명목GDP로 나눈 값을 제시한 것이 [그림 33-7]이다.

가계와 비영리단체로 구성되는 개인 부문은 저축으로 인해 전체적으로 자금잉여 부문이다. 개인 부문은 1960년대 이래 기복은 있지만 자금잉여 폭이 늘어나는 추세이었다. 1998년 외환위기를 계기로 줄어들었으나 폭(여기서는 비율)이 다시 서서히 늘어나고 있다.

비금융 공기업과 민간기업으로 구성되는 기업 부문은 외부 자금에 의존하여 투자를 확대하기 때문에 전체적으로 항상 자금부족 부문이다. 기업 부문의 자금부족액 폭은 1960년대 이후 급증하였으나 1972년 기업의 재무 구조조정 이후 기복은 있지만 감소 추세를 보였다. 그리고 1987년 이후 다시 증가하였는데, 1998년 금융위기로 감소 후 증가하였는데, 글로벌 금융위기 이후 다시 낮아지고 있다.

일반정부, 지방정부, 사회보장기구를 포괄하는 정부 부문은 만성적인 적자와 고정투자 등으로 인해 전체적으로 자금부족 부문이다. 이러한 정부 부문의 부족분이 상대적으로 작았으나 외환위기 이후 커지게 되었다.

국외 부문은 다른 부문과 달리 외국을 기준으로 정의되기 때문에 다르게 해석해야 한다. 즉, 외국인 기준으로 자산은 자국민 기준으로는 부채이고, 부채는 자국민 기

[그림 33-7] 한국의 부문별 자금과부족액/명목GDP 비율의 추이(1963~2019)

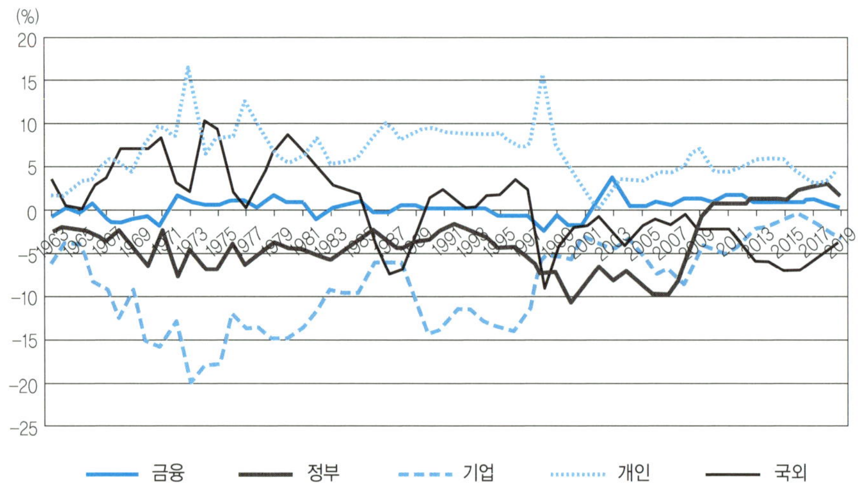

주: 1) 동일연도 2개의 값이 있을 경우 최근 계열의 자료 값.

2) 1969년, 1975년, 2002년, 2009년에는 각 계열 자료의 단절이 존재.

자료: 한국은행, 경제통계시스템, 자금순환.

준으로 자산이다. 우리나라는 1980년대 중반 이전까지는 경상수지 적자국으로서 순자본도입국이었기 때문에 국외 부문은 자금잉여 부문이었으나 1980년대 중반 이후 대폭적인 경상수지 흑자로 자금부족 부문으로 전환되었다. 최근까지 한국은 경상수지 흑자국으로서 자본수출을 증가시켜 국외 부문은 자금 부족 상태가 지속되고 있다.

2) 비금융 부문의 자금운용

개인은 보유하는 금융자산의 대부분을 금융기관에 예치한다. [그림 33-8]을 보면, 한국에서 개인은 1960년대 초반부터 금융기관에 예금·예수금 형태로 예치하는 비중을 늘려 왔다. 그 비중은 1960년대 후반에 이른바 금리현실화 조치로 급속히 증가하였지만 1960년대 말 예금금리 인하에 따라 다시 줄었다가 1980년대 물가안정세에 따라

[그림 33-8] 한국 개인 부문의 금융자산 구성비 추이(1962~2019)

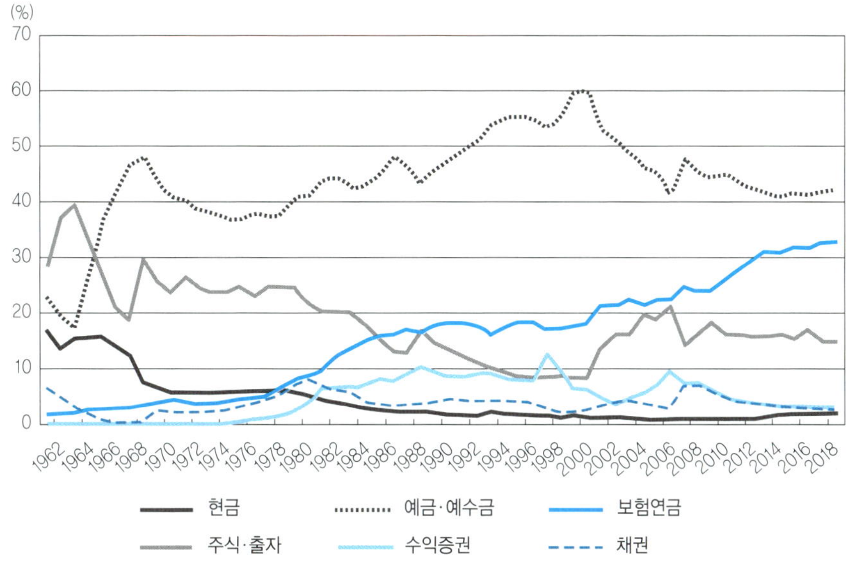

자료: [그림 33-7].

다시 크게 늘어났다. 이러한 금융기관의 예금·예수금(수신) 증가는 은행과 함께 비은행 금융기관의 확장에 의해서도 진행된 것이다. 그러다 외환위기 이후 증권시장이 활성화되고 주식·출자로 자금이 대량 이동함에 따라 금융기관의 예금·예수금 비중이 점차 낮아졌다. 개인의 채권에 대한 투자는 직접투자보다는 금융기관을 통한 간접투자로 확대되어 채권 보유 비중의 증가보다는 수익증권 보유 비중의 증가로 나타났다. 이와 달리 자동차 보급의 확대와 고령화 추세에 따라 보험·연금 부문이 빠르게 성장하여 그 비중이 지속적으로 증가세를 보이게 되었다.

기업은 개인과는 크게 다른 자금운용 패턴을 보이고 있다. 기업은 다른 기업과의 거래 때문에 상거래신용의 비중이 높고 유동성 요구 때문에 현금·예금도 상당 수준 보유하고 있지만 금융시장의 발전으로 그 비중은 하락세이다. 기업은 잉여자금으로 주식·출자, 채권구입, 직접투자로 확대하고 있으나 2000년대 이후에는 채권·수익증

[그림 33-9] 한국 비금융 기업 부문의 금융자산 구성비 추이(1962~2019)

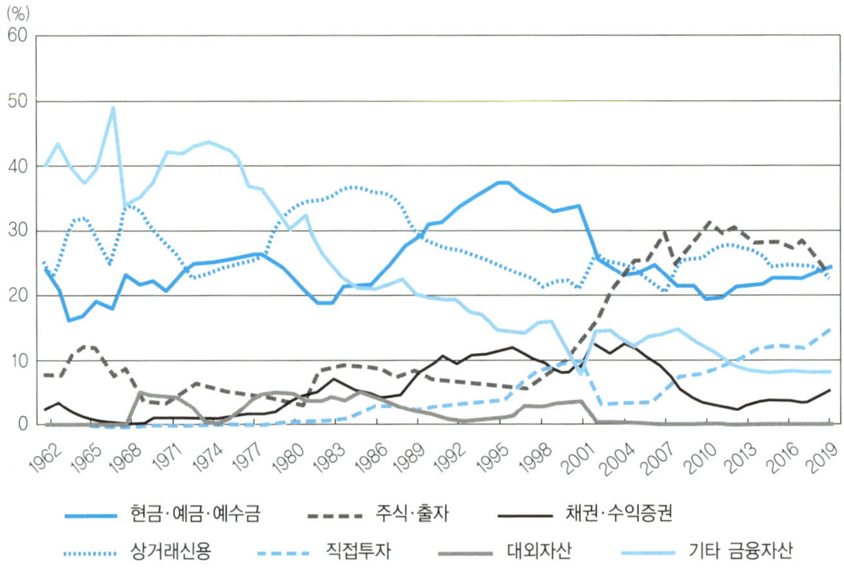

자료: [그림 33-7].

권의 비중을 낮추고 있다. 이와 같이 개인은 예금이나 보험·연금 등 위험을 줄이는 방향에서 주로 운용하지만 기업은 고수익을 추구하기 위해 최근에는 주식·출자, 직접투자 등 위험이 높은 자산운용도 피하지 않고 있다.

한국의 개인 부문 금융자산 운용의 특징을 파악하기 위해 한국, 일본, 미국 세 나라의 개인 부문 주요 금융자산의 구성 비율을 제시한 것이 [그림 33-10]이다. 이 그림을 보면, 첫째 개인의 예금 비중은 일본, 한국, 미국 순으로 높고 차이도 큰 편이다. 둘째, 개인의 보험·연금 비중은 미국, 일본, 한국 순으로 높은데, 세 나라에서 이 비중은 증가 추세이다. 셋째, 개인의 주식·출자 등 지분 비중은 미국, 한국, 일본 순으로 높은데, 미국, 일본은 하락 추세이지만 한국은 외환위기 이후 급격히 높아졌다. 넷째, 개인의 채권 비중은 나라와 시기에 따라 다르며 특별한 추세는 없지만, 한국의 채권 비중은 최근에 다시 증가하여 미국에 근접하고 있으며, 이에 따라 일본보다 높아졌다. 따라서

[그림 33-10] 한국, 미국, 일본의 개인 자산 잔액 구성비 추이(1962~2019)

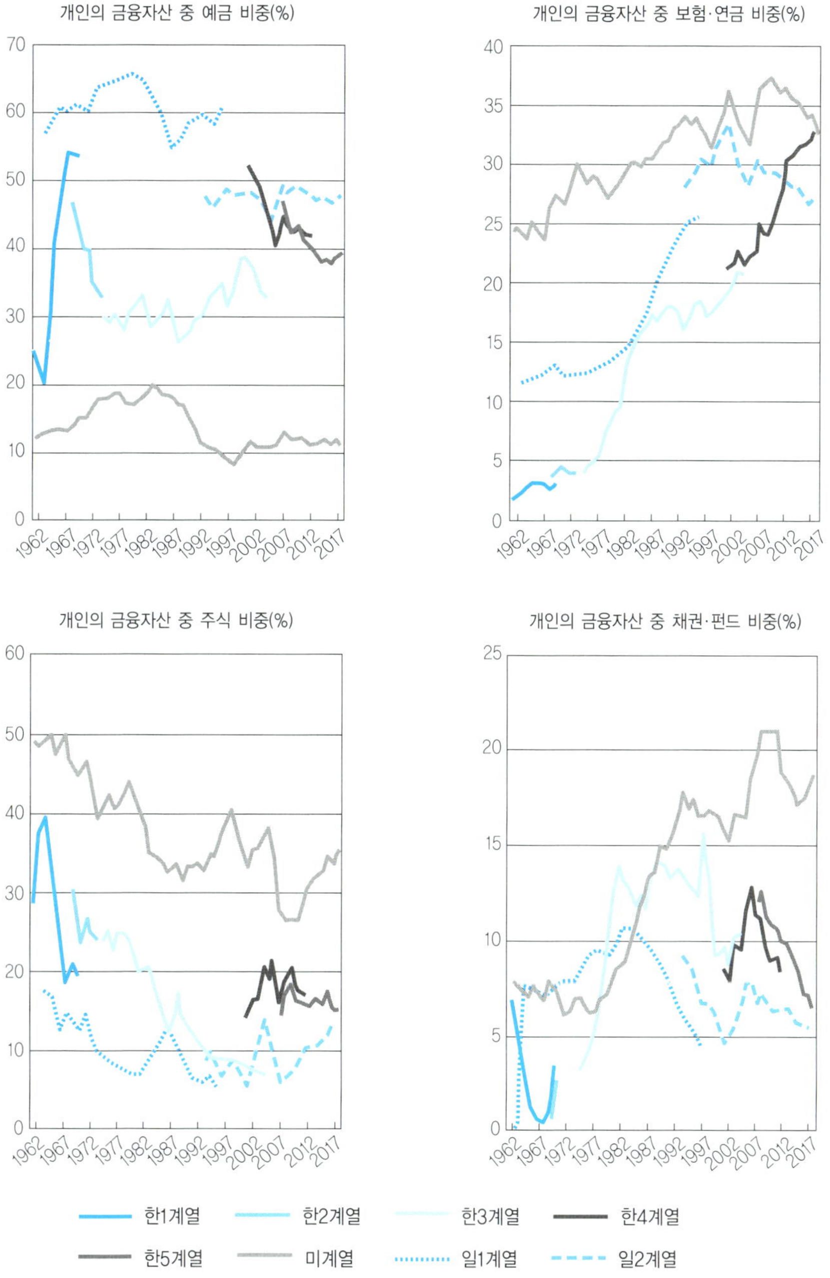

자료: [표 33-2].

미국 개인은 주식, 채권 등 직접투자를 선호하고 일본 개인은 금융기관 예금 등을 선호하는데, 한국 개인은 과거에는 일본식 자금운용과 비슷하였지만 점차 미국식 자금운용을 따라가고 있다.

3) 비금융 부문의 자금조달

[그림 33-11]을 보면, 개인 부문은 자금이 부족할 경우 대부분 금융기관이나 기타 차입을 통해 자금을 조달하거나 부분적으로 상거래신용(trade credit)으로 상품을 매입하는 등 개인의 자금조달 방식은 기업과 달리 매우 단순해 보인다.

한국 비금융 기업의 자금조달 특징을 파악하기 위해 한국, 일본, 미국 세 나라 비금융 기업의 주요 금융부채 구성 비율을 제시한 것이 [그림 33-11]이다. 이 그림을 보면, 첫째 기업의 차입, 즉 금융기관으로부터의 대출 비중은 일본, 한국, 미국 순으로 높고 차이도 큰 편이다. 다만 한국과 일본의 격차는 줄어들고 있다. 둘째, 기업의 주식·출자 비중은 미국, 한국, 일본 순으로 높은데 세 나라에서 이 비중은 증가 추세이다. 특히, 한국의 비중이 빠르게 증가하여 일본보다도 높은 것으로 나타났다. 셋째, 개인의 주식·출자 등 지분 비중은 미국, 한국, 일본 순으로 높았는데, 일본은 1990년대 이후, 한국은 외환위기 이후 크게 증가세를 보여 최근에는 한국과 일본 간의 격차가 거의 소멸되고 있다. 넷째, 기업의 채권 발행 비중은 미국, 일본, 한국 순이었으나 한국의 비중이 급격히 증가하여 미국까지 압도하였으나 외환위기 이후 하락세로 접어들면서 비중이 크게 낮아졌다. 다섯째, 기업신용의 비중은 일본이 압도적으로 높았으나 점차 감소하여 한국이 비슷하게 된 반면에 미국은 점진적인 감소세이었지만 아직도 5%대를 유지하고 있다.

[그림 33-11] 한국 개인 부문의 부채 잔액 구성비 추이(1962~2019)

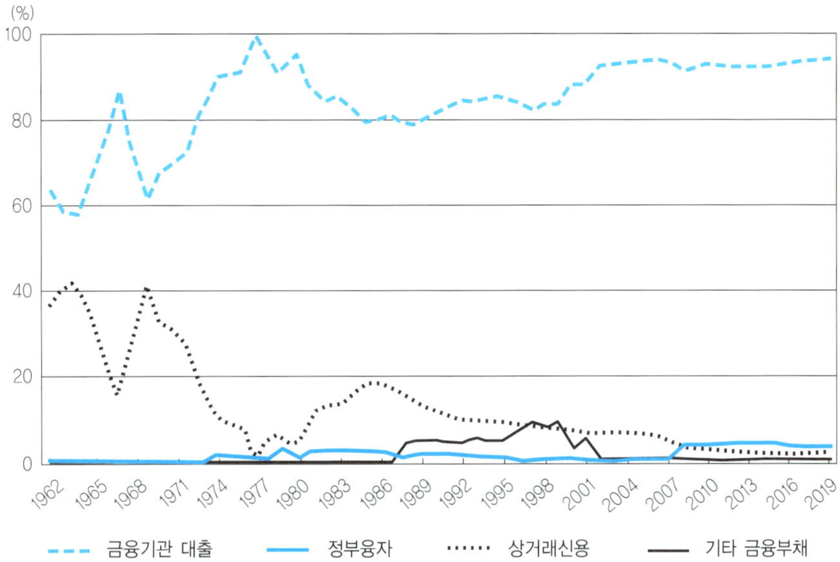

자료: [그림 33-7].

[그림 33-12] 한국 비금융 기업 부문의 금융부채 잔액 구성비 추이(1962~2019)

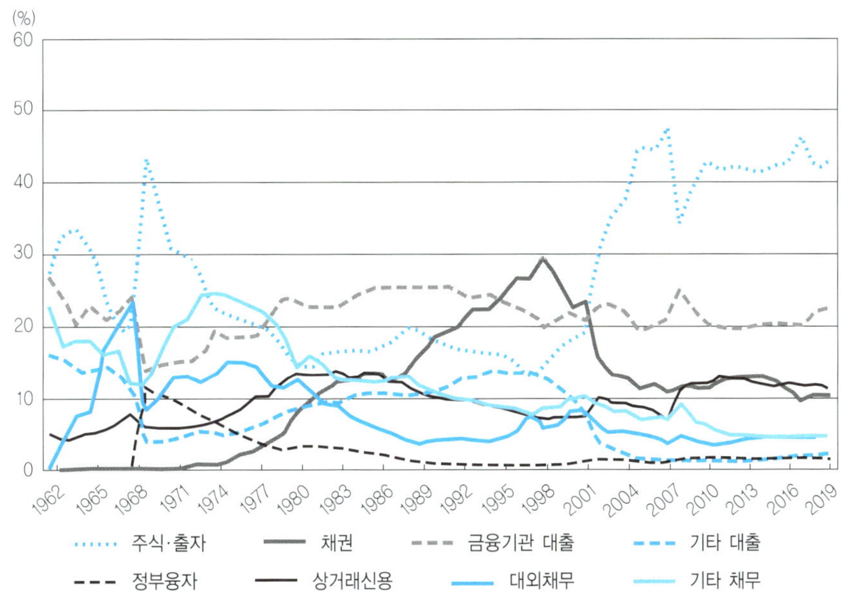

자료: [그림 33-7].

[그림 33-13] 한국, 미국, 일본 비금융 기업의 부채 구성비 추이(1962~2019)

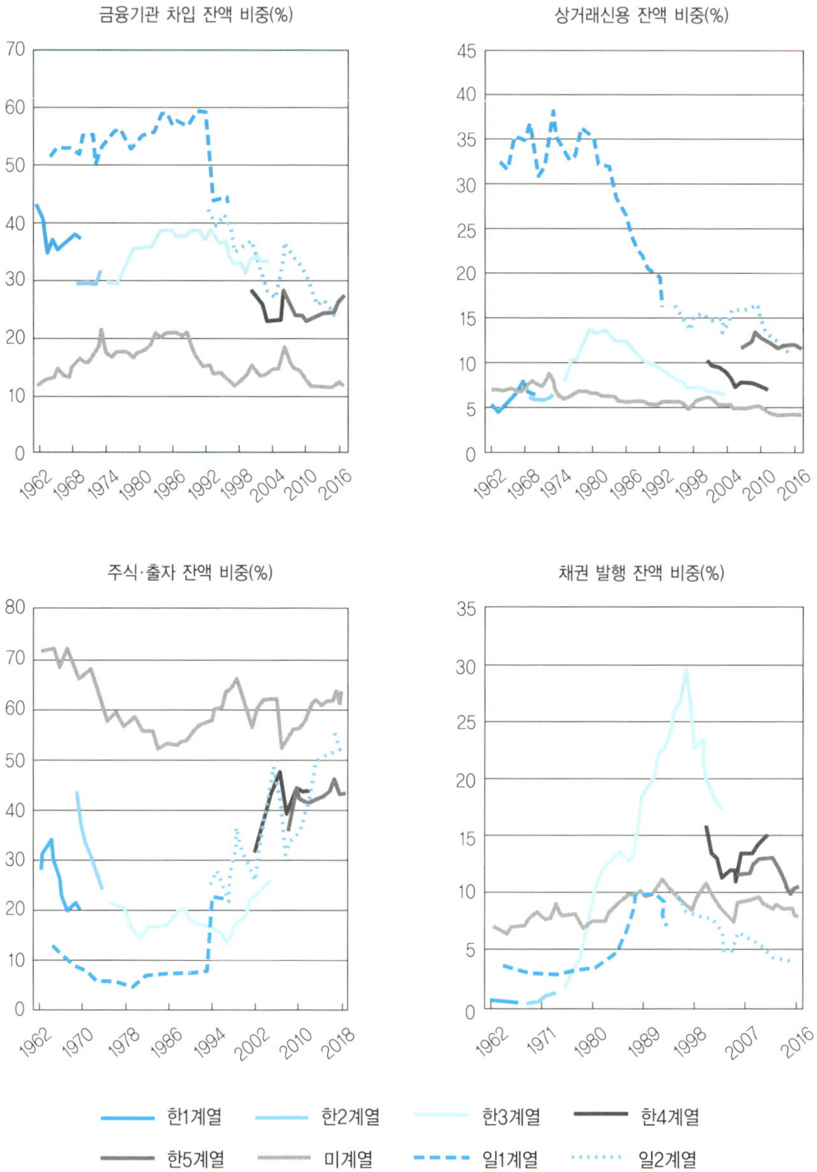

자료: [표 33-2].

4. 한국의 금융발전과 금융구조

1) 한국 금융의 발전

한국 경제 전체의 금융발전 수준을 평가할 때 가장 자주 쓰이는 지표가 금융연관비율(금융자산 잔액/명목GDP)이다. 한국의 자금순환표는 앞서 설명하였듯이 5개의 계열로 나누어져 추이 파악을 위해서는 5개 계열을 한꺼번에 제시할 수밖에 없다. 여기에다 한국의 금융발전의 평가 기준이 되었고 또한 밀접한 관련이 있는 일본과 미국의 금융발전 수준과 비교하기 위해 두 나라의 금융연관비율까지 함께 제시한 것이 [그림 33-14]이다. 그런데 이 시기의 일본 금융자산 잔액을 알 수 있는 통계도 세 가지로 나누

[그림 33-14] 한국, 미국, 일본의 전 부문 금융연관비율 추이(1962~2019)

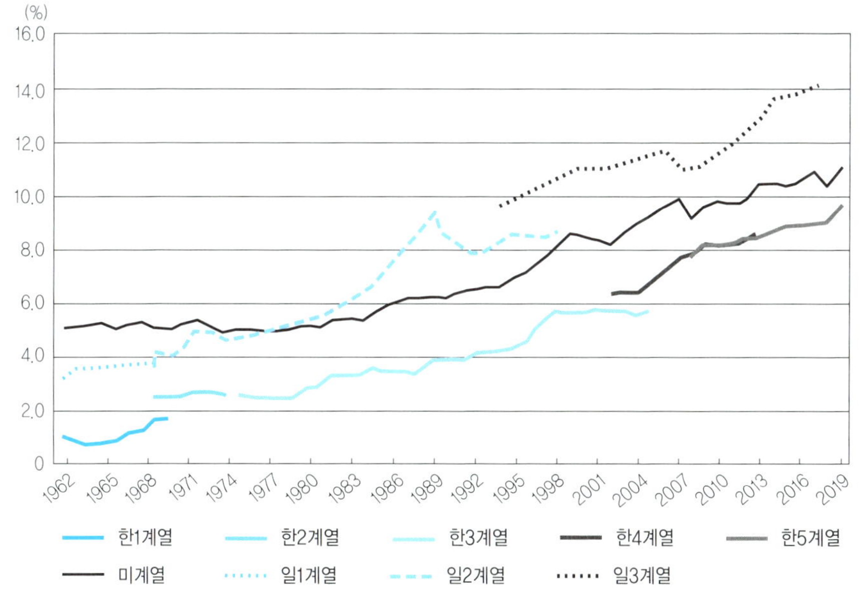

자료: 한1계열~한3계열: 한국은행, 경제통계시스템, 자금순환; 미계열, 일본3계열: OECD, https://www.oecd-ilibrary.org/economics/data/; financial-balance-sheets/ non-consolidated-stocks_data; 일1계열, 일2계열: Cabinet Office, Economic and Social Research; http://www.esri.cao.go.jp /en /sna/data/ kakuhou/files.

어져 있어 일본의 지표도 3개 계열로 나누어 한꺼번에 제시하였다.

한국의 전체 제도 부문을 망라한 5개의 금융연관비율 추이를 비교해 보면, 한국 금융 전체의 성장, 즉 양적인 측면에서의 금융발전 추이를 파악할 수 있다. 한국 금융은 1960년대 전반에는 정체 상태에 있다가 금리현실화 이후인 1960년대 후반에는 크게 증가하는 추세를 보인다. 이어 1970년대에는 정체 상태에 있다가 1980년대 이후에는 지속적으로 증가세를 보인다. 하지만 이 값은 외환위기 직후에 급락하다 그 이후에는 전례 없는 증가세를 보인다. 따라서 우리나라는 1960년대 후반까지는 전 부문의 금융거래가 경제성장과 비교하여 순조로운 성장세를 보이나 1970년대에는 금융발전이 억압되어 정체 상태를 보였다가 1980년대부터 계속 순조로운 성장세를 보인 후 외환위기를 계기로 일시 퇴조하였다가 급성장하였다고 할 수 있다.

금융연관비율을 기준으로 본 양적 측면에서 금융의 장기적 성장세는 한국은 물론 미국과 일본에서 마찬가지로 나타나는 현상임을 [그림 33-14]에서 확인할 수 있다. 이 그림에서 세 나라의 금융 부문 성장세뿐 아니라 금융버블이 붕괴하는 위기의 시기도 알 수 있다. 한국은 1998년과 2008년이 금융위기가 표면화된 시기이었고 일부 침체기를 제외하면 성장세를 기록하고 있다. 일본은 1990년과 2008년에 금융위기가 표면화된 시기이었지만 1990년대 장기간 침체를 기록하였다. 일본은 1980년대 이전에는 미국보다 금융발전 수준이 더 낮았지만 2000년대 이후 비약적인 성장세로 미국보다 더 높은 것으로 나타나고 있다.[8] 미국의 금융은 2000년과 2008년에 위기가 표면화되었지만 비교적 단기간에 소멸되었고, 그 이외 기간에는 순조로운 성장세를 기록하고 있다. 세 나라의 금융발전 추이와는 상관없이 한국은 일본·미국과 비교하여 상당한 격차가 존재하지만 한국은 두 나라와의 격차를 점차 좁혀 가고 있다.

한국의 전체적인 금융발전에 어떤 제도 부문이 얼마나 기여하였는가도 확인해 볼

8 일본의 금융연관비율이 미국보다 더 높은 것은 여러 가지 원인이 있겠지만, 이어서 분석되듯이 금융연관비율이 더 높은 예금·대출의 구성 비율은 일본이 미국보다 높고, 금융연관비율이 더 낮은 유가증권의 구성 비율은 미국이 일본보다 높은 것과 관련되어 있다.

[그림 33-15] 한국의 부문별 금융연관비율 추이(1962~2019)

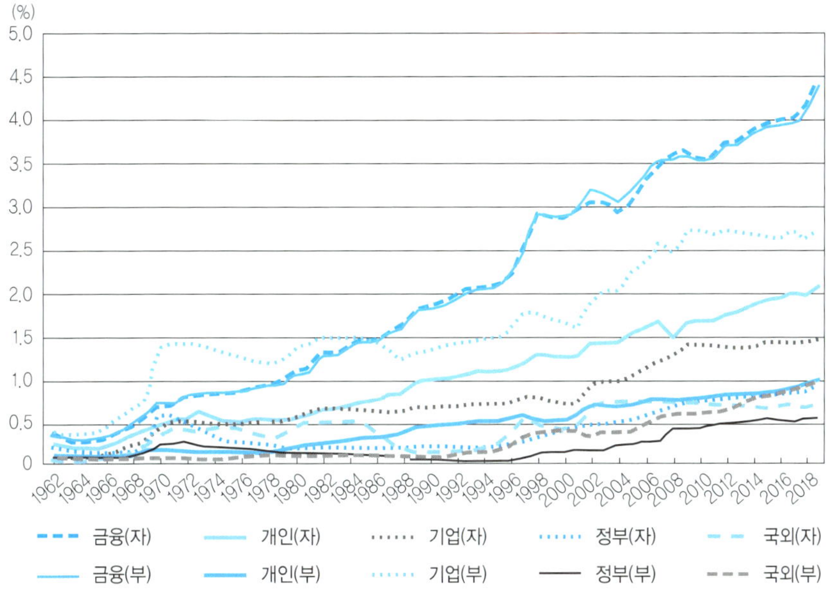

주: 1) 최근 계열의 자료 값을 먼저 이용하여 연결하였음(이하 동일).
2) 1969년, 1975년, 2002년, 2008년에는 각 계열 자료의 단절이 존재.
자료: 한국은행, 경제통계시스템, 자금순환.

필요가 있다. 각 제도 부문의 자산 또는 부채 잔액을 명목GDP로 나눈 제도 부문별 금융연관비율을 자(자산), 부(부채)로 표시하되 최근 계열의 자료를 우선적으로 선택하여 단일계열로 재구성하여 제시한 것이 [그림 33-15]이다. 이 그림을 보면 금융 부문, 즉 금융기관이 자금운용 및 지금조달을 통해 금융발전에 가장 크게 기여한 부무임을 알 수 있다. 기업 부문은 자금운용보다는 다양한 자금조달을 통해, 개인 부문은 자금조달보다는 다양한 자금운용을 통해 금융발전에 더 기여하였다. 비금융 부문 중에서 정부 부문은 장기간 균형재정을 지향한 결과 금융에 미친 영향은 적었다. 국외 부문은 1980년대 중반까지는 자금조달 창구로 활용되었으나 그 이후에는 자금운용 창구로도 더 활용되었음을 알 수 있다.

2) 한국 금융구조와 그 추이

한국 경제 전체의 금융구조와 그 변화를 파악하기 위해 자금순환표 자료가 있는 1962년 이후의 금융 부문을 비롯한 개인 부문, 기업 부문, 정부 부문, 국외 부문 전체를 대상으로 금융거래 구성과 추이를 제시한 것이 [그림 33-16]이다. 이 그림은 금융거래를 주요 범주별로 재분류하여 각 제도 부문의 자산 또는 부채를 각각 합계한 것으로 자산과 부채의 합이 같다.

한국의 금융 부문은 1950년대에는 은행을 중심으로 성장하였기 때문에 예금과 차입금이 주요 자금원이었고 이에 자금을 공급하는 것도 한국은행이었기 때문에 화폐발행액 비중도 높았다. 그러나 1960년대에 접어들어 새로운 금융기관이 많이 설립되고 정부의 재정융자가 늘어남에 따라 1950년대와 달리 화폐발행액, 즉 현금통화 비중

[그림 33-16] **한국 전 부문의 금융거래 범주별 구성비 추이(1962~2019)**

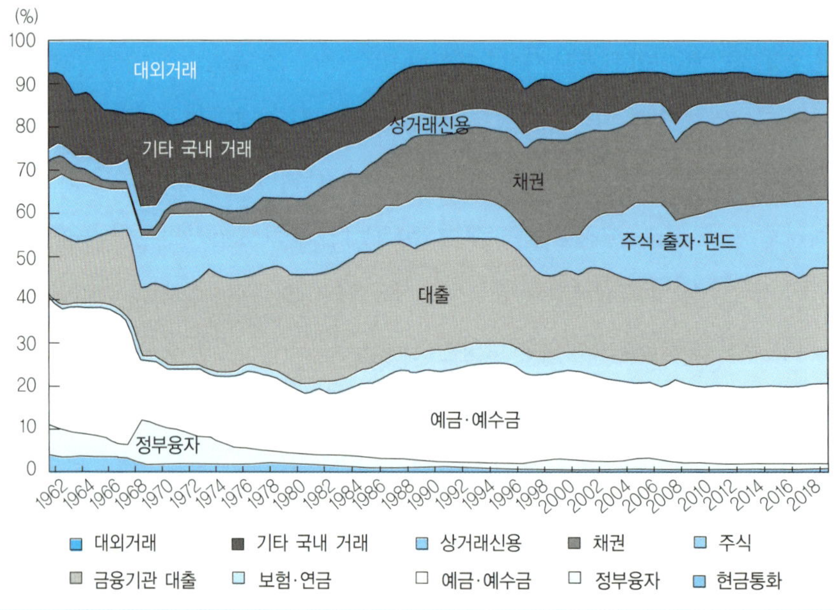

주 및 자료: [그림 33-15].

[그림 33-17] 한국의 금융거래 주요 범주별 구성비 추이(1962~2019)

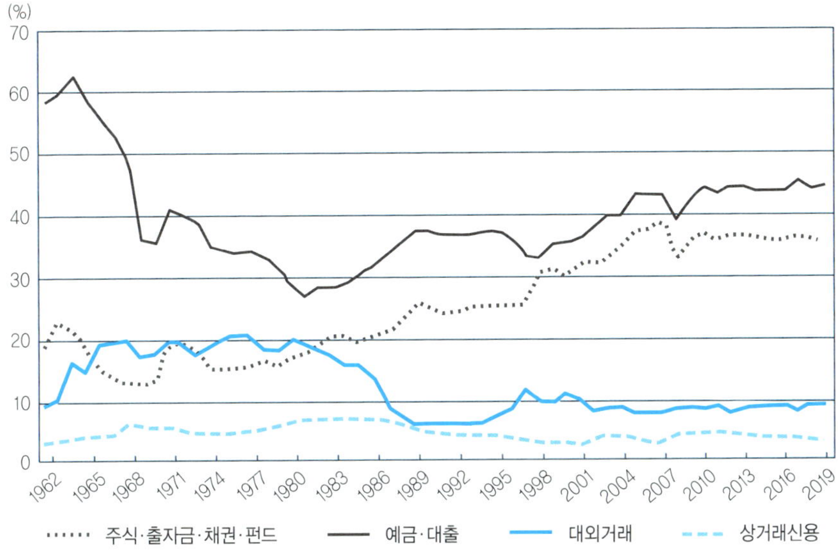

자료: [그림 33-15].

은 계속 줄어들고 정부융자 비중도 경제개발계획 추진 과정에서 늘어났지만 점차 줄어들었다. 1970년대 이후에는 금융기관이 다양화됨에 따라 예금과 다른 예수금, 신탁, 보험 등 비은행 금융기관이 취급하는 기타 예수금의 비중이 외환위기 이전까지 증대한다. 1980년대 이후에는 은행의 정책금융 기능이 약화되고 재정자금의 투입이 줄어듦에 따라 정부융자의 비중이 크게 낮아진다.

예금과 대출의 합으로 구성되는 금융중개 비율은 40%에서 점차 증가하여 1990년대에는 50%대를 넘어서지만 외환위기를 계기로 하락한 이후 상태에서 대략 40% 중반 수준을 유지하고 있다([그림 33-17]). 채권·펀드시장의 비중은 1960년대 후반부터 시작된 자본시장 육성책과 1970년대 인프라 구축으로 꾸준히 증가하였으나 외환위기 이후 다소 위축되었다. 주식·출자금 비중은 1960년대 이후 계속 위축되고 있었으나 외환위기 이후 급격히 성장하여 채권시장과 비슷해졌다. 이러한 증권시장 발전의 결과로 유가증권시장의 비중은 1970년대 이후 증가 추세에 있음을 알 수 있다.

한국은 1960년대 이후 경제개발계획에 필요한 자금을 대외차관 등 자본도입을 통해 해결하려는 결과로 대외금융거래로 인한 금융자산(부채)의 비중이 크게 높아졌지만 1980년대 외채 문제 우려 등으로 점차 줄어들기 시작하였다. 그러다 1980년대 후반 경상수지 흑자로 부채가 상환됨에 따라 비중이 낮아졌지만 전체 금융자산(부채)의 10% 수준을 유지하고 있다. 그것은 한국의 금융이 점차 글로벌화되면서 자본유출입이 금융의 주요 구성 부분으로 정착되었음을 말해 주고 있다. 그리고 한국에서 기업간 거래의 상당 부분이 상거래신용에 의해서도 이루어지고 있었는데, 그 비중이 점차 증가하여 1980년대에는 7% 수준까지 높아졌으나 기복은 있지만 점차 하락하여 지금은 4%에 그치고 있다.

3) 국제 비교로 본 한국의 금융구조와 금융발전

앞서 살펴본 한국 금융구조와 추이만으로는 한국의 금융구조 특징이나 금융발전 수준을 세부적으로 알 수가 없다. 여기서 비록 상대적이기는 하지만 한국 금융의 발전에서 그 평가 기준으로 삼아 왔던 일본과 미국의 금융구조·금융발전과 비교해 본다면 한국의 금융구조의 특징과 한국 금융의 발전 수준을 파악하는 데 도움을 받을 수 있다.

앞서 한국의 간접금융, 즉 금융중개 비중을 전 부분 자금순환표 금융자산(부채) 잔액에서 예금·대출이 차지하는 비중을 통해 검토한 바 있는데, 마찬가지 방식으로 미국과 일본의 직접금융, 즉 유가증권시장의 비중을 전 부문의 자금순환표 금융자산(부채) 잔액에서 유가증권이 차지하는 비중을 통해 파악할 수 있다. 이러한 분석을 위해 한국, 미국 및 일본의 예금·대출 비율과 유가증권 비율을 계산하여 그래프로 제시한 것이 [그림 33-18]이다.

예금·대출 구성 비율은 일본이 가장 높고, 그 다음이 한국이고, 미국은 일본과 한국보다는 훨씬 낮은 수준이다. 이러한 금융중개 비중은 세 나라 모두 낮아지고 있다.

[그림 33-18] 한국, 미국, 일본 예금·대출의 및 유가증권 구성 비율(1962~2019)

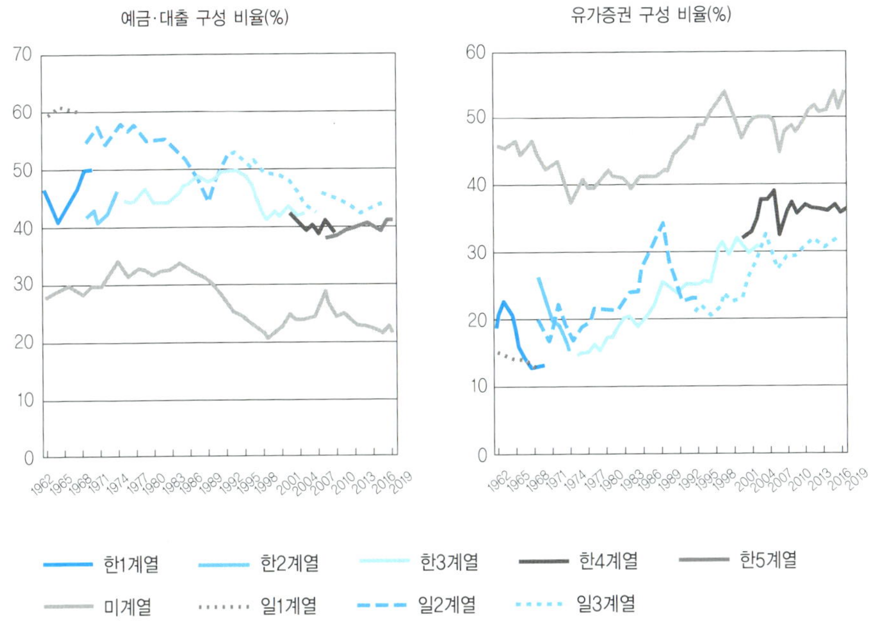

자료: [표 33-2].

따라서 한국의 금융구조는 일본과 마찬가지로 간접금융에 의해 주도되는 구조적 특징을 가지고 있지만 다른 금융 선진국처럼 그 의존도가 점차로 낮아지고 있었다. 그리고 유가증권 구성 비율은 미국이 한국과 일본에 비해서 압도적으로 높았으나 1970년대부터 세 나라 모두 그 비중이 높아지고 있다. 한국은 일본과 비슷한 비중을 보이고 있으나 아직도 미국보다 매우 낮은 편이다. 따라서 한국의 금융구조는 일본과 마찬가지로 직접금융의 비중이 낮은 구조적 특징을 가지고 있고, 미국과의 격차는 크게 줄어들지 않은 상태에 있다고 할 수 있다.

앞서 한국과 일본 및 미국 간의 금융발전 격차를 전 부문의 금융연관비율을 통해 검토한 바 있는데, 마찬가지 방식으로 금융범주별로 한국, 미국 및 일본과 금융발전의 격차를 금융연관비율로 제시하기 위해 주요 금융범주인, ① 예금·대출, ② 유가증권,

[그림 33-19] 한국, 미국, 일본의 주요 금융연관비율(1962~2019)

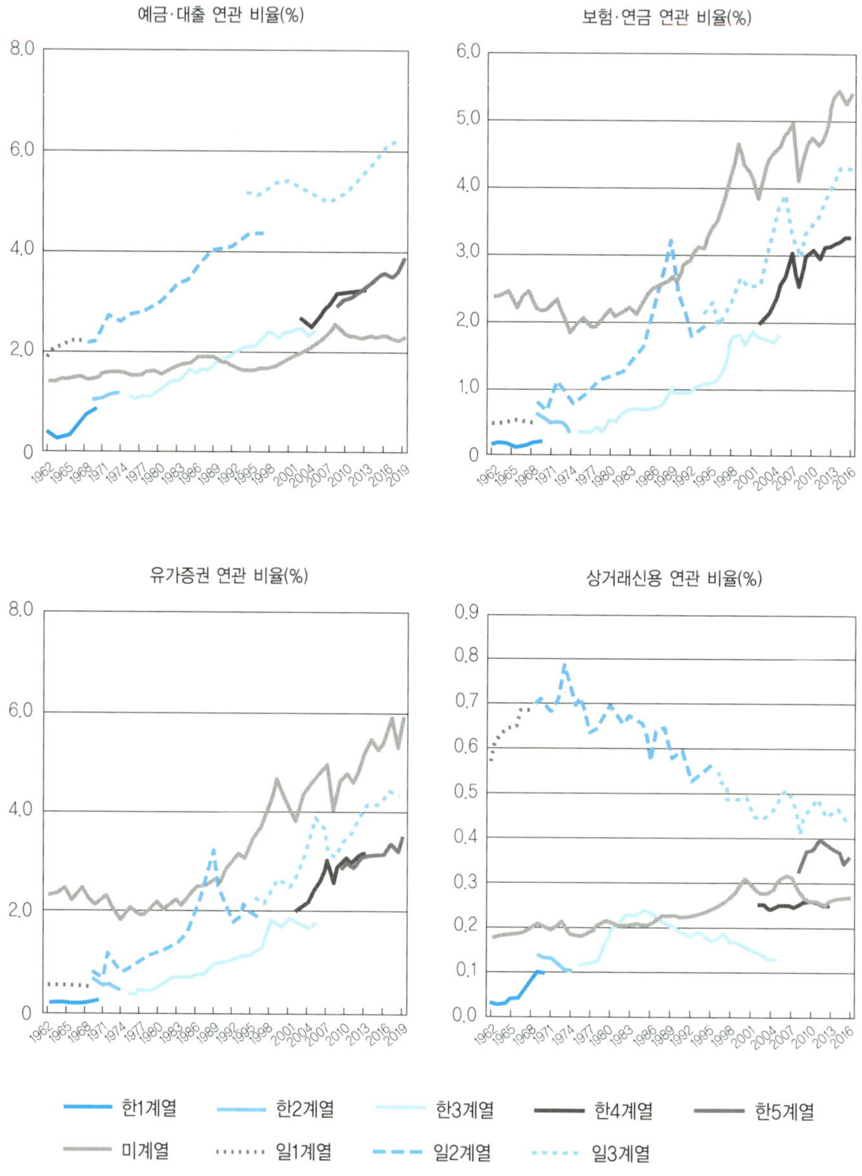

자료: [표 33-2].

③ 보험·연기금, ④ 상거래신용 등의 금융연관비율 추이를 제시한 것이 [그림 33-19]이다.

부문별 금융발전과 경제성장과의 상대적인 비교 측도인 금융연관비율을 기준으로 보면, 미국은 유가증권 부문과 보험·연기금 부문에서 앞서 나가고, 일본과 한국은 뒤이어 발전하고 있다고 할 수 있다. 일본은 예금·대출 부문과 상거래신용에서 앞서 나가고 미국과 한국은 뒤이어 가고 있다고 할 수 있다. 그런데 금융기관의 예금·대출은 여전히 성장세를 유지하고 있는 반면에 상거래신용은 일본에서 감소세를, 다른 나라에서는 증가세를 보이고 있는데 한국은 일본에 근접하고 있다. 따라서 한국의 금융발전은 예금·대출에서는 일본에 비해 낙후되어 있으며, 증권시장과 보험·연기금에서 미국과 일본 모두에 비해 낙후되어 있으며 상거래신용은 일본에 근접해 있다고 할 수 있다.

5. 맺음말

지금까지 자금순환표를 이용하여 분석할 수 있는 1962년 이후 한국의 금융구조와 금융발전의 특징을 파악하기 위해, 먼저 한국 자금순환표의 시계열을 재구성하고, 이를 일본과 미국의 자금순환표와 비교하고 분석하였다. 한국의 금융발전을 제도 부문별, 범주별로 분석하고 그 결과를 미국·일본의 것과 비교함으로써 한국 금융발전의 세부적 추이는 물론 한국 금융의 구조적 특성과 함께 낙후 부문을 구체적으로 밝힐 수 있었다. 이 연구를 통해 확인할 수 있었던 것 중에서 한국의 금융발전 및 금융구조와 관련되는 주요 사항과 그것의 함의는 다음과 같다.

첫째, 한국은 미국·일본과 마찬가지로 장기적으로 금융 부문의 성장세를 유지하였으나 1970년대에는 이른바 금융억압으로 인해 둔화되었고 일본·미국과 마찬가지로 금융위기 시기에는 일시 퇴조하는 모습을 보이고 있었다.

둘째, 한국 금융의 양적인 성장에 가장 크게 기여한 제도 부문은 금융 부문, 즉 금융기관이었다. 따라서 금융기관의 설립과 확장이 한국 금융의 발전에서 주요한 동력이 되었다고 할 수 있다.

셋째, 한국의 금융구조는 금융중개가 그 중심에 있는 간접금융 체제로 특징지을 수 있으나, 유가증권시장으로 대표되는 직접금융의 역할이 지속적으로 강화되고 있다. 한국 금융의 이러한 구조적 변화는 미국·일본의 금융구조 변화 추세와 다르지 않다고 할 수 있다.

넷째, 한국의 금융은 아직 미국이나 일본에 비해 낙후되어 있다고 할 수 있는데, 범주별로 보면, 특히 증권시장과 보험·연기금이 미국과 일본에 비해 낙후되어 있고, 금융중개에서는 일본에 비해 낙후되어 있다고 할 수 있다. 다만 한국의 상거래신용만은 일본에 근접하고 있는데, 그것은 한국의 상거래신용의 확장 결과라기보다는 일본 상거래신용이 지속적으로 감소하였기 때문이다.

다섯째, 한국의 금융 부문은 예금은행으로부터 발전하였으나 비은행 금융기관의 설립과 확장, 보험·연금기관의 확장으로 이 은행의 역할은 점차 상대적으로 위축되는 추세이고 이는 일본·미국의 경우와 다르지 않다.

여섯째, 한국의 금융기관은 주로 예금·보험·연금에 의해 조성한 자금을 주로 대출과 채권에 운용하는 구조를 유지하고 있으나 주식·펀드를 많이 활용하는 미국식의 자금운용 방식을 따라가고 있다.

일곱째, 비금융 부문의 금융 형태는 제도 부문별로 큰 차이가 있지만 기업의 자금조달은 차입에 의존하는 일본식에 가깝지만 점차 증권 발행에 의존하는 미국식으로 전환되고 있다.

이 연구는 한국의 자금순환표 장기 시계열 자료를 재구성하고 이를 미국과 일본의 자금순환표와 비교·분석함으로써 한국 금융의 발전 과정과 구조적 특징을 새롭게 제시할 수 있었다. 그러나 장기적 금융발전을 나타낼 수 있는 지표는 아직은 너무 단순하다는 문제가 남아 있다. 또한 금융발전을 설명하는 내용의 대부분은 큰 범주에 한정되어 있고, 금융발전의 원인이나 요인 분석이 아닌 현상이나 구조 설명에 그치고 있다. 이것은 처음부터 분석 대상이 제한될 수밖에 없는 장기 분석과 국제 비교라는 방법적 한계이기도 하다. 앞으로 금융발전에 대한 구체적인 지표가 더 연구되고 자금순환표의 세부 항목 데이터가 재구축되면서 세부 시계열 자료가 더 연장된다면 이 분야의 연구가 더 심화될 수 있을 것이다. 그리고 한국의 금융발전과 경제성장의 인과관계 또는 그 결정요인에 대해서도 별도의 연구가 이루어진다면 금융발전과 관련된 더 구체적인 함의까지도 도출할 수 있을 것이다.

찾아보기

[ㄱ]

가계대출 • 968, 1082
가계부채 관리 • 1081
간접금융 • 1156
개발(금융)기관 • 538, 650, 651, 667, 800, 818
개발금융의 확장 • 635
개별은행별 대출 • 552
개별은행별 예금 • 556
개인투자자 • 1007
거래소 조직 • 686
거시건전성 정책 • 1083
거시경제 안정 • 873
거시경제의 불안정 • 775, 882
거시경제정책 • 923, 1053
거품(bubble) • 1013
건국국채 • 487, 591
건설주 폭등 • 700
건전금융원칙 • 539
경기침제 • 907, 1055, 1073
경상수지 적자 • 739
경상수지 흑자 • 779
경영정상하 계획 • 929
경영정상화 계획 심사 결과 • 930
경쟁입찰제도 • 706
경제개발3개년계획 • 611
경제개발5개년계획 • 611
경제성장 • 736
경제성장률 하락세 • 1087
경제안정 • 736
경제안정 15원칙 • 505
경제인정정책 • 631
경제재건 • 581
경제재건과 재정안정계획에 관한 합동경제위원회 협약 • 584, 595
경제정책 프로그램 • 922
경제제일주의 • 612
고금리 정책 • 1053
공개시장조작 • 503, 601
공기업의 민영화 • 839
공업발전법 • 782
공정가격제도 • 493
공정환율 • 524
과도한 차입 경영 • 889
과잉투자 조정 • 781
관리부채 • 731
관업수입 • 483
관치금융 • 730
구조개혁 프로그램 • 926
구 한국은행권 • 1102
국공채시장 • 1027
국공채의 발행 • 844
국공채 장내거래액 • 849
국내외 금리차 • 880
국내 은행의 건전성과 수익성 • 974
국내 은행의 대출 대상 • 968
국내 은행의 자금조달 방식 • 971
국민은행 • 638, 752, 799, 943
국민저축조합법 • 727
국민주 보급 • 839
국민투자기금 • 641, 716
국민투자신탁 • 825
국방비 • 580

국방비 비중 • 506
국제기구의 지원자금 • 920
국제수지 불균형 • 907
국제적 뱅크런 • 914
국제적 불확실성 • 1079
국채거래 • 563
국채 발행 • 507
국채파동 • 565
군사정변 • 612
규제 완화 • 755
글로벌 금융위기 • 1072
금리규제 회피성 금융상품 • 868
금리의 변동성 • 868, 871
금리자유화 • 758, 768, 867
금리자유화 추진계획 • 759
금리조정 • 513, 598
금리 중시 통화·금융정책 • 1067
금리 체계 • 598, 721, 869
금리현실화 • 690, 722
금리현실화에 따른 임시특별융자요강 • 722
금융감독기구 • 1070
금융감독기구 설치에 관한 법률 • 1071
금융감독원 • 1071
금융감독위원회 • 1071
금융거래 방식 • 1130, 1132, 1154
금융구조 • 1159
금융구조 개선에 관한 법률 • 923
금융국제화 • 876
금융기관 간 경쟁촉진 • 757
금융기관 구조조정 • 1055
금융기관별 대출 • 519, 813
금융기관별 대출한도제 • 517
금융기관별 수신 • 654, 805, 954
금융기관별 여신 • 654, 804, 954
금융기관별 예금 • 817
금융기관별 자산 • 652, 802, 951
금융기관 선별융자지침 • 716
금융기관에 대출 통제 • 549
금융기관에 대한 임시조치법 • 642
금융기관에 대한 적자보전책 • 481
금융기관여신운용규정 • 751
금융기관 예금지불에 관한 특별조치령 • 511
금융기관 융자준칙 • 716
금융기관 융자허가제(은행자유여신한도제) • 479
금융기관의 부실채권 규모 • 918
금융기관의 수익성 • 723
금융기관의 신설 및 전환 • 754
금융기관의 재정자금 대출 • 592
금융기관의 재편 • 499
금융기관의 적자 • 480
금융기관의 한은 차입 의존도 • 514
금융기관의 해외 차입 • 892
금융기관 자금운용에 관한 준칙 • 512
금융기관 종사자 수 • 950
금융기관 체계 • 649, 721, 800, 943
금융기관 콜거래실 규약 • 706
금융·기업구조 개혁 촉진방안 • 936
금융발전 • 1129, 1159
금융발전 격차 • 1157
금융법규조사위원회 • 537
금융(부문)구조조정 • 923, 929, 950
금융 부문의 성장 • 873, 875
금융 부문의 취약성 • 891
금융부문자금운용규정 • 713
금융 불안 • 769
금융시장 개방 • 763
금융시장 불안 • 877, 1059, 1074
금융시장 안정 및 대외신인도 제고 대책 • 917
금융시장 안정을 위한 신용카드사 종합대책 • 1061
금융시장의 분열 • 871
금융시장의 성장 • 875
금융시장의 통합 • 871

금융실명제 실시 • 859
금융 심화 • 1130
금융안정 기능 • 1080
금융억압 • 722, 1159
금융연관비율 • 747, 1129, 1151
금융위기 • 475, 919
금융위원회 • 1071
금융의 양적 성장 • 875
금융의 증권화 • 876
금융자금 • 716
금융자산·부채잔액표 • 1130
금융자율화 • 749
금융전업기업가제도 • 754, 767
금융제도 개혁 • 633
금융조합 • 479, 542
금융지주회사 • 945, 958, 1003
금융통제 • 512
금융통화운영위원회 • 634
금융통화위원회 • 503, 596
금융투자업자의 겸업 • 1002
금융투자자업의 기능적 분류 • 1001
금전신탁 • 1122
기관투자자 • 1007, 1009
기술신용보증기금 • 801
기아 사태 • 917
기업 간 사업 구조조정 • 940
기업개선작업(work-out) • 936
기업공개 • 842
기업공개 및 유상증자 촉진방안 • 840
기업공개정책 • 695
기업 구조조정 부동산투자회사 • 1009
기업 구조조정협약 • 936
기업(부문)구조조정 • 925, 934
기업어음(CP) • 862, 1038
기업어음시장 • 707
기업의 과잉투자 • 882
기업의 구조조정 • 1076
기업의 금리부담 • 723
기업의 방만한 차입 • 886
기업의 자금조달 • 690, 884
기업의 재무구조 • 695, 733, 886, 1087
기업의 차입 경영 • 734
긴급금융조치법 • 527, 530, 620
긴급통화조치 • 527
긴급통화조치법 • 620
긴축적 거시경제정책 • 1056
긴축적 통화정책 • 701, 736
김대중 정부 • 929, 931, 936, 1012, 1024, 1059, 1060, 1068, 1083
김영삼 정부 • 780, 842, 848, 855, 857, 859, 907, 914, 1011
꺾기 • 721

[ㄴ]

낙후된 증권제도 • 690
노동시장 개혁 • 925
노무현 정부 • 1000, 1024, 1069, 1074, 1079
노태우 정부 • 779, 783, 836, 848
농어촌고리채 정리법 • 617
농어촌고리채정리사업 • 637
농업금융 • 542
농업금융기관 • 542
농업대출 • 544
농업은행 • 543, 602
농업정책금융 • 543
농촌 및 농업의 정체 • 542
농협금융지주 • 959
농협은행 • 959
누적된 물가상승 • 534, 627

[ㄷ]

단기 금융시장 • 705, 858

단기 금융시장 개방계획 • 928
단기 금융시장의 활성화 방안 • 859
단기금융업법 • 644
담보물건 관리 • 567
담보인정 비율(LTV) 규제 • 1083
대기성차관협정 • 919
대기업 집단과 주거래은행의 동시적 부실 • 890
대기업 집단의 확장 • 887
대동은행 • 754
대부업 양성화 • 982
대외결제의 불능 • 919
대외경쟁력 • 908
대외신인도 • 908
대우그룹의 구조조정 • 1058
대우그룹의 워크아웃 • 1058
대우 사태 • 1057
대주주의 주가조작 • 688
대증권 파동 • 566
대출의 용도나 대상 • 657
대출자금의 종류와 용도 • 662
대출통제 • 593, 597
대출한도제 • 512
대충자금 • 540, 578
대한교육보험 • 677
대한민국 정부 • 484
대한민국 중앙은행 • 504
대한생명보험 • 677
대한생명보험협회 • 572
대한원조 • 577, 584
대한재보험 • 680
대한증권(주) • 560
대한증권거래소 • 562
대한증권협회 • 561
대한투자신탁 • 676, 825
도덕적 해이 • 888
동남은행 • 754
동방해상보험 • 572
동아시아 통화위기 • 911, 913
동일인의 시중은행 주식 소유한도 • 766
동화은행 • 754
디플레이션 • 594

[ㄹ]

리디노미네이션(re-denomination) • 534, 626
리스회사 • 801, 934, 980

[ㅁ]

마이어협정 • 512
마호 국채사건 • 565
명목가치의 절하(환가절하) • 534, 626
목표금리 • 1067
무역금융 • 715, 751
무역·자본 자유화 • 924
무진회사 • 544
문재인 정부 • 1088
물가불안 • 736
물가안정 • 594
물가안정목표제(inflation targeting) • 1065
물가안정정책 • 630, 736
물가폭등 • 493, 521
물자배급기구 • 493
뮤추얼펀드(mutual fund: 증권투자회사) • 1009
미국식 연방준비제도 • 499
미군정 • 476, 482, 488
미군표 • 488
미증유의 통화남발 • 489
민간일반은행의 신설 • 754
민간저축률 • 729
민간저축 증대정책 • 727
민간 주도 경제운용 • 777

[ㅂ]
박근혜 정부 • 1027, 1084, 1088
박정희 정부 • 612, 713, 726, 728
발권력 • 478
방카슈랑스 • 985
법정관리 신청 • 919
법화 • 488, 489, 528, 620
벤처기업 • 1012
벤처기업 창업 및 육성 5개년계획 • 1012
벤처 붐 • 1012
벤처자본의 육성 • 1087
벤처캐피탈회사 • 801
보람은행 • 754
보조군표인「A」형 원(圓)통화 • 488
보증보험사 • 947
보험계약준비금 • 678, 681
보험산업의 제도적 정비 • 645
보험 3법 • 645
보험업법 • 645, 677, 985
보험업의 자율규제 • 985
보험회사의 관리 • 567
본원통화 • 590, 1106
봉쇄계정 • 621
봉쇄예금 • 621
봉쇄율 • 623
부동산경기 활성화 대책 • 1067
부동산시장 불안 • 1068
부동산시장 안정을 위한 대책 • 1069
부동산투자회사(REITs) • 1009
부실건설사 • 700
부실금융기관 • 477, 932
부실기업 • 936
부채 비율 • 733
부채채권정리기금 • 916
북한군의 통화공작 • 532
불균등한 물가상승 • 495
불법 조선은행권 • 525
불안정안 증권시장 • 690
불하공매 • 550
블룸필드(A. I. Bloomfield) • 500, 538
비공개기업에 대한 조세·금융상의 불이익 조치 • 697
비금융 기업의 외부 자금조달 방식의 변화 • 1031
비금융 부문의 자금과부족 • 1143
비금융 부문의 자금운용 • 1144
비금융 부문의 자금조달 • 1148
비은행 금융기관 설립 • 755
빅딜 • 940

[ㅅ]
사금융시장 • 705
사금융의 제도금융화 • 858
사채시장 • 858
산업개발공사 • 622
산업금융기관 • 479
산업금융기관의 설립 • 537
산업금융채권 • 541, 669
산업별 발전을 통한 경제성장 • 782
산업부흥국채 • 591
산업부흥국채기금 • 540
산업부흥채권 • 540
산업생산 위축 • 629
산업은행의 부채 및 자본 • 670
산업은행의 자금조달 및 자금운용 • 670, 785
산업 재편성 • 781
산업정책금융 • 541
산업정책의 전환 • 781, 783, 784
산업정책자금의 융자와 관리 • 538
3저 현상 • 779
3저 호황 • 836
상공은행 • 550
상업은행 • 943
상업차관 • 725

상품교역조건 • 908
상호금융 • 645, 674, 801, 822, 978
상호신용금고 • 644, 671, 801, 821, 976
상호저축은행 • 934
상호 출자 • 887
새마을금고 • 801, 823, 978
생명보험계약금의 폭발적인 증가세 • 826
생명보험사 • 947
생명보험사의 자산 • 574
생명보험시장 • 677, 826
생명보험회사 • 568, 645, 677, 826, 933, 984, 986
생명보험회사의 자산과 부채 및 자본 • 679, 828, 988
생명보험회사 주요 경영지표 • 989
생산 기반의 손상 • 493
생산책임융자제 • 513
서민금융진흥원 • 950
서울신용평가정보 • 801
서울신탁은행 • 646, 752
서울은행 • 943
선물거래법 • 997
선물거래소 설립 • 997
선물회사 • 947
성업공사 • 916
세제개편 • 587
소비자물가지수 • 530
소유구조 • 753
손해보험사 • 947
손해보험회사 • 568, 645, 677, 681, 828, 933, 986
손해보험회사 간의 경쟁 • 571
손해보험회사의 보험종류별 수입보험료 • 990
손해보험회사의 자산과 부채 및 자본 • 680, 831, 992
손해보험회사 주요 경영지표 • 992
수산업협동조합 • 637
수시입출금 예금 • 1122
수익증권 • 677, 1122
수입의존적 수출구조 • 739
수출어음의 자동할인 • 717
수출입은행의 자금조달 및 자금운용 • 791
수출입 지원을 위한 정책금융 • 790
수출 주도 성장 • 614
수출주도형 공업화 • 717
시장관리규제 • 689
시장 기능 활성화 • 777
시장평균환율제 • 761
시중은행 • 649
시중은행의 국영화 • 642, 730
시중은행의 민영화 • 752
식민지 경제 체제 • 475
신경제100일계획 • 780
신경제5개년계획 • 780
신금융상품의 도입 • 757
신기술금융회사 • 980
신용경색 • 629, 1056, 1073
신용관리기금 • 1071
신용등급 • 908
신용보증기금 • 651, 788
신용카드 거래 활성화 정책 • 1060
신용카드사 및 투신사 유동성 문제 해소를 위한 금융 시장 안정대책 • 1061
신용카드 업무 • 810
신용카드업의 진출 • 756
신용카드회사 • 980, 1060
신용할당 • 721
신용협동조합 • 645, 674, 821, 978
신탁 업무 • 756, 810
신탁업법 • 646
신탁은행 • 550
신탁회사 • 544
신한은행 • 943, 797
신화폐제도 • 534
실질금리 • 600, 724

[ㅇ]

IMF 관리체제 • 1057
IMF 사태 • 1057
IMF와 합의 • 921
IMF의 금융지원 • 920
양도성예금증서(CD) • 708, 808, 862, 1038
양도성정기예금제도 • 808
양적 금융통제 • 597
어음부도율 • 630
FOA-ICA 원조 • 577
여신관리제도 • 890
여신전문금융업법 • 945
여신전문(금융)회사 • 945, 979
역금리 체계 • 722
연방준비이사회 • 503
연체대출 • 547
예금금리 • 599
예금동결 • 530, 532, 625
예금보험공사 • 896
예금은행 고유 업무 • 959
예금은행 금융기관별 예금 • 666
예금은행 대출의 정책적 운용 • 716
예금은행별 규모 • 960
예금은행별 자산 • 810
예금은행의 금융기관별 자산 • 658
예금은행의 산업별 대출 • 717
예금은행의 업무 • 656, 807
예금은행의 자금운용 • 660, 812
예금은행의 자금조달 • 664, 815, 969
예금은행의 자금조성과 운용방법 • 815, 965
예금인출 사태(bank run) • 475, 511
예금자의 불안 • 918
예금종류 • 657
예금통화 • 1099
예금통화 비율 • 1116
예·적금 비밀보장에 관한 법률 • 859
5대 원칙 • 935
외국계 생명보험회사 • 826
외국 금융기관의 진출 • 755
외국 생명보험 국내 진출 • 801
외국 은행 국내 지점 • 643
외국인 간접투자 • 851
외국인의 국내 기업의 적대적 인수·합병 • 929
외국인의 직접투자 • 764, 852, 928
외국인 전용 수익증권 • 851
외국인 주식투자 • 765
외국인 지분율 • 929
외국인 투자기관 • 1007
외국인 투자전용회사 • 852
외국 증권회사의 진출 • 851
외국환 • 809
외국환 업무 • 658
외자 • 716
외자도입 • 725, 728
외자도입의 다변화 • 725
외자도입의 확대 • 725
외자도입의 획기적 증대 • 725
외자 부실기업 • 724
외채상환 • 728
외환거래 자유화 조치 • 927
외환보유액 • 921
외환시장 안정대책 • 1079
외환위기 • 737, 907
외환위기의 전조 • 910
외환위기 이후 금융기관 • 946
외환위기 이후 주식시장 • 1003
외환위기 이후 채권시장 • 1027
외환자유화 • 761, 927
외환제도 개혁계획 • 762
요구불예금의 비중 • 1118
우리은행 • 943
우체국 • 979

우체국 예금 • 823
우편저금 • 674
워크아웃 • 940
원조의존적 산업금융 체제 • 541
유가증권시장 • 1003
유동성 위기 • 1058, 1059, 1060
유상증자 • 841
유엔군 대여금 • 519, 523
6·3 조치 • 694
6·25사변특별회계 • 509
융자사전승인제 • 513, 518
융자준칙 • 512
은행감독부 • 1070
은행감독원 • 1070
은행 경영 자율화 방안 • 751
은행권 비율 • 1115
은행귀속주불하요강 • 550
은행법 • 502, 546, 643, 657, 750
은행법의 실시 • 548
은행신탁 • 672, 799, 806
은행의 구조조정 • 930, 931
은행의 신탁 업무 • 673
은행의 은행 • 503
은행의 자율적인 책임 경영 • 770
은행의 특정 재벌 사금고화 • 767
음성자금 • 631
2단계 기업 구조조정 • 939
이명박 정부 • 1017, 1026, 1074, 1079, 1084, 1085
이승만 정부 • 487, 545, 584, 611
ECA 원조 • 487
이자제한법 • 721, 984
인덱스펀드 • 1010
인터넷전문은행 • 943
인플레이션 • 522, 527, 589
인플레이션 경제 • 594
인플레이션 조세 • 481, 522
1단계 기업 구조조정 • 936
일반은행 • 479, 544, 602, 657, 958
일반은행 대출금리 • 599
일반은행에 대한 경영자율화 조치 • 750
일반은행으로서 농업은행 • 543
일반은행의 건전성 • 894
일반은행의 민영화 • 549, 551
일반은행의 변천 과정 • 943
일반은행의 산업별 대출 • 554
일반은행의 수익성 • 558
일반은행의 신탁 업무 • 646
일반은행의 자금운용 • 552
일반은행의 자금조달 • 555
일반은행의 최대주주 • 551
일반은행의 한은 차입 의존도 • 549
일반은행화 • 545
일반회계의 산업경제비 • 580
일본 경제와의 단절 • 493
1·16국채파동 • 566
임시토지수득세 • 509
잉여농산물 원조 • 578

[ㅈ]

자금순환표 • 731, 1130
자금운용규정 • 716
자금의 계획적 배분 • 713
자급자족적 경제 체제 • 475
자동차보험 • 829
자동차보험공사 • 681
자동차보험사 • 947
자본 부족 상태 • 549
자본시장 • 540
자본시장 개방 • 762
자본시장과 금융투자업에 관한 법률 • 1001
자본시장 국제화 • 762
자본시장 국제화의 단계적 확대 추진계획 • 762

자본시장 국제화 장기계획 • 762
자본시장 기능 확충방안 • 835, 840
자본시장 상장증권의 시가총액 • 1030
자본시장 육성에 관한 법률 • 691
자본시장의 조기개방 • 915
자본우대적인 세제 • 588
자본유출 • 1072
자본유출입 • 877
자본의 급속한 유출 • 772
자본자유화 • 771, 877, 928
자본통제의 강화 • 724
자산운용사 • 947, 948
자산유동화 증권 • 1031
자산재평가 • 547, 552
자유계정 • 621
자유변동환율제도 • 927
장기 산업자금 • 542
장기신용은행 • 640, 821
장기신용은행의 자금조달 및 자금운용 • 793
장내시장 • 1023
장면 정부 • 611
장영자·이철희 거액 어음사기사건 • 858
장외시장 • 850, 1023
장외시장 전문중개회사 • 857
장외주식호가중개시장(제3시장) • 1017
장외 파생금융상품시장 • 1041
재무구조 개선 약정 • 935
재무부의 감독권 • 634
재무부 장관 • 505
재벌의 계열회사 • 571
재보험교환 요령 • 571
재보험전업회사 • 571
재정 기반 강화 대책 • 486
재정권 • 487
재정긴축 • 509
재정불균형 • 581
재정수입 구조 • 484
재정안정계획 • 583, 586, 617, 631, 736
재정안정정책 • 487, 549, 583, 584
재정원조 • 482
재정위기 • 478, 482, 505, 583, 1076
재정자금 • 716
재정적자 • 486, 487, 507, 517, 519, 575, 589
재정적자에 의한 통화남발 • 510
재정적자와 통화증발의 악순환 • 582
재정적자의 비중 • 582
재정정책 • 505
재정증권 • 706, 864
재정투융자 • 579, 581
재할인정책 • 503, 598
재형저축제도 • 727
저금리정책 • 599, 724
저축권장정책 • 727, 730
저축(금융)기관 • 672, 821, 976
저축성예금의 비중 • 1121
(상호)저축은행 • 544, 976
저축추진중앙회 • 727
적성통화 • 525
전두환 정부 • 752, 777, 781, 835, 840, 845, 854
전비조달 • 511
전시 재정 • 484
전자단기사채 • 1035
전쟁 인플레이션 • 515
정경유착 • 732
정기예적금 • 1122
정부대상금 • 478
정부예금 • 478
정부의 한은 차입 • 508
정부저축률 • 729
정부 주도 금융 체제 • 730
정부 주도의 성장위주 경제정책 • 635
정부 주도의 통화·금융정책 • 634

정부 차입 • 540, 669
정책금융 • 751
정책금융기관 • 1090
정책금융 비중 • 718
정책금융제도 • 714
정책금융 확장 • 635, 719, 1088
정책대출 • 715
정책자금 • 716
정책적 우선순위 • 721
제도 부문 • 1132
제4차 경제개발계획(1977~1981) • 615
제3차 경제개발계획(1972~1976) • 615
제5차 경제사회발전5개년계획(1982~1986) • 776
제6차 경제사회발전5개년계획(1987~1991) • 778
제2차 경제개발계획(1967~1971) • 614
제일은행(구 저축은행) • 642, 649, 752, 917
제일은행권 • 1100
제1차 중화학공업 투자조정계획 • 781
제1차 통화개혁 • 527
제2차 통화개혁 • 616
제조업의 주요 경영지표 • 1076
제조업의 주요 재무지표 추이 • 908
조선무진회사 • 545
조선상호은행 • 545, 550
조선생명 • 568
조선식산은행(식산은행) • 479, 538
조선신탁은행 • 545
조선신탁회사 • 545
조선은행 • 478, 482, 499
조선은행권 • 489, 1102
조선은행권 남발 • 476, 490
조선은행의 긴급대출 • 476
조선은행 차입 • 486
조선총독부 특별회계 • 482
조선화재의 영업재개 • 567
조선환금은행 • 482
조세수입 • 483
조세의 증징 • 587
조흥은행 • 547, 550, 642, 649, 751, 752, 943
종합경제재건5개년계획 • 612
종합금융회사 • 676, 801, 930, 945, 982
주가선물거래 • 997
주식거래 • 563
주식 발행시장 • 1020
주식시장 개방의 시대 • 1006
주식시장 과열 • 687
주식시장의 성장 • 698
주식 유통시장 • 835
주식의 공급 확대 및 분산 • 689
주택금고 • 640
주택금융 • 639
주택담보 대출 • 1083
주택담보 대출 비중 • 968
주택은행 • 752, 799
중상주의적 정책 • 738
중소기업 대출 비율 • 787, 968
중소기업 육성 • 786
중소기업은행 • 636, 786, 788
중소기업은행의 자금조달 및 자금운용 • 789
중소기업진흥공단 • 788
중소기업진흥정책 • 783
중앙은행 • 512
중앙은행설립대강 • 499
중앙은행의 독립성 • 1063
중앙은행제도 • 499
중점공급 방식 • 539
중화학공업 • 717
중화학공업화 • 616
증권감독원 • 1071
증권거래법 • 677, 685, 689
증권거래소 설립위원회 • 562
증권거래소의 선물시장 개설 • 997

증권거래소의 정비 • 856
증권거래제도와 상장제도의 개선 • 693
증권금융회사 • 825
증권 발행시장 • 692
증권 발행의 국제화 • 854
증권·선물시장 선진화를 위한 추진계획 • 998
증권수요 확대를 위한 제도 정비 • 698
증권시장 안정기금 • 838
증권시장 안정화 대책 • 837, 838
증권시장의 국제화 • 850
증권시장의 현대화 • 698
증권의 분류 • 1002
증권투자신탁 • 693
증권투자신탁업법 • 676
증권투자자금의 순유입 증가 • 877
증권파동 • 686
증권회사 • 934, 947
지가증권 • 560
지급보증 • 658, 809
지급 불능 상태 • 547
지급준비율 • 515
지방은행 • 643, 958
지배구조 • 754
지불준비율 • 515, 600
지불준비제도 • 503, 515
지시명령권 • 750
직접규제 • 601
직접금융 • 1156
질적 금융통제 • 597

[ㅊ]
채권 발행시장 • 704
채권시장 육성책 • 704, 1023
채권 유통시장 • 704, 1023
채권의 잔액 구성 • 1022
채권의 종류 • 843
1990년대 금융자유화 수준과 한계 • 769
1980년대 금융자유화 수준과 한계 • 765
첨단산업 육성정책 • 783
체이스 맨허튼 은행 • 643
초인플레이션(hyper-inflation) • 480, 493, 537
총부채상환 비율(DTI) 규제 • 1084
총액인수제 • 702
총액한도대출제도 • 794
총통화 • 1106, 1114, 1116
최고의사결정기구 • 503
최초의 한국은행권 • 526

[ㅋ]
카드 사태 • 1060
카카오뱅크 • 958
케이뱅크 • 958
K-OTC시장 • 1017
코넥스(Korea New Exchange: KONEX)시장 • 1017
코스닥시장 • 858, 1010
코스닥시장 부활 • 1015
코스닥시장 육성정책 • 1017
코스닥시장 활황 • 1013
코스닥시장 침체 • 1015
코스닥위원회 • 1012
코스피(KOSPI, 유가증권시장 주가지수) • 1003
코스피지수의 장기적인 상승세 • 1004
콜시장 • 705, 862, 1036

[ㅌ]
태국의 통화위기 • 911
통안채(통화안정증권) • 847, 863, 879, 1039
통합 농업협동조합 • 637
통화 • 1106
통화개혁 • 527, 616, 618, 622, 628
통화공급 • 1099
(신구)통화교환조치 • 525

통화·금융·외환정책 • 503
통화·금융위기에 대한 정책적 대응 • 914
통화·금융의 민주적 운영 • 504
통화·금융정책 수단 • 503
통화·금융정책의 정상화를 위한 금리인상 • 1061
통화남발 • 508, 527, 589, 716, 1113
통화량목표제(monetary targeting) • 1065
통화량의 증가율 추이 • 1113
통화량 장기 추이 • 1099
통화량 증감 요인 • 491, 518
통화량 지표 • 1100, 1107
통화 발행에 의한 재원조달 • 523
통화성 자산 • 1121
통화스왑 계약 • 1079
통화의 구성과 장기 추이 • 1115
통화정책의 운용목표 • 1066
통화증발 • 541, 589, 736
통화지표 • 1122
퇴장자금의 산업자금화 • 632
투기적 공격 • 913
투자(금융)기관 • 675, 823
투자(금융)회사 • 675, 801, 823, 858
투자신탁기관 • 676, 825
투자신탁회사 • 676, 801, 934, 948
투자율의 급상승 • 728
특별대출 • 918
특수금융기관 • 543, 714
특수은행 • 635, 649, 943
특수은행의 일반은행으로의 전환 • 799

[ㅍ]

파생금융상품 • 1039
파생금융상품시장 • 1039
파생금융상품의 종류 • 1039
8·3 (긴급경제)조치 • 644, 695
팽창적 재정·금융정책 • 618
팽창적 통화정책 • 736
평시 재정 • 484
평화은행 • 754
표지어음 • 864
필요지불준비율 • 601
필요지준율 • 515

[ㅎ]

하나은행 • 754, 743, 799
한국개발금융회사 • 640, 672, 792
한국거래소 • 999
한국(증권·선물)거래소 • 998
한국국민은행 • 638
한국 금융구조와 그 추이 • 1154
한국 금융기관의 구성 • 1134
한국 금융기관의 자금운용 • 1137
한국 금융기관의 자금원천 • 1138
한국 금융의 국제화 • 755
한국 금융의 발전 • 1151
한국 기업의 수익성 • 887
한국 기업의 안정성 • 887
한국기업평가회사 • 801, 847
한국 대기업의 도산 • 915
한국보험공사 • 645, 677, 826, 1071
한국산업은행(산업은행) • 538, 667, 783, 819, 945, 959
한국산업은행법 • 538, 634
한국산업은행법안 • 537
한국상업은행(상업은행) • 547, 550, 554, 556, 559, 642, 649, 752
한국수출보험공사 • 948
한국수출입은행(수출입은행) • 641, 790, 820, 945
한국식산은행 • 537, 547
한국 신용등급 강등 • 919
한국신용정보 • 801
한국신용정보회사 • 847

한국신용평가회사 • 847
한국신탁은행 • 642, 646
한국연합증권금융(주) • 561
한국외환은행(외환은행) • 639, 752, 943
한국은행 • 503, 510, 534, 706, 713, 714, 918, 1055
한국은행권 • 525, 1103
한국은행법 • 502, 545, 634, 1063
한국은행 설립 이전의 통화 관련 지표 • 1103
한국은행 설립 이후의 통화지표 • 1105
한국은행의 대출금리 • 598
한국은행의 자산 구성 • 590
한국은행 정책금융제도 • 793
한국은행 차입금 • 581
한국은행 차입의존도 • 556
한국의 금융구조 • 1157
한국의 금융산업 낙후 • 760
한국자산관리공사 • 917, 948
한국장기신용은행 • 792
한국재보험공사 • 571
한국 재정의 대외의존도 • 582
한국 정부의 재정회계 • 484
한국주택금융공사 • 948
한국주택은행(주택은행) • 640
한국중앙은행법 • 500
한국증권거래소 • 689
한국증권구락부 • 560
한국증권선물거래소법 • 999
한국투자개발공사 • 692
한국투자신탁 • 825
한미경제안정위원회 • 583
한미금융정책협의회 • 763
한미은행 • 754, 943
한보 부도 • 910
한빛은행 • 943
한은 차입 • 507
한일국교정상화 협상 • 727
한일은행(구 한국흥업은행) • 642, 649, 752, 943
한일은행의 신탁 업무 • 646
해상보험 • 571, 829
해옥 • 688
해외저축률 • 729
현금통화 • 1099
협회중개시장 • 839
호칭단위 • 532, 626
화재보험 • 568, 829
화재보험회사 • 570
화폐교환 • 525
화폐단위 • 528, 529, 626
화폐단위의 변경 • 626
화폐발행권 접수 • 488
화폐발행액 • 1105
화폐의 실질잔고 • 522
화폐제도의 독자성 • 626
확장재정 • 505
확장적 재정정책 • 1075
확장적 통화정책 • 1075
환매 요구 • 1060
환매조건부 채권매매(RP) • 708, 863, 1036
환율의 현실화 • 584
환율인상 요구 • 524
환화에 대한 고평가정책 • 585
회사채 발행 • 845, 1028
회사채 발행시장 • 1020
회사채 발행 촉진방안 • 845
회사채시장 • 701, 1027
회사채 장내거래액 • 849
흥업은행 • 550